国家出版基金项目
NATIONAL PUBLICATION FOUNDATION

清末立宪运动史料丛刊 ⑩

国会请愿运动

下卷

主编　胡绳武

副主编　牛贯杰　戴鞍钢

尚小明　编

国家清史编纂委员会·文献丛刊

山西人民出版社

本书获中国人民大学『中央高校建设世界一流大学（学科）和特色发展引导专项资金』支持

『十二五』国家重点图书出版规划项目

国家清史编纂委员会出版委员会

《清末立宪运动史料丛刊》出版工作委员会

目录

下卷

第二编　各地绅民及华侨国会请愿活动

三、八旗及各省绅民请愿活动

6. 江　苏

预备立宪公会提议国会请愿……703
上海预备立宪公会覆自治会书……704
江苏绅士预备开设国会纪事……705
纪会议请开国会事……706
江苏人士要求开设国会会议纪事……707
政闻社请速开国会电……709

政闻社与请愿速开国会…………………………………………………… 710
苏省国会请愿签名人数…………………………………………………… 712
补录初二日上海立宪公会上宪政编查馆电……………………………… 713
预备立宪公会呈宪政馆电………………………………………………… 714
国会期成会成立大会纪事………………………………………………… 714
国会研究所推举起草员…………………………………………………… 716
国会期成会大会纪事……………………………………………………… 717
江苏请愿国会代表北上送别纪事………………………………………… 719
国会期成会致北京电……………………………………………………… 720
国会期成会宣布简章……………………………………………………… 721
上海国会研究所议案……………………………………………………… 722
宁垣民选议院之运动……………………………………………………… 723
国会期成会开会纪事……………………………………………………… 723
江苏国会请愿代表之报告………………………………………………… 724
盐城国会请愿签名之踊跃………………………………………………… 726
江苏第二次之请愿………………………………………………………… 727
请开国会之先声…………………………………………………………… 727
请开国会与倡国民捐之运动……………………………………………… 727
各省之国会热……………………………………………………………… 728
国会请愿之后援…………………………………………………………… 729
请愿速开国会各省代表在上海会议纪事………………………………… 729
集议请求速开国会之先声………………………………………………… 731
中国国会之发轫机………………………………………………………… 731
请愿速开国会各省代表在上海会议纪事之续…………………………… 732
预备立宪公会致请愿国会代表电………………………………………… 733
各省议员在沪议请国会详志……………………………………………… 733
丹徒郭毅致各省请愿国会代表书………………………………………… 736
送十六省议员诣阙上书序……………………………………… 张 謇 738
预备立宪公会复代表团书………………………………………………… 740

致各界书…… 741
江宁商务总会组成国会请愿同志会开会纪事…… 742
江苏谘议局致请愿代表团函摘录…… 743
记上海各团体欢迎南洋华侨请开国会代表事…… 743
记上海报界欢迎南洋国会代表记事…… 744
清江浦濑水寄庐致代表团函摘录…… 745
上海各团体定期欢迎国会代表…… 745
上海同志会成立及欢送代表之通告…… 746
壮哉，第二次代表之行色…… 747
沪上各团体恭送国会代表启行…… 748
上海总商会欢送国会代表沈缦云颂词…… 749
宁谘议局致代表团电…… 750
上海同志会致代表团函摘要…… 750
江苏谘议局之国会请愿进行…… 751
江苏谘议局致北京资政院电…… 751
江苏谘议局致苏州抚部院电…… 752
江苏谘议局致上海教育总会、苏州商务总会电…… 752
江苏谘议局致各省谘议局电…… 753
江苏教育总会致资政院电…… 753
上海城自治公所致资政院电…… 753
上海商务总分会致资政院电…… 754
苏民欢祝国会之风云…… 754
四面楚歌之苏议局…… 755
张季子年谱（节录）…… 756
柳西草堂日记（节录）…… 757
郑孝胥日记（节录）…… 758

7. 江 西

赣省发起请开国会…… 766
赣人热心国会…… 766

赣省人士之国会运动……767
江西筹办国会请愿及地方自治期成会说略……767
江西之国会请愿……768
江西之国会热续闻……769
赣省开会公举请开国会代表……769
江西教育总会致代表函……770
江西商务总会覆北京国会请愿代表团书摘录……770
赣省续举国会请愿代表……771
景德镇商务总会致北京国会期成会电……771
江西请愿同志会致代表团电……772
赣人国会请愿之热度……772
8. 安　徽
敬告皖省旅津同乡赞助本省要求开设民选议院启
……安徽周晋熙等谨启　773
皖省绅学界致江督电……774
皖省绅学界致江君电……774
旅沪皖省绅商致江督电……775
江督覆皖省绅学商电……775
欢送国会代表入都详志……775
各代表之后盾……777
安徽请愿同志会大会详纪……777
芜湖商界国会热……779
皖谘议局要求代奏国会……779
9. 浙　江
沈钧儒之上书……780
浙省发起从速请开国会……780
再纪浙省国会请愿事……781
浙省请愿国会之预备……781
浙江国会请愿本会草案……782

浙省提早公举国会请愿代表…… 784
浙省国会请愿再志…… 785
浙省国会请愿会大会纪事…… 785
浙省国会请愿再志…… 787
纪浙省开议国会请愿事…… 788
浙省国会请愿近事…… 789
浙江六府代表函促入京代表吴雷川速行…… 790
浙省商界国会请愿之举动…… 790
浙江代表入都上请愿书情形报告…… 791
浙绅请江侍御提倡国会电…… 792
浙江政治研究社王世裕覆国会代表书…… 793
浙省公举国会代表大会详情…… 793
呜呼，浙江国会代表…… 795
第三次国会请愿又来…… 795
浙江谘议局、商务总会致代表团函摘录…… 796
谘议局联合请开国会…… 796
浙人对于国会之冷热观…… 797
10. **湖　北**
湖北志士提议请开国会…… 797
湖北国会请愿大会议纪事…… 798
汉口各界欢迎国会请愿代表…… 798
武汉各界欢迎国会请愿代表…… 799
商界欢送国会请愿代表…… 800
鄂谘议局吴议长公饯各行省议员入都上书序…… 800
再志国会请愿代表由汉入都…… 802
湖北谘议局议长之特色…… 802
武昌商务总会致汉口商务总会书…… 803
汉口水电公司总理宋炜臣致国会代表函…… 804
湖北谘议局致国会代表陈登山书摘录…… 805

汉口水电公司总经理宋炜臣君覆国会代表书摘录…………………………………… 806
湖北谘议局复代表团函录要………………………………………………………………… 806
鄂同志会致代表团电……………………………………………………………………… 807
湖北公举继续请愿代表…………………………………………………………………… 807
鄂商会致代表团函………………………………………………………………………… 808
湖北请愿国会同志会成立纪事…………………………………………………………… 808
武昌同志会致陈登山电…………………………………………………………………… 809
汉口请愿速开国会同志会记事…………………………………………………………… 810
鄂省国会请愿之后援……………………………………………………………………… 813
汉口国会请愿同志会致军机王大臣电摘录……………………………………………… 814
第三次国会请愿又来……………………………………………………………………… 814
汉口发起三续请愿国会详志……………………………………………………………… 815
请愿国会同志会之决议…………………………………………………………………… 816
汉口国会请愿同志会致代表团函摘录…………………………………………………… 816
汉口请愿国会之死力团…………………………………………………………………… 817
鄂汉同志会致代表团电…………………………………………………………………… 817
汉口同志会致代表团函摘录……………………………………………………………… 818
汉口国会请愿同志会开特别大会详志…………………………………………………… 818
汉上同志会之国会热……………………………………………………………………… 819
鄂省国会请愿进行之手续………………………………………………………………… 821
补录汉口三十八团赴督辕请求速开国会办法…………………………………………… 822
湖北致代表团电…………………………………………………………………………… 823
鄂人仍请即开国会之盛况………………………………………………………………… 823
湖北请愿同志会致代表团电……………………………………………………………… 824
湖北谘议局致代表团电…………………………………………………………………… 824
国会速开热之不懈………………………………………………………………………… 824
国会即开之风云…………………………………………………………………………… 825
湖北谘议局致国会请愿同志会函摘要…………………………………………………… 827
国会即开之渴望…………………………………………………………………………… 828

四次国会请愿今无望矣…… 829

11. **湖　南**

湘省代表催递意见书…… 829
湘士绅国会请愿之行动…… 830
湖南催递国会请愿书…… 830
湖南第二次国会请愿代表赴京…… 831
女学界之国会热…… 832
湖南第二次之请愿…… 832
湘省举定国会请愿员…… 833
旅沪湘人欢迎国会请愿代表纪事…… 833
徐特立断指送行纪详…… 834
湖南七团自治公所宣讲员致国会请愿代表团事务所函摘录…… 834
湖南国会代表之报告…… 835
湖南谘议局致代表团电…… 837
湖南邵阳罗侠君致代表团函节录…… 838
湖南罗侠君致代表团函摘录…… 838
湘议员之国会热…… 839
湘学生之国会运动…… 839
《请愿余唾》序…… 周道纯 840
唾莽年谱（节录）…… 842

12. **福　建**

福建发起国会期成会…… 843
福建人之国会热…… 844
福建人民之国会热…… 844
福州社会办事处致国会代表函…… 845
福建谘议局致北京函录要…… 845
福州商会致代表团电…… 846
福建谘议局致代表团电…… 846
福建请愿国会同志分会发起纪事…… 847

福建省城国会请愿同志会支部规则…………………………………… 848
福建第三次国会请愿又来…………………………………………… 849
补录闽省请愿国会诸同志第一次开会演词…………………………… 850
闽省国会请愿同志会开会纪略………………………………………… 852
福建谘议局致代表团电……………………………………………… 853
闽省请愿国会诸同志开特别会之详闻………………………………… 853
闽谘议局之国会热…………………………………………………… 854
福建九府二州在省请愿代表致代表团电……………………………… 855
福建谘议局致请愿代表团电…………………………………………… 855
福建致代表团电……………………………………………………… 856
各府属团体到督【署】呈请速开国会秩序 …………………………… 856
请开国会之详闻……………………………………………………… 857
谘议局致军机电……………………………………………………… 858
厦门各界代表致军机公电…………………………………………… 858
福建谘议局致代表团电……………………………………………… 858
福建谘议局第二次致代表电…………………………………………… 859
福建谘议局致国会请愿同志会函摘要………………………………… 859

13. 广　东

粤省自治会覆预备立宪公会函………………………………………… 860
粤商争求设立民议院………………………………………………… 861
粤垣自治会求开国会………………………………………………… 861
广东地方自治研究社签名请开国会之公启…………………………… 862
粤商自治会定期会议请开国会之公启………………………………… 863
粤（首）〔省〕公布派员赴京上国会请愿书 …………………………… 863
粤人致国会请愿代表公函……………………………………………… 864
广东之请愿…………………………………………………………… 865
国会请愿之响应者…………………………………………………… 865
粤赈局沈秉仁致北京国会代表团电…………………………………… 866
广东代表沈秉仁君致驻京代表团事务所函摘录……………………… 866

粤省同志会第一次会议纪事 …… 867
广东速开国会同志分会草章 …… 868
粤省同志会第五次集议纪事 …… 869
国会同志会请汤寿潜演说纪事 …… 870
粤省同志会集议组织大会场 …… 872
广东国会请愿同志分会致代表团电 …… 873
粤省国会同志会成立纪盛 …… 873
粤省分会致代表团电 …… 875
第三次请愿不必待诸明年 …… 875
14. 广 西
两广谘议局致国会请愿代表吴君赐龄函 …… 876
桂林同志会致代表团电 …… 877
桂谘议局请代奏国会 …… 877
广西谘议局致代表团电 …… 878
桂议局与唐春卿 …… 878
15. 云 南
云南教育总会致代表团函摘录 …… 879
云南谘议局致代表团函摘录 …… 879
云南赵式铭君致代表团函摘录 …… 880
云南另举国会代表 …… 880
16. 贵 州
贵州国会请愿之大动机 …… 881
贵州绅士致旅京同乡会电 …… 881
贵州人民之国会热 …… 882
贵州谘议局覆国会请愿代表团事务所函 …… 882
贵州商务总会致代表团函摘录 …… 883
贵州宪政预备会致代表团电 …… 883
贵州谘议局致驻京代表函摘录 …… 883
贵州谘议局致代表团电 …… 884

旅筑大定六属同乡会致代表团电…… 884
陈侍御不愿为国会代表…… 885
黔人举定第三次请愿代表…… 885
贵州妇女爱国会致代表团函…… 886
贵州同志会致请愿代表团电…… 887
17. **四　川**
四川国会请愿之大动机…… 887
蜀人之国会热续闻…… 888
四川谘议局致代表团电…… 888
四川谘议局致北京电摘录…… 889
四川举定代表…… 889
请愿国会之热忱…… 889
四川同志会致代表团电摘录…… 890
四川人请愿特别…… 890
18. **陕　甘**
旅甘志士提倡国会…… 891
陕西人民之国会热…… 892
陕甘人之国会热…… 892
陕西谘议局致代表团电摘录…… 893
陕西谘议局及各团体致该省代表电…… 893
陕西同志会致国会请愿同志会函摘录…… 893
19. **东三省**
吉林绅商赞成国会电…… 894
吉林请开国会之会议再志…… 895
奉天国会请愿之近闻…… 896
奉天人民之国会运动…… 896
东三省之请愿…… 897
三省学界拟联络商界请开国会…… 897
国会请愿之后盾…… 898

奉天谘议局致国会请愿团电摘录…… 898
吉林致代表团电摘录…… 899
吉林国会请愿之进行…… 899
奉天谘议局致乔、郭两代表电…… 900
奉天谘议局致杜代表电…… 900
奉天谘议局致代表团电…… 901
奉天谘议局致代表团电…… 901
吉林谘议局致代表团电…… 902
黑龙江谘议局致代表团函摘录…… 902
吉林代表勉之…… 903
奉天将以国会事激变…… 903
奉省各属之国会热…… 904
奉天谘议局与国会…… 904
奉天刘心田致代表团函摘要…… 905
奉天谘议局致代表团电…… 905
东省仍请即开国会之迫切…… 906
奉天请愿国会之百折不回…… 906
第四次国会请愿之先声…… 907
本日请开国会之计画…… 908
奉天人之国会热…… 909
奉人国会请愿之续志…… 910
奉人第四次请愿国会之详志…… 911
奉天国会请愿代表出发…… 916
奉天人民请愿国会之血泪…… 916
见惯犹惊之血书…… 917
吴议长对于学生同志会下乡讲演之演说…… 918
吉林四次请愿之代表…… 919
奉天人血枯泪尽矣…… 920
代表从今无人志…… 921

卷土重来之奉天人……922
楚歌中之国会声……923
《吴景濂自述年谱》（节录） ……923

四、海外侨民请愿活动

留日学生致军机王大臣电……924
寓日人民之国会运动……925
梁启超与请愿速开国会运动……925
海外华侨通信汇录……929
华侨请愿国会代表抵粤……930
驻美华侨致北京代表团电……931
雪兰莪代表大受欢迎……931
欢迎华侨代表大会纪盛……932
华商联合会致北京请愿国会同志会电……933
华商联合会联合海内外华商请愿国会公告书……933
澳洲华侨致代表团电……938
海参（威）〔崴〕中华商务总会致代表团函摘录 ……938
国会请愿进行之近状……939
国会代表团近事记……939
东京来电摘要……940
国会请愿果能不死乎……940
海外侨民第三次请愿之预备……941
湖南罗君由日本致代表团函摘录……941
纽约华侨致代表团电……942
澳洲华侨致陆代表电……942
澳洲华侨之急电……942
南洋华侨急电……943
留日华侨代表汤觉顿上资政院书摘要……943

华侨代表致军机电…… 944
纽约中华帝国宪政会致时报馆电…… 944

第三编 督抚等官员及资政院议请速开国会活动

一、有关速开国会之奏折

御史徐定超请速设议院保护华侨以维人心弭民变折…… 945
黑龙江巡抚程德全请速开国会以救时艰片…… 947
暂署黑龙江巡抚程德全奏请行宪政融满汉开国会导人才片…… 948
御史陆宝忠等奏请改都察院为国议会以立下议院基础折…… 949
掌印给事中忠廉等奏下议院亟须特别设立不可以都察院更改折…… 950
侍讲学士朱福诜请开设议会以维国势而固人心折…… 952
外城巡警总厅厅丞王善荃奏请定开国会年限折…… 955
度支部郎中刘次源主张三年召集国会呈请都察院代奏书…… 957
浙江洋务局总办王丰镐呈请代奏速开国会文…… 961
考察宪政大臣达寿奏国会年限无妨预定折…… 963
庆亲王奕劻为开设议院不可预定年限据实直陈折…… 968
江西提学使汤寿潜奏稿（节录）…… 969
山东巡抚代奏速开国会折…… 971
侍读学士恽毓鼎奏请速开国会折…… 972
补录资政院请开国会奏稿…… 973
直督陈夔龙电奏稿…… 976
东三省总督锡良奏奉省绅民呈请明年即开国会折…… 977
滇督李经羲恳请速设内阁国会详加解释折…… 978
资政院总裁李家驹等奏请速开国会以符立宪政体折…… 983

二、督抚会商开设阁、会电稿

滇督联合督抚进言电……984
东三省锡督帅、湖广瑞督帅来电……985
江苏巡抚程德全复电……986
云贵总督李经羲致各督抚电……987
云贵总督李经羲致瑞总督、张巡抚电……989
新疆巡抚联魁致瑞、李二总督电……990
又致锡、瑞二总督电……990
吉林陈抚帅来电……991
云南督帅李来电……991
复云南督帅李电……992
滇督李致东、鄂二督及桂抚电……993
两江张制台来电……994
致云南督帅李电……995
致南京张督帅电……996
致安庆抚台朱电……996
晋抚丁致滇督电……997
东督致滇督电……997
吉林陈抚台来电……998
两广袁制台来电……998
山东孙抚台来电……999
云南督帅李来电……999
复吉林抚台电……1000
东三省锡制台来电……1000
广西张抚台来电……1001
滇督李电……1002
安庆抚台朱来电……1003

致云南督帅李电 …… 1003
苏抚致滇督电 …… 1004
鄂督致滇督电 …… 1004
伊犁将军致滇督电 …… 1005
察哈尔都统致滇督电 …… 1006
浙江巡抚增韫致瑞、李二总督电 …… 1006
致云南督帅电 …… 1007
湖广瑞制台、云贵李制台来电 …… 1007
浙江增抚台来电 …… 1008
湘抚电 …… 1009
黑抚致各省督抚电 …… 1009
江西冯抚台来电 …… 1010
致云南督帅电 …… 1011
两广总督袁树勋致李总督、张巡抚电 …… 1011
前广西巡抚张鸣岐致李总督电 …… 1012
云南督帅李来电 …… 1012
东三省锡督帅来电 …… 1013
河南宝抚台来电 …… 1013
复云南督帅电 …… 1014
复云南督帅电 …… 1015
李仲帅来电 …… 1016
云南督帅李来电 …… 1019
陈筱帅来电 …… 1019
山西丁抚台来电 …… 1020
吉林陈简帅来电 …… 1021
云贵李仲帅电 …… 1022
山西丁衡帅来电 …… 1023
云贵李仲帅来电 …… 1023
复吉林抚台陈电 …… 1024

复云南督帅李电 …… 1024
致云南督帅李电 …… 1025
吉林陈简帅来电 …… 1025
锡督帅来电 …… 1026
致山西丁衡帅电 …… 1027
锡督帅来电 …… 1027
云南督帅李来电 …… 1028
云南督帅来电 …… 1028
晋抚丁宝铨致京军机处电 …… 1029
请北京军机处代奏电 …… 1030
复云南督帅李电 …… 1031
复云南督帅电 …… 1031
复武督帅瑞电 …… 1032
武昌瑞莘、张坚帅来电 …… 1032
安庆朱经帅来电 …… 1033

三、资政院议请速开国会

资政院第一次常年会第八号议场速记录（节录） …… 1034
资政院第一次常年会第九号议场速记录（节录） …… 1036
资政院第一次常年会第十号议场速记录（节录） …… 1041
资政院第一次常年会第十二号议场速记录（节录） …… 1044
资政院第一次常年会第十四号议场速记录（节录） …… 1049
资政院之议案 …… 1054
五光十色之资政院 …… 1054
资政院议决上奏国会情形 …… 1056
资政院议员研究国会问题 …… 1057
资政院议决陈请速开国会议案之快闻 …… 1058
资政院全体通过国会议案后政界近信 …… 1059

国会问题大成功 …… 1061
国会热中之怪内阁 …… 1063
资政院各省议员研究会开会记事 …… 1063
资政院仍要求即开国会 …… 1064
国会问题之复起 …… 1065
暮夜权门之乏味 …… 1065

四、其 他

王善荃厅丞、刘次源郎中之折呈 …… 1067
驻德、荷钦使请开国会 …… 1067
驻德钦使之电请 …… 1068
驻英钦使请定召集国会年限 …… 1068
督抚之国会意见 …… 1069
直督之主张 …… 1069
驻美伍钦使请速开国会 …… 1070
官府之国会意见 …… 1070
请愿书之延搁 …… 1071
宪政大臣之奏折 …… 1071
豫抚林赞帅请颁国会年限 …… 1072
三钦使电奏速开国会 …… 1072
赵次帅电请召集国会 …… 1073
四督抚赞成国会 …… 1073
袁项城之国会谭 …… 1074
国会请愿之残照 …… 1074
广西臬台王芝祥致顺直国会团体函摘录 …… 1075
崇都统死请速开国会 …… 1075
苏抚说帖与国会之关系 …… 1076
督抚联衔请开国会之先声 …… 1076

督抚中之反对国会者 …… 1077
驻使对于国会请愿之欢迎 …… 1077
国会问题大警告 …… 1078
国会请愿最后之五分钟 …… 1078
川督允奏国会 …… 1079
各省官员之国会热 …… 1079
督宪会议请开国会之代奏 …… 1080
恩寿之阻挠国会 …… 1081
鄂督通告请愿国会事 …… 1081
滇督联衔请开国会之余谈 …… 1082
督宪紧要告示 …… 1082
滇督李经羲致出使各国大臣函 …… 1083
复张季直殿撰书（戊申） …… 1084
恽毓鼎澄斋日记（节录） …… 1085

第四编　清廷对速开国会之因应

一、有关国会期限之谕旨

革除政闻社陈景仁法部主事职谕 …… 1087
俟九年预备完全定期召集议院谕 …… 1088
仍俟九年预备完全再定期召集议院谕 …… 1089
缩改于宣统五年开设议院谕 …… 1090
令民政部及各省督抚解散请开国会之代表谕 …… 1091
开设议院年限不能再议来京请愿人等迅速送回原籍谕 …… 1092
令各省督抚弹压严办聚众要求速开国会之各地学生谕 …… 1093
令资政院迅速拟订议院法选举法谕 …… 1093

二、清廷内部讨论与态度种种

政务处驳覆请开国会 …… 1094
建议调查日本初设国会情形 …… 1094
枢臣嘉赏杨度之说帖 …… 1095
政府讨议国会问题 …… 1095
学部电阻学界请开国会 …… 1096
民选议院请愿书缓奏 …… 1096
宣布国会期限消息 …… 1097
范源濂之答问 …… 1097
政府对于开设国会之意见 …… 1098
开设国会年限之大会议 …… 1098
国会期限问题之纷歧 …… 1099
两宫调取朱福诜封奏 …… 1100
电请督抚密报国会年限 …… 1100
廷臣对于开设国会期限之意 …… 1101
国会期限莫衷一是 …… 1102
两宫留心立宪事 …… 1103
国会论两派之竞争 …… 1103
政府会议国会问题 …… 1104
都察院对于国会之评议 …… 1105
国会年限之议谕 …… 1105
请愿书之代奏 …… 1106
宪政馆对于国会之意见 …… 1106
不准留学生请愿国会 …… 1107
宪政馆各员陈述意见 …… 1107
慎重代奏国会请愿书 …… 1108
国会与各督抚 …… 1108

国会与政府 …… 1109
国会问题之里面 …… 1109
议饬各督抚详陈国会利益 …… 1110
枢垣对于国会奏折之观念 …… 1110
政府对国会问题 …… 1111
都察院捺搁国会请愿书原因 …… 1111
宣布国会年限之原因 …… 1112
王大臣会议国会年限问题 …… 1113
回顾发表国会年限之当时 …… 1114
颁布议院谕旨之郑重 …… 1115
都察院与国会 …… 1115
政府预筹抵制外人监督财政 …… 1116
亲贵对于国会之预议 …… 1116
枢臣之意见 …… 1117
海军大臣之电告 …… 1117
摄政王深信民智之已开 …… 1118
初十日都察院之集议 …… 1118
补述国会代表请愿时情形 …… 1119
开国会仍无影响 …… 1119
政府慎防国会之周密 …… 1120
吴军机之国会热 …… 1120
摄政王谕查各国国会内容 …… 1121
国会受乱民之影响 …… 1121
最近之国会谈 …… 1122
国会请愿书之入奏 …… 1122
国会请愿近情种种 …… 1122
补述伦贝子之反对国会请愿 …… 1123
国会请愿最后之解决 …… 1123
国会请愿不准之原因 …… 1124

追记国会请愿确情 …… 1125
提防国会请愿代表 …… 1126
国会请愿不死 …… 1126
然则国会果有速开之望矣 …… 1127
洵邸不忘情国会 …… 1128
涛贝勒为真赞成国会者 …… 1128
政府会商对国会办法 …… 1129
涛邸之热诚 …… 1129
太后有速开国会之意 …… 1130
国会问题之进行 …… 1130
亲贵大臣之国会观 …… 1131
国会之八面观 …… 1132
汪荣宝果反对国会耶 …… 1133
汪议员与孙代表之晤谈 …… 1134
政府对于国会之疲软 …… 1134
国会请愿之好消息 …… 1135
国会之大跃动 …… 1135
内阁与国会之先后 …… 1138
枢臣研究资政院奏稿 …… 1138
国会党与资政院议员 …… 1139
涛贝勒也算聪明 …… 1140
杨京堂封折述闻 …… 1141
国会缩短后应行之盛典 …… 1141
黄侍御瑞麒之封奏 …… 1142
政府密议追记 …… 1142
宣统五年决议开设国会之原因 …… 1143
国会缩短三年召集之原因 …… 1144
御前会议国会记 …… 1144
五年国会之纷争 …… 1145

阁会之风丝雨片 …… 1146
肃邸尚托病解围 …… 1148
国会年限果不许再请耶 …… 1149
国会恐无即开之望 …… 1149
枢府电饬解散国会 …… 1150
东省请愿国会之被斥 …… 1150
四次国会请愿了矣 …… 1151
政界之疑心暗鬼 …… 1152
汪荣宝日记（节录） …… 1153

第五编　国会请愿时论

无国会之害 …… 熊范舆 1159
国会请愿之时机 …… 鹤亭稿 1162
政府能顺国民开国会之请愿乎 …… 1164
对于要求开设国会者之感喟（节录） …… 鸿　飞（张锺瑞）1165
论都察院搁置国会请愿书事 …… 1186
论学部电阻学界请开国会事 …… 1188
论学部禁阻学界干涉请开国会事 …… 问 1190
敬告禁止请开国会者 …… 1192
论请愿国会之运动 …… 1194
国会请愿书已生毛矣 …… 1196
敬告各省请开国会之代表诸君 …… 1196
论国民皆宜加入国会期成会 …… 1199
论宣布国会期限之纷议敬告已入政府留学诸君 …… 1202
开设国会年限缓急问题 …… 1204
敬告国会请愿者 …… 石　公 1206
论今日国民之请愿国会不当阴袭阻挠国会者之故智 …… 心　史 1207

祝国会期成会成立之前途 …… 1210
国民当请愿国会时代试再读集会结社律 …… 心 史 1211
读二十四日上谕恭注 …… 1214
读六月二十四日上谕谨注 …… 1215
呜呼，中国之前途 …… 1217
乞求开国会者之卑劣手段 …… 寓巴罗华侨一份子 来稿 1219
论湖北之无国会请愿者 …… 罗莑庵 来稿 1221
论国会无不可速开之理由 …… 嫉 俗 1223
马良请速开国会 …… 太 炎 1225
八旗联名上书请愿开国会说 …… 1226
政府与国会 …… 1227
忠告请愿国会者 …… 1228
国会问题杂感 …… 惜 诵 1230
论请开国会之踊跃 …… 锄 1232
读谕恭注 …… 1235
忠告联名上请愿书于满洲者 …… 精 卫 1237
论国会请愿之无效 …… 1242
论各省请愿国会代表亟应筹议地方自治 …… 牟树滋 稿 1243
要求开国会者宜有最后之武力 …… 精 卫 1248
国会问题之真相 …… 侠 少 1251
敬告筹还国债会及国会请愿各代表 …… 宣 1255
论朝廷对于国会请愿宜从民意 …… 宣 1258
论国民对于国会请愿当协同一致 …… 樊 1260
截指之国会 …… 吉 三 1262
敬告国会请愿代表 …… 醒 1263
对于请愿速开国会代表之希望 …… 吼 佛 1266
论政府亦宜欢迎国会代表 …… 1268
论国会代表与政府之关切 …… 1270
论国会问题告八旗人士 …… 天 民 1272

论促开国会之无流弊忠告政府诸公 …… 1275
中国之国会请愿 …… 泰晤士报 1276
学界欢迎请愿国会代表演说 …… 醒 漻 1278
请开国会之结果 …… 1279
对于速开国会请愿之感言并忠告政府 …… 仁 术 1280
敬告海内继续国会请愿之各团体 …… 1281
第一次国会请愿后敬告我国民 …… 湖南代表 刘善渥 1283
劝同胞须人人担一份请开国会的义务 …… 剑 公 1286
国会期限问题 …… 沧 江 1288
最近国会之动机 …… 六 六 1290
日纸论速开国会之利害 …… 1293
论政府欲解散国会请愿代表 …… 1294
再请速开国会感言 …… 选稿 1296
对于枢府议逐国会代表之感言 …… 心 僧 1297
祝豫备立宪分会之成立 …… 选 1299
敬告南洋华侨请愿代表 …… 星 1301
论请愿国会当与请愿政府并行 …… 沧 江 1304
对于谘议局连合会开会地方之意见书 …… 星 1308
华侨公举代表请开国会之私议 …… 痴 子 1310
因继续请开国会事敬告华侨 …… 六 六 1312
读请愿国会同志会意见书书后 …… 江阴 毛凤和 1314
国会请愿同志会意见书质疑 …… 白 水 1316
论速开国会之请愿 …… 1318
读国会代表与大僚问答感言 …… 1320
第二次国会请愿私议 …… 究 竟 1322
国会代表团上书办法平议 …… 1324
读国会代表第二次请愿书感言 …… 铎 1326
敬告速开国会请愿者 …… 1328
再忠告国会请愿诸代表 …… 竹 园 1330

忠告国会代表 …………………………………………… 省庐来稿 1333
论中国不速开国会无以达宣统八年 …………………………… 孝 可 1335
论华侨因国会请愿被驳不缴海军捐事 ………………………… 幸 楼 1337
论政府阻挠国会之非 ……………………………………… 沧 江 1339
慨筹还国债之结果 ………………………………………………… 1357
为国会期限问题敬告国人 ………………………………… 沧 江 1358
各省国会代表将三上请愿书之希望 ……………………………… 1366
五月二十一日上谕恭注 …………………………………… 诤 民 1368
蜀人对于国会请愿之冷落 ………………………………………… 1376
对于谘议局联合会之希望 ………………………………………… 选 1377
第二次忠告国会代表 ……………………………………… 省庐来稿 1379
评赵牛两君之血书 ………………………………………………… 1381
再评要求国会之血书 ……………………………………………… 1381
诘问庆工 …………………………………………………………… 1382
请愿国会最近之意见 ……………………………………… 诤 民 1383
论资政院与速开国会之关系 ……………………………………… 1387
三次国会请愿之感言 ……………………………………… 无 妄 1389
评奉省人民之国会热 ……………………………………………… 1390
驳江督反对国会与责任内阁之电文 ………………………… 无 妄 1391
为国会事忠劝泽公 ………………………………………………… 1394
论泽公与汪荣宝对于国会之关系 ………………………………… 1395
告代表团 …………………………………………………… 秋 桐 1397
九月二十日资政院会议解决速开国会之乐观 …………………… 1400
论国会缩短三年之不可 …………………………………………… 1401
论内阁、国会一不可缺 …………………………………………… 1402
国会期迫敬勖国民 ………………………………………… 白 坚 1404
对于第三次请愿结果之预言 ………………………………………… 星 1408
论宣统五年召集国会问题 ………………………………… 嘉 言 1410
读宣统五年开设国会上谕恭注 ……………………………………… 醒 1411

论开国会之必无纷扰 …… 选 1414
本月初三日缩短国会期限上谕谨注 …… 星 1415
论各省督抚第二次电请速开国会 …… 1417
初三日上谕之表微 …… 1419
读十月初三日上谕感言 …… 沧江 1420
即开国会意见书 …… 喻长霖 1429
论国会问题之一喜一惧 …… 1430
读同志会之通告书 …… 1432
第四次国会请愿感言 …… 1433
呜呼！一丘之貉 …… 1434
论督臣热心国会之可钦 …… 1435
论缩短国会期限事 …… 师亮 1436
缩短国会期之感言 …… 杜鹃 1438
论东三省人士热心国会之原因 …… 孤愤 1441
论东三省人民请愿国会之激烈 …… 1442
论东省人民再请开国会之迫切 …… 霖 1444
论速开国会事 …… 1446
读二十三日上谕恭注 …… 嘉言 1447
国会代表团之怪状毕露矣 …… 杜鹃 1449
读本月二十三日上谕恭注 …… 梦幻 1450
论政府对于人民之现象 …… 梦幻 1453
各省督抚多因国会乞休之感言 …… 1455
敬告国会热诸公 …… 亚伯 1456
论发遣温世霖事 …… 1458
恭读连日上谕感言 …… 梦幻 1460

第二编　各地绅民及华侨国会请愿活动

三、八旗及各省绅民请愿活动

6. 江　苏

预备立宪公会提议国会请愿

预备立宪公会以请愿开设国会一事，函致各会员，并发议决票，请各填写，以多少数取决，然后再行会议联合各团体办法。兹将原函录下：

启者。前接本会董事沈友卿先生意见书，略谓：本会以预备立宪为宗旨，宪政权舆，莫亟于开国会。上年某省即用知县熊范舆等上书请愿一次，今年湖南举人雷光宁等又上书一次，均皆留中。今闻各省继之而起者，或分或合，尚有十数行省，而粤省尤力。本会会员遍于各省，海上商会、学会尤林立，似应及时发起联合请愿，以尽我立宪国民之义务，希即提议等因。旋经十一日董事会决议，先由本会将沈君意见通告各会员，请各会员于十九日前，将附去之议决票填送本会事务所，以便分多少数取决，再于十九日开董事会，议联合各团体办法。合亟通告。肃请台安。

再，十五日为本会常会之期，业经登报。此次既有此重要问题，本埠及近便各埠会员，能赴常会决议，尤为便捷。鹄候惠临。

按：今日救亡之策，无过于国会，稍有识者，类皆知之。立宪会会员为国民之先觉，岂有不赞成此议者？记者谨濡笔以待。

《申报》，光绪三十年三月十五日（1908 年 4 月 15 日）

上海预备立宪公会覆自治会书

敬复者。十四日接大函，二十三又接公电，并闻报载十六、十七等日开会情形，知粤中民气百倍于他省，足为国家后盾。适郑会长赴宁垣，至今未返，正思邀集同人作复，忽接上海道梁观察来函，谓粤人抵制日货事，迭奉外部、督宪严饬，禁止登报，昨又见各报载粤商自治会致公会电，恐于外交有碍云云。敝会当即以正当之词复之。梁公处于政府之地位，自不能不如此，其如民气何？然敝会纯主张积极主义，以为强国根本在自兴工艺，使百物皆备，足以利民用，则运费省，成本轻，销售易，外货之源不禁而自绝。贵省前有粤汉风潮，而旬月之间集股四千余万，后有西江一役，而航业以兴。此次辰丸之愤，或者其促粤人工艺之思潮乎？兴言及此，不禁起舞，为粤人贺。抑敝会更有进者，实行立宪，其基础在自治，其归宿在国会。方今时事多艰，曰路矿，曰缉捕，曰领土，杂沓洊至，遇事争执，号呶不已，东奔西叫，曾无补于毫末。计惟有速开国会，乃可为根本之解决，盖有国会则此等问题皆可消灭于无形。宪法之效力不独可以对内使上下相维，官民共守，并可以对外使耽耽者知我后盾，而戢其野心。吾人生逢斯世，倘思有以自效，则对于政府当为切挚之请求，对于社会当为黾勉之预备，敝会区区之愿在此。正欲与诸君筹商此事，适见报载贵省亦有请求民选议院之议，欢喜无量。此间十日前曾复贵省地方自治研究社一函，亦已道及之矣。上海政治团体凡四，皆注重此举，敝会曾经民政部立案，尤不敢不努力自效。愿与诸君共勉之。端此奉复，祇请（均）〔钧〕安。

《申报》，光绪三十四年三月十五日（1908 年 4 月 15 日）

江苏绅士预备开设国会纪事

四月十八日，江苏绅士假坐新闸酱园弄法政讲习所开会，研究国会问题。略谓：凡社会，一法人耳。法人者，以法律成立。国家亦一法人，故中国有元首股肱之喻，是故一个人必不能为一国之代表。今日诸君须知，吾中国先欲组织一完全纯一之法人，而后不负此中国二字。法人者，长存不灭，有法人之精神，有法人之资格。精神、资格究是何物？曰，惟国会而已。国会之成，在人民之请愿，各省皆已有请愿者，江苏今日亦应议一要求第一步之方法。

次提议办法。先述各省要求情形，并言江苏本拟联合安徽同上，后又拟并合安徽、江西、浙江、福建六省者。近又见安徽签名已达五千人，书稿已具，领衔者、代表到京者，俱已部署停妥，惟未出发耳。其余赣、浙、闽，亦已分途签名办去。则江苏当先就本省筹定办法，分二层：（甲）签名；（乙）推定代表，赍书入京。决议签名以一月为限，推代表以三人为度。

次提议分途签名若无依据，则且不知国会为何事。理由稿虽不能宣布，可将今日演说及提议之办法印刷分发，以为签名者依据。且为政府一边设想，或因此而知国会之利益，不至居中破坏。既将演说稿发布，使知国会之性质至公至正，为有益国家之物，庶将来稍易着手也。

又有人起言，国会之成立虽政府与人民共同之事，然请愿则人民之责任也。请愿要求不必果成，而不请愿要求，则永无成立之望。政府动谓人民程度不及，吾人民不自造程度，则必无程度可及之一日。今日之请求，即见吾民之程度果何如矣。人民请求一次不成，则二次、三次，至于必成而后止。政府与人民日处战争之地位，政府气盛则政府胜，人民气盛则人民胜，俱在我人民自为之耳。

主席宣布五月二十三日星期续行开会，推举代表及布告请愿书稿各事。

又决议暂以法政讲习所为通信处。

《中外日报》，光绪三十四年四月十九日（1908 年 5 月 18 日）

纪会议请开国会事

初六日下午，本郡绅学界特开要求速开国会大会议。是日到会者四百余人。先由恽绅祖祁报告今日提议国会请愿，及铁路招股事件；次由史君醒庵代述沈友卿君《国会浅说》；次梅介节君代述孟庸生君《国会白话演说》；次于瑾怀君演说国会之利益，及苏省铁路筹筑北线入股之利益。六时散会。当时签名者，共二百八十余人，复分发签名单二百余张，以便辗转传签。散会后，又由劝学所、教育会诸君提议建筑公园及周耀德诬控陷害事，议毕已薄暮矣。

《申报》，光绪三十四年五月十一日（1908 年 6 月 9 日）

江苏人士要求开设国会会议纪事

昨日下午，江苏人士在本埠新闸（医）〔酱〕园弄法政讲习所开会集议，公举代表，携带请愿书进京，向都察院呈递，求代奏两宫请开国会。到者三百余人，三点一刻钟摇铃开会。雷继兴君演说，略谓：本日开会，系请同乡公举代表，进京呈递请愿书请开国会事。马湘伯先生本拟到会，现因抱病，未克如愿。今日公选代表之法，每一票上连举四人，宁属两人，苏属两人。开票之法，举定最多数者八人，随后由八人之中自举四人，进京办理呈递请愿书之事，其余有因事不能进京者，留沪办事。今日各省均已举行此事，故本省亦须预备，不宜迟缓。现在到会诸君，对于此事如有意见，尽可发表，以便参酌妥善之法。旋即将选举票分给全座，各自将拟举人名书于票上，呈交主席。选举票全数交出之后，雷君又向众宣言，谓：今于开票以前，尚有数语须于兹声言者，即讲明开设国会之利益。盖自有国会以后，于是民间之利害关系始得藉以发表，政府与人民之情形从此亦得共悉，不至如今日之阻隔不通。一国之于政府及官吏，犹一人之于医生。政府及官吏者，所赖以办理国民之事者也，其办法良善，国民获其益；办法不善，国民受其害。有病之人，能向医师表明其疾病所在之处，使医师有所措手者，赖有口也。国会者，即人民告政府以疾苦所在之口也，人民无国会，即无口。国会者，人民发言之机关也，苟无此项机关，则更无他法使政府能知人民之疾苦。使我国而早开国会，则何至有沪杭甬借款之问题。类此之事，将来正多，是以开设国会之事，实不容缓。本会议毕，今日尚须续开江苏铁路协会，望诸君稍俟，以便研究关于本省铁路之问题。盖江苏铁路协会成立后，江苏人士对于本省铁路之事始有一机关，可以发表意见矣。

次孟庸生君将所拟请开国会之请愿书稿宣读一过，以便诸人意见或有异同之处，得以互相参酌。该稿内容略谓：自下明诏预备立宪以来，至今已两三年矣，而卒未见实行。天下臣民因政府有人民程度未及之语，致有疑及圣上无实行立宪之意者。现在外患日迫，此举势难再缓，盖必开设国会，于是人民始有负担责任之方法、时候与地位也。例如政府欲重兴海陆军，令议院集议筹款之事，此即负担责任之方法也；又如开设国会以后，人民始有公共机关，时时可以聚集会议，此即其时候也。尝闻有人言及两宫不肯实行立宪，恐有二因：其一疑人民不能负担责任，其二谓人民程度未到。今可为之解释。若谓疑人民不能负担责任，则前次上谕确有“官民共负责任”之语，足见朝廷并未疑及此事。试问国家何由而成，非由土地、人民组织而成乎？苟人民之利害，不令人民预闻之，可直谓为无人民之国家，朝廷岂乐有此无人民之国家乎？抵抗外侮，由一二大臣独任之善乎，抑由全国人民公任之善乎？此人民不能负担责任之说之不必顾虑也。至谓人民程度未到，则此言究以何者为根据？使一万年不开国会，即谓一万年程度未到可也。则是言也，直以不白之冤，诬我人民之言也。例如朝廷发布号令，命人民组织议院，人民立即召集而议院成。朝廷提出议案，交国会集议，届时议员集议对答，必无不能行之事。纵使偶有未妥之处，政府不以为然，再交议院重议，议院亦无不能应命，无所谓程度未到也。即使程度未到，只须多加辩论，自然得有进步。且不开国会，尤有两害。其一曰对外之害。当今世界强国互相对付，互相竞争者，非仅恃其国政府当局诸人之力，而实依赖全国人民之力也。中国不开国会，自然无人民为政府之后盾。以无数有人民为后盾之国，群起而图一无人民之国，而求其生存也得乎？一曰对内之害。不开国会，则有才学之人士无从表见，势将埋没终身；开设国会，则能聚集多数人才，共谋经国之道，自不致有所废弃，而政府获其益矣。至谓士气嚣张，殊不知一经负有责任，断无此等弊病。平日官场，往往抑制人民言论之自由，此实最可伤也。开设国会，又于政府有两种利益。一曰皇室之利。立宪国家，凡事依从法律，交付议院议决施行，元首不负责任，且得为万世一系之君主。一曰大臣之利。非立宪国，凡事取决于一二大臣，偶有失败，当局大臣即为丛矢之的，受万民之唾骂；至立宪国家，则国务大臣对于国会不负责任，凡事由国会议决，国民为其后援，此即大臣之利也。现在人民要求开设国会，实出于万不得已，开设国会之后，人民须负担纳税兵役之义务，故于人民实无所利，而于国家其利甚大，不过人民有发表言论之机关而已云云。

次开选举票，得最多数者如左：

宁属五人：张謇七十二票，许鼎霖五十五票，魏家骅二十票，陶保晋四票，夏寅官三票。

苏属五人：雷奋八十八票，马良七十二票，孟昭常三十九票，沈同芳十二票，曾朴十四票。

经众决议，十人之中推举进京呈递请愿书者四人，余均留沪办理各项事宜。

四点三刻摇铃散会。

《中外日报》，光绪三十四年五月廿四日（1908 年 6 月 22 日）

政闻社请速开国会电

北京宪政编查馆王爷、中堂、军机大人钧鉴：开设国会一事，天下观瞻所系，即中国存亡所关，非宣布最近年限，无以消弭祸乱，维系人心。且事必实行，则改良易；空言预备，则成功难。凡事如斯，岂惟国会？近闻有主张十年、念年者，灰爱国者之心，长揭竿者之气。需将贼事，时不我留，乞速宣布年限期，以三年召集国会。宗社幸甚，生灵幸甚。政闻社总务员马良等谨叩。

《中外日报》，光绪三十四年六月初五日（1908 年 7 月 3 日）

政闻社与请愿速开国会[①]

请愿速开国会是政闻社进行各事中一件最大的事，是时该社社员在国内之活动，颇形积极，而尤以运动签名请愿速开国会事为最，这是惹起清廷大吏妒忌的主要原因。二月二十三日，张君劢嘉森致先生一书里面讲该社运动请愿速开国会的情形说：

"国会期成会事所运动之省份，以吾社为独多，而总共人数尚不满万。（安徽六七百，山东□□，湖南二千余，江苏现所签者不过四五百。）此间社员觉办事人于此方面并未注意，故此次甚望多得一二万人，为一极大之请愿，以雪吾社不能活动之耻。前在神户所谈，谓合广东西两省，得万余人尚非难事，则函致粤中时，必须得一极热心、极有力之人运动此事，以必达此目的而后已。此最东京社员所希望者也。（徐君勉先生通信乞示知。）"（光绪三十四年二月二十三日张嘉森《致任公蜕庵两先生书》）

六月初二日，预备立宪公会郑孝胥、张謇、汤寿潜电请速开国会，以二年为限。

六月初，政闻社便以该社全体名义致宪政编查馆一电，请限期三年召集国会。[②]

……

六七月，清政府以政闻社社员、法部主事陈景仁电奏请速开国会，并攻击考察宪政大臣于式枚案，谕令查禁政闻社。陈电全文未见，现在把革陈职和查禁政闻社的两道上谕钞在下面：

"光绪三十四年六月二十七日奉上谕：政闻社法部主事陈景仁等电奏，请定

① 录自《梁启超年谱长编》光绪三十四年（1908年）条，标题为编者所加。
② 见前条"政闻社请速开国会电"。

三年内开国会，革于式枚谢天下等语。朝廷预备立宪，将来开设议院，自为必办之事，但应行讨论预备各务，头绪纷繁，需时若干，朝廷自须详慎斟酌，权衡至当。应定年限，该主事等何得臆度率请？于式枚为卿贰大员，又岂该主事等所得擅行请革？闻政闻社内诸人良莠不齐，且多曾犯重案之人。陈景仁身为职官，竟敢附和比昵，倡率生事，殊属谬妄，若不量予惩处，恐诪张为幻，必致扰乱大局，妨害治安。法部主事陈景仁，着即行革职，由所在地方官查传管束，以示薄惩。钦此。”（光绪三十四年六月二十八日《申报》）

又：

“光绪三十四年七月十七日奉上谕：近闻沿江海暨南北各省设有政闻社名目，内多悖逆要犯，广敛资财，纠结党类，托名研究时务，阴图煽乱，扰害治安。若不严行查禁，恐后败坏大局。着民政部、各省督抚、步军统领、顺天府严密查访，认真禁止，遇有此项社伙，即行严拿惩办，勿稍疏纵，致酿巨患。钦此。”（《查禁政闻社上谕》光绪三十四年七月十八日《申报》）

……

结果政闻社终于解散了。七月二十七日《申报》载查禁该社的原因说：

“七月十七日上谕查禁政闻社，严拿社伙，闻其原因系缘陈景仁等请斥革于式枚一电，某邸颇滋不悦，随分电各省调查该社内容。数日前已得某省电复，有立社处所甚多，社伙甚众，且有要犯混迹其中，故当日召见时面奏情形，随下严行禁止，饬属拿办之谕。”（《申报》《政闻社谕拿原因》光绪三十四年七月二十七日）

政闻社被查禁的近因，除陈景仁案以外，五六月间南海康先生所主持的海外亚、美、菲、澳二百埠中华宪政会华侨公上请愿书一事，大概也是一个原因。请愿书所请九件事中，有（一）立开国会以实行立宪，（二）尽裁阉宦，（三）尽除满汉之名籍而定名曰中华，（四）营新都于江南以宅中图大等四条。——这都是清廷忌讳的事。此外，预备立宪公会所发动的各省国会请愿代表，也正齐集京师，进行请愿运动。所以结果才有这霹雳一声的查禁上谕。七月二十八日《申报》再详其原因说：

“十七日降谕严治政闻社原因，已录昨报，近闻此事之主动者，系南洋二百埠华侨请愿书所致。上月中，旧金山中华帝国宪政会总长康有为、副长梁启超联合海外二百埠侨民上请愿书，主张十二大请愿，内有撤帘归政，尽裁阉宦，迁都江南，及改大清国号为中华国数款，最为政府所骇怪。某日退值后，各枢堂即会同宪政馆、政务处会议，某邸谓：朝廷锐意宪政，即拟开设国会，使人民参与国政，亦断不容有此荒谬请求，致扰大局。某中堂谓：中华帝国宪政会远在海外，难于解散，惟沿海各省分设政闻社与梁启超有关系，不如先查政闻社为下手之地。各堂多以为然，越数日，即拟严拿社伙之旨。”（《严治政闻社详志》三十四年七月二十八日《申报》）

又该报转载上海《字林西报》论清廷无意立宪消息一则云：

“《字林西报》北京访函云：前日，皇太后特下谕旨，命各省督抚严拿政闻社社伙，雷厉风行，闻者错愕，莫明其故。按：政闻社为各省绅商所组织，去年成立，社中目的为协助政府调查各国立宪制度，俾中央政府得以创立国会，实行宪政。近者赴德考察宪政大臣于式枚二次电请缓立宪，政闻社社员陈景仁电奏请革，不意遂触政府之忌。盖满洲守旧党皆谓立宪政体利于汉人，而满人历朝所得之权利皆将因此尽失，故竭力反对之。近日《江汉日报》复因登外洋华侨请愿书为鄂督所封。以上两事，皆足阻中国革新之举。目下政学绅商已无敢再述及立宪二字，即江苏、江西、安徽、广东、浙江各省公派入京之代表，亦均拟束装回省。据此以观，满洲政府之政策，实欲箝制国民之口舌，使之不言，而严办政闻社社员，不过借端而已。”（《西报论政府无意立宪》，光绪三十四年七月二十九日《申报》）

丁文江、赵丰田：《梁启超年谱长编》，上海人民出版社 1983 年版，第 453—454 页、468—473 页

苏省国会请愿签名人数

苏省国会请愿，业经公举代表，预备赍书北上。现已将签名之人汇齐入册，其余陆续补签者，尚络绎不绝。闻此次请愿，若不获命，则第二次请愿可达十万人，政府诸公其亦俯念舆情，而勿以五年、六年为延宕之计乎。兹将汇齐入册人

数总计如下：宁属二千四百念九人，扬属一千二百七十八人，苏属一千零九十四人，淮属一千二百七十人，松属一千零四十五人，徐属八百四十四人，常属二千七百四十九人，海属三百四十九人，镇属六百二十四人，通属八百零五人，太属九百五十四人，海门三百五十二人。总计一万三千七百九十三人。

《中外日报》，光绪三十四年六月初五日（1908 年 7 月 3 日）

补录初二日上海立宪公会上宪政编查馆电

（为要求开设国会年限事）

北京宪政编查馆王爷、中堂、宫保钧鉴：近日各省人民请开国会，相继而起。外间传言，枢馆将以六年为限，群情疑惧，以为太缓。窃谓今日时局，外忧内患，乘机并发，必有旋干转坤之举，使举国人之心思耳目，皆受摄以归于一途，则忧患可以潜弭，富强可以徐图。目前宗旨未定，四海观望，祸端隐伏，移步换形，所有国家预定之计画，执行之力量，断无一气贯注，能及于三年之外者。若限期太远，则中间之变态百出，万一为时势所阻，未能践行，是转因慎重而致机绝。纵秉钧诸老，心贯日月，亦何以见谅于国人。孝胥等切愿王爷、中堂、宫保上念朝事之艰，下顺兆民之望，乘此上下同心之际，奋其毅力，一鼓作气，决开国会，以二年为限，庶民气固结，并力兼营。势急则难阻，期短则易达，措天下于泰山之安，其策莫善于此。现上海绅商联合研究开设国会之次序，俟有成稿，谨当缮呈。区区忧国之愚，不避冒渎之罪，伏候钧裁。预备立宪公会郑孝胥、张謇、汤寿潜等谨叩。

《中外日报》，光绪三十四年六月初六日（1908 年 7 月 4 日）

预备立宪公会呈宪政馆电

（为请速设国会事）

北京宪政编查馆王爷、中堂、宫保钧鉴：前电意有未尽，谨披沥再陈，冀蒙垂听。开国会者，特利用国民之策而已。中国之国会与万国不同，无论何国之政治家，究其学识，无足以裁决中国国会适当之办法者。何则？以我之国大俗殊，为历史所无故也。今欲集中国之学者，裁决此事，虽虚拟年限，要皆随意揣测，不足以为定论。但问朝廷欲开国会否耳，果欲为之，则宜决然为之，直以最捷之法，选举召集，固非甚难。胥等所谓二年，即立与施行之谓。如以二年为简率，则虽五六年至七八年，亦与二年略等，未见其遂为完密也。迟疑顾虑，终于无成，实中国积弱之锢习。必先除去此习，乃有图存之望。时不可失，敌不我待，当世雄杰，或韪斯言，不胜忧愤，伏祈荩察。预备立宪公会郑孝胥、张謇、汤寿潜等百叩。

《中外日报》，光绪三十四年六月十四日（1908年7月12日）

国会期成会成立大会纪事

六月十四日，国会期成会开成立大会于四马路本会事务所，到者约四百人。是日开会次序如下：（一）报告，（二）演说，（三）公祝江、皖两省代表前途。

首雷君继兴报告本会发起之历史，及研究以后之办法，谓："本会发起，由于政闻社、预备立宪公会、宪政公会、宪政研究会四团体。但本会之目的，在于以全国国民要求国会之成立，故以后无论团体或个人皆可加入，亦可谓之全国共同之团体。而将来负责任者，非仅发起数团体，实全国共同之责任。本会发起于今年春间，以房屋未就，迟迟至今，良憾其晚。且本会现尚不能开完全之大会，故会中职务，暂由各团体职员〈中〉担任。俟将来签名人多之日，再开大会公举职员。此发起至今之经过也。至本会以后之办法，当电致各省，促其举代表入京，要求国会。一面发表国会期成会之名义，使人人知国会为今日所必需要，共起而担其责。政府对于国会一事，置他之重要问题于不顾，而独研究年限问题，可见政府之心，尚以为人民程度不足，期限尚早，故亟亟研究之。岂知中国之国会，非各国之（各）〔国〕会，以中国人为中国之代议士，何程度不足之有？若再迟缓，恐无容我开国会之日矣。”

次由王君抟沙演说，大致谓国会期成云者，非宣布年限，目的即可云达，必有民选之真精神，而后可无遗憾。

次由贺君绍章演说，谓地方自治、教育普及两问题，必俟国会成立之后，而后可谋解决。

次由叶君惠钧演说，痛驳人民程度不足及预备立宪两说。

次由吴君□□演说，发明国会期成会会员之责任，并希望其持久。

次由范君秉钧演说，谓国会必期其成立者，其重要之理由有四：（一）宪法编制问题，非国会无由参以国民之公意；（二）地方自治问题，非国会无以促其成立；（三）政党问题，非国会无以为活动之根据；（四）外交问题，非国会无以救其失败。

诸君演说既竟，于是马相伯先生起而致祝词于两省代表曰：“英人某氏在韩国发行一报，为保卫韩国之人权，被押至上海，上海居留之韩人，特开大会欢迎之。夫以亡国之韩人，尚知为人权而开会欢迎，今我江、皖两省代表入京，请开国会，我国民当如何欢送，如何公祝耶？譬诸科举未停之日，凡公车会试者，其戚友必欢送之，然此不过个人功名富贵之关系耳。今请开国会，乃我全国人民之生命所关，财产所关，人格所关，岂仅个人之功名富贵而已？此所以必须欢送也。去岁苏杭甬铁路事，我等曾送代表入京，其后卒至失败，丧气而归。此因国家慑于外国之坚船利炮。今我请开国会，既无外人之干涉，又无坚船利炮之可恐，其前途必大获胜利，可断言者。且国会者，乃我中国立宪国民之人头衔也，乃我人民生命财产保险之护照也。何以言之？诸君试观居留地之洋人，其人格高于我十倍、百倍，乃至千倍、万倍，动辄与吾之官吏政府相争相抗，非以其有立宪国民之大头衔乎？又试观今之捐纳者，必有捐照一张，其护惜之情，无所不至。今我国民每年捐纳租税奚止数千万，顾不向其取回护照，以保我民之生命财产，非天下之【至】懵者乎？今日江、皖两省代表，为我民请开国会，即无异于为我民领取立宪国民之大头衔，及生命财产保险之护照。我民之开会欢送之者，非为江、皖两省代表计，实自为计也。"

次由江苏代表孟君庸生致答词而散。

《时报》，光绪三十四年六月初十五日（1908 年 7 月 13 日）

国会研究所推举起草员

上海预备立宪公会曾于三月间由沈友卿君提议请求开设国会，当经通告各会员公议，以兹事体大，似应先设一国会研究所，研究开设国会之顺序，按其节目，作为草案，然后上之政府，庶乎切实可行，并议定研究时间以三阅月为终止期。嗣即议定办法及研究所简章，分送各团体，定于四月十四日开始办理。现在已届两月，所有研究之事将次就绪，特于昨日在预备立宪公会开会，推举秦晋华、孟莼生、孟庸生、雷继兴、范秉钧五君为起草员，以便将组织及选举、召集等各方法速行分章属稿。

《中外日报》，光绪三十四年六月十五日（1908 年 7 月 13 日）

国会期成会大会纪事

国会期成会于昨日午后在本埠英界福州路西该会事务所开成立大会，兼为江、皖两省赴京请开国会代表送行，到者共一百二十人，三点钟开会。

马湘伯君布告开会宗旨，略云：今日为国会期成会成立后开第一次大会之期，本会系由各团体发起，不分省界，专以期望中国国会早日开设为宗旨。仆今因病不能多谈，请雷继兴君报告一切。

雷继兴君演说，略云：今日所当报告于诸君子者，一为本会以后之办法，一为今日开会之本意。本会系由预备立宪公会、政闻社、宪政公会、宪政研究会四团体之会员公同发起而设，以冀各会办事得以有所归宿，而执公同一致之运动。凡有赞成本会宗旨者，皆得入会为会员，并不仅以各团体为限，以期本会日益发达，终能达其目的。但所以图发达本会，及所以谋达目的之举，尚望本会全体各会员共担任其责任，非专由发起诸君担任之也。鄙人亦为发起人之一，但常因忙冗，以致担任之事甚少。若政闻社某某二君，则以公余多暇，故担任之事较多，鄙人对之殊深愧恧。本会乃关系中国全体之会，目下会员不多，故尚不能即行选举职员，是以现在办事诸君，皆系暂从诸发起人中推举担任者，一俟将来会员增多，然后再行公同选举办事职员，此皆今日以前之事也。至自今以后，本会当办之事，即在使各省均知上海有国会期成会之设。今宜电致各方面，向中国全国社会宣告本会业已成立。但本会一经发表此项宣告，令全国社会皆已知有本会，则本会全体会员须当立刻担其责任，尽其义务，向目的所在之方面进行，以冀有效力之发生，否则吾人将受空言无补之诮矣。今日开会有两目的，一为本会之成立，一为江、皖两省代表送行。在座诸君如于请愿开设国会之举有所意见，皆可于今日向代表诸君发表，而代表诸君亦可于今日对于本会发表其意见。本会之责任，以促短开设国会期限为最要问题。政府宣布立宪数年于兹，今乃于凡百实行立宪各事，并不大加研究，而唯研究实行立宪之期限，且有以十年、二十年为期之语。观于此，亦足以见政府之用心，实欲阻挠立宪矣。假如政府定以十年之期，焉知十年以后不可再谓人民程度未及，须再展缓十年乎？总之，现在本会之宗旨，第一不可使政府将开设国会之期限定期过远，至多以两三年为期。在两三年内开设国会，中国犹有希望，否则外交风云紧急，恐将不我待也。

王抟沙君演说，略云：征诸各立宪国之历史，凡开设国会之始，未有不由一国中之先知先觉者为之首倡，所谓组织政党是也。故开国会，当先组织政党，以必如是，方能使涣散之人民结合而为数团体，共肩责任也。但今中国尚未实行立宪，故在国会未曾开设之前，各党宜取共同之态度，执行一致之手段，以达期成国会之目的。无论何事，只须有统一之精神，未有不能达所期望之目的者。唯本会之宗旨，当以实行设立民选议院为目的，不可一经获得政府允许速开国会，即以为目的已达，效力已显也。

贺绍章君演说，略云：数年以来，一般社会纷纷议论者，只闻预备立宪一语，今则闻有开设国会之语，纷传于一般社会矣，此即同胞程度增进之明证也。但开设国会之举，重在精神，不可专尚形式。论者每谓须先将地方自治、教育普及办妥，然后方能开设国会，是言于理论上果属正当之因果，但于事实上研究之，则非先开国会，决不能讲地方自治、教育普及。此虽倒果为因，然于我国今日，实有不得不然之实情也。

叶惠钧君演说，略云：政府所谓预备立宪，乃藉以敷衍人民之词耳，并非有真诚愿与人民相更始也。现在人民唯有不受政府之敷衍而实力行之，即以彼敷衍人民之词，为实行立宪之铁券，必求其达目的而后已。

吴敖君演说，略云：今宜遍设宪政公会及地方自治会，庶得组织一种机关，将国会期成会之精神贯注于全国社会，而达本会之目的，显本会之效力，否则仍属虚文。政府固以手段骗人民，人民亦复以虚文骗政府，同归于尽而已。

范秉钧君演说，略云：今日欲办地方自治，欲编制宪法，欲使外交不失败，皆非速开国会不为功。

马湘伯君演说云：日前韩国报馆主笔某欧人，因保护韩国人权，着为论说，致触日本之怒，被英国裁判官判定监禁之罪，押解来沪监禁。抵沪之时，旅沪韩人曾开会欢迎之，此事载于报纸，诸君想已见之。试思亡国之民，尚欲开会欢迎其表同情之人，今我江、皖两省代表为进京请愿国会之事，由沪启程，我皇皇大清国民，可不开会欢送之乎？忆曩昔科举时代，学子进场考试，其家人必群聚而送之，盖以其人之功名关系于一家之前途故也。今江、皖代表之进京，乃非一人之功名，而实一国之功名，有关系于一国之前途者也，焉可不有以欢送之？（中略）况在他国，见有人民向政府要求开设国会，多至九十余次，而始允许者矣。假使政府一次不允，不妨二次、三次，终至允从而后已也。专制国民民权极小，立宪国民民权极重，试观彼福公司、银公司等，外务部见之而惟命是从者，非因其为立宪国之国民乎？是今日代表进京，即所以为吾民请命于政府，高吾民之资格者也，乌可不有以欢送之？

孟庸生君云，今日蒙诸公欢送，弟等实不敢当。且“欢”字尤非当今时代吾人之现象，盖今日吾人且悲之不暇也。诸公如有见教，务望赐示一切云云。

《中外日报》，光绪三十四年六月十五日（1908 年 7 月 13 日）

江苏请愿国会代表北上送别纪事

十五日，江苏绅商开会于酱园弄法政讲习所，到者甚众。先由沈君友卿报告开会秩序，略谓：中国习惯，凡亲友远别，必有送行之事，今日之会，其性质却大不相同。盖平时送行，纯乎希望此远行之人，或遂其个人富贵利达之志愿，于送者一方面无甚关系。今日我江苏全省签名请愿者已万余人，此万余人不能一一皆往，遂推雷、孟两君入都。是两君此行，无异于万余人随之俱往也，成败利钝，万余人共之，即江苏全省共之，亦即二十二行省共之。故今日送行不算送别人，只算送自己，我送行人之责任，与行者无异云云。

次由马君湘伯、许君九香、伊君绶臣、袁君观澜、顾君霖舟相继演说。次由夏君芍宾代全体致祝词。次由雷君起致答词，略谓此次入都有两种问题必须研究：一、请愿有效，则以后议会应如何履行其职务；一、请愿无效，则此次签名之万余人，与江苏全省人民，对于请愿作若何之观念。代表为万余人之分子，亦江苏人之分子，应请全体注意云云。时已钟鸣七下，遂散。此次公呈，领衔者谓缪京卿荃孙云。

苏省同人欢送国会请愿代表雷、孟二先生北上祝词：

自丙午七月二十三日钦奉预备立宪之谕，朝野上下，岌岌筹画，迄今几及二年，始知宪政之事，千端万绪，而其执要全在国会。乃观近时朝谕，或以五年，或以十年，甚者迟至二十年。国民之意主速，而政府之意主缓。夫缓急之间，存亡之所系也。以今日中国之情势而论，积薪厝火，固已岌岌不可终日。倘复迟之又久，内忧外患相逼而来，不特无开国会之时，且恐无开国会之地。亭林有言：天下存亡，匹夫有责。今日之事，其权操之政府，其责仍在于国民。试观欧美各立宪国，固莫不有国会，而原其国会之所由设，又莫不出于要求。即以日本之和平立宪，而木户、板垣氏等亦前后上书数十次，乃始达其目的。我国人民之派代表入京请愿者，自去年江浙路款事始，继此而国会请愿之议起，各省所举之代表纷纷入京，而我江苏父老亦于是时集议于沪上，一时签名者多至万三千余人。公举代表十人，而雷先生、孟先生于炎风酷暑之中，慨然首途。二先生之热心、毅力，足以慰我江苏人之希望者，固不待言。然不能不一言者，今日雷、孟二先生为我江苏人请愿，固我江苏一千三百九十万余人之代表也。为国会而请愿，则又非第我江苏人之代表，而实我全国四万万人之代表也。以全国四万万人之托付而在此一行，然则二先生之所自期许，与全国之所以期许二先生者，其责任之重且大为何如哉！爰为之颂曰：

吾闻舆诵，惟新是谋。待议非古，方烈欧洲。沉沉大陆，睡狮方起。不立模范，孰纲维是？觥觥先生，东南导师。赍书请愿，壮采云驰。清酒在室，骊驹载途。万人托命，敢告仆夫。

《时报》，光绪三十四年六月初十七日（1908 年 7 月 15 日）

国会期成会致北京电

宪政编查馆王爷、中堂、宫保钧鉴：顷全国人民组织国会期成会于上海，主张即开国会，全体一致恳求俯顺舆情，立即宣布最短年限，以安民心。国会期成会全体会员公叩。

《申报》，光绪三十四年六月廿二日（1908 年 7 月 20 日）

国会期成会宣布简章

第一节　宗旨与责任

第一条　本会以速开国会为唯一之宗旨。

第二条　本会之责任有二：（甲）对于政府，递请愿书表示国民正式之行动；（乙）对于国民，论著演说，俾国民皆知有要求国会之义务。

第二节　会　员

第三条　凡同国人而达于成年，表同情于本会宗旨者，皆得为本会会员。

第四条　本会暂不收会费，但得自由捐助。

第三节　机　关

第五条　本会职务暂由旅沪各团体职员〈中〉轮流担任，俟开大会时再行选举。

第六条　本会得于各地方设立分会，其办法依分会规则之所定。

第七条　本会遇有临时事件，得派临时委员。

《申报》，光绪三十四年六月廿二日（1908 年 7 月 20 日）

上海国会研究所议案

第一次在事务所开会，旅沪各团体代表及本会董事、编辑员、会员俱到。是日议案二条。

一、公议我国开设国会不可再缓。此次研究以编订草案为目的，草案内容以拟一至简捷之办法，定一至短促之期限，而又不可与正当之法理相背，务使此简捷之国会，可逐渐进步成一至完备之国会为宗旨。然不研究各国极正当之法理，极完备之规则，必不能生出至简捷之办法。盖必以极正当、极完备者为本位，如与中国现在情势不合，则降而思其次；又不合，则又思其次，然后可得简捷之办法，然后可使简捷之法渐进于完备。今日第一次开会，应即推定数人调查各国法理，于下次开会时逐条提出，请公众斟酌现在情势，定用何法，或照正当法理退步至何处。一一录出，可为将来编制草案之依据。众赞成，当时推出雷继兴、孟莼生、孟庸生、汤幼谙、邵仲威、张雄佑、秦晋华诸君，担任调查各国议院制度，以备下次开会提出研究。

一、公议未举定代表之各团体，应催告请其补举。已举代表之各团体，应请各本团体分投函告各代表诸君，请仍在预备立宪分会事务所开研究会第二次会议，旅沪各团体代表及会中董事、编辑员、会员到会如前。

是日议案凡四条：

一、孟莼荪[①]君出意见书一通，论国会可以速成之理。公议此书实为国会研究所唯一之宗旨，应即印刷分送。

一、雷继兴君提出意见，谓将来编（刷）〔制〕草案，不宜列作条文，只应分章分节，将各种问题列出，逐条解决，附以理由，较为得体。公议此说极是，应即录出，作为将来草案体裁之依据。

---

① 孟莼荪，一作孟莼生。

一、雷继兴君提出各国一院制、两院制之概略，并历举各国上议院制度，请众研究。公议今世界各国除挪威一国外，无有用一院制者，我国亦自以二院制为是。至上议院制度，可用孟莼荪君意见书，认资政院为上议院，而专研究民选之下议院。

一、孟庸生君提出意见，谓此项草案宜定一范围，似可分为三节：一、组织；二、选举召集；三、议事规程。请众研究。公议草案只至各省议员到京之日为止，议事规程应由政府与议员协定，可缓定，以组织、选举召集为限。此即将来草案范围之依据。

《现世史》第三号，光绪三十四年六月二十日（1908 年 7 月 22 日）

宁垣民选议院之运动

宁函云：请开国会之问题，各省多已上书，现宁垣经张君汝芹、顾君琪、夏君仁瑞等组织倡议，不数日，各界签名已有一百数十人。日来更形踊跃。择期开会演说，一面公禀督帅转奏，叩求民选议院，以惬民愿云云。

《现世史》第三号，光绪三十四年六月二十日（1908 年 7 月 22 日）

国会期成会开会纪事

昨日，国会期成会就事务所开会，研究会中要事，并因浙江请愿代表北上过沪，即欢送之。先由杨君千里述开会词，后由黄君等提议各事，逐条决议而散。

《申报》，光绪三十四年七月十三日（1908 年 8 月 9 日）

江苏国会请愿代表之报告

江苏国会请愿代表雷、孟二君业于前月杪回沪。本月初二日，在沪苏绅在旅秦茶会筹议办法，先由雷、孟二君报告京中情形，其词曰：

“奋、昭常为国会请愿事，受诸乡老之委托，于前月十九日航海北上，至今月二十六日还沪，合词报告如左：

六月十九日启行，二十二日抵天津，即日乘快车进京。二十五日起遍拜同乡京官，一面觅人缮写呈词。京城地广，同乡人多，两人分拜，七日而毕。然尚有遗漏处，此一抱歉之事也。缮写人至二十七日始行募集，签名人数一万三千有奇，计五万余字，都察院递呈，照例备正副两份，合计十余万字，募十余人写，赶初一日竣事。是晚校对整理，至天明始毕。初二早七点钟赴都察院呈递，缘初闻都察院系初四值日，赶初二递院，冀初四即可上达，以慰诸乡老之望。嗣知都察院以万寿节，推班改至初八日。初二日呈递之后，人人以为都察院必奏。吾苏呈稿又曾经同乡诸大老阅过，皆以为理论极切实，词气极和平，毫无违碍字样。先吾苏呈递者，有湖南之第一起及河南，同日呈递者有安徽，后吾苏至初六日呈递者，有直隶，有京师市民，有湖南之第二起，凡七件。当时奋、昭常惟静候初八日上奏，藉以归报我诸乡老，不意初八日仍未奏。其所以中变之故，言人人殊。而初十日吉林、八旗同日呈递，十二日山东亦呈递。人人以为十八日都察院值日，当必奏无疑，不意十八日又不奏，人莫解其故。第传闻再缓一班，至二十八日都察院值日，当必奏。而奋、昭常在沪各有职务，不能久待，私念都察院自有定词，虽初八、十八、二十八，节节展缓，然终不能不奏，无须守催，遂以二十二日出京。此呈递都察院未蒙入奏之实在情形也。

又初七日，各省代表之在京者，相约会议一次。谓外省请愿书，多发起于数月之前，并未见有六月二十四日之谕，故语气尚宽一步。我等到京既见二十四日之谕，自应切合现在情势，有所陈说，方不负故乡父老委托之意。但是否仍请都察院代奏，或直上枢府，应须研究。众皆以为我等系士民资格，既不用全省名义，似不必呈请代奏，可援士民上书之例，直上枢府，果肯采用，则效力亦大。遂决议直上枢府，并决议公推代表中官阶较大之吉林代表庆山君领衔，公推奋、昭常起稿。遂于十二日脱稿，十三日公同阅看，经众赞成，遂成定稿。十四日缮写，十五日赴宪政编查馆投递。此书已登各报，诸公想见之矣。枢府览后，尚未批示，不知暗中能采用一二否。此各代表别上一书之实在情形也。

又闻国会期限不日宣布，有八年、九年之说，亦有四年、五年之说。若宣布出来，果是四五年，则人民请愿之心，犹可以稍慰。若是八九年，则以吾江苏情形而论，以上海情形而论，恐万万等不及。此八九年中，吾江苏、吾上海商业民生，应受许多困苦，恐不能无继续请愿之举，所以奋、昭常急欲回南，与诸乡老一商究竟作何办法。此传闻国会期限行将宣布，应请诸公斟酌办理之实在情形也。

再，此次同乡诸大老皆以奋、昭常为乡人所公举，非个人私事可比，故特别看待。十三日江苏会馆团拜，亦令雷、昭常居客位，此可见诸大老亦知吾乡人盼望国会之切。此时应否将外省未开国会之苦，详细报告诸大老，请其主持，亦须诸公酌夺。

又都中情形，大致亦皆以国会为不可缓。各省请愿者，亦陆续而至。奋、昭常出京时，各省代表已到京而未呈递者，有山西、广东、浙江等省。有信到京，而代表尚未成行者，尚有数省。大约政府亦明知各省请愿之殷，皆出于忠爱，都察院又有定制，迟早终必入奏。若各省联翩而至，则吾苏请愿之书，可望并案入奏。惟请愿书中止宜专言国会，不当阑入他语，致生枝节。吾苏应否续举数人进京守候，至前呈入奏而后已，抑或再上第二书，亦请公决。”

报告毕，沈君友卿起述曰：代表北上以后，苏省各属士绅函寄签名表者，络绎不绝。因报载都察院搁置不奏，拟再为第二次请愿。但今日报载八月一日上谕：自本年起，务在第九年将各项筹备事宜，一律办齐，即行颁布钦定宪法，并颁布召集议员之诏。是此后对于国会问题，应如何筹备一切，应否再征集各属意见，以便入手云云。

雷君又起言：入手方法，目前只得注重谘议局，俟谘议局确凿成立，则国会之应早开自易解决。李君兰舟起言：谘议局应由人民一方面赶行筹备，若待官场设立，将权利交付人民，恐无其事。叶君惠钧起【言】：人民对于政府，惟视力行何如，今日地位须急起方有功。沈君友卿又述，近接苏绅来函，颇赞成在上海先设筹办处之说，为交通便利，易于着手起见，此事尚待宁绅复函再行解决。雷君起言，无论筹办处设在上海与不在上海，【必】应有常设机关以为助长之职务。议至此，在坐同人皆谓，此次雷、孟二君，冒暑赍呈，应为全省人民举盏致谢。遂散。

《时报》，光绪三十四年八月初三日（1908 年 8 月 29 日）

盐城国会请愿签名之踊跃

盐城马君为珑，留学日本早稻田大学政治专科，素以早开国会为救亡之唯一手段，曾译就《比较国会论》。四月间在东提议淮属独立上书请愿，已经留东同乡会决定，旋为个人破坏。迨暑假旋里，刘启晴、陈宗谌提倡于一邑士民单独上书，电嘱季主政龙图转询北京立宪公会熊君范舆、沈君钧儒是否合例。当接复电认可，爰于七月二十八日开会明伦堂，出席者千五百人，当场签名。复推定张君延寿、陈君宗谌为起草员。复由三十七区代表人各领签名册，分区开会演说，一时民情鼓舞，签名者闻已达二万人之谱云。

《时报》，光绪三十四年八月十一日（1908 年 9 月 6 日）

江苏第二次之请愿

江苏盐城马为珑，留学早稻田专门，于时局极为关心，曾以其同乡名义，发布国会请愿意见书。近因暑假归国，闻正在各处劝导，拟更联六属签名，为江苏第二次上书之举云。

《现世史》第七号，光绪三十四年八月二十日（1908年9月15日）

请开国会之先声

宁函云：江苏谘议局以东事失败，各国群起，祸垂眉睫，非速开国会，俾各省人民认捐，清偿国债，扩张军备，不足图存。爰拟由江苏发起，公举张季直殿撰代表，联合各省绅民，全体署名，赴阙具呈第二次国会请愿书。闻一经议妥，不日即从事进行云。

《民吁日报》，己酉年九月十九日（1909年11月1日）

请开国会与倡国民捐之运动

南京函云：江宁谘议局公决特派议员凌君文渊，赴各省谘议局游说，其目的在连合一致，要请政府速开国会，并提倡国民捐及劝业会事宜，闻已首途矣。又函云：志士主倡国民捐，以向度支部请示洋债及新旧大小赔款各实数，劝由国民踊跃认捐清偿，藉塞各国派监理财政者之口，意甚盛也。初欲由议员担任，旋因谘议局所定范围极隘，若待国会开后而举行，又缓不济急，于是秘密提议，拟另设国民捐事务所，实力筹划一切。

《厦门日报》，宣统元年十月初八日（1909 年 11 月 20 日）

各省之国会热

前江苏谘议局未开会时，研究会开议员招待会，彼此演说，觉外交失败，内政失修，欲冀有所更张，非各省谘议局之力所可及，必缩短立宪期限，速开国会，庶乎人心可以维系。惟此事重大，宜联合各省协力请求，而又虑函电往返，多所隔膜，乃推方君惟一、孟君庸生、杨君翼之三人分途而往，到处得当地士绅热心欢迎，莫不表同情。约定十一月上旬在上海会齐，商量进行方法，并须组织代表团体，拟订代表规则，方行入都上书。计广东、广西、福建、奉天、吉林、黑龙江、直隶、陕西、山西、山东、河南、湖南、湖北、江西、安徽、浙江、江苏等十余省，皆抱同一之目的。国民热心于此可见，不知政府中能将顺民意与否。

《时报》，宣统元年十一月初六日（1909 年 11 月 29 日）

国会请愿之后援

现各省热心志士先后齐集上海，筹拟请愿国会，各省商界中人闻监理财政之警信后，纷纷愿破家纾难，而以筹还国债为惟一目的。惟政府必予人民以确实之担保，始可出其财产以供国用。故决意先行拟定办法筹集巨款，储待国会之开。如政府必不允许，则断不欲以国民有限之脂膏，供政府无端之挥霍也。西人有言曰：不出无代议士之租税。今我国国民则不愿筹还无国会之国债云。

《时报》，宣统元年十一月初六日（1909 年 11 月 29 日）

请愿速开国会各省代表在上海会议纪事

宣统元年十月初五，各省代表陆续到沪，集于跑马厅预备立宪公会事务所。议从初六日起，每日午后，各代表定时到所会议一切，谓之请愿国会代表团谈话会。推福（运）〔建〕谘议局副议长刘崇佑君为主席，江苏谘议局议员孟昭常君、福建谘议局书记长林长民君为书记。初七、初八两日休会。自初六至十三日止，开会六次，所议事项：

一、定会中席次。以到沪之先后为序。

二、定十五日为正式代表会日期。

三、汇集各省签名簿。

四、定此次签名以各省谘议局议员为限。

五、推举呈稿起草员。

六、定递呈领衔之人。遵照《会典》所列各省次序，以直隶为首。直隶代表三人中，公推孙洪伊君领衔。

七、议对付都察院新章之方法。都察院新订章程，凡递呈请代奏者，具名之人必过半数，到京即递。盖近来各省人民请愿之事日多，故立此制限对付之法。决议此行请愿，苟以签名之人到京未能过半，而格不得上，则只列到京各代表之名，直于呈中叙明签名实数，以示众志所属，曲从新章，非得已也。

八、决定进京日期。以开大会后部署数日，即行就道。

九、定进京代表团规约。规约凡十二条，大略在约束代表进京后行动之整肃，进退之一致。

十、推选代表团干事四人。方还、罗杰、刘兴甲、刘崇佑四君当选。

十一、谋各省谘议局联络之法。有议设通信机关于上海者，有议每年六七月间，谘议局开会之前，各举代表至上海会议关于牵涉各省之议案，以谋一致者。独此议未决。

十五日，大会议决呈稿，更推修正者会同起草员修饰之，并将前十项谈话会所议者一一正式通过。最后各省联络之法，主席请延会于十六日夜，更续一谈话会议，众赞成。前后到会者凡十五省五十有一人。决定代表进京，直隶三人：孙洪伊、张铭勋、王法勤；江苏三人：吴荣萃、方还、于定一；山东二人：周树标，朱承恩；湖南二人：罗杰、刘善渥；湖北一人：陈登山；河南二人：彭运斌，宫玉柱；浙江三人：应贻诰、吴赓廷、郑际平；福建三人：刘崇佑、王邦怀、连贤基；江西二人：闵荷生、聂传曾；广东一人：沈秉仁；广西一人：吴赐龄；奉天二人：永贞、刘兴甲；吉林、黑龙江两省一人：李芳；安徽、山西人数未定；陕西、甘肃、四川、云南、贵州辽远不及与会，电告之。各省签名议员，非代表未到沪者，不及备载。限于议员者，人民所举，示国人之所向而已。请愿大旨在速开国会，于二年内召集之，明年先开临时会一次。其反复辩论，详于呈稿，一时未布也。

《时报》，宣统元年十一月十七日（1909 年 12 月 10 日）

集议请求速开国会之先声

江苏谘议局议员以速开国会为救亡要举，曾由孟君庸生、杨君翼之、方君惟一分赴各省运动，请各省谘议局各举代表三人来沪，约期集议，上书要求速开国会事宜。嗣经各省议员皆极赞成，约定今日在沪举行大会议。现闻因各省代表尚未到齐，故定于今日午后四点钟，借商学公会先开谈话会，俟各代表到齐再开正式大会。

《申报》，宣统元年十一月初五日（1909年12月17日）

中国国会之发轫机

自各省请愿国会代表到沪后，连日在预备立宪公会开谈话会，到者十六省共计三十余人。十五日开正式会，无旁听席。是日公决呈稿，并公议代表团行事次第及互守之规则。闻其呈文有二稿，一为福建林君长民所拟，一为江苏联合各省时之初稿，后加增删而经张君謇改定者。经众议定，决用后稿。每省缴公费三十元，约十七八日分道出发，但以十一月二十五日到京为限。

是日，各省推定代表如下。直隶三人：孙洪伊、张明勋、王法勤；江苏三人：吴荣萃、方还、于定一；山东二人：周树标、朱承恩；湖南二人：罗杰、刘善渥；湖北一人：陈登山；河南二人：彭运斌、宫玉柱；浙江三人：应贻诰、吴赓廷、郑际平；福建三人：刘崇佑、王邦怀、连贤基；江西二人：闵荷生、聂传曾；广东一人：沈秉仁；广西一人：吴赐龄；奉天二人：永贞、刘兴甲；吉林、黑龙江两省一人：李芳；安徽、山西人数未定；陕西、甘肃、四川、云南、贵州辽远不及与会。闻此次递呈领衔之人，遵照《会典》所列各省次序，以直隶为首，于直隶代表三人中，公推孙洪伊君领衔。

十六日下午三时，浙江旅沪学会、江苏教育总会在西门外教育总会开会招待十六省请愿国会代表。到会者除各省代表三十余人外，两会会员及来宾约共一百余人。首由旅沪学会孙会长、教育总会张副会长同致开会词，次由直隶代表孙君洪伊发表代表团之意见、进京后之办法及对于两会之希望，浙江代表郑君际平、福建代表林君长民继之，次由来宾李君泽民、会员杨君天骥、沈君恩孚先后演说。散会后即备晚餐，留款各代表。

《申报》，宣统元年十一月十七日（1909 年 12 月 29 日）

请愿速开国会各省代表在上海会议纪事之续

十一月十六日，各代表假西门外江苏教育总会开谈话会，议决到京日期以三十日为限，到京后立公所。公所未定，暂假某报馆为各代表到京报名之所。并决定此次团体非至国会成立之日不得解散。合签名之人无论代表非代表，议员非议员，皆为速开国会同志会会员，皆有鼓吹舆论，游说各社会之责。设通信总机关于上海，每省置干事四人以上，与总机关及各省联络，并任通告各该省会员之事。又议各省谘议局联络之法，拟每年六月内，各省推员到上海聚会，就各省利害共通之议案，互相研究，以谋一致。但此议不属于请愿国会之事，应由各代表缄告各该省谘议局决之。十八晚复开会，议决修正之呈稿，改二年召集及明年临时会之议为一年，并请速定议院法、选举法。议毕，主席报告上海会议竣事，翌日首途。

《时报》，宣统元年十一月廿一日（1910 年 1 月 2 日）

预备立宪公会致请愿国会代表电

北京琉璃厂昆新馆各省代表鉴：恭读二十日上谕，知人民苦衷未邀俞允，曷胜皇迫。敝会拟通告各省谘议局，请开临时会，以各省谘议局名义联合续请。特先电闻诸公，有何善策，乞示。预备立宪公会叩。敬。

《时报》，宣统元年十二月二十五日（1910 年 1 月 25 日）

各省议员在沪议请国会详志

广东谘议局议员莫、陈两代表之布告云：承举代表赴上海会议，初二日起程，初三日由港乘“芝鸭加”轮船前往，初七日登岸。寓泰安栈，即向预备立宪公会事务所，因打听各省代表未齐，改期十五日开正式会。

先期每日开谈话会，伯伊、炯明约沈君同往，续议签名限议员不限议员之问题。经再三讨论，卒以都察院新章，凡人民呈请代奏之件，具名之人须过半数亲递，若联同各界，恐难骤得此多数人到京，徒稽时日，故决定此次呈递，以议员为限，一请不行，再请、三请，并由议员担任鼓吹各界，分呈请愿，务达目的。

初十日开第三次谈话会，先由立宪公会交出呈稿，历举内政外交之危象，注重筹还国债为要求之具。张謇君起言：国会与内阁对立，若有国会表决，而无内阁执行，谁负责任？现探得政府消息，无人敢言组织新内阁，呈内似宜并及。座中相继陈述法理，反复推论，如何造词，有效无效。林长民君以呈内注重筹还国债，不知立宪国民担负义务不止国债，且未遽能办到，恐失信用，不如就最正当之理由，最切要之事实立言。众即推定林君为起草员，随表决各省至少派代表一人，限廿五前到京。是夕返寓商酌，又劝沈君担任进京，沈亦以不能行为辞，遂取名电请另举。

十一日正午十二点钟，赴立宪公会饯酌，会长郑孝胥君演说国会之关系，并祝代表荣行，代表团答词申谢。席散，接开第四次谈话会，磋商进京国会请愿代表规约八条。郑孝胥君忽提出国债之危险，请代表团劝止各省人民、各处报馆勿再鼓吹，颇为动听。座中多有赞成筹还国债危险之说，惟均不以代表劝止为然。听其理论，约有数端：一谓代表团未开正式会，不应旁及他事；二谓筹还国债，政府乐闻，若议员反对，恐生请开国会之阻力；三谓人民与报馆鼓吹筹还国债具有热心，必不服劝止，且虑反唇相稽，碍代表团之名誉；四谓还国债问题，应分两方面：一方面于名义上允人民爱国之观念，一方面于事实上牵动财政，惹起种种之危机，不如各行其是，以个人言论登报；五谓立宪公会含有政党性质，社会信仰，不妨由公会发表言论，将来筹还不成，亦使外人知中国政党有此眼光。未几郑君等即（着）〔著〕为论说，送登上海各报。

十二日十二点钟，赴江苏谘议局研究会饯酌，会长张謇君提出二事：先言各省谘议局宜在适中之地，组织一善法政学堂，为国会人才之预备；次言各省谘议局应提议改良盐务，以裕财政。其大意略谓：凡百新政，非财不行，财政弊混，盐场为最。鄙人于此中研究有年，凡中外古今盐法之沿革得失，靡不留心，曾着有条陈多篇，深知中国盐法非法，一则以劫夺公财之引商，挟制买田纳税之场商；二则以日用必须之品，贩运稍逾咫尺，即为犯法；三则以冲销构讼，其胜财所分，政府只问大吏之势力，不问本案之是非。世人但知私盐由于盐贵，不知皆由场商过于受制，借放私为弥补，否则无放私，何有贩私？为今之计，莫善于采用顾亭林“场征之法”，废去引地，不特于行政经费可以增多，而且于食户盐价可以轻减。现在奉天盐政略师此意，已大有起色。近来政府已见及此，派员到两淮调查，但惜走入盐商圈里，尚得有入手方法。各省谘议局若赶紧一律提议场征，准可将多收之款，截留本省之用，地方行政，乃能活动。言毕，福建、山东、直隶等省代表，相继陈述本年议案经已提出，盐课可望加增。张君复允将条陈再版，并拟具调查表式，分寄各省谘议局参考。席散，即赴第五次谈话会，修正代表团规约八条，增入四条，决定各省代表费用，由各省自备，其公费论省科派，不论人数。是晚返寓，接到复电，仍举沈君晋京。越日，沈偶感冒，犹豫未决。

十三日开第六次谈话会，提议在京设立代表团机关，与上海总机关呼应。至如何范围，如何权限，讨论多时，不能表决。仍俟代表抵京后，察看情形再定。下午六点钟，赴张謇君饯酌，着有送行序一篇。原约汤寿潜君晤谈，汤适抱病，托许久香君向代表团陈述筹还国债意见，与郑孝胥君适成反对。两君皆海内名宿，顾其主张背（弛）〔驰〕若此，益见各行其是之说，最为允当也。席间接《字林西报》来信，具言工部局拟开欢迎会，打探日期，当即复以十五后十八前，交举定操答词者五人，可见此行为外人视线所注重也。

十五日开正式会，先将谈话会表决者通过；次讨论呈稿，一为林长民君所拟，一为张謇君所拟，逐层推勘，各将意见发表，由众取决，更推修正多人，会同起草员修改；次推定递呈顺序，照《会典》所列省分，以直隶为首，而直隶之人中，公推孙洪伊君领衔；次推定方还、罗杰、刘兴甲、刘崇佑四君为代表干事，四君中又推定方君管理财政。

十六日上午十点钟，赶中国公学欢迎会，干事梁乔山君致开会词，主宾续演讲，尽欢而散。下午三时，复赴江浙旅沪学会、江苏教育总会欢迎会，首由旅沪学会孙会长、教育总会张副会长同致开会词，代表孙洪伊君演说代表团意见及对于两会之希会，代表郑际平君、林长民君继之，来宾李泽民君又继之，会员杨天骥君、沈恩孚君又继之。散会后，留款晚餐，即借该处接开第七次谈话会。先提议咨议联合机关，一广义，照政党组织，一狭义，作为协会。每年六月间，在上海开会一次，托江苏谘议局草议章程，明年六月成立。决定暂采狭义。次提议请速开国会机关，用个人名义，联合商学各界，公举张謇君为总理。次决定电致未派代表各省，请其电复与名，以昭一律。

十七日代表拍照，沈君痊可，适龙建章君奉派查办粤路，道经上海，托其函致同乡京官，俟沈到京时，招集会议研究粤省利害。

十八日开第八次谈话会，决定呈稿，并续议两机关，因张謇君返通州，未悉允否担任，故仍不能表决，须俟十九日开第九次谈话会决之。而是日伯伊、炯明已搭大广回粤，此事交下沈君，俟抵京后，连同请愿情形，另行报告。计代表团到者十六省，五十一人，现定进京者二十六人，直隶孙洪伊、张铭勋、王法勤，江苏吴荣萃、方还、于定一，山东周树标、朱承恩，湖南罗杰、刘善渥，湖北陈登山，河南彭运斌、宫玉柱，浙江应贻诰、吴赓廷、郑标平，福建刘崇佑、王邦怀、连贤基，江西闵荷生、聂传曾，广东沈秉仁，广西吴贡龄，奉天永贞、刘兴甲，吉林、黑龙江两省同一人李芳，安徽、山西由该省另派，人数未定，其余四川、云、贵、陕、甘五省，因道路修阻，未及与会，仅将代表赴会情形及各稿件呈览。

此布。莫伯伊、陈炯明报告。

《中华新报》，己酉年十二月八日至九日（1910年1月18日至19日）

丹徒郭毅致各省请愿国会代表书

国会请愿代表诸公公鉴：国势危迫，有若累卵，救亡图存，厥维国会。诸公为民请命，以死自期，凡有血气，莫不感奋，全国人民誓以死为诸公后继，诸公其毋馁。诸公此次请愿，以全国代表之资格，据全国各谘议局为后援，较去岁各省之以私人资格请愿者不同，务乞始终坚持，锲而不舍，勿蹈去岁之覆辙，仅以一纸愿书塞责，无丝毫实力之预备以为之盾也。诸公此次来京，国民之表欢迎者踵相接，凡聆公等之演说者，莫不感激，涕不可仰。然国会者，血之代价，而非泪之代价，吾欲以血购国会，不欲以泪购国会。夫人群之进化也，有一公例焉，曰：凡欲事之如此者，必非仅曰公如此，公宜如此，公不可不如此者所能得，必有使之不得不如此者，而后得如此。然则公等今日之请愿，其所以使政府不得不如此者，果安在？公等必答曰：吾恃吾国民，吾恃吾全国之国民。夫为公等之后盾者，为全国之国民，既闻命矣。然此全国之国民，之所以为公等盾者，果何物乎？泪乎，纸乎？恐不足为国会之代价，却欲恃此以达【促】使政府不得不如此之一目的，毅愚窃以为未可。虽然，此全国人民之责，而非公等之所独负者也；此全国国民之意，而非公等之所能专者也。毅也亦国民之一民，而与我国民之四万万一民同其意响祈求者也。今请以国民之名义，进一言于公等之前曰：国民之所以为诸公后盾者，唯血与力。呜乎，国家危亡，朝不保夕，其所恃以为一线之生路者，唯此速开国会一举。我国民今日亦唯有竭其全力，急起直追，沉着坚忍，着着进行，以死而后已为决心，以不得不止为究竟。力者，所以为进行；血者，所以为代价。力不可见，请示诸公（亦）〔毅〕可见之血，且即以毅之血，为国民以血为诸公后盾之证，诸公其毋馁。丹徒郭毅竟成氏顿首附书。腊月念三日辰刻。

国会请愿代表诸公鉴：国会问题关系全国，非全国人民共起力争，为诸公盾，必不克济。而默观静察，上之则政府敷衍如故，下之则人民混沌依然，此志士仁人所椎胸泣血，而屈子所以自沉湘流，一瞑而不视者也。吾国朝野病态，在茶疲，在麻木不仁。窃谓非有如斯多噶学者，牺牲其生命富贵，作一二悲栗奇特之举，不足扶衰救弊，震撼鸿蒙。近年墨道渐昌，慷慨丈夫以生命殉其自信之目的者颇不乏人，斯真救时之良剂，而为四千年来所谓明哲保身，所谓无动为大，所谓舍之则藏各说所酿成之不痛不痒之世界当头一棒喝，而议者每拾道德家陈言以诋諆之。夫自戕，诚不无可议，然吾独不许彼矫伪沽名要誉避害之乡愿，摭撦一二太平学说之牙慧者，敢訾议于为国亡身贞烈志士之后。且天下事，何所谓是非，真伪而已；何所谓善恶，适不适而已。苟信吾之所为，而有适于今日之时势，则毅然为之，以率吾良心之自由，岂不磊落光明大丈夫哉！是岂占毕小儒，硁硁自喜者，所得望其项背也耶！毅也不肖，窃察吾国民大多数之知识，决不足为自动者，而非震撼感激之不为功。彼舍身拯世诸豪杰，仆虽不敢望，然拼区区之痛苦，以促国民之注意，或亦诸公之所不弃也欤？故剖腹刺臂，取血书此，藉诸公力而能传之于国民之前，则或者如天之福，上回政府之心，下作国民之气，化血海为酒池。则是以毅一人之血，而止百千万数国民之血，是祥血也。倘非然者，而以毅一人之流血，为百千万数国民之血之前驱焉，是凶血也。祥血耶，吾百拜而祝之；凶血耶，吾涕泣以从之。夫血一也，而乃有祥凶之分焉，是岂血之咎也耶？吾愿政府诸公之一审之也。本欲趋谒诸公【亲】聆教益，奈创痛不可以风，且【毅】不审诸公住址，故又附一函以代。□罄血涌，气促不知所云，尚希原鉴。

窃以天下事就学理言，虽无所谓是非，就办事言，则必当有是非。盖必是非定，而后观听不淆惑；观听不淆惑，而后方能集众志以成城。诸公以后手续，料不可不组织政党。盖欲以一定之政见，征集国民之同意，而共向于一目的以进行者，莫如政党；欲集大团，坚众信，运众力者，莫如政党，日本已事是其例也。鄙人此举虽未敢必其有效，然窃欲以是为诸公激励国民之一助，故函中于彼持反对论者极力（辨）〔辩〕驳，盖亦恐其淆乱吾民之耳目耳。区区愚忱，恨不能尽，俟疾愈定当趋候畅谈一切，并乞诸公将住址赐知为盼。此请道安。丹徒郭毅又上。腊月念三日。

《晋阳公报》，宣统二年正月十三日（1910 年 2 月 22 日）

送十六省议员诣阙上书序

张　謇

宣统元年九月朔日，皇帝承先帝立宪之诏，令二十二行省谘议局同时成立。开会之始，即闻东三省及传自海外之警告。于是交通较便之省，凡十有六，其议员函电咨询，交驰午错，痛外侮之剧，部臣之失策，国势之濒危，而人民之不可一息即于安，不介而孚，万声一语，于是合谋上书，请速开国会，建立责任内阁。

谘议局既闭会，相约以十一月上旬，各推代表集于上海。先后来者凡三十余人，就预备立宪公会日共讨论，谋所以纾国家之难，而称先帝明诏立宪、使人民参预政权之盛旨。会湖南罗君、刘君宣示善化徐君断指请开国会之血书，殷赤淋漓，众咸感泣，益思亟行，乃定十五日大会，十六、七日分道即发。謇既设祖帐，饯诸君子之行，而耿耿之私，不能已于言，乃于会次离席再拜而致词曰：

悲乎哉，二千年沈暗之人民，今乃得以与忧国家之忧为大幸乎！诸君子之行也，有非而笑之者矣。其一说曰：国宁至亡？亡国为兵连祸结之终局，庚子一哄，金瓯无恙，今奚所睹而无病而呻、而曰国会？其一说曰：国会非枪非炮，非雷非舰，不足救亡，徒自扰攘。其一说曰：国会名义爱国，防圉侵害，或转召亡。其一说曰：立宪云者，涂饰黔首耳目之具耳，谘议局范围且日隘，何有国会？欲速且长，猜必无效。其一则以为国亡有任其咎者，何预人事而为分谤。凡非之说如是，是之者又从而劫焉，谓不请则已，请必要于成，不成不返。又激者则谓：不得请，当负斧锧死阙下。是非庞杂如是。而徘徊其间者，则以为国亡非政府所恤，议员既负十六省人民代表之责，而上书之议员又代表十六省议员之责，居三累之上，当孤注之危，成非奇功，不成奇辱，进易而退难。是说也，若甚持重，而消沮之力尤大。

謇，一议员也，旬日以来，从诸君后，饫闻诸君之论议矣，则请为诸君正告之曰：中国二千年来，亡国之祸，史不绝书。秦始专制而享祚最促。一椎大索，三户崛兴。亡国之民，其魂魄激于兵锋之惨，愈郁而祸愈烈。下此则有玉步未更，而故老遗民，结其禾黍故宫之痛，寓托篇章，传之子孙，或百年或数十年而不能尽泯者。故有形之亡国，国亡而民不尽亡。今世界列强之亡人国，托于文明之说，因时消息，攘人之疆域、财政而尸其权，而并不为一切残杀横暴之劳扰，使亡国之民魂魄不惊而詟服于其威权之下。故无形之亡国，国不必遽亡而民亡。至于民亡，而丘墟宗社之悲，且将无所于托。此其祸视我昔时一姓覆亡之史何如？诸君则既心知之矣！幸而先帝之明，上师三代，旁览列国，诏定国是，更立宪法，进我人民于参预政权之地，而使之共负国家之责任。是古之君子所谓“国之兴亡，匹夫有责”之言，寄于士大夫心口之间。今之责不必士大夫，而号称列于士大夫者顾或诿焉，而可无疚于心乎？君子之立言也有经有权，必明乎经之所在，而后不谬于权之用。朝廷以义使人民共任国家之责，人民亦以义奋而任其责，所谓经也。视国之濒于危而虑其亡，而谋所以救亡，“其亡其亡，系于苞桑”，圣人之言也，所谓经也。外审势之所灼，内度言之所宜，庶几达请愿之意而无所阻，则权也，而不戾于经也。必挟逆诈亿不信之心，亵视朝廷，以为欺我者以欺应之。《经》亦有言：“诚能动物。”诚不至者，物容有不动。未有相市以不诚而期动物，而独可以不动咎物者也。愿我人民之立于诚，而诸君之积诚而进也。闻诸立宪国之得有国会也，人民或以身命相搏，事虽过激，而其意则诚。我中国神明之胄，而士大夫习于礼教之风，但深明乎匹夫有责之言，而鉴于亡国无形之祸，秩然秉礼，输诚而请，得请则国家之福，设不得请而至于三、至于四、至于无尽，诚不已，则请亦不已，未见朝廷之必忍负我人民也。即使诚终不达，不得请而至于不忍言之一日，亦足使天下后世，知此时代人民固无负于国家，而传此意于将来，或尚有绝而复苏之一日。是则今日之请，迫于含创茹痛，就使得请，无所为荣。得请且不足荣，则不得请之不得为辱，可以释然矣，又何为而必死？彼摇唇鼓吻以智自命之流，直心死耳。昌黎亦云："小人好议论人，不乐成人之美。"

诸君行矣！不知明年何日，复饯诸君于海上。

《国风报》第一年第二期，宣统二年正月二十一日（1910年3月2日）

预备立宪公会复代表团书

代表诸君子公鉴：新年奉惠书，敬承一一。以诸君子热心毅力，精诚所感，必能上回圣听，敬为四万万人颂祝。去腊分电各省之议，或以为非宜，且愿闻诸君子之良策，遂不果发。今敝会会员亦有议诣阙上书，从请诸君子之后者，但事关全体，非遍设意见，不能决议，诣阙之期，正未可定耳。承属通告敝会会员，请其各就本地方鼓吹，此乃敝会会员应尽之义务，通告稿附览。敝会昨日开新年例会，已决议在京师设立事务所，并将本会发行之月报移至京事务所出版，月内即举定职员到京办理，仍冀随时赐教为幸。肃复，敬请任安。预备立宪公会谨启。[①]

《申报》，宣统二年二月初五日（1910年3月15日）

① 原标题"复代表团书"。

致各界书

敬启者。上年各省议员诣阙上书，请速开国会一事，联名者十有九省，代表到京者十有六省。十二月初六日赴都察院呈递，二十日由都察院代奏。是日奉旨，未蒙俞允，而爱国之诚，已为朝廷所嘉许。现各代表在京屡次集议，以为时局艰危，国会一日不开，即国是一日不定，国本一日不固，忧心孔亟，不能自已。仍拟于本年二月继续上请，并组织请愿同志会，而各报广载京师又有期成会之设，固已函电交驰矣。现在各省商会、教育会皆将发起合词请愿，期以四月到京，而各埠华侨亦有响应奔走归国者，民心一致，自不难上回圣聪。本会以预备立宪为名，本以合群进化，期成完全立宪政体为宗旨，然欲预备至完全立宪政体，亦必速开国会，然后可言合群，然后可望进化。是国会一日不开，即本会之预备，亦一日不得尽力，故各省请愿之举，均当视为吾党所共有之义务。凡我同人，均当各就所在地方，提倡立宪政体之美善，使所在士民皆知请开国会为必不可缓之举，联同上请，方不愧为预备立宪时代之国民，方不负朝廷三令五申筹备宪政之至意。各省代表皆谓本会多贤能宏达之士，所望于本会树之风声者甚厚，幸勿怠弃，致辜各省勤勤之望，则本会之幸也。敬此通告，并颂公德无量。预备立宪公会同人公启。

《申报》，宣统二年二月初五日（1910年3月15日）

江宁商务总会组成国会请愿同志会开会纪事

江宁商界对于国会请愿极为热心，因初六日江苏谘议局研究会开会，研究第二次请愿问题，特派代表到会商量组织同志会办法。适各处商务分会总理俱在省垣，遂于初七日开全体大会。谘议局研究会亦公推五人，赴会演说。

当日商界全体到会，先由吴君拔其报告第一次请愿情形，并言国会重大之事，断非一次请愿可达目的，人民【持】以聪心毅力，坚请到底，未有不上邀天听。且谕旨明言宪政必立，国会必开，所以未便即开者，恐人民程度未能划一耳。商界诸君，自以为程度不及乎，则亦不必有今日之会。既有今日之会，足见热心，足觇程度，曷不公举代表，谋第二次情愿？朝廷见全国人民意见一致，定可安心允准。

次由陶君席山演说，略谓今日财政紊乱，国势危急，国会不可不即开，早为全国人民所公认。去岁议员请愿未获允准，故近日各省商会、学会，及他之团体，俱组织国会期成会，公举代表，谋第二次请愿，屡见报端。江宁商界夙具热心，定不落他省之后。今日难得各处商务分会总理齐集省垣，自可为宁属商界全体代表，不妨即时公举国会请愿代表，随同赴京。辞毕，王君丽萍、孟君莼孙、杨君漱春亦次第演说。众意颇激发，当即公举张佐清、王嘉宾两君为宁属商界代表，赴京请愿，经两君承诺，会始散。

《时报》，宣统二年二月十一日（1910年3月21日）

江苏谘议局致请愿代表团函摘录

请愿代表团前二十三日接江苏谘议局函，略谓该省教育总会拟联合各省教育总会，同时举代表到京，赓续请愿，现已函电交驰，不日当可成行。并由该局派员亲赴宁、苏两省，督促同志会成立。且报告于代表现正游说全省商会，暂缓北上。方代表则遵去腊廿七日之决议，派赴皖、【浙】、赣、鄂诸省，便道北上云。[1]

《中国报》，宣统二年二月廿八日（1910年4月7日）

记上海各团体欢迎南洋华侨请开国会代表事

初一日下午三时，上海商务总会、南市商务分会、华商联合会、商学公会、商业研究会、商团公会、预备立宪公会、江苏教育总会、国会请愿同志会，在跑马厅立宪公会开茶话会，欢迎南洋雪兰莪二十六埠华侨请愿速开国会代表陆君勖夫。首由张季直君宣布开会欢迎之趣旨，次由陆代表致谢词，次马君湘伯君演说国会与国民之关系，次于瑾怀君报告去年请愿国会情形。茶会毕，又摄影以为纪念云。

附录雪兰莪二十六埠埠名如下：

① 录自“国会请愿四十七志”，标题为编者所加。

吉隆坡、双门丹、叻恩、万挠、甲洞、巴生暗帮、瓜朥、万宜、师牙岳[1]、华都、武罗、古毛、丹戎马林、巴东爪亚、双溪麻岩、双溪威、古打彝、石岩、双溪蒲芦、轰埠、双沟州、于鲁盐、加彝、双溪担巴映、只朥士、新街场。

《时报》，宣统二年三月初二日（1910年4月11日）

记上海报界欢迎南洋国会代表记事

南洋雪兰莪（吉隆坡、双门丹、叨恩、万挠、甲洞、巴生暗邦、瓜朥、万宜、师牙兵、华都、武罗、古毛、丹戍马林、巴东瓜亚、双溪麻岩、双溪威、古打彝、石岩、双溪蒲芦、轰埠、双沟洲、于鲁盐、加彝、双溪担巴映、只朥士、新街场）二十六埠华侨国会请愿代表陆劻夫君抵沪后，前日已由上海各团体假跑马厅立宪公会开茶话会欢迎。昨日各报界亦假商学公会公宴，以表欢迎之热忱，各报馆到者二十余人。下午二时布席，先由主席席子佩君说明宗旨。次由雷继兴君演说，大致谓华侨远在海外，或尚未知政府不肯速开国会之理由，一行政尚未改良，一违背先朝谕旨，一资政院即为议院。其实此三理由立论皆不圆满，今报界同人敢贡一得于代表之前，此次代表进京，请一一辞而辟之。次由汤千里君、章佩乙君暨来宾马湘伯君等相继演说，皆于欢颂之中兼以勖勉。而马君尤痛快淋漓，略谓世界有两大权，一兵权，一言论自由权，今海上报界以言论自由权公送代表北上，将使人人有言论自由之权，则可参预政治，翼护国家云云。末又抉摘社会之心理，指陈国会之关系，庄谐杂出，语皆中肯。既毕，陆代表致答词，宾主尽欢而散，并合撮一影以为纪念。

《中外日报》，宣统二年三月初三日（1910年4月12日）

---

① 一作师牙兵。

清江浦濑水寄庐致代表团函摘录

国会代表团事务所昨接清江浦濑水寄庐来函，并寄附银币百元，略云：国会一日不开，国势一日难振，国债尤一日难还。该地今正发起国债捐，商界中分常年、特别两种，业集有制钱八千缗之谱。无如阻力既多，因循玩忽者亦复不少。推厥原因，良由国会迟开，意存观望。不胜愤懑，特以（巳）〔己〕所认捐挹注国会请愿之举云云。末署濑水氏而无名，刻代表团正在调查云。

《中国报》，宣统二年四月初八日（1910年5月16日）

上海各团体定期欢迎国会代表

上海商务总会、南市商务分会、松江商务分会，已于前日举定沈缦云君为国会请愿代表，故由预备立宪公会及国会请愿同志会协同发起通告，各团体定十四日下午三时，在立宪公会内开茶话会，欢迎沈君。其代表诸君即以各团体出名，是日并研究杨翼之先生呈稿。

《申报》，宣统二年四月十二日（1910年5月20日）

上海同志会成立及欢送代表之通告

启者。去冬各省谘议局遣派代表请速开国会，未蒙俞允。在朝廷之意，非谓国会不当开，并非谓国会不当速开也，将以观全国人民之心理。苟万众一心，群矢聚的，表示全国人民皆愿速开国会之真诚于君父之前，必能焕发纶音，慰此饥渴。敝会由在京代表团发起，广集同志，以请愿即开国会为惟一之宗旨，置总部于北京，各省遍置支部，联络各界忧时君子，鼓吹舆论，赓续请愿，必达目的而后已。现上海支部业经成立，夙仰贵会热心毅力，为海内倡，兹附奉意见书一分，入会证百分，伏祈介绍四方名流签名入会，以厚团结之力，而图进行之策，宪政幸甚。通信处在西门外方斜路江苏教育总会。

再启者。敝会谨择于四月十四日午后二时，邀集在沪各团体共商联络进行方法，务请贵会公推代表莅会赐教，不胜企盼。国会请愿同志会马良、王敬芳、郑权、钟文恢、汤一鹗、杨天骥、雷奋、于定一、杨廷栋、沈（思）〔恩〕孚再启。会所在跑马厅预备立宪公会。

启者。国会继续请愿事，宁苏沪常商务总分会、江苏教育总会均已举定代表，即日入都。敝会定于十四日午后三时，联合本埠各团体开会欢送，务请贵会推员先时莅会为幸。预备立宪公会、国会请愿同志会谨启。四月十一日。

是日午后二时，敝同志会已请贵会推员在敝公会会所开谈话会。因请愿代表即日入都，故送欢会并日举行，合并附告。欢送请愿代表列名者各团体如下：预备立宪公会、华商联合会、商学公会、福建同乡会、浙江旅沪学会、南市商团公会、福建学生会、商业研究会、南市商学会、江苏谘议局研究会、沪南商务分会、上海商务总会、江苏教育总会、国会请愿同志会。请愿代表诸君姓氏列下：江宁商务总会代表张翊廷君，苏州商务总会代表杭【筱】轩君，上海商务总会代表沈缦云君，常州商务分会代表孟庸生君，江苏教育总会代表姚子让、雷继兴君。

启者。各省绅学各界知国会为实行宪政之机关，早经联合陈请，而商界尤有密切关系，必须及时陈请继续进行。沪上商界现经公举沈缦云先生为本埠全体商人代表，赴京请愿，凡我商界同人，理应设帐祖饯，以伸忱悃。定于本月十四日一句钟在北商会开会，十五日十句钟在南分会衣冠恭送，届时务祈早光，幸勿迟却。上海商务总会、沪南商务分会全体同人公启。

商学公会事务所通告云：本会顷接国会请愿同志会通告一件（中略），本会先于十三日下午五句钟开会提议，届时务请早临。再，又接预备立宪公会及同志会通告，定于十四日午后三时邀集沪上各团体在本会开茶话会，欢送继续请愿代表，本会亦于是日同时提议推员列席。合并附告。

上海自治公所议事会、董事会通告云：沈缦云君现经公举为国会请愿代表，已定于本月十五日起程赴北京，同人于是日午前十时在总工程局齐集欢送。

《申报》，宣统二年四月十三日（1910 年 5 月 21 日）

壮哉，第二次代表之行色

昨日午后三时，上海预备立宪公会、江苏谘议局研究会、华商联合会、商学公会、商业研究会、福建学生会、江苏教育总会、上海劝学所、上海教育会、上海城自治公所、上海商务总会、沪南商务分会、南市商学会、南市商团公会，及国会请愿同志会共十五团体，因请愿国会第二次推举之代表即日北行，特假泥城桥预备立宪公会开欢送茶话会。是日，苏州商务总会代表杭小轩君，上海商务总会代表沈缦云君、孟庸生君（孟君已在京），江苏教育总会代表姚子让君、雷继兴君（雷君已北上），江宁商务总会代表张翊庭君（未及到沪），先后莅会。各团体到者亦甚盛。入席后，即由马湘伯君起述欢送旨趣，继以王抟沙君、王引才君、郑仲劲君、叶惠钧君进欢送词。继马湘伯君演述国民屡次请愿之苦心，实负造成国家之志，畅发无遗，其结束处引鬻子言“国民者，帝王之杖也”，今日各团体之热诚欢送，可见爱戴国家，爱（载）〔戴〕朝廷，爱戴帝王。使国家、朝廷、帝王不爱此爱戴之民心，犹不速开国会，恐他日虽欲哭送而不可得矣。闻者动容。后由杭小轩君述答词，字字出于血诚，略谓：国会请愿由学界奔走呼号，而商界不能继起，实为惭愧。鄙人业商，学识浅薄，诚恐不能当此重任，但愿商界中人思为鄙人者，尚负笈担簦，以从诸君子之后，则再接再厉，投袂继起者，当必大有人矣。继为沈缦云君之答词，庄谐杂陈，尤令国民知奋。其意以为代表之有效与否，实恃各团体为之后劲。杭君之谓再接再厉，乃愿诸君对于国会如临战事，不胜不止，窃不愿如苏州人之斗狠。昔人嘲苏州人之负气好斗者，一遇小忿，辄摩拳擦掌，先以发辫为代表，转展回绕于顶，若将得而甘心者。及见强御当前，遂亦束手不动，是其悻悻之势，徒戏弄此区区一发辫耳。某苏人也，负上海商务总会之委托，窃惧为大敌当前时之发辫，尤不愿诸君之以发辫视某也。当时各团体之闻此言者，皆极奋厉，誓集合盛大机关，筹议同志会种种进行之方法，以期无负沈君临行嘱付之言。席散，共摄一影，以为此日居者、行者交相训勉之纪念焉。

《中外日报》，宣统二年四月十五日（1910 年 5 月 23 日）

沪上各团体恭送国会代表启行

沪上商界公举沈缦云君为国会请愿代表，预备立宪公会等各团体开会欢送，已详昨报。十五晨九时，商务总会、商务分会、商学公会、商学会、劝学所、总工程局、商团公会各团体齐集南市商务分会，恭送登程。首导以国旗、商旗及国会请愿之徽，次音乐，次沈君衣冠步行，次綵亭请愿书庋焉，继之即恭送之。绅商及各业各团之代表一律衣冠步从，举止恪恭，如临大事，观者莫不起敬。次商团，次某校学生，皆排队踵行。至“新铭”舟次，商会总理周金箴君捧请愿书登轮，各绅商鱼贯随之。周君鞠躬授书，众皆鞠躬，沈君鞠躬受书。商团、学生均在轮埠呼“中国万岁”者三。奏乐致敬，互道珍重而别。

附商务总会致汉口、武昌两商会电：顷康特璋君来，述贵会假商学堂为各会国会请愿代表招待所，感甚，惟本埠代表沈君已航海北上，在京候教。沪商会。咸。

又致北京、天津商会电：敝会国会请愿代表沈缦云君乘“新铭”北上，诸希联合关垂。沪商会。咸。

《申报》，宣统二年四月十六日（1910 年 5 月 24 日）

上海总商会欢送国会代表沈缦云颂词

国会请愿之举，始于各省谘议局。合十九省议员之团结力，齐集京师，叩九阍而陈辞，一请不获，则议再请，并议联合全国商界以共请。于是我沪上商界公推沈缦云先生代表全体，赍书入都。同人等既设燕以祖之，并合词以属之曰：

今时吾国之需国会，如日月之经天，江河之（就）〔丽〕地，人生之于布帛菽粟，万无可缺之物也；今时吾国民之需国会，如寒之思衣，渴之思饮，幽室之思日星，大旱之思云霓，又万无可缓之时也。以万无可缺之物，处万不可缓之时，请愿之责，亦綦重矣。且请愿之举，于商界虽方在权舆，于事实则（以）〔已〕为继续。词披肝胆，（以）〔已〕数见而不鲜；诚格天人，至再三而近渎，果以何术而冀邀涣汗乎？代表之责，则尤难矣。虽然，不可必者，天意也；有可恃者，人心也。苟人人心中以国会为归，则水必趋壑，射必赴的。壮哉，此行先生【但】挟沪商全体之心以俱往，蔑不济矣。行者胼胝，居者结墙，临歧握手，互矢精诚，伫听好音，为国自爱。

沈代表答词：

懋昭才识浅陋，重荷诸公见委，晋京请愿，深惧力不胜任，为全体羞。忧心兢兢，莫知所措。顾国会之要，请愿之重，代表之难，诸公既殷殷加诲矣，懋昭当朝夕服膺，竭其（而）〔血〕诚，将全体所结之一心贡诸九重，庶求能践此行之目的，以无负诸公光宠之意。遥（魏）〔遥〕（巍）〔魏〕阙，皎皎寸忱，山如可移，机当立转。此则懋昭应尽之责，尚望诸公共鉴之。顿首拜嘉，戚佩无既。

《顺天时报》，宣统二年四月廿三日（1910 年 5 月 31 日）

宁谘议局致代表团电

小沙土园昆新馆代表团：杨君以职务，万难即行，再上书断无及。准赴联合会，请示会期。宁谘议局。[①]

《中国报》，宣统二年五月初一日（1910 年 6 月 7 日）

上海同志会致代表团函摘要

二次请愿仍未蒙谕允，而人民忠爱之忱固为朝廷所素许，尤宜持以毅力，赓续吁请，必达目的而后已。此间于五月二十七日开会公议，请尊处商诸谘议局，俟联合会开会时，议定由本省谘议局向资政院要求列为第一议案，想诸君子亦筹计及之也。[②]

《申报》，宣统二年六月十六日（1910 年 7 月 22 日）

① 录自“国会请愿八十九志”，标题为编者所加。
② 原标题“国会请愿之后援”，本条为其中一片段。

江苏谘议局之国会请愿进行

敬启者。国会请愿两次无效，群望三请。近日敝省公论，以为前次谕旨，既断再请之路，现资政院开，专达民隐，自不能援他奏事官之例，不为上达。此次请愿，拟向资政院陈请建议，以期必达，此第一步也。请愿之人就苏言，拟推謇以议长名义北上，此第二步也。请愿之期，以十月底成行，十一月到院陈请，适为毕本局之事，而尚在资政院开院之期，此第三步也。以议长名义北上，各省能否赞同，或不尽能去，当转托他省能去之议长为代表，略成一议长之请愿团，以结前二次代表团之局，而别开第三次请愿之新面目，此第四步也。公论如是，謇不敢违，用敢驰告同岑。苏省之公言，謇之微意，皆以此为然，惟取各贵省之答复为进止。有直省过半数同者，亦即决行，盖恐交通过阻之处，亦非函讯所能及也。颛盼赐覆，即请公安。江苏谘议局议长张謇谨启。

再敝省第一次代表方君惟一，久留代表团办事。方君本资政院议员，现已应资政院之召集，势难兼办团务，敝局已公决，不再强方君仍居代表之名，业于日前通知代表团，为方君辞职。三次请愿自有代表，敝省即不再派他代表入团，嗣后北京代表团事务所函件，敝省并无意思参预其间，合并声明。

《时报》，宣统二年八月廿八日（1910年10月1日）

江苏谘议局致北京资政院电

北京资政院钧鉴：请愿有效，天恩高厚，感极涕零。钧院大力维持，谨代表大江南北，泥首叩谢。江苏谘议局叩。①

《申报》，宣统二年十月初八日（1910年11月9日）

江苏谘议局致苏州抚部院电

苏州抚部院钧鉴：国会请愿有效，天恩高厚，感极涕零。回念大力联合各帅维持其间，谨代表全省人民泥叩恭谢。谘议局。支。

《申报》，宣统二年十月初八日（1910年11月9日）

江苏谘议局致上海教育总会、苏州商务总会电

上海教育总会、苏州商务总会并速转各团体：旨准宣统五年召集国会，速电资政院恭谢，竭力致欢忭为叩。谘议局。

《申报》，宣统二年十月初八日（1910年11月9日）

① 录自“各团体对于国会年限之满意”，本电及以下七电均收录其中。

江苏谘议局致各省谘议局电

请愿有效，感极涕零，已电院叩谢，想表同意。宁局。支。

《申报》，宣统二年十月初八日（1910 年 11 月 9 日）

江苏教育总会致资政院电

北京资政院公鉴：召集国会期限，得旨缩改，同人欢跃，感谢天恩，益感贵院竭诚奏请之力，谨电达谢忱。江苏教育总会。鱼。

《申报》，宣统二年十月初八日（1910 年 11 月 9 日）

上海城自治公所致资政院电

北京资政院议长、议员公鉴：国会召集期，赖钧院竭诚，奏准缩改，万众欢忭，谨电谢。上海城自治公所议长沈恩孚、总董李钟珏等叩。歌。

《申报》，宣统二年十月初八日（1910 年 11 月 9 日）

上海商务总分会致资政院电

北京资政院议长、议员钧鉴：国非民，谁与立？国会提前，宪政巩固，得邀幸福，共祝进行。上海商务总会总理周晋镳、协理邵廷松等，沪南分会总理王震等同叩。

《申报》，宣统二年十月初八日（1910年11月9日）

苏民欢祝国会之风云

苏垣绅商士庶定期十三至十五三天，欢祝国会，已四志本报。兹悉是日下午三时，元妙观前一带通衢，黄童白叟，名媛淑女，已往来不绝。待至六时，各商店红烛高烧，大街之中，几无容足之地。各学校均排队提灯，进元妙观行礼，高呼万岁。于是观中拥挤异常，致将露台石栏杆挤堕于下，压伤三人，当由自治公所雇人舁送天赐庄博习医院医治，惟二人受伤较重，难保无性命之忧。又闻阊门外渡僧桥栏杆，亦因看灯人数太多，将桥栏挤落河中，失足堕水有五六人，待救起已奄奄一息矣。

是日举行提灯会，赴会欢祝者，有五十余校学生，不下三千余人，其年纪最幼者，皆系模范、简易及各公立私立小学校，以致为人挤散队伍。每校虽有一二教员，实难照料，因此失帽子者，失佩章者，指不胜屈。其帽子或坠于途中，而佩章则缝于衣上，万无失去之理，谅为匪徒所攫。劝学所有鉴于此，乃于十四日函知各学校，幼年学生今晚请免其提灯进观，俾可无失散找寻之周折。

又小家碧玉，往往结队成群，向观前进发，在人稠熟闹之中，瞻观各号灯彩。适入各校提灯之学生队络绎来往，剪绺挖包之徒，遂乘间大施手段，钱簪去矣之声连连不绝。偶一停行，后人踵足而来，将弓鞋踢去，金莲蹴损，悔恨无已。迨察院场萃成祥鞋店经理黄君驾雄发起商民提灯会，计定灯一百盏，经费独力担任，遂遍发传单，于十四日晚举。如有国会思想者，先在萃成祥签名领灯，至下午六时齐集北局进观。上露（抬）〔台〕庆祝毕后，提灯绕城一周，藉志欢忭。

苏省巡警道汪颉荀观察，昨日特谕饬中路各巡士齐赴元妙观妥为照料，并饬警务公所行政科戈君丰玉至该处自治公所暂驻，以便有事即可指挥。汪观察于四时亲至观中，督率警士梭巡。长洲县张大令分往各通衢巡行一周，适渡僧桥桥栏坍落，随往验勘。勘毕，又至观前验勘露台，是时已夜间十一句钟矣。

城自治公所各职员，因鉴于露台栏杆坠下伤人，及大街妇女之遗簪失履等事，乃于十四日晨函请警道，今晚多派警察沿途保护，观内请巡逻队照料，而露台函请苏商体育会各操员纠察。坍塌之处当雇匠修整，外面仍筑竹篱围住，谅不致再蹈昨夜之覆辙也。

《中外日报》，宣统二年十月十六日（1910年11月17日）

四面楚歌之苏议局

宁函：江苏谘议局蒋某，自将欢祝国会期限之电发表后，议员中有多数人极力反对，而士民上书质问者尤伙。该局既无从答复，昨复强学界团体行提灯会，以表欢祝之意，学界同人颇不谓然。有师范生邢某、董某对此恶潮尤甚，特上书质问谘议局是何理由。其文如下：

贵局提倡开会欢祝，是承认宣统五年之缩短也。各省人民均未满愿，而贵局独欢祝之，有何识见独到之处？请愿国会代表非各省议员乎？今各省谘议局皆电代表进行勿散，贵局不俟归来，而首倡欢祝，未识有碍代表之进行否？

资政院虽与国会性质不同，然在今日即全国舆论之代表也。该院方上书摄政王，以期必达初志，贵局即应电致代表勿散，以坚同一之舆情。乃电促代表不继各省之后，而开会欢祝，反居各省之先。说者谓贵局不以资政院为全国之代表，并不以各省坚执前进为是，然欤，否欤？

各省督抚自阅初三谕旨之后，仍电枢府，力争阁、会同时并设，以防流弊。是各省督抚希望国会之目的，即在明年也。贵局此举，得毋以先内阁后国会为有利而无弊乎，抑不赞成明年即开国会乎？

总之，各省督抚之电争，资政院之上书，各省之坚执前（途）〔进〕，无论有无效力，提灯之举，似不必行。不然，则代表暨督抚、资政院之争也如彼，国民之欢祝也如此，吾知政府必将有辞曰：赞成五年者，国民之意也；要求即开者，少数人之意也。因之，逐代表之令，责督抚之谕，必将辞严义正，再接再厉。而吾人欢祝之举，非所以欢祝国会，适所以隐示国民之舆情，与要求者之意决不相侔也；更所以示外人以吾国团体之不坚，国会之无济也。如是，则内贻政府之讥，外启敌人之诮，夫何欢祝之足云哉！

《民立报》，庚戌年十月十八日（1910年11月19号）

张季子年谱（节录）

宣统元年己酉　五十七岁

八月三十日，谘议局开会，到会者九十五人，决选余得五十一票为议长，副议长仇继恒、蒋炳章。……商瑞巡抚合各省，请速组织责任内阁。又合奉、黑、吉、直、东、浙、闽、粤、桂、皖、赣、湘、鄂十四省谘议局，请速开国会。

九月……与浙人论请开国会事。浙某言：以政府、社会各方面之见象观之，国不亡，无天理。余曰：我辈在，不为设一策，而坐视其亡，无人理。

十一月，七省谘议局代表会于上海立宪公会，上书请愿国会。……

十二月……朝旨国会不得请，世续、鹿传霖沮之。……

宣统二年庚戌 五十八岁

十一月……至湖北，见各省督抚合请国会、内阁电奏，大较锡良、瑞澄、李经羲、袁树勲、程德全、丁振铎为切要，赵尔巽、孙宝琦、增韫、陈夔龙、周树模次之。

宣统三年辛亥 五十九岁

（八月）二十五日，至苏，巡抚程德全甚韪余请速布宪法开国会之议，属为草奏。仓卒晚膳，回旅馆，约雷生奋、杨生廷栋二人同作，时余自书，时属二生书，逾十二时脱稿。二十六日至沪，二十七日旋宁。三十日由谘议局径电内阁，请宣布立宪开国会。

《张季子九录·专录卷六·年谱》

柳西草堂日记（节录）

宣统元年

八月三十日

与瑞中丞及雷继兴、杨翼之、孟庸生、许久香诸君议，由中丞联合督抚，请速组织责任内阁；由谘议局联合奉、黑、直、吉、东、浙、闽、粤、桂、皖、赣、湘、鄂十四省谘议局，请速开国会。议定翼之、惟一、庸生三人行。联合督抚瑞任之，联合各谘议局余任之。

……

九月三十一日

以蛰先约，与范予去抗。晚晤增中丞，为陈国会及内阁之要，增极表与瑞同意。余与丹揆、蛰先、孟小须、挹之谈。挹之言："以政府、社会各方面之见象观之，国不亡，无天理。”余言：“我辈尚在，而不为设一策，至坐视其亡，无人理。”记此一段议论，留示儿子。

……

十一月五日至沪各代表已至者七省。

六日定每日聚论一次于立宪公会。

九日改定莼生稿。

十日预备立宪公会为各省代表饯行。

十一日咨议局研究会为各代表饯行。

十二日为各代表饯行，说各省联合议盐税就场及法政学校。

十四日观福建林宗孟长民请开国会公呈稿。

十五日夜重改请开国会公呈。

十六日夜半附“长安”回通。是午，教育总会为各代表开会饯行。

十二月二十四日见报载上谕，国会不得请，世、鹿两相阻之云。

宣统二年

二月六日借仇宅作豫计地方自治经费、厘订地方税界限应请开国会议。

十月五日去沪，闻初三日朝廷许宣统五年开设国会诏，北行可免矣。

十四日以为十五日庆祝国会之说可行也，至则知众见多歧。

二十六日看各省督抚合请国会、内阁电奏，锡、瑞、李、袁、程、丁诸胜，赵、孙、增、陈、周次之。

《柳西草堂日记》，台北，文海出版社1967年影印本

郑孝胥日记（节录）

光绪三十四年（1908年）

三月十五日（4月15日）……又至立宪会，是日为会员常会，到者十余人。

余议设国会研究所，合有志之士共编速成国会草案，俟草案成，合各省上书进呈草案，请政府实行。众皆赞成。……

十九日（4 月 19 日）……晚，诣立宪公会，议国会研究所事。余意，以先举一时旅沪知名之士为会员，专以速成为主义，非独破坏腐烂专制之政府，兼欲删改列国完全之法度。……

四月十四日（5 月 13 日）……四点半，过立宪会，是日为国会研究所成立之第一会，余议请会员曾学法政者，于第二会提出各国议会制度报告，再由会员研究，各表意见，归于一是，即为草案之底稿。今宜先提国会院制及国会召集法二端，为研究入手之题目，雷继兴担任第二会报告之事。乃属孟庸生录议案登报宣布。

廿一日（5 月 20 日）……四点半，至立宪公会，是日为国会研究所第二次开会，提议院制，定为请开下议院，其上议院制度待下议院成立后再由众议承认。

五月廿六日（6 月 24 日）……归，过立宪公会，为研究国会之期，至者不及十人。是日，议选举资格，余以为选举权宜普及、宜宽，被选举者立格宜稍严，审查之法宜稍密。众皆然之。

廿七日（6 月 25 日）……拟致宪政编查馆电。……

廿九日（6 月 27 日）……拟致宪政编查馆电云：

北京宪政编查馆王爷、中堂大人钧鉴：近日各省人民请开国会者相继而起，外间传言，枢馆将以六年为限，众情疑惧，以为太缓。窃谓今日时局，外患内忧乘机并发，必有旋转乾坤之举，使举国之人心思耳目皆受摄以归于一途，则忧患可以潜弭，富强可以徐图。目前宗旨未定，四海观望，祸端隐伏，移步换形，所有国家预定之计画，执行之力量，断无一气贯注能及于三年之外者。若期限太远，则中间之变态百出，万一外忧内患从而乘之，所期之事必成虚语。纵秉钧诸老必贯日月，亦惧负荷太重，不能取信于国人，欲求践言，诚非易易，脱有中变，悔之何及。某等切愿王爷、中堂大人上念朝事之艰，下顺兆民之望，乘此上下同心之际，奋其毅力，一鼓作气，决开国会，以二年为限，庶民气固结，并力兼营。势急则难阻，期短则易达，措天下于泰山之安，其策莫善于此。现上海绅商联合研究，拟将开设国会之法，按其次序，编具草案，俟脱稿后，即当缮呈。

区区忧国之愚，不避冒渎之罪。伏候钧裁。

此稿交孟庸生商之季直、蛰先，以立宪会名义发电。

六月初二日（6月30日）……归，过立宪公会，电稿为季直、蛰先各易数语，遂令即发。

初四日（7月2日）晴。国会之电，昨日计已到京，政府纵有推荐之意，得此电必中止。无心适凑，可谓巧也，不知者疑为臧武仲对齐侯抑君似鼠之智矣。

初六日（7月4日）……致宪政编查馆之电是日始见报。

十日（7月10日）……孟庸生来，议再发京电。夜，拟稿曰：

前电意有未尽，谨披沥再陈，冀获动听。开国会者，特利用国民之策而已。中国之国会与万国不同，无论何国之政治家，究其学识，无足以裁决中国国会适当之办法者。何则？以我之国大俗殊，为历史所无固也。今欲集中国之学者裁决此事，虽虚拟年限，要皆随意揣测，不足以为定论。但问朝廷欲开国会否耳，果欲为之，则宜决然为之，直以最捷之法选举，召集固非甚难，胥等所谓二年即立与施行之谓。如以二年为太简率，则虽五六年至七八年，亦与二年略等，未见其遂为完密也。迟疑顾虑，终于无成，实中国积弱之锢习；必先除去此习，乃有图存之望。当世雄杰，或韪斯言。不胜忧愤，伏祈苊察。

十三日（7月11日）……孟庸生来取电稿，示汤蛰先，稍有增改，余留其所增"时不可失，敌不我待"二语于"望"字之下。张季直已赴通州，录稿寄之。定今日发电，明日登报。……

十四日（7月12日）……去诣立宪公会，国会研究所特别会举起草员五人，既毕，复开董事会，议决入会者三人。

廿七日（7月25日）……周金箴告余曰："宪政编查馆来电问上海道，日前国会期成会之电无列名，究系何人所发？"沪道问之电局，局询之期成会，答云："系郑、马、雷等所发起。"余曰："此乃何人所言？仆未尝入此会，亦未见此电也。"周遂复函询电局，问明此言何人所说。

廿八日（7月26日）……报传上谕：政闻社法部主事陈景仁请三年内开国会，革于式枚谢天下等语。陈景仁革职，地方官查传管束云云。余言于会曰："天下请立宪者宜联合劾于式枚。何则？朝廷考求立宪，而于式枚阻挠之；于式枚阻挠立宪，而朝廷迁擢之。举国哗然，皆以朝廷为行诈，诚不知朝廷何以自明。内以激海内之不平，外以贻列国之笑柄。若持此力争，即可益张请求国会之力矣。”

七月十三日（8月9日）……午后，至立宪公会，与莼孙谈国会请愿事。余谓，宜以中央集权为请，求政府先开国会，以财政、军政、刑律速定统一之法，则疆吏之权既销，地方自治必盛；否则，非统一，非联邦，国民与政府不能直接，而督抚横亘其间，何有于立宪乎？……

八月廿七日（8月23日）……午后，至立宪公会，晤莼孙兄弟。庸生言：“都察院受各省国会请愿，屡延不即上。十八日，拟决上矣，又为庆邸授意而止。项城则讽令咨送军机处，至今犹回惑不决也。”余曰：“台谏有三罪：迎合宫廷意旨，一罪也；私通枢府，二罪也；阻挠叩阍，三罪也。宜合国民致书诘问，言官风裁扫地矣。”……

八月朔（8月27日）……是日奉上谕：开设议院以九年为限，日本亦九年也。

宣统元年（1909年）

九月初四日（10月17日）孟庸生来，谈请早开国会事。……

十一月十一日（12月23日）……至立宪会，公晏各省国会代表。梦旦、炜士要余书《筹还国债意见》一篇，以示请开国会代表，欲其赞成登报宣布，众皆不敢登而罢。

十三日（12月25日）……夜，至三山会馆，欢迎福建请愿国会代表四人。……

十八日（12月30日）……罗峙云杰、刘雨人、陈芷皋登山来访，乃湖南请开国会之代表也。

廿二日（1月3日）……至海藏楼，奉天国会代表永（珍）〔贞〕佩珩、刘兴甲星阁来见。……赵竹君来，示李佳白与余函，请转致各代表送行序文一首，乃浙人姚菊坡所作。

宣统二年（1910年）

正月廿五日（3月6日）……清帅邀余往谈，言江春霖之奏不恶，意欲余为作奏，请开国会。余谓：“公乃疆臣，言事须稍靠实。俟有机会，然后指论，必中其心病，乃有效耳。”

三月朔（4 月 10 日）……得徐敬一书，言三省谘议局合请国会事，清帅似有悔意。……

初八日（4 月 17 日）……昨得徐敬一、多竹山、吴莲伯书，吴寄来三省谘议局合请奏陈速开国会呈稿，且云清帅初甚欣然，呈既上，忽中悔，欲缓议，丐余为之代询。复张贞午书，言请开国会事未可失信于民，宜交司道核议。又复徐敬一、多竹山、吴莲伯书。

四月廿九日（6 月 6 日）……炜士、梦旦约至立宪公会，商请开国会呈稿，皆不满意，乃由事务所致电北京事务所，曰：呈稿不能通过。

五月十七日（6 月 23 日）为东三省谘议局拟请代奏速开国会呈稿。……

十八日（6 月 24 日）以快信寄呈稿与贞午、紫石。……

十九日（6 月 25 日）自录代拟呈稿一通。致张贞午书，告以请开国会事都中闻已代奏，如已下诏，则无及矣。……

二十日（6 月 26 日）雨。又致张贞午书，告以国会又须速奏，如已降旨，则无及矣。

廿三日（6 月 29 日）……内阁奉廿一日上谕，仍俟九年筹备完全，再行降旨定期召集议院，并云："毋得再行渎请。"得杨翼之信，云欲于各州县连合数千人赴都伏阙。

七月廿四日（8 月 28 日）……诸贞壮来，谈久之乃去，还余吴仓硕所画《海藏楼图》，以《借债造路策》使携示瑞莘如。……

廿六日（8 月 30 日）……诸贞壮来，言"借债造路，锡、瑞约会奏。"

廿七日（8 月 31 日）为作会奏折稿。……

八月初五日（9 月 8 日）……诸贞壮来，示会奏借债造路折稿。……

初六日（9 月 9 日）……刘崧生来，以《借债修路说帖》付之，使与谘议局联合会研究此事。今日锡、瑞二督合奏。

初七日（9 月 10 日）拟复李仲仙并致各督抚一电，仍请锡、瑞二公以借款修路之策为天下倡。……

八月廿三日（9 月 26 日）……各省督抚来电，多数主合词请立责任内阁并开国会，欲令李仲仙主稿。

廿四日（9 月 27 日）……瑞莘儒来电云："请李仲仙主稿，请设责任内阁、开国会。”为清帅复电赞成，且请其补发各省将军、督抚以征同意。……

九月廿七日（10月29日）晨，入公署。清帅谈联合各省请开国会及责任内阁事，乃李仲仙主稿，尚晓畅，必熊范舆所为也，已于廿四日电奏。……

三十日（11月1日）清帅示太原丁抚来电，请再电力争阁、会同时并立。北京施植之来电，言初一召见政府，初三可降旨，大约即立内阁，仍以宣统五年召集国会等语。余曰：“迟则无及，明日电奏入，或尚可救。”即为拟电曰：“军机处钧鉴：锡良筹前奏请〈开〉内阁、国会【定于一二年内同时并举】〈以救危急〉，十时，冯仲贤来，云删去十字，改增五字。近闻有主张仍欲先立内阁，俟宣统五年乃行召集国会，区区愚忱，窃抱过虑。说者谓日本维新亦先立内阁，后开国会，遂欲取以为法。不知日本改革幕府之后，长、萨二藩握权专政，其基未固，故专用压力，缓开国会；民间积愤不平，第二倒幕之声已闻于全国。幸政党人才继起，国会旋开，仅保未乱。此日本之内容，固无可隐讳者也。今中国民气奋发，视日本当年不啻过之，而朝中大臣，勋业才望较之长、萨二党，相去何如，岂可复袭其危险之政策哉！且国会既开，人心拥戴，皇室愈固，一切颠危倾侧意外之变，无自而生。所谓‘周虽旧邦，其命维新’，自有上下相维之气象。若又迟以三年，则三年之内，风潮万状，佥壬之人皆欲趁此三年，夤缘援结，以据要津；贪利之臣亦皆趁此三年，黩货营私，以肥囊橐。失败之政仍归咎于君上，监督之力终难及于当权。朝廷宜防官邪，不宜防民气，此锡良等所谓内阁、国会不能不同时并立者也。如谓机关未备，则凡弼德院、审计院、行政裁判院均有各国成案，取以仿行，似非甚难。此次沮开国会者或有新进之辈，欲遏其后起而自居其功，故饰为‘进行有序之说’以惑上听，又谓必‘国会早开，则政府权（炳）〔柄〕将有不能完全之患’以慑在位；不知《宪法大纲》业已规定，新学良士未尽登庸，朝廷一视大公，天下自无偏党，在位者不必亲，在野者不必疏，其崇戴我大清则一也。先后举措之间，安危关系所在。谨披沥再陈，请仍将内阁、国会同时并举，以慰民望。不胜惶悚待命之至。请代奏。”清帅阅电，奋髯抵几曰：“此电有力。我革职亦甘之！”照令发急电，明早当可到京。

十月朔（11月2日）钞电寄示孟庸生曰：“先立内阁、缓开国会之事已急，此真最后之十五钟矣。我将挟各督抚之力，为国民决一死战。九月三十日夜七点草此稿，八点加急电发，今录以寄孟君，以登各报，以布于天下。九月三十日夜十点书。”……李仲仙来电，言用陈昭常电驳陈小石之电，联名致枢府。……

初二日（11月3日）清帅来谈，示陈昭常仍请力争阁、会同时并举电。……

初四日（11月5日）晴。清帅语人曰：“郑苏勘在此，奉天有如火如荼之象。”临行丁宁曰：“望君速来。”以密电本授余。报言，洵贝勒初三至秦王岛，即日专车入京。计前电稿初二可至孟庸生处，各省督抚日内必有回电至奉，天下震动，真奇观也。此电初三、四或可见报。……

初五日（11月6日）……阅报，初三日已降旨，定于宣统五年实行开设议院。仅有《北京日报》一报言“各督抚争电，言朝廷宜防官邪，不宜徒防民气。”……

初九日（11月10日）阅报，督抚电奏已登《申报》、《时报》。

十五日（11月16日）得文虎、崔文征书，寄来各函。文征钞示各督抚复电数通，惟丁衡甫最为激烈，略言“联奏精警透辟，洞中窍要，言人之所不能言。此全球有价值之伟论，中外无不同钦。我辈既联衔十数人具此政见，若云政见不是，宁可自请退斥，岂能忽彼忽此，与反对者强同。公有此一电，日人之在东省亦将曰‘国有人焉’，其气必为之稍慑”云云。瑞莘如电云：“大稿痛切透辟，足以间执新旧两派画议者之口，极为钦佩。”增韫、冯汝骙、诚勋电意略同。

十九日（11月20日）……得清帅啸电，云：“国会缩短，为期尚遥。资政院开院，实为国民参与政权之始。时事积敝，岂一旦所能谫除，先有立法机关，自可为政府所渐信；乃开院愈月，虽主持正议，而吹毛索瘢亦或不免。内阁本未成立，近且责任枢府，恐国会未立，先酿官民之冲突，致当局转以宪政为忧。时局日难，何堪自误。我公提倡立宪，且素持大体，在院民选诸君又皆同志为多，事关朝野大局，宪院前途，敬请裁酌匡正。大从何时北来？企盼行旌，惟日为岁！良。”

二十日（11月21日）复清帅电曰：“官民程度皆低，非冲突不能进步。老成有识者望其和平渐进，恐难如愿。胥年来颇忤舆论，故辞立宪会长，同志转少，无从为力。拟下月初旬来谒。胥，哿。……”

十一月初四日（12月5日）……过旭庄，不遇。遂入抚署，晤多竹山、夏剑丞、罗佑子。与程雪帅谈政团联结之法，余谓必先宣布宗旨，纠合同志，乃可望其成事。今国人政见，多以量入为出为策，此可名之为“闭塞改革政策”；若就岁入之款择要举办宪政，仍大借外款专办铁路，以求将来之发达，此可名之为“开通改革政策”。宜约锡、瑞、丁、李诸公联名奏陈开通改革之策，请朝廷宣布二十年内实行此策，则宗旨既定，政党亦成矣。雪帅深然其说，使余过鄂时密约瑞莘帅。……

廿四日（12月25日）……夜，清帅来，示昨天上谕，云：“前据锡良代奏，奉天绅民呈请明年即开国会，当经批示：‘缩改开设议院年限，前经廷议详酌，已降旨明白宣示，不应再奏。’嗣据陈夔龙电奏，顺直谘议局议长等又以速开国会为请，复经电饬‘剀切宣示，不准再行联名要求渎奏’，并严饬‘开导弹压。如不服劝谕，纠众违抗，即行查拿严办’。兹又据军机大臣据情面奏，亦属不合。开设议院缩改于宣统五年，乃系廷臣协议，请旨定夺，并申明一经宣示，万不能再议更张。诚以事繁期迫，一切均须提前筹备，已不免种种为难，各省督抚陈奏亦多见及于此，乃无识之徒不察此意，仍肆要求，往往聚集多人，挟制官长。今又有以东三省代表名词来京递呈，一再渎扰，实属不成事体。着民政部、步军统领衙门立即派员将此项人等迅速送回原籍，各安生业，不准在京逗留。朝廷于无知愚民因迫于时难妄行陈说，已屡从宽宥，然岂有国民而不循法理者！深恐奸人暗中鼓动，借词煽惑，希图扰害治安，若不及早防维，认真弹压惩办，久必至于酿乱。此后倘有续行来京，借端滋扰者，定惟民政部、步军统领衙门是问。各省如再有聚众滋闹情事，即非安分良民，该督抚等均有地方之责，着即懔遵十月初三日谕旨，查拿严办，毋稍纵容，以安民生而防隐患。钦此。”

人心去矣！初无以维系之，而遽绝之，可乎？金仍珠来电：“密闻此策乃庆邸以询于项城，而袁教之者。”袁教之，徐赞之，乱必成矣。国民已怨朝廷之无能，朝廷犹以国民为无知。是非曲直，谁能判之。

《郑孝胥日记》，中华书局1993年版，第1137—1297页

7. 江 西

赣省发起请开国会

各省士民均已公举代表入京上书请开国会，赣省教育、商务两总会现拟招集十四府州在省绅学商各界开会筹议。惟南康一府无人在省，拟先行飞告该府士民派人来省会议，以便拟定请愿稿，公举代表入京呈递。

商务总会协理熊主政元锽已函商同乡京官，意欲由省城联络各府厅州县绅商士庶，签名请愿，俟定稿后由同乡京官代奏，或由该同乡呈由都察院代奏，旋以请开国会关系重大，自应选举代表赍书北上，以昭慎重。

《顺天时报》，光绪三十四年七月初二日（1908 年 7 月 29 日）

赣人热心国会

赣省教育、商务两总会发起请开国会，早志前报。兹闻各该会招集各团体，于初二日在曾文正公祠提议急应请开国会之理由，并拟国会请愿签名簿之格式。与议者绅商学界约计不下百人，公议以陈绅三立领衔，通告各府州县士民陆续签名。俟签名者已愈五千人，再行选举代表二人，进京呈递请愿书，以便联合各省代表，要求宣布开设国会最近之年限。前议请同乡京官代送请愿书一节，系个人意见，现已取消，决定由赣垣公举代表入京，以作正式之请愿。

《中外日报》，光绪三十四年七月初十日（1908 年 8 月 6 日）

赣省人士之国会运动

各省人士对于国会之热度，继长增高，闻风兴起。赣省士绅政治思想异常薄弱，国会请愿一事虽经各省选举代表赴京请愿，而赣省则寂寂无闻。现有南昌某君，拟向各方面极力运动，以冀联络团体，组成国会请愿之举云。

《顺天时报》，光绪三十四年七月十五日（1908 年 8 月 11 日）

江西筹办国会请愿及地方自治期成会说略

一、国会者，合各省士民会议国家事件而请执行于政府者也。士民何种之事业，惟士民知之最明。与其分命官吏，逐事推察，不如直接谘询于士民为愈也。但士民众多，不能一一亲询，故使由各省亿兆士民中选出若干人为代议者，俾之对于政府代表全国士民之意见，即谓之国会。

二、开国会系由各乡村选举乡董到县开县议会，由各县选举议员到省开省议会，再由各省选举议员到京开国会。常会每年一次，临时会逢紧要大事即随时召集。决议事件每用投票，多数是从。开会时有时君主亲自临会，或委亲王大臣到会。

三、国会对于政府有建议之权，有质问之权，有上奏之权，有监督财政之权，以保守公共之法律。政府与国会殆如车之两轮，彼此互相维持而同守于宪法之中，各有权限，无敢逾越，是之谓立宪政体。

四、人必自贵，然后人贵之。国家既与人民各种之权利，人民须益自惕励奋发，重公德而轻私利，以保国民之荣誉。使人人皆知爱国乐群，亲上敬长，便是上等国民；若仍自私自利，全无公德，便是下愚，将至国家不保，永为他人奴隶之民。古语云：公极则私存。英、美、德、日之民，亦惟人人知有爱国之心，以公德相夸耀，故国强而民亦富。今日请开国会，便见得我民力争上等国民程度。

五、现各省公举代表，上呈都察院代奏，请速开国会，已到京者直隶、河南、山东、江苏、浙江、安徽、湖南、广东、贵州、福建、东三省，京师特设招待各省代表人处。湖南已派第二次代表，河南签名者至六万人之多。我省人民智识不亚于他省，何可甘居人后，故特请诸公速行签名，选举代表，限八月内晋京。

六、签名者分士民、农民、工民、商民，有官职者填入官衔，本省人只填某县，外省人寄居赣省者，加填旅赣字样。

七、无论长幼尊卑，皆同为国民。一家之中，父兄子弟，一店之内，店主、伙计，均可一律签名，愈多愈妙。

八、慎选代表，须声望素孚，热心公益，熟悉通省民事政治源流，如谚云心到口到笔到，足以发抒谠论，代达全省人民意见者。

九、既请开国会，我民便亟须谨遵迭次上谕。研究地方自治及地方议会办法均须筹备经费，拟请签名诸公每人助钱二百文，一征我省签名请愿人人皆出于至诚，一供开办自治期成会，为他日大开国会之预备。

《申报》，光绪三十四年七月十九日（1908年8月15日）

江西之国会请愿

赣省教育会、商会、农会各团体，发起国会请愿。既请开国会，则研究地方自治，尤不可缓。各团体特于七月十三日午前九点钟，假曾公祠发起地方自治期成会，以为国会之预备。当由胡君明允、雷君见吾宣布开会宗旨，并由到会各员领取国会请愿签名册。凡签名者，每人捐助足钱二百文，由经手人汇交商会收存，以为办理该会之经费。并公推雷君见吾为国会请愿书之起草者。决议后至一句钟始行散会。

《时报》，光绪三十四年七月二十日（1908 年 8 月 16 日）

江西之国会热续闻

南昌函云：各省纷纷请开国会，江西独抱阙如。现闻由商务总会为发起人，邀集各郡同志函告都中各乡人，共襄此盛举。并拟俟定议后，即于都中举一代表，就近请愿，以归简便云。

《现世史》第六号，光绪三十四年八月初一日（1908 年 8 月 27 日）

赣省开会公举请开国会代表

江西函云：谘议局前曾开会，商议赴京请开国会，嗣因第二次会议反对取消。闭会后，又于上月二十七日第三次开秘密会，计莅会者议员约到五十余人，会外各同志绅士约到四十余人，当众举定闵荷生、聂传曾两君亲往上海，会同东南各省议员，商议联名争开国会。所有一切旅费，由各人担任。当由议长谢远涵首捐五十元，副议长黄大埙、议员陈永懋各捐五十元，其余十元及四元者，不一而足。当日共捐集千余元，不日即当首途。又有函云：谘议局昨日开会，公众投票举定奉新议员闵荷生、清江议员聂传曾两人，定明春赴都察院上书请开国会。

又另举刘景熙、汪龙光前往上海，会同各省议员筹备一切。未知孰是。

《顺天时报》，宣统元年十一月十六日（1909年12月28日）

江西教育总会致代表函

现拟开特别大会，决议组织国会期成分会。俟分会成立后，即定期投票公举第二次代表两人，偕谘议局、商会各代表，准三月初十日以前赴京。

《申报》，宣统二年二月初八日（1910年3月18日）

江西商务总会覆北京国会请愿代表团书摘录

江西商务总会覆北京国会请愿代表团书略云：接诵派员游说组织同志会，并大略办法一节，莫名钦佩，业经开会布告同人，莫不感慨兴起。惟问题重大，必万众一心，始克有济。现由该省谘议局、教育总会会同商会协商一次，一致赞成一俟代表团特派员到赣，即当开会欢迎，克期成立云。[①]

《中国报》，宣统二年三月初三日（1910年4月12日）

① 录自“国会请愿五十一志”，标题为编者所加。

赣省续举国会请愿代表

赣省谘议局前以继续请愿速开国会，已举议员闵荷生、汪龙光赴都。现教育总会职员于三月初一日开会，决定先期通知各会员，准初八日到会，投票续举国会请愿代表二人赴京。是日到者四十一人，检视票纸，计贺赞元得二十二票，文龢得八票，萧辉锦得六票，龙钟（伊）〔洢〕得六票，文景潞得五票，郭森甲得五票。当由主席宣言，以贺赞元（永新县甲午举人，邮传部主事，现充议员）、文龢（萍乡县甲午举人，邮传部郎中，现充议员）二人为当选，大众欢迎，傍晚始摇铃散会。

《顺天时报》，宣统二年三月二十一日（1910年4月30日）

景德镇商务总会致北京国会期成会电

北京国会期成会鉴：接南昌商会复电，承认发起，现将尊函转寄。程君南下，请先赴南昌接洽。达为赛会事赴宁，归过赣面商一切。景德镇商务总会叩。①

《中国报》，宣统二年三月十六日（1910年4月25日）

① 录自“国会请愿六十志”，标题为编者所加。

江西请愿同志会致代表团电

赣省各团请愿大会到者万人，坚持明年即开，贵团如何进行，请电知。[①]

《申报》，宣统二年十月十六日（1910年11月17日）

赣人国会请愿之热度

赣垣国会请愿团程忠善等于初五日在江南会馆开特别大会，是日到者约有万人左右，后至者几无立足之地，而女界到者，亦不乏人。首由程忠善君宣布开会宗旨；继由蔡公时君演说国会之关系；龙钟洢君演说请愿速开国会国民应负责任；贺赞元君演说昨奉上谕，缩改于宣统五年开设国会，现在国势危迫，时不我待，应仍坚持要求明年为开国会之期。一时鼓掌之声如雷。邓元君、李国珍君相继演说毕，复由蔡君宣布办法，公推刘太史凤起为正会长，贺主政赞元、龙孝廉钟洢为副会长，当即起稿电知各处。至三句钟后摇铃散会。是日人数虽多，秩序极为严肃。

《帝国日报》，宣统二年十月廿日（1910年11月21日）

① 原标题"国会问题之复起"，本电为其中所录。

8. 安　徽

敬告皖省旅津同乡赞助本省要求开设民选议院启

安徽周晋熙等谨启

立宪为今日救国之急务，尽人知之矣，顾每视为高远而未可骤几，故相率迟疑而未肯有所举动。要之，立宪本非甚高难行之事，不过以公众之事，公之公众而已。溯自前岁预备之诏下，呈书政府要求开民选议院者颇不乏人，而政府持人民程度不及之议，不稍为动。故近日时彦以解释人民程度不及之言为速行立宪之举，谓此特政府假之以借口耳，求之事实并不然也。何也？政府者，由人民组织而成者也；中国政府，中国人民组织而成者也。此一小部分之人民，既可组织政府，而谓举全国人民不能组织一议院乎？无此理也。此其说之不通者一。中国夙称开化长盛之邦，人伦道德较之欧美有过之无不及，明政治思想虽较欧美自由人民或觉稍逊，然以与中国政府较则为不及也？此其说之不通者二。有此二因，则人民程度不及之说已破，而政府犹靳靳不肯开国会者，以各省未全起向政府要求也。

近者，东南各省时有开会集议，以求速设民选议院之举动。我皖省人士亦已奋袂而起，六十余州县各举代表到省集议，联名者五千余人（近闻联名者计十万余人）。上海诸同乡志士亦相继起应，联名者千余人，公举蒯光典、方皋、李国栋、张金城诸公为代表，入都上书。足见迩来志士之多，中国前途幸福正未可量。天津为中国大都邑，吾乡人旅寄于此者，政、学、军、商各界不下千余人，宜必有热诚志士提倡先声，以为本省及上海相应。乃迟迟既久，卒未见有所措置，足以为本省壮声援者，深为憾事。某等以绵薄之力，既无声望，又无学识，所以哓哓者，欲表区区之意于吾旅津同乡各界诸君，冀有起而提倡之者。即或有他故，不便开会集议明为提倡，拟即不开会议，凡有愿赞成此举者，无论政、学、军、商何界，均可署名（姓名、年岁、籍贯、职业），以一函赐交军医学堂周晋熙处收存。一俟本月二十六日截止后，即行汇齐姓名，邮寄本省，赞成此事，俾知吾旅津同人之深表同情也。若袖手闲立，作秦越人之相视，则非某等望于诸同乡，想诸同乡亦未必肯（膜）〔漠〕然视之也。至谓国家政治非吾辈所宜预闻，斯言也，于立宪时代，毋乃大谬乎？夫吾辈苟非中国人则已，既系中国人，皆为国民之一分子，凡成年以上者，可预闻国事。顾亭林曰：天下兴亡，匹夫有责。三复斯言，其亦可奋然兴矣！愿吾旅津同乡大发热诚，共襄美举，则影响所及，岂第吾皖已也！中国前途实维系之！

《大公报》，光绪三十四年四月二十日（1908年5月19日）

皖省绅学界致江督电

督宪端钧鉴：皖举江守绍杰代表入都请愿国会，事属因公，除电知江守外，恳赏饬转催速行，无任感祷。皖绅学界公叩。咸。[①]

《申报》，光绪三十四年六月二十日（1908年7月18日）

皖省绅学界致江君电

九儿港江汉珊君鉴：皖定议举公入都代表请愿国会，望公速行，以慰众望。

① 原标题“国会问题”，本电及以下三电皆为其中所录。

皖绅学界叩。咸。

《申报》，光绪三十四年六月二十日（1908 年 7 月 18 日）

旅沪皖省绅商致江督电

南京制台鉴：皖请愿国会，续举江守绍杰入都，恳饬该员速行。沪皖绅商窦以藩等叩。

《申报》，光绪三十四年六月二十日（1908 年 7 月 18 日）

江督覆皖省绅学商电

电悉。已饬陈道维彦转嘱江守绍杰知照。方。啸。

《申报》，光绪三十四年六月二十日（1908 年 7 月 18 日）

欢送国会代表入都详志

安徽谘议局议员月前准接江苏议员至，称拟发起联合各省议员请开国会，并请各举代表到沪，会商进行方法。当即举定陶君寿民、潘君伯和赴沪，业于本月十五日由十六省议员开联合大会，决定进行方法，并定于二十五日在汉口聚齐，入都上书。昨早陶代表回省，准于二十三日晚由省出发。查国会为立宪之本，此次代表伏阙上书，至关重要，亟宜联合绅商农学军警路矿各界开会欢送，以表国民希望立宪之热忱。兹定于二十三日午后一点钟，在县明伦堂开特别联合大会。是日，各界代表到会者颇不乏人。首由主席吴君孝白宣布开会宗旨，略谓："今日欢送，系破哭为叹。国势至今，殆无事不可哭，而吾人民所希望者，惟开国会耳。"继由代表陶君报告在沪会议情形，大旨谓："请开国会此为第二次，经第一次之请，始有九年开国会之上谕。此次之请，因九年期内，国势日迫，不能久待，而资政院又不完全，不足代表舆论，致国家之事，人民皆不得而知。惟此次发起系专就各省谘议局范围内行之，如此次仍不得请，下次再就各团体行之。现在沪上已设有国会促成会，将来各省均须举干事到沪，以期万众一心，国会一日不开，此会一日不解，合十八省之代表，誓必达其目的而后已。"继吴君性元、秦君伯厚演说，均淋漓尽致。商界周君兆熊谓："诸君当认定，无国会之立宪国，假立宪国也，我辈愿为真立宪国民，要无取乎假【立】宪国国民之名称而已。"众鼓掌。继孙君纯斋谓："此次国会人民请愿，足见吾人之程度日增高率。然而，人民即不请愿，窃观政府亦必颁宪法，必开国会，惟利于彼不利于此耳。大凡得之易者必不贵，而得之百倍艰难者觉可重。吾甚愿代表达其目的，则全国幸甚。但天下事决非易易，试观各国立宪，以几许代价购此美满完全之立宪国，享今日确视欧亚之幸福，代表当认定有第二目的发生否乎？是鄙人赠勉斯言。至代表之方针，惟代表图之。"方太史玉山谓："当联合二十二行省谘议局，为全国代表名义，以组织新内阁（于）〔与〕国会并请。有新内阁，则议院始有着落；无新内阁，则议院无所归宿。新内阁组织成，国会必启矣。今日之会，一则赠代表勉言，一则坚诸君邀约。代表是行，当以全国责任付之一身可也，勿以有十八省之代表代表五十余人，则互相推诿任事，欲国会之速成，不其难乎？况发端国会一言，为吾皖人出之，吾皖人必当竭力成之，始可为尽全国义务，代表勉之。代表去后，吾辈当静俟报告，再如今日诸君赴会之盛，仍行大开联合大会详加研究。吾皖民气当为后盾，必使二十二行省民气一律响应，鼓助进行也。"后陶君答辞谓："因资政院不完全，始请开国会。至钦定宪法由政府定，民定宪法由国会定，但民定目的甚难达。”又谓：“国会非系徒托空言，当预备开国会人材，人材由求学发生，是求学为第一急务。今日承诸君赠勉鄙人之言，仆虽不敏，当铭勒肺腑，尽力作去，以慰皖人之望。”演毕，全体鞠躬致敬而退。摇铃散会。

《中国报》，宣统元年十二月初五日（1910 年 1 月 15 日）

各代表之后盾

自京师各界欢迎国会代表后，旋即有人提议，以为代表常驻京中等候，约有数难，不如将现有团体再行推广，组织一绝大政党。闻安徽已有二三绅商，联合本省京官，聚集本省代表，日前会于安徽会馆，拟于京师设立一常驻机关，以备促进立宪。即与本省谘议局联络贯通，以为全国政党之大基。

《申报》，宣统元年十二月十七日（1910 年 1 月 27 日）

安徽请愿同志会大会详纪

安徽教育、农、商、路矿四会于本月十二日下午一句钟，在明伦堂开请愿速开国会同志会全体大会。两句钟摇铃入座，首由主席宣布开会宗旨，童君茂仙谓：“今日为请开国会接续要求之预备。去年各省谘议局举第一次代表请愿，未蒙俞允，踵而起者实为各法团之责。吾皖今日始成此会，愿诸君坚持勿懈。”吴君季白谓：“第一次呈请未蒙俞允，此次同志会应与谘议局联络一气，坚持到底，至再至三，政府自然心许。现在各处民气激动，若一开国会，人民自就范围。若谓有资政院即可无需国会，殊为不是，盖资政院是贵族性质，与人民参与政权无关。望诸君一鼓毅力，奋往直前。”次陶寿民谓：“国会一日不成，诸事无从措手。去年第一次呈请，政府所以不允者，以少数人意见耳。若由全省各法团合力要求，俾知系全国人民意见，自然不得不许。”次高君溥昌谓：“去年创办海军捐会，捐款颇为不易，若国会开时，此种经费尽可由国会担筹。”且云：“日本人谓中国四万万人具四万万心，一无足畏，此言可痛。若开国会，则万众一心，自然抵制得力。鄙人现着一书，专以提倡国会为要旨，愿与大家合资公刊。”次宣布总会定章，复宣布本会简章，当场议订办法：

（一）会员普通捐至少以一元为限；

（二）事务所暂设教育总会；

（三）干事长以四会会长轮流，经理、书记、会计、庶务亦以四会轮流办理；

（四）推举代表二人，举定蒯光典、黎宗岳二君；

（五）提议本会进行方法。

时已五点钟，由主席宣布各会员如有意见，请投书至教育总会本会事务所。遂散会。

致蒯礼卿电

南京蒯公礼卿鉴：今日皖组织速开国会请愿同志会成立，举公与黎公昆甫代表，望速进京，已另电北京代表团矣。皖同志会。

致黎坤甫电

北京黎坤甫鉴：皖省国会同志会成立，举公与蒯公礼卿代表，请即与京代表团接洽，继续要求。祷切。皖同志会。

《申报》，宣统二年三月十七日（1910 年 4 月 26 日）

芜湖商界国会热

芜湖商务总会总协理陆廷桢、汤善福两君及坐办、各议董等，于昨日开会，公举吴松亭君沄为国会请愿代表（吴君现在京投考分科大学），随即公电吴君。电文如下：

北京芜湖会馆吴松翁鉴：商会公举公为国会请愿代表，乞勿辞。愿书、程敬、旅费，另函呈复。商务总会全体。个。

《中外日报》，宣统二年四月二十日（1910年5月28日）

皖谘议局要求代奏国会

各省谘议局皆要求本省督抚代奏，请立开国会。顷代表团接安徽谘议局来函云：请开国会事，本局已具呈要求抚院代奏，作为第一建议案，并经通电各省谘议局望表同情，已得直、鲁、赣、桂等省电复照办，晋省复电则已办矣。全国一致之要求自此次始。

《国民公报》，宣统二年九月二十二日（1910年10月24日）

9. 浙　江

沈钧儒之上书

留学日本法政毕业生沈钧儒，学成归华，以救国为志。日前上一条陈，洋洋五千余言，痛陈预备立宪开设国会之切实办法，并以中国大臣觐见屈膝跪拜，不但与立宪国制度不合，与中国古制亦多相背，特请废去拜跪礼，以免系文繁节。昨日已呈请都察院代奏。

《申报》，光绪三十四年六月初四日（1908 年 7 月 2 日）

浙省发起从速请开国会

本月初二日绅学界开孙仲容君追悼会时，提议国会请愿事，俞君夔臣云：本日汤蛰仙京卿已有电来，内有浙省请开国会，千万从速云云。唯汤公之意，最好一月内举定代表，签名入册，或即以去年拒款会办法，较为便捷。俞君主张初十日先开一发起会，景君本白以此事重大，断不能草率，最好即日在省城先开一发起会，请各府同乡及各界团体到会，再派人至各府请各签名，举定代表，始为正当办法。大众亦以此事为必应从速云。

《中外日报》，光绪三十四年六月初五日（1908 年 7 月 3 日）

再纪浙省国会请愿事

国会请愿一事，杭垣绅学界已决定于初十日先在省垣发起，规定表册，请各府签名。闻代表入京极迟在一月以后，签名人数极少在一万以上。

又闻初二日开孙仲容君追悼会时提议此事，即请到会者签名，愿签者极为踊跃，十一府均已有人担任，金、衢、严、处等府则定于次日即派人回乡，并定于七月初间再在省中开选举代表大会，俾早日成行云。

《中外日报》，光绪三十四年六月初六日（1908 年 7 月 4 日）

浙省请愿国会之预备

浙省请愿国会事件，由浙江教育总会及旅沪浙学会发起，编定签名册，每册十页，每页十人，共印就一万册。本城由各学堂、仁钱教育会、商务总会、十府旅杭同乡会为签名处，外府由各教育会、劝学所、商务分会及保路会、自治会、公益社等各团体为签名处，统限于七月初十日以前在教育总会汇齐，十四日投票公举请愿代表。兹将通启及签名要则附录如左：

通启

敬启者。自立宪诏下，人民延跂国会成立，有如饥渴。今各省赓续发起，浙人讵可独后？上年借款议起，预备叩阍签名者凡八千余人，惟无年龄、籍贯、出身、职衔，碍难列册。兹由同人刊印请愿签名册，同此国民，同此志愿，务期全体协力，多多益善。大会期理宜于签名后公决，第恐函电往返，又费时日，先特由同人决定于七月十四日为大会期，届时各府厅州县务举代表莅会，再公推全省代表赴都请愿，并议以后进行方法，庶无负预备立宪时代之国民尔。签名册附呈。全浙教育总会、浙江旅沪学会谨启。

签名要则

一、签名人须在成年十六岁以上。

一、签名人须写出身、职衔，勿写某学堂教员、学生字样。

一、签名人如无出身、职衔，书民人亦可。

一、签名人多多益善，册到后，或个人运动，或团体运动，务请协力。

一、签名册请于七月初十日以前签就，在省垣福圣庵巷全浙教育总会汇齐，勿迟为盼。

《中外日报》，光绪三十四年六月十三日（1908 年 7 月 11 日）

浙江国会请愿本会草案

第一章　目的及存立期限

第一条　本会以实行开设国会为目的。

第二条　本会之活动自请愿开设国会始，至实行开设国会止。

第二章　地位（性质）

第三条　本会对于国会期成会，及他种政治团体，居协助之地位；对于派出之代表，居监督之地位。

第三章　方　法

第四条　本会所应办之事务如下：（甲）选派代表请愿，确定开设国会之年限；（乙）在省会开设法政讲习所；（丙）各府县设立自治讲习所；（丁）其他种种实行开设国会之进行事业。

第四章　会　员

第五条　会员之资格如下：（一）限二十五岁以上本省识字之男子；（二）非犯现行法律及曾经破产者；（三）系有正当之职业者；（四）无残废及有心疾者；（五）纳入会费二元者。

第六条　会员有选举及被选举本会评议、干事两部员之权。

第七条　会员有被选就职之义务，但有特别不得已事故者不在此限。会员资格及职务，以特别规则经大会决定之。

第八条　会员有遵守本会之定章及纳费之义务，否则失其资格。会费之分量，以大会多数决定之。

第五章　组　织

第九条　本会分评议、干事两大部。

第十条　评议部设议长一人，副议长一人，评议员六十人。

第十一条　干事部设干事长一人，副干事长一人，请愿委员（即代表）无定员，书记四人，会计二人，普通干事十人。

第六章　选　举

第十二条　评议员由各府及驻防中平均选举（各五人），议长、副议长由大会公选。

第十三条　干事部之总数二十人，先由大会公选，再于二十人中由大会复选干事长、副干事长、请愿委员，其余职务由各干事互认，但认定之后非有不得已之事故，不得辞职。

第七章　经　费

第十四条　本会经费分【以】下两种：一、会员常年费；一、地方团体特别补助费。

第八章　附　则

第十五条　本会暂定福圣庵巷教育总会为本会事务所，凡有志入会者，须于七月初四日起，十四日止（每日上午八时至下午五时），携带入会费签名，随时附送会员证书。右稿系暂行拟定，准于初一日大会决定。

《中外日报》，光绪三十四年七月初三日（1908 年 7 月 30 日）

浙省提早公举国会请愿代表

浙江国会请愿事件发起于本月初二，原定七月十四〈于〉公举代表，现因北京同乡来电催促，近日各府县签名者，内地已逾一万，外埠亦有三千，现将会期提早两星期，投票公举代表北上，作为第一次请愿者。旅沪公学特派吴复斋、叶仲裕两君先后来杭，即为布置国会选举事件云。兹将电文列下：

京中同乡来电

汴、皖、苏即来，浙不可独后。颁布期急，请勿计签名多寡，速举代表来京。

省垣致各府电

我浙国会请愿，签名者已达八千余人，现特提早于七月初一日开会选举代表，赍呈入京。除已电达各府，请将未缴到之签名册即速催缴，并派员莅会外，如尚有欲附名者，请即至省城福圣庵教育总会，及上海三马路宝安里旅沪浙学会两处签名，以便汇入名册。

《顺天时报》，光绪三十四年七月初四日（1908 年 7 月 31 日）

浙省国会请愿再志

浙省发起国会未及兼旬，签名人数已达万人以上（绍郡约千人，嘉郡仅桐乡已达八百余人之多）。初一日，公举代表北上请愿，在协和讲堂开全省特别大会。未开会之前，浙人士有发表意见二则：（一）赍呈入京之人，不称代表，只称全浙人民第一次遣人入京上国会请愿书；（二）所遣之人入京以后，亟宜集合全浙志士，就本省组织一国会期成会，以为后备。此两意见，待开会公众会议决定办法。

又初一日，协和讲堂开特别大会，原定下午二时开会，不意群情踊跃，一二钟时，已纷纷佥莅讲堂者，有数百人之多。

《时报》，光绪三十四年七月初四日（1908 年 7 月 31 日）

浙省国会请愿会大会纪事

浙省开议国会请愿事，已将开会次序纪诸昨报。兹悉初一日上午在事务所邀集绅商学界各府同乡，讨论揭出会议事件，亦复相合。惟决定请愿代表人数，规定八人。代表之职务与权限内，第四次代表驻京日期不能限定，改为从各省多数为标准。又选举改为复选举，先由到会者各推一人为各府投票人，再由十一府及驻防推出之投票人投票，选举请愿代表，用联名投票法，一票写八名，每票作十权，似较为公允。经众数议决，遂为更正，余皆一律仍旧。兹将下午会场详情节录如下。

下午二时，鸣铃入座。到者共五百数十人，有美国教士及河南、云南、福建、江苏来宾六七人。

先由吴复斋君登台宣布开会辞，并说明改期提早之故，及提议事件。吴君报告毕，由众推周君湘舲为议长，周以不精法律，转推邵君仲威主席。

邵君发言，先推纠仪员四人：虞少华、范耀文、郑岱生、关莱卿。又请各府到会者推举一人投票。

书记员景本白君登台，宣布各府因改期不及，未能举代表来杭，就中唯宁波府教育会有函到会，公举张君让三为一邑之代表。其他如嘉兴府之嘉兴、嘉善、桐乡、石门，以及绍兴【府】之山阴、会稽、萧山、余姚，或以电来，或以函来，均举有代表。惟本会以府为主体，一县、两县之名义不能代表一府，故此等函件暂不宣布，遂将宁府来函宣读一过。

邵君提议，宁府既已举定代表来杭，可以无庸更举，其余各府请即举定。今将各府推出之投票人【列】如下：

杭府推吴雷川君为投票员，嘉府推沈君省三（沈君现为浙路营业部长，不能到场，由本人委托吴君复斋代表），湖府推周湘舲君，宁府由内地推定张让三君，绍府推金君范丞，温府推项君申甫，严府推沈君【湘】【渔】，金府推虞君赓甫，衢、台、处三府亦公推一人为投票员，驻防推闻君锡九。十二投票员均登台列坐。

次由议长宣布请愿书领衔人，推湖州朱侍郎祖谋。（众赞成）

书记员虞绍华君宣读汤京卿代拟请愿书。（已登初三日本报）

议长提议代表之职务及权限，自第一次至第六次均解释明确。

当场请十二投票人用联名法，每票写八人，一票作十权，所举之人不限于府界，亦不限于会内非会内。兹将其当选之八人列下：

叶仲裕君，一百权得十票（总十二票）；吴雷川君，八十权；邵仲威君，七十权；蔡雨香君，五十权；张让三君，四十权；蒋乐山君，四十权；孙玉仙君，四十权；项申甫君，四十权。

选举讫，议长提议代表之经费。叶仲裕君起言：此事旅沪浙学会亦曾提及，且下节尚有创立本会事件，当随后规定，暂可勿议。

议长请金君范丞提议创立请愿本会之事件，及说明理由，宣读暂定之草案。（已登初三日本报）

金君登台言：本日之会，系暂时组织，会场一散，即归乌有。代表入京，一无后援，与拒款代表何异？且国会请愿事，并非一次即可了事，将来召集，又费手续。即以代表论，负如此重大之责任，而无永久机关为之后援，为之监督，诸君试思其危险何如？则本会永久之设立，当亦诸君所赞成者也。（众拍掌）今日时已久，组织之法均在草案八章十六条内，诸君携归详细研究。如以为然，自初四日起，十四日止，向暂定事务所（福圣庵巷总教育会内）内签名，即为本会永久之会员。遂鸣铃散会。

闻各代表除孙君玉仙、蒋君乐山外，其余六代表定于初二日上午八时齐集总教育会暂定事务所，协议何人进京，何人在外，并决定起行日期。而杭城绅商学界及各团体拟开一欢送会，以为临别之赠言云。

《中外日报》，光绪三十四年七月初五日（1908 年 8 月 1 日）

浙省国会请愿再志

浙省国会请愿，签名者已达万人以上，故提早七月朔日开全省大会，公举代表北上请愿。兹悉浙人留东学界，对于此事颇具热心，已于昨日交到留学诸君签名册，甚形踊跃，并声明乘此暑假时间，已派某某等回浙，以便临期赴会。又闻绍属亦于二十五日浙路事务开会时，提议国会请愿，随即当场签名，大众极力欢迎，已公举代表预备临期来省与会云。

《顺天时报》，光绪三十四年七月初九日（1908 年 8 月 5 日）

纪浙省开议国会请愿事

浙省国会请愿会，原定七月十四日开会选举代表，嗣因京外同乡函电交驰，以速为贵，而内地签名者亦已盈万，遂提早于七月朔下午二时在协和讲堂开第一次会。先期电告各府，即有宁波、嘉兴及余姚、桐乡等电复，举定赴会代表如下：张让三君，宁波府委托代表；沈省三君，嘉兴府委托代表；余姚举来赴会代表系黄、□两君；桐乡、石门亦举人赴会。其余各府未知其详。

会场一切组织及提议事件，于是日上午由临时干事员议定。会场秩序及布置一切如下：

会场所设之席：（一）官长席，（二）各省来宾席，（三）各府县代表席，（四）会员普通席，（五）会场书记席，（六）新闻记者席。

推定临时职员，计招代兼签名员每府二三人，书记四人，会计两人，庶务若干人，纠察员当场推举四人。

开会秩序单照录：

第一，开会辞。

第二，推举临时主席一人，纠察员四人。

第三，规定请愿代表之人数及资格。

第四，宣读请愿书。

第五，定代表之职务与权限（由主席朗诵解释，大众决定）：（一）代表宜呈递国会请愿书；（二）代表宜主速开国会，极迟以三年（假定）为限，但有不得不逾限之理由，须请告于本会而得本会之承认；（三）代表之行动，苟不违反前二项之职务者，可以自由裁量；（四）代表之驻京日期以两个月为限，但请告本会，经本会之承认，不妨增减；（五）为代表者，不能充当官吏及其他有给之职；（六）代表有违反前五项之制限者，代表资格作为削灭。

第六，先推举候补代表（比定额之五倍）。

第七，发选举票（由候补代表中选出）：一、到会者每人一票；二、府代表二十票，县代表五票（以有内地函电之委托书为凭）。

第八，代表之经费决定若干，由本会担认。

第九，本会（国会请愿本会）永久机关之创立：（一）说明理由；（二）宣布草案；（三）决定大会日期及事务所。

第十，闭会。

《顺天时报》，光绪三十四年七月十一日（1908 年 8 月 7 日）

浙省国会请愿近事

浙江国会请愿，初一日举定叶仲裕君等代表八人，并公推（湘）〔湖〕州朱绅古微领衔等情，迭记前报。兹悉八代表于前昨等日，聚集教育总会，公议四人入京，四人留杭，大约以得票最多数之叶君仲裕、邵君仲威、蔡君雨香、吴君雷川入京递呈。惟吴君行否，迟疑未决，窥其意似愿留杭办公。现学界同人以吴君得票八十权，为次多数，义不容辞，万一不去，彼票居少数者，更可藉词推诿，故拟促起行。又《国会请愿公启》计刊印八千纸，连同签名册等，除分寄十一属各府厅州县外，所有全省宗教界，亦经办事人酌量汇送，如天主堂、耶苏[①]教南长老会、北长老会、浸礼会、内地会等，当时均经收受。惟监督会一部分拒而不纳，该会牧师俞显庭并创议联合省城耶教五公会，开一联合会，藉图反对，以致其余各教会亦将签名册一律退回，不着点墨。闻天主教人经该堂傅神父极力提倡，已签名者有五百余人云。

《顺天时报》，光绪三十四年七月十五日（1908 年 8 月 11 日）

① “耶苏”，系旧时用法，现代汉语作“耶稣”。

浙江六府代表函促入京代表吴雷川速行

浙江台州、绍兴、金华、衢州、严州、处州六府代表，因吴雷川被举入京代表，迟迟不行，特缮具公函，促之速行。原函节录如下：

径启者。国会请愿事关全局，叶、邵二公既已出发，则公不得独后。当时各府同人选票注意我公者，谓公资望足以副此巨任，不然继叶、邵票选者，我浙大有人在，何为斤斤于公哉？兹闻公致蔡君函，托故不行，殊失人望。且公于会场慨允赴京，二次敦请，亦荷承认，今忽焉中止，殊所未解。若谓高等事冗，未便远离，则公任高等，匪伊朝夕，胡不当众告辞，其时或可另举。务请迅速束装，以继三君之后，以孚各府选举之望。统希示复。

按：昨报载，吴君专函到沪，有稍迟入都之说，与公函所称忽焉中止者，略有不同。[①]

《申报》，光绪三十四年七月十五日（1908年8月11日）

浙省商界国会请愿之举动

浙省国会请愿问题虽由学界发起，而商界一部分其范围亦颇宏大，因由浙省总教育会函送签名册若干本，致杭州商务总会，乞为厚集团体，俾得效果。闻商务总会金月笙、潘赤文总协理，特请该会文案潘绅凤洲撰文一篇（潘为杭绅中

① 录自“国会问题”，标题为编者所加。

最有热心毅力者)，冀以晓谕各商，俾知国会之性质，而踊跃请愿云。[1]

《现世史》，第六号，光绪三十四年八月初一日（1908 年 8 月 27 日）

浙江代表入都上请愿书情形报告

景莱、羲、汝霖承诸乡老之不弃，公推为国会请愿入都之捧呈人，于七月十七日由沪汇齐启程，至八月十八日返沪。爰将入都后请愿情形，及耽（阁）〔搁〕时日，大致合词报告如左：

七月十七日夜，登怡和官升轮。夜四钟起椗，于二十一日午刻抵津。在京同乡官沈君衡山钧儒得信后，适贵阳熊君铁厓范舆由京赴津，即就近托其招待一切。是日为时已迟，不及到京。次日乘快车进京，由沈君衡山招待，寓海昌会馆，以其地较清静，便于办公，遂居之。初意到京后，拟先谒同乡京官，将请愿书呈请诸父老阅过，然后缮写呈递。嗣传闻国会期限有不久颁布之说，年限尚未确定。传闻之说，究不足据。窃思各省国会请愿，无非欲早日宣布召集国会年限，以慰人民渴望。除湘、汴、苏、皖、直、鲁及吉林、八旗已陆续呈递外，晋呈亦已于二十二日呈递，浙呈既到京，岂容再缓？多一省之人民请愿，即多一省催促之力量，遂决议赶二十四日都察院堂期呈递，不及送请同乡诸父老阅看。

二十三日早募集缮写人，适各学堂开学，前代各省缮写者皆充各学堂差事，无暇缮写，遍觅不能得，乃由沈君衡山代延同乡在京者数人及沈君与景莱、羲、汝霖帮同缮写，直至二十四日黎明甫毕。本日即赴都察院呈递，当由陈副宪接受入招待室。待时许，由京畿道传语，谓无违碍字样，允与各省请愿书汇齐代奏。

二十五日以后，即分谒同乡京官。京师地广路远，时值多雨，车不易行，数日始毕。然尚有未悉住址，不免遗漏者。

---

① 原标题“浙省国会请愿再志”，此标题为编者所加。

二十八日，都察院值日，而仍无代奏确耗。谒同乡徐班候侍御、吴经才（待）〔侍〕御商请办法，二公极称道各省请愿书文辞得体，浙呈亦切实和平，允为相机力请台宪即为上闻。而初一日国会九年期限宣布之诏已下，读之犹觉有憾，无以慰我父老速开国会之希望。乃谋诸他省留京之请愿代表，及同乡京官，拟再公上一书，以期缩短年限。协商数次，以为奏定年限虽长，而切实预备之方法，即在限一年内成立之谘议局。若各省谘议局一年内皆能成立，资政院按期开办，则法定机关已立，办理各事皆有秩序可循，新政易于进行，民情亦不患不能上达。社会既日益进步，则官吏亦势难玩愒，各项要政能先于预定年限内办妥，则将来要求缩短年限，亦事实上所应有。空言要求，冒渎无济，不如切实从谘议局入手，较为得当。佥以此说为然，上书之议遂寝。

十一日晤某侍御，谓各省请愿书虽未上奏，然影响绝大，日内即将各省公呈咨送军机处矣。

十二日冒雨出京，在津候轮一日。十四日登轮舟，经烟台，遇飓停一日。十八午后，始抵沪。

此景莱、羲、汝霖由沪入都后之情形也。至各省谘议局，直隶已在开办，他省亦有设立筹办处者，吾浙谘议局想增中丞及诸父老必已在筹办计画中，毋俟赘言。叶景莱、邵羲、蔡汝霖谨具。

《中外日报》，光绪三十四年八月廿六日（1908年9月21日）

浙绅请江侍御提倡国会电

北京前侍御江：大疏风义动天下，台谏已矣。乞公再发宏愿，纠合士民，吁请速开议会，以救国危，执鞭亦所忻慕。沈钧儒、许炳堃、陈敬第、徐定超、阮性存、邵羲、王家襄、张善裕。

《申报》，宣统二年二月初八日（1910年3月18日）

浙江政治研究社王世裕覆国会代表书

浙江政治研究社王君世裕覆国会代表书云：叠诵大教，藉谂诸君子热心毅力，进行无懈，至深钦仰。世裕一介去岁虽附骥签名，终惭未能为诸君毫末之助，因于今正发起政治研究社，意在结合政党，组立机关，对于政府则以请求早开国会为目的，对于人民则以仰承诏旨，求所以划一国民之智识之程度。现已集有同志，不日开正式成立会。尊处所定特派员条约，谨当遵照办法尽吾力之所能尽。先此奉布，以慰廑注，并祝努力。世裕顿首。①

《中国报》，宣统二年二月廿四日（1910年4月3日）

浙省公举国会代表大会详情

月之初三日，杭州商务总会、浙江教育总会、仁钱教育会、农务总会假总商会开特别大会，公举国会请愿代表。会场秩序如下：（一）报告开会宗旨；（二）提议事件：（甲）应否设分会，（乙）筹商代表旅费；（三）公举国会请愿代表；（四）演说。

午后三时，振铃入座。首由贲翰香宣布开会宗旨，曰：先帝明诏原定九年立宪，但亦视人民之程度为进行之先后，是以有早开国会之请愿上书，三次胥归无效。此次接北京请愿团函，请再举代表，〈有〉三月初十日以前到京，随同上

① 录自“国会请愿四十四志”，标题为编者所加。

书。闻之各省大都举定，浙江岂容再后？故发生本日之会。惟是今日代表一经举定，须即起程，方不致有愆期限。至上年代表在京情形，鄙人不甚了了，未敢报告。词毕下台，即由郑际平君（上年浙谘议局国会代表）报告，大致谓：请愿无效，回见父老，实深汗颜。原因去年在京时，决有和平、激烈两项方法：和平之谓何？则求请亲贵转达监国是也；激烈手段系面谒摄政王，泣求照准，不允不休。嗣用和平，以致失败。今者往者不可谏矣，此次入京请愿，似宜稍带激烈，庶不致再蹈覆辙云云。贵翰香君起而辟之曰：请愿宜和平，激烈恐政府见忌，于事反无济。众颇然之。遂提议设立分会问题，咸以既设分会，即须办事，且须派员游说，乃一定不易之理；惟因担任无人，经费亦无着，况请愿全恃代表，分会似属无关重要。讨论许久，乃决议不再设立，即以杭州商务总会为通信机关，一切事件托由该会职员办理。次提议代表旅费，决定每人二百元，先由总商务会暂时筹垫，后由发起各团体筹还。

两议通过后，即举代表，用投票选举。先是开出姓名共有二十余人，当场声明不能赴京理由，请取消者约有十余人。惟谘议局常驻议员一经赴京，恐有妨碍协议，故一概不得举为前项代表。及开票后（投票者五十一人），计邵伯絅君得二十八票，陶七彪君得二十四票，为最多数当选（代表规定二人）。惟二君是日均未到场，公请谘议局副议长沈衡山君、商会总理潘赤文君前往劝驾。仍恐坚辞，爰将次多数开列，以备补缺。其姓名如下：蒋益之、何阆仙、金越星、陈仲恕，各六票；王湘泉、劳絅章，各五票。票员魏春燮君报告既毕，主席复请潘赤文、沈衡山二君敦请，一面由商会知照，众均赞成。

本应依序演说，沈钧儒君以为时不早，将此条废去。接议取缔城内各日店，实行迁移方法，由魏春燮君报告宗旨。据云前月念四日大会后，次日谒见中丞，原限两星期一律饬迁，今为期已近，诸公须各抒意见，以达实行目的，其宗旨在外人不在内地营业（其次并读潘凤洲君演说白话稿一纸）。嗣由褚慧僧君陈述，大略以此事要求在于人民，而责任在于官吏，持论正直，与沈钧儒君所言大致相似，众均拍手赞成。现拟初八日再不迁移，群向抚辕请示意，遂决。时已六句五十分，即鸣铃散会。

《中外日报》，宣统二年三月初五日（1910年4月14日）

呜呼，浙江国会代表

浙江谘议局等团体前接北京国会期成会暨请愿团函，请续举代表赴京，随同上书等因。曾于上月在杭州商务总会特开大会，公举邵伯䌹太史、陶七彪部郎二人即日入都，并经电告在案。讵邵以身任杭州府中学堂监督，藉词学务重要，未克分身；陶则安居绍郡，置若不闻。不得已商请得票次多数者前往，则又互相推诿，趦趄不前。屈指开会至今将届两月，不但启程无期，且迭接京电催速进京。昨闻杭州总商会以诸君既惮跋涉，已电致北京法政学堂吴赓廷君，暂为浙江代表，一面并电致代表团接洽矣。

《中外日报》，宣统二年四月念七日（1910年6月4日）

第三次国会请愿又来

国会二次请愿已归失败，日前北京代表团电致浙江谘议局，拟作第三次请愿，请各议员表决。业经该局于日昨开协议会提议，议决即电复赞成此举，另日再开大会，邀集各界商议进行方法。

《申报》，宣统二年六月初十日（1910年7月16日）

浙江谘议局、商务总会致代表团函摘录

敬复者。接奉来电，敬悉诸公关怀时局，热诚国事，感佩何似！第三次请愿国会，敝省极为赞成云。

《中外日报》，宣统二年七月十三日（1910 年 8 月 17 日）

谘议局联合请开国会

十一日下午，安徽谘议局分电各省，拟联合全国建议，要求枢府速开国会，以救危亡等情。浙谘议局接电，即晚由局分知各属议员，特于十二日下午开谈话会，佥谓近来内忧外患，相迫愈紧，匪氛遍地，财源枯竭。此次上海金融恐慌，钱庄字号亏倒之数达三千万以上，全国银市同时戒严，现势岌岌不可终日，一朝瓦解，必至全局糜烂，引起外人干涉，人民同受其敝。决议俟路事稍有端倪，即踵皖局，首先建议要求速开国会，以维危局，一面先行电复皖省，并询办法。

《申报》，宣统二年九月十五日（1910 年 10 月 17 日）

浙人对于国会之冷热观

国会缩短年限之谕既经宣播，江宁谘议局首先发起分电各省谘议局一律电致资政院叩谢，并拟组织欢祝会，以表爱戴。嗣闻代表团孙君洪伊等以始愿未偿，又分电各省，拟图再举。而全浙士民对于此事本极淡漠，此次上谕宣布，虽有一二议员创议欢祝，因赞成寥寥，事遂中阻。连日据准川、滇、陕、广及东三省等谘议局先后电商，拟聚合全国再争，缩至宣统三年，以维危局，闻该局亦尚未置答。现杭州商会复接北京总会“佳电”，报告都中内外城全体商界，业已发起欢祝会，特询浙省赞否。当经总理顾君即晚答复深表同情，拟即传知城厢各商（业）〔会〕，公筹组织办法，以表敬意而资记念。

《申报》，宣统二年十月十五日（1910 年 11 月 16 日）

10. 湖　北

湖北志士提议请开国会

旅汴鄂人周子航孝廉等，见各省纷纷要求开设国会，鄂省尚未响应，特联合在豫同乡，致一公电于武昌，以鼓吹其事。兹探得其电报全文如下：

武昌教育总会公鉴：湘、汴、苏、粤各省请开国会，吾鄂亦应速筹请愿之举，毋负国民责任。并转谘议局、自治局会商。旅汴同人公叩。代表周兆沅、何炬新。沁。

《现世史》第一号，光绪三十四年五月二十五日（1908年6月23日）

湖北国会请愿大会议纪事

湖北国会请愿一事，由吴心阶侍御、夏寿康太史等发起，于初二日在省城大贡院特开大会。先期发出知单一万余份，请绅学军商四界到会，提议办法。乃各界中人因受查拿政闻社伙之影响，恐遭波及，多托故不到。是日到会者只八百余人，而学界中人占多数。午后二时开会，首由临时会长吴心阶侍御登台宣读开会词，次由卢君弼提议请愿办法，旋由到会诸人陆续签名，并公举甘鹏云、张国溶二君为入京代表，姚晋圻、卢弼、王核南三君为京外代表。另由各界举定干事数十人，联络同志，分劝签名。俟开第二次会议，即择期赍请愿书赴都察院呈递。并闻请愿书即由吴侍御起草，且以姚绅晋圻现在北京，届时或即寄交姚绅代递，当俟公议定夺云。

《申报》，光绪三十四年八月七日（1908年9月2日）

汉口各界欢迎国会请愿代表

国会请愿代表到汉口，由商会开欢迎会。先由于君定一致谢词，继由孙君洪伊演说要求速开国会之理由，若不得须预备继续进行。政府对于资本家之观念，较议员尤甚，汉口为全国中心点，商业繁富，人材辈出，深望商会联合全国商会，继续请愿。次罗君杰演说，忽有某君起言国会不宜速开，各代表相继指驳，并谓鄂报亦有此说，不过特为审慎，其词非有他意，不可误会云云。举座拍掌。次有商界徐君荣庭，年六十余，起言鄂路困难万端，合省人民勤劳奔走，使早有国会，万不至此。语极激昂，四座动色。午后，谘议局及商业学堂开会欢迎。晚在铁路协会谈话，会员要求代表到京鼓吹舆论，以为鄂路自办之协助。翌日，武昌商会、教育总会、宪政预备会合开欢迎会。二十九到京，以小沙土园昆新会馆为事务所。[①]

《时报》，宣统元年十二月十八日（1910 年 1 月 8 日）

武汉各界欢迎国会请愿代表

十六省国会请愿代表于二十四日由沪乘轮抵汉。二十五日，汉口商会诸董在本会开欢迎大会，湖北谘议局诸绅亦假汉口商业学堂开会欢迎，商办铁路协会诸职员则在四官殿事务所设筵恭饯代表，到者有罗杰、刘善渥、孙洪伊、张铭勋、王法勤、钟福庆、于定一等七人。闻是日在商业学堂开会时，有湖北谘议局吴议长庆焘曾自撰送代表入都序，颇有人议其措词失当者。各代表在汉奔走一日，应各团体之召。二十六日辰刻乘火车北上，是日风雨交集，各界往送者犹有千人。吴议长序录专件栏。

《申报》，宣统元年十二月初三日（1910 年 1 月 13 日）

① 录自“京师近信”，标题为编者所加。

商界欢送国会请愿代表

十六省国会请愿代表定于二十六日到汉乘车北上，昨汉口商董张济芳特发起联络各界，届时至车站欢送。兹录传单如下：

敬启者。二十六日为十六省代表诸君北上之期，其宗旨在要求政府请缩短开国会之期限，实行立宪，救危亡而希幸福。无论何界同胞，凡属国民，届时理宜至车站恭送行旌。幸甚，幸甚！商界国民张济芳等谨启。

《申报》，宣统元年十二月初一日（1910 年 1 月 11 日）

鄂谘议局吴议长公饯各行省议员入都上书序

宣统纪元冬十有一月，海内有请早开国会之举，新疆、甘肃、四川、云、贵等省皆签名以书，其余则皆以代表，先后到者若干人。庆焘既偕同人敬迓之汉上，复置杯酒速其行。呜呼，是举也，非夫中国数千年所未有，五大洲所属目，今日乃幸而躬逢其盛者耶？其视寻常往来迎送之节，悲欢离合之情，相去盖万万。而国势阽危，人情皇惑，事变之乘，朝夕岌岌，今所谓盛者，其果盛耶？其果可幸耶？酒酣日落，兴尽悲来，歧路挥手，临风陨涕，庆焘何心，其能无言？

闻之，非常之原，黎民所惧。常者变之对，非常则变也。变无不可惧者，昔管子变法以强齐；王介甫变法而弱宋；商鞅变法，秦皇二世而亡；王莽变法，新室及身而败。历观史册，立国鲜以变法兴者。子舆氏谓：吾闻用夏变夷者，未闻变于夷者也。国会之开，论者或不能无变于夷之惧，今诸君独毅然决然，义不返顾，庆泰复毅然决然速诸君之行，不欲缓须臾留，其果以为幸耶？其果以为幸而无所惧耶？吾知诸君筹之熟矣。

诸君皆来自谘议局者也，谘议局之未立，人民势如团沙；及其既立，朝廷令如流水。是故国会者，结民心也，即以巩皇室也。前之不遽开者，见先皇太后与先帝之慎始；今之欲早开者，冀皇上与摄政王之善成。

大易有言：穷则变，变则通，通则久。今之时不可谓不穷，今之法即不可以不变。彼商鞅、新莽诸人，固不得与今日同年而语，而变夷之与变于夷，亦正可以分别参观而互证。然则是举也，上下安危所系，中外治乱所关，数千年所未有而期之旦夕，五大洲所属目而责之若干人，以言乎盛，信乎其盛矣；以言乎幸，宜若可幸矣。然而变者，又常之对也，变则非常，而天下之所惧也。今不言常而言变，岂必海内所乐闻，而庆泰与诸君顾毅然决然相倡和者，则以变而不失其常，圣人所许，斯海内人民所翘足延颈以俟者也。语云：天不变，道亦不变。仲尼言：齐一变至于鲁，鲁一变至于道。谓夫法可变而道不可变矣。然则古之言变法者，独管于为可师，而圣人之言变鲁，务在以道为归。使以法故而变其道，则庆泰所滋惧者，安问天下？诸君勉乎哉！

圣天子在上，百工执事在下，贤王在其左右，诸君奔走号呼其间，是举必有济，不济则再三焉，三四焉，以请必济乃已。异日得请，诸君联辔以归，道出汉上，庆泰当复偕同人出迎，举酒相庆，以祝我大清亿万年有道之长，以慰我海内人民喁喁待治之望。则夫今之天寒岁晏，冰雪载涂，鸿雁流离，伤心惨目，其愁苦万状，有非仓卒笔墨所能述者，一旦否极泰复，大地春回，万物皆有以遂其生，而享其有生之乐，吾曹亦将乐其乐而忘其忧。斯则庆泰与诸君所日日祷祀以求者也。

诸君行矣，言尽于此，姑书为异日券。湖北谘议局议长吴庆泰谨序。

《申报》，宣统元年十二月初三日（1910年1月13日）

再志国会请愿代表由汉入都

各省所举请愿国会代表抵汉情形，已纪前报。兹悉各代表于十一月二十四日到汉口，二十五日午刻，汉口商会开茶会饯送。由孙伯兰君宣布速开国会宗旨，商会同人均皆赞成，欢声雷动。次日复公送至车站，是日代表诸君又被湖南学界留住一天，至二十七日趁常车晋京。按：以上情形已见前报，惟起程赴京时日不同，姑再录之。

《申报》，宣统元年十二月初四日（1910年1月14日）

湖北谘议局议长之特色

湖北谘议局议长吴庆焘，本襄阳一半通居士，以运动得选今职，日以逢迎官长为天职，因与各议员屡起冲突。日前决计辞职，嗣又为议员李继膺挽留，遂又允蝉联。日昨，各省国会请愿代表到汉，谘议局、宪政筹备会、武汉各商会、教育总会开欢迎会于汉口商业学堂，时谘议局议长吴庆焘卖弄笔墨，遂作《公饯各行省议员入都上书序》。其语气之不接，文理之隔阂，姑勿具论，第中有"历观史册，立国鲜以变法兴者，子舆氏谓：吾闻用夏变夷者，未闻变于夷者也。国会之开，论者或不能无变于夷之惧，今诸君独毅然决然，义不反顾"。又谓"谘议局之未立，人民势如团沙；及其既立，朝廷令如流水"。又谓"一旦否极泰复，大地春回，万物皆有以遂其生，而享其有生之乐，吾曹亦将乐其乐而忘其忧。斯则庆焘与诸君所日日祷（祈）〔祀〕以求者也"云云。次日，用针笔版印成，分送各代表，无不捧腹。中有某省某代表诮之曰：仲宽（吴议长字）笔法古奥，持见独超，是诚不愧为湖北谘议局议长之特色。吴信以为实，意颇自得。而在场各团欢迎代表诸君，无不惭形于面，无地自容也。

《中国公报》，宣统二年正月十三日（1910 年 2 月 22 日）

武昌商务总会致汉口商务总会书

（为续开国会事）

敬启者。国会请愿之举，发起于去年秋冬之交，各省谘议局后先响应，各举代表入都吁恳，不谋而集者二十余省，属有血气，远望皆同。去年十一（日）〔月〕，各省代表过汉，贵会首先欢迎，敝会亦依附末光，藉得瞻仰。诸代表大君子之言论平正，讲演之际，举座涕零，佥以国势日危，权力日削，鲸吞虎视，逐逐有加。政府苟且偷安，不为国民计长久之道，舍速开国会以外，我辈生命财产别无自救之途。时势所趋，迫不得已，诸君子固已知之，无待赘述。客腊二十日上谕发布，请愿之举未蒙俞允，举国人士咨嗟太息，若婴儿之失慈父母。敝会以为此意中事，不足为惜；所惧者，不允之后，更无为继耳。夫环球各国之开国会，皆拼无数之头颅，绞无数之脑筋，力与政府战，而后得之。倘中国人民一请即允，则其价值既远不如东西各先进国，其后效亦必瞠乎其不相及，故一请不允，正足征国会之可宝，非吾民失意事。趁此急起直追，视我辈之能力何若。近见浙教育总会、农务总会先后电请枢府收回成命，直隶、吉林、安徽等省复由各团体组织请愿即开国会同志会，人心不死，望尘相奔，彼此相同，已可概见。

恭绎客腊二十日上谕，于国会速开意旨，并无（法）〔深〕绝闭拒之文，惟斤斤以人民程度之不足为虑。圣明在上，原极俯顺舆情，若竟喘息坐安，是甘以程度不足自居，既无以慰先皇在天之灵爽，复无以答今皇上及摄政贤王之德意，较之东西各国人民视国会如性命，不能不愧汗颜赭矣！

敝会以居今之世，救亡之策，只有速开国会一途，在我商界中尤为切要，盖以商民之不得政府保护久矣。各国以商业政策鱼肉我同胞，政府受其愚弄，复畏其威力，税率则出重而入轻，交涉则屈内而伸外。此犹曰国势危弱，政府处此，尚有不得已之苦衷也。若夫内地商人，孰非平等，乃亦右豪族而摧小商，重征敛而无救护，商律既不完全，裁判辄多偏袒。以武汉一隅而言，厘捐常受苛索之累，债项显有官商之分。当轴之不可恃，昭昭在人耳目，虽有百喙，莫能代辨。我辈值此时艰，不能不急自为谋。人人各自为谋，势如散沙，终无可救，则必聚散而为整，合众以从同，鉴前车而慎来轸。此我辈之所以馨香祷祝国会即开，而不能稍缓须臾也。

呜呼！漫漫长夜，见天日以何年？耿耿此心，誓海山而不改！敝会拟约各团体，组织请愿国会同志会，为各省谘议局请愿代表之后援，不达目的，不隳斯志。贵会为汉口之总机关，呼应既灵，魄力尤巨，热心宪政，素所钦仰，此举想必乐为赞成。可否俯允联合组织请愿国会同志会，尚希赐复。如蒙允准，即祈酌定日期，约各团体开会，商筹进行办法。至开会地址，无论在省在汉，统候钧裁。敝会附骥情殷，一切惟命是听。近来屡接京电，各省代表持志甚坚，百折不渝，赓续请愿，势在必行，明达诸公，谅无不乐为协助也。

端泐奉布，敬叩春安，鹄俟回玉。武昌商务总会谨上。新正二十日。

《汉口中西报》，庚戌年正月廿一日（1910年3月2日）

汉口水电公司总理宋炜臣致国会代表函

敬启者。国事岌岌不可终日，非开国会不足以救亡。诸公热心毅力，奋然投袂，为四百兆同胞谋幸福，为数千年国家图安全。渭润属在下风，方延颈以俟好音之至，乃读去腊二十日之谕，猥以人民程度不及，未邀俞允，感奋惶恐，计无所出。昨读诸公在都组织同志会简章，使渭润顿开茅塞。盖国会问题本吾民所当切实研究，非万众一心，积极进行，即便得请，亦一无代价之国会，曾何足以方驾文明国家之议会，而收其实效乎？承嘱联络汉上商会组织同志会支部，一面请求政府，一面开通民智，实为今日切要办法。遵即走告同人，不日当有端倪。惟计诸公在京办理此事，需款当属不资，谨奉上洋圆五百元，聊尽国民分子之义，藉为缔造种切之资。天下兴亡，匹夫有责，渭润梼昧，敢忘斯义。迈往直前，百折不回，是在诸公，好自为之。不计近功，不较毁誉，设诚而致行，天下事其犹有赖乎！北望于邑，愤何可言！市井栖迟，涓埃莫助。伏惟亮察不宣。

《申报》，宣统二年正月廿八日（1910年3月9日）

湖北谘议局致国会代表陈登山书摘录

昨接湖北谘议局致国会代表陈君登山书，略谓：自接代表团公启及同志会简章后，即排印分送法政学堂教学各员，并武汉商学会。分会成立约在二十内外，俟开正式会后，即报告总事务所。又云：湖北自治筹办处刻拟出白话报一分，即将国会性质衍成浅说，登载报内。至各界再举代表入都请愿之说，定能办到，万不至逾四月期限云云。①

《中国报》，宣统二年正月廿八日（1910年3月9日）

① 录自“国会请愿三十二志”，标题为编者所加。

汉口水电公司总经理宋炜臣君覆国会代表书摘录

汉口水电公司总经理宋炜臣君覆国会代表书，略谓直、粤、湘、鄂、苏、宁商会各举代表会于汉上，同时晋京赓续请愿极所赞成，已催咨商会从速举行。请其先于商会开会，演说国会之宗旨及其利益，俾众晓畅。一俟各商会代表莅汉时，即当举定代表，偕同北上。并云该镇商会不日当有函至，为正式之通告云。①

《中国报》，宣统二年二月廿九日（1910年4月8日）

湖北谘议局复代表团函录要

通告书祗悉一是。国会为今日第一要图，急起直追，无论何人皆有责。谨当遵谕，商集各界同志赓续前来，总不至误四月中旬之期。先此复闻，届时另电。②

《中国报》，宣统二年三月廿四日（1910年5月3日）

① 录自“国会请愿四十八志”，标题为编者所加。
② 录自“国会请愿六十五志”，标题为编者所加。

鄂同志会致代表团电

代表团孙洪伊君暨同人等公鉴：现已举定代表，克日入都，续行请愿，并电各省同办。鄂同志会。①

《中国报》，宣统二年四月初八日（1910 年 5 月 16 日）

湖北公举继续请愿代表

国会请愿一事，各省响应，续行之期，迫切难缓。鄂督、谘议局前因湘乱，正值多事之秋，未及提议。昨又接北京国会请愿代表团缄电，敦催继续请愿代表入京等情。复又接来电，决定于四月二十日续行上书，请各代表续【行】来京等语。又现在南洋华侨代表、浙江代表已陆续来京。又江苏代表方君来鄂，业经会晤各团体职员。此项请愿关系全国前途，由武昌商会转知教育总会、宪政筹备会、汉口商务总会，于初五日在武昌商会开五团体联合大会，公举继续请愿代表二人，以便刻日北上。

《时报》，宣统二年四月十日（1910 年 5 月 18 日）

① 录自“国会请愿七十二志”，标题为编者所加。

鄂商会致代表团函

鄂商会致函代表团云：鄂省总商会发起于初五日在劝业场开会，举定黄炳言、余德元二君晋京，为国会请愿第二次代表。举定后复由谘议局所举之资政院议员胡柏年君发议，组织国会请愿同志会，定于十二日在宪政筹备会开成立大会。①

《申报》，宣统二年四月十二日（1910 年 5 月 20 日）

湖北请愿国会同志会成立纪事

湖北绅商学界日前举定黄炳言、余德元二君为第二次国会请愿代表，刻日入京，随同各省代表赓续上请愿书，一面组织同志会，以为进行之机关。兹于十二日在粮道街宪政筹备会内开成立大会，各界到者约六百人，并由警务公所照章派员二人，至场监视。是日二点钟时开会，秩序极为整齐。当由众人公推武昌总商会总理吕君逵先为临时主席，首先报告开会宗旨。次由张绅国溶报告同志会简章（简章另录于后）。报告毕，众无异言，乃投票选举职员。当选定吕君逵先为干事长，汤君化龙、张君国溶为书记，闵豸、夏寿康二君为候补书记，陈传理、殷尔夷二君为会计员，张燮森、陈福先二君为候补会计员，李国镛、邢宗煃二君为庶务员，罗永锦、张云祥二君为候补庶务员。选举职员竣事，即筹划进行方法，

① 录自“国会请愿进行之近状”，本函为其中一片段。

至日暮时始散。兹将同志会简章列下：

第一条 本会为请愿速开国会同志会之支部，联合同志以请求政府速开国会为宗旨。

第二条 本会暂以粮道街宪政筹备会为事务所。

第三条 凡籍隶湖北，或寄居流寓湖北，及在外省之湖北人，表同情于本会者，皆得为本会会员。

第四条 凡表同情于本会者，除由本会会员一人之介绍外，其径函表示者，亦得为本会会员，但须详载姓名、年岁、籍贯、住址、职业。

第五条 凡为本会会员者，须纳入会金二元。

第六条 本会置干事长一员，干事员六员，分任书记、会计各项事务。

第七条 本会经费除由发起人分担定数外，其余经费由全体会员随时筹措。

第八条 本会以国会成立之日为消灭之期。

《时报》，宣统二年四月十九日（1910年5月27日）

武昌同志会致陈登山电

小沙土园昆新馆陈登山君鉴：鄂续举代表余德元君已到京，望即接洽。吕逵先等叩。[1]

《中国报》，宣统二年五月初一日（1910年6月7日）

① 录自“国会请愿八十九志”，标题为编者所加。

汉口请愿速开国会同志会记事

宣统二年四月十六日，汉口各团体为请愿速开国会事，开研究会于商业学堂，到会者计七十人。所有各团体名目如左：

旅鄂两粤团体会、公益救患会、演说自治戒烟会、江苏同乡会、四官殿至堤口商防保安会、商务育婴局、小董家巷筹办地方自治会、硚口官育婴局、汉阳教育分会、夏口教育分会、夏口劝学所、夏口自治公所、汉阳自治公所、商业补习所、自治研究会、夏口高等小学堂、江汉关第一第二第四第七初等小学堂、夏口厅第三第四第六初等小学堂、汉黄德道师范学堂、汉阳府中学堂、阳夏中等实业学堂、银行讲习所、湖北商办铁路协会、汉口中等商业学堂、旅芜湖北会馆。

午后二钟开议，所决如左：

（甲）组织湖北请愿速开国会同志会汉口支部。

（乙）本月十九日开支部成立会。（子）【会】场拟假汉口较大之会馆；（丑）假定办事人预备开会事宜；（寅）开会传单由各团体分送。

议毕闭会。

十八日下午六钟，发起各团体在商业学堂开特别会议，出席者三十七人。报告事体如左：

（甲）十九日大会会场，借定黄陂街瞿家巷帝主宫。

（乙）缄请警察总局派员监视，并饬该专局派警兵场外稽查。

（丙）开会传单五千张，除由发起各团体分送外，并挨商埠及在怡园、满春、汉舞台三茶园门首，按人分发。

决定事件如左：

（甲）决定简章草案。（子）定名为汉口请愿国会同志会；（丑）暂假汉口商业学堂为事务所。

（乙）假定十九日大会临时职员。

（丙）规定签名单（仿北京总部式）、来宾参观券、选举票、入会金收条等件。

（丁）十九日临时职员到会，以午前十时为限。

十九日，在帝主宫开汉口请愿速开国会同志会成立大会，到会者一百三十一人，来宾参观者三百六十二人，警察二局陆专办及区官均莅止。其临时职员名次如左：

主席：张君国溶。

书记：邱君志岳、王君立模。

纠察：周君鸿勋、吴君文瑄、冯君壬、唐君凤翔。

庶务：关君钥圻、张君荣堃、田君祥龄、马君彭年。

会计：马君中骥、李君昌誉、李君民导、戴君正茂。

来宾签名：李君大坤、李君养和、万君翊宸。

会员签名：王君献璋、高君倬汉、柯君亭林、李君世勋。

招待：杨君杰超、童君寅畏、李君化新、耿君骞、彭君炳坤、王君式度、申君国矩、周君振成、周君松樵、王君道济、龚君国瑞、韩君澍、黄君家桢、胡君干楠、苏君凤怡、萧君泌润。

午后二钟开会，议决如左：

（甲）由临时主席宣告开会词。

（乙）决定简章。

（丙）选举职员。（子）第一次选举干事长一员，推举唐君凤翔、马君中骥、张君国溶、关君钥圻、戴君正茂五人投票。检毕，以张君国溶得票最多数当选。其票数如左：张君国溶，九十二票；戴君正茂，四票。（丑）第二次选举书记、会计各二员。（一）书记：邱君志岳五十五票当选，李君世勋五十五票当选，唐君凤翔三十四票，李君大坤二十二票。（一）会计：关君钥圻五十五票当选，戴君正茂四十七票当选，马君中骥三十五票，冯君壬二十八票，耿君骞八票。（寅）第三次选举庶务二员，招待八员。（一）庶务：李君养和三十一票当选，马君中骥十一票当选，唐君凤翔八票，冯君壬六票。（一）招待：萧君必润二十三票当选，龚君国端二十一票当选，周君鸿勋十九票当选，马君彭年十七票当选，唐君凤翔十五票当选，李君昌誉十四票当选，柯君亭林十票当选，冯君壬十五票当选，李君民导九票，耿君骞八票，李君化新八票，王君献璋八票。

（丁）由主席报告进行大略。

（子）电报北京代表团并缄达；

（丑）报告本省同志会。

（戊）闭会。

二十一日午后六钟，开职员会于事务所，职员均到。议决事件如左：

（甲）公决介绍会员启，附简章及职员、会员表，定名为汉口请愿速开国会同志会宣言书。

（乙）公决会员资格必具左项之一：（一）热心，（二）信义，（三）学问，（四）坚认。

（丙）册报北京代表团并制本会会员名册。

（丁）决定会计报告收支事件。

（子）收入由会计经理，过一百元则存殷实钱庄或银行；

（丑）支出由庶务向会计条取，至大款则须经干事长之签印。

（戊）会计每星期四、日午后四钟必至事务所。

（己）每月以十六日午后六钟为常会期。

（庚）招待职务分两种如左：

（子）接待各省代表；

（丑）接洽本会会员。

（辛）每回会议案另缮一份，存事务所备查。

（壬）关于往来各文稿，随时签贴成帙，存事务所存核。

二十四日午后六钟，在事务所开职员会，出席者十四人，冯君壬缺席。议决事件如左：

（甲）报告北京代表团以本会之近状。

（乙）缄告本省先后两代表，声明本会同志之赞助。

（丙）以本会为组织政党之预备。

（乙）筹备本会切实进行方法。

（子）对于政府为惟一之请求；

（丑）对于一般人民灌输立宪知识。

(一) 由演说、自治、戒烟会担任讲演，并分布各种立宪白话；

(一) 设法多设宪政宣讲所。

(寅) 会员之研究。

(一) 职员定期研究关于立宪国必需之学识；

(一) 会员如期研究者，先时署名，不得缺席。

(卯) 切实调查汉口应兴应革事宜，以为改良进步之计划，其调查章程及表册，公推干事长拟定。

(辰) 催促地方自治之进行。

《大公报》，宣统二年五月初九日至十一日、十五日至十六日（1910年6月15日至17日、21日至22日）

鄂省国会请愿之后援

湖北宪政筹备会昨上军机处电云：北京军机处王爷中堂大人钧鉴：国会不开，救危无善策。迭经各省各团体公举代表上书请愿，计达钧鉴。立宪诏下，预备已及三年，成绩毫无。民生日蹙，颠连困苦，呼吁无门。总厥原因，在无国会。茕茕黎庶，朝不保夕，悠悠六年，急何能待。伏恳哀鉴民隐，代吁天听，即开国会，立沛纶音，大局前途，关系重巨。谨冒死泣血上陈。鄂宪政筹备会李哲明、姚晋圻叩。文。

《申报》，宣统二年五月二十日（1910年6月26日）

汉口国会请愿同志会致军机王大臣电摘录

汉口国会请愿同志会张国溶等一千三十一人于请愿书呈递后，即致军机王大臣电云："各界恐慌，上下交困，非速开国会不足以救危亡。第二次请愿书已上，恳极力主持。"①

《申报》，宣统二年五月廿六日（1910 年 7 月 2 日）

第三次国会请愿又来

汉口国会请愿同志会奉五月二十一日上谕后，即电告北京代表团，拟为三续请愿。旋接复书"已决议为三次准备，誓死弗懈"等语。该会爰于月杪，遍布传单，定六月初六日，假满春戏园开第三次大会，预备三续请愿办法，并征求各界对于请愿办法之意见书。其开会情形，届期探明再纪。

《申报》，宣统二年六月初十日（1910 年 7 月 16 日）

① 原标题"国会请愿最后之解决"，本电为其中所录。

汉口发起三续请愿国会详志

继续请愿速开国会一举，仍奉上谕，期以九年再行招集。兹汉口请愿国会同志会同人，大失希望，以一日不达目的，一日请愿不休。是以于初六日假已歇之满春戏园，开三续请愿国会发起。所有提议事件及一切办法，已见前报。

兹悉是日清晨，大雨滂沱，来者甚众。十一句钟，大放晴霁，来者更形踊跃，共计数百人。会场井井有条，秩然不紊，以戏台为演说台，上设警官席，左设新闻记者席，右设书记席，来宾分座东西，门首高悬国旗。设棹置簿签名，入会者络绎不绝，大有人满之势。

一句钟摇铃开会。主席张君国溶宣布开会宗旨，及三续请愿国会之理由，大致谓：恭读上谕，总以筹备完善为言，近年筹备诸要端，如清理财政，如地方警察，如审判厅，如谘议局，大都敷衍其事，有名无实，种种怪状，不一而足。倘九年未能筹备完善，则永无开国会之一日。所以筹备未能完善，皆因无国会为之监督，苟有国会，无须筹备九年。东西各国所以强者，有国会也；印度、朝鲜所以亡者，无国会也。虽然，借镜以观，中国前途，可不危哉！如谓人民程度不齐，他不具论，即以请愿速开国会而言，各省云合响应，足见民智日见开通，似可不必虑也。本年九月，资政院开幕，不过加几许总裁、副总裁种种名目，仍属专制性质，于事无补云云。

会员胡君瑞霖演说开国会一举，小而言之，如有限公司之股东会。比如有一公司，营业不振，经理不得其人，一股东能力绵薄，不能干预，必须联合全体股东，商议整顿，如何撙节。各资本不充，外欠日迫，则调查账目，再行集股佽助，以图恢复，利如何兴，弊如何除，否则不可救药也。譬语恰到似处，虽下役走卒，无不领会，一时鼓掌如雷。

北京湖北代表陈君登山报告在京一切经过情形。谘议局议长汤君化龙演说两次请愿均未能得达目的者，皆各部院诸大老所阻挠，皇上冲龄，摄政王贤明，尤不以民生为念。并追论拳匪之乱，亦是各部院诸大老所误，闻者无不动容。会员戴君仲华演说民为贵，社稷次之，君为轻，并应开国会之理由，语极沉痛。

演说既毕，是日议决三事：（一）分电各行省发起三续请愿国会同志会，以北京代表团为总机关；（一）联合谘议局，今年开局呈请督抚代奏；（一）不开国会，人民只照旧章完纳正税，不认新抽之捐。后由张君国溶演说国会一日不成立，请愿一日不休。五句钟散会。

《时报》，宣统二年六月十一日（1910 年 7 月 17 日）

请愿国会同志会之决议

汉口国会请愿同志会日前在满春戏园开第三次大会，集议第三次请愿之预备。是日到会者一千余人，议决之事列下：（一）即日联合各省抵死急请；（一）电各省谘议局，提出议案，呈请督抚代奏（湖北谘议局已允于本届常会首先提出请愿速开国会案，呈鄂督代奏）；（一）各省厅州县组织国会请愿同志会，联合呈请本省督抚代奏。闻此三事议决后，当日即电北京代表团，分电各省，协力进行，并由该会通告湖北各厅州县劝学所，发起组织同志会，以固团力。

《申报》，宣统二年六月十七日（1910 年 7 月 23 日）

汉口国会请愿同志会致代表团函摘录

敬启者。敝会初六大会，群情一致，主张急速续请。彼时决议凡三：（甲）

即日联合各省，抵死急请；（乙）各省谘议局提案，呈请督抚代奏；（丙）各省厅州县组织国会请愿同志会，联合呈请督抚代奏。除甲项已电请公酌外，敝省谘议局拟于本届常会首先提出请愿速开国会案，呈请敝省督部堂代奏，一面已通信敝省各属，即日组织同志会，联名呈请云。

《顺天时报》，宣统二年六月十八日（1910 年 7 月 24 日）

汉口请愿国会之死力团

汉口请愿国会同志会因二次请愿速开国会未蒙俞允，特于昨初六日开特别大会。到会者千余人，群情一致，主张急进续请，并均死力团集，节节递进为宗旨。昨特将大会情形电致北京代表团。兹将电文录下：

北京小沙土园昆新会馆孙洪伊诸公鉴：昨会千余人，决议即日联合各省，抵死急请，祈公酌分电。汉口同志会庚电。

《顺天时报》，宣统二年六月廿三日（1910 年 7 月 29 日）

鄂汉同志会致代表团电

五月念二日

小沙土园昆新会馆孙洪伊诸公鉴：二次请愿已奉旨，惟请愿本意，非骛国会虚名，诚以国会不开，决无实效。若财政能整理，筹备一切能完全，则国会永远不开，已足强国，何须冒死渎请？况各国国会，均系立法机关，国家诸事，何一不当有法律，即何一非国会所当参预。财政困难，民不聊生，前途阻碍，正坐无国会为宵旰分忧。资政院虽为预备基础，实无议院精神。外强日促，人心不靖，遵旨不言，殊负国家。拟请通电各省，征合全国人民意思，为三续请愿。苟裨国是，他靡所惜，同人谨执鞭以从。鄂汉同志会。养。

《中外日报》，宣统二年七月初十日（1910年8月14日）

汉口同志会致代表团函摘录

五月廿九日

同志会诸公鉴：此次之目的在速开国会，谕旨不许再渎，此后如何进言，均希核示。综观全局，益以外交，舍国会别无救亡之策。此次上谕，欲不劳议院人员，以宪政实行、宪政筹备乃人民之责任，议院乃代表人民责任之机关，坐视不能，稍纵即弛，敝会同人誓以死力从事云。

《中外日报》，宣统二年七月初十日（1910年8月14日）

汉口国会请愿同志会开特别大会详志

汉口国会请愿同志会成立已经四月，干事长张君国溶及会员汤君化龙，刻自北京归鄂，与直省谘议局联合会，目击代表团与政府之现状，于本月二十三日假汉口岭南会馆开特别大会，报告在京情形，筹议办法。以戏台为演说台，置新闻记者、书记员二席于左右，并在中间备警官座，两廊为会员座，正殿为来宾座。

是日各团体及签名到者约计二三千人，另派有纠察员、庶务员、招待员多人，各执其事。门首高悬国旗。秩然不紊，均于十一点钟到齐。十二点钟开会，由张君国溶宣布开会词，旋又报告直省谘议局联合会对于国会及北京国会请愿代表团，及政府对于国会种种情形。后由汉口商业学堂教务长、留美大学毕业生刘君成（禹）〔禺〕演说中国不可不速开国会之理，及各国国会成立之历史，约有一二句钟之久，听者无不鼓掌。其余来宾所述，概不记录。是日议决办法三则：一、第三次请愿以汉口为发起人；二、照五月开第三次大会，由各府厅州县递呈督抚代奏；三、由谘议局议定方法，通告各团体，并外省各团体。后由张君国溶声言，本会为国会请愿同志会，自应恪守定名。政府谓吾民无此项资格，鄙意吾民资格在争开国会，果能争开国会，则是有资格。吾民之资格，在乎争不争，诸君勉旃。五句钟散会。

《时报》，宣统二年八月廿九日（1910 年 10 月 2 日）

汉上同志会之国会热

汉口国会请愿同志会陈请谘议局建议书略云：国会请愿之举，发起于各省谘议局。一请未允，直省各团继之。自五月二十一日“毋得再行渎请”之旨下，匆匆数月，同志虽在，继请无人。是岂中国立宪实质，在昔见为必须设立国会者，今乃见为无庸急急设立耶？抑有所慑而不敢陈请耶？敝会恭读五月二十一日上谕后，曾开全体大会，均以急速继续请求为本会应尽之义务，比即电告北京同志会，请分告各省，同时速举，一面陈请谘议局于常会期中建议呈请督抚代奏。窃思入夏以来，日俄协约，日韩合邦，东亚时局日益迫切，而宪政筹备具文奉行；又其甚者，方以破坏筹备清单为破坏立宪之计。时急势危，请求速开国会，殆不可一日缓。兹值贵局开幕之时，敬援敝会前次决议，陈请贵局建议。惟速开国会，理由甚多，兹特举其大者陈之。

一、国会不速开，则中国财政不能整理也。今日大部呼号，疆臣束手者，非此财政问题耶？欲整理中国财政，必从根本解决。现在中国现象，一为财政紊乱，一为经济困难。今日政府派清理财政官，实已不能毕其绪，异日者各国必纷派监理财政【官】而公揽中国全体财政之权，可断言也。夫财政之紊乱，失之于侵蚀者显而易理，失之于经理者隐而难清。银行未立，金库未设，度支部辖财政，而财政不尽辖于度支部。各省督抚辖财政，而内则限于国家行政之分配，外复有藩、盐、关各库之纷歧，机关未善，执行都非。此项问题非国会不能解决也。至经济之困难，目前万不可掩饰。赔款既巨，宪政尤繁，纵能暂时节流，必不能按年退步。解决困难，除加赋与募债而外，别无他法。国会未开，税法难改，加赋二字，政府已知其不可行，乃不得已而出于多借外债之一途，其势或有然也。夫世界无无国债之国，而其国强者，其国债亦多，是借债亦富国之公例。然财政监督各种机关皆未设立，而欲巨募外债，不问用途，不顾偿款，则外债愈多而紊乱愈甚，适促之使为印度、波兰之续耳。故欲救经济之困难，必先理财政之紊乱，二者同时解决则中国存，否则亡可立待；而欲救国亡，舍国会殆无根本之策。此敝会所谓国会不可不速开之理由一也。

一、国会不速开，则全国法制不能统一也。中国立法之制，本未谋及庶人，而各部之沟分又自成为风气，故甲法与乙法相异，丙法与丁法又殊，甚至同一法律而前后不免冲突。颁布者视若无事，奉行者苦无适从。又或巧词变通，饰言假情，法律发布未久，而成命又已收回。夫立法者，行政、司法之准也，法不立则政不行，法律不臻完美，则法虽立而政仍不克举，且或致扰乱而速国家之亡。各国经几许之经验，而始知集合全体人民意思以议决立法事件，而废止变更之事又复限以条例，故议决有完全之权，而执行无推行之阻。今中国政府既不负国家之责，而立法机关散隶而无所统一，又或一二人所厘定而前后彼此不相贯通，故大之阻国家之进步，小之亦妨自治之进行。长此不决，百举俱废，凡我人民，安能负此亡国之责任？然则欲立行政、司法机关，必自先立议决机关始；欲立完全议决机关，而望之不完全议决之资政院，不可得也。此敝会所谓国会不可不速开之理由二也。

吾鄂处江汉之衢，汉口尤将来之枢纽，宪政筹备以来，所实行者何在？谘议局成立以后，所收效者何如？筹备之不完全谁负其咎？议案之未执行谁任其责？

敝会惧中国之亡，而又惧汉口亡而湖北随之也。同人惴惴，不遑自逸，以为国会一开，则预算决算定，而司农可免仰屋之嗟；法律命令定，而政策庶无骑墙之失。夫而后地方行政乃得以根据中央完全法律，以渐次而施行。伏希贵局提议公决，呈请督部堂代奏速开国会，全国幸甚，吾鄂幸甚。

《申报》，宣统二年九月廿四日（1910年10月26日）

鄂省国会请愿进行之手续

汉口请愿国会同志会于上月二十日邀集武汉两总商会、宪政筹备会、教育总会、谘议局、同官宪政研究会共八大团体代表，开协议会，议决请愿方法。拟先就近向鄂督衙门呈递请愿书，要求代奏。刻已定于十月初一日开湖北各团体全体大会，公决上书日期。昨已刊发传单，通知各团体迅即分别开会，画一办法。所有二十日之会决议事件如左：一、各团体应各举代表二人以为领衔；二、各团体会员应全体同赴督院请谒；三、特别代表应备衣冠，其余均着马褂；四、所有武汉各团体应由此次到会八团体分途邀集，依据此项办法同时举行；五、八团体分别开会定议后，所有特别代表姓名，各团请愿人名确数，及邀集加入之各团体代表姓名，请愿人名确数，均应于九月二十六日以前报告同志会，以便预备大会及请愿时齐集之地址。

又请愿同志会上谘议局陈请书已录前报，闻该局已允呈请督院代奏。兹将谘议局陈请委员会报告录下：本月十四日，办事处交到汉口国会请愿同志会陈请建议书一件，业经本委员会细加审查，所陈理由，剀切详明，适中肯綮，应请办事处迅速备文，连同该会会员姓名录，一并赍呈督部堂代奏。

《申报》，宣统二年十月初一日（1910年11月2日）

补录汉口三十八团赴督辕请求速开国会办法

汉口三十八团体由汉口国会请愿同志会联合一大团体,赴督辕请求速开国会,故定期十月初一日,在帝主宫开特别大会。是日,各团体各举代表二人及来宾、会员、各报新闻记者,均先后莅临。会场备有茶水坐位,所有各职员招待异常周到。当推吕超伯君为临时主席,立即登台报告开会宗旨,略谓速开国会,重在人民请求。后由干事张海若君陈述意见,以必达目的为唯一无二之方针。旋即议决一切办法,各团体一同赴督辕请求代奏速开国会,无论风雨,定期十月十二日渡江。

一、是日十一句钟渡江,一句钟在湖北谘议局聚齐。

一、各团体均预备请愿速开国会旗帜二面,用黄底红字以归一律。

一、各团体应预先开【会】研究一次,以免临时仓卒。

一、各团体各举代表二人,由代表中公举领袖二人,以资统率而备询问。

一、是日赴督辕请求各团代表均着对襟马褂、青缎官靴,其余会员均须着马褂,不拘对襟、官靴,惟须佩徽章以示整齐。

一、各团体各举招待四员,以便维持秩序,照料本团。

一、初七日开代表会一次,筹议一切对付。

一、所拟呈督部堂代奏底稿(已见本报)如有未妥,各团应于二日内删改,送交同志会事务所,以多数为主,否者作为默认。

一、是日各团渡江凭需船只,或须同志会预备,或自行招雇,均需于二日内函告同志会事务所,以备招待。

一、各团体会员名册仅送到十六团,尚有二十二团,请于二日内送交同志会事务所,以便汇齐。

至五句钟散会。

《中外日报》,宣统二年十月初六日(1910年11月7日)

湖北致代表团电

鄂各团体已电争即开，并拟全体同赴督辕，再请代奏。[①]

《申报》，宣统二年十月初六日（1910年11月7日）

鄂人仍请即开国会之盛况

汉口国会请愿同志会联合武汉各团体，拟于十月十二日至督署请愿明年即开国会一节，已纪前报。兹闻同志会赴督署请愿诸人，先于十一日在汉口岭南会馆取齐签名，其余各团全体名册，则均先期送至同志会，以便汇齐呈院。惟汉口商会、武昌教育总会因党派竞争，竟置此事于不顾，经同志会于初十日函催，始行造齐送到。至改定请愿呈文，仍由张国溶主稿，先经油印，遍送各团斟酌修改。各团上院时，每团以“请愿速开国会”六大字之旗帜为前导，计三十六团，职分五色，随风招展，极有可观。各请愿人与代表等并制有徽章，佩于胸际，上书“汉口请愿速开国会同志会”字样。十二日上午十一句钟，齐集谘议局排队，直赴督辕，由张国溶、吕逵先两君衣冠徒步前导，秩序颇为整齐。当经瑞制军传代表进见，力陈国势危迫，时不我待情形。闻制军已允联合各督抚再行电奏矣。

《申报》，宣统二年十月十五日（1910年11月16日）

① 原标题“追记请开国会之热度”，此电为其中一片段。

湖北请愿同志会致代表团电

国会期限颁布，代表团即改作政党组织，现敝会已决改作支部，如何？乞电复。[①]

《申报》，宣统二年十月十六日（1910年11月17日）

湖北谘议局致代表团电

国会宜再接再厉，代表团似应改组织。[②]

《申报》，宣统二年十月十六日（1910年11月17日）

国会速开热之不懈

本月初七日，请愿速开国会同志会在四官殿银行讲习所开第二次会议。其开

① 原标题“国会问题之复起”，本电为其中所录。
② 原标题“国会问题之复起”，本电为其中所录。

会次序：

（甲）由主席报告此次上谕。

（乙）陈叙请愿办法各事。一、推举领衔；二、改定呈文；三、确定上院人数；四、确定船支；五、议定临时办事处；六、推举临时办事员（书记四人，庶务二人，均纯尽义务）。

（丙）散会。（计由一时半起至三时半止）

开会时，先由主席报告后，即由张君国溶演说责任内阁万无先于国会之理，国会亦不能迟至五年。十二日上院一举，或行或废，请众公决云云。次由戴君仲华宣言外祸日亟，国会万不能迟，仍须请求速开。众拍掌起立赞成。当下决定十二日办法如下：

（一）决定湖北请愿同志会会长吕逵先，汉口同志会会长张国溶。

（二）呈文由同志会倩人拟撰。

（三）各代表人数难定，总以多为贵。

（四）船支均自备。

（五）临时办事处决定汉口永安堂。

（六）举定办事员。书记熊焕章、张鼎铭、晏毅生、何海鸣，庶务郭致中、胡辉。又决定书记办事时日自初八日起至十一日止，每日由一时起至四时止，事繁者不拘。

《帝国日报》，宣统二年十月十八日（1910年11月19日）

国会即开之风云

湖北绅学各界团体经武汉同志会邀集，于十二日诣督辕递请愿书，要求代奏明年即开国会。将是日情形探录于下：

此次请愿由汉口同志会发起，几有一呼而四方响应之势。兹将签名入会各团体名目调查录下，藉以觇武汉近年集会结社之（近）〔进〕步焉。

汉口：汉口同志会、永安同志自治会、教育分会、商业补习所、演说戒烟会、堤口保安会、小董自治会、商团体操会、清真自治会、永济社、平安社、江苏同乡会、仁义保安会、永宁社、公益救患会、泰安会、仁寿保安会、城议事会、劝学所、青年会、万全保安会、清和社、黄陂保安会、义成社、四官保安会、永安社、两粤同乡会、医学研究所、银行讲习所、邻济保安会、自治公所、由义保安会。

武昌：湖北同志会、教育总会、自治研究会、黄梅县同志会、钟祥学社、宪政筹备会、武昌总商会。

当十二日上午九钟，汉口各团即有排队渡江至省垣谘议局者。同志会特备小轮两艘，官渡红船十余号，往来拖送，直至正午一点钟始行聚齐。武昌各团亦陆续至。各团代表则一律天青马褂着靴，各请愿人原议本须着天青马褂，无如聚集时，多着杂色，遵章者不过十分之一，惟胸间所佩本团与同志会徽章则系一律耳。综计三十九团体，人数以同志会为最，其余五六十人、三四十人不等，合算总数必在两千以外。

鄂督瑞制军闻各绅商组织请愿团，特饬巡警、汉关两道，劝令解散，不必结团要求。故各团代表十一日在岭南会馆会议，同志会干事张国溶首先演说，大意谓国会事关国家安危，理宜合群急进。次由张允斋君演说时势迫不及待，若迟至宣统五年，则中国不知作若何景况。次由戴仲华演说开国会原属为国民第一要着，众同胞努力同心，方可达到。于是各代表皆主张进行一意，于十二日晨督帅各请愿人上院。迨聚集谘议局时，各代表复研究晋谒瑞督之说辞，并公推吕逵先、张国溶、关少尧、杨鸿渐、徐荣斋、吴振贤等十人为特别代表。

特别代表举定后，时已下午二时，张国溶君即命摇铃整队，各团请愿人遂出谘议局门前场地，整肃队伍已毕，复摇铃，拔队向督辕进发。以同志会为首，各团继之，武昌商会殿后。各团之前有本团各色大旗二面，“请愿速开国会”旗二面，鱼贯而行，秩序井然。至督辕，由角门入，均在大堂上下，屏息鹄立，极有军队精神。

是日辰刻，督辕得悉绅民结团请愿之信，深恐良莠不齐，鼓噪滋事，特饬巡警道派警兵百余人至督辕警卫，警道又派警区通班弁兵梭巡长街弹压。及各团已抵节署大堂前，又派有督辕教练队掣枪排立，警兵则上下照料。瑞制军并由电话召张提军、高藩台乘马车赶至，首府县及各有地面责之文武印委亦闻信齐集。瑞制军候张提、高藩已至，当在东花厅传特别代表张国溶等入见。

张代表等手捧呈文入谒，张提、高藩均在坐，瑞制军起立接受请愿书及人民请愿名册，当谕以“速开国会，本部堂极表同情，今朝旨已俯顺臣民之请，确定年限召集，其所以不能即开者，原因厘订官制，编纂法典，手续极繁，断非数月所能草率竣事，故明谕万不能再议更张。本部堂世受国恩，惟有切实筹备应行举办各政，淬（厉）〔砺〕精神，不敢怠忽。如再行渎请，是违朝旨也，来呈实碍难代奏”。张代表等答曰“现在时局阽危，大公祖素所深知，故前次大公祖联合各督抚，奏恳速开国会，绅民等不胜钦仰。今日绅民等并非逾越范围，过事请求，实以国势亟亟，非速开国会无以图存”云。制军踌躇再三，总以代奏亦无效力为辞。复与诸代表辩论良久，乃允将请愿书先咨送资政院议奏，一面电商东督、滇督锡、李两制军酌定办法，会同各省督抚联衔奏争。各代表始满意退出。制军亦率张提、高藩送至大堂，而高藩台复代制军将适间对答代表之言当众宣布。各请愿人闻之，齐呼“国会万岁”“大清万岁”者三，鼓掌之声如雷。高藩演说毕，仍随瑞督、张提入内，各代表即各率队伍分途散归。当日即湖北谘议局电致资政院云：“今日鄂汉同志会暨各团全体五千人赴督署，请求代奏明年即开国会，瑞督允即咨贵院，请即提议力争。”又致奉天谘议局电云：“鄂各团全体五千人赴督署，请求代奏明年即开国会，瑞督允咨资政院，并电询贵省锡督协商代奏，祈速请求。”

《帝国日报》，宣统二年十月廿二日（1910年11月23日）

湖北谘议局致国会请愿同志会函摘要

现在敝省仍主即开，要求瑞督代奏，并联络前次电奏之督抚，极力争持。然国会以政党为先河，无政党即失国会之效力，今年之资政院可为明鉴。宜趁此时急谋组织，明定党纲，以定国会之基础。[①]

《申报》，宣统二年十月廿八日（1910 年 11 月 29 日）

国会即开之渴望

湖北请愿国会同志会系张海若太史所主持，于十二日约会武汉三十八团赴督辕上书，陈请再行缩短年限，业荷瑞莘帅允为咨会东督入奏。日昨又得贵州来电，该省五千人全体上书，亦荷该抚允为入奏。该会及各团商酌进行方法，由三十八团致书张绅，提议组织全体同志总会，以厚实力。其书略云：各会团体无不以经济人才为主脑，当此银根万分吃紧，一会中有一二人之难以支持，则该会受其影响；一会难以支持，则同志全体大会受其影响也必矣。嗣后日长，欲保终始，安可得乎？今特不揣冒昧，妄献刍荛，函请老先生择日开一全体大会，坚各团固结之心，同守信义相顾之道，不使涣散，而后循序渐（近）〔进〕，当收事半功（备）〔倍〕之效云。书后附简章十六条，撮其大要于左：

（一）武汉三十九团仍以同志会为总会，名曰湖北全体同志总会。

（一）总会成立，总会及各会均有互相保护之责。一员有事，全会保护；一会有事，总会及各会保护，然须关系公益方可。

国会同志会业经成立，今加为全体同志总会，谅无特别开支之处。至各会如何津贴总会之处，俟一年后再行提议。（余略）

《帝国日报》，宣统二年十一月初六日（1910 年 12 月 7 日）

---

① 原标题“同志会果有组织政党之能力否”，本函为其中所录。

四次国会请愿今无望矣

日前有由天津回鄂之学生彭康年、邱崇二人，自称湖北留学顺直学界代表，刊送传单，联络学界，请开国会，并定于十五日在黄鹤楼开签名大会。正秘密布置机关之际，被鄂督所访闻，以此种举动如不预防，学界必为煽动，当饬巡警道严密查禁，并严饬提学司、陆军镇、协统制切实取缔，学、军两界，勿得附和。嗣经巡警后区遵饬查获发送传单之人，因此探悉彭、邱二生寓所，遂禀由警道派巡官、巡士将该二生看守，禀由鄂督饬即驱逐出境，勿任开会演说，致惑众听，所有传单，概行销毁。闻该二生刻已在警署具结，永远不谈国会，自回荆州原籍度岁矣。

《申报》，宣统二年十二月二十日（1911 年 1 月 20 日）

11. 湖　南

湘省代表催递意见书

湖南全省绅商请开民选议院代表萧鹤祥、胡挹琪等到京一节，已志本报。现闻萧、胡两代表于月之二十二日到都察院，会见都御史伊克坦、陈名侃，催求代递意见书。据陈副宪向代表人云，现在都御史陆宝忠因病未到，俟不日与陆总宪商妥，即可代奏。

《申报》，光绪三十四年四月廿八日（1908 年 5 月 27 日）

湘士绅国会请愿之行动

现在来京之湖南全省民选议院请愿代表人萧鹤祥、胡挹琪等所撰民选议院请愿书，内中尚有删改之处，已会同在京湖南士绅斟酌修改，俟脱稿后，即请都察院代奏。[①]

《申报》，光绪三十四年五月初八日（1908年6月6日）

湖南催递国会请愿书

湖南雷光宇等国会请愿书搁置都察院已久，故另举萧鹤祥等上京催递。萧鹤祥亲携催禀赴都察院呈递，面晤京畿道某御史，某已允转达总宪，请为代奏。兹将原呈录后：

具呈湖南举人萧鹤祥等为允奏未奏恳示理由事。窃维朝廷自前年以来，屡下预备立宪之诏，全国人民皆应在预备立宪之中，以期上下共尽其责，加以臣民得许上书言事，煌煌谕旨，海内共知，是以湖南绅民有呈请开国会之举，曾于今春派出捧呈委员雷光宇至京亲诣钧部，呈请代奏，蒙宪台收受呈词，允许代奏。捧呈委员雷光宇等当以允奏情形归报湖南全体，于是湖南全省绅民欢欣鼓舞，以为国会之开，旦夕可期。各省闻之，亦为欣慰。只因至今未奉开设国会之诏，以为湖南人民意思已由都院上达天听，不过朝廷方在踌躇审慎之中，是以各省士民群

① 原标题“湘汴士绅国会请愿之行动”，汴士绅国会请愿之行动见另条。

起而图继续要求，以冀宸衷早断，国会即开。现在广东、安徽、河南、江苏、直隶等省均已将派遣代表入京，相继请愿。乃因钧院于湖南士民所上一呈，迄今两月余，尚在预备代奏之中，并未实行出奏。以都察院执掌而论，本有据呈代奏之责，湖南此举又实为奉旨预备立宪，奉旨陈言之事，即以个人名义具呈，亦无可以搁置之理。去年秋间，举人鹤祥亦曾以请开国会理由呈请代奏，已蒙钧院上达圣听，即此可见宪台恪恭职守，宣上德而达下情。何况联名具呈者多至数千，代表一省，此为何等重大之事，而谓宪台于已许代奏之后，复有不欲代奏之心，断无是理。若谓宪台不以所请为然，则可否应当断自朝廷，臣下何能断以私意，擅为弃取？都察院无中可留，海内所晓，以宪台之明达，容有不知？故知湖南公呈所以至今搁置之理由，决不因此。惟是当预备立宪之谕旨煌煌在目，尚未取消之时，究竟以何理由致湖南公呈允奏未奏，实非草野人民所能知晓。举人等本湖南人，又在联名具呈之列，日望国会之开，以救吾民四万万倒悬之厄。因是，对于此事重受湖南全体委托，特此来京，代表全省绅民，躬叩钧院，敬为询问。伏乞宪台将湖南公呈允奏未奏之理由，批示明白，以便报告湖南全体绅民及各省之筹谋继续上书人士，使咸知宪意，庶官民之意能通，上下之情斯达，实为公便。举人等不胜屏营待命之至。谨呈。

《现世史》第二号，光绪三十四年六月初五日（1908年7月3日）

湖南第二次国会请愿代表赴京

湖南士民以前次呈递国会请愿书，都察院尚未代奏，续举廖明缙等为第二次之请愿，已纪前报。兹悉捧呈委员为廖明缙观察、曹典球别驾、易宗夔茂才等五人，已于二十五日就道。闻领衔者为黄忠浩镇军。

《中外日报》，光绪三十四年六月初七日（1908年7月5日）

女学界之国会热

湖南长沙近年以来，女学颇为发达。自两次推举代（奏）〔表〕入都上国会请愿书，女界中人亦为震动。昨山东某某女士，于暑假期内作一《女界国会请愿书》，洋洋数千言，亦能洞中窍要。当有多数人欲组织签名，举一女代表入都上此书，因恐格于例禁，故将该请愿书寄至北京某报馆，题曰《湖南第三次女学界请愿书》。观此不能不谓吾国民政治思想之易于发达矣。

《时报》，光绪三十四年七月初九日（1908年8月5日）

湖南第二次之请愿

湖南第二次国会请愿代表廖名缙、陆鸿第、仇毅、易宗夔四君于六月二十七日到京，均住中央日报社。闻此次签名者约万余人，领衔者为黄忠浩。请愿书拟于七月初二日与江苏、安徽两省之请愿书一并呈递。

《现世史》第七号，光绪三十四年八月二十日（1908年9月15日）

湘省举定国会请愿员

湘省绅学两界以江苏谘议局发起联合十五省，赴京要求速开国会，湘省甚表同情，已于上月二十四日在贾太傅祠开会，到者九十余人，票举代表四人为请愿员。当即选定得票多数之罗君杰、陆君鸿逵、陈君炳、刘君善渥，定于二十六日由湘启行，俟抵沪后与各省代表人会商办法，联同入京。所需旅居各费，约计一千二百元，已由绅学两界凑集交付，以便作速起程。

《顺天时报》，宣统元年十一月十六日（1909 年 12 月 28 日）

旅沪湘人欢迎国会请愿代表纪事

湘省拟请速开国会，特举罗杰、刘善渥二君为捧呈请愿书代表。嗣因江苏谘议局发起联合各省一律进行，因便道来沪磋商一切。旅沪湘人谢寅杰等于十一日特开欢迎会于四马路一品香番菜馆，到会者数十人。时湖北议员代表亦到沪，因湖南北关系最密，并请莅会。当由谢氏先述开会缘由，复略言湘人对于速开国会事宜甚有厚望于二君代表之意。次由南洋上海劝业会会办向瑞琨演说。随由罗杰致词，先表谢意，并言“开设国会，鄙人主张最早，而速开国会，亦既预言于先，曾于去年夏季即着有《速开国会问答》一书。不谓谕旨颁布年限竟至九年之久，此实非予意中所希望者。今湘人发起再请缩短国会年限，而各省复亦联合进行，固天下之公意，亦鄙人之素怀也。惟此次赴京请愿，政府【未】必肯轻以许我，但各省代表有畏难而中止者，鄙人亦当誓以藐躬独力要求，勿论如何艰难，断不中辍，务使国会得以至短期限开设而后已”云云。继由陈登山演说湖南北当联络之意，及请愿国会速开等事。复由刘善渥演说致谢。末由瞿某演说，并言有希望于代表者【二】事：一须以最高远之眼光，须达到有主权之国会而后止，勿徒取国会之名，而不问其权力如何；二须以坚忍之力，务达完全之目的而后已，勿以备极甘苦，中道废辍云云。语毕，尽欢而散。

《时报》，宣统元年十一月十四日（1909年12月7日）

徐特立断指送行纪详

善化徐君特立，字懋生，于十月二十六日在省垣修业学堂谈及中国现值时局阽危，既已筹备宪政，以图补救，则非早开国会不足以促进行。闻湘省已举代表四人，联合十五省入都呈请愿书，要求速开国会，即日启行，意欲前往各代表处送行，并略陈意见。因未知诸君住处，乃觅刃自断左手小指，濡血写“请开国会，断指送行”八字。写毕仍口称须赴罗君杰（代表之一人）处送行，请罗君代表己意，经同人劝止，遂属姜君济寰、彭君国钧为之代达云。

《申报》，宣统元年十一月初十日（1909年12月22日）

湖南七团自治公所宣讲员致国会请愿代表团事务所函摘录

国会请愿代表团事务所昨接湖南七团自治公所宣讲员来函云：国会不开，国是不定，热诚所至，金石为开，况在同胞，能无感奋。继续请愿之方，自以游说为无上妙策。现本所研究学绅，已定分期讲演，一面组织分会，一面据法理为演说，俟一般人民皆知国会为救危唯一政策，并请将京中进行方法及详禀早日寄示云云。闻该团讲演员尤以柳君玉麒、赵君春荣、李君心浚为深于法理云。[①]

《中国报》，宣统二年三月初六日（1910年4月15日）

湖南国会代表之报告

湖南国会请愿代表罗君杰日前由京假归，爰集绅学两界同人开会，备述去岁离湘后在沪、在京一切情形，并撰有报告书。兹照录如下：

杰承同乡诸公委托，与闻请愿，离湘以来，追随十九省代表之后，自惟才力远不逮他省及本（年）〔省〕各代表，毫无成绩，心用滋悚。然事虽未成，诸公与行者同一目的，必渴望或有转机。除此次请愿应由刘君自行报告之事外，谨将团体或个人行动分别奉陈。

一、在沪及过汉情形。杰与刘君于十一月初六日抵沪，适代表团体开谈话会，主席为福建刘君，正请表决是否以议局请愿为范围。杰首将徐君断指送各省代表行，报告并陈述湖南不能以议局为范围三理由，同乡刘君极表杰同意，遂以多数决不以议局为范围。但主席言欲以纯粹法定机关之人请愿，始成片段，亦极有理，故最后除杰与同乡刘君持前议外，余均赞主席说。嗣屡开谈话会，议决呈稿，及以首省代表孙君领衔。开会时，以孙君主席，推举请愿事务所干事四人，为福建、奉天两刘君，江苏方君及杰，方君兼会计。复（屈）〔举〕江苏钟君、湖南刘君充书记，湖北陈君充庶务。又以其暇全体赴各团体欢迎会。时外人亦将开欢迎会，已推江苏杨君、孟君，福建林君，奉天刘君及杰演说，嗣因赴京期迫，辞之。先是江西人赵君宦江南，欲列代表请愿，适浙江汤君陛见后道出江

① 录自“国会请愿五十二志”，标题为编者所加。

宁，偕赴沪。汤君封事尝请速开国会，某夜，江苏议局议长张君邀饮诸代表，并邀汤，汤适病未至，嘱赵君代达所欲言。赵以诸代表不相识，不敢尽。及知杰来，是夜造杰馆，尽以汤意告，属转达诸代表。此代表联合会，江苏张、汤、雷、孟诸君，不惟有发起之劳，招待备至，情可感矣。决议既毕，代表团先后分途赴京，惟少数代表过汉。杰因湖南议局委赴江苏参观议局，十九日赴宁，二十四日抵汉。既俱至汉，中国商会及湖北各团体均特开欢迎会，军乐之声，洋洋盈耳，可谓殷勤矣。

二、在京情形。是月底，由汉抵京，由海道赴京，代表及发起请愿人江苏雷、孟二君时已先至。杰请于湖南代表陆君，共同请愿三次，陆君皆以未在本籍被举不便为辞。十二月初二日，事务所始成立，旋开会，再讨论呈稿，雷、孟、刘诸君手笔为多。初六日，全体赴察院请代奏。旋开会，推代表谒军机，以到会人为限。是日杰偕郑代表谒某督，商请由主席推福建刘君、直隶谷君、湖北陈君、江苏方君、安徽陶君，又由众推主席加入。谒见日，均承军机赞许。旋又开会，推谒亲贵代表，除孙、刘仍旧外，加推山东周君、吉林李君及杰。谒泽公，未见。谒伦贝子，问答别详。谒涛、朗二邸之前日，某旗员属民政部刘参议取拙撰《国会问答》，代呈涛、朗二邸。时已由某旗员先取去，及见，均蒙赞许，问答语亦别详。二十日，全体迎洵邸于车站，洵邸亦极为赞许。是早，奉上谕，有“具见爱国悃忱，深为嘉悦”等语。虽以筹备尚未完全，程度尚不齐一为词，而缩短之望未必遽绝。

此后赓续开会，所议宏多，就其间荦荦最有关系者略报数事。（一）诸代表多数出京组织继续请愿事，少数留京，明年二月底仍集京递折。（二）驻京请愿事务所，非至有效之日不撤。（三）电请各省绅商学各团体，分途请愿。（四）函商各省有法律知识及有政治经验之人，研究宪法、选举法、议院法，将稿寄京共同讨论。（五）每年六月各省议局举代表莅京开联合会，资政院议员为参议员，讨论共同利害议案。（六）发起旬报，由代表以外之人举办。（七）京及各省设请愿同志会。（八）续缴事务所经费及议局联合会经费。

廿三日，谒肃邸，因吉林李代表有事归，加湖北代表陈君偕，亦承嘉许。越数日，某邸约杰偕福建刘君再见，详论解释心理诸法，他日详述。至各团体欢迎会，几无虚日，可见渐成一致舆论。今年正月十四日，同乡刘君出京。是日，开会议决聘用书记，非代表得充事务所干事。原干事某某留京，杰因欲回湘商榷请愿，暂请假还，托同乡黄君代。

三、回湘后情形。杰先后接北京请愿同人二函，一云十八日发起请愿同志会，江西赵君等催杰速来；一云北京请愿同志会成立，公催杰速来。杰惟请愿一事，除湖南刘君信足胜任外，非举资望优卓，如诸公其人前往，恐不足以分十九省代表之责。今日之会，一为报告，一因杰才力浅弱，恐贻辱湘人，请另举贤者。若贤者为事所羁，刻难远出，不以不才，尚委承乏，如示有续请办法，有所遵循，亦不敢辞瘁。诸公热心毅力素所钦佩，或倡请愿于日京，或已与各省为请愿先导，国会与国存亡关系不俟烦言，甚盼联络各团体勇进急追，尽国民分子之责云云。

《中外日报》，宣统二年三月廿三日（1910 年 5 月 2 日）

湖南谘议局致代表团电

北京小沙土园昆新馆代表团鉴：湖南学商界公举刘善渥、王尹衡两代表，已登程。如先递呈，便代签名。湘谘议局。①

《中国报》，宣统二年四月十九日（1910 年 5 月 27 日）

① 录自“国会请愿八十一志”，标题为编者所加。

湖南邵阳罗侠君致代表团函节录

国会请愿代表诸公鉴：国会为立法之根本，实监督行政之利器，苟国会不开，则各种宪政机关俱是沐猴之冠。乃此次政府拟出之上谕，一则曰只为参预行政之一机关，再则曰非尽议院所能参预。此虽网罗各国立宪成书而参考之，有难得其解者矣。况幅员之广，正以无国会为之联络，以致任人割夺而不去痛痒也；财政之艰，正以无国会为之预决，任其中饱而不敢（乃）〔过〕问也。而地方遍灾，则（道）〔过〕在无慈善事业之救济；匪徒滋事，则咎在无国民教育之普及，且又均以无积极生活程度之机关为之预防。然推其原因，实以无国务大臣为之统筹全局，决定大政方针，以负连带责任之所致。而所以无国务大臣之责任，又在于无国会以为之监督也。凡此四者之全仗于国会作用，略知国法学者，皆能确凿言之。此□遁词，何为耶？至以资政院为养议院之精神，则诸公于第二次书中已详言之矣，又何必如此牵附【会】耶云云。

《顺天时报》，宣统二年六月十八日（1910年7月24日）

湖南罗侠君致代表团函摘录

六月十四日

诸公受全国人民生命财产之委托，必至一请、再请、三四请、无数请，必以得请而后已。惟诚则格，惟坚必达，万不至以此次之谕而稍馁其气，有断然者。惟是第三次请愿，必速必断，代表诸公之精识，自可毅然以行，无取乎优游待商，以虚延时日也。再接再厉，愈阻愈进，前途庶有瘳乎！

《中外日报》，宣统二年七月十三日（1910年8月17日）

湘议员之国会热

长沙抚台钧鉴：国会案本院决奏，各督抚亦多奏请速开，乞赶电奏。资政院湘议员广鎏等叩。祃。

资政院湘议员曾侯爷诸公钧鉴：祃电敬悉。国会案已会同各省联衔电奏，仍候谘议局呈请，到时再为上达。谨覆。文鼎叩。宥。

《国民公报》，宣统二年九月三十日（1910年11月1日）

湘学生之国会运动

湖南留津学界为国会请愿事联络本省及各团体公启云：湖南留津学界同人等谨再拜稽首，含泣沥于我湘诸同胞之前曰：呜呼！事急矣，（冠）〔寇〕深矣。茫茫禹壤，膴膴周原，将为他人逐鹿殖民地矣！曳锄负耰，鞭脊饮泣，吾同胞将遁命无所矣！缓歌慢舞，他人之庆有吾民也；青衣跽献，吾民之奴属他人也。切肤之痛，燃眉之赍，数月来蜎集雾涌，使吾同胞而无脑气，无心肝，甘为人奴，为人【役】也，吾又何说？使吾同胞而不甘也，则不为蹈东海之仲连，又乌可不师击楫之祖逖乎？先民有言：宁为鸡口，毋为牛后。我湘中诸同胞其听者：慨自日俄协约以来，东三省之运命，已若朝菌之残喘。而朝鲜之灭亡，日〈目〉

与我壤地相接。安奉之路，加工赶筑，胡匪猖獗，借口保护，一旦全路告成，则（太）〔大〕和之悍卒，晨发暮至，缇骑所届，随戈以靡，欲东省之存不可得也。东省亡而吾中国尚堪问哉？今者天牖吾民，人心未死，及其未雨以绸缪。东三省第四次请愿代表现已晋京，而我留津各省学界，亦继尘飚起，萃数千之青英，组织同志大会，已选定代表温君之英等七人，裯书进京。顾兹事体大，非聚全国之力，不足以收众擎之效。特由各省学界自举代表，遄返本省，联络各团体，选举代表北上，要求即开国会，以固吾圉。盖使国会一开，则吾民集全力以对外，其势强，否则一任今日不负责任之三数政府，几何不致吾民于死地耶？抑同人等更有进者，此次吾省第四次请愿之发动，不可不自绅学界始。盖今日之农工商界程度参差，才学优长者固不乏人，而要之以政治学理研究有得如吾绅学两界者，实不多觏。欲其为政治运动之首倡，其效难若吾绅学界。诸同胞不肄而习之，即自讨而得之者，脱寒蝉仗马，不为之倡，吾国尚有望耶？矧比者贤王当国，锐志图新，其所以迟迟国会之召集，靳不即予者，皆借口于吾民程度不足。今诚能鼓动各团体，各举代表联【襟】来京，不得不已，是则吾国民已显然于国会之利害，使程度之说无所置喙，而东省之危亦可大解，至计良谟无有愈于此者。呜呼！我湖湘人士，素负先达之誉，而第一次国会请愿且为各省倡，前徽昭然，兴感宜速。同人等窎在津门，不胜馨香盼祷焉。

《帝国日报》，宣统二年十一月廿三日（1910年12月24日）

《请愿余唾》序

周道纯

《请愿余唾》者，长沙罗峙云先生所撰也。先生既被举国会代表，驻京之明年正月，因谋再请愿，乞假返湘。席未暖而代表诸君以书促先生，乃开会报告，请解除名义，仍自款请愿。走京三月，为视察他国议会及其关系议会政治如日。七月返国，道汉返京。先是沈、熊、雷、杨、恒诸君于丁未秋请愿国会，厥后国人谋再举，先生实与有力，尝自款避名，走京师及燕、豫各省游说。请愿其间，又撰《早开国会问答》以解惑。去年冬，某宗室索是书，乞某贝勒代呈某邸，为请愿助。

是役也，先生逐日有记，商论请愿、哀时感事而外，则即与日本诸学者、政治家所询答及视察者，洒洒数万言。凡立法之权能，行政之统括，司法之特立，国防之整健，自治之庶教，实业之根本，农工财政之分权，出入外交之警活，秘辣毕于此矣。道纯以为先生所纪述者，允当公世，以备采择，而先生谦逊，须俟整理为辞。然道纯尝于戊戌梓先生诗矣，固请先印诗，续印文，先生遂无以辞。

回忆癸卯冬，方服官新疆，得先生书及《春温诗》，略云近不应试意，盖有在观诗自知。道纯读至“国难谋多士，时艰责大臣；枢机从有众，法当政能新”等句，以为先生迂阔，我国实未足以语此。及闻海内诸君子后先请愿，以为时可矣，乃迟之。去岁以及今夏，杨、孟、王、方诸君奔走呼号，各省风起潮喷，一再请愿，而其效又若是，何天心悔祸之不早也。且道纯于先生尤有感矣。今年春，湘人曹参议、郑南斋等极赞先生如欧美考察，先后函湖南谘议局谭议长为筹游赀。谭议长属商诸报告会。及会，先生仅报告，不及筹款一字而去。将赴日，道出汉口，道纯以力绵筹二千金为西行助，先生以俟赴西时假用为辞。而先生素性耿介，不可强，心用滋愧。呜乎，读先生之诗，可以知先生游志矣。宣统庚戌七月既望门人永绥周道纯。

罗杰《请愿余唾》卷首

唾葊年谱（节录）

清同治五年丙寅

十一月某日生。

唾葊罗姓，原名寿昌，后更名杰，字峙云。

光绪三十三年丁未　四十二岁

……是冬，杨德邻、杨度等邀创宪政分会。君以朝廷预备立宪应有之责，遂邀湘中绅耆创立兹会，与王检讨闿运等各各联名呈请代奏开设国会。

光绪三十四年戊申　四十三岁

二月，赴京与杨度等成立宪政公会本部，被推为常务员，预议请开国会，并驰赴天津调查自治。道出河南开封，绅学诸人闻君至，开会欢迓。君痛说中国万不可不去专制而立宪，以与世界立宪国握手维新，而立宪精神全在国会，吾国此举实为存亡关键。闻者多泪下者。还（藉）〔籍〕，以政府于有无国会利害茫然不知，遂着《早开国会问答》，分寄政府及各省督抚以下各官。庆亲王等方预军机，颇为心动。……

宣统元年己（西）〔酉〕　四十四岁

……是冬，谘议局、教育会及农工商会合举君为速开国会请愿代表，赴沪预十九省请愿代表会。又被举驻京干事。至京，亲贵约诸代表晤商请愿，首询有《国会问答》著作者为谁，其名动当世如此。

宣统二年庚戌　四十五岁

赴日本游说旅日同国学生及华侨于振宗等联名请愿政府，兼调查宪政，详《唾葊旅东日记》。还国，预全国议员联合会，议论时政。奉召开院，凡重要法案，无不预议。……君以国会迟速，为国家生死关系，首先倡议缩短，群相赞和，竟得旨缩短二年。……

宣统三年辛亥　四十六岁

二月入京，与蒙古贡郡王、那亲王，翰林院侍读胡骏、顾视高、梁景桂，参议陈懋鼎、赵椿年、刘道仁，郎中何翙高、长福，翰林程明超，小京官张友栋、魏斯炅、张东荪、江天铎、魏宸组，主事左宗澍、陈命官，中书胡汝麟，海军部侍郎谭学衡，军咨府厅长卢静远，陆军部司长易渚轩，统制吴绶卿等，创设辛亥俱乐部，讨论国政，为议案准备。同时全国议员联合会选举委员九人，君与前内务总长汤化龙皆在选中，预议地方及中央大政。

郭敬安编：《唾斧年谱》

12. 福　建

福建发起国会期成会

福州函云：预备立宪，以开国会为第一义，国民之联书请愿者已有数省，而闽省尚寂无声息。现教育总会拟仿设国会期成会，以为预备，已致函各分会，并刊发意见书，请列名入会矣。

总会致各府县分会函云：开国会为立宪要着，现江苏、安徽、浙江、江西欲联合南五省绅商士民合词吁请，用特刊国会期成会意见书，并列名单纸，祈转发各界。有愿列名者，请即照誊录（未毕业学生不必列名），限六月三十日以内寄到福州东（衔）〔街〕教育总会，以便克日汇寄为盼。

《顺天时报》，光绪三十四年六月初九日（1908 年 7 月 7 日）

福建人之国会热

闽省教育总会，前刊布国会期成会意见书，并签名单于各府州县，请各界愿签名者，按格照誊。现已陆续寄到，不日当联合南五省绅商士民，合词请开国会。闽藩尚方伯已电致政府，有开设国会年限务勿过缓，致民贫断难筹措，久为贵总司铎所深虑。万一伤地方感情，亦非永久相安之道。仍望贵总司铎，熟虑审处，善为调停，减让定议，务使彼此辑睦，地方民情，两不相碍。即二万之言，在方牧实勉为其难，果能担任，尚烦商榷。高司铎速来，自当饬该县妥为照料也。

《顺天时报》，光绪三十四年七月初九日（1908 年 8 月 5 日）

福建人民之国会热

福建教育总会提倡国会请愿，刊布国会期成会意见书，分送各府州县，现各界签名者已有一千余人，不日亦将公举代表入京缮书呈递。

《现世史》第七号，光绪三十四年八月二十日（1908 年 9 月 15 日）

福州社会办事处致国会代表函

敬启者。旧腊来电，敬悉一切。同人亦国民一分子，值今日内忧外患相逼而来之际，一发千钧，系于斯举，更何可不急起直追，以为诸君之后援。恭读十二月二十日上谕有云“尔等请愿诸人，何以对四万万人民”之语，不胜惶悚之至。盖诸君即四万万人民之代表者，速开国会为请愿诸君之意，即四万万人民之意，并非诸君与国民立于对待之地位也。如恐诸君无以对四万万人民，必以请愿之举为诸君私人之意见，而非国民之公意而后可；且似诸君只自为计而不顾国民之害，更似诸君之意与国民之意分而为二为后可，是直不认诸君为国民之代表耳。然使诸君果无代表之资格，则可容忍不言；若念为神圣不可侵犯之国民代表者，且惧为万国政党所疾首蹙额也，则当筹所以力持补救之手段者，岂同人所忍出诸口而笔于书耶？燕云在望，海水茫茫，疚心斯耻，愤何可言！想诸君热心为国，更未知如何愤懑也！日来办法当有端倪，同人静待来书，即当鼓励精神，妥为布置。其应如何筹备，务乞详陈。兹恐系怀，谨先驰书以慰，希即亮照。

《申报》，宣统二年正月廿八日（1910年3月9日）

福建谘议局致北京函录要

本局议员与各省谘议局议员联合议定，派遣代表进京，请求早开国会。本局公举议员刘君崇佑、连君贤基、王君邦怀与书记长林君长民赴沪会议。议员刘君崇佑、连君贤基代表进京。历次出有报告，分别存局或刊布。并组织请愿即开国会同志分会，与各省互相联络。①

《中国报》，宣统二年三月十二日（1910 年 4 月 21 日）

福州商会致代表团电

代表团诸大君子鉴：本会请愿代表已举定谢笃培君，初十首途。闽商会。庚。②

《中国报》，宣统二年四月初十日（1910 年 5 月 18 日）

福建谘议局致代表团电

代表团孙洪伊君等公鉴：闽代表教育会举萨君陆、陈曾亮，十一准行。商会代表昨已电知。闽谘议局。③

《中国报》，宣统二年四月十二日（1910 年 5 月 20 日）

① 录自“国会请愿五十六志”，标题为编者所加。
② 录自“国会请愿七十四志”，标题为编者所加。
③ 录自“国会请愿七十六志”，标题为编者所加。

福建请愿国会同志分会发起纪事

福建各团体连接北京请愿国会代表团书，续举代表到京请愿，已由教育总会举萨君陆、陈曾亮二氏，商务总会举谢笃培氏，于四月进京矣。旋由政与会缄致各团体，请联合组织同志分会，以为代表后援，并与北京同志会连络声气，以鼓吹众论。五月初四日，各团体咸举代表会于教育总会，协商办法。到会者凡十四团体二十有（五）〔六〕人：谘议局二人，政与会四人，教育总会二人，商务总会一人，农务总会一人，商业研究会二人，说报社二人，乐群社一人，龙潭公益社二人，桥南公益社三人，益闻社二人，茶亭公益社一人，越麓社二人，小学研究会一人。议开大会通告之法，广印传单及浅说分布，并附入会签名单。无论何人，但与此宗旨同者，皆得签名为赞成员，会员则由发起各团体员绍介之。决先定分会章程，举林长民、刘崇佑二氏为起草员；演国会浅说，举林柏棠氏属草。举临时干事刘崇佑、刘道铿、王孝缉、王振先、高登鲤、陈之麟、孙享文、徐嘉宾、冯起骧、黄理、林烜、吴家瑜、余凤翔、杨维杰、林雨时、郑祖荫、陈培锟、李郁华、刘杰、王鸿滋、许赞国、黄钟澧、何尔瞻、梁廷翰诸氏，凡二十三人。章程、浅说咸定于十二日脱稿，十三日更开干事会议之，然后印刷分布。并定期开会，以政与会事务所为通信总机关，商业研究所为城外南台机关。先筹开会经费，由各团分任之。开大会时日，以印刷物出版，为期约在本月二十日左右。省城分会成立后，当与各府县团体联络，以谋普及。政与会已先期发缄各地方，龙严州、寿宁县已有复缄报支会成立，其余各县亦纷纷响应，一月内，请愿国会之声当遍全省。

《厦门日报》，宣统二年五月廿四日（1910 年 6 月 30 日）

福建省城国会请愿同志会支部规则

总　纲

一、本支部设于福建省城，按国会请愿同志会规约所定，公订支部规则，以资遵守。

会　员

二、凡有会员一人以上介绍者，皆得为本会会员。未经介绍而对于本会宗旨表赞成者，得通告本会为本会赞成员。

三、会员应确守速开国会之宗旨，不得以本会名义干涉他事。

干　事

四、本支部干事分四科：（一）文牍；（二）庶务；（三）交际；（四）演说。皆由会员于大会时互选之。各科干事之人数，亦由临时酌定。

五、文牍科干事掌收发函件，保管簿籍及编辑、起草等事。

六、庶务科干事掌【收】支款项及一切庶务等事。

七、交际科干事掌联络游说，募集会员，以谋本会会员数之发达。

八、演说科干事掌宣演国会浅说，颁布传单，以促一般人民之注意。

支部大会

九、本支部大会以有必要时，经会员百人以上之要求，或干事员会之决议开之。

十、本支部干事员会每月开会一次，集议关于本会之一切事件，其日期由庶务科干事定之。

有开临时干事员会之必要时，经干事员十人以上，或会员三十人以上之请求，得临时开会。

经　费

十一、凡为本会会员，皆应出资，以维持本会费用。会员出资之数多寡任便。

附　则

十二、本规则未尽事宜，得由支部大会时随时改正。

《厦门日报》，宣统二年五月三十日（1910年7月6日）

福建第三次国会请愿又来

闽省国会同志会初四日在府学明伦堂开会，演说国会必须速开之理由。会员、非会员到者约五千人，一时演说之人甚多。现又定于初七日在仓前山天安寺续行开会。①《申报》宣统二年六月初十日（1910年7月16日）

闽省请愿国会同志之盛况

福建省城国会请愿同志会，于初四日在明伦堂开会，（当）〔尝〕记前报。其第二次于初七日，在南台天安堂集会，到会者约二千余人，会场秩序，尤为顿肃。官场到者为福防厅朱司马、闽县韩司马、警务各局巡官及巡记，盖奉巡警道谕派，来场监视者也。其巡记二人，且将是日所有演说之词记述而去。是会演说者为庄君翊础、刘君崧生、高君禹门、李君启藩、林君行陀、王君孝泉、余君淑心、许君襄侯，自午后三时开会，至六时止闭会，到会听演者，颇有所感动云。

① 原标题“第三次国会请愿又来”。

至于同志支部之选举各职员，闻定于本月十一日，仍在政与会集各发起者，商议选举法，然后乃开大会选举云。

《时报》，宣统二年六月十八日（1910 年 7 月 24 日）

补录闽省请愿国会诸同志第一次开会演词

刘崇佑君登坛报告。

本日为支部第一次开会，一为开会宗旨，次说明必须速开国会之理由，并于庭中设报名匭及收捐匭，请大众随意签名或纳捐。

欲知本会之缘起如何，须先知何为国会。我国之所以弱者，由于上下离心。夫所谓国会者，乃由国民举定议员以为议决立法及赋税之机关，国会之效力盖如此。现今惟高丽无国会，故至灭亡。而我国现亦尚未设立国会。先朝曾有上谕预备立宪，吾闽人士前年曾在文昌宫开欢祝会，此众人所共知者。上谕既定预备立宪，复示以九年之期，于是各省人士乃有请愿速开国会之举。盖国家非一二人所能肩任，无国会则君相虽甚贤明，无从措手。且上谕明予人民以参政之权，国会虽未遽设，而去岁已设有谘议局，遂由各省谘议局议员联合请愿速开国会。吾闽谘议局亦公举四人，就中议员三人，连君贤基、王君邦怀及鄙人，其一人则书记长林君长民，与各省联合为请愿代表，于去年十月廿六首涂至沪时，合各省代表会议数次，公拟一呈，并议定办法。十一月廿九日抵京，在京设立一代表团事务所。惟代表四人中，林、王二君因事自沪先回，独鄙人与连君贤基在京缮呈后，于十二月初六日呈由都察院代递；一面谒见军机王大臣等，冀其转达监国摄政王，俯允众请。当见庆王时，甚为赞成，且云国会总须设立，惟关系重大，当须熟商。次见那中堂桐，尤极慰劳，并许代为尽力。此次如戴鸿慈、世续等，亦皆无反对意，惟事后竟未蒙俞允。盖政府尚未深信吾国民之果热心与否，故特下温谕。此谕传抄各国，想诸君亦已阅悉。其时湖南徐君【特】立、江苏郭君毅，或刺臂，或断指，血书俱在，诸君请观之。现在惟有联合吾民，竭诚请愿，庶几皇上感悟，而吾人士亦当各知速开国会之益。鄙人与连君贤基因此之故，在京合同各省同志组织一请愿同志会，在北京者为总部，此外各省皆设一支部。鄙人承总部嘱托，回闽设立支部，此今日福建省城开第一次请愿国会同志会之缘起也。本年各省续行请愿，吾闽如（数）〔教〕育总会、商会各举代表入京，为第二次之请，计代表人约百余人，中有各界志士。此呈递后，复奉上谕，仍以慎重为言，良由国会请愿之人尚居少数，所以未获允准。鄙人昨得北京总部来电，拟继续上请。现在总以组织同志联合多人，俾朝廷知人民心志齐一，程度日高，自能达其目的。惟是外省支部均已成立，吾闽延至今日始开斯会，鄙人负疚滋重，惟愿为吾闽人者各发天良，急起直追，勿后于他省，致国会不能速开，以自陷于危亡之道也。

吕君洞观登坛，略谓：国会当开之要，诸君已详言之矣。此番第二次之请愿可谓热心，第二次既又不准，何以今日尚有此会之集？盖国会者，非可一二次求之而即得也，一再不准，虽至于一百次而亦无妨。但鄙人尚有忧者，恐挫折必馁也。然以诸代表之热心，鄙人知其必不馁矣。且二次之请不准，鄙人尤不胜转悲而幸者，何也？使第一次即准，则我民便不知国会之难矣。故欲开国会，必全体民人求之，不当专责于代表，盖事关重大，请求之人必当众多。谘议局为全省代表，谘议局发起，我同志亦宜赞成。今虽未邀允准，尚宜急起而追。夫国积人而成，吾国人国家思想薄弱，有国会而人民始知国家与身家关系之密切，故国会者，即集多数人而参与政治之所，举代议士即不啻我民之自议政。今日此会发起者虽为谘议局，而各团体亦当极力赞助。国会为国之基础，上谕之缓期乃以验我民程度耳，我民慎勿以第一次之请不成而馁也。立宪之价值甚重，能合吾全国人民之力，则国会不日可开矣。

庄君翊楚登坛，略谓：凡属有血气者，皆当签名请求速开国会。鄙人为商业中人，今日中国商业颓败，尽人皆知。外国商业所以发达者，由于有国会以实行保商政策，而吾国则本地土货在本地尚难销售，至出口，则税则既重，成本甚巨，更难发达，南洋各岛华侨受害尤巨，此由于无国会以联络上下之情。苟能速开国会，联合资本家减轻出口税，与外国改订通商条约，则税权可以挽回，故望我民对于请愿一事，万勿懈怠也。

刘君崇佑登坛谓：本日诸君所说，大众当已听明。倘所言尚有可采，望大众归家时遍述于亲戚朋友，各发天良实力请愿，庶此会为不虚也。本会又定初十日午后三时，假南门外仓前山天安堂为第二次开会场所，盖恐榕垣区域较广，不如是难普及也。①

《厦门日报》，光绪二年庚戌六月廿三日、廿八日（1910 年 7 月 29 日、8 月 3 日）

闽省国会请愿同志会开会纪略

福建省城国会请愿同志会成立以来，业已开会二次。第一次系于六月初四日午后三时，假府学明伦堂为会场，先期邀集各团体代表，就教育总会议定组织方法，并刊印广告及浅说、签名单、会章等，遍行分送。事为大府所闻，檄其属员，查询一切。该会倡始人即一一答辩后，嘱自行呈报而去。届期，闽县韩令、警局区长刘君带领书记员二人莅会监察。是日到会者约二千余人，签名入会或署名赞成者数亦如之。先由刘崇佑君报告该会旨趣，及速开国会之必要，并述第一二次请愿时，政府诸公及在京代表团之举动。次由梁继栋、王振先、孙东擎、高登鲤、许赞国、吕湛、庄珊等诸君相继演说，复以速开国会血书在场分散。六时散会。此第一次开会之大略也。

初七日午后三时，复假南门外仓前山天安堂开会，到会者有三千余人之多，地方官仍派员莅会监察。先由庄珊君宣布会场秩序，次刘崇佑君述第二次开会之理由，次高登鲤、林柏棠、王振先、郭应奚、许赞国等诸君各抒意见。六时散会。后复由刘君崇佑与各团体代表订于初十日，就政与会事务所集议选举职员方法及人数，遂于十八日午前九时起讫午后五时止，仍就该所开选举大会，举定文

① 在此次集会上演说之人甚多，因现存《厦门日报》残缺，未见全部演词。本篇所录为该报所登刘崇佑的报告，及吕湛（洞观）、庄珊（翊楚）二人演词。

牍部、庶务部各八人，交际部百人，演说部五十人，再由职员中互选部长各一人，俟开职员会再行通过。

《申报》，宣统二年七月初一日（1910 年 8 月 5 日）

福建谘议局致代表团电

五月廿六日

小沙土园代表团公鉴：奉谕后诸公续议若何，能即再递呈否？如不代奏，当叩阍。闽谘议局。

《中外日报》，宣统二年七月初十日（1910 年 8 月 14 日）

闽省请愿国会诸同志开特别会之详闻

闽省国会同志会初九日在安乐社开会一节，兹闻是日会员到者颇多，公举高登鲤君为主席，登坛宣布北京代表团来电毕，旋由全体讨论对付方法。公议以刻下为时甚迫，如再由省特派代表晋京，势必难赶得及，拟即请已在京之林长民、椿安、刘道铿三君为代表。经全体赞成，决议举定王孝全氏当场拟就电文（附录于后），请三君与会筹议对付方法，并谘询政府。一面议由省再行设立新闻纸一种，为舆论机关，以资鼓助。经公决，以本日到会职员为发起人，共同签名，并担认开办经费。遂推梁继栋、郑祖荫二君为经理，定本【月】念二日再开一大会。所担认之款，限尽大会之日一律交齐，刻期开办，以促进行云。

照录国会同志会致北京代表团电

代表对付协约事，敝省以期迫途远，经开会公议，推举林长民、椿安、刘道铿三君与会。三君【已】经在京，乞就近知会，以免误期。闽请愿国会同志会。佳。

照录国会同志会致在京林椿刘三君电

北京昆新馆刘嵩生转林宗孟、椿小庵、刘放园三君：会中公举三君为对付协约代表，除电代表团外，请届期到会。闽请愿国会同志会。佳。

《厦门日报》，宣统二年八月廿三日（1910年9月26日）

闽谘议局之国会热

福州谘议局致各团体函云：敬启者。本局接到国会代表团来电，又通告缄一通，三次请愿业已上书。兹将原电并缄印刷分布，伏乞吾邦人君子奋发淬（厉）〔砺〕，为国请命，为代表团后援。生死存灭，在此一举，议员全体已在本局建议呈请督部堂代奏，此外尚当集合群力上呈。各府县在省城者业已各开会馆会议，誓死必求达此请愿之目的而后已，惟吾党爱国之士鉴之。谘议局公启。

附北京请愿代表团来电：

福建谘议局转各团体，三次请愿书已上，同时顺直集数千人邀准陈督代奏，颇活动，乞速仿行。现奉、吉、皖已办到。伊等叩。

《申报》，宣统二年九月廿四日（1910年10月26日）

福建九府二州在省请愿代表致代表团电

请开国会，闽各府县人民业举代表来省，定期齐集督辕，呈请代奏。国势危迫，人心激昂，誓必死争，望代表诸公努力前进。[1]

《申报》，宣统二年九月廿九日（1910 年 10 月 31 日）

福建谘议局致请愿代表团电

代表团并转顺治门闽学堂公鉴：闽九府二州人民五千余，群集督辕，哭请代奏一年内开国会。松督升大堂受呈，允代奏。万岁声震全市。[2]

《国民公报》，宣统二年九月三十日（1910 年 11 月 1 日）

① 原标题“各省官民之国会热”，本电为其中所录。

② 原标题“人民对于国会之壮烈”，本电为其中所录。

福建致代表团电

谘议局建议及人民公呈请求明年速开国会，已由闽督代奏。至各团电请军机主持，亦于二十八日拍发。①

《申报》，宣统二年十月初六日（1910年11月7日）

各府属团体到督【署】呈请速开国会秩序

一、上月二十八日准上午九时，在福州府学明伦堂会齐，十时起行。

一、每人应穿戴褂（或短褂）帽。

一、各府州属请愿人民均分队进行，每队各以本府或本州岛之旗为前导。

一、于起行前三十分钟预备整队事宜，各府州属请愿人民宜认本府或本州岛之旗立定，以便按序编列。

一、各队进行时照左列各府州属之顺序为先后：

一、驻防，二、福州府，三、兴化府，四、泉州府，五、漳州府，六、延平府，七、建宁府，八、邵武府，九、汀州府，十、福宁府，十一、永春州，十二、龙严州。

一、到督署时，各府州属请愿人民应按序排列，恭递呈词。

《厦门日报》，宣统二年十月初六日（1910年11月7日）

① 原标题“追记请开国会之热度”，本电为其中所录。

请开国会之详闻

去月廿八日，闽省九府二州各举代表约五千余人，各具衣冠，于午前十时在福州府明伦堂齐集，分别府属排列，鱼贯以各该属之旗为先导，由明伦堂起行，绕南大街直赴督署，自大堂公座前排起，迄二门止，分数排肃立。先由福州府出见，传总督之命，代收公呈，众不允。嗣由巡警道出见，仍执前说，众又不允。三由藩、学、臬三司出见，委婉劝告，请各代表进花厅面谈，不必行堂见礼。各代表厉声告以总督若不堂见，必要全体进见。总督松制军于是出见，升大堂，排列卫队数百名，荷快枪，以防闲人混入。制军升座时，向各属人民左右作揖，各属人民行跪呈礼，伏地痛哭，悲惨之声，震撼堂宇。制军而告开国会为救亡之第一策，本部堂极表同情，先数日已与各省督抚联衔电奏。今各属诸君远道来省，足见忠爱热忱，所递公呈，本部堂必照准代奏，请诸君安心回籍，传告各团体静候好音。若政府尚有游豫，本部堂必再联合力争，国会一日不开，本部堂之念一日不灭。生死一间，其关系视诸君尤密切也云云。言次泪涔涔下。数千人同声呼“中国万岁”“国会万岁”“总督万岁”三声，继以鼓掌。司道传总督命，请各排人民起立，总督又左右揖，揖毕退堂。各属人民仍按属鱼贯而出，秩序井然，肃静无哗，亦可见闽人之程度也。请速开国会公呈，已由松制军加折代奏，于三十日寄“海晏”轮船带赴北京。

近日忽有缩短至宣统五年开会之说，各省纷纷电争，务就宣统三年开会，不必再延。厦门学界代表黄廷元、南洋代表周之桢二君，亦以专电致军机处，痛陈利害。现闻厦门黄、蔡、高、周诸代表，拟初八日由省回厦云。

《厦门日报》，宣统二年十月初七日（1910 年 11 月 8 日）

谘议局致军机电

北京军机处王大臣钧鉴：国事危急，国会关系存亡，一年内不召集，人心去，大局益不可问。闽九府两州人民集省垣同声呼吁，众情惶惶，本局不敢不据情径达，恳奏请宣诏，以慰天下。谘议局叩。沁。

《厦门日报》，宣统二年十月初七日（1910 年 11 月 8 日）

厦门各界代表致军机公电

北京军机处王大臣钧鉴：通商要地，不堪日受外侮，非即开国会，曷解倒悬，恳据情代奏。厦门绅学商界来省请愿代表黄廷元等叩。

《厦门日报》，宣统二年十月初七日（1910 年 11 月 8 日）

福建谘议局致代表团电

顷接宁局来电，谓国会请愿有效，已电资政院致谢。敝局仍主张继续要求，请将近日情形电知。①

《申报》，宣统二年十月十六日（1910 年 11 月 17 日）

福建谘议局第二次致代表电

国会宜质问。吾党勿散。速组政团，并研究宪法，必力为后缓。②

《申报》，宣统二年十月十七日（1910 年 11 月 18 日）

福建谘议局致国会请愿同志会函摘要

往时以种种障碍，致不能成一形式之团，今不速谋，则将终散。务宜趁此时期，速树旗帜，先定党纲立案，以号召天下，并一面组织宪法研究会，以防异日新宪法之流弊。③

《申报》，宣统二年十月廿八日（1910 年 11 月 29 日）

① 原标题“国会问题之复起”，本电为其中所录。
② 原标题“国会问题之复起”，本电为其中所录。
③ 原标题“同志会果有组织政党之能力否”，本函为其中所录。

13. 广　东

粤省自治会覆预备立宪公会函

（为国会请愿事）

敬启者。初七日接奉手示，即于初九日刊布传单，定期十一日开大会议，筹商要求国会之举。佥以贵会为东南领袖，上海总南北机关，郑廉访爱国热忱，于宪政之组织筹之尤熟，当议决公请贵会联同各团体，于沪上从速设立期成会，函电各省，定期各举代表赴沪妥议，即联同北上，为切挚之请求，纵不能如愿以偿，而得此以振自治之精神，其进步当不可以道里计。国事亟矣，论者皆以程度尚浅，未可遽行立宪为词，庸讵知地方自治以行政为根据，文明各国未有宪政不立而政法能完全者，即未有国会不开而地方自治能发达者。今欲实行自治，自不得不从请开国会求之。或未遽得，而制造无形国会于国民脑根上，使为一致之进行，即以激刺普通社会，使自治能力之奋发锐进，其事又乌可以已。嗟乎！朝廷日言立宪，而未得要领，上既偷活，下亦放任，贼民与外侮乘，亡无日矣。不惟亡国，种且不保。国民纵不为大局计，亦当虑其子孙梦梦者即不知死所，我辈亦安肯同归于尽耶！贵会苟得民政部许可，予以提倡立宪之权，对此茫茫，其不能遽蹈东海，即不得不秉明烛以照长夜也，责无旁贷矣。语曰：虽有智慧，不如乘势行矣。粤虽僻陋，当执鞭以随其后。肃此，敬请筹安。

《申报》，光绪三十四年三月廿三日（1908 年 4 月 23 日）

粤商争求设立民议院

粤省自治会自提议要求开设民议院以来，粤人均极表同情，并谓如政府准如所请，则虽毁家纾难，亦所不惜。故于海军捐一事，自治会月前仅提议一次，而日来香港及四乡各商，纷纷函请该会认真招集。各函有先认捐款，或数千，或万金不等者，惟声明须俟民议院有着落时，方能照交。

《中外日报》，光绪三十四年三月念九日（1908年4月29日）

粤垣自治会求开国会

自治会于廿二日开大会集议，群以开国会一事，现在政府既无定意，我国民当极力要求，至达目的为止。随由各会员发一长电，呈京师都察院代奏，大意以统一行政，破除省界，提振自治，则民乐输将，惟不能不先从开国会入手，俄、日之强以此。方今滇乱藏危，东事又亟，若不速定时日，大局愈难收拾。国会一开，千万军费，崇朝可集，言之若妄，请杀生等以谢天下云云。

《中外日报》，光绪三十四年四月念八日（1908年5月27日）

广东地方自治研究社签名请开国会之公启

公启者。自去年降旨预备立宪以来，海内喁喁，想望宪政，无如成立之限，期以十五年。比者国势日即艰虞，将有时不待人之叹，〈注〉〈意〉爱国之士惄焉忧之。日前有都察院代递应诏陈言请开国会一疏，嗣又有湖南士民请开民选议院一疏，具见报章。前月又有安徽提议请开国会之说，闻签名者以十余万人计。河南、山西两省日来又见提议，疏稿虽未形诸报章，然人民政治思想已见胚胎，此举断非臆说。吾粤风气开通较早，热心爱国、通达治体之士大不乏人，窃谓宜及时纠合士绅商民人等，联名具疏，请开国会，庶不使三湘人士专美于前。虽朝廷制治自有权衡，未必即能俯如所请，然湖南倡之，吾粤继之，他省久见提议，其响应必速。同人以为如能二十一行省同此请愿，朝廷重违民意，必能立邀俞旨。目的苟达，则是宪政根本已成，植基已固。倘能交相淬（厉）〔砺〕，国会自必日臻发达，将来宪政观成，指臂之效可预觇矣。或者谓各国成规，皆先有宪法后有国会，从未闻可以先后倒置者。姑毋论（昔）〔普〕鲁士、比利时二国成迹显然，业见湘省疏中征引，就以我国目下情形而论，人民政见幼稚，若不示以召集之期，使之先行练习，一旦骤行宪法，其国会必至手足无措。而此种练习又非旦夕可期，故我国欲行宪法，必自先开国会始；纵未能即开国会，亦必自先定民选议院宗旨始；而欲开民选议院，又非先示以召集年限不为功。其中层累曲折，本系相因而至，不能泥各国已成之局，而判其先后之等差也。同人伏念国会者宪政精神所寄，实即全局治乱所关，况湘省已先我疏陈，吾粤似不容再缓。窃谓宜于一月以内，联合同志，不论绅商人民，如愿预名者，一律开列，具疏陈请，仍仿湘省之例，同志二人亲赴都察院呈递，以昭郑重。凡属国民之一份子，即有一份子之应尽之义务，不能以“天下有道，庶人不议”之旧说为辞。昔英王查夫士第一时，英国已有国会，而制度未善，英民上书要求六条，请愿者多至五十万人，何况我国会未立，即奉有预备立宪之旨，亦无准立开会明文，蚩蚩之氓不无疑虑。然则恭绎谕旨，应诏陈言实属应有之意，如英伦之故事，大可仿行。法湘省成规，不为创举，再四筹画，既无悖理之举动，实有难缓之事机。同人等决议实行，诸君如欲与名，请将职衔、学位开列；如无职衔、学位，亦请将姓名、(藉)〔籍〕贯分别写出，径交下九甫文澜书院内广东地方自治研究社汇收便得。若诸君于本人之外能代表亲友士庶签名，同人更乐欢迎。准以一星期内将名单寄到为盼。肃此布达，并候团安。同人公启。

《现世史》第一号，光绪三十四年五月二十五日（1908 年 6 月 23 日）

粤商自治会定期会议请开国会之公启

公启者。前经议决由国民担任海军捐，以为要求国会之代价。查政府现筹海军开办费，不过千万。昨期布上海预备立宪公会函，称已决定设立国会研究所，筹订国会之次序，定至短之期限，作为草案，联同各省阅定，上书办理，最为切实。连旬函认海军捐者日益加多，海外华侨尤为热心爱国，似应指定海军开办费一项，速行认定，函请立宪公会再行缮短期限，俾国会可望速成。此外，各行应改良土货，并请公同研究。兹定期初十日通请阖省同胞开大会议。此布。

《现世史》第一号，光绪三十四年五月二十五日（1908 年 6 月 23 日）

粤（首）〔省〕公布派员赴京上国会请愿书

初九日，粤绅在广府学会议，宣布派员赴京上国会请愿书。是日孔季修为主席。

（一）宣布开会理由。国会为宪政之枢机，比年迭奉明诏预备立宪，湖南士民首倡联上民选议院请愿书，安徽、河南、山西等省先后继起，而上海国会期成会几于风靡全国。吾粤亦经提议，前由广东地方自治研究社刊布传单，分送各处签名，明通士夫靡不认可。近闻政府于政务处会议开设国会年限，且有人民请愿较多，国会开设较速之消息。亟应派人赴京，携带请愿书呈请都察院代奏，顾恐未及周知，特行登报，定期会议，宣布一切，吾粤同胞赞成此举者即请签名。众议续行签名者，务于日间将姓名、爵里函知下九甫广东地方自治研究社。

（一）宣布报名自愿效劳赴京梁梅溪、邓琴斋、张仲侣、王孝同诸公。其声明应负责任：一、资斧自备，不领公款；二、只系代表赍带请愿书；三、请愿书认定系请开国会，不拦入其他方面之理论；四、请公权嘱付，以便遵守。众议诸公代赍此书，诸公之名誉即关系阖省之名誉，应用全体名义致一公函，以昭郑重。并议添举陈君发檀代表前往。查陈君系官派游学生，在日本政法专门毕业，入政法大学，去年曾上请开军港及请立宪条陈，均经政府采纳，举国皆知。现因暑假返粤，不日抵省，务必劝驾一行。

（一）宣布代表员行期。众议以速为主，拟分两帮，第一帮尽本月中旬动身，第二帮尽下旬动身。

《时报》，光绪三十四年六月十六日（1908 年 7 月 14 日）

粤人致国会请愿代表公函

启者。人民国家思想与权利思想互相进行，泰东西初开国会，靡不由人民要求而得，是其前例。中国国会萌动亦既数月矣，湘、楚、豫、晋、江、皖间先后上请愿书。吾粤素号开通，未肯让人专美，一月之间，联名屡万。亟谋派代表赍书赴京，得公等慨然请行，自备资斧，为社会效力。同人遂于月之初九日，在广州府学宫明伦堂召集，开正式之宣布【会】。咸仰公等热心宏愿，复承殷殷以公权嘱付为法。尤佩文明公等平日德望干才，定能克尽义务，不负重托。顾念代表名义，则公等之一言一动，均与全群有密切之关系。惟愿慎之又慎，早达目的，则公等此行为不虚，同人亦与有荣焉。行矣，为国自爱。

《顺天时报》，光绪三十四年七月初五日（1908 年 8 月 1 日）

广东之请愿

粤省旅京同乡接到本省来电，粤省呈递国会请愿书代表人梁肇修、王孝问等，拟于二十以前到京。刻下同乡正拟开欢迎会，已择在南衡街粤东馆为会场云。

《现世史》第七号，光绪三十四年八月二十日（1908 年 9 月 15 日）

国会请愿之响应者

江苏谘议局发起在上海组织国会请愿会，广东谘议局于昨日接到来函后，当即举定沈秉仁、莫伯伊、陈炯明三君为代表。现沈于初一日由汕起程，莫、陈二君则于初二日由省起程。

《顺大时报》，宣统元年十一月十六日（1909 年 12 月 28 日）

粤赈局沈秉仁致北京国会代表团电

代表团鉴：同志会组织已有端绪，日间可望成立。报款先汇千元，余续筹，能办日报尤得力。第二次上书，敝局另举陈崇寿代表，月杪成行。华侨代表陆乃翔北上，希招待。商会允联直、鄂、苏发起，乞转电知。粤赈局沈秉仁。①

《中国报》，宣统二年二月廿三日（1910年4月2日）

广东代表沈秉仁君致驻京代表团事务所函摘录

广东代表沈秉仁君致驻京代表团事务所函，略谓该省对于请愿国会同志会，各界均表同情，自治研究社及粤商自治会主张尤力。现登报广告，定十七日开第一协会，筹商办法。总商会亦愿联合直、苏、鄂各商会，发起联络各商团赓续请愿，已有书与三省商会直接筹商矣。并报告南洋华侨总商会已举代表赍书回华，无须再往运动。且各界对于出报一事，尤极力赞成，除已认定之千元如期汇缴外，尚可募集巨资云。（来）②

《中国报》，宣统二年三月初二日（1910年4月11日）

① 录自“国会请愿四十三志”，标题为编者所加。
② 录自“国会请愿四十九志”，标题为编者所加。

粤省同志会第一次会议纪事

上月十七日为广东国会请愿同志会第一次会议之期，请愿会假文澜书院集议，到会者数百人。主席易兰池、沈幼士，宣布莫任衡，书记罗少翱。易主席先宣布开会理由。次由沈主席先宣布去年在京组织国会同志会大略。旋由杜贡石君演说国会请愿要旨，及各国国会制度，洋洋数千言。次骆捷云君演说，故为反激之言，大致谓：政府现不允速开国会者，以吾民程度不足故也。立宪人民有当兵、纳税、守法义务，我国民现在程度，以当兵言，不肯为国家致死；以纳税言，不肯增加负担；以守法言，尚未有普通法律知识。今欲有效，一方面我国民宜速行筹备，一方面对于政府为种种之要求云云。谭荔垣起言曰：鄙人于法政素未讲求，惟对于骆君有不甚表同情者。骆君所谓当兵、纳税、守法三者，就专制国言，当兵一层不过狥君主之野心，纳税一层不过供在上之挥霍，守法一层不过盲从专制之命令。今国会不开，三者可决其无效，骆君之言似不免倒果为因，鄙人所由不能已于言也。众皆鼓掌。谭复言：智识由磨练而生，吾国五千年来不开国会，而国民之程度如故。现请愿声浪遍于社会，是吾民智识已渐澎胀，吾信国会一开，资以历练，何虑程度之不足乎？众复鼓掌。演毕旋由莫任衡君提议，请众表决先开同志会，全体举手赞成。遂定议案，依次表决而散。议案录下：

（一）本日到会一律签名为发起人。（二）公推深明法律，热心办事数人。草拟章程举杜贡石君担任，干事暂定莫任衡、卢梓�担任。（三）（一）〔二〕十四日假座广州总商会开第二次会议，并决定章程及一切办法。[①]

《中国报》，宣统二年三月初二日（1910年4月11日）

① 录自“国会请愿四十九志”，标题为编者所加。

广东速开国会同志分会草章

第一节　宗旨及名称

第一条　本会以结合广东全省同志要求速开国会为目的，与北京设立之同志总会相应，名为广东速开国会同志分会。

第二节　本会与总会及支会之关系

第二条　本会之性质系属于北京总会，本省各府州县有另设支会者，则系属于本分会。

第三节　会　所

第三条　本会拟于□□设立事务所。

第四节　会员资格

第四条　本会以本省选民及各团体（如自治研究社、总分商会、自治会、各善团等）组织之，但外省人在广东住居者，亦得入会。

第五节　职　员

第五条　本会应设职员如左：（一）会长□人，执行本会一切事务，由会员公举之（选举另议章程）。（二）副会长□人，协同会长执行事务，由会员公举之。（三）书记、干事□人。（四）庶务干事□人，俱由会长就会员选任之。

第六节　本会应办之各事务

第六条　本会应依次举行之事务如左：（一）调查。（甲）调查政府关于国会之举动，随时布告，以唤起国民注意；（乙）调查各省关于要求国会之进行，随时布告，以为国民观感；（丙）调查外国关于国会之现状，随时输入智识，以为国民向导。（二）编辑。本会应编辑宪政浅说分送，以期普及一般，为将来开设国会之预备。（三）演讲。派员至各地方演讲国会之必要，务期不识文字者亦知国会之利益，以促宪政进行。（四）讨论。本会于每开会员会日，得互发问题，以讨论国会开设前之筹备及开设后之进行。（五）联络。本会宜举代表至北京总会，并派员至广西、福建各邻省，随时联络一气，以期全国同志一时并举。

第七节　经　费

第七条　本会不收会员常年经费，特别募集义捐，以充费用。

第八节　会　期

第八条　本会每星期开会一次，有急切事情得随时召集。

第九节　会　议

第九条　本会会员皆有议决之权，议事以多数取决。

第十节　附　则

第十条　本会于国会成立之日即行解散。

第十一条　本章程有未尽事宜，随时协议改正。

《申报》，宣统二年三月初四日（1910 年 4 月 13 日）

粤省同志会第五次集议纪事

粤省速开国会请愿同志会，昨假总商会开第五次会议，区萝（屋）〔崖〕主席。莫任衡提出执行前次表决各条件，先宣布谘议局、自治研究社、自治会、戒烟总会开送假定干事名单，并拟函催其余各团体赶紧于下星期集议时开送，并拟举吴达廷、何季勤为本会事务所义务书记。次宣布会员名册格式，附入布告书及会章，众议悉照杜贡石所拟。册内分四项：一、姓名；二、籍贯；三、职业；四、捐款（注明多少，有无各随其便）。另拟一函稿，连同名册分送李戒欺，请兼刊浅说附派，以资讨论。表决毕，莫任衡宣言，请到会诸君提议进行方法，并请演说。罗关石、杜贡石等先后发抒所见，并有广东谘议局续举进京代表陈寿崇登台演说。三点钟散会。函稿及假定干事名单附录于左：

致省外各团体函：

本同志会迭次在自治研究社、总商会、自治会集议五次，经将组织理由及进行方法刊刻报告。兹将报名册寄呈贵团体，务请同志诸君协力赞助。此事关系重大，欲促宪政之进行，非我国民热心政治不可，而此次国会请愿，各省人士踊跃发起，为五洲万国所注目。我粤素号开通，想贵团体诸君必踊跃报告，不肯落各省后也。至捐款一项，多少、有无各从其便。此项名册亦请五月内一律掷还，以便代表进京时，签名入请愿书为荷。但事巨期迫，签名之法，莫如公函布告贵团体同人定期覆答，如不覆答，作为公认，由贵团体将同人姓名概入册内，以省手续，似属可行。刻本会已定四月初七日在海珠同庆戏院开第一次全省大会议，六月初旬开第二次大会议，并希举派代表到会。如四月初七赶不及，请用函电代达公意，幸勿放弃，是所切盼！

假定干事员：

谘议局举杨西岩、邓君寿、孔瑞河、许仲衡、邹海滨；自治研究社举李次桐、黎民、赵秀石、陆仲履、黄弼周、陈则参；戒烟总会举陈惠普、黄焕庭、陈瑞人、梁佩唐、陈星南、梁崧生、岑家礼、俞恺俦、何鉴古、陈景南、容履常、施佩衡、徐蓉阶；自治会举郭仙洲、凌子云、罗少翱、王邵南、杨辉严、梁少伯、梁蔚廷、李戒欺、詹仲璇（?）、李少擎、黄照临、吴心澄。

《申报》，宣统二年三月廿三日（1910年5月2日）

国会同志会请汤寿潜演说纪事

粤函云：初八日，国会请愿同志会在自治研究社开第四次集议，并恭请汤蛰仙君莅会。是日各团体均派代表，谘议局议长邱仙根、卢梓川，总商会协理区萝崖，坐办李聘臣、何叔伟，戒烟总会会长陈惠普，自治会董事李戒欺，南番教育协会会长杜清贻，勘界维持总会副会长杨瑞初、陈仲葵，学务公所议员汪莘伯，共济会董事罗少翱、张良，矿务研究社何槐彬，光华医社值理梁培基，慈善总会谢恩禄，圣心书院康仲萤，尊孔会谭荔垣，十善堂董郭仙洲、何弗禄、徐树棠、甘雨田、明子远，暨绅商学报各界千余人到会，座不能容，途为之塞。

两点钟开会，公推邱仙根为临时主席，书记邹海滨、凌子云，宣布莫任衡。摇铃后，由主席请汤君演说。汤起立，略陈数语，先道谢意，次言对于国会之同情。以不通粤语，出讲请莫君代为宣布。既毕，汤再起，言此次来粤，尚有意见，系东南沿海铁路之计画，另请杜贡石君代为宣读。读毕，谭君荔垣起言，汤君此举于吾国存亡有绝大关系，因就汤君原稿逐节为之发挥，每言至最沉痛处，声泪俱下，掌声如雷。次由法政教员湖南刘根石君演说，叶竞生君以粤语述。次杜贡石起，言今日蒙汤先生到会热心提倡，并以外人对于我南数省铁道诡谋，必须各省联络，维持危局，本会同人不胜感谢。然鄙人于此文有多种感触。一、我国人国家思想尚未甚发达，各省刻所注意者为谘议局及各地方自治，若专注意此点，久而久之，必至各省自为其利益而已。何也？谘议局及各地方自治当以代表其本地方为利益者也，非有国会，安能生统一团体之思想，知有国家观念哉？二、国民对于外交，虽有各种意思，然无总机关以代表之，则其势力所及有限。若有国会，则有代表国民之机关，于外交当有所益。三、中国之大患，莫甚于上下相疑，政府不信国民，国民亦不信政府。若有国会，则政府有所监督，上下一心，团结益实，中国之前途方有可望也。并述本会进行调查研究联络各方法。

次莫任衡君提议大会预备事宜：

一、续举假定干事员。公决由各团体举出列单，定下星期开会汇交。

二、假定办事所。公决仍在自治研究社。

三、刊发报告书。公决由杜贡石担任，准下星期交到。

四、假定收银处。莫陈述理由，本会会费分两种，一义捐，一会费（有人提议一文钱起例），届时均有收入，鄙见应公托文澜书院、筹赈救灾公所、总商会一处帐房担任收款。众赞成。

五、刊发会员名册。

六、刊发会费义捐册及收条。公决由干事妥办。

议毕，罗少翱议提谓：汤君力争浙路商办，并提东南铁路大局计划，拟另日开一欢迎会，领一功伟论，并请指示维持粤汉铁路之办法。众鼓掌。汤再三婉言力辞，并云铁路事万不敢谓有经历，但粤汉铁路关系中国前途绝大，鄙人亦乐研究。诸公见爱，尽可到寓指示，若开会欢迎，是速鄙人去粤而已。经众再三申请，汤固辞。主席起言时间已满，请散会再谈，遂摇铃散会。

粤省国会请愿代表沈秉仁，日前有电致驻京各省请愿代表团云：粤省同志会现已组织就绪，日间即可成立。海外华侨亦已公举陆乃翔北上，请即招待。并称粤省商会现拟通电湘、鄂、吴、直各埠商会，同时发起联合各埠商会，于四月大会【汉】口，同时北上，继起请愿。

《顺天时报》，宣统二年三月二十八日（1910 年 5 月 7 日）

粤省同志会集议组织大会场

速开国会请愿广东同志会日昨假座地方自治研究社会议组织之法。罗关石主席，莫任衡宣布，凌子云书记。一、宣布会场规则及秩序单，众公认。一、举定黄焕庭、梁镇庭、关耀宗专司理搭盖院外演说台事。一、指定院外演说场所数处：合记、正合两家相连铺尾堤地，荣丰、顺利公司、鸿安栈、茂丰四家相连堤地。一、举定演说员杜贡石、叶竞生、谭荔垣、李少擎在院内演说，宏仁演说社举出各员分别在场外演说，并认定演说宗旨，专以要求速开国会立论，不得拦入他说。一、干事员会议定四月初二日十点在自治会齐集，初五、六日连日在慈善会办事，初七早在同庆戏院办事。

《申报》，宣统二年四月初八日（1910 年 5 月 16 日）

广东国会请愿同志分会致代表团电

昆新馆代表团鉴：敝省同志会分会本日在珠海戏院开正式成立大会，一时到会者颇多。宗旨和平，秩序整齐，可慰远怀。广东国会请愿同志分会。虞。[①]

《中国报》，宣统二年四月十一日（1910年5月19日）

粤省国会同志会成立纪盛

初七日，国会同志会假座同庆戏院开大会，宣布成立。先由各部干事数百人分任陈设、庶务、纠察、招待、书记各事。会场门前高挂大龙旗，以万国旗环绕之。近戏院左右搭牌楼两座，以为标识。又于堤岸旷地搭东西两演说棚，敷设生花、纸花无数。会场分五路入，各挂纸花。中座为各府县各界代表坐位，两旁及楼上为农工商各界会员坐位，楼上厢房为干事办事所，戏台上为主席坐位，均挂龙旗及万国旗并纸花、生花等。由工团举出纠察员百数十人，挂周番带，巡视会场之四周。是日到会人数，当在十万以上，工商界占其多数。广东汽水公司、六和药房捐助汽水，广福堂捐助甘露水，梁广济捐助点心，方便医院担任茶水各事。十一点钟，人数已极挤拥，各员赴会先向书记部签名，次投会费，或钱或银不等，各门均派有书记收支管理。

管理摇铃布告，预备开会。先由杜贡石、罗少翱宣布开会时间及解释报告书

① 录自"国会请愿七十五志"，标题为编者所加。

毕，何惠农登坐演说国会之法理，洋洋千言。一点钟开会，先由干事长莫任衡宣布公举临时主席，随举定罗关石君，众鼓掌公认。旋宣布开会理由，主席登座，谦让再三，乃言曰："今日蒙诸君举充此任，辞不获已，谨领教数言。一喜此会之成立将来必发达速开国会之目的，一惧到者诸君终未能实力赞成此会也。今日诸君既实力赞成此会，则当以助款为先，鄙人愿竭棉（簿）〔薄〕，捐五百元以为之倡。"旋由怀中取出银纸一卷，且言曰："鄙人无力，先以捐款三百元，此二百元者，友人托代交商业股分借用者也。"众大鼓掌。又曰："捐款不以多寡论，一人捐万金，不如合千万人而捐万金也；明日捐两钱，不如今日助一钱也。"众又鼓掌。言毕，谭荔垣登坐，代申主席之意，勉励工商各界，痛陈国会关系。同是国民，应有一分责任，并引各国工商党对于国会之势力，以歆动之。掌声震瓦，且有起立跳叫者。当时警兵在场外，闻喧声疑有意外，欲入弹压，被工团纠察出而拦阻，曰："奉部长命，保护会场，不敢烦贵警兵入内。此乃演说至畅快处所至，非喧闹也。"警兵乃止。次王玟伯演说，叶竞生以粤语代译毕，宣布少息。各助捐款有差，陈惠普旋对众言："世界平等，愿众努力。"各皆鼓掌。息间复开会演说，谭荔垣登座，申明陈惠普平等之义，及速开国会须仗多数人要求，工商各界系最占多数者，其能力之大，观于今日会场秩序可以相见云云。众无不鼓掌者。次李少擎演说国会不开有三弊，并研究要求之手段。次夏用卿献祝词三千余言，由罗少翱、李芳楼代宣布，李高声朗诵，且略解释，颇为透快。次苏慎之、关佐田、张良等演说同志会作用及国会利益，亦极动听。时已四下余钟，将散会矣，众请陈惠普演说，并布告散会。陈一出座，掌声如雷。陈乃疾声告众曰："国会利害，诸先生言之已详，鄙人可无言矣。鄙人有一最急切之言为诸君告，今日我国开国会则存，不开国会则亡。今同志会已成，须合力要求以达速开之目的，若不能达，鄙人愿以生命继之也。"陈每一语，众皆鼓掌不绝。演毕，摇铃布告散会。

又是日，工团宏仁演说会自雇紫洞艇两艘泊河边，为该会演说员招待处，连日夜在东西棚演说，某公司捐助汽灯。粤人好义，于此益信。

《申报》，宣统二年四月十四日（1910年5月22日）

粤省分会致代表团电

本日在海珠戏院宣告本会成立，到者逾数万人，座满途塞，收捐款一万四千余元，秩序整齐，人心一致，可告慰。国会请愿广东同志会叩。①

《申报》，宣统二年四月廿八日（1910 年 6 月 5 日）

第三次请愿不必待诸明年

国会请愿代表团公议以明年二月为第三次请愿之期，业已通布各省，请再推举代表，赓续进行，必以达到目的而后止。兹粤人伍宪子君，以时事危迫，非速开国会难以挽救，现在甫届秋初，赶速预备，本年尚可举行第三次请愿，爰致书代表团，略云：闻日俄协约除已宣布之三条外，尚有秘密约款，而政府诸公尚优游安乐，熟视无睹，以为日俄协约不过保持满洲之平和，于中国大局无害也。呜呼，事之可痛，孰有甚于此者哉！前日瓜分之说喧传于列强，而我犹未遽信者，以为均势之局未能定。今日俄协约已成如此秘密之条款，而各国亦已承认之，则其中必有固结莫测者，均势之局当已定矣。诸君子将筹何策以挽救之哉？

诸君子为国民代表，以请开国会为责任，弟亦代表之一份子也，其责任与诸君子等，故今日敢与诸君子共筹之。弟以为今日挽救之术，亦惟有请即开国会而已，迟一年且无救，矧能迟之六年？今政府诸公必守九年筹备之上谕，待至宣统

① 原标题“继续请愿国会之上书期”，本电为其中所录。

八年而后开也，则此后六年之间，我政府已受他人之监督，我人民方辗转呼号，救死之不赡，奚暇开国会？故弟以为欲中国有国会者，惟今年宣统二年即开之，待之宣统三年已难矣，更待之宣统四年愈难矣，至宣统五年以后，则永永无能开国会之日。此非弟故为危迫之词以欺上者，观于今日之日俄协约如此，而谓其它强国有不继起而纷纷协约者哉？至列强继起而纷纷有新协约也，则瓜分之局已定，虽使周公、孔子复生，拿破仑、华盛顿再起，亦无能为，况此老悖童呆之政府也。

呜呼！诸君子与弟之责任，如不能得请者，则误国之罪，匪独政府尸之，弟与诸君子亦不能辞其罪也。弟与诸君子不欲负此大罪，则今日惟有竭尽愚诚，以期感动我皇上及我监国贤王。以我皇上及监国贤王图治之盛心，未必忍睹他日之惨祸，特政府诸公蒙惑之一时，未及明察耳。

今闻诸君子定明年二月乃为第三次之请愿，弟窃以为不然。俟河之清，人寿几何？至于明年二月，则时局之变又不知成何等局面矣。前者五月二十一日之谕，我皇上及监国贤王尚未知日俄协约之秘密，其所以仍俟至宣统八年者，或犹有说也。今则协约已布，此正我皇上及我监国贤王忧惧痛伤，思筹挽救之时，政府诸公既无术以解我皇上及监国贤王之忧，则诸君子与弟今日请开国会之责任愈重，又乌可以久待？故弟以为第三次之请愿，万不可待诸明年矣。然则今日宜如何办法，以诸君子之明谅，无容弟过虑，且相见亦不远，应留面陈。

《申报》，宣统二年七月十三日（1910 年 8 月 17 日）

14. 广　西

两广谘议局致国会请愿代表吴君赐龄函

接读去腊初八、十二两日来函，备悉一是。此次请愿方冀可达目的，而二十日上谕仍限以宣统八年，恭读之下，惶恐奚似，然我辈初志终不可懈也。来书又言要求张抚代为电奏，并联绅商学界电达政府一节，亦经照办。查吾省商界尚未有总机关，拟函请梧、柳、邕三处商会联同发电，学界则由教育总会发电，惟张抚允否代奏，尚未可知耳。

《申报》，宣统二年二月初八日（1910年3月18日）

桂林同志会致代表团电

昆新馆代表团鉴：敝省公举蒙君经为二次代表，日内想可抵京，请招待。本会移寓教育总会，函电祈径交同志分会。干事长蒋继伊等叩。敬。[①]

《中国报》，宣统二年五月初一日（1910年6月7日）

桂谘议局请代奏国会

昨请愿代表团接桂林来电，谓已将国会请愿作为第一次建议案，请该抚代奏。广西民气之振，于此可见。

《国民公报》，宣统二年九月十七日（1910年10月19日）

① 录自“国会请愿八十九志”，标题为编者所加。

广西谘议局致代表团电

昨日本省人民数千请即开国会，抚允先电奏。欢呼万岁。[①]

《国民公报》，宣统二年九月三十日（1910年11月1日）

桂议局与唐春卿

京函：国会缩短期限谕下，学部尚书唐春卿迎合枢府意旨，即联合广西京官，电致广西谘议局，属其向政府飞电鸣谢。不料广西谘议局竟大有人在，未肯受其愚弄，极力拒绝。并闻电致代表团有云：国会已缩三年，亦算有效，但时局万分吃紧，殊与请愿本旨不合，仍希预备再请。其它如奉天、山西等谘议局，均以缩短国会为不可庆祝，主张再行接续请愿云。

《民立报》，庚戌年十月廿一日（1910年11月22日）

---

① 原标题“人民对于国会之壮烈”，本电为其中所录。

15. 云　南

云南教育总会致代表团函摘录

本会已举定赵君式铭为代表，现赵君已到京，寓校场头条云南会馆，与各代表接洽。[①]

《申报》，宣统二年四月十二日（1910年5月20日）

云南谘议局致代表团函摘录

云南谘议局致代表团函，略谓该省对于请愿国会事，本拟开临时会提为议案，因交通不便，往返为难，未易召集。拟由同志会中公推代表，继续来京，以尽远省之义【务】。万一不能达其目的，准于开常年会时正式提案，公请督抚代奏云。[②]

《中国报》，宣统二年四月十六日（1910年5月24日）

① 原标题“国会请愿进行之近状”，本函为其中所录。

② 原标题“国会请愿进行之近状”，标题为编者所加。

云南赵式铭君致代表团函摘录

五月廿五日

国会请愿代表诸公伟鉴：此后进行之策，尚望贞以恒心，始终不懈，万勿因一时之失，遂至灰心短气云。

《中外日报》，宣统二年七月初十日（1910 年 8 月 14 日）

云南另举国会代表

昨代表团接云南教育总会来电，谓云南国会代表赵君星海因事出京，现另举顾君视高就近代表，誓不达目的不止〈为〉〈止〉云。

《国民公报》，宣统二年九月十七日（1910 年 10 月 19 日）

16. 贵　州

贵州国会请愿之大动机

日前贵州同乡京官接本省公电云：闻各省国会请愿之事风起云涌，贵州不应独后，惟因道远不便，请由京公推代表即刻上书云云。当经各京官在南横街贵州会馆开同乡会集议，覆电请从速签名寄京，即当照办云。[1]

《中外日报》，光绪三十四年六月十六日（1908 年 7 月 14 日）

贵州绅士致旅京同乡会电

贵州绅士于德楷、唐尔镛、黄禄贞、周培艺、乐家藻等，致旅京同乡会电云：国会请愿事，已拟稿签名，邮寄到京。惟道路太远，来京恐迟，届时请由同乡会代递。[2]

《申报》，光绪三十四年七月初一日（1908 年 7 月 28 日）

① 原标题“各省国会请愿之大动机”，本条为其中一片段。
② 原标题“国会问题”，本电为其中所录，标题为编者所加。

贵州人民之国会热

贵州在京政学界人，前因该省筹办国会请愿事电致贵州，言从速签名，就京中黔人选举代表，以免远道稽迟，已志前报。昨日该省在京同乡已接贵阳覆电，略谓国会请愿事已拟稿签名邮寄等语。闻该省士绅极力在乡鼓吹者，为于君德楷、唐君尔镛、黄君禄贞、乐君嘉藻、周君培艺等诸人，此次电文亦由此数君列衔云。

《现世史》第七号，光绪三十四年八月二十日（1908 年 9 月 15 日）

贵州谘议局覆国会请愿代表团事务所函

接读来书，欣悉规画周详，热心毅力，无任钦佩。此间于月前始获恭读去腊二十日之上谕，联合请愿，未邀俞允，属有人心，能勿感奋。惟兹事体大，得公等以当前茅，尤必赖一般人民以资后劲。同人等虽僻在边远，敢不力起赞助。兹定于日内联合同志，组织分会，一俟成立，即行选举代表来京，从公等后赓续请愿，务达目的而后已。敬布区区，伏乞垂察。①

《中国报》，宣统二年三月初九日（1910 年 4 月 18 日）

① 录自“国会请愿五十三志”。

贵州商务总会致代表团函摘录

国会代表已举乐君采臣，即日首途。[①]

《申报》，宣统二年四月十二日（1910年5月20日）

贵州宪政预备会致代表团电

国会请愿代表团鉴：请愿事本会公举萧廷荚、何麟书、张绍鸾代表。黔宪政预备会会员六百余人同叩。[②]

《中国报》，宣统二年四月十九日（1910年5月27日）

贵州谘议局致驻京代表函摘录

闻江苏谘议局于三月内开临时会议，即将国会请愿事提作议案，呈请督抚代

① 原标题“国会请愿进行之近状”，本函为其中所录。

② 录自“国会请愿八十一志”，标题为编者所加。

奏。(滇)〔黔〕省处万山中，召集临时会议不易办到，准于秋间开常年会时照办，不让苏局专美。[①]

《申报》，宣统二年四月二十日（1910年5月28日）

贵州谘议局致代表团电

北京代表团鉴：来电敬悉，遵即转电各团体，并电陈田、姚华二代表。黔谘议局叩。巧。[②]

《中国报》，宣统二年四月廿一日（1910年5月29日）

旅筑大定六属同乡会致代表团电

分送国会请愿代表团、黔南馆欧阳君浚、葛君光鉴：本会公举两君代表继续请愿，希接待。旅筑大定六属同乡会叩。[③]

《中国报》，宣统二年五月初一日（1910年6月7日）

---

① 原标题“国会请愿进行之近状”，本函为其中所录。
② 录自“国会请愿八十三志”，标题为编者所加。
③ 录自“国会请愿八十九志”，标题为编者所加。

陈侍御不愿为国会代表

请愿国会代表团中之人云，贵州同志举定二次代表为该省京官陈侍御田，业已电知代表团登报矣。彼时陈君尚无异议，似已承认。及初十日二次上书后，该代表陈田禀请都察院不认为贵州代表，当由该院总宪柬请代表团事务长孙君洪伊到院质谈。当时正值代表会议，孙君洪伊既为事务长，不克分身，当公举代表某某三君到院，该院亦委京畿道某某三君接待。各代表云：陈君既欲不认为该省代表，何以不早为电辞，该省同志会且亦可就近于代表团中声明，何以书上后作此鬼蜮伎俩等语。彼时各代表愤不可遏，接待者谓：既陈某不承认，可除其名，于事实亦无所妨。遂罢。

《顺天时报》，宣统二年五月十八日（1910 年 6 月 24 日）

黔人举定第三次请愿代表

国会请愿代表团昨接贵州自治学社社员钟昌【祚】等来函云："同人等于丁未秋闻瓜分中国之警告，爰集同志，发起自治学社。己酉春，社员已达二千余人。夏五月创办法政别科，六月开办西南日报馆，事业日形发展。自接奉请愿意见书后，即登入西南报紧要论说栏内，黔人士之有国会热者，未尝不馨香顶祝诸大君子之稳健进行，以底于成。结果虽难逆料，诸大君子谅不至中途败兴，以负国人期许。兹敝省同志支会成立，选定干事，当已电达。现正谋及各府厅州县，及一切赞助诸大君子方法。敝社虽僻处万山之中，不忘生存竞争，对于请愿问题，愿附骥尾。兹举定在京社员钟振玉、方人凤、许嘉珍、李宗岳四君为本团体代表，用特报告，俾资驱策。”

《申报》，宣统二年七月十二日（1910 年 8 月 16 日）

贵州妇女爱国会致代表团函

北京请愿国会代表团诸君公鉴：近日在敝省谘议局得读贵启，并简章十八条，洋洋数千言，令人钦佩。值此国势阽危，时局艰难，而一般庸夫俗子，在上者苟足以取荣贵，在下者苟足以裕衣食，即昏昏梦梦，置国计民生于不问，谁复知有国会？谁复知国会之利国利民哉？诸公才高班、马，文压苏、韩，爱国之热诚海内共仰，行事之毅力我辈同钦。赤手空拳，竟从困苦颠险中以组织可敬可爱之《国民公报》，使舆论得以伸张，政府有以监督。而今而后，我中国同胞将从此不受专制之毒焰，出黑暗之地狱，同享国家之幸福者，实诸公有以赐之也。凡稍具知识，有血气者，而不倾囊相助，尚得谓之人类乎？敝省僻处山陬，贫瘠素着，经济一端，较各省倍觉困难，同人等又以纤弱之身，处此万山丛错中，而局于所见，囿于所闻，何敢以典衣鬻环之微赀，为万一之补助？不过，泰山纵不让土壤，河海岂能择细流？用是不能不勉尽棉力，以作涓埃之助，庶几可以集腋成裘也。客岁国民捐会发起，同人等组织一妇女爱国会，集有捐金五十元，兹愿奉作贵报馆之费，聊尽一分子之义务，尚祈诸公哂纳为幸。（下略）

《中外日报》，宣统二年七月念七日（1910 年 8 月 31 日）

贵州同志会致请愿代表团电

敝省谘议局、教育、商务、农务各团，业于二十三日联电军机，力请即开国会。知念特闻。①

《国民公报》，宣统二年九月三十日（1910 年 11 月 1 日）

17. 四　川

四川国会请愿之大动机

现川省学界、商界中人，以开设国会实为当今急务，经学界选举李青士，商界选举余承周，将于日内到京，投都察院呈递请开国会书。②

《中外日报》，光绪三十四年六月十六日（1908 年 7 月 14 日）

① 原标题“人民对于国会之壮烈”，本电为其中所录。

② 原标题“各省国会请愿之大动机”，本条为其中一片段。

蜀人之国会热续闻

京函云：川省地处偏僻，向来俗重保守。兹有川友致京中函称，成都籍绅李青士、余屏周等，现已组织宪政公会，上月在川东试馆开会一次，莅会者二千余人，并闻不日即举代表入都，呈递国会请愿书矣。

《现世史》第六号，光绪三十四年八月初一日（1908 年 8 月 27 日）

四川谘议局致代表团电

川省请愿代表已由各团体选定教育会林君思进、宪政会刘君行道、法政学研究会廖君治，先后起程赴京，与贵代表团合力进行。特先布闻。①

《中国报》，宣统二年三月廿六日（1910 年 5 月 5 日）

① 录自“国会请愿六十六志”，标题为编者所加。

四川谘议局致北京电摘录

川省公举邓君孝可为代表，现已在京，请接洽。[①]

《申报》，宣统二年四月十二日（1910 年 5 月 20 日）

四川举定代表

代表团顷得四川旅京议案研究会转来四川谘议局电，称该省现举定宋君育仁、杜君德舆、李君文熙、万君慎、王君章佑为第三次国会请愿代表，并声明此五君已签名认可云。

《国民公报》，宣统二年九月初七日（1910 年 10 月 9 日）

请愿国会之热忱

九月二十七日午前九时，四川国会请愿同志会特假全省自治研究所开会，至

① 原标题“国会代表团近事记”，本函为其中所录。

会者三千余人。先由代表报告开会情形，次宣读同志会简章，次读请愿国会书，均经通过。再由各团体代表及各会员次第步行，齐集督署，一时脚踏声、鼓掌声、万岁声，几于震动屋瓦。赵制台急起振衣接见，亲至大堂受书，允为代表奏，始行退出。沿途观者如堵，闻多赞美，称为四川民气勃发之特典。兹录其国会请愿书如下。(略)[1]

《蜀报》第五期，宣统二年九月望日（1910年10月17日）

四川同志会致代表团电摘录

二十八日，四川同志会三万余人请督代奏立开国会，督在堂上对众宣告允即电奏，群呼万岁，声震远近。特以奉闻，并请诸君猛厉前进，奏凯在即。[2]

《申报》，宣统二年十月初六日（1910年11月7日）

四川人请愿特别

请宣统五年开国会

真有先知之明

真与政府的心理合

① 请愿书见本书第二编。

② 原标题为“追记请开国会之热度”，本电为其中所录。

成都函：九月廿八日，国会请愿同志会开临时特别大会，假通省自治研究所为会所，到会者约五千余人，签名册有三万余。午前九时开会，由教育总会会长刘紫骥君登台宣明宗旨，并读北京代表团近来各电，并川省各团体于廿六日合禀政府之急电。文云：

军机处王爷、中堂钧鉴：国会为中国存亡关键，近日上下一心，督抚联衔代奏，并达天听，敬恳启瀹宸断，决定宣统五年开会，以上奠邦基，下固民志。四川谘议局、教育会、农工商会等齐叩。宥。

次由谘议局副长罗纶宣读陈请代奏速开国会之请愿书，复由刘君详述组织同志会之意旨，并宣布会章十八条。次由各界代表四十余人率同到会者，结队直赴督署，请谒赵次帅，述明意见，呈递公呈。赵督迎见，即允代奏，并赞川民程度之进步云。

《民立报》，庚戌年十月十八日（1910 年 11 月 19 日）

18. 陕　甘

旅甘志士提倡国会

日前甘肃凉州府中学堂总教杨晋卿君致电上海预备立宪公会云：预备立宪公会鉴：甘省国会，仆任劝导。按：凉州系僻远之区，未有人热心此事者，一经杨君提倡，必有起而应之者矣。

《申报》，宣统二年三月廿一日（1910 年 4 月 30 日）

陕西人民之国会热

北京国会代表团特派员宫砥堂自六月到陕，近回京报告云，陕中人民对于国会热度异常激进，顷已各地方遍设同志会，演说、签名甚为踊跃云。

《国民公报》，宣统二年九月二十日（1910 年 10 月 22 日）

陕甘人之国会热

陕西国会请愿代表曹君树勋自入都后，因劳致疾，数月未愈，代表团劝其归里，曹君则谓："国会不开，抵死不归。"甘肃则自周君上研游说后，各团体咸表同情，已举代表赴都，且闻近日亦有要求督抚代奏之消息。[①]

《国民公报》，宣统二年九月二十二日（1910 年 10 月 24 日）

---

① 录自"各省官民之国会热"，标题为编者所加。

陕西谘议局致代表团电摘录

昨开国会请愿大会，到者数千人，群以死争，随往抚署，要求代奏，恩抚已允诺。[①]

《申报》，宣统二年九月廿九日（1910年10月31日）

陕西谘议局及各团体致该省代表电

曹印侯、梁成甫鉴：得机再请，必达目的。请转代表团。[②]

《申报》，宣统二年十月十七日（1910年11月18日）

陕西同志会致国会请愿同志会函摘录

陕西同志会函云：日前开同志会，来会者数逾万人，以陕西之僻陋，民情如

① 录自“各省官民之国会热”。
② 原标题“国会问题之复起”，本电为其中所录。

此踊跃，可见国家思想无人无之。今日诚组织政党，先在京师设立总机关，再于各省分设支部，声应气求，可宰全国之政治；不然，时势一去，大众瓦解，待数年之后重复联络，恐不易挽回也。中有“日本大隈重信，腿虽成废，志不少衰”等语。[①]

《申报》，宣统二年十月廿八日（1910年11月29日）

19. 东三省

吉林绅商赞成国会电

近日，吉林商务总会、地方自治会合词致电上海预备立宪公会云：阅报，知贵会联合各省团体，要求国会，敝会绅商情愿附骥，并候教。吉林商务总会、地方自治会。

《现世史》第二号，光绪三十四年六月初五日（1908年7月3日）

---

① 原标题“同志会果有组织政党之能力否”，本函为其中所录。

吉林请开国会之会议再志

吉省自治会日前在商会会议上请开国会之愿书等情，已纪本报。兹闻是日自治会在商会开特别全体会，十一钟开会，三钟闭会，而在会各员以及官绅学界届时到场者共有八百余人。有该会宣讲员文耆、孙树棠、马良翰、李芳四君登台演说，述及开会情形、和衷共济之意义，并分提议、报告两项事件。〈惟〉提议事件：一、要求国会，一、解释国会之意义，一、筹议办法，一、请会员发表意见，一、上海预备立宪公会覆电。报告事件：一、试办地方税成议，一、公民日报出版定期，一、宣布民政部准其立案来文，一、自治研究所毕业，一、自治学员应负本会之义务，一、本省昭忠祠经交涉司拆毁事。

以上提议、报告各种情形，听讲来员均附耳静听，无出一言者。惟昭忠祠改建一节，已经抚帅允准照办，将名牌暂寄青莲寺，俟后再由寺后觅地修房安设名牌，以便致祭等情。然此在祀典之祠，不可便于泯没，又关全省妥慰忠灵之处，大可藉资观感，以昭激劝，故该会员便中报告，以共周知。拟设法变通，恳请速觅妥基，另修该祠，安置名牌木主，而免虚掷。拟在长公祠西空院，地方宽阔，足敷此祠之作用，或假万寿庭附近修葺之。然准归由何处修葺，候抚帅批示定夺，再行恪遵。又松秀涛观察赴东洋游历调查地方情形，应需川资公费，妥筹办法云。

《顺天时报》，光绪三十四年六月十三日（1908年7月11日）

奉天国会请愿之近闻

奉天人民国会请愿之举，连日向教育总会提议者已数百人，会长吴莲伯招集会员，举定代表一人，起草员二人，拟定请愿书，一俟各属同志签名后，即当来京呈递。①

《中外日报》，光绪三十四年七月初四日（1908 年 7 月 31 日）

奉天人民之国会运动

奉天教育总会会长吴景濂君，热心国会，已于月之二十三日在教育总会提议请愿事宜，各会员皆极力赞成此举。闻其办法，拟联络三省为一大团体。现正颁布公启，妥定办法，不久当即公举代表矣。②

《时报》，光绪三十四年七月初六日（1908 年 8 月 2 日）

---

① 录自“关于国会之近闻”，标题为编者所加。

② 原标题“人民之国会运动”，本条为其中一则。

东三省之请愿

东三省国会请愿，现拟联合一体，由三省共推代表入都。闻奉省签名者甚为踊跃，吉林、黑龙江两省，则由留东学生荣君升联合签名，约于二十日前后即可入都。

《时报》，光绪三十四年七月十七日（1908 年 8 月 13 日）

三省学界拟联络商界请开国会

奉天函云：奉省学界发起请开国会。因吉、黑两省请开国会业已举定代表，拟于八月上浣进京呈递请愿书，函知奉省学界，略谓贵省若能从速议妥，举定代表，三省结合团体，令代表一同进京，是为至幸等语。现有中学堂教员延君荣、教育会会长曾君有翼，为学界中代表，拟联合商会，昨特往见商务总理赵观察国玺，乃该总理自众商抗纳房捐后，杜门谢客，不理外事。故延、曾两君复邀请大南关商务会董事至教育会会议，烦转知各关商董，如愿入会，请即注名，务于八月初八日以前公举代表，以便三省一同进京，呈递速开国会请愿书矣。

《顺天时报》，光绪三十四年八月初一日（1908 年 8 月 27 日）

国会请愿之后盾

吉林长春府山东同乡会致国会请愿代表周树标君函略云：去岁上书请愿，薄海内外同深领望，今虽未蒙俞允，尚当坚持，冀必得请而后已，万勿遽尔言旋。本会同人寄居吉长，目睹其地主权横被外人侵占，茫茫禹土恐将沦为异域，同人等日夕商榷，为救危计，为保子孙计，皆应勉竭棉薄，以随诸君子之后。三四月间，必当举人赴京，共筹进行方法。想我皇上如天之仁，当不至弃我于瓯脱云。

《申报》，宣统二年正月廿三日（1910年3月4日）

奉天谘议局致国会请愿团电摘录

驻京国会请愿团顷接奉天谘议局副议长来电，略谓该局已派人联络黑、吉两省各团体联名请愿，皆表同情。现又要求东督锡制军、奉抚程中丞、吉抚陈中丞、黑抚周中丞会衔代奏，锡制军业经首肯云。[①]

《中国报》，宣统二年二月廿二日（1910年4月1日）

① 录自“国会请愿四十二志”，标题为编者所加。

吉林致代表团电摘录

吉林绅商学界已举定文耆为代表。[1]

《申报》，宣统二年四月十二日（1910 年 5 月 20 日）

吉林国会请愿之进行

吉林国会请愿同志会函告代表团云，该省同志会日前开绅商学界全体大会，选定干事庆锡侯、陈子侯、文在卿、赵学臣、福裕、杨锡九、崇芝轩、孙树棠等，即借绅董公所为本会事务所。近又联合通省商务总分会，呈请督抚奏恳愿速开国会，业已派员赴奉呈递愿书，闻锡制军有允许代奏之意云。[2]

《中外日报》，宣统二年四月十二日（1910 年 5 月 20 日）

① 原标题“国会请愿进行之近状”，本函为其中所录。

② 原标题“国会问题之进行”，本条为其中一片段。

奉天谘议局致乔、郭两代表电

五月廿二日

德裕栈乔、郭鉴：二次请愿未准，趁各代表未归，乞力持上第三次请愿书，为民请命。勿懈！奉局叩。

《中外日报》，宣统二年七月初八日（1910年8月12日）

奉天谘议局致杜代表电

五月念二日

德裕栈杜莲溪鉴：二次请愿未准，趁各代表未归，力持上第三次请愿书，为民请命。勿懈！奉局叩。

《中外日报》，宣统二年七月初十日（1910年8月14日）

奉天谘议局致代表团电

五月念二日

小沙土园昆新会馆代表团孙鉴：二次请愿未准，趁各代表未归，力持上第三次请愿书，为民请命。勿懈！奉局叩。

《中外日报》，宣统二年七月初十日（1910年8月14日）

奉天谘议局致代表团电

五月廿八日

小沙土园昆新会馆代表团鉴：宥电悉。决议三次准备，毅力热心，佩甚。谨当联合团体以作后援，不达目的不止。奉局叩。

《中外日报》，宣统二年七月十三日（1910年8月17日）

吉林谘议局致代表团电

五月廿七日

小沙土园昆新会馆国会代表团鉴：来电悉。三次如何准备，请函示方略。

《中外日报》，宣统二年七月十三日（1910年8月17日）

黑龙江谘议局致代表团函摘录

六月廿九日

国会请愿代表诸公鉴：启者。去冬发起请愿会，虽两次无效，而起动社会之力，实为伟大。江省地处极边，士民向不知立宪为何事，自有请愿国会之举，潮流所及，一般人民渐渐开明。近日江省之民，望国会成立之志，较他省更殷。当二次呈递愿书时，曾联合各界团体电致军机处，恳祈赞助。旋奉五月念六日来电，知仍无效，决为第三次准备，誓死不懈。诸君子不惜牺牲一身，为四百兆同胞谋幸福，百折不挠，再接再厉，凡有人心，莫不感奋。同人等边陬谫陋，虽乏擘画之才，尚知结团之益，已于日内再行通知各团体，务期联合多数绅民，鼓吹进行，以为第三次请愿之后盾，竭尽血诚，勉效绵薄云云。

《中外日报》，宣统二年七月十三日（1910年8月17日）

吉林代表勉之

昨吉林代表李君芳、文君耆接得本省谘议局电，谓此行无异秦庭之哭，实为吉林保障，乞勉力前途，倘有急难，定必全团策应。又接各团体一电，谓两君为同胞备受艰苦，我等感佩良深，望坚持进行，倘有意外，必当接踵前往，虽牺牲一切，万不敢惜。观此，则吉林人对于请愿一事，有决死之心矣。

《国民公报》，宣统二年九月十七日（1910年10月19日）

奉天将以国会事激变

奉天谘议局致各外城函云：敬覆者。昨准来函，内称贵城绅商学农及自治各界，以本省危亡迫于眉睫，非即开国会难于挽回，拟亲诣督辕吁恳代奏，不期而聚集者万余人。并引证直省百姓共诣督署请奏蒙允，而山西巡抚并已出奏，他省皆然，我省时局尤难稍后。贵局既为全省代表，请核夺示覆等语。本局查即开国会一事，已经本局于开会之初提出议案，决议请督部堂代奏。乃各城不知其详，纷纷会集多人，如贵处之办法者，已不下二十余起，各致函于本局以救亡之良策，而又不惮跋涉，赴省要求，用意良深钦佩。特以一城以一万人起例，则二十余城已在二十万人之数，续到者尚不知凡几，声势汹汹，骇人听闻，致启旁观之疑，且人多程度不齐，安知不别生枝节。又往返川资，在省住宿，经济劳力，两受其损，旷时废事，劳民伤财，万不可举。务祈贵处诸君子苦口劝导，可告以请开国会谘议局已用正式公文请督署代奏，锡帅宽厚爱民，不避难苦，本年(七)〔十〕月赴京筹商大局,国会代奏必邀允准,暂各回乡安业,静候省内佳音。倘始终寂然,确知总督不为代奏,彼时再聚多人会合赴省,亦不为迟。如此说法,谅百姓必不至十分反对也。诸君乡望素孚,众所取决,万勿使之嚣张,是为至叩云云。

《国民公报》,宣统二年九月十六日(1910年10月18日)

奉省各属之国会热

国会请愿已由各省代表在京上三次请愿书,日前谘议局已通知各府厅州县,公举代表,劝导签名。现闻谘议局日昨接各属绅商军学农各界致函,谓各城签名者均逾万人,拟不日来省,公叩督宪代奏等情。谘议局以人多势众,恐酿事端,已急速函复,谓热心国会,洵属可(佳)〔嘉〕,惟人多来省,未免于职业、旅费殊多损耗。此事已经拟定正式议案,呈请督部堂据情代奏,希冀婉为劝导,切毋任令来省,致多枝节。

《国民公报》,宣统二年九月十九日(1910年10月21日)

奉天谘议局与国会

昨请愿代表团接奉天谘议局电云:电悉。资政院国会案通过,同深欣慰。敝局请愿案由督咨院代奏,督另联衔定二十三日出奏。

《国民公报》,宣统二年九月二十六日(1910年10月28日)

奉天刘心田致代表团函摘要

奉天刘心田致函代表团云：自三次请愿书上，全国跂足而望者已十有余日矣，刻下消息究竟若何？如仍无效，是彼政府显然有心与民为难，宁亡国而不允速开国会。吾等四万万黄帝子孙，与其灭种于亡国之后，不如流血此时，犹得为中华鬼也。破釜沉舟，在此一举，诸君为代表，作何预备，祈早宣布，实为公便。[①]

《申报》，宣统二年十月初四日（1910年11月5日）

奉天谘议局致代表团电

大局危迫，非即开国会，万难救亡。缩短三年，人心惶恐，业电院及各省协争，乞勿懈。[②]

《申报》，宣统二年十月十六日（1910年11月17日）

① 原标题“国会问题种种”，本函为其中部分片段。

② 原标题“国会问题之复起”，本电为其中所录。

东省仍请即开国会之迫切

日前留京代表团接到奉天谘议局来函，略云：国会缩短三年明谕发布后，当即邀集各界开会研究，以定进行方针，乃仓猝召集，不期而到会者数千人。敝局议场甚宽，至是竟不能容，几至重足而立。及开会后，仅限于各界代表出席演说，淋漓痛切。综合各界大旨，佥以国会之迟速关系东省之存亡，亦即关乎全国之安危，以宣统五年为太缓，势非竭力请求，恐国会虽成，地图已裂，拟请以明年即开国会，为救亡之无上政策。阖会一致鼓掌赞成。除已电资政院及约各省一致进行外，特此函请急激进行，再接再厉，不达目的不止。此后关于请愿各事件，仍望随时赐知，是为切盼。

又致资政院电云：东省大局，危在呼吸，缩短三年，恐国会成立时，东土已非吾有。现奉明谕，人心惶恐万分，叩恳钧院力请明年即开国会，以救危亡。

又致代表团电云：大局危迫，非即开国会，万难救亡。缩短三年，人心惶恐，业电院及各省协争，仍乞诸代表勿懈，并转知敝省代表。

又致各省谘议局电云：东省危迫，缩短三年，恐国会成立时，东土已非吾有。请电院，并约各省及代表团仍力争，乞速一致进行。

《申报》，宣统二年十月廿二日（1910 年 11 月 23 日）

奉天请愿国会之百折不回

奉天谘议局以国会年限缩短问题尚应从事研究，特于十三日下午柬邀各界代表至该局会议。闻主持第三次之请愿者，以各学堂学生代表为最力，其余各界赞成者亦多。现拟仿照湖北办法，各界同举代表赴京。学界诸君拟举中学堂学生苏君岩荪、森林学堂学生刘君子严为代表，以二君热心国会，特公举前往，冀达速开之目的。闻二君亦毅然以国会为己任，少年英锐，夫固出于寻常万万，国会前途可为一贺。

《帝国日报》，宣统二年十月廿三日（1910 年 11 月 24 日）

第四次国会请愿之先声

自宣统五年召集国会诏旨颁布后，代表团宜遵谕解散，函询各省团体对待国会期限办法。谘议局月前邀集商农绅学自治各界开会集议，届时不期而集者数千人，均以时势瞬息万变，东省处特别地位，实不能待至宣统五年始开国会。议定各界公举代表赴京，联合各省为第四次之请愿。学界代表举刘君焕文、舒君继祖赴京。初一日，学界三十余人至谘议局会议，定行期，举各界代表。议长以谘议局临时会期限甚促，预算繁重，代表未尝举定，拟次日即行开会公举，定期赴京。谈及第四次请愿，前途益狭，手续倍难，激昂慷慨，有泣下者。学界中学生金君毓绂，辽阳人，抽刀指捐；李君法权，承德人，亦持刀割左股。吴、袁两议长夺刀救护，全座失色。二君洒血淋漓，金君大书“至诚感人”及“至诚”二纸，李君大书“请速开国会”。字毕，议长即饬巡警送卫生院医治。吁！第四次请愿国会价值，二君发轫之始，即以血代购，是谓会心不死。

《盛京时报》，宣统二年十一月初三日（1910 年 12 月 4 日）

本日请开国会之计画

一、愿书。起草员张仙舫主任，孙鼎臣、曾子敬参拟。

二、总旗。“奉天全体人民请愿即开国会”，照此字制总旗一杆，谘议局担任，黄色，五尺长方。

三、各团体旗。黄色，长方三尺，谘议局、教育会、商会、农会、自治会均自制备。

四、各州县旗。每州县一杆，用黄色，一尺余，三角形。

五、悬旗。由各总团体知会辖部，是日一体门上挂旗。

六、衣冠。各界首领均靴帽衣冠，首领外听便。由各团体来谘议局时，即须执旗成列，整肃前往。

七、时间。初五日午前十点在谘议局聚齐，十一点成行，均步行前往。

八、举捧书人吴景濂。

九、按排列次序进行，不得紊乱。

十、如得督部堂承认代奏，齐呼万岁。

十一、督部堂如不承允，不得退散。

十二、标识。列会人各带本团体小旗一支。

《盛京时报》，宣统二年十一月初五日（1910 年 12 月 6 日）

奉天人之国会热

顷接奉天通信云：自宣统五年召集国会谕旨颁发后，奉天人民以时局危迫，非早开国会无以维系人心而支持危局。适锡督札饬各学堂不准干预时政，学生闻之，愈加激昂。初二日下午，有三十余人至谘议局，要求议长定期选各界代表进京叩阍。时正议长吴景濂不在局中，副议长孙百斛、袁金铠出见，谓现在已奉明谕，恐难再行要求。学生等再三辩驳。正议长吴景濂回局，谓："君等须潜心求学，不宜分心政局。"学生大哗，谓："议员等名为代表舆论，今速开国会舆论既已一致，而谘议局畏缩不言，殊负天职。且君等坐拥公费，皆奉人之脂膏，食其禄而不忠其事，要谘议局何为？"正议长谓："临时会期限甚促，预算繁重，未暇及此，而请愿前途、手续困难，非审慎从事不可。"学生等谓："国会未开，监督财政无人，有何预算之可言？外患益迫，政府既不负责任，非人民以决心、毅力持之不可。"皆慷慨泣下。辽阳人金君毓绂抽刀截指，承德人李君德权持刀割左股，金君以血书"至诚感人"四字，李君大书"速开国会"四字，血渍议席尽赤，全场哗然。吴议长当将金、李二君送卫生医院疗治。至初二日午前十时，学生三千余人，整队持"速开国会"旗帜，跪督署前大呼请愿，声震屋瓦。吴议长及学务公所议绅戴君继至。锡督及各司道亲莅门首，慰谕再三，不退。应允代奏，然后退。约计初跪至退去时，凡历三小时之久。此三千余人中，截去辫发者约有数百人。又闻各州县教育会、商会、农会、自治会将以初五日大集于谘议局，迫议长吴景濂捧呈（进）〔请〕愿书。各团体均已预备黄色旗帜，届时执旗巡行街市，并各举代表面谒总督。其起草员则举定学务公所议绅张仙舫，谘议局议员孙百斛、曾有严云。

又一函云：奉人第四次国会请愿血喋谘议局。至初三日，共有三千余学生跪公署前号哭，要求代奏等情，业已电告。兹探悉明日（初五日）请愿之举动，亟录于左：

初五日早十时，请愿者齐集谘议局。其排列之次第，首谘议局议员，由议长奉黄箧，内装请求代奏奏稿，该局树长方大旗一面，上书“请求即开国会”。其次为农夫（短衣草笠老而颁者），次各铺买卖人，次四乡自治会议员、董事等，次教育会及各校教员、职员。每界树旗一面，其界中人均整队鹄聚于该旗之下，整队往总督府，叩求代奏。得允所请，高呼万岁者三，否则号哭伏地不起云。

昨初三日已电达各省谘议局，联络一气，为积极之进行。初八日代表晋京，谘议局已举定孙百斛、董之威、刘兴甲三人，各省均有代表，旅费由众担任。

《帝国日报》，宣统二年十一月初八日（1910年12月9日）

奉人国会请愿之续志

初五日，各属代表谒见锡督，词气激昂，以议员董之威为最。董言：“日本索我安东县四十八屯，安插彼国流民，官吏不能拒绝，独以人民请愿为‘要求’。奉人忍辱含痛久矣，今日方欲倚赖督帅为民请命，不料竟以‘要求’二字见责。请大帅打死各代表，各代表情愿打死，不得所请不去。”呼号之声达于内外。人民跪列，署前及两面市街尽满。有三日本人前来观望，亦被请愿者胁之令跪，日人无可如何，只得随众跪下，亦可谓无妄之灾矣。当代表呼号时，锡督言：“余从前亦不知国会为何物，后感于国势危迫，故主张速开国会以救亡。自问残年，官爵已置之度外，今日苟能为力，虽丢官勿恤。”各代表言：“今日二十二行省督抚中之有心肝者，当推大帅。以大帅之贤，而人民请愿尚且难达，其他则又何说？故非速开国会，则舆论不能上达。”又闻各代表当即日进京，并分派多人向各方演说，一面联络各省谘议局共同进行云。

当代表要求总督用印时，各司道皆言：“大帅已经应允代奏，我们皆已预闻，岂有消灭之理？”各代表则言：“官场习惯，向无信用，一言不足为凭。”于是呼号声与“官场无信用”声哗然于署庭。有一铁道稽查委员梁某在侧声言：

"各人毋得喧哗，须听大帅吩咐。"各代表大怒，谓："汝何人，敢在此胡闹?"群起唾之，梁某满面受唾而走。

《帝国日报》，宣统二年十一月初十日（1910年12月11日）

奉人第四次请愿国会之详志

奉天全省人民要求明年即开国会，齐赴总督公署呈请代奏情形，已志昨日"紧要新闻"。兹又得一访函，云十一月初五日午前九钟，奉天八团体四十六州县，各执本团体旗帜，共集谘议局，约同诣总督公署，请其代奏，于明年即开国会。代表四十六人，总额一万有零。未成行以前，有商会讲员兼奉天《商务日报》编辑员张进治断指洒血书旗，字迹模糊，一痛欲绝，几欲赴公署自戕。商会总理田绪圣极力劝阻，将其血旗执为前导，见者惨目，无不感动，遂于十一点钟成行。谘议局议长吴景濂被公推为奉天全省代表，捧愿书前行，各团体次之，各州县又次之。皆步行，部署严明，人无哗者。沿途不期而加入者约近万人，首尾长续二里有余。瞬抵公署，方停步，即有卫队长某至前，欲取愿书。吴君叱以此事重大，尔乌能为，去，快去！继承德忠令趋前，意欲将书接去，吴君告以非寻常事，尔不能担任，请退。末由民政、提学、劝业各司道接去代表名单，即请代表入署内。锡督待之院井，首由吴君言："今日奉天全省八团体四十六州县人民，此次因东省危急，委代表等特谒大帅，恳请代奏于明年即开国会，以救危亡。"锡帅反诘之曰："国会一开，就能救亡吗？大家须实力作事，方可挽救。"吴君答曰："第三次各省督抚联衔请开国会，系由大帅领衔，如谓国会不能救亡，当初联奏就是大帅欺君。日前由公领衔奏请明年即开国会何其勇，今全省人民恳请代奏，方谓我帅必能赞成，今见拒若此，是前之奏请，非出于本心，徒要名誉也。"曾有翼谓："开国会方能作事，不开国会，尚有何事可作?"刘君兴甲言："国家作事，必先改良机关，机关不完全，则首尾不灵，断难作事。"李君心曾谓："现在以不负责任之政府，能作何事？故大帅上次折内呈请于明年【设】责任内阁。然无国会，内阁之监督不过中央集权耳，故不开国会，敢必其决不能作事。"锡帅曰："吾不代奏，你们如吾何？"言次恨恨，以足搥地者再。吴君遂痛哭，余皆哭，跪地不起。董之威大言曰："不准代奏，用意安在？岂东省有急，公尚能住此巍巍高楼乎？"李心曾泣曰："代表在北京为第三次请愿时，内而四大军机及十一部行政大臣对于国会，皆阳为赞成，而阴实反对。幸督抚中尚有十二省督抚及大帅，敢出而领衔，代为奏请，故今日代表等敢以此来相请求。乃大帅今日竟出此反对之语，可见内外大员并无一人真实赞成国会，不过以赞成语愚弄人民。向者以为中国可以不亡者，尚有十二省之督抚为之挽救，今日肯为挽救者并无一人，我中国断无不亡之理。"说毕，仍痛哭不止。曾有翼出报大众曰："总督不允代奏，我们活不起。"全体闻声大恸，号哭之声振动全市。当经民政司等将大众劝起，向锡帅哀求，徒哭无益，代表均起立。锡帅谓吴君曰："莲伯你尚不明白我的意思。"吴曰："今日代表，系受全省人民之委托，并非议长资格。"董之威曰："他不是吴莲伯，他是全省人民之代表，不得不如此之哀恳。"锡帅权词允许代奏。吴曰："大帅之言，甚未可信。今春三省谘议局合词呈请代奏，已蒙允许，竟至反汗。本年通常会议请即开国会，仅蒙咨送都察院。前日学界恳请，当面允诺，亦未实行。今日请将副呈明白批示，不然一般人民万不能信代表之言，决不散去。"锡帅言："代奏之责任在我，如此说法，是你们要挟。"群喧言曰："我们迫于危局，故此哀恳。"吴曰："我们处此地位，大帅尚言我等要挟，与其将来死于他人之手，请即饬陆军将我们二万人打死到痛快，大帅好效台湾林抚之充交割使，韩国之李完用。"乃群焉呼号。董之威以头抢地，号哭不止。锡帅大怒，拂袖而入。民政司等急劝大家起立，内有公署内差员王某大言曰："大帅已允代奏，何必喧号不已？"众情迫切之急，即将该王某群唾骂之。

时又有公署及各司道科员等，在第二层楼廊向南嘻笑不止，于是门内外跪者喧骂之。该员等避徙两配楼上，仍无愧色。是时内外卫队感亟泣下者有之，以此例彼，可见官场温度之高下矣。司道劝之不已，勉起。司道反入大厅，少许，持正呈出，上批"准即代奏"。吴曰："原有副呈，应批副呈，用印，乃足以昭大信。"李君心曾曰："如此答，直似搪塞。直督陈小石、鄂督瑞莘儒均允代奏，后仅咨送军机处、政务处、资政院、都察院。今仍蹈该省故辙，以愚吾民，我们死不敢信。”各司乃持正呈旋入，顷复持回批出曰：“可以令众人散去矣。”吴曰：“此批未经用印。往日寻常事件，回批必须用印，似此重大事件，不用印未免轻视国会。”李心曾、袁金铠、永贞亦均向民政司云：“既允代奏，事在必行，何吝用印？如不用印，一般人民即死守十日，冻馁而死，亦决不肯去。”民政司、劝业道曰：“大帅允即入奏，我们敢保的。倘将此事寝下，请即来责问我们。”董君之威曰：“公等敢保大帅，谁保公等？”吴曰：“现在尚不敢向大帅陈说，何论将来？”宝君昆谓：“现在日韩合并，日俄逼视，若再因循，即变为日满合并，此种大事，恐难担保。”门内代表于是据地而坐。时承德县忠令【墨】林亦来劝，被呵而退。正在呼求间，提学使来，持呈转身向内，民政、劝业亦偕入门内。代表遥见司道等似向锡帅请安，恳求许久，锡帅率司道下阶来，见代表等席地哀遽情状，不觉感动泣下，亦席地坐，司道随坐。提学司持盖印封筒回批至，锡帅曰：“吾即代奏。锡某在东三省未做一事，愧对东三省人民。对于国会并非反对，亦颇欲设法维持，奈只有此一幅心而无能为力。何况在东三省时局，你们之心即我们之心。你们父母妻子将来为人奴隶，无怪痛迫如此。”吴曰：“东三省为国朝发祥重地，设非力为保全，一旦沦为异域，陵寝所在，关系非轻。我们父母妻子、田园卢墓，（尤）〔犹〕属细事。”曾有翼曰：“大帅奏明皇上，勿忘老家，若东〈东〉【省】不存，我们即欲哭请，亦苦无地。”因相对泣下。大帅因将批示宣布，并云：“三日内准代奏，绝不咨送他处。”代表等请大帅起，叩头感谢。门内外均叩头，欢呼“国会万岁”，“大清帝国万岁”。是时，鼓掌声，呼万岁声，并哭号之余声，轰动如雷。代表捧回批，甫至公署门，见有数龄儿童二人，痛不能仰。代表等答曰：“已允代奏矣。”儿童即曰：“是真吗？”代表以批示之，乃起。众皆整顿散归。代表等仍请求回谘议局，借地商议代表赴京上书进行手续，及各省联络方法，至六钟方散。由此观之，足见民气奋兴，人心不死，而各省士民想亦必闻风响应也。

并悉此次奉省人民发起第四次国会请愿，其原呈（已见昨日“紧要新闻”）所列代表衔名探录如下：

奉天全省谘议局代表：吴景濂、孙百斛、袁金铠、刘兴甲、曾有严、永贞、董之威等六十人。

奉天教育总会代表李树滋、曾有翼等四百三十人。

奉天农务总会代表恩选、鹿鸣等一千二百八十人。

奉天商务总会代表田绪圣、崔兴麟等四千八百五十一人。

奉天惠工公司代表王有台等二百二十人。

承德自治会代表张之汉等七十人。

清真教代表铁萃恒等一百十二人。

奉天请愿即开国会同志会代表王荫棠等五百人。

承德县代表成友善等二百人。

海城县代表李心曾、秦玉璞等五百人。

义州代表王泽周等二百人。

彰武县代表赵永熙等三十人。

怀仁县代表李廷桢等四十人。

抚顺县代表张钦元等五十人。

辑安县代表张振铎等三十人。

凤凰厅代表谭受干等八十人。

洮南府代表孙在田等二十人。

康平县代表魏勇等四十人。

通化县代表田忠禹等三十人。

兴京府代表马明俊等三十六人。

昌图府代表刘鹤龄等三百人。

镇安县代表惠如霖等三十人。

复州代表张悦龄等三十二人。

锦州府代表孙振香等七十八人。

新民府代表李有忱等九十一人。

辽中县代表赵世臣等一百七十人。

锦西厅代表徐佐卿等三十三人。

海龙府代表高玉珂等三十一人。

开原县代表李栋材等七十人。

盘山厅代表王星原等二十八人。

营口厅代表高瀛海等四十二人。

怀德县代表王文阁等三十人。

柳河县代表王玉书等五人。

东平县代表杜燮铨等二十人。

西安县代表颜成儒等十八人。

西丰县代表于长湖等二十四人。

法库厅代表桂森等三十人。

宽甸县代表董之威等五十八人。

岫岩州代表关维藩等七十二人。

庄河厅代表朱恩波等八十五人。

铁岭县代表刘东烺等二百八十三人。

安东县代表孙甫田等七十九人。

辽阳州代表徐珍等三百零八人。

广宁县代表萧露华等九十七人。

盖平县代表周连昌等九十一人。

绥中县代表徐元瑞等五十三人。

奉化县代表王伯勋等四十二人。

宁远州代表李缙云等三十人。

开通县代表胡伟三等十七人。

靖安县代表孙玉麟等十二人。

辽源州代表李梦庚等五人。

长白府代表陈世魁等六人。

金州代表于建中等二十五人。

本溪县代表葛菊生等十五人。

《帝国日报》，宣统二年十一月十一日至十二日（1910 年 12 月 12 日至 13 日）

奉天国会请愿代表出发

奉天第四次国会请愿代表团人，于初十日早九点二十五分由奉出发，同志会各团体均有多人赴车站送别，车水马龙，颇形拥挤。兹将代表诸君姓名录下：奉天谘议局代表董之威，奉天教育总会代表孙振香，奉天商务总会代表崔玉麟，奉天农务总会代表恩吉，奉天清真教育会及报界公会代表张兆麟，奉天学界代表舒基祖、刘焕文，营口绅界代表段宝田，营口学界代表孙鸿龄，海城学界代表赵中鹄。

《顺天时报》，宣统二年十一月十四日（1910 年 12 月 15 日）

奉天人民请愿国会之血泪

奉天第四次请愿速开国会屡纪前报。兹闻自金君、李君断指斩股后，人心愈益激昂。初五日午前十时，各府厅州县代表齐集于谘议局门外，农会、商会、教育会、自治会、清真教会咸集，共约万余人，高揭旗帜，各部分人群随旗布列，规模极为严肃。每部有代表一人，纠察一人，演说一人，在会场演说国会之必要。午前十一时，整队至督署。议长吴景（廉）〔濂〕手捧愿书，各代表三十人从之，面谒锡督。锡督亲接愿书，面允代奏，惟字句之间尚宜稍为更正。各代表以国势如此危迫，尚多忌讳，非开诚布公之道，向锡督面争，词气之间，微有冲突。代表董之威放声大哭，吴景（谦）〔濂〕、张之汉等皆哭，张民政使、卢提学使亦哭，旁观者莫不凄然流涕。吴景（廉）〔濂〕谓：“锡督身为大帅，清正忠赤，然无救于我奉天，无救于我国家者，徒以根本的政治未能改革之故。今日如不能达目的，代表等宁死于督署之堂下，不愿生为外国人之奴隶。”且哭且叩头。锡督是时亦盘膝于地，各司道及各代表皆席地坐，再三慰谕。代表要求面批，锡督即批“代奏”二字。各代表又要求用印，乃出总督印当面印于请愿书上，各代表乃三呼万岁而退。当时承德县忠墨林大令喘气奔走，冠堕地上，即舍之而趋，亦可见其皇急情状矣。又闻是日学生请愿时，多有挟刃于身者，倘不得请，当断脰伏尸于督署之前。幸锡督谅其诚，抚慰之，始得无事，不然则督署门首将为流血场矣。方各界请愿时，以血旗二面导之而行，即金、李二人染血所书云。

《申报》，宣统二年十一月十六日（1910 年 12 月 17 日）

见惯犹惊之血书

噫，人民痛矣！

奉天函：刺血写书，殆已成奉天之一种新流行物，人心不死，于此征焉。近中学堂学生多人，各以血书，为请愿国会代表舒、刘二君赠行，汇录如下：

“能挽回中国之时局者，曰国会。欲求国会之速开，惟舒、刘二君。二君而为国会，棘手是幸。谷毓详谨具。”

“吾同胞命，即在舒、刘二君。速开国会，吾所赞成。崔德英具。”

“国民同心保种。魏普林具。”

“呜呼，我中国危者，至急急矣，将有亡国灭种之大患。何也？亦以不开国会故也。夫舒、刘二君请开国会，是救万民于水火之中，其有大才大志请开国会。今吾虽是不能径请国会，而吾志亦及改效之故。（此处血迹模糊，字多有不能辨者，故有落字）吾所望者，径请国会者也。张鸿翼具。”

“热心保种。中学赵宗芳。”

“为同胞请开国会。中学黄文龄。”

“取之谓心小者，慎微虑败之意，智圆故手段敏捷，行方故宗旨纯正。四者剧事要道，幸勿忽之。奉天中学堂学生李鸿儒、李龙荪、张乃曾、方永蒸、贾德章、黄殿贞、王显忠、金长祉、富崇铨、姜澍棠、沈彭龄、张作霖、薛鸿志、广龄、张尊五、张振鹭、董绍舒、张书绅、杨希宸、吴家象、安国栋、汪兆璠、夏博泉、王继吴、王欲贵、刘德昶、李彭龄、黄甲魁、荆恒善、战耀清沥血赠言。”

又法政学堂学员曾君宪廷，以此第四次请愿速开国会同志会公举代表赴各乡镇演说，以醒同胞，故曾君将左手之无名指刺破，血书致各代表暨同志会并乡中父老，其词意略谓：“呜呼！时至矣，势迫矣！日俄协约，日韩合邦，如当头打我一棒。现势东省大局，危在旦夕，知者固不乏人，仍在梦梦中者亦复不少。今适逢热心诸公，至各处演说，是以特行血书，敬告乡镇父老同胞，速醒，速醒！勿甘为亡国奴可也。”云云。书毕痛哭，各同学莫不为伊感动云。

《民立报》，庚戌年十一月十七日（1910年12月18日）

吴议长对于学生同志会下乡讲演之演说

此次请开国会应行预备事件，非一二语之所能尽，而从预备事件中权衡其轻重，最扼要者，即学界同志会公认之开通民智之问题也。查我国人民知国会之所以然者，寥寥无几，于是而欲开其智识，使知开国会之利益，非普通演说无以济之。但演说之法甚宜研究。

一、国会之好处。人民有参与政事及监督财政之权利，即有担负当兵、纳税之义务，吾人演说时亦切宜避之，以权利说之，勿以义务怵之。盖人民闻当兵、纳税等事，恐生危惧，乃反生阻力也。

二、请开国会以救东省之亡。演说必以此动人听，然说之不得其法，听之者激发，如贫人骤得财，宜扬鼓励，更有以速三省之亡者在焉。盖东省人民质直而尚德，趋之于战争易，趋之于暴动亦易，言论稍有不慎，激成变态，上等社会人皆负其责，故孔子云“民可使由之，不可使知之”。本局对于预警案之慎重，正为此也。诸君演说时切宜注意此点。

三、诸君在外受外界之激刺太甚，至乡间演说时，有顽固弗受演说者，亦须设法牢笼，切勿激烈。虽愚夫小人，切勿小看为要。

四、今有割股者一人，系逼弟急力提倡诸君演说等事；断指者一人，系催逼诸君演说后回城者。恐至伊时志气懈弛，现在各堂监督欲请提学司先期考年考，诸君可以早归，诸君大概必赞成此说。

五、弟对诸君必开诚布公，有言必言。自初一日至今，割指割股者共六人，此种人能振作吾人之精神，非常可敬可服，但不欲其多言。盖人才不易得，有此人才，必须珍保，以留后日作事；且有此血，必对有价值时流之，方谓死得其所。望诸君嗣后平气作事，以图获最大之利益，勿再发生此事。

六、诸君至城演说进行之方法，如有用本局名义者，本局系法团，全体通过，必与执行；如有用弟个人名义者，力之所能，必尽力而为。此临别赠言，吾先代表奉天全省人民为演说诸君谢。

《国民公报》，宣统二年十一月十七日（1910 年 12 月 18 日）

吉林四次请愿之代表

四次请愿，各省已闻风响应。兹得吉林谘议局来电，该省四次请愿，已举定谷嘉荫、文元、俟保、廉双、寿承志、宋运吉、文耆、澍霖、伊铿额、陈佐清、刘家荫、杨作舟、李芳、马良翰十四人，日内即由吉动身矣。

《盛京时报》，宣统二年十一月廿四日（1910 年 12 月 25 日）

奉天人血枯泪尽矣

奉天同志会请愿即开国会业已无效，惟东省危迫，人心未去，其亟亟请愿之血诚，实有不容湮没者。兹将该省同志会致北京同志会一书追录如下：

自国会缩短期限之上谕颁布后，敝省绅学商农各界众议沸腾，群以为东省垂危，若待至宣统五年，恐国会虽开，东（士）〔土〕已非我有，当于谘议局开各界联合会议，不期而集者数千人，演说多人，皆持急激请愿主义，全场一致赞成，敝局遂有告资政院及各省谘议局之电。继此数经会议，或研究手续，或推举代表，或筹措川资。正研究进行间，不意有初一日金君、李君之血。金君印毓绂，李君印德权，皆中学学生也。十一月初一日，两君会同学界代表到谘议局会议，两君恐事稍迟缓，致碍进行之机，金君于谈次抽刀截左手小指，大书“金毓绂至诚”及“至诚感人”多字，群起拦阻间，李君复以割指之刀割其左股肉垂落，以血大书“李德权请速开国会”等字，大众劝归。

未几，又有文君、苏君之血。十一月初三日，学界同志会集数千人，赴公署哀请锡督代奏请即开国会，法政学生文君科刺左手食指，苏君毓芳向锡督叩头流血哀求。锡督允为电致各省督抚联衔代奏，众始散归。

未几，又有于君之血。于君印长祥，营口商业学堂学生也，于初四日因组织国会请愿事宜，恐众懈志，断左手第四指一枚，血流如注，以壮众志。

未几，又有张君之血。十一月初五日，集八团体四十六州县人民数万人，拟联衔上书，哀求锡督专折代奏。未至公署以前，商务编辑员张君进治因商会求其写旗，以备赴公署标志，张君乃不以墨而以血，断其左手食指，三尺黄旗几变为赤帜，其意在开通商界，使知国会之切急请求。此次请愿书锡督已于初八日奏出。

同日夜间，又有厚君之血。厚君印达，高等学堂学生，愤东省危急，于初五日夜间自刺其股四处，以碗承血，作万言书极长之文二分，共十四纸，一上谘议局局长，一送代表，均救亡之策，切实而可行者。当即送医院调治。

未几，又有杨君之血。杨君育春，师范学堂学生也，因学界下乡演说，诚恐有名无实，乃自刺左手食指，血书两篇，若规若讽，以为演说不力者警。

后又有曹君之血。因赴京代表出发有日，大书“北京花天酒地，足以坏人名誉，弟曹宪廷切嘱”等语，以振各代表临行之气。

敝会于初七日电邀各省共同请求，而覆电已得多数省分赞成。此敝省请开国会各代表将行以前，众心切望切盼之情形也。各代表初十日启程抵京后，必谒贵会，共商此事，务请竭力设法，如何上书，如何遍谒当道，凡三次请愿所经过之历史，此次非惟不可略，且较从前而增益之，不达此请愿之目的不止，此敝会所馨香而祷祝者也。其余详细情形，敝代表自能缕述，不赘。除将各项血书纪实等篇呈阅，略供参考外，专此拜恳。

《申报》，宣统二年十一月廿六日（1910年12月27日）

代表从今无大志

吉林函：国会代表文耆、李芳，前经地方众绅公举为国会代表，可谓人莫尊焉，责莫重焉。自回省后，本应力图进行方法，以符人民之厚望。近接奉省国会代表来电，谓各省之危，莫危于东省，而救急之策，莫如速开国会，拟联合吉、黑两省第四次要求国会。文、李二君置若罔闻，犹以奉省多此一举。因以代表作为阶级，文耆得公举为总董，李芳亦得充为行省会议处参议。差优事简，朝处秦楼，暮居楚馆，眼福之饱，真是几生修得矣。同游则为著名市井无赖，有号曰双麻者（即商会调查员双寿也），窑皮老手，脸不知羞，为花业之乡导，是其特殊之技能。又有（候）〔侯〕心泉者（即商会坐办也），俗气逼人，胸无点墨，如熙春里所有南北各班，暨优妓下处，为日间之所必至。言之丑极，闻之痛心。若双、（候）〔侯〕之辈，无足轻重，吾无暇责之矣，独怪夫堂堂代表，置国事若罔闻，从若辈作狭斜游。呜呼，可叹！

《民立报》，庚戌年十一月廿七日（1910 年 12 月 28 日）

卷土重来之奉天人

奉天国会请愿同志会通告书云：敬启者。本省前举第四次赴京请愿即开国会代表上书后，已奉上谕，未允所请，并着民政部、步军统领衙门派员送回原籍。煌煌谕旨，理合敬谨遵行，然国势日危，朝不保夕，而吾人请愿即开国会，以救危亡之心，固未敢息。前请各举代表，作五次请愿之准备，此其时矣。恭读上谕，深恐奸人暗中鼓动，藉词煽惑，希图扰害治安，应即早防维，认真弹压等语，原为朝廷防范奸人，维持秩序之至意，属在臣民，莫不同具此心。我等目睹家国之危亡，哀求朝廷早图救亡之策，发于忠爱，自当于组织进行之际，格外防范奸人混迹，扰害治安。我等果言行皆遵法律，一切纳乎范围之内，国家何用其弹压？务乞贵处仍照前议，速举代表协同进行，并乞举定后迅速见告。所有来省聚齐日期，届时酌定，再行专函奉闻，务请万众一心，同趋此的。幸甚，幸甚。

至本会会员下乡宣讲，原为开通民智起见，厥功甚伟，收效必宏。惟值此四次请愿无效之后，有为诸君所应注意者：

一、对于此次所奉上谕，当敬谨委婉解释，不可稍涉不敬。须知国家杜渐防微，无非防范奸人扰乱治安之苦心，我能不越范围，自无虑或有违背之处。

一、值此紧要关头，一举一动，均宜格外审慎，免为反对者借口，而妨碍本会之进行。

一、四次请愿无效，尚可作五次请愿，不可以为失望，发为愤激之谈，致酿生别种恶果，此宜引为大戒。

一、热心过甚之人，每于失望之余，灰心万状，尤望格外振拔，同作正气，以支危局。

呜呼，千钧一发，系此河山，生死关头，非同儿戏。须知一人之得失，即本会之得失，而目的之能达与否，实系于此。诸君热心毅力，素所深信，必能广收效果，而为同志光也。奉天请愿即开国会同志会启。

《民立报》，庚戌年十一月三十日（1910 年 12 月 31 日）

楚歌中之国会声

奉天函：赵君兰亭，辽阳人也，自号诗狂，不拘小节。年前请开国会，曾作代表，事归失败，异常牢骚。然其坚定之性，未（常）〔尝〕稍懈，只因阻于防疫，交通不便，碍难再举。今已疫气渐消，拟日内辞去教员之差，联合同志，重整旗鼓，作五次之请求，赴汤蹈火，总期达至目的而后止。噫，一腔热心，恐无用也。

《民立报》，辛亥年三月十二日（1911 年 4 月 10 日）

《吴景濂自述年谱》（节录）

先是锡督在北京与政府会议时，浙江汤蛰仙及江苏张季直二公，闻锡公此举皆为予所密画，当托友人介绍，赴奉访予。晤谈之下，欢若（干）〔平〕生。汤君谓予曰：“此次锡督赴京，先生何不同去？（至）〔致〕招此败。国家前途，实堪痛惜！”二公在奉盘桓数日，对于清廷前途，根本不能挽救，非相时革命，则中国不能补救矣！密商将来携手改造国家办法而去。

本年（宣统元年）秋，奉天在省各校学生，认定救国之道应速开国会，当举代表赴谘议局请愿，并刺血上书，请谘议局转请锡督代奏速开国会系出人民公意。予均一一照请愿程序办理，并召集在省垣各校学生及商民各团体代表，聚有民众约七八万人，请锡督代奏请开国会议案，由予率领至省署请愿。锡督与予及诸请愿者，痛国家之危险，当局之昏庸，补救无方，徒来请愿，相对嚎啕大哭不已！锡督允即代为奏请，请诸代表各归家中，静候政府办法而散。而各校学生回校后，仍恐政府不允速开国会，举代表三人赴京请愿，通电各省谘议局，派各省谘议局议员在北京者为代表，协同举行。当代表路过天津，直隶志士温之英，号召民众响应之。温氏并同奉天代表一同晋京请愿。乃清廷不采民意，竟将各省代表押送回籍，复严令各省督抚将为首之人严加惩办。直督陈夔龙仰承政府意旨，竟将温之英拿办，奏请发遣新疆。而奉天代表押送回省后，锡督以人民请愿系出爱国行动，对代表并未加以处分。此时汤蛰仙、张季直二公正在奉，喟然叹曰："国家对爱国民众如此压迫，非革命不能救国也！"遂与予定革命计划，如前所云。……

《近代史资料》总106号，中国社会科学出版社2003年版，第30页

四、海外侨民请愿活动

留日学生致军机王大臣电

国会非三年内开设，不足以拯国危而系民望。顷闻政府拟定八年，期远势危，众情惶惑，祸机所伏，国命攸关。伏恳短期以维大局，需者事贼，幸速裁

之。留日全体学生叩。①

《时报》，光绪三十四年七月初二日（1908 年 7 月 29 日）

寓日人民之国会运动

日本神户、大（版）〔阪〕华商有电致军机处，请速开国会，以安人心而固国本。电文甚长。②

《时报》，光绪三十四年七月初六日（1908 年 8 月 2 日）

梁启超与请愿速开国会运动③

一九〇九年（宣统元年己酉）　三十七岁

……

九月初一日（10 月 14 日），各省谘议局开第一届会议。十一月十六日，各省谘议局代表于上海开联合会，组织国会请愿同志会。十二月，该会各代表入京请愿。同月二十日，清廷上谕，令仍以九年为期。

从这时起，徐佛苏就正式参加各省谘议局代表的团体，从事于请愿国会运动，这是政闻社和国内团体发生关系之始。先生以后和各省谘议局代表之接近，

① 原标题“国会与请愿”，本电为其中所录。
② 原标题“人民之国会运动”，本部分为其中一则。
③ 本部分内容录自《梁启超年谱长编》，标题为编者所加。

大半都是徐佛苏的努力。徐氏在他的《梁任公先生逸事》里面记先生主动并鼓励他参加请愿速开国会运动的经过说：

"又自政闻社被封禁后，清大员如奕劻、张之洞、袁世凯诸人，深恐民气激昂，流为革命，乃请清主颁布'预备九年立宪'之上谕，并创设宪政编查馆，专司预备立宪各事。当时清大吏不解宪政为何物，其馆中重大文牍，大率秘密辗转，请求梁先生代筹代庖。尤可笑者，例如当年之法部与大理院署，常争论权限，又皆无精当之主张，而两署皆分途秘求梁先生代为确定主张及解释权限，甚至双方辩释之奏议公函，均出于先生一人之手，而双方各自诩主张之精辟。故先生当年代宪政馆及各衙署各王公大臣所秘撰之宪政文字，约计有廿余万言。惟此种著作，均系机械的，不能由先生有自动的主张，故清廷筹备宪政一事，毫无系统及彩色也。及预备立宪分期之程序已定，而中央之资政院及各省之谘议局，乃于宣统元、二年依次成立。当时梁先生常寄函上海，嘱余注意联络资政院、谘议局之各议员，使其一面努力建议发言，一面运动缩短立宪年限。余遵先生之计议，当时向京外素有交谊之议员，条议促进宪政之函牍，日夕发邮，不下数十百通。各省议员对于鄙议，辗转传观，至为信仰，并有多友力劝余赴京主持言论，齐一同志之思想步骤。余即于清宣统元年冬间赴京，启发朝野，共谋立宪救亡。梁先生闻余北上，欣慰无极，指导余进行之手札，约计三日必有一通，而当时彼此生计之窘，及亡国之悲观，不堪言喻。且先生在神户迭因不能履行债务契约，日夕难眠，尤无钱购纸出报，迭嘱余在京筹凑小款济急。余虽系至贫之人，然以平日安贫仗义之血忱，当能见信于朋友，故余旋京仅数月，幸能迭次借款汇东。此可见昔年彼此订交，纯系道义的互助，且余之奋斗救国，不谋生计，纯系为先生之精诚及道学所激励者也。"（徐佛苏记《梁任公先生逸事》）

……

一九一〇年（宣统二年庚戌）　三十八岁

正月，《国风报》出版。五月，各省谘议局国会请愿同志会再度请愿速开国会。九月，资政院开会。十月，清廷应资政院和各省督抚之请，谕令改于宣统五年召集国会。……

正月二十九日，《国风报》出版。是报为旬刊，每十日出版一次，内容分谕旨、论说、时评、着译、调查等十四门。出版之初，先生撰叙倒一篇、《说国风》上中下三篇，阐述该报的宗旨、使命和价值。现把该报出版时登于《申报》之广告钞在下面：

“本报以忠告政府，指导国民，灌输世界之常识，造成健全之舆论为宗旨，月出三册，每册八万字，逢一日出版。内容分谕旨、论说、时评、着译、调查、记事、法令、文牍、谈丛、文苑、小说、图画、问答、附录，凡十四门，议论宏通，记载详确，谈丛、小说各门饶有趣味，诚报界之伟观，而立宪国民之粮也。定阅全年六元五角……上海四马路国风报馆。”（宣统二年一月二十日《申报》）

……

五月，各省谘议局请愿代表进行二次请愿。同月二十一日（6月27日）清廷谕令，仍俟九年筹备完全后再行召集国会，但各省代表仍进行不懈，决定为第三次之请愿。

七月，由徐佛苏主持的国会请愿同志会机关刊物《国民公报》出版，以后先生为该报撰文甚多。

九月，资政院开院。十月三日（11月4日），清廷应资政院、谘议局和各省督抚之请，谕令宣统五年召集国会。上谕说：

“今者，人民代表吁恳，既出于至诚，内外臣工，强半皆主张急进，民气奋发，众论佥同，自必于人民应担之义务，确有把握，应即俯顺臣民之请，用协好恶之公。惟是召集议院以前，应行筹备各大端，事体重要，头绪纷繁，计非一二年所能蒇事，着缩改于宣统五年实行开设议院，先将官制厘订，提前颁布试办。预即组织内阁，迅速遵照。”（《宣统政纪》卷二十八页二）

这次上谕颁布以后，国会请愿代表中除少数人外，仍觉不满，并拟继续运动，非达到即开国会之目的不止。是时先生的主张尤坚决，以即开国会为唯一的目标，所以先生读这次上谕以后，他立即草《读宣统二年十月三日上谕感言》一篇（载《国风报》第二十八号），里面有这样一段话，可见先生不满清廷之措施和愤慨情形之一斑：

“时局危急，极于今日。举国稍有识，稍有血气之士，佥谓舍国会与责任内阁无以救亡，尔乃奔走呼号，哀哀请愿，至于再，至于三，于是，资政院全体应援之，而有九月念六日之决议上奏；各省督抚过半数应援之，而有九月念三日之电奏。旬日以来，举国士辍诵，农释耜，工商走于市，妇孺语于闾，咸喁喁焉翘

领企踵，庶几一朝涣汗大号，活邦国于九死，乃不期而仅得奉十月三日之诏。”（《合集·文集》之二十五（上）第一四三页）

自国会请愿运动发生以来，先生就极端表示同情，所以除暗中主持和鼓励外，在言论方面尤积极赞助。国会请愿同志会二次请愿失败以后，先生曾撰两文：一篇是《论政府阻挠国会之非》（《国风报》第十七号），一篇是《为国会期限问题敬告国人》（同上书第十四号）。对于国会必须速开之理由，不速开之危险，和政府诸公无理阻挠之失职各点，讨论非常详尽。此外先生尚有《国会期限问题》和《立宪九年筹备案恭跋》两篇文章，也都是讨论国会期限问题的。

徐佛苏在《梁任公先生逸事》里记先生赞助国会请愿运动的经过说：

“余来京二三月，各省谘议员多数北上，集议如何促进立宪之法。于是议决：（一）联合全国谘议局及各界民众，呈请政府废除立宪年限、立即召集国会后，再由国会协订宪法。（一）由各省谘议局议员筹款创办一日报于首都，并推定余为请愿国会及日报之主撰人。于是梁先生精神大振，深信今后大可接洽全国议士及优秀人士，灌注其政见学说。而常由余向各议员汤化龙、林长民、孙洪伊、黄远生诸先生通简论政，联络公义私交。嗣后《国民公报》发刊，先生于开办数月之内，每三四日平均寄文一篇，畅论国民应急谋政治革命之理由，言论精透，胜于《新民丛报》。盖出版伊始，余即预求先生赐文提倡，并约定报中论文应贯彻《国民公报》之名实，专对国民发言，而痛除并时报纸上两种积习，（一）不对政府及私人上条陈，（二）不对革党及他派下攻击。梁先生非常奖许鄙意，故〈能〉赐稿均能开导国民宪政上之智识及兴味，而《国民公报》遂为立宪运动之大本营矣。

梁先生自就立宪政治发表数文之后，各省优秀人士，群谋与先生订交论政，信仰倍增于平昔。先生尤乐对人平等博爱，往返通简无虚日，新交渐多。先生并常募款补助报业。在此庚戌、辛亥年余之间，系先生与国内人士通函论政最多之时，亦即先生于戊戌变法后，最为欣慰之时，亦即余爱戴先生最笃之时。

《国民公报》于已酉年发刊之后，一面利用排满革命之暗潮，痛诋清政而鼓吹立宪，（查此报之言论纪载，不仅无一语诋及革命党人，且余之报中文字，常因有左袒革命之意义，致招公私两面人士之质责。）一面即以报社作各省议员及请愿国会团体之会场。当时团体之坚，民气舆论之发扬，足以揭破清廷之昏暴，引导民众革命之激潮。故孙洪伊等代表首次呈请速开国会时，清廷即下谕旨，承认对于筹备立宪之期限缩短三年。此为吾国历史上以平民姓名呈请君主颁行大法之创举，亦即清廷发布明谕承认平民干涉朝政之创举也。

虽然，梁先生仍不满意清廷缩短立宪期限之举，曾函勉余与孙洪伊诸君，谓吾辈同志为预防全国革命流血惨祸起见，劝告各省法团向政府和平请愿，此原系至缓进之法，不料吾辈要求声嘶气绝，而政府毫无容纳之诚意。然吾辈何颜以对国民及各省请愿代表，并何颜以对激烈党人乎？故今后仍当作第二次、第三次之激进请愿，不达到即开国会之目的不止。余等闻先生之主张，至愧至悚。孙洪伊先生更有血忱义愤，百折不挠，乃复领袖法团继续请愿。及第二次请愿书留中，孙君更愤。其第三次请愿书中，措词则甚激昂，略谓：政府如再不恤国民痛苦，不防革命祸乱，立开国会，则代表等惟有各归故乡，述诉父老以政府失望之事，且代表等今后不便要求国会矣等语。窃按末次请愿书措词如此愤激者，其言外之意，系谓政府如再不允所请，则吾辈将倡革命矣。更不料清廷因此震怒，立下明谕，勒令代表等出京还里。各代表闻此乱命，亦极愤怒，即夕约集报馆中，秘议同人各返本省，向谘议局报告清廷政治绝望，吾辈公决秘谋革命，并即以各谘议【局】中之同志为革命之干部人员，若日后遇有可以发难之问题，则各省同志应即竭力响应，援助起义独立云云。此种秘议决定之后，翌日各省代表即分途出京，返省报告此事。然清廷毫无所闻，方幸各省请愿代表已经出京，则中央政府仍可苟安无事矣。”（徐佛苏《梁任公先生逸事》）

丁文江、赵丰田编：《梁启超年谱长编》，上海人民出版社 1983 年版，第 499—514 页

海外华侨通信汇录

吉隆坡六月二十四日大集商会会议，请开国会，各商均踊跃赞成。已于二十

五日先行发电农工商部代奏，并电上海各政团，举代表入京，或联四州府、七州府，容日再行决议。兹将电文列下。

北京农工商部堂宪钧鉴：恭祝万寿。立宪时期，至今未定，薄海内外，群相疑惧，邪说勃兴，危机暴发，不可收拾。乞速开国会，维人心，救危局。请代奏。吉隆坡中华总商会叩。有。

星架坡各学堂董理教员，均于二十六日率同学生，到堂行礼，遥祝万寿，并联同致电北京。电文如下。

北京外务部王大臣钧鉴：恭祝皇上万寿。请定三年内开国会，以安危局。请代奏。星嘉坡道南学堂、应新学堂、启发学堂、端蒙学堂、宁阳半夜学堂、养正学堂同叩。宥。

又，养正学堂教员于二十六日率领堂内学生，举行庆祝万寿礼。校长陆逸君演说，谕各生以爱国并自爱之道，且谓开国会及立宪为当务之急，凡我学界中人，当勉力以图国民幸福等语。随又有学生演说，痛言今日中国时局之岌岌，其缺点在未兴海军。侧闻美澳华侨、粤省各学堂学生，多有倡办海军捐，以为政府之助。我等亦国民一分子，当量力提倡，以尽天职。当时认海军捐款者，有数百金云。

《时报》，光绪三十四年七月十六日（1908 年 8 月 12 日）

华侨请愿国会代表抵粤

南洋华侨闻各省请愿代表未达即开国会之目的，拟亦公举代表继续请求，已纪前报。兹闻各华侨对于此事异常热心，已联合二十余埠，举定陆君【劼】夫为华侨国会请愿代表，十四日行抵粤省，十五日禀见袁督及各当道，随即往见自治局易议长等，畅谈近日中国大势，及国会不能不早日速开之理由。易议长甚表同情，其余诸议绅亦多以此举为当务之急，且谓各省代表多已在京，今陆君为外埠华侨代表，合内外以共（勳）〔襄〕厥事，自不难刻日观成云。

《申报》，宣统二年正月廿三日（1910 年 3 月 4 日）

驻美华侨致北京代表团电

北京国会请愿代表团公鉴：请愿速开国会，此间华侨极表同情，已专电军机王大臣请代奏。纽约中华公所陈伯周等叩。①

《中国报》，宣统二年三月十三日（1910 年 4 月 22 日）

雪兰莪代表大受欢迎

本月初一日，上海商务总会、南京商务分会、华商联合会、商学公会、商业研究会、商团公会、预备立宪公会、江苏教育总会、国会请愿同志会在立宪公会内开茶话会，欢迎南洋雪兰莪二十六埠华侨请愿速开国会代表陆君劼夫。首由张季直君宣布开会欢迎之趣旨，次由陆代表致谢词，次马湘伯君演说国会与国民之关系，次于瑾怀君报告去年请愿国会情形。会毕，摄影以为纪念。次日，各报界又在商学公会开会欢迎，颇极一时之盛。

附录雪兰莪二十六埠名如下：吉隆坡、双门丹、力恩、万挠、甲洞、巴生暗邦、瓜朥、万宜、师牙岳、华都、武罗、古毛、丹戎马林、巴东爪亚、双溪麻

① 录自“国会请愿五十七志”，标题为编者所加。

岩、双溪威、古打彝、石岩、双溪蒲芦、轰埠、双沟洲、于鲁监、加彝、双溪相巴映、只腾士、新于场。

按曰：请愿无已，代表无已，欢迎之亦无已，然而国会。

《华商联合会报》第五期，宣统二年三月十五日（1910年4月24日）

欢迎华侨代表大会纪盛

昨日下午，继续请求速开国会顺直团体同仁假议事会开会欢迎南洋华侨国会代表陆乃翔君，曾志本报。是日到会者，约二百余人，竖坊结彩，鲜花铺陈，备极华盛。陆君于二点钟莅会，鸣炮欢迎。茶叙（华）〔毕〕，遂振铃开会。会员及来宾宾入座，请营务处官立两等小学堂学生作乐。会长谘议局副议长临榆谷蔼堂太史述开会词，略谓今日开会为欢迎华侨代表陆君越重洋来祖国要求速开国会，感格圣主，定能俯允，从此国会万岁，中国万岁。拍掌作乐。继乃陆君演说，颇能操官话，尚有张君子明略为翻译。演说大旨：华人侨居外洋，自明朝迄今三百余年，饮食起居均已习惯。前不但无祖国观念，即祖国文字、语言概不解识。近来风气大开，各埠立有商会及学堂，则不但祖国观念及文字大兴，即爱祖国之热，亦蒸蒸日上，不可遏抑。惟念政治不良，致多愤憾。且南洋数十万人极小之国实行立宪，皆能独立富强，使强大之国侧目，况我四万万同胞之大祖国乎？果能速开国会，实行宪法，富强立致，凌驾欧美，何幸如之！乃政府不此之图，而徒以九年筹备搪塞国民。去年既有全国谘议局选代表伏阙要求，华侨闻之，北望故国，欣幸无已。乃恭读去腊不允谕旨，大失所望，如丧考妣。是以聚二十六埠华侨大开数次会议，公推兄弟代表，回国追随海内父老之后，为二次之请。如再不允，则三次、四次，至千万次。十六省民力不成，则全国；全国不成，则南洋华侨、欧洲华侨、美洲华侨、澳洲华侨，不得不休，而后继之以死，则亦较为外人奴隶牛马为荣云云。陆君演说时，拍掌声雷鸣。以上所述，尚不及百分之一也。说毕作乐。又北洋法政毕业、直隶自治总局督催员通州潘君云巢演说，又北洋法政学堂监督、资政院议员束鹿李舫渔太史演说，又前奉天中学堂监督庆云蒋君炳奎演说，又谘议局常驻议员京旗林君庄演说，又第二次国会代表枣强贺君湘南演说。毕，作乐。诸君演说沉痛，慨慷激昂，鼓荡民气，确中事理，虽东西洋文明之国无以过之。乐毕，茶话闭会，时已五钟矣。遂由谘议局、宪政研究会、议事会、董事会之各会员及顺直同仁，偕往日界德义楼饭庄宴会。至陆公何日起程赴都，容访续布。

《顺天时报》，宣统二年三月十五日（1910 年 4 月 24 日）

华商联合会致北京请愿国会同志会电

北京请愿国会同志会诸老鉴：敝处发起联合海内外华商请开国会，已拟就请愿书，俟海内外商界公团阅定，并举代表赍呈先闻。华商联合会办事处李厚佑、陈震福、陈颐寿、金贤寀。

《中外日报》，宣统二年三月十八日（1910 年 4 月 27 日）

华商联合会联合海内外华商请愿国会公告书

敬启者。窃以处二十世纪忧患交迫之中，必先有立宪筹备之机关，乃可言立国完全之制度。欧美各国，类无不建设国会粲然大备，独土耳其尚付阙如，而去年亦经成立者，良以此也。然而以数千年绝后空前之创举，而欲安坐逸获而享之，其势常有所不能。是以东西列邦，殆不惜穷年累月，万众一心，极举国人民辛苦之要求，始有如愿幸偿之一日。盖不惟政治之阶级，进必以渐，抑亦事之重者，上必不敢轻予，而得之难者，人始不敢轻弃也。顾以时势之难缓若彼，而目的之难达又若此，然则将何去而何从？须知今日实业之世界，论人数以商界为众，论势力以商界为最优，独至人民与政府交涉之端，其主动力多发起于绅学两界中人，而商界偏废焉而自沮，此所以事必无成，抑又我国商人所当引为大耻者也。今何时乎？今非各界请愿，求而不得之时乎？我商界不欲为立宪文明之国民则已，苟其有立宪国民之思想，则当先尽立宪国民之义务。而国会请愿之举，自不得不继续各界以行之。孟子曰：虽有智慧，不如乘势；虽有镃基，不如待时。今时势之逼我者至矣，海内外同胞，其亦有奋袂而起者乎？

案此次代表团续议派员运动，中有一节云，拟请直、苏、粤、鄂四省商会，通告各省商会，各举代表，开大会于汉口，即由汉口到京上书。而去腊二十七日议决事件又云，一议通电海外华侨，请举代表来京，与各省人民同时请愿，并由闽、粤设法派人，前往鼓吹，至迟以六月为限。合观前后议案，则各界请愿之注重于我商界也可知。究其办法，则使内外华商为分途之并进，非使内外华商为一气而相联，此则其异点也。今天下之事变亟矣，内外官吏，以唯诺为秘诀，以粉饰为能员，以苟且因循为奉行新政独一之主义，其于世界潮流之所趋重，曾漠然无所动于中。下此者，抱外界刺激之殷忧，念国民兴亡之有责，未尝不集合团体，独当一面，而魄力未厚，呼吁无灵，一蹶不兴，势成瓦解。降而至于商界，则我国以此列于四民之末，素相轻视。其平日智识能力，又不闻究研阅历，自高位置，每遇国家有大改革、大运动，各界固拟之不足齿数之列。而彼辈自命为经济家者，亦惟汲汲焉课田地，谋衣食，几不知世界尚有何物。其尤可痛者，则生长海外之华商，对于祖国兴废理乱，如秦越人之相视肥瘠，甚或托身外籍，动辄以訾议本国之政体为快事。斯真以叔宝之心为心，岂第放弃责任，不能有所补救而已。夫国家者，积人而成者也。中国男界号称二万万人之数，除官吏士绅农工各界外，商贾殆居其半。以此一万万人之众，其居本国者，则俯仰食息，苟图生活，不克使国家有丝毫之影响；其居外国者，则更甘为犹太遗民之续。国之不亡，而种之不弱者几何？顾放任者不足道也，间有稍明大势者，熟察乎经济与国家关系之原理，亦思有所表见。惟是权限不属，舍商务一端而外，略无置喙之地，而彼亦得有辞以自解。今国会请愿，固明明为普天下臣民所当共效绵薄者也，独奈何度外置之？此吾所为对于内外华商，不禁流涕太息而莫能自已也。

呜呼！今岂犹是上恬下熙，安居乐业之世乎？各国之重视工商界也，有公司以补助，有领事以维持，有专利以提倡，有法律以限制。要其种种规则，皆发生于议会意思之机关，盖举世趋重于商战一途，故当时上下院所提议而执行者，莫不以保商为救时之要政。我国自海通而后，生计愈艰，利权外溢，政府筹备既紊乱而无所措手，坐视工失其财，商失其利。举各省所有矿路、工艺、垦殖、森林诸实业，只听吾民之自为计，而政府不能倡率整顿于上，商人不能联络扶持于下，驯至今日，民穷财尽，公私交困，而杂捐加税，益畀以担负之重。以无议院监督之故，于是国家、地方之行政经费，彼得以为所欲为，商人不敢过问。时事如此，尚何忍言？说者谓我国国会未开，人民对于国家，只有担任义务之劳，永无安享利权之望。而商界则尤为直接受病之最巨者也。且亦思近日之设总商会，设研究会，各省纷纷建立，而政府且统辖之以大部。若此者果何为也哉？诚念国家财用之赢绌，由于地方实业之盛衰，故不惮以保护之者，自固其命脉也。惟是藉官吏以为指挥之具，而机关先觉其不灵，何如集大群以谋兴革之方，而计划较详于自审。吾不敢谓国会之性质，限于商界之范围，然亦未闻庶政更张，而商界事业，乃独出于筹备外者。我内外华商而不思自立也，吾无责耳，否则占优胜之点，呈发达之形，舍此殆无一术焉。求所以与世界竞生存之法，而又何嫌何疑而不肯共奋耶？

夫商业之有赖于国会，亦既彰明较着矣。若论请愿之事，其必有需于我商人者何也？无论立宪国民，人人有参预政事之特权，事事有督责政府之能力，即以实业界而论，现拟钱粮盐酒均归正税，年纳如额，作为选民。旧岁谘议局开办之初，选人与被选者，我商人实居多数。以故各省通行议案，类皆注重实业，为地方根本之上计。各界之待我商人者如此其厚，而顾可妄自菲薄乎？大凡世界愈进于文明，则商人对于国家亦愈占非常之势力。去年英人为加税事，党人联合竞争，卒废革上议院。究其实，即商业之影响也。他如一银公司可以倾覆国都，一托辣斯可以左右政府，而美国每次选举总统，俱由各银行实业家协助运动之力。上届罗斯福被选，闻有耗运动费至六百万磅者，此其潜势内力，岂徒区区作空言之请愿哉？我商人诚念此中关系之原因，则所以自处者正自有在，联涣散之情以此，振凋敝之业亦以此。况近年商界发起各事，政府渐知信用，往往对于绅学各界异常疑忌，惟商界则奖借之不暇。乘之先入为主之见，而动之以一诚相感之心，请而果从，则商界之幸，即各界之幸。以人力所不能得者，而吾诚足以通之，其荣名美誉不啻在我国商业历史上，增无数之异彩也。请而不从，亦庶几可告无罪于国人，并使列国知我内外商人卓然负政治普通之知识也。他日将有一跃千里之势，而骄蹙之气，为之稍戢，是则商业前途之朕兆，未始不因是而小补也。念及此而请愿之有需于我商人，殆可无疑矣。

其必有需于内外商人之联合者，则又何也？我国内地商业之失败，日甚一日，洋货内输，漏卮不塞，所恃以资周转。谋抵制者，仅藉华侨一部分。统计南洋各埠，我华人之营业者，不下数百万人，而美、秘各属不与焉。其人数既多，其力量愈厚，其团体亦较坚。每闻本国水旱偏灾，尚不惜集合巨资，热心助赈。迩者政府以兴办海军之计画，迫于经济，而华侨首倡义举，甚至于慨捐数十万，居然为卜式输家之续者。惟政府亦知国家有事，大半恃海外商人之力也，于是乎有派员抚慰华侨之举，临问疾苦，宣扬德音，兢兢焉若惟恐不当其意，谓非由于我商人积诚之所动而不得矣。夫人情于己所素感之人，一旦彼有所求，自度力所能为，苟不为之勉致其情，将报者固自问有所未安，即施者亦保无虑其中悔。此殆世人交接之常，彼君父岂遂有以异此也？政府即靳国会而不欲轻予，而不念商界之报效也如彼，其要求也又如此，顾忍径行直遂，而不令稍得一当耶？就使竟不得当，是仍国家之负我商界，非我商界之敢忘国家也，矧其未必如是之不情也。为今之计，一面由我商界实行赓续，道在举海外华侨之所目击而身受者，证之以各国外侮之情形，世界竞争之大势，俾知国会不开，则人心不一；人心不一，则实业不兴；实业不兴，则财用不足；财用不足，则国势不张；国势不张，则不但一切政策皆障碍而不可行，而我商人之殖民异地者，亦且蹙蹙焉有国权丧失之忧，势不免俯首帖耳于外人羁绊之中，而一日不能【以】自拔，计惟有愈衰愈竭以即于亡而已。念及此而请愿之有需于联合内外商人，更可无疑矣。

恭读去腊上谕有云：国民知识程度未能划一。味其语气，一若合各界而言之，然吾考东西各国，大率绅学两界，辄自命为开通明达之人，是其必不甘自居于无知识之名也明甚。所虑者，我内外商人，合上中两流社会于一途，此实不免为人所借口耳。顾尝平心而论，我内地商人素无统计之学，又复懵于大势，骤语以国家强弱兴衰之故，必且有自谢不敏。即华侨吸受乎欧美文明之风气，习闻乎政治消长之原因，亦遽难语于知识程度之划一者。俟其划一而始开国会焉，恐宇内茫茫，我华商终无托足之地矣。且程度视习尚为转移，知识以历练而渐进，在各界莫不如是。兼以我国商人本有服从法律之性质，与各国商界挟叫嚣之气，干涉国事，不合则联群反抗者，正自有别。不试之而强抑之，在政府为轻料吾民，然及今日而不雪此言，益使知识程度不足之恶名，绅学界所不甘受者，而我商人反钳口结舌，低首下心，直任焉而不敢自辩也。且上谕不尝谓“代表诸人无以对四万万人民之众”乎？是则国会一事，政府非不欲开，惧其【出】于代表少数人之私见耳。欲破其疑而坚其信，非集合多数人不可；欲集合多数人，非联络我内外商界不可。我商界而尚置身事外，其自为计则诚【得】矣，而各界益有辞以为解免，谓彼人数称盛者，尚不思顾全大局，又曷怪各界终少他山之助，空为将伯之呼。他日请愿不行，其咎不专在四万万人众之无能，而实由彼　万万余商人之不肯竭心以尽力。至是恐倾东海之波，不能濯其耻，罄南山之竹，不足写其辜。我商人其能腼然自立于人世也哉？嗟乎，时局如斯，奈何不早自决也？

风闻旧岁催开国会之先，众情踊跃，独于旗人一方面，则稍有损失窒碍之处。当时旁观议论，有逆料八旗之必从中掯阻者，岂知其竟有联名协催之举。夫国会虽关大局，而此事一行，则满汉不分，政权统一，旗人必须自筹生计，此其于私人生业上，实有两不相下之势。顾尚能牺牲一切利益，以求为国家长治久安之道，而勉从乎舆论之所安。易地而观，则国会之关系于我商界者，以视旗人之因此失其事业，孰利孰害，孰公孰私，当不俟有识者而始知其故。此而不实行请愿，【是】大之则拙于谋国，小之即拙于谋身，知识程度乃真较八旗一部分而不若耳。抑更有望于商界诸君者，目下请愿代表诸人，皆各省谘议局中人也，政府以其逗留京师之故，欲去之不能，欲逐之不敢，乃委屈创行新律，谓议员不得擅离局所，藉此为遣回代表之诡计。以各代表处进退维谷之境，其势之孤而心之懈也可知。设一闻此言，纷纷焉卸责出京，则后顾茫茫，正复何堪设想？要知各界之中，其不担办事之责任，为政府干涉所不及，而又可以预备经费，不忧办事之困难者，舍商界殆无敢语于此。及今日而联群竞进，持以毅力，矢以贞心，各代表知有后盾之可援，固不忍遽生其退志。彼政府鉴于吾国民志之坚定，以为吾能驱谘议局之代表，不能驱非谘议局之代表，或亦幡然悔悟，勉从其志。庶几异时请愿，终有策勋奏凯之时，岂不懿欤？鄙人谨挟最后之希望，以祷祝于我海内外华商诸君子之前曰："国会万岁""商界万岁""我中国各界同胞万岁"。

《时报》，宣统二年三月廿二日至廿四日（1910年5月1日至3日）

澳洲华侨致代表团电

国会代表团诸大君子公鉴：澳侨请愿代表公推陆乃翔君兼任，已电陆。望诸公协力毅持。澳洲全体侨商叶炳南等叩。[①]

《中国报》，宣统二年三月廿六日（1910年5月5日）

海参（威）〔崴〕中华商务总会致代表团函摘录

海参（威）〔崴〕中华商务总会昨有函致代表团，略谓：立宪为国家安危所系，国会实为宪政之命脉。该埠自读去腊杪上谕以来，无不慷慨激昂，愿为后继。现已由全体侨民王君廉钦等联名具呈，由商务总会转请农工商部代奏，并嘱

① 录自"国会请愿六十六志"，标题为编者所加。

代表团坚持勿懈。闻其呈稿颇恳切，刻代表团正在代印，闻不日发布云。①

《中国报》，宣统二年四月初九日（1910 年 5 月 17 日）

国会请愿进行之近状

初五日下午十二钟，国会期成会黎宗岳、陈佐清诸君假坐虎坊桥嵩阳别业开会，欢迎华侨代表陆劼夫君及第一次国会代表邓孝可君等，并设筵畅叙，请第一次国会代表孙伯【兰】、陈芷【皋】、吴荫久、潘伯和及《帝京新闻》总理康甲臣、《宪政日刊》总理徐佛苏诸君为陪席。筵间【纵】谈国会请愿事，陆代表立论最为精卓。宴毕合拍一影，以为纪念，随于午后三钟散会。

《申报》，宣统二年四月十二日（1910 年 5 月 20 日）

国会代表团近事记

华侨国会请愿代表陆劼夫君到京后，自撰上各军机书，洋洋数千言，其书中大旨：（一）华侨与中国之关系，（二）国会与华侨之关系，剀切痛陈。初十、十一两日谒见肃王与吴军机，上书并面陈一切。

《申报》，宣统二年四月二十日（1910 年 5 月 28 日）

① 录自“国会请愿七十三志”，标题为编者所加。

东京来电摘要

留学界以此次请愿国会又未邀谕允，特于五月二十五日在锦辉馆开会，讨论第三次请愿国会办法，以为北京代表团之后援，并促各省同志会之进步。当议定联合全国军学商绅各界团体结成一大团体，合力为第三次之请求，并决定先由东京留学界分电各省，坚持勿懈。是日到会者约千余人。[①]

《申报》，宣统二年六月初四日（1910 年 7 月 10 日）

国会请愿果能不死乎

华侨捐助海军经费一事，方洵贝勒出洋时，各华侨即有成议。兹因请愿国会二次被驳，各代表集议第三次进行方法，南洋华侨代表陆乃翔君宣言：承各埠公推鄙人为代表时，即经众议，政府如仍不允早开国会，则我华侨之海军捐决不承认，此为各国以不纳租税要求国会之先例。惟筹办海军为强国之基础，今我中国之弱已达极点，决非速兴海军不可，乃因一二顽固臣工之阻力，致使上下隔阂，两败俱伤，殊觉可惜云云。闻是日大众聚议时，政界仍委侦探旁听，警察监视之。

《申报》，宣统二年六月初九日（1910 年 7 月 15 日）

① 原标题“国会请愿不死”，本部分为其中一片段。

海外侨民第三次请愿之预备

国会请愿两次被驳，四海臣民同深惶恐，而旅居海外者受他国之刺激，希望国会尤殷。故美洲华侨复举代表来京，预备第三次请愿。南洋群岛各华商亦先后电达政府，告以国会不开，海军捐无人承认。游日学商界亦曾开会讨论国会请愿方法。十三日，澳（州）〔洲〕华侨代表叶炳南君亦由澳电致代表团，转嘱南洋雪兰莪二十六埠总代表陆乃翔君，速作三次请愿，由三而四，不得少休云。

《申报》，宣统二年六月廿一日（1910 年 7 月 27 日）

湖南罗君由日本致代表团函摘录

现横滨华侨已签名请愿，神户、长崎均已联络，并举汤觉顿君代表入都云。

《中外日报》，宣统二年七月十三日（1910 年 8 月 17 日）

纽约华侨致代表团电

五月廿九日

国会代表团鉴：国会未允速开，众情惶迫。伍宪子代表来京续请，乞力持。美洲华侨赵万胜、蒋奈等叩。

《中外日报》，宣统二年七月十三日（1910年8月17日）

澳洲华侨致陆代表电

六月十三日

昆新馆代表团转陆劭夫：三、四请愿，务竭其诚。叶炳南等叩。

《中外日报》，宣统二年七月十三日（1910年8月17日）

澳洲华侨之急电

各国华侨先后通电推举代表，预备第三次国会请愿，已登本报。今又得澳洲华侨致请愿代表陆迺翔部郎一电录后。

陆迺翔转呈资政院鉴：日俄约成，瓜分局定，请速开国会，以救危局。乞代奏。澳洲华侨万炳南等叩。

《国民公报》，宣统二年九月初一日（1910年10月3日）

南洋华侨急电

陆乃翔君鉴：三次请愿书仍求速递。雪兰莪商会。虞。

《国民公报》，宣统二年九月初九日（1910年10月11日）

留日华侨代表汤觉顿上资政院书摘要

留日华侨代表汤觉顿君昨上资政院书，其措词精当之处极多，大致谓：日本自开国会而财政始能整理，内乱始能消弭，外交始跻于平等。我国如能速开国会，则外人有所震动，而外交自易顺手，革命之风潮亦自然消灭。且政府日言筹款，苟无国会，款不易筹。昔韩国之言维新，亦曾颁《大诰十二条》，设立中枢院，号为议院基址，而不肯直截开国会，卒至亡国。我国现时之资政院，实不足以代国会云云。①

《申报》，宣统二年九月廿三日（1910年10月25日）

① 原标题“三次国会请愿之进行”，本部分为其中一片段。

华侨代表致军机电

北京军机处王爷、中堂大人钧鉴：南洋各岛闽侨居多，国会迟开，人心易惑，恳即诏示，确定明年开会召集，以慰侨望。乞代奏。漳、泉、永三属侨民来省请愿代表周之桢等叩。

《厦门日报》，宣统二年十月初七日（1910年11月8日）

纽约中华帝国宪政会致时报馆电

正月二十五日午刻到

时报馆转各团体鉴：敌迫，国会迟必亡，速五请。纽约中华帝国宪政会。[1]

《时报》，宣统三年正月廿六日（1911年2月24日）

① 录自《时报》“专电”，标题为编者所加。

第三编　督抚等官员及资政院议请速开国会活动

一、有关速开国会之奏折

御史徐定超请速设议院保护华侨以维人心弭民变折

光绪三十三年七月初四日（军原）

掌江西道监察御史臣徐定超跪奏，为人心浮动，匪党蔓滋，谨拟消弭大计，请旨饬议施行，以维民心而固国本，恭折仰祈圣鉴事。

窃惟今日时局阽危，内忧外患，时劳宸虑，然欲弭外患，必先弭内乱，譬如医者治病，痼疾未除，元气必不能复。伏读上年七月十三日及本年五月二十八日上谕预备立宪，有上下一心，君民一体之语。煌煌圣训，诚古今不易之治法，万世保邦之要图也。中国自唐虞三代以迄今日，无不以民心之去就，觇国运之盛衰，但君民之何以一体，上下之何以一心，必有所以激发维系之道。比来王大臣等厘定官制，改革庶政，所以振作图强者，固已不遗余力。乃外省官制之议下，而各省督抚有奏请宜缓者矣，刑民诉讼之法颁，各省督抚有奏请难行者矣。或谓国民程度之未合，或谓地方情形之不同，此非君民之不能一体，上下之不能一心也。盖谋未定而先动，议未集而欲行，譬犹刻舟以求剑，胶柱而鼓瑟，其事必不能通。近日人心不靖，匪徒蠢动，皖省竟有枪毙巡抚之事，迁流日下，大局何堪设想。故为今之计，必以先弭内乱为急务。臣谨拟弭乱之策，厥有二端：

一曰迅设上下议院。前广东督臣岑春煊奏，请拟预备立宪阶级，有设立资政院，开都察院定议以代下议院，及各省设谘议局会议，各属设议事会，迄今尚未施行，其实则可总名之曰议院，特有上下之分耳。臣谓议院之设其便有六：中国幅员辽阔，边省腹地情形不同，今自省会以至州县各设议会，令地方公举议员，则以本省之人议本省之事，刚柔强弱，风俗习惯，斟酌而行，因地制宜，悉无窒碍。便一。欧风东渐，民智已开，投之闲散，久则生变。若才识稍优者悉充议员，则责任既重，议论自驯，官绅联络，互相监督，不逞之徒，莫施其技。便二。议员有议事之权，无行政、司法之实，魁柄不移，不得窃弄威福。便三。立宪基础以地方自治为要点，既以议会议地方之事，则何者当兴，何者当革，何者当益，何者当损，反复磋议，措置自宜，百废俱举，足纾宸虑。便四。泰西各国，凡用人行政，必下国会公议，国会认可，然后施行，更无中变，即有不善，可由政府随时酌改。便五。周厉弭谤，弊甚防川，臧孙诘盗，鲁转多盗，天下事遏之使壅，不如宣之使通。年来各省警察虽已林立，然可以制其动，不可以制其静，可以戢其形，而不可以戢其心，如以议院通达下情，则民气毕伸，宵小自难鼓煽。便六。

一曰保护华侨。华民侨居外洋者数以亿万计，中国向来仅以公使兼护，形格势禁，既属孤单，又非专责。近虽设立领事，然为数寥寥，保护仍多未至，向背悉任自由。查孙文在新加坡一带皆以侨民为羽翼，我既自弃其民，毋怪彼收其用，风潮之起，职此之由。近来民政部调查户口，虽已注意华侨，然所以管理之法仍未之讲。窃谓保护华侨，其法有三：一宜多设领事。闻日本侨民在英伦三岛者不过百人，而设领事四人，美国金山总处日侨不及千人，而领署几案簿册累累，悉皆侨民案牍。中国侨民较日本何啻倍蓰，而领事署中几案无尘，相对茶话，此非领事之不力，诚以设领不多，势力单薄，侨民有事赴诉，亦难全力保护，而领事转为赘旒。今宜力祛积弊，增添领事，略仿日本办法而专责成于公使，遇事保护。既不见凌于外国，自可尊重国权，侨民托庇，隐消反侧。一也。一宜广设侨民学堂。查华侨在外洋者或数十年，或二三世，其子弟悉习外洋文字语言，为中国之民，鲜祖国之谊，奸民煽诱，易为摇惑。宜饬学部派委教员，多设蒙塾，教以国文，晓以国粹。其毕业后文理通顺者选入内地肄业，一体奖以出身，则侨民胥知自爱，既可以广我殖民，自不致为渊驱鱼。二也。一宜以华侨为领事。侨民既受教育，才俊必多，拟即以所居某地之民，为某地之领事，风土人情周知熟悉，交涉自不隔膜，各有身家性命财产之责，保护尤无不力，即有时事关内地，更可禀承公使商酌办理，不失祖国主权。三也。

凡兹六便三法，皆消弭内乱之大计，而实立宪国不容缓之要政也。盖常人之情，莫不恶乱而思治，惟有所求而不得，则乱心生矣；亦莫不好生而恶死，惟有所郁而不舒，则蹈死甘矣。臣考东西洋立宪各国，君主之于臣民，犹身之使臂，臂之使指，而臣民之与君上，犹四肢之捍卫头目。其全国之人各有担负国家之义务，即侨居异域者，亦无不联络一气，呼吸相通。此非性质之特异也，盖有国会以联络其情，有领事以保护其身命财产，一有不便于民，务必随时磋议，归于至当而后已；一为外人所虐待，尤必反复辩争，务求不失国权而后已。然则欲联上下为一心，合君民为一体，正本清源，消弭内患，舍是其道何由？

臣怵于内乱，谨拟消弭大计，请旨饬议施行各缘由，恭折具陈，伏乞皇太后、皇上圣鉴训示。谨奏。

《清末筹备立宪档案史料》下册，中华书局1979年版，第603—605页

黑龙江巡抚程德全请速开国会以救时艰片

光绪三十三年八月十一日（军录）

再，国会一议，现在地方自治程度尚未完全，责任内阁亦未组织成立，自不

能大启宏规，转滋凌乱嚣张之弊。惟必须议定选举规则，先立国会议员之名，俾尽监督行政之责，且有国会则地方自治既可藉资考查，责任内阁亦可藉以维持。臣之议设国会者，非欲伸张民权也，良以询于刍荛，载在典籍，谋及庶人，曩哲所称。此之渎陈，无非冀此后当局措注，渐有合于人心，以挽全国泄沓之风，藉免斯世阽危之祸，我皇太后、皇上果欲通上下而知情变，其道不外此矣。微臣熟思审处，今日舍国会外，更无联国家与人民合为一事之长策。上年厘定官制王大臣所订资政院章程，用意最善，惟选举之途略狭，权责之寄太轻，是宜广选英贤，径开国会，以救时难而支危局。盖大势日逼一日，若必待事事皆有程度可言，则竟将无一事可办矣。所有亟宜速开国会缘由，谨附片续陈，伏乞圣鉴训示。谨奏。

《清末筹备立宪档案史料》下册，中华书局1979年版，第605—606页

暂署黑龙江巡抚程德全奏请行宪政融满汉开国会导人才片

光绪三十三年八月十一日（军录）

再，比年以来，负笈东洋诸生率多诱于邪说，近则海外之风潮日剧，中原之党祸方兴，上年京城吴樾之事，本年安徽徐锡麟之事，莘莘学子，（寑）〔寖〕成匪徒，谁实激之，祸乃至此。臣尝究心历史，细溯根源，窃谓办理此等事件，首宜修明百政，以安反侧之心，不宜薙薙株连，以成钩党之祸。盖此辈宗旨以激成祸变为乐，以前仆后继为能，我若惩办过严，适以成彼党之名，彰国家之过，究何利焉。昔汉、宋、明之末季，顾厨、元佑、东林朋党迭兴，凡皆政治窳败，故生厉阶。我朝仁厚开基，近际时势变迁，并无深文苛政，若因此搜捕太过，窃恐多生枝节，为患益深。伏冀皇太后、皇上行宪政，融满汉，以安天下之心；开国会，导人才，以作徙薪之计，固不必惩祸变而悔行新政，尤不必因牵累而过事诛求也。譬诸良医治疾，只求元气充足，百病自可全消，若攻伐之剂过多，必将

病入膏肓，本根日削，虽和、缓不能治矣。抑臣闻彼党之言曰：不破坏不能完全。是在我苟急图完全之谋，则在彼势难行破坏之事，臣愿圣朝尚宽仁而敦致本者此也。谨附片密陈，伏乞圣鉴训示。谨奏。光绪三十三年八月十一日奉朱批：览。钦此。

《清末筹备立宪档案史料》上册，中华书局1979年版，第259页

御史陆宝忠等奏请改都察院为国议会以立下议院基础折

光绪三十三年八月十八日（军原）

都察院都御史臣陆宝忠等跪奏，为请旨改都察院为国议会，以立下议院基础，恭折仰祈圣鉴事。

本年八月十三日钦奉上谕：朕钦奉慈禧端佑康颐昭豫庄诚寿恭钦献崇熙皇太后懿旨，立宪政体取决公论，上下议院实为行政之本。中国上下议院一时未能成立，亟宜设资政院以立议院基础等因。钦此。仰见我皇太后、皇上因时制宜，维持邦本之至意，钦服莫名。

臣等查各国议院，即系议会，其制有国议会、省议会、县议会、市议会，如身使臂使指，机关既备，运用乃灵。日本宪法第三十三条，议会以贵族、众议两院成立。第三十四条，贵族院以皇族贵族及敕任议员组织。第三十五条，众议院以人民公选之议员组织。盖上下两院之制，东西各国因袭已久，成效彰彰。揆厥所由，盖天下事物之理，皆以奇而立，以耦而成，故集思广益之机，非两不为功也。中国数千年来，非无圣君贤相，然而民气之湮郁，末由宣通，民情之抑滞，亦无所控诉者，此非尽用人之咎，要由于行政机关，窒滞不灵，以致于此。是非仿各国制度，多设议会，俾君民一体，呼吸相通，窃恐未能见效。

伏读上年七月十三日上谕，时处今日，惟有及时详晰甄核，仿行宪政，大权统于朝廷，庶政公诸舆论等因。钦此。圣谟洋洋，薄海臣民，同深感颂。臣等以

为，今日新设之资政院，即各国上议院之制也，而旧有之都察院，即各国下议院之制也。现在资政院既经设立，是上议院已有基础，似应将都察院改为国议会，以立下议院基础。惟按各国通例，下议院议员皆取于全国人民之公选，现在中国省县各议会尚未设立，章程既均未定，程度亦属不齐，似宜斟酌变通，选择都察院给事中、御史中之才识明通、宅心公正者，请旨录用，即充议员，无庸选举。现部院大臣保送御史各员，其中不乏通才，应由吏部定期考试，慎加选择，以备录用。一面由各省督抚各举品望素孚、通达政体之官绅各二三人，详具切实考语，送部引见，请旨录用，充当议员，以为各该省之代表。至各省之省议会、县议会、市议会，亦请饬下次第设立，俾与资政院、国议会声息相通，情志相洽，庶天下臣民，咸知与国家同休共戚，确有切己之关系，斯有当尽之义务。一俟三四年后，各省议会办有成效，再将资政院、国议会改作上下议院，而下议院议员即可实行选举之制。如蒙俞允，应请明降谕旨，将都察院改作国议会，所有一切章程，应详考各国通例，采择仿行，以为预备立宪之实验。

臣等愚昧之见，是否有当，谨恭折具陈，伏乞皇太后、皇上圣鉴训示。谨奏。

《清末筹备立宪档案史料》下册，中华书局1979年版，第606—608页

掌印给事中忠廉等奏下议院亟须特别设立不可以都察院更改折

光绪三十三年八月二十九日（军录）

掌印给事中臣忠廉等跪奏，为下议院亟须特别设立，断不可以都察院更改，致失立宪之精意，恭折仰祈圣鉴事。

窃以立宪政体，累万语千言而不能罄，惟其要在使民参政而已。民人参预政治，必须组织议院。西儒美良房曰：议院之于国民，犹地图之于土地，有议院而国民之利病毕见，犹有地图而山川、都邑悉陈也。历考君主各国宪法，推英国最

为完善，由其国先有议会，其宪法皆自国民提议，经君主承认，故为各国所不及。中国今日甫议立宪，输入国民政治之知识，订定国家完全之宪法，实以组织议院为要着。近日恭奉明诏，设立资政院以为议院基础，他国臣民所竞争而不能得者，我皇太后、皇上毅然行之，薄海闻风，欢声雷动。惟一院制与两院制，各国政治家多研究之，辨端陟儿豪诸儒主一院制，自美国大统领亚登士倡两院议，干德小弥尔诸儒继之，谓一院制论说专一，无人挽救，易流偏激，傥有人植党营私，摧陷公法，压制人权，莫可诘责，为患曷极，不如两院制得所调和，可免专一之弊。德儒伯伦知理，极论两院制之善，尤为明辨以析，各国宗之，多行两院制。欧墨小国虽有行一院制者，然彼之所谓一院制，止立一下议院，若立一上院而无下院，古今万国无此制也。故国会之权偏重下院，盖下院者代表全国之舆情，其组织之法无国不用民选，特有单选、复选之差别耳。单选者谓国民自行投票，直选代议士是也。复选者谓国民先选选举人，而令其代选代议士是也。中国组织下议院，立法之始万不可失民选之义，宜用复选法，先定选人资格，令其选举郡县议士，由郡县议士选举省谘议会员，由谘议会员各举代表组织国会。行此三级选法，使民间声气层层相通，行之十年或十余年，尚可得立宪之真相。而议者有以都察院代国会，以保荐代投票之说，臣等窃以为差之毫厘，失之千里矣。

请将议院、察院之性质分晰言之。国会议员由民间公举，科道人员由大臣保送；国会议长以选票最多数之人由君主敕任，都察院台长皆循资按格，照例迁擢；国会议事，定期召集，察院言事，随时具折。性质不同，作用绝异。欲以都察院之实，强附下议院之名，不惟不得下议院之精神，且必失都察院之作用。夫都察院今日之不可骤撤者，正以国会权力尚未巩固耳。各国国会特权有三：一、检查岁用；二、弹劾政府；三、监督官吏。中国币制、赋则皆未画一，预算、决算不能骤办，财用出入谁能稽查。此实国会权力不能巩固之一原因。政府未负责任，虽有违法失政，无从究诘。此实国会权力不能巩固之二原因。他国官吏皆经两种试验，行政、司法权限不混，中国官吏品汇太杂，司法独立尚未实行，官权过重，民气难伸。此实国会权力不能巩固之三原因。有此三端，谓今日国会即可与政府对立，必不能之势也。尚赖有都察院风闻弹事，藉君上之威灵，拯民间之疾苦。傥混而一之，人将以国会合议为词，禁止言官专折奏事，是国会权力尚未巩固，察院制度先经破坏。而所谓议员者，稍有心肝，必被解散，其不肖者，或反资为权贵之利用。将见君主孤立于上，官吏横行于下，上下隔绝，民不聊生，旧日之君主专制，忽变而为贵族专制，西史谓之寡人政体。必有以争民权、更宪法为名，酿出英、法大革命之事。内乱纷滋，外人干预，瓜分之祸，即在眉睫。臣等为中国危，臣等为生民恸矣。亟应请旨饬令会议王大臣详议组织国会之法，酌定召集国会之期，扫除一切以察院代国会、以保荐代投票之谬说，务使下议院特别设立，不失民选之义。一面整齐财政，统一赋税，酌立责任政府，实行司法独立，各项官吏必经普通、高等两试验，严杜滥冒，以清仕途。俟国会各种权力逐渐巩固，都察院应否归并裁撤，届时开国会议决之。慎勿画蛇以为龙，指鹿以为马，小则遗他国之笑谈，大则酿中原之实祸，天下幸甚，大局幸甚。

所有下议院亟须特别设立缘由，合词恭折具陈，是否有当，伏乞皇太后、皇上圣鉴训示。谨奏。

《清末筹备立宪档案史料》下册，中华书局1979年版，第617—619页

侍讲学士朱福诜请开设议会以维国势而固人心折

光绪三十四年五月二十六日（军原）

经筵日讲起居注官、侍讲学士臣朱福诜跪奏，为时局日艰，叩求恩谕开设议会，以维国势而固人心，恭折仰祈圣鉴事。

窃维近年以来，宫廷锐意求新，励精图治，薄海内外，莫不欢欣鼓舞，想望治安。然而外交多见失败，内政日益纷更，甚至上下交征，公私俱困。兽铤狼顾，事变堪虞。中外诸臣，盖无不心知之，而以保全禄位之心，莫肯为朝廷一言者，臣窃痛之。

窃计近来外交诸事，其大者如日俄战后之议约，东三省之主权，其小者如各省之路矿，西江之捕务，无一非退让不遑，坐失权利。当轴每以国势太弱，无可

与争为言。臣以为正惟国弱，不能不以文字口舌争耳。他黎兰之于法，加富尔之于意，皆所谓受任败军之际，奉命危难之间者也。他黎兰之言曰：国无论大小强弱，而权力不能不均。卒以挫败之法，并列于四强国之间。加富尔外交英、法，内结国民，卒能力抗强邻，以渐成意大利统一之业。向使二人以国弱不争，则法、意一蹶而不复振矣。又外务部近有漏泄密电一案，牵涉至多。此种要电，何能委之学生之手，疏忽之咎，岂得复以国势为解？臣又观外部之于交涉，每以延宕为词，不知外交轇轕，不早予解决，即多所要求。前定各国约章，本多不合之处，窃谓国际公私法不能不早定也。

臣观近世纪中各国政策，皆在工商竞争。即日本维新，亦以殖物产、兴国益为首务。我国首设商部，复改为农工商部，后又设邮传部各衙门，最为得其要领。然各部初建，不为民人兴利，不为国家理财，而但为衙门筹经费。至其所办之事，非取财于民，即与民争利。按斯密氏《原富》之言曰，商人之事，应听商人自为之，即史迁所谓上者因之也。今非但不因之而已，即凡利导整齐教诲之事，一概不为，而惟攘夺商民之利以为己利，所谓最下与之争也。此岂我皇太后、皇上增设各部之本意哉！教育之事，贵于普及，今于农工商实业甫在萌芽，而成立之学校毕业之生徒，人材难得，流弊滋多，京官子弟至有以入学堂为戒者。民政一部，经费至繁，考其设施，多未完备。即如卫生之事，消防之队，尤为切要，乃者火灾屡告，疾疫频兴，绝不闻有所戒备。至于探访一局，尤开告讦之门，以视东西警章，利害相去悬绝。综而论之，各衙门办事之失宜，由于其始用人之不当。自设立新部以来，人人争言运动，其所用之人，非纨绔即市井耳。其中津贴最多者，所营之事，惟修饰车马衣服及征逐冶游豪赌耳。在朝廷不惜宽筹经费以行新政，破除资格以求人材，而适以便诸臣植党营私之计，为若辈居官行乐之方。臣所为痛心疾首者，此也。

抑臣更有请者，凡内外官方之不饬，各衙门之事所以纷乱无纪者，由无法律以为之范围耳。夫惟法治之国，用人行政一一皆在法律之内，而欲为法治之国，则非议院、国会不为功。臣请得而条举之。

前闻海牙平和会，欲抑使中国降等，借口于法律之不完。中国方汲汲修律，而民刑诉讼动遭掊击，刑法草案复见吹求，所谓筑室道谋，终于无成者也。况民商私法，尤中国所不经见，乡曲之士必且骇怪。将来编定六法，惟于议会通过，则各直省自可一律推行。此议会之利一也。

今天下所最重者财政耳，无论民穷财尽，势将生变，竭泽而渔，源且立涸。既设议会以后，人人知租税之出，所以保治安，则取之而不为怨。且地方自治，必先振兴实业，则可以取之不竭，用之不穷。此议会之利又一也。

国家银行与夫交通、储蓄、劝业银行之设，以集资本为第一义，必有议会而后银币、钞票可以得国民之信用，如此则财用足而实业兴。此议会之利又一也。

且议会能监督行政，非人民能监督行政也，乃以国家之法律监督行政也。此与昔之谏臣所谓言及庙堂宰相待罪者，其体制尤为过之，各国政府所称为法律上之内阁，即此义也。此议会之利又一也。

议会之参预政务者，但有其议论耳。夫以郑国侨之贤，而不毁乡校；以诸葛亮之宏毅忠壮，忘身忧国，而犹开诚布公，集思广益。使政府而开明也，固乐得议会之赞成；政府而未尽开明也，亦正赖议会之攻错。总之，议会者，所以助政府之进行者也。此议会之利又一也。

或谓今之国民皆持排外主义，恐其干涉国际，臣窃以为过矣。春秋之义，内其国而外诸夏。排外者，我孔子春秋之旨也。今欧美、日本国民，无一不排外者，是排外者又国民之性质也。且使议会文明，排外不过托诸空言，但足为政府之后盾，而决不能碍政府之方针。即如近者津浦之约已愈于沪宁，江浙之约又胜于津浦，使非国民力争，未必其肯让步也。西江捕权之案，日人颇非议其政府，使非国民力争，彼岂肯翘其政府之短，以启我民仇视之心哉。若是合群之力之有效也。此议会之利又一也。

各省征兵，无外国征兵之资格，而以外国征兵之身分自居，平日奉之有如骄子，屡与警兵冲突滋事，勇于私斗，必怯于公战。设有议会，则无人不入学堂，当兵乃其义务，有军国民之人格，斯能收军国民之实效。此议会之利又一也。

今之议者辄谓国民程度不足，不知议院、国会皆从民间选举而来，非人人得参预也。既被选举之员，则程度之优可知。或又谓下议院当设而国会不可开，不知国会者，民选议员所出也，无国会是无议院也。臣以为预备立宪，则议院、国会有利无害。又今州县方将停选，寄其责于外省，有议会则君权独尊，而必无外重内轻之弊。我国家亿万年有道之长，方基于此，当出自宸衷之独断，而不待外省之请求，矧今各省之请愿开国会者，已接踵而至哉？

臣蒿目时艰，蓄怀日久，今以衰病之身退就农亩，惓惓之忱，不能自已，用敢刳肝沥胆，献其一得之愚。是否有当，伏乞皇太后、皇上圣鉴训示。谨奏。

《清末筹备立宪档案史料》下册，中华书局1979年版，第623—626页

外城巡警总厅厅丞王善荃奏请定开国会年限折

光绪三十四年

奏为吁请诏示天下，定期三年召集国会，以张国权而理内治，恭折具陈，仰祈圣鉴事。

窃维光绪三十二年七月十三日恭奉明诏预备立宪，薄海臣民，喁喁向治，臣工之封奏，士民之上书，恒多以速开国会为请，此其爱国热诚，固由国家数百年厚泽深仁涵濡陶育所积而致，亦以外侮日见纷乘，事势日形艰棘，其激刺也愈深，其吁求也愈切。臣静观时局，默体舆情，必速开国会而后国权乃可扩张，内治乃可整理。谨请为我皇太后、皇上缕晰陈之。

何言乎国会之关于国权也？臣窃考之历史，验之当世之务，凡列强并立，其国权之作用，一为外交，一为军事。欧洲中古各国，往往以君主之尊，任外交之长。及于近世，立宪主义渐加进步，外交事务亦为内阁之责任，且有以缔结条约之一部分责之国会者。普国宪法第四十五条有云：贸易及国民担负之条约，须得两院之同意，始有施行之效力。可见国会与国权有相依相辅之势。中国自海禁既开，列强麕至，其因昧于敌情，怯于国势，而受条约之损失者，何可胜道。人民之拥护国权与国家之缔结条约，形影相应，相与为援，即遇事体繁重，极费磋商，而有国会以辅助之，其势亦转圜较易。此犹为法律上之解决也，至于根本上之解决，臣观于日俄之战而知之矣。俄为近今强国，其器械之精，船炮之利，欧西诸雄犹然惮之，而甲辰之役，独见败于日本者何哉？盖以专制之国与立宪之国遇也。立宪而人民始知有国，专制而人民惟知有家。专制之国民与外国人战，其

战也迫于公义；立宪之国民与外国人战，其战也如赴私仇。其胜败之数，岂待交绥而后知之哉？俄人自败衄后，即已宣布立宪，召集国会，盖亦鉴于地球之趋势，不能不出于此。我国自丙午之岁简派大臣分赴各国考察政治，立宪之诏迭沛纶音，而国会之召集尚无时日。此岂可不及早图维哉？臣所谓国会成立，而后国权可期扩张者，此也。

何言乎国会之关于内治也？臣窃考一国之收入，不外国家税与地方税两种，而要皆出于人民之担负，宪法所谓人民有纳税之义务者是也。然专制之国，其取于民也寡，而常苦其烦苛；立宪之国，其取于民也多，而能收其实用。一则中饱之弊窦难除，一则利害之关系綦切。然非使预算、决算之案，每年提出于议会，则中饱之弊窦无自而除；非使国家之岁出岁入，人民得以协赞，则利害之关系不觉其切。是二者皆立宪国所收之实效也。臣窃见数年以来，朝廷举行新政不为不锐，部臣疆臣之计画不为不深，然勉强而举一事，不能计日而责成功者，何哉？则财政奇绌为之也。故言乎教育，则普及綦难；言乎交通，则机关未备；言乎实业，则发达迟缓；言乎军政，则经整需时。其余应兴应革之端待理者，更仆难数，无不因财力支绌，扼腕徒嗟。大抵国度日趋于文明，而行政之经费亦日觉其浩大，非增加人民担负，则收入无由而多；非召集国会，予人民以参与之权，则不能增加其担负。盖强制之征收，不如协赞之贡献，此理易明而事可征者也。臣所谓国会成立，而后内治可期整理者，此也。

由是言之，则召集国会，非为今日亟宜筹画、不容稍缓之要图欤。抑臣更有进者，我国之人民，于政治之真际，素鲜考究，故其立宪也，与各国不同。各国之立宪，求之自下；中国之立宪，施之自上。求之自下者，则年限虽迟，而社会之进行仍无障碍；施之自上者，则年限须速，而国是之确定，庶免游移。矧自朝廷宣布立宪，而兆民闻风兴起，群有政治之思想。诚使在上之人，于关系国会之事切实筹备，如谘议局之设立，户籍之调查，立议员选举之法，订两院议事之规，而谓三年后，国民自治之能力，尚复薄弱，其文化之程度，犹不足以召集国会者，臣可决其为必无之事矣。拟请宸衷迅断，颁发明诏，定期三年，召集国会。上以垂经世之宪法，下以顺望治之民心。我国家亿万年有道之长，实基于此。

臣才识庸暗，罔知大计，默揣时势，筹之再三，有不能已于言者，用敢披沥上陈，伏乞皇太后、皇上圣鉴训示。谨奏。光绪三十四年六月十二日奉旨：宪政编查馆知道。钦此。

《政治官报》第二五七号，折奏类，光绪三十四年六月十七日（1908 年 7 月 15 日）

度支部郎中刘次源主张三年召集国会呈请都察院代奏书

光绪三十四年

为大局阽危，舆论日迫，恳速整理行政机关，并请早颁国会期限，以定大计而释群疑，恭呈仰祈代奏事。

伏读上年八月二十三日明诏，宣布君主立宪宗旨，凡我士庶，当无不钦遵圣训，确切辨明，激发爱国之热忱，希望议院之成立，藉以发抒政见，共济时艰，甚盛事也。如职梼昧，亦复何言？然而时局之迁流无常，政体之趋势靡定，其所可研究者，世界已然之成迹，而其所不能逆睹者，国内未来之变状。尝考世界立宪各国，除米利坚本无君主，其创为共和政体，原不足深为诧异，而欧洲各国则皆固有君主，而其君主又皆手握大权，专制之体裁且甚于泰东诸国。乃何以自十七世纪之末，法兰西首发其难，而其影响遂遍于全欧？其君民愈争而愈剧，其世局愈演而愈奇。其政府具有深识远虑，善为操纵者，则因势利导，改革其政体，转以收群策群力之功，所谓君主立宪是也；其不善为操纵，则国体亦因之动摇矣。尝论法之鲁易十六世，苟于一千七百八十一年之顷，依嘉龙之策，召集世家教士约期会商，不藉词以延宕之，则其人民将或颂其君之不暇，又奚有于暴动哉？则虽强谓法国至今为日本之大权政治可也。即至一千七百八十九年之间，人民既公举议员，大集巴黎，苟使世家教士咸肯公同商议，斟酌变通，则其人民虽占优势，犹不失为英之议院政治。迨至于七月十四日之变，而王室之气熸矣，虽欲勉为君主立宪，尚可得乎？即以英国言之，其不变为民主政体亦仅也。当夫一千八百四十八年之际，英民骚动，联名上禀者多至五十万人，使其时不急为变计，与民更始，则其累卵之势去法国之革命只一间耳。假使早十年而为之，自为主动，则其王权未必遽为凌夷，而成为议院政治。普鲁士为后起之国，有鉴于此，当其风潮颇烈之时，即许开设议会，与之共订宪法，故论欧西之君权，以普最为尊，而其政体则确为君主立宪之政体。至于日本，则取法于德，而其君臣之机警，则又过之，故牢笼之术愈工，而对付之手段亦愈敏，故其宪法为钦定之宪法，而其政治则独成为大权政治。

我国人民自奉旨立宪以来，忧时感事，急起直追，至于今日咸欲早开国会，以联上下之情，谋尊攘之策，其忠君爱国之忱，实迫于不能自已。以故请愿之书咸集于朝廷，要求之声不绝于草野，风闻政府诸大臣公忠体国，亦咸以此为当务之急矣。而议者不察，谓为必须若何之预备，熟筹对待之法，迟之又久，始可开国会。夫使政府全无预备，而为无意识之召集，将来必陷于危险，固不待言。然自丙午以来，所谓预备立宪者，已及三年，而起而视之，则政治之紊乱也如故，官制之纷纠也如故，教养之全无起色也如故。使果循此而行，职诚恐数十年之后，亦将无异于今日，则宪政终难实行。〈日〉据现势揣之，又不特立宪不成已耳。日俄议和以来，世界之列强虽以维持亚东和平、保全中国独立为说，其实包藏祸心，观衅而动，幸我官府之迟缓，乐我人民之暴动，将以遂其兼弱攻昧、取乱侮亡之邪谋。观于间岛之争执，此次法人之要求，窃可为之寒心。幸我国清议未死，稍足以戢其恶焰。去年西江缉捕案，今年二辰丸案，皆收微效。今当万矢环集之际，国民之心理以为非组织有国会，则舆论无力，不足以集合群策，捍蔽神州。若必靳之以岁月，则怨望必生，而革党得以乘之矣，而外患得以入之矣。语曰：天下之大患，惟在瓦解。当斯之时，我皇太后、皇上，虽欲速颁宪法，召集国会，亦恐无及矣。由斯以谭，则国会诚不可不早开。而对待国会之法，如论者所议，不过为行政机关未备也。职请为一言解决之，则曰：亦为之而已矣。天下虽大，如得其道而整理之，则孔子所谓期月而已可也，三年有成。如为之不得其道，则迟延岁月，益足以酿乱而召祸。《诗》云：其何能淑，载胥及溺。此之谓也。夫立宪国之精神，在乎三权鼎立，行政机关若不完全巩固，则国会必有侵占势力之虞，于三权鼎立之制或恐未便，此说诚是也。然我国之政治，所以散漫无纪，不适于立宪之用者，以上无国务大臣之集合机关为之枢纽，以故运掉不灵，动多掣肘。军机处虽为行政之总汇，然其事究与十部不相团结，各部皆为独立之衙门，枢臣既不为之代负责任，而部臣亦不愿受人之干涉。

尝考东西立宪各国，其设官分肌擘理，琐细如麻，而皆以内阁为总纲。其组织内阁之法，则以各部长悉行入阁，称为国务大臣，而另置总理大臣于其上，以指挥而总裁之。故同心一力，所向无不如志。我国新官制未颁以前，各军机大臣多领尚书，故其时部权犹重，部务尚称整饬。今若参仿立宪国内阁之法，而变通军机处之制，拟请将各部尚书均派为军机大臣，现时之军机大臣均令领部，仍用亲王领班，以当内阁总理，而另择一胆识俱优、威望素着之大臣副之。如此一转移间，不出旬日，即可组织完善政府，则机关活泼，舒卷一气。大纲既振，然后剌取中央集权之法，复观摩地方分权之制，斟酌损益，注全国之精神以为之。去年奉天试行新官制，不及三月，业已规模大备，此即远予期限三年之间，通国之行政机关，亦当一律整饬。夫天下之大政既已解决，则宪法之百余条，督饬馆员博采周谘，提纲挈领，期年之内当可竣事，则钦定宪法之宣布，纵远亦不出三年。至于法律事件，其性质与宪法不同，各国皆须议会通过始有效力，宪法载有明文。我国关于法律之修订，屡经删改，推之各省，辄称窒碍，以未经国会协议，故与民情风俗未能允洽。则俟国会成立之后，由政府提出，交国会决议，尤为合于宪法之条规。则定国会期限以三年，必无措手不及之虑。然而议者尤有说矣，谓昔日本对于国会问题，限期十年，故得以从容整理行政各件，成为钦定之宪法。今我国地方大于日本十余倍，若必限于三年召集国会，则为时太短，或者将来于宪法一方，必多遗憾。是说也，诚不为无据。然而，谋国者必通考寰球之大势，洞察各国之历史，熟揣彼己之情形，而后斟酌于缓急之间，审慎于去取之际，方为有效。徒事胶柱以鼓瑟，无当也。夫论我国之情势，比于日本较易者有其四，而论我国之境遇，则比于日本较难者有其三。将来钦定之宪法拟于日本可也，而谓国会之期限必规规于日本不可也。职请为我皇太后、皇上缕晰陈之。

何言乎我国之情势比日本较易也？日本之政权向来操于将军，而天皇不过守府。及至倒幕而后，萨、长诸藩虽相率奉土归朝，改置郡县，而人民之习惯，尚不免有阀阅之见存，意图观望。故非先开元老院，牢笼藩侯，不足以一全国之观听。其当日命令权之薄弱，于此可想。而事机之迟滞，此为其大原因。我国则大权向来统于朝廷，诏旨朝下，日未晡而天下响应矣。本应天顺人之心，以召集国会，主动在我，决无留难。所谓比日本易者，此其一。日本疆域虽小，然向皆诸侯管辖，阻山扼川，各自为制。往往不逾百里，而其风俗，已如异域遐方，殊与国会制度大有障碍。故欲混一其礼教，整齐其社会，非渐摩以岁月不为功。加藤宏之所论，自是当时实在情形。我国辖境虽大，而山陬海涯，久遵一王之制，故自停废科举以来，至今甫及三年，而学校已属林立，则其人民之程度之齐一，于此可见。所谓比日本易者，此其二。日本虽属岛国，而向来确守锁港主义，倒幕以后，攘夷之声尚不绝口。及至征韩党败，识时之士始稍稍知所转圜，然守旧一派，其势力犹为强盛。迨至颁布宪法之时，尚且用调停主义，将守旧之徒安插西京。则其宪法未颁以前之岁月，大都皆为涵濡若辈而设，而其稽延国会之故，实所以防新旧之冲突。我国咸、同之时，曾、左诸臣已倡师夷之说，及至于今，确树顽锢之帜者，已不概见。而议院一端，又为我唐虞三代固有之学说，故一为提倡，不期年而附合者遍天下。则其国会之雏形，隐伏于人之心理也久矣。刻下即开国会，亦断不虞秩序之扰乱。所谓比日本易者，此其三。日本起于亚东，当其时与之同洲而国者，无一不为专制，其君臣虽属艳羡欧东之富强，意如欲行宪法，究苦于见闻未确，疑信参半。故考察之使四出，辗转译述，煞费经营，而于国会一端，怵于英、法之前事，尤属毫无把握。故不可不迟回审顾，以规全胜。我国则起于日效之后，衣带一水，风俗文字大略相同，转而相仿效，劳逸倍蓰。所谓比日本易者，此其四。

至于我国所处之境遇，比于日本较难者，亦有可得而言矣。日本开港以后，西人循轨而行，卒无有觊觎要挟之事，历久渐忘，人民亦无若何刺激，其立宪原为自强之策，而非救亡之策，故国会可以缓开。而列强之于我国，则狡焉思启之心，无日无之。外交之日棘，有非开国会核舆论以为后援，必无以折冲樽俎者。此其所处之难于日本者一也。日本征韩之役，西乡之徒，虽有反对政府之举，然不久则灭，尚非腹心之患。自是以后，四境晏然，人民辑睦。我国则伏莽遍布，乘间窃发，滇、粤、长江半被煽诱，非速开国会则不足收已散之人心。此其所处之难于日本者二也。日本自倒幕以来，武官出于一途，国家已奠于盘石，即不立宪，亦不失为治安。其人民虽有要求国会之举，亦多为权利之说所歆动，初无财产性命之忧以相逼迫，得之固为利，不得亦无所害。我国则当此危亟存亡之秋，人民皆以国会为急救之策。此次之请愿，均挟破釜沈舟之计而来，一有不遂，大势瓦解。此其所处之难于日本者三也。

夫以情势论，则我国可以早开，而日本不可以早开；以境遇论，则日本可以不早开，而我国则不可不早开。可以早开而故作疑难之词，是为罔上；不可不早开而谬为延宕之说，是为误国。存亡所关，争此片刻。职颇具知识，何敢隐忍不为沥陈？伏惟我皇太后、皇上，聪明天亶，既洞知天下之大势，非立宪不足以立国，初不待人民之请求，即毅然诏示天下，预备立宪，此其圣智之卓越，比之于明治，又何多让？即如国会一事，其端纯然发之于上。读去年八月二十三日之诏，所谓务使议员资格日进高明，庶议院早日成立，则盼望国会之至意，已久已宣播于全球。而谓于通国请愿之时，反复靳之以岁月，以负四万万赤子喁喁望治之心，度我圣人，必不出此。

伏乞干纲奋断，远拓万世之规模，俯顺亿兆之请吁，刻期于三年内，诏集国会，宣示天下。并请将整理行政机关一节，饬下会议政务处，迅速决议，请旨施行。生灵幸甚，宗社幸甚。所有呈请代奏各缘由，是否有当，不胜惶悚待命之至。谨呈。

《申报》，光绪三十四年六月廿三日至廿四日（1908 年 7 月 21 日至 22 日）

浙江洋务局总办王丰镐呈请代奏速开国会文

光绪三十四年

呈为速开国会，裨益外交，谨呈管见，伏乞代奏事。

窃光绪三十二年七月十三日，我皇太后、皇上洞明时局，非实行立宪不足以图富强，于是明诏天下，预备立宪。薄海臣庶，额手相庆。顾立宪自有基础，原非空言可以构造。基础何在？国会而已。方今人民请开国会者，所在思起，正如长江大河，有一泻千里之势，纵百折纡回，不使遽达，终必有奔腾入海之一日。征诸各国历史，莫不皆然。即以英、法两国论，英国用利导主义，其机顺而收效速；法国用抑遏主义，受祸烈而收效迟。内瞩民情，外观列国，皆足深思而熟虑者也。

今之谈国会者，不外乎法学与哲学两家言。法学家近刑名，哲学家近性理。据法学家之说，守旧者流每骇为无君亲之谬说。推原其故，实未从哲理深求之也。某某生长田间，环游海外，宪政性质稍知一二，谨撷取哲学家之理论，略陈梗概，当晓然于救国家之危亡，谋人民之幸福，其机关端在于国会。

盖国者，人民之积也，无民是无国家；君者，人民之代表也，无君是无人民。然君有事必求诸民，势不能责民以应其求，是为义务；民有事必求诸君，势不能不藉君以遂其求，是为权利。民负义务以供君之求，在民则曰义务，在君则为权利。君予权利以供民之求，在民则曰权利，在君则为义务。上下虽分，供求则同。故纳国税、服兵役，无论古今中外，国民不能不负此义务。既负此义务矣，则必求相当之权利以偿之。于是人民皆思自达其意见于政府，务使政府共知人民之隐衷，以相偿其义务。此哲学家所论国会之通例也。因是之故，不特内政，即外交亦莫不有国会议决而行。考各国宪法，其与他国缔结条约之大权，皆在君主或大统领。然如德、法、美、意诸国，则必经议院之承认，而始生效力。瑞士国则并缔约权亦归国会。即如中国与各国议定商约，各国既派订约大臣矣，而又有各商团之代表偕同酌议，一若有参与缔约权者。何也？以条约既公布，则国民必须遵守，而与国内之法例有同等之效力，其利害影响于人民者必多。故国之元首虽有此权，必经代表国民意思机关之承认，一（般）〔致〕通过而后行，非徒以慎邦交，亦赖此以免贾民怨。

近数年来，最劳政府之旰食者，非一外交问题也？如设国会而畀以参与缔结条约之权，则凡内外之责言，非但可以免，并可藉国民后援之力，以却各国无理之求。今日争回沪杭甬铁路权，此一验也。论者曰：如人才不足何？此真轻量天下士也。当今学会、商会及出洋回国毕业之士，明达而纯正者所在多有，苟用复选举法，先由人民选出选举人，再由地方官于选举人中选出议员，其人为众望所推，必于国计民生确有把握，又何患无人才？况科举既停，人才已患无归束之法，由科举而变为选举，已成一定不移之势。及此速行选举，则人才皆为我用，且可弭嚣张不靖之气，又何乐而不为？

况列强灭人国之法，至今日而益烈，大抵视国家与人民当上下涣散、团体未结之时，智取术驭，渐握其国内最要之政事，然后惟我所欲为，非专恃船坚炮利而已。埃及见不及此，不早立国会，共图安攘之策，以致财政、兵符诸大事，皆受强国之监督，而全失其主权。至一千八百八十四年，始知国会不可不设，汲汲焉行普通选举，与国民参政权，亦已晚矣。我中国海禁既开，外交日繁，各国知吾民本无参政、缔约权，故事事与我官场争执。为官者独当列强之冲，苦无人民分任其担负，独立撑持，不免多所退让，交涉吃亏，咎实在此。

某某等静观时局，恐各国正在利用我国会未开之时代，日求扩张其势力，渐至不可救药。埃及覆辙，思之寒心。倘国会既开，外交必大收效果。何则？外人不畏我政府，不畏我兵力，未尝不畏我人民之合众。某某办理交涉以来，每遇外人龃龉之事，始则与之相持，及舆论大哗，彼乃自为退步。苟有国会，我四万万人民譬如一盘明珠贯以线索，方将视我民为后盾而交涉，必能得手，此可断言者也。

某某食毛践土，受恩深重，念时事之多艰，心生激刺，见人民之请愿，口亦难缄。为敢敬陈管见，呈诸宪台大人申鉴。如愚者千虑，或有一得，伏乞恩准代奏，俾献曝之忱，得以上达天听，不胜惶悚感激之至。上呈。

《申报》，光绪三十四年七月初六日（1908年8月2日）

考察宪政大臣达寿奏国会年限无妨预定折

光绪三十四年

奏为国会年限无妨预定，宪政预备不可过迟，谨就现在情形，冒昧上陈，恭折仰祈圣鉴事。

窃维今日朝野上下对此开设国会之事，有主急者，有主缓者。其主急者所拟年限，自二年至于五年；其主缓者所拟年限，自六年、八年、十年，以至二十年。其主急者，则谓时势逼迫，非合上下之力，不足以图存；其主缓者，则谓程度尚低，非待教育普及，未可以猛进。其结果，则时势之说，亦为主缓者所认，而所争者，不过程度之问题耳。

据奴才愚见，以为国会开设之迟早，与人民程度之高低，可决其全无关系。何也？夫有国会，则有议员，此议员系全国少数之人，且其人非地方绅士，亦必稍有资望，稍有学问，此可以断言矣。此等议员，与今日之官吏较量，程度虽不敢云其增高，亦或不至于低减。议员程度既无不及之患，以之代表人民，固属至善，更何必舍其代表之程度而不问，而第执普通人民之程度，从而指摘之乎？若以为普通人民程度太低，不足付以选举之权，且恐其所选之未当，斯又不然。考各国选举之法，有所谓普通选举者，有所谓制限选举者。普通选举，是使普通人民皆得有选举权之谓；制限选举，是限以若干种之资格，必合此资格而后有选举权之谓。吾国教育尚未普及，普通人民不能必其人人皆有知识，则普通选举制，非吾国所能行。惟有制限选举，或可免滋流弊。然制限选举之中，又有单选举与复选举之别。单选举者，谓以合格之人民使之直接投票选举议员也；复选举者，谓使此合格人民投票先选选举人，然后再令此选举人投票选举议员也。今若行复选举之法，使合格人民先选选举人，而后由选举人再选议员，则其中几经沙汰，凡资望稍浅，名誉稍少之人，皆不能以当选。然则被选举为选举人者，程度已不患其低，而谓被选举为议员者，程度转有低下之患乎？

且也制限选举，各国互有不同，有以财产为限制者，有以教育为限制者。以财产为限制，则每年纳直接国税若干元者，即有选举权。若谓是等有财产之人，即有程度，则颜回、原宪若生今日，必不能与持筹握算之市侩共享平权。此财产制限无关于程度者一也。

若以教育程度为制限，则或有以能读宪法、能解宪法为限者，或有以能于选举票上自书姓名为限者。吾国若取第一法，窃恐今之中流社会之人，能读宪法、能解宪法尚少，况欲责之普通人民乎？若取第二法，则国民仅仅解书姓名，即可谓其有国家思想，而其程度果较不能书姓名者，有尺寸寻丈之差，实未敢信。此教育制限之无关于程度者二也。据此以观，则人民程度之说，与选举本无丝毫关系。而各国之所以勤勤教育，增殖其国民之程度者，诚以欲谋国家之发达，不得不先谋人民自身之发达，若人民自身不能发达，则国家必陷于危险。其意在此，非谓期望人民程度之增进，专供此选举用也。人民程度之说，既与开设国会之本题无关，然则国会可以即日开设矣，而又不然。何也？夫臣民权利本以宪法为保障，今宪法未定，则保障无存，权利何有？此国会之不能先于宪法而开设者一也。

议员之在议院有言论之自由，有诉讼法上之特利，所有议员不得加以诽谤侮辱，或暴行逼胁，宪法上皆一一明定，而为之保护。今若宪法未定，则将来议员必有因发抒意见、表决议案得罪政府，纷纷下缧绁，带枷锁，而演出万国稀有之奇剧者矣。此国会之不能先于宪法而开设者二也。夫所贵有议院者，谓其议员有应守之职权，可以行其职权参与立法，监督财政者也。今若宪法不先布，则议员之职权且不知何若，遑论参与监督乎？即参与矣，监督矣，若其唯唯否否，惟政府之命是从，则议院成为无用之长物，纷纷选举，年年开会，皆属多事。若以无背法律，行其职权可否？是非自凭意见，则退失宪法之保障，进必犯宪法之制裁，夫谁为此议员哉？此国会之不能先于宪法而开设者三也。

以上三者，皆国会与宪法之关系也。若夫欲言国会，必言选举；欲言选举，必言户口。盖户口之多少，与议员之多少为比例，则是户口之先宜清查者一也。欲言国会，必言选举；欲言选举，必言税法。盖纳税之多少，与选举权之有无亦为比例，则是税法之宜先整顿者二也。欲言国会，必言选举；欲言选举，必言选举区。盖选举区之大小，与议员数之多少亦为比例，则是选举区之宜先分割者三也。全国方言，不止南北异音，即一省之中，各府州县亦多殊异，为省二十一，至少有百种以上之方言，会议一堂，不通款欵，则是言语之宜先谋统一者四也。国境之大，二万方里，道路跋涉，累月经时，将来云、贵、新疆之议员，欲应国会之召集，求其准期，大非易事，则是交通之宜先图便利者五也。国家财政紊乱至此，豫算制度尚未确立，政府既无豫算之案，又何以提出于议会，则是豫算之宜先行编制者六也。

以上六者，皆国会与豫备之关系也。至于豫备事件，虽非一端，而其最要者，则莫如扩张军备为立宪要图。立国于今之世界，苟无重大之海陆军以为国防，则宪政之根基不固。若国会既开，则海陆军之豫算不能不经议会之协赞，而反对军费又各国所同，此军备之必先扩张者一也。立宪国家合全国为内，对外国为外，故官制以职权而别，不以内外而分。中国幅员辽阔，欲如日本之全国政务俱属于内务省，似觉不易。然国家行政与地方行政果能划分，高等文官与普通文官均归试验，免保举铨选之例，分司法行政之权，则官制必先制定者二也。既划分行政权限矣，而地方行政尤以自治团体为之基。教育之普及也，警察之保卫也，风俗之改良也，国税与地方税之区分也，皆地方自治之要图。苟缺一不备，即不足为立宪国民，即难施以立宪政体者三也。

此外更有三要端焉。

一、领土之问题。宪法以适用于本国领土为限，而领土则宜以法律规定之。以法律规定者，例如新得领土与新失领土，而宪法之应否改正，遂生种种困难之端。日本领土不规定于宪法之中，实取侵略主义，而于宪法亦无妨。中国如蒙、藏、新疆皆为紧要之区，虽不适用宪法，而以规定于宪法上，以示保全，似不宜取法日本也。

一、治外法权之问题。宪法既定，则宜收回治外法权。然中国之刑法、民法俱未规定，将来发布宪法，实多困难。日本虽收回治外法权在发布宪法之后，而制定刑法、民法则在发布宪法之前。若宪法发布，一国之中常有两种法权，则宪法为无效。此治外法权所急宜收回之证也。

一、臣民之问题。宪法以适用于本国臣民为限，而臣民之要素，又有属人、属地两主义。中国惟无国籍法，故侨居华民皆受治于外人法律之下，或同时而有两国籍。将来发布宪法，如海外侨民究以能受本国宪法之保护与否为最要。况法律多分贵贱，宪法则无等差，日本除北海道人民不视为平等，不得有宪法上之利益，其日本臣民皆无等差，于宪法皆有效用。我国如藏、番、回、蛮、土司等人种甚多，将来是否持同化主义，均视为一律，同受宪法之利益，此又不可不早定者也。

总之，宪法为各法之根本，宪法不定，则议院法、选举法、会计法不能单独而施行。欧洲各国，其有先开国会后立宪法，大抵皆因革命之故。若其国体本为君主，又未遇改革之祸，则鲜有不先布宪法，后开国会者，如德，如日，其已事矣。

然奴才谓年限无妨豫定者，何也？诚以各国国会之开设，多出于臣民要求，几成立宪之公例，又往往以要求过甚，致生暴动，实可寒心。日本立宪最为和平，当请求开会之时，日皇问廷臣能否担负责任。所谓责任，即一切豫备能应时而竣否也。后经廷臣以责任负担，遂定十年期限，乃昭示臣民，令其静俟时期，而臣民亦无反对者。我国今日外患内忧十倍于日本，各省之请求，国会之代表，纷纷赴京，已有不可遏之势。奴才愚见，以为莫如仿照日本办法，大集在廷诸臣开御前会议，先就应行预备事件，按年计画，以若干年可以备齐，即以备齐之年为开设国会之日。廷臣苟能担此责任，则国会可以预定，虽五年、六年不为速，十年、二十年不为迟。然后明降谕旨，昭示时期，令其静候，毋再渎请。其应归政府预备者，则政府负担之；应归地方预备者，则地方负担之。责任分之自下，恩泽沛之自天，弭隐患而顺舆情，宪政可次第进行，计未有便于此者。否则，徒言预备，责任莫担，内外狐疑，要求过甚，奴才诚不免私忧过计者矣。

以上大纲既已明定，奴才犹有二事，为我皇太后、皇上陈之。一则预备立宪时，请选廷臣讲宪法也；一则编制宪法时，宜饬廷臣力守秘密也。奴才自赴日本以后，日与其臣伊藤博文、伊东已代治，及其学者穗积八束、有贺长雄等相讨论，咸谓宪法为国家根本之法，其间一字出入，关系至巨，必须出自至尊亲裁，断非廷臣所敢擅拟。从前日本明治天皇当预备立宪制定宪法之时，特于宫中设一斋房，选廷臣深通宪法者，按日进讲，日昃退朝，夜分始寐。始则周谘博访，继则执两用中，故率能启沃乃心，定兹大典。诸臣咸谓日皇不特为维新之贤君，且为淹博之学者，朝野上下，传为美谈。今中国当此预备立宪之时，皇太后、皇上倘能于万机余暇，慎选廷臣进讲各国宪法，则细流不择，葑菲有资，当足以辅圣明于万一，实于钦定宪法不无所裨云云。奴才恭按：我朝列圣相承，皆重问学，故虽国势艰难之际，宵旰忧劳之时，而犹不撤经筵，稍荒圣学，儒臣进讲，代有所闻。今者际兹参订典谟，修明文献，倘能会萃列邦之成宪，调查各国之条文，本宣尼礼失求野之心，法虞舜乐取于人为善，简择一二廷臣通晓宪政者，随时进讲，藉备谘询，似为不可少之举。此预备立宪时最要之事也。

至于制定宪法，据日臣伊东已代治之言，当日本起草宪法时，天皇以此事专任伊藤博文一人，使之综理一切。凡各项调查，各处建议，均令归伊藤博文一手经理，以专责任，而免意见各执，扞格横生之弊。迨宪法草案既定，复由天皇慎选重臣参列会议，严守秘密，一切草案不准稍有泄漏，盖所以防物议而恐招暴动也。夫立宪为国家万年大计，当此制定宪法之始，其在下也，争论必力；而在上也，对付易穷。放任不能，干涉不可。朝廷若采英德协定之成例，自不必言。若采日本纯粹钦定之制，则法定于君，断非臣下所能参议。然苟非秘密从事，则报章流布，妄肆讥评，鼓吹人心，煽动全国，士夫奔走，伏阙上书，即使祸乱不萌，亦难免一时之纷扰。此又不可不预防者也。

以上所陈，皆为实在情形，奴才既不敢取谬说以误国家，又何敢饰虚词以欺君父。倘蒙圣明采择，见诸实行，则国家幸甚，大局幸甚。所有关系国会年限，宪政预备时期，谨冒昧上陈，伏乞皇太后、皇上圣鉴。谨奏。光绪三十四年七月十一日奉旨：宪改编查馆知道。钦此。

《政治官报》第二百九十三号，折奏类，光绪三十四年七月二十四日（1908年8月20日）

庆亲王奕劻为开设议院不可预定年限据实直陈折[①]

光绪三十四年

奴才奕劻跪奏，为据实声明请旨事。

窃查实行立宪屡奉慈谕，天下臣民仰望甚殷。近日各省绅民复有要求开国会年限之事，其中有乱党勾结，无非使权柄下移。迫不得已，宪政编查馆严定君权宪法大纲，实行立宪，预备应办各事，庶可保全治安。今张之洞、袁世凯拟以预定年限即开议院，据奴才愚见，不可预定年限，在军机处详细妥商，张之洞等总以定准年限为是。查日本明治十三年宣布立宪，二十四年宣布开设议院，今本朝立宪，一切应办各事尚未举办，先宣布开设议院年限，无此办法。此事关系甚大，为有据实声明，恭请圣意坚持，总以应办各事实力奉行后，届时再行宣布开设议院期限，不可先定准期，庶权操自上，于大局有益。

谨此据实直陈，伏乞慈鉴。谨奏。

《光绪朝朱批奏折》第三十三辑，中华书局1995年版

① 原无标题，此标题为编者所加。

江西提学使汤寿潜奏稿（节录）

按：此折稿未见官报，然各报登载已久，当非讹误，故照录之。惜各报均系节登，未见全文耳。

一、提早国会以集中央之权。论者谓国会一开，反对中央，权益难集，臣独以为不然。今非预备立宪之第二年乎，立宪以统一为主义，统一以集权为急务，而中央非得国会为后盾，其权旁挠于督抚，而号令有所不行，此为中国图强之大害。自发捻既定，督抚渐专，外重内轻，已非一日。中央自审大势为督抚所把持，才略亦不足以胜之，重以非情则贿，多所牵制，遇事中怯，明窥其蕴，而不便直发其奸，于是悍者偃蹇已惯，愿者麻木不仁，　政令也，司道守令，逐层诿卸，付诸胥吏。观于清理财政，必另派员司，他可想见。近各部有鉴于此，亦有严切之期限，星火之敦迫，而督抚之支吾如故。外人至笑我各行省为各一国，其与联邦何异。德意志，联邦之一也，赖战胜拿破仑之威，勉强为联邦之共主，而德皇苦施展多阻，每恨不能改联邦为统一。今以统一之中国，而于式枚考察宪政，反谓宜取法联邦，既不识中国之宪政，直为督抚暗争中央之权。苟非存不利于国之心，不宜立说若是其悖也。今欲救中国之急，惟有收督抚之权而集于中央；欲集中央之权，惟有立担负责任之内阁总理，否则疆臣与部臣竞，疆臣与疆臣、部臣与部臣亦竞，将永无集权之一日。总理非必有绝地通天之才也，得清刚公溥者即足胜之。如惧不克负全国之责任，则宜提前速开国会，使中央与国民直接议事。全国人民既赞成中央集权，则总理所担之责任，四万万人民共担之，不必使督抚分担责任，而后督抚各护其私之积习，不攻而自破。夫君与民本一体也，有督抚分中央之权，下者又分督抚之权，上有德而不宣，下有情而不达，皆由督抚枝格其间，酿其害而不任其咎。一遇外祸之至，督抚转得诿其责于中央，而中央尚不知进人民而共担此责任，中外讵有此宪政乎？人民既愿共负此责任矣，皇上正宜因而利之，与之以参政议法之全权，始可责其摊任赔款之义务。以内阁与国会对待，皇上可无庸自负责任。惟不自负责任，神圣益不可犯。既弭内乱，而外交至艰危之事件，应付亦较易措手。如或以国民程度为疑，试思日本明治二十三四年间，其程度岂能一一尽合，中国人民知为立宪之请求，亦正非毫无程度矣。如曰待也，安保待至九年必能尽合，况外祸方急起直追，而旦夕不我待也。臣亦知谘议局及资政院渐次成立，然民选百人之议员，既居少数之列，不足副代表各省之重；而代表一省之谘议局，一读宪政馆覆于式枚之奏，其范围愈狭，其权限愈缩，甚至议员不得议外交之事，此又外务部欲守秘密耳。既导之使议，又遏之使不议，万一有征兵、增饷、加税等事宜，谘议局既无完全议决之实权，地方人民将有不认担承之结果，即赔款一层，谁与谋之？似宪政而非宪政，似集权而非集权，峻法无救人心之涣散，兵力适为敌国之驱除，益为中国危之。或皇上不敢违异先帝九年遗旨之限，大可就外交至艰危之事件，先召集一临时国会，其舟车便利省分，于今冬实行，其远者，即以事件发交各谘议局公决，而受其成于内阁，庶使四万万人民，共谋议以苏此眉睫之祸，中国幸甚。

一、急筹公债以缩赔款之期。论者谓赔款过巨，分年尚恐不支，缩期更难周博，臣独以为不然。缓偿利重，速偿利轻，且一举而足增进目前之国势。庚子赔款四百五十兆两，分三十九年摊还，息上加息，子几过母。除历年已偿，及美国减让外，尚需八百兆有奇。并计光绪二十四五年所借英德各款，分三十六年，每年还九十二万六千余镑；续借分四十五年，每年还八十三万五千余镑；除历年已偿外，尚须三百九十五兆两有奇。就臣记忆所及，约共外债一千二百兆两，还期均在宣统三十五年以内。铁路借款，犹不在列。负此五岳之重累，即使海牙监督之议尽属讹传，全国人人宜若何悬一巨大之赔款于心目，随时随事，首求所以了当此事。偿限一日不清，即重负一日不释。意朝廷每念及此，不知焦灼何似，而内外臣工，迄未闻借箸一筹，甚且争拨镑余以自济，此岂可闻之邻国乎？同治十年，法败于德，未必彼国之人民，其程度高出我上，所赔二十二千万镑，合银可九百兆两，何以法人上下一心，不三年而毕偿。岂真踢矮士具有神力，不过政府提倡于上，人民殚力于下，虽经大创，而头等强国荣誉不堕。中国可以愧矣，可以兴矣。今诚不能如法之偿德，一气呵成，亦当举庚子一役之赔款，付谘议局集议，以一年并任两年所偿，则至宣统十六年而已完，乃可早脱于羁绊。其办法先求明诏责躬，揭破前者昭信不信之误，而引法偿德款故事，涣汗大号，愈歉疚愈痛切，斯愈感奋。有唐奉天之诏，读者感泣，更以文字与事实并行，闻诸道路，腾诸报章。孝钦显皇后遗有巨资，可否请旨悉数提出，以为之倡。令各省添筹公债，专还此项赔款。议员均以国民自命，料不致推诿不应，以自贬其资格。海军不可不办，而似未可遽办。各省已各认定之经费，不妨挹彼注兹，先其所急。筹措略定，即以缩短偿期布告全国，以间执其监督之口。有美国减让之例，各国或即兴起，更可腾出大宗。而亦有二虑，其一则公债均各认筹，而现金以有此数，市面保无掣动，不知各国商战，断非席卷而去，什袭而藏，不过一转一输，盘剥子利。我但锐兴实业，多出土货，正可与为消息。其一则布告已定，而淅矛炊剑，届限不敷，重贻大戚。不知前虑既免，即此层亦可无虑。事急矣，若瞠目束手，视国会如毒螯，无论岁并两年所应偿恐成屠门大嚼，分年之债亦将有愆期之惧，欲不监督而不能矣。臣实见夫广土众民，材料之多，矿藏之富，华侨之广，国会一开，不难集事，非仅托之空言，以动一时之听已也。

按：闻汤提学此次封奏，所筹画之政策：（一）治本，（二）治标。其治本四策为用人、兴学、正宫廷、定朝仪；其治标四策，一、恳请促短国会期限，二、募集国民公债清还偿款，三、联络与国缔结攻守同盟之约，四、易服削发一新天下耳目，使朝野上下对于新政无所游移云云。

《东方杂志》第七年第一期，宣统二年正月二十五日（1910年3月6日）

山东巡抚代奏速开国会折[①]

奏为山东在籍绅士合词呈请速开国会，据情代递，恭折仰祈圣鉴事。窃本月二十三日，据山东教育会会长、度支部主事石金声等呈称，时局变迁，群情惶恐，请速开国会，共济艰难等情。臣当即电达军机处代奏。兹复据谘议局议长、

① 原标题“抚部院代奏速开国会折”。

翰林院编修杨毓泗等呈称，时局日棘，国势阽危，请速开国会以奠邦基而维宪政，吁恳代奏等情前来。臣维议院协赞立法，先朝特着于宪纲，功令筹备分年进行，必求其实效。臣比偕各疆臣，以时机孔迫，往复筹商，非提前建立责任内阁，开设国会，握定主脑，不足以臻统一而策治安，业将开会相维之义，条举利害，剖析无遗，先后联衔电请代奏在案。今该绅等怵于大势，一再陈请，发乎至诚，是臣民政见之同符，实中外人心之所系。察其情词，只在成立迟速之期，核之定章，尚无踰越范围之处，用敢代陈，以仰副我圣主励精图治、博采群言之至意。所有山东绅士呈请速开国会，据（请）〔情〕代递缘由，谨恭折具陈，伏乞皇上圣鉴。谨奏。

《山东谘议局会议第三期报告书》，宣统二年（1910年），首编，第3页

侍读学士恽毓鼎奏请速开国会折[①]

宣统二年九月二十四日

奏为国会无可延缓，叩求宸衷独断，俯顺舆情，恭折仰祈圣鉴事。

窃闻本月二十日，资政院提议国会案，异口同心，欢声雷动，泰西、东洋旁听之士，亦皆免冠起立，震肃动容。此足见人心希望之同然，实我大清万年之鸿福也。或者过为疑虑，不免瞻顾其间，首鼠两端，上荧圣听，臣请为我皇上分析言之。

一则谓国会一开，主权将失也。夫国会之对于国家，第立于参议、监督地位，未尝有执行之权也。方今时局艰难，外交侵迫，监国摄政王勤劳日昃，独任其忧，政府不敢担当，疆吏恣为欺谩。名为自主，实则孤立而已；名为有权，实则旁落而已。倘得国会分其责任，遇事则佥谋群策，伏候施行；有弊则执法纠

① 原标题“恽学士亦请速开国会”，此折为其中所录。

绳，尽祛蒙蔽。我皇上操其魁柄，端拱于上，益以见圣主之尊。其以国会为不便者，或如古之暴君权臣，不得为所欲为耳。我皇上天纵聪明，异日方将比隆尧舜，我监国摄政王太平创制，媲美周公，何所病于国会，而不假以参议、监督之权乎？此其不足虑者一也。

一则曰民气嚣张，不可复纵也。夫中国之积弱深矣，外人之欺凌极矣，其不敢轻视者，惟此民心尚固，民智日开耳。数年中争路、争矿，士民力图补救，收效甚明。故今日外交，颇不似从前之失败。夫士民安居乐业，何苦奔走号哭，自取烦难？彼其心爱国家，忧危亡之将及，不惜牺牲生命，欲为我大清巩万岁之基，其愿虽奢，其志亦良苦矣。臣以为陛下方将振厉之、激发之，藉民气以为捍卫，顾可力加抑制，而为见雠者所快乎？至于情词激烈，则诚有之，实因法制未齐，不免由意见参差，致生意气。俟国会既开之后，朝野上下皆以法律为范围，循职奉公，各分权限，自能安守中央命令，日就平和。是开国会而民气始平，不开国会而竞争方烈耳。况立宪时期，欧风东度，其机既动，势难强遏。民气不靖，惟国会有以弭之。此其不足虑者又一也。

一则曰人民程度不足，未可遽开也。此又诬吾国民之甚者也。中国聪明才力不减西人，近来政治思想日见发达，若更加以经验，则智慧日明，天下事遂渐进行，人才自随进行而出。若永远托诸想象，人才之合格与否，何自知之，将终无进行之日矣。此其不足虑者又一也。

臣受知先帝，常欲捐糜顶踵，上报所生。今日之事陛下，犹是心也。伏愿俯采刍荛，独伸干断，为国家延景祚，为亿兆开太平。宗社幸甚，天下幸甚。

《申报》，宣统二年十月初四日（1910年11月5日）

补录资政院请开国会奏稿

为具奏请旨事。前据顺直各省谘议局及各省人民代表孙洪伊等，又侨寓日本横滨、神户、大阪、长崎四埠中华会馆代表汤觉顿等，各以陈请速开国会说帖赴臣院呈递，当由臣溥伦、臣沈家本交陈请股审查。陈请股于九月十六、十九等日开股员会审查，两次均经该股全体议员表决，认为合例可采。查资政院章程第二十七条，资政院于人民陈请事件，若该管股员多数认为合例可采者，得将该件提议作为议案等因，随于九月二十日开全院会议，全体议员合词赞成，认为应行具奏之件。表决之后，群呼“大清国万岁”“皇帝陛下万岁”“大清国立宪政体万岁”，众情踊跃，欢动如雷。合王公士庶于一堂，而表其一致，此中国数千年来所未见也。

查顺直各省谘议局说帖称，立宪政体根原于三权分立，若无国会，则无立法机关，即无所谓立宪。筹备宪政未完全，由于立宪政体未确定，欲确定立宪政体，非速开国会不可。又称资政院性质与议院不同，以法制言，议院为独立机关，而资政院不然；以效力言，议院议决之案，经君主裁可、大臣署名而实行，而资政院不然；以责任言，议院议决案对之负责任者为内阁，而资政院不然。资政院以不能独立之故，而丧失其议决之效力，于此而负其责任者，惟吾皇上一人，按之立宪精神，犹无一当。故谘议局等以为，资政院与议院居于反对之极端，非基础之预备，欲预备立宪基础，非速开国会不可。此顺直各省谘议局说帖之要义也。

查各省代表孙洪伊等说帖称，求治莫要于审缓急先后，而缓急先后不能徒征诸理论，当以事实为衡。今中国非实施宪政，决不足以拯危亡，尽人而知之矣。宪政若何而始能实施，此最不可不审。比者筹备宪政之有名无实，天下共见，中外臣僚涂饰敷衍，捏报成绩，苟以塞责者，固所在多有。而一二忠勤忧国之大吏，亦尝知虚名之不可以久假，欺罔之不可以公行，力陈现在筹备之失当，成绩之难期，如督臣李经羲、陈夔龙，抚臣陈昭常、孙宝琦，藩臣王乃征等，皆先后有所献替。虽所筹补救之策各有不同，至其言现在筹备不举实则一也。盖立宪之真精神，首在有统一之行政机关，凡百施设悉负责任，而无或诿过于君上，所谓责任内阁者是也。责任内阁何以名？以其对于国会负责而名之也。是故有责任内阁，谓之宪政；无责任内阁，谓之非宪政。有国会，则有责任内阁；无国会，则无责任内阁。责任内阁者，立宪之本也；国会者，又其本之本也。本之不立，末将安丽？两年以来，所筹备一无成绩，而宪政二字几于为世诟病者，皆坐是也。是故他事皆可后，而惟国会宜最先；他事皆可缓,而惟国会宜最急。谕旨谓缓急先后之间,为治乱安危所系者,岂不以此耶?此各省代表孙洪伊等说帖之要义也。

查侨寓日本横滨等处代表汤觉顿等说帖称，日本因开国会，财政始能发达，内乱始能消灭，外交始能平等。朝鲜以不开国会，监督机关不立，百事皆有名无实，庶政废弛，民生雕悴，以至于亡。今我国欲统一财政，消弭内乱，维持外交，鉴于日本之所以兴，朝鲜之所以亡，皆非有国会不可。此侨寓日本商民汤觉顿等说帖之要义也。

臣院窃维，世界政体，渐趋一轨，立宪者昌，不立宪者亡，历史陈迹，昭然可睹。而立宪政体之要义，实以建设国会为第一。国会之作用，在协赞立法、监察财政，与政府、法院鼎力并峙，而为国家统治机关之一不可不备者也。今朝廷实行立宪，不啻三令五申，筹备不可谓不密，督责不可谓不严，而未尝有成效之可言者，则以财政之未精确，法制之未统一，而实国会之不早建设有以致之也。今各省谘议局及各代表等，以臣院为朝廷取决公论，预立上下议院基础之地，爰于开会之始持书陈请，哀痛迫切，远近一致，于国会不可缓设之故，均已抉发靡遗，无庸赘述。

惟臣等区区之愚，尚有欲陈于君父之前者，则以近世东西各国，除一二小国外，其国会之制，殆无不以两院集合而成。两院制之善，在议事之际，必经两次表决，两次通过。甲院以为可者，乙院或从而否之；乙院以为是者，甲院或从而非之。必两无异议，而后致诸政府，上奏施行。其善一也。两院协商，一再驳复，而政府不预，则彼此各有居间调和之用，而政府与国会无直接冲突之嫌。其善二也。有此二善，则与其维持现状，得偏遗全，不如采取各国通法，径设两院之为愈也。臣等内审国情，外考成法，窃以为建设国会，为立宪政体应有之义务，既不可中止，何必斤斤于三五年迟早之间。人心难得而易失，时会一往而不还，及今图之，犹可激发舆情，又安大局，朝廷亦何惮而不为?用敢合辞赞可，披沥上闻，伏乞皇上毅然独断，明降谕旨，提前设立上下议院，以维危局而安群情，不胜激切待命之至。除将陈请说帖三件汇总封固，恭呈御览外，理合遵照臣院议事细则第一百六条，恭折具奏，请旨裁夺。伏乞皇上圣鉴训示。谨奏。

《申报》，宣统二年十月初十日至十一日（1910 年 11 月 11 日至 12 日）

直督陈夔龙电奏稿

宣统二年十一月

北京军机处钧鉴：洪。本日据顺直谘议局议长阎凤阁等，商务总会总理王贤宾等，在津学界请愿同志会温世霖等三千八百五十九人①呈称，为国势危急，迫于眉睫，非明年即开国会不足以救危亡，谨联名合词呈请代奏事。窃以九年立宪定自先朝，五年缩短见诸明谕，凡在臣民，宜如何感激涕零，共体朝廷俯念时艰之至意。惟以民等之愚，览今时势，有不敢讳言，不能不涕泣敬陈于我皇上之前者。自日人并韩以后，全国上下于南满竭力经营，鸭绿江桥及安奉路线并工而作，明春即可成功，且以吞韩之余焰直捣辽东，不过数十时耳。政府既无国会为之后援，不识将何以待之？仰维朝廷顾念根本重地，什百倍于臣民，徒以二三枢臣，不肯为皇上负责任，蒙蔽圣聪，故未当机立断，俯准即开耳。然长此迟延，二三年而后，国势已非，人心已【去】，外患已亟，始行开设，以图补救，恐亦无及。是以屡渎宸威，共蒙不测之诛，以为与其国亡而后死于外人，诚不若涕泣陈请于我皇上之前，终可上回天听，俯如所求。我皇上既缩九年为五年以救国亡，又何若缩短五年，即行召集以大固皇基乎？今全国上下，自朝廷以至庶人，皆认国会为救亡无上良策，如或少一迟顾，人心一去，将至不可收拾。此民等所以椎心泣血，不敢不竭力为我皇上以言者也。所有欲求明年即开国会，以救国亡缘由，谨联名合词呈请督部堂鉴核，据情代奏。无任悚惶待命之至。请词迫切，且有断指割臂情事，未敢壅于上闻。谨据情代陈，请代奏。夔龙叩。

《大公报》，宣统二年十一月廿一日（1910年12月22日）

---

① 宣统二年十一月二十日（1910年12月21日）《大公报》在“要求国会之热潮”报道中，亦称签名递呈人数为三千八百五十九人。但在宣统二年十一月廿二日（1910年12月23日）《帝国日报》“顺直即开国会之要求”及宣统二年十一月二十三日（1910年12月24日）《国民公报》“直隶请愿即开上奏”两篇报道中，均作“三千二百五十九人”。

东三省总督锡良奏奉省绅民呈请明年即开国会折

宣统二年十一月初六日（军录）

东三省总督锡良跪奏，为奉天全省各界绅民，因时局迫不及待，呈请代奏明年即开国会，以救危亡，恭折仰祈圣鉴事。

窃本月初三、初五等日，有各界绅民一万余人，手执请开国会旗帜，伏泣于公署之前，求为代奏。先经各司道婉加劝慰，仍不肯散。当由臣传见各代表，将宪政应如何预备，国会应如何组织，反复晓谕，以朝廷所定宣统五年时间已极缩短，不必再生异议。当据代表谘议局议长吴景濂等面递公呈，大意则以东省大势，较三次上书时日俄协约、日韩合邦情形，更有迫不容待者。日则安奉宽轨日夜并工，闻于明年即拟告成，沿路线内移民日多，且以协剿胡匪挟我外部。俄则以侵蚀瓯脱、扩张交通为政策，移民之谋更亟于日，不惟航权界约狡执无方，且阴以诱我边民，藉窥蒙古。是危机之伏，已岌岌不可终日，诚俟至宣统五年，而此土尚为我有与否，已不可知。现今朝野上下，无不公认国会为救亡之良药。果无此良药则已，既有此良药，则早服一日，即早救一日之亡。乃犹纡徐以待，坐使良药不能即时收效，以致三省坐亡，牵及全国，此所由焦心沸血而不能已于再请缩短者也。况筹备之事，如官制、内阁、议院、选举法、宪法，缓图之即三年未必完全，急图之虽数月亦可蒇事。仍恳奏请明年八九月召集议院，以系人心而维大局。其情词迫切，出于至诚。万余人伏地悲泣，至有搏颡流血、声嘶力竭不能自已者。

臣维东三省自甲午、甲辰以后，受强邻之激刺，生国家之思想，人民知身家性命非合群不能自保，复目睹朝鲜亡国惨状，甚恐三省版图首沦异域，即万劫不能自拔。其切肤之痛，较之各行省有特别之危险，不能不有特别之请求。臣莅东以来，默察今日大势，欲求所以捍三省之危亡者，一无可恃，所恃者民心不死，皆知崇戴朝廷耳。夫以万余里朝纵夕横仅余此残缺不完之土地，与三百年深仁厚泽得来固结不解之民心，忍令转瞬之间拱手授之他人，为朝鲜之续乎？总之，时势危迫，为民人之大患，亦朝廷所深恫，何必靳此区区二年之时间，不与万姓更始耶？

臣待罪边陲，奉职无状，上无以匡国是，下无以慰舆情。伏乞圣明俯允所请，再降谕旨，定于明年召集国会，大局幸甚。如以臣言为欺饰，请先褫臣职，另简贤能大员，以纾边祸。臣不胜迫切待命之至。伏乞皇上圣鉴。谨代奏。

宣统二年十一月初十日奉朱批：缩改开设议院年限，前经廷议详酌，已降旨明白宣示，不应再奏。东三省地方重要，该督有治事安民之责任。值此时艰，尤应力任其难，毋许藉词诿卸，致负委任。

《清末筹备立宪档案史料》下册，中华书局1979年版，第648—649页

滇督李经羲恳请速设内阁国会详加解释折

奏为时危势急，恳请速设内阁、国会，以定国是、安人心，谨详加解释，恭折仰祈圣鉴事。

窃臣于议覆御史赵炳麟、布政使王乃征条陈折内，谓挽救财政之困难，必归本于内阁、国会。臣非敢置疆臣之责于不尽，徒责难于朝廷也，盖万事非财莫举，财政支绌，危殆立形，故赵炳麟等就财政发其端，欲内外诸臣为根本之解决。臣以为今日大局之困，无事不与财政相类，且有较财政为尤重要者。不必远征祖宗之世，但观光绪之初，岁入几何，今日岁入几何，昔何以粗安，今何以益危，守旧者遂窃议宪政紊淆，有不如其初之讪，是知其已然，而未求其当然也。先朝颁布立宪诏书，岂好为是更张哉，诚以时势所趋，虽圣人不能与之力抗，故运机观变，毅然决行。第时势之变，日异而月不同，我皇上、监国摄政王膺负之艰，非独中国五千年所无，亦大清三百年所未有；非独与前十年大有径庭，即前三年亦未可并论。盖非常之时，正所以待非常之人，建非常之业也。今筹备已三

年矣，其实绩若何，内外诸臣，当自知之。充此以至九年，将来功效若何，皇上如天之明，更无不知之。而默验今日之情形，不独不能从容以待九年，直岌岌焉不可终日。揆诸孝钦显皇后、德宗景皇帝在天之灵，当必不泥于前定之期限，而深冀我皇上有以因时顺势，转危为安者。即使时犹我待，因仍以至九年，彼时将谓筹备无效，收回立宪成命乎，抑谓筹备未完，将内阁、国会之事再议延缓乎？臣窃知其不能也。夫阁、会之义，已成常谈，臣本年四月初三日一折，亦蒙留览，而圣心犹迟回有待者，知必非于可否之间有所疑虑，第于迟速之间尚须审择耳。果其速而有害，则诚不宜求速；果其迟而无害，则亦何妨稍迟。臣谨就当世之所辨难，愚虑之所一得，决其断不可迟、断不可速者，详加解释，为陛下陈之。

一曰主极。议者谓中国治法，咸统一尊，庶人不议，乃称盛世。内阁立，则大臣专擅，忧在萧墙；国会开，则太阿倒持，变腾羹沸，此可虑也。臣则谓，惟欲尊主极，而内阁、国会不可不速设也。今之言立宪者，不曰中央集权乎？然天下未有纲不立而纪能理者，未有情不通而法能行者，更未有责限不分明而权能集者。今则十一部之法令，各自为谋，细至一章一则，莫不秉朝命而颁于省。而地方能实行与否，此部、彼部背驰与否，非其责也。廿二省之政策，亦各自为谋，细至一司一掌，莫不请朝命而复于部。而中央能统筹与否，此省与彼省抵触与否，亦非其责也。部下之省，省下之州县，事之不能行者则抗议之，抗议不允则延宕之，延宕不能则伪应之。督抚虽罪百州县，而犹吾大夫也；部臣虽劾十督抚，而于事无济也。此不仅内外权限之关系，殆于诏书之威灵，不无有毫末之损矣。夫督抚州县，岂好为是抗饰哉？身负地方之责，不能不先其所急耳。中兴以来，督抚权责较重，因之州县权责亦重。惟其权责较重，故地方犹可稍安。至于今日督抚州县，亦非真有权也。一县之事，牵于全省而不行；一省之事，累于全国而不举。其所谓保安者，不过徼幸无事，冀其祸不自我发耳。我皇上焦劳殿陛之上，控驭万里之外，左览练兵之奏，右披节饷之书，朝发拨帑之章，夕来停协之告，散漫者谁为收之，抵牾者谁为正之，乱真行伪者谁为辨之。当其无事也，内外诸臣莫不自以为功；一旦大局溃败，诸臣之过无可指名，皆以宫府为避卸之地。虽有士民呈诉，台谏弹参，多摭枝节之微，鲜关政策之大，况发伏摘奸者，尚百不获一乎？臣以为有国会，皇上乃不孤立于上；有内阁，诸臣乃不互诿于下。阁臣进退，公之天下，其权仍我皇上操之；国会集散，本诸宪法，其权亦仍我皇上操之。尊主集权，无过于此。夫德之兴也，歌颂威廉；日之强也，归美明治。我朝深仁厚泽，皇上浚哲文明，臣民敬畏，更无逾越。即政策偶有误失，责望自有所归，不至举天下怨咨，咸集于君上。此不负责任之说，愈足以巩固皇基，尊崇神圣，而非诐辞所能淆听也。

一曰人心。议者谓，民者易聚难散。今国家、地方经费皆绌，绅民不顾大局，一意争攘，分之既不足，多取又不能。矿业铁路，大利待兴，新进不为远图，但拒外债，听之则误要政，遏之愈激嚣争，此可虑也。臣则谓，惟欲定人心，而内阁、国会不可不速设也。夫民犹水也，方其静也，可掬可玩，及其既动，若江河之一泻千里，虽以神禹之功，只可刊山奠川，导之顺轨，不能倒挽直塞，致其横流。臣默观近日人心，戊戌、庚子以后，动机大启，革命邪说，潜流江海。自先朝立宪诏下，民气为之一静。今筹备三年，艰危日甚，人民遂谓筹备之不可恃，蠢蠢潮流，又趋激于请愿国会之中。自答旨再颁，皆以筹备未完为虑，彼等终疑湛露虽醲，犹是密云不雨，又见公卿大夫，公诚未布，宗旨游移，更疑在上之对于舆论，终不免膜视之心，于是草野之徒，妄议朝政，或逞孤愤以鸣高，或出疑难以相诘。国家、地方之税，本易区分，彼则谓不知国家财政若何出纳，地方事务若何措施，而担负统在人民，乃并其不应争者而亦争之。借轻息之外债，办有利之路矿，本有补偿，彼则谓不知订约者若何，主计者若何，办事者若何，而担负仍在人民，乃并其不必拒者而亦拒之。充其所至，国家之政难施，地方之政亦莫举；借债之路矿难办，不借债之路矿亦莫兴。傥蕴酿日深，刺谬日甚，天下汹汹，何堪设想。然人心终未忘陛下也，近闻人民将为第三次之请愿，意在得请乃止，其情可矜，其气可用。夫国以民为天，民以国为本，犹之一家父子也。意疏者扞格不入，情亲者痛痒相关。吾国聪明士绅，纯驳浅深，原非一致，屏之度外，则言论无责，偏激易生；收之局中，则曲折渐知，甘苦已共。及其经验既深，疑误尽解，向之争持以为不可者，转可出心力以为正助。观各省谘议局，议论即有偏颇，已不能过为谬妄，同于市井荒谈，草茅邪说。盖导之轨辙，范我驰驱，归于正用，即不为外夺也。侈陈民义者，辄谓国会一开，即可担任赋税，论目前民力，臣恐未必遽能。然议员来自田间，多知民隐，果于财赋权衡轻重，去其隐累，以增附有益，又见内阁所措施者，实为国务所急，舆论所同，渐摩稍久，诚意相孚，即列祖不加之田赋，官吏难行之税法，未尝不可变通研究，补济艰难。此外如募集公债之事，又岂肯终甘贫困，久无发生。且议者徒知民气易聚而难散，亦知人心难得而易失乎？今既天时人事，交逼而来，形格势禁，终难为力，则与其听人民再三渎告，为试可乃已之咈吁，何若由皇上涣汗先颁，沛自天特降之恩泽。求而得之，与不待求而施之，其没世不忘之感，更深入于人心矣。司马迁论管仲霸业，谓能窥天下之大势，而善用因。成败祸福，消息至微，在我皇上一转移间耳。

一曰人材。议者谓，内阁可立，而责任重大，称职难得其人；国会可开，而教育未敷，程度犹嫌不及，此可虑也。臣则谓，惟欲造人材，而内阁、国会不可不速设也。夫人材非可仓猝致也，程度不足之病，官与民各居其半，岂九年筹备所能期哉？臣闻因办事以求材，未闻因乏材而不求也；因程度不足而施补救，未闻因程度不足而遂可坐待也。国是不定，责任不明，即偶得其人而用之，事事易生阻力，贤能之困，等于庸愚，时时可起变端，功效未彰，先形过失，故欲求人材，人材愈不出。古今中外，莫不赖有治人以行治法。先得治人，再求治法，其势顺而易，策之正也；先立治法，再得治人，其势逆而难，策之变也。时局既日趋于变，国家求少数治人，犹不易得，求多数治人，其何能待？惟因其困难而变通之，先于治法中立其主脑纲领，操之为求材研理之具，今日之内阁、国会是也。处大臣于不容诿卸之地，非材不立，人才乃以磨练而成；纳群伦于率由轨范之中，非理不存，真理乃以驳论而见。在昔朝廷先有真赏罚，天下乃有真是非，今日则必天下先有真是非，朝廷乃能行其真赏罚。有真是非，有真赏罚，而人材出矣。臣以为内阁、国会，即将来是非赏罚可以见真之地也。虽出之以困顿纡折，而究其终极，仍归于以治人而行治法。所不同者，顺逆正变之分耳。舍是不图，别无良法，虽有人材，又谁为我皇上出其死力者？即如臣最不肖，徒有愚忠，材则短拙，此时尸位，犹可藉口；若内阁立，则政纲既定，奉行必力；国会开，则责成所在，监察尤严。能力不副，欲不避贤而不能；奥援虽多，欲为解释而不得；权限分明，欲不奋勉而亦有不可。是阁、会之设，非独阁臣、部臣联合负其责任，即疆臣亦断难滥竽。臣敢料他日之人材，必渐多于今日也。

一曰外交。议者谓，今日国势，以外交为最难。内讧若起，外患立乘；政界纷争，干涉将至，此可虑也。臣则谓，惟欲固邦交，而内阁、国会不可不速设也。物必先腐而后虫生，国虽贫而政府法令足以自完，则他国不能侮之；国虽小而人民团体足以自固，则他国不敢轻之。窃观外交大势，甲午、庚子之间，瓜分谣说，传播中外，国势亦岌岌殆矣。洎西安回銮之后，民气一新，朝议有属，而外人对我情状，忽焉稍异。今则情势又变矣，此后列国对我方针若何，臣管蠡之愚，诚未敢测。若以目前景象，长此因循，经济之恐慌日甚，则监督财政，难息群疑；拒款之风潮未平，则保护债权，转资口实。倘嫉外愈以自雄，内强一无所恃，猜嫌日积，隐患尤深。是惟内阁、国会同时建成，君臣上下联为一体，化无益之愤懑，为有用之绸缪，元气一充，外邪自解。即偶有外交困难，亦可恃阁议为中坚，藉国会为后盾，而折冲樽俎之危，以全国当之，不以皇室当之，计未有善于此者。

综此四难，实无二解，而议者犹有疑曰：内阁、国会不必并设可乎？臣则谓，二者如车两轮，如鸟两翼，组织可分后先，功用断难偏废。有内阁无国会，则谁与监察，内阁不为跋扈，即为疲萎；有国会无内阁，则谁与执行国会，徒成哄市之争，反树朝廷之敌。以内阁纲纪百官，以国会消纳群言，各有会归，主义本非放任。老成富于经验，新进锐于理想，两相调剂，国步益见和平。此臣所以阁、会并请之意也。

议者又有疑曰：立法、行政、司法三权并立，宪政基础乃成，今司法机关尚未一体独立，纵有阁、会，宪政仍未完全。此胶执法理，而非详审国势者也。夫司法精神，在保护人民权利；阁、会作用，在改良政治根本。根本不立，权利何存？论宪政纲目，则三权并重；论今日国势，则阁、会为急。阁、会不设，虽法院已备，仍无救于危亡；阁、会既设，即法院未备，不妨妥为规划。况全国审、检各厅，断非数年所能遍举，若必待司法一体独立，而后议开阁、会，恐时机不我与矣。臣非敢谓有阁、会，宪政即能猛进，然必如此，宪政始有下手之方；亦非敢谓有阁、会，中国即可立强，然必如此，中国乃有图存之望。非敢谓阁、会竟无流弊也，然弊可渐去，利可渐兴；非敢谓阁、会不劳而理也，然劳在一时，逸在万世。

古之定大计、决大疑者，但有一断之功，决无万全之策。必求万全，将无一全。臣蚤承忠训，素性迂愚，年愈五十，窃位五省，断不敢袭少年耳食之谈，以国家为孤注一掷。惟见朝廷所处，深入难境，先朝明诏昭垂，皇上不能反汗，立宪必无中止之理；各省财源枯竭，宪政端绪纷纭，筹备又必有中阻之势。欲办则举棋不定，百年决其无成；欲不办则全局俱隳，一蹶何能复振。臣反复思之，进中求决，困而可通；退中求解，困而益殆。犹之病误杂方，此时药固难投，不药则坐视危殆，定药求主医，终愈于不药也。又若漏舟在海，此时行固非稳，不行则必致沉沦，趁风行漏舟，终胜于不行也。胶而不变，恐时势阽危，日甚一日，至于彼时，仍不能不出于设阁、会之一途，而艰难情形，将求如今日而不可得。我皇上必不忍有此后悔也。臣非不知震撼当前，危疑在后，百世之利赖未形，一朝之困难先见，乃人情所最易动者，此时缄口不言，则臣他日可立于无过之地。即大局败坏，祸非酿于一日，罪岂归于一人？为臣私计则巧矣，如国事何？国初议撤三藩，有谏阻者，圣祖曰：与其迟而养祸大，不如早撤。庙谟英毅，诚万世之准绳矣。

伏祈我皇上沉几独断，力排异议，齐心告庙，克期举行，亲简大臣，组织责任内阁，定于明年召集议员，开设国会，早颁痛切诏书，昭示天下。并敕下宪政编查馆将议院、选举各法从速编定，奏请施行，俾薄海臣民，咸晓然于朝廷实行宪政，力拯危亡之宗旨，庶几政策从此统一，人心不至解体，目前大局，乃有转机。此实我国家亿万年有道之丕基，而神州亿兆人无穷之幸福也。

臣忧愤所积，不知其戆，望阙万里，中夜流涕，干冒宸严，不胜陨越待命之至。所有恳请速设内阁、国会，详加解释缘由，谨具折沥陈。伏乞皇上圣鉴训示。谨奏。

《国风报》第一年第念九号，宣统二年十月二十一日（1910 年 11 月 22 日）

资政院总裁李家驹等奏请速开国会以符立宪政体折

宣统三年九月十五日（军原）

资政院总裁、内阁法制院使臣李家驹等跪奏，为请速开国会以符立宪政体，恭折仰祈圣鉴事。

窃臣院奏准《信条》既为宪法之标准，则国民代表之确正机关尤应早日成立，以期立宪政体之完成。所有议院法、选举法拟由臣院征集军民意见详慎议订，奏请颁布，以便即时选举，于数月之内召集国会。事关大局，无任迫切待命之至，伏乞皇上圣鉴训示。谨奏。

《清末筹备立宪档案史料》下册，中华书局1979年版，第664页

二、督抚会商开设阁、会电稿[①]

滇督联合督抚进言电

宣统二年八月

滇督李经羲对于国家用人行政，拟会同各省督抚意见，条陈政府，请其确定方针。兹录其电文如下：

（上略）宪政九年之预定，十一部同时之进行，凡洞见维新症结者每深忧叹。枢府关心而难轻议，度支蹙额而不先发。今朝旨令议覆赵御史折，似欲言发于外，藉以折衷补救。近日旧政轮廓难存，新政支离日甚，其大病则在无人，无

① 本部分电稿来源主要有三。一是北京大学图书馆所藏《各省督抚议速开国会设责任内阁电》抄本，从内容看系黑龙江巡抚周树模与各督抚会商阁、会的往来电稿。二是常熟图书馆所藏《宣统二年贵州巡抚有关立宪往来电文》，是庞鸿书在贵州巡抚任内，与各督抚讨论立宪问题的往来电文录附件。曾于1985年出版的《近代史资料》总59号登载，题名“庞鸿书讨论立宪电文”。三是刊登于《东方杂志》、《国风报》、《帝国日报》等报刊中的督抚会商要政电稿。北大所藏本和常熟所藏本除周树模、庞鸿书各自发出电稿外，二人所收来电部分，因系当时督抚间一电多发，故内容相同者甚多。本编以北大所藏本为准，参以“庞鸿书讨论立宪电文”及各报刊所登电文，汇编而成。因报刊所登电文无准确收发日期，故大体按电文内容排列先后。

人之病，在于欲速而不怀根本。世风之靡，人心之幻，因而中之，于是强事就人，强人就事，无人即先办事，无事即先用人。种种枝蔓相因，而起守旧时之酿衅，维新后之造作。诸症如一，故愈求人才，人才愈不出。其大难则在无主脑，诸部各自为谋，亦无有序，而无审国情、量国力，联合主断之人，徒委编查馆为细碎调停。改革不从简单入手，故文法愈密，措理愈难。坐此二病，智愚同困，甚妨碍维新，阻力甚大。即有一二枝节眉目，何补大局，到得财尽民散，事已无救。今幸以款绌见端，正可进求病本。羲深虑时不我与，驯至外人干预，群沸交腾，本藉宪政以固人心，转因宪政以速国祸，此危非一二人口舌可解。如各疆臣趁此时机，皆能言异旨合，直陈无隐，并于维新根本各贡条陈，宵旰彷徨苦无办法，倘能朝廷不易反汗之名，隐收变通之【益】，幡然一决，当或可期。诸公荩抱忧时，羲虽孱庸寡识，甚愿规步伟画，分其绪论。狂瞽无当，先乞复诲。大稿已成，即求密示。管蠡所及，亦必呈正。临电翘盼。羲。微。

《各省督抚议速开国会设责任内阁电》（北京大学图书馆藏抄本）

东三省锡督帅、湖广瑞督帅来电

宣统二年八月廿五日

抚台鉴：洪。仲帅微电，深切洞达，同抱焦虑。窃谓宪政九年之预定，十一部同时之进行，中国无此财力，半途而废，已可预决。非有重要、简单入手之办法，财尽民散，必坐堕中落。查美国变法之始，其中央之集权，各省之反对，更甚于我国。后执政者察其不行之故，在于各省交通阻绝，情势迥殊，遂改从急修铁路下手。数年之后，国内贯通一气，不易法而令自行。彼之政策，足为我之先导，良、澄遍询贤达，皆以为然。拟请朝廷决计借外债数万万，将粤汉、川藏、张恰、伊黑诸干路及紧急支路，限十年赶造。一面借款，一面包工，以免将借款移作他用之患。铁路所用工料，悉取于国内，外人所得不过利息、工价而已。此款散布于民间者十之七八，则十年之内，可救民穷之困。十年以后，铁路陆续告成，行政之易，亦如破竹，民间风气自开，速于教育何止十倍。所谓重要、简单入手之办法，似无以易此。今中国国大而不得国大之益，人多而不得人多之力，铁路果成，是取大国而缩小之，财众力富，势增百倍，庶可与列强竞存于世。不然，以今日情隔势歧、民穷财尽之状，欲恃兵力以图强，非五十年不能收效；欲恃政治以自振，非三十年不能见功。世变之急，恐无此三五十年平和之时代足以容我之缓步也。倘诸公意见相同，即请合词入告，力持此议。仲帅谓朝廷不易反汗之名，隐收变通之益者，诚为名通之论。望即熟筹，同匡王室。良、澄叩。敬。印。

《各省督抚议速开国会设责任内阁电》(北京大学图书馆藏抄本)

江苏巡抚程德全复电

宣统二年

佳电敬悉。九年筹备，馆部订章，或为多国之陈迹，或系个人之理想，于中国财力民力本不恰合，于各省风气之不同，地位之迥异，更未尝置意，是以立一法而未必能行，办一事而未必有益。各省交通隔绝，情势迥殊，若非急修铁路，则全国血脉无由贯通，全国人民无由接洽，虽有良法，虽有治人，亦决无下手之处。荩见宏远，至为纫佩。窃谓普筑铁路以利政治之推行，固为重要简单入手办法，然入手之先着，及入手之后备，尤为重要中之重要，不能不预为筹议。

筑路款项，非数万万不能举，环顾欧洲各国，虽有余资，又谁肯贷我重金者。惟美国富商，因受工业限制，失其生利之自然，皆思出其资本，投之远东，以长其生利事业。日俄协约成，华美感情增厚，故政府宜趁此时机，与美协约，则将来借款，有百利而无一害，不特于路款有益，且于国家大有关系，所谓入手之先着是也。

筑路借款，养路断不能借款。若实业不兴，而转运物少，则铁路建成之日，即铁路亏累之日。为今之计，宜以外债为筑路之资，宜募公债兴实业，以为养路之资，并藉以为将来偿债之资。而后十年以后，铁路陆续告成，不致再虞困难，此所谓入手之后备是也。

抑更有进者，凡行一政，必有人负其责任；用一款，必有人为之监督。尊电谓铁路告成，则行政势如破竹，倘使十年之内，政象不如今日，既无主脑，又无群力，内外棼乱，上下蒙饰，则虽铁路告成，而政治之不能推行也如故，而况铁路未必确有成。何也？无内阁负其责任，则政事扰杂，漫无主宰，不特将来之政治无所归宿，即目前筑路，亦不识谁为主持。无国会为之监督，则以息借之款，供滥用之需，实效未闻，负累已重，征之往事，可为殷鉴。是以全所谓入手之先着，及入手之后备，实为筑路之重要问题，而责任内阁及召集国会，又关系先着、后备之重要问题也。世变日亟，诚不我待。弟拟与诸公熟商，挈衔入告，正译发间，接安帅蒸电，有与鄙人相同之处，望并察酌为幸。

《东方杂志》第七年第九期，宣统二年九月二十五日（1910年10月27日）

云贵总督李经羲致各督抚电

宣统二年

（北京探呈）东督锡制台、鄂督瑞制台、桂抚张抚台、天津陈制台、南京张制台、广东袁制台、成都赵制台、武昌王护院、安庆朱抚台、长沙杨抚台、苏州程抚台、济南孙抚台、吉林陈抚台、太原丁抚台鉴：辰。清帅、莘帅佳电，蒸帅虞电，小帅虞、蒸电，安帅庚、元电，海帅阳、蒸、真电，经帅文电，雪帅微电，慕帅虞、震电，衡帅青电，聘翁元电，均敬悉。

中国地大情隔，血脉迟滞，外人利用其交通机关，挟军事、政治、经济之势力，逼压而来。通内御外，铁路为先，清帅、莘帅主张路策，诚为扼要，借款亦不得已办法。惟此等大计划，似非疆臣电函集议而成，必先政本更新，始有主持机关；财政整理，始免债主干涉；朝野合谋监察，始能于借时免舆论反对，用时免当事虚糜。欲实此三主义，非设内阁、开国会不能办到。海帅蒸、真两电，洞见本原，羲于议覆聘翁及赵御史奏中当痛切沥陈。海帅真电虑内阁仅有形式，管见内阁初设，组织者未必即干济国难之才，但部臣既同为阁臣，缓急后先协同审择，可无目前政出多门、彼此矛盾之事。兼有国会监察，庸者既难滥竽，滑者尤难敷衍，欲不负责任，势有不能。至虑国会遽开，议员无政治经验，嚣议纷争，无当国计。知国家政策，须以理想立进取标准，以实验定施行方法，阁臣伟于实验，议员伟于理想，两相调剂，进步始稳健和平。吾国士绅翘楚，经验不及老成，理想调查可资参助。开明专制，时会难〈会〉期，困厄如斯，士气莫遏。既不能禁局外雌黄，诚不如置之局中，俾知困难曲折，数年后经验渐增，尚望与政府休戚相关，双方演进。

羲不敢谓内阁、国会一成，必臻郅治，而敢谓内阁、国会相维，犹之定医乃可议方，对镜方能辨影。施救未定之天，终胜于袖手待绝。觇远局者，讵可畏当前棘刺，遂不图后补苴。此事在十年前，羲诚不敢浪议，今则无（司）〔可〕缓矣。政府亦知终不可缓，又不于所虑数端开诚宣布，坚明约束而后举办，筹备焉能完全，领土何从划一，纵能待为九年，又将何以自解？羲以为欲求筹备实际，非有内阁、国会不可；欲救现行失着，尤非有内阁、国会不可。盖朝廷所处，深入难境，进中求决，困而可通；退中求解，困而益殆。审之东势，更易明也。海帅谓国会成立困难，拟先组织内阁，实则二者如车轮，两不可缺一，有内阁无国会，恐当国者非揽权营私，即延滞痹痿。即以借款办路论，计画既关系数十年财政，担负更遍及数万万国民，其构造经营亦恐非十年内外所可蒇事，又有列强操债权环伺，若仅内阁主持于上，而无对待机关随时匡救，则计画之中变，路款之浪掷，工程之窳惰，均在意中。国民怨谤猜疑，训至激成反动，外人乘势侵略，实行监督财政，恐路未成，而国事愈不堪问。羲微电谓大难在无主脑，意即在此。

总之，借款办路为救亡要策，然行之于未有内阁、国会以前，转虑足以速祸。安帅元电、筱帅蒸电所论极透，慕帅震电谓简单重要方法，以内阁、国会为急，与鄙见不谋而合。时危势迫，宵旰焦劳，我辈身当其厄，何忍避忌坐误？事关存亡大计，必合全局通筹，务祈精思密虑，推求至当。诸公如以为然，即请由清帅、莘帅、坚帅就近主稿，联衔入告，俟朝旨宣布，再将应行政纲详电商究。铁路即最重政纲之一，借款利害，尤应精研。羲虽力薄智短，亦当勉效赞襄。如何，敬候覆示。羲叩。效。

《晋阳公报》，宣统二年九月十九号（1910 年 10 月 21 日）

云贵总督李经羲致瑞总督、张巡抚电

宣统二年

莘帅漾电、坚帅敬电，均佩悉。处中国未有之变，当人局隐误之余，既难为盛时专制，又不立宪政主脑，借口牵延，欲求万全政策，是为无策待亡而已。阁、会一立，焉能即无为而治。权限二字，千古不废。立内阁，合中求分；设国会，分中求合。于分权分限中，求合求专，各有关系，政党始出。矫词高论，不遏渐消；伪饰诈取，推研自辨。此今日时势转关，人心原理也。未设时预定约束，既设后随时补救，即有冲突，非不治症也。内政、外交、兵防、实业四大要端，范围至广，各省情形不同，即求宪政改良，孰为缓急，各执一词，监国独断耶，枢府议决耶，各部总裁耶，行省自主耶，窃恐治丝愈纷，不求嚣扰而嚣扰愈甚，行将为无政府国矣。日暮途远，狃于常情，我辈岂不知敷衍一时，不求结束，自占稳着为便耶。前未通电各省，即遵莘帅电，会列台衔，将微、效两电择要电商，从违悉听。此事若能主定，以为朝廷自决，为最上乘。内阁先立，然后将国会办法，一面廷臣内筹，一面交付决议，事在明年，似非目前院议期内组织可就。是否仍候示教。羲。冬。印。

《东方杂志》第七年第十一期，宣统二年十一月二十五日（1910 年 12 月 26 日）

新疆巡抚联魁致瑞、李二总督电

宣统二年

庚。奉江电，诵悉。借款办路一策，前准清帅、莘帅敬电，当经覆陈，极表同情。兹承示及，仍必归本阁、会，是提纲挈领，以阁、会为组织宪政机关，以铁路为补助开明要素，执简驭繁，协力并进，救时良策，诚无逾此。至一切利弊，经诸帅往复商榷，实已深切着明。况此时不过折衷众意，粗定大计，倘蒙朝廷抉择施行，自必妥筹方法，预防流弊。事势危迫，时不我与，大奏既阐发无遗，规画详审，如其询谋佥同，仰劳仲帅主稿，魁仍当附骥，决无异议。谨此布复，惟希鉴察。联魁。蒸。印。

《东方杂志》第七年第十一期，宣统二年十一月二十五日（1910 年 12 月 26 日）

又致锡、瑞二总督电

宣统二年

阁、会敝处已先发一折，就法理、事实并阐，不敢铺张门面，稿约四千字，付邮呈正。僭拟公电，限于篇幅，苦难透发，承奖益愧。近日新学家多重法理而略事实，法理当，事实非，仍不能行，议者害之，非维新害之也。阁、会稍久，望有补救，初办未必即善，然实做逼紧、收拢两义，敷衍人较少，明白人较多，两公借款事，转能稳成。再，欲阁、会妥立，宪法及内外官制，均须首先议定，否则联合分负，仍不易办到是处。边腹情形迥异，入手须有分别，未可拘泥。瞽论当否，高明择焉。羲。马。印。

《东方杂志》第七年第十一期，宣统二年十一月二十五日（1910 年 12 月 26 日）

吉林陈抚帅来电

宣统二年八月廿五日

制台、抚台鉴：辰。仲帅效电、次帅号电、海帅祃电、慕帅养电、俊帅养电，均敬悉。中国外交、内政尚无一定方针，内外官民亦多隔阂。协约既成，韩即旋灭，东事岌岌，大局随之。此时转机，全视宪政措置若何。责任内阁，常早经奏陈。昨读仲帅电示，尤为透辟，且以（国）〔阁〕会相维立论，经验、理想期相调剂，如车两轮，缺一不可。实属阐发无遗，至当不易，弥深钦佩。倘由仲帅主稿，常谨当附骥上陈，决无异议。清帅、筱帅、莘帅、安帅各电，想系此事发起，原电未蒙见示，可否补请译送，俾备参考，不胜至盼。昭常。敬。印。

《各省督抚议速开国会设责任内阁电》（北京大学图书馆藏抄本）

云南督帅李来电

宣统二年八月廿五日

洪。朝局日窘，羲除自奏外，后通电各省，拟联衔请设立内阁，准开国会，现复电报允者多。事如定议，公肯列衔否？先此奉商，并祈请教示。后当详达。羲。有。

《庞鸿书讨论立宪电文》（《近代史资料》总59号）

复云南督帅李电

宣统二年八月廿七日

洪。有电谨悉。前读公责任内阁疏，极所服膺。兹又通电各省，联衔会奏内阁、国会两事并进，谋国之忠，救时之切，荩筹宏伟，尤所钦佩。蒙许鸿书列衔，发折时仰恳附入，至感。我公通筹大局，言必中肯，奏稿成时当祈密示，俾得先睹为快。

鸿意内阁不成立，则诸事涣散，日言中央集权，仍系各持一是，内外隔阂。遇有重要问题，非相争执，即行推诿，顾此失彼，疆臣之困难不可胜言矣。至国会之开，言者皆虑筹备不能完全，不知司法与地方自治是当先有规模，此外诸事，各国宪法并无限制。凡所未备，尽可筹之于国会既开之后，不必定求备于国会未开之前。惟既允开国会，则责任内阁急须成立，乃有对待之机关。否则，国会有所建议，将于何处取决施行耶？鄙见如斯，电文苦不能详，仰候钧示。鸿书。沁。

《庞鸿书讨论立宪电文》（《近代史资料》总59号）

滇督李致东、鄂二督及桂抚电

宣统二年

效电寄京，谅达。清帅、莘帅如已旋节未阅，祈饬京局照转。顷读坚帅号电，正与羲效电意同，论极精当。内阁为根本上简单入手，事分缓急又为政策上简单入手，必内阁立后，乃能决行。议可外发，策须内定，羲前请立内阁折，即有对待机关因时同立一语，盖谓内阁既立，国会必成。今内阁寝议，国会被驳，大局难支，人心愈涣，较优省分，亦恐难持三稔。外患相乘，尤恐无日。有内阁可救目前，无国会必难善后。效电觍缕，亦时会迫之使然，非不知国会一事，疑阻尤甚也。根本不立，增兵速祸。羲另电涛、朗两贝勒，于国会疑难利害，剖白尤力。谋国无所讳，请坚帅就近索阅，钞寄诸帅为荷。总之，大局若无转机，我辈进难效死，退难苟活，生当其厄，何敢避忌。王、赵条陈，羲正议覆，即席藁上奏，归本阁、会，附片则陈明中外变政办法。边地与内地情势不同，大纲可总，条目宜分，惟羲望浅才庸，独力无济，拟请诸帅联奏，羲仍附骥。坚帅在京，体察近情，尤易洞悉，重以闳才大笔，似不可辞。稿成寄清帅，电商各省，公同主定，愿者列衔。欲求有济，不惜周折，狂瞽无当，惟诸帅教之。羲叩。敬。印。

《国风报》第一年第二十六期，宣统二年九月二十一日（1910年10月23日）

两江张制台来电

宣统二年八月廿八日

抚台鉴：辰。列公救国伟论，以责任内阁、国会为不易办法，李仲帅效电推论尤详。以他人已行之成效，为我国因时之良规，用心良苦。骏不佞，甫尝体察华夏古今之民情风俗，不能无疑。

中国向以静谧为治，轻征薄敛，与环球各国不同。本朝仁治主于不扰，庶人不议，民间久无政治思想；绅衿贵胄，亦以不与公事为不二法门。将驱而与谋君国，谨愿者中无主宰，不能建议；狡黠者多方运动，自便私图。既无政党之可言，复鲜公理之可据。(更)〔聚〕无数顺则良民，【供】有数嚣张之鼓煽，有要求而无担负。尔时，政府应之不能，抵之不可，上下交争，民心益去。脱竟激成当年英、法劫围（[illegible]）〔议〕院已事，将举国骚然，外人乘之藉以平乱，君民同阨，何以善后？此国会之说也。

内（讲）〔阁〕全权，必恃国会为对待监督。人民程度不齐，选举法亦未备，骤开国会，政党从违，道谋取舍，既鲜的评，善者因（孰）〔执〕杀之，歌而即戕，措理无从；不善者出其权位、资财，勾结党援，势倾人主，萧墙之祸，何以御之？此责任内阁之说也。

查东西各国，如英、德、日本立宪政体，兵权、外交、国之大事悉操于君，是主脑仍属一人。【以】中国今时情势，谓一有内阁，朝廷遂可无为而治，不负责任，窃未敢以为定论。参蓍（蔀）〔良〕药，误投适以杀人。鄙意我国地大物博，徒以边远多未辟之区，中原多水旱之事，地力不尽，人工又疏，增华踵事。与各国相追逐，不揣其本而齐其末，未得貌似，形神已疲。为今之计，自应就宪政预备事项，删其可缓，致力所急，通筹各省统治之纲，分厘各省进行秩序，专其责成，清其权限，至鲁至道，（备）〔悉〕循差等，庶不至凿枘之害，且免饰虚以应。重要之端，不外饬吏治、兴实业二者。盖吏治修，则民志安；实业兴，则民生厚。内讧不起，外患（不）〔可〕弭。及时修明刑政，整饬戎务，未尝不可为善国。操切急进，仆蹶堪虞。自愧迂远之见，无当事情，惟外观时局，内审国俗，谨以沥陈，统祈教正。骏。有。印。

《各省督抚议速开国会设责任内阁电》（北京大学图书馆藏抄本）

致云南督帅李电

宣统二年八月二十九日

辰。昨复电当已上达。顷接锡清帅、瑞星帅来电，因公有请立责任内阁联合具奏之电，致虑中央集权反对者多，故谋简单入手之法：先借外款数万万，兴修粤汉、川藏、张恰、伊黑各铁路。窃谓铁路固方今要政，不可视为缓图，要与内阁，自是两事。若虑反对中央集权，设立内阁之后，责任既统于行政大臣，机关合一，而又有国会以为之对待，政事既同汇于中央，外省但奉行一切，权不集而自集，借款修路亦即可因之而议决矣。清、星两帅发端当已商之我公，想公筹之至熟，仰祈察示一切。鸿于此电，因无把握，尚未复，候公酌夺，俾有遵循。盼速。鸿书。艳。

《庞鸿书讨论立宪电文》（《近代史资料》总59号）

致南京张督帅电

宣统二年八月二十九日

辰。顷接锡清帅、瑞星帅来电，因恐中央集权反对者多，欲联合具奏，主张借外债数万万修粤汉、川藏各铁路。此事关系重大，我公如何答复？仰恳示知，俾有遵循。鸿书。艳。

《庞鸿书讨论立宪电文》（《近代史资料》总59号）

致安庆抚台朱电

宣统二年八月二十九日

辰。顷接锡清帅、瑞星帅来电，欲联合具奏，主张借外债数万万兴修粤汉、川藏各铁路，免至中央集权人多反对。窃疑铁路、内阁自是两事，此次合而为一，果因何事发端？有无把握？尊处消息当灵通，仰祈密示，并将如何答复电知，俾有遵循，盼切。鸿书。艳。

《庞鸿书讨论立宪电文》（《近代史资料》总59号）

晋抚丁致滇督电

宣统二年

公谓阁难得人，会难防弊，诚为至论。然内阁负责任之人，仍须由国会发生，方能朝野一气，相与有成。时艰至此，谓建阁开会，即可立救危亡，铨固知其不必然也。然舍此而谓别有方法，可救危亡，铨又知其必不能也。凡事尽其在我，而默听气数之转移，故曰成败利钝，非所逆睹，又曰若夫成功则天。但如铨之所云，出之以至诚，持之以恒久，国民虽嚣张，未必不顾身家。国会虽幼稚，未始不可磨炼，但须步步前进。若仍背道而驰，日以宪政雏形，涂饰天下之耳目，而曰国会有流弊，国民程度低，但图目前一日之安，而人亡不我待矣。且今日解决财政问题，非有国会，万无清理之望。故铨前此议覆行政经费折，就题立论，云须有根本之解决耳。公更事最多，所见自更深透，故铨愿遵议，仍由尊处主稿，否则畏首畏尾，词不足以答其所见，仍恐无甚效果也。铨。东。印。

《国风报》第一年念七号，宣统二年十月初一日（1910年11月2日）

东督致滇督电

宣统二年

效电深切着明，佩甚。设责任内阁并开国会，既经多数赞成，即请尊处主稿，以便联名入告。惟各省将军、都统、督抚，似宜遍告，以征同意。良。敬。印。

《帝国日报》，宣统二年十月廿五日（1910年11月26日）

吉林陈抚台来电

宣统二年九月初一日

周大帅鉴：洪。感电敬悉。尊电所（治）〔论〕极卓，佩仰无似。清帅、莘帅电发在前，仲帅电请以内阁、国会相续，藉为后盾，用意与公正同，故常极表同情，顷已钞出奉寄。南北洋趣旨不同，阻力则一。清帅此次于诸老中独为开通，固由激刺之力，然晚而通德，尤为可敬。常随诸公之后，稍知时局，于仲帅决无反对，于张、陈亦难强同，想我公亦共此意也。常。勘。印。

《各省督抚议速开国会设责任内阁电》（北京大学图书馆藏抄本）

两广袁制台来电

宣统二年九月初二日

（送广西抚台）各省制台、抚台鉴：辰。密。安帅宥电、慕帅勘电均悉。事理以讨论而愈明，阁、会关系尤巨。仲帅发起，列公主张，皆法治也；安帅所见，则人治也。慕帅所谓历来讲吏治、实业，成效安在，正坐人治而非法治。故今立一法而必全国一致，无人能逾越范围，则必经多数公认。既公认则不复能违犯，夫是之谓立宪。阁、会问题，实不过法治之机关，至于执持进行，视乎其人。但其人苟不当，亦必有多数人监督之。此意仲帅电已明，所谓敷衍【阘】【茸】，皆无所施也。鄙意如此，乞再加审择。树勋。先。印。

《各省督抚议速开国会设责任内阁电》（北京大学图书馆藏抄本）

山东孙抚台来电

宣统二年九月初二日

（送广西）抚台鉴：辰。密。安帅宥电敬悉。所论阁、会两事，虑远思深，老成持重，至为企佩。惟自九年筹备之期限既定，十一部同时进行，各不相谋，财殚力绌，情势日彰，各省同处困难，各部且时有冲突，于是知非握定主脑，为简单重要办法无当也。仲帅倡议，诸公相继赞和，盖非设责任内阁，无以挈统治之机关；非开国会，无以定舆（轮）〔论〕之归宿。责任内阁，则各部通力合作，如指臂之相联，必能酌剂缓急之序。政令同一，各省折衷有自，庶易程督进行。至国会只有议决之权，而执行仍在政府。士大夫有政治思想者日多，国会既可为羁縻之地，亦可杜局外之妄论，淆乱是非。各省谘议局权限不清，有国会则权限自定。琦窃以为欲救宪政之困难，与谋宪政之进行，舍此则别无良策。至饬吏治与兴实业，自属不刊之论。但阁、会不立，恐中央无严肃之精神，各省徒相承以粉饰。历来疆吏，何人不讲整饬吏治，各省亦何尝不务实业，其效安在？旷观大局，时不我与。敢抒鄙见，尚祈赐教。琦。勘。印。

《各省督抚议速开国会设责任内阁电》（北京大学图书馆藏抄本）

云南督帅李来电

宣统二年九月初二日

洪。勘电悉。指正处极中肯綮，当入疏中。阁、会先设，不易之目。此事已从同者十数大省，力赞居多，南洋独异，议无归着，公论不然。其未及通商各省仍须公决，已与莘帅会电求教，即祈迅示。此为国之大事，内有戒心，亦非得已。如有良法先筹，不独释疑，兼可防弊。愿与沈、贺二公熟图，随时电示。此事羲已独发一疏，任其祸福，联衔入告，惟求有济。事成，稿先寄阅；不成，亦必将羲疏稿及各要电邮寄呈正。羲。冬。

《庞鸿书讨论立宪电文》（《近代史资料》总59号）

复吉林抚台电

宣统二年九月初二日

辰。敬电敬悉。时局乱极，仲帅联合各省会奏，请立责任内阁并开国会，诚为不可缓之图。昨已复请附衔。黔中僻远，次帅、海帅、慕帅、筱帅、安帅各电均未得见，当分恳补示。谨复。鸿书。冬。

《庞鸿书讨论立宪电文》（《近代史资料》总59号）

东三省锡制台来电

宣统二年九月初二日

周朴帅鉴：洪。感电悉。借款修路折，弟在京时已与瑞莘帅会奏。奉朱批：该部妥议具奏。现尚未准部复。李仲帅微电照录，文曰：宪政九年之预定，十一部同时之进行，凡洞见维新症结者每深忧叹。枢府关心而难轻议，度支蹙额而不先发。今朝旨令议覆赵御史折，似欲言发于外，藉以折衷补救。近日旧政轮廓难存，新政支离日甚，其大病则在无人，无人之病，在于欲速而不怀根本。世风之靡，人心之幻，因而中之，于是强事就人，强人就事，无人即先办事，无事即先用人。种种枝蔓相因，而起守旧时之酿衅，维新后之造作。诸症如一，故愈求人才，人才愈不出。其大难则在无主脑，诸部各自为谋，亦无有序，而无审国情、量国力，联合主断之人，徒委编查馆为细碎调停。改革不从简单入手，故文法愈密，措理愈难。坐此二病，智愚同困，甚妨碍维新，阻力甚大。即有一二枝节眉目，何补大局，到得财尽民散，事已无救。今幸以款绌见端，正可进求病本。羲深虑时不我与，驯至外人干预，群沸交腾，本藉宪政以固人心，转因宪政以速国祸，此危非一二人口舌可解。如各疆臣趁此时机，皆能言异旨合，直陈无隐，并于维新根本各贡条陈，宵旰彷徨苦无办法，倘能朝廷不易反汗之名，隐收变通之【益】，幡然一决，当或可期。诸公悫抱忧时，羲虽孱庸寡识，甚愿规步伟画，分其绪论。狂瞽无当，先乞复诲。大稿已成，即求密示。管蠡所及，亦必呈正，临电翘盼等因。祈查照。良。艳。印。

《各省督抚议速开国会设责任内阁电》（北京大学图书馆藏抄本）

广西张抚台来电

宣统二年九月初三日

抚台：辰。密。次帅号电、仲宪微电、衡帅漾电、慕帅勘电均悉。内阁为行政之枢机，国会视民情之向背，筹备进行，舍是二者似别无下手之法。安帅、小帅、衡帅深思远虑，所谓未睹其利，先言其害者，老成卓见，曷胜企佩。将来阁、会成立，自须详（计）〔订〕条目，以防流弊。岐于上月廿八日曾递封事，详陈民穷财尽情形，而推行新政归宿于责任内阁、国会、司法独立三事。有是三者，虽各项要政未及一一筹备，已无愧为立宪之国云云。朝旨不以为【忤】，已下所司。如仲宪主稿联奏，岐仍附骥。惟鄙意联衔合陈，不如各省分奏，盖诸帅所见，势不能于一疏之内包括靡遗，往返商榷，稽延时日，倘一发无效，此后转难为继。若能各抒所见，次第上陈，朝廷见众议之合同，或者易于邀准。安帅、小帅、衡帅（裨）〔俾〕就所虑各节详细推勘，豫筹防弊之策，则计画周密，更可释（解）〔群〕疑而坚上意。拙见如是，仍祈裁（政）〔正〕。岐。冬。印。

《各省督抚议速开国会设责任内阁电》（北京大学图书馆藏抄本）

滇督李电

宣统二年九月

湘帅径电、艺帅葛电均悉。敝处八月致奉、直、江、鄂诸帅微电，言救现弊必从重要简单入手，未及铁路事。旋锡、瑞两帅佳电，主张借款筑路，乃发效电，归本内阁、国会。盖欲补救新政，整理中国，非先有主脑监察机关不可。若不及早联合，内则财尽国危，外则攘臂生衅，断难久支。惟阁、会创设费手，必坚明约束始行。羲素性迂拘，论此具有深意，非敢剿袭各省来电。从同者虽有十数处，惟兹事体大，须仗公决。另与辛帅会电诸帅，电到敬求迅赐指示。微、效两电太长，抄邮寄雷守元澍，求湘帅催行。寿平方伯，祈艺帅致意商榷。羲。冬。印。

《国风报》第一年第念六号，宣统二年九月二十一日（1910年10月23日）

安庆抚台朱来电

宣统二年九月初三日

辰。艳电敬悉。此事缘起，（朱）〔李〕仲帅因议复赵侍御、王布政二折，广征政见，而以宪政进行苦无主脑为溪忧，约电告十二三省，东、鄂二督遂以大举外债造路之策进。二督电亦只此。各省反对者居多数，家宝亦以造端过大，从违非仓猝能决相复。二帅业会衔具奏，已交部议矣。嗣各省主持设内阁、开国会，请仲帅主稿，赞成者居多数。家宝以设内阁须政党巩固，开国会须经验富有为言，亦随同电请仲帅主稿挈奏，尚无复电。惟南、北洋于内阁、国会均不甚许可，安帅驳斥尤力，刻仲帅电仍极主持。此其大略也。谨复。家宝。冬。

《庞鸿书讨论立宪电文》（《近代史资料》总59号）

致云南督帅李电

宣统二年九月初三日

辰。安帅之电，昨甫接到，所云两疑，按之时势，似有未尽然者。众论固嚣张，然此时即开国会，正所以聚之一堂，折衷定议，被选举者亦安得尽属一偏之党。早开一日，士心方能鼓舞；若迟之又久，则郁极必发，其势正恐益烈。电中所称英、法暴动之事，亦坐压太重耳。此则迟不如速之说也。若内阁植党怙权，则日前情形断不至此。况有国会以为监督，方且栗栗危惧，日防指摘之不暇乎。慕韩一电，曲尽事理，鄙见深以为然，惟其中“藉以羁縻”一语，似非题中应有之义。总之，国会、内阁必应并举，内阁之责任即由国会发生，无国会则内阁亦为虚设。国会之请求必由内阁担任，无内阁则国会谁为主持。我公洞观时局，至为明澈，敢布鄙见，候钧示。鸿书。江。

《庞鸿书讨论立宪电文》（《近代史资料》总59号）

苏抚致滇督电

宣统二年九月

敝处复锡、瑞两帅电，注意组织内阁，召集国会，前已电达，并钞呈议复赵、王两折稿，想已达览。顷坚帅冬电谓各省分奏，尊见如何？如尊处主稿联奏，仍祈挈衔为祷。全。歌。印。

《帝国日报》，宣统二年十月廿五日（1910年11月26日）

鄂督致滇督电

宣统二年九月

冬电悉。立国之本，非力行、议决、参与、监督四项机关完备不可。力行为内阁之责，后三项则无国会无以定方针。公前电所讲二者如车两轮，不可缺一，卓见至佩。前者各省士绅请愿国会者，以政府过于审慎，未即允行。近闻且有第三次组合请愿者，然出于国民之请求，不如上沛德意，毅然亲决，故我辈今日合词上陈，万不可缓。公既挈衔通电各省，从违自难强同，其表同情者，大约亦居多数。应仍由公主稿，以期周密。至国会办法，应请饬下宪政编查馆奏定。若由廷臣内筹，交付外议，则虑筑室道谋，不能一致。管见所及，用特电陈。澄。支。印。

《帝国日报》，宣统二年十月廿五日（1910 年 11 月 26 日）

伊犁将军致滇督电

宣统二年九月

江电敬悉。中国之弊，最甚于繁密苛细，自欺自私。近日新政支离，更甚于昔。言者谓法制纷扰，上下相蒙，非以图治，将以速乱召危，隐忧弥切。因远处极边，囿于闻见，且宪政新章，专责成督抚，故未敢轻兹议。承示先设内阁、开国会办法，实为扼要之图，具见硕画荩筹，公忠远虑，自应共表同情。惟伊犁地居边远，种族庞杂，民智晚开，迥殊内地。前覆清帅电云，凡殖民练兵，劝业开矿，兴学固藩诸要政，非铁路难收效果。就目前情形论，即开国会，亦无此项人材，似应作为特别办法，斟酌先后缓急，渐次推行，恐仍须铁路通，始有效也。迂拙之见，尚祈酌裁主稿，挈衔电奏。广福。蒸。印。

《帝国日报》，宣统二年十月廿五日（1910 年 11 月 26 日）

察哈尔都统致滇督电

宣统二年九月

江电悉。时局危亟，同切杞忧，硕画（计）〔吁〕谟，曷胜钦佩。入告时，谨当附骥。瑞制军处并希致意。良。鱼。印。

《帝国日报》，宣统二年十月廿五日（1910年11月26日）

浙江巡抚增韫致瑞、李二总督电

宣统二年九月

江电敬悉。宪政筹备，当先立主脑，定人心。立主脑必先设内阁，正人心必先开国会。硕画荩筹，至为钦佩。处存亡危急之秋，舍此别无良策。倘蒙奏准，上下一体，内外相维，转危为安，在此一举。仲帅主稿，各帅既已公推，鄙人亦愿附骥。敬乞挈衔入告，以维大局。增韫。庚。印。

《东方杂志》第七年第十一期，宣统二年十一月二十五日（1910年12月26日）

致云南督帅电

宣统二年九月初五日

辰。张坚伯电，想达左右。内阁、国会为刻不可缓之举，安帅、筱帅既不甚赞成，坚伯又主张分奏，鸿意异议者不能强之使同，分奏之说亦涉纷纭，且折到有先后，恐不能大有效力。不如我公一力主持，统合已表同情各省，由公主稿，刻日会奏，免至议论徒多，而事机坐误。大局攸关，似无所用其迟回也。公意如何？候示。鸿。歌。

《庞鸿书讨论立宪电文》（《近代史资料》总59号）

湖广瑞制台、云贵李制台来电

宣统二年九月初五日

各省督抚鉴：辰。宪政九年预定，十一部同时进行，洞见维新症结者每深忧叹。朝旨令议覆赵御史折，似欲言发于外，藉以折衷补救。旧政轮廓虽存，新政支离日甚，守旧时之酿衅，维新后之造作，诸症如一，将不可救。澄、羲深虑岁不我与，驯至外人干预，群沸交腾，本藉宪政以固人心，转因宪政以速国祸。澄、羲等叠经电商，下手当先立主脑、定人心。立主脑先设内阁，定人心先开国会。秩序明，方针定，然后行坚牢主意，举事方有依据。内阁初设，组织者未必即干济国难之才，但部臣既同为阁臣，缓急先后，协同审择，可无目前政出多门、彼此矛盾之事。兼有国会监察，欲不负责，势有不能。至国会遽开，议员无政治经验，嚣议纷争，不无可虑。抑知士绅经验虽不及老成，理想调查可资参助。开明专制，时会难期，困厄如斯，士气莫遏。既不能禁局外雌黄，不如置之局中，俾知困难曲折。数年后经验渐增，尚望与政府休戚相关，双方渐进。澄、羲不敢谓阁、会一成，立臻郅治，而敢谓阁、会相维，犹之定医乃可议方，对镜方能辨影。施救未定之天，终胜于袖手待绝。规远大者，讵可畏当前棘手，遂不图日后补苴。此事在十年前，澄、羲诚不敢浪议，今则无可再缓。欲求筹备实际，非有阁、会不可；欲救现行先着，尤非有阁、会不可。盖朝廷所处，深入难境，进中求决，困而可通；退中求解，困而益殆。审之理势，更易明也。前以兹事体大，未敢遽渎，适澄与清帅主张借款办路急策，经羲电覆，谓必归本阁、会，澄极表同情。现十数省来电，意均赞成，谬推经羲主稿，联衔入告。羲才薄识浅，惧不克任。此乃国之大计，仍仗诸帅荩筹，公同裁决。卓见如何，敬乞迅示。瑞澄、经羲叩。江。印。

《各省督抚议速开国会设责任内阁电》（北京大学图书馆藏抄本）

浙江增抚台来电

宣统二年九月初五日

各省督抚鉴：辰。伟论已读悉。窃慨有治人无治法之流弊，驯至更一人必变一番政策，内外不相谋，各省自风气，焉得有若许之上智，列诸内外。如果立法完善，中才以上，皆可执守，藉收内外互相维持，各省一道同风之益。况立宪政体，业经宣布，过渡时代，只能作济河焚舟之谋，不宜作日暮途穷、倒行逆施之计。熟筹深虑，聊贡狂愚。增韫。支。印。

《各省督抚议速开国会设责任内阁电》（北京大学图书馆藏抄本）

湘抚电

宣统二年九月

迭奉各帅电示，忧深虑远，切中时弊。民穷财尽，各省皆然，今日之患，在繁碎而无秩序。兼营并进，名为百事俱兴，实恐一事无成。责任内阁，自是入手方法。事权统一，然后酌量财力，分别情形，何项必办，何项可缓，各省不必强同，庶免彼此矛盾，否则疆吏无从措手，欲苟安而不可得。事机已迫，众论佥同，无论何帅主稿，鼎必附名，乞速会商定议。文鼎叩覆。

《国风报》第一年第念六号，宣统二年九月二十一日（1910年10月23日）

黑抚致各省督抚电

宣统二年九月初七日

各省制台、抚台鉴：辰。密。列帅会商阁、会事，言异旨同，志匡王室，揆时审势，舍此末由。莘帅、仲帅所谓立主脑、定人心，实为扼要之论。安帅老成远虑，亦属苦心。惟是九年立宪之期早经宣布，决无反汗之理。大势岌岌，雍容静镇，断难图功。于是诸公有合词入告之议，所争者为迟速之问题，非讨论内阁与国会之是非也。纵内阁初建，国会初开，不能完全美备，然无内阁、无国会即不可言宪政。岂筹备期满，内阁可终不立，国会可终不开乎？若谓因仍故步，遂足救亡，窃恐由今之俗，无变今之政，终成官样之文章，痿痹之世界而已。今十一部之分张，二十二行省之广远，部臣与疆臣不相谋，部臣与部臣、疆臣与疆臣又各不相谋，意见参差，局势散漫，灭裂支离，其何能国？故今日救亡之策，惟有速建责任内阁，组织各部成一政府，乃能立统一之机关，政见不至歧出，即行至各省，宗旨亦复协同。而又助以国会，上之监督政府，则徇私骫法之事件无自发生；下之倡率国民，则纳税服兵之义务不生反对。宫府一体，上下同心，而君主总揽统治大权，南面垂拱，永保尊严。故立宪制度，世界认为最完美之政治，虽起伊、周、孔、孟于今日，将无以易也。诸公公忠体国，望早定良规，拯此危局，无任企祷。【树模】。阳。印。

《各省督抚议速开国会设责任内阁电》（北京大学图书馆藏抄本）

江西冯抚台来电

宣统二年九月初十日

各省督抚鉴：辰。清帅、莘帅敬电，安帅宥电，简帅敬电，经帅宥电，俊帅养电，慕帅勘电，海帅先电，坚帅冬电，莘帅、仲帅江电，子帅支电，均敬悉。诸公名论络绎，同抱公忠，良深跂佩。

窃念今日国是未定，事权不一，内外上下浸成涣散否塞之现象，自应亟设责任内阁以立主脑，速开国会以固民心。时不我与，毋烦再计。安帅所谓就筹备事项，删其可缓，致力所急，统筹全国统治之（经）〔纲〕，厘定各省进行之序，要言不烦，洵为救时先务。然此正是新内阁成立后之责任，必先有统一之机关，而后有执行之权力也。国会与内阁相辅为用，尤难偏废。方今国民程度诚属幼稚，然才智经验【均】以磨练而成。莘帅、仲帅所谓既【不】能禁局外要求，不如置之局中，俾知困难曲折，尚望与政府休戚相关，自是深切着明之论。倘及今不图，惟持遏抑主义，狂热过度者或且入于诡谲，以触网罗。民气摧残，江河日下，恐九年以后，程度犹不逮今兹。后顾茫茫，弥增悚惧。至阁、会仅为法治机关，而运用此机关仍恃乎人，海帅已（计）〔详〕言之。其归宿不外安帅注重吏治之旨，治人治法固互相维系也。谨抒鄙见，以质宏达。如决议合词入告，由何处主稿，即请挈衔为荷。骙。庚。印。

《各省督抚议速开国会设责任内阁电》（北京大学图书馆藏抄本）

致云南督帅电

宣统二年九月初十日

辰。联衔会奏请开国会及设责任内阁，经我公主持，想已定议。何时入告？祈示知。折稿能钞寄否？鸿书。蒸。

《庞鸿书讨论立宪电文》（《近代史资料》总59号）

两广总督袁树勋致李总督、张巡抚电

宣统二年九月

坚帅冬电悉。阁、会两事，敝处于奏覆赵、王条陈内，即以此为归宿，即与专奏无异。如有联衔之举，弟必附骥。但国会一层，总应纯全由人民着力，督抚代为吁请，转失国会之价值。此意春间曾电覆坚帅，即历次折内，但陈阁、会等从之理由，而不作吁乞之词者，正以地位不同，故将人民悃情，合词转达，亦无不可。悉听尊裁。勋。支。印。

《东方杂志》第七年第十一期，宣统二年十一月二十五日（1910年12月26日）

前广西巡抚张鸣岐致李总督电

宣统二年九月

冬电祗悉。天下决无纯利无弊之法，小有冲突，事理所不免，惟在主持行法，坚持定见，因时消息而已。果能预定约束，随时补救，即有嚣争，移时自定，断不至以少数人之同异，牵动大局。钧电扼要数言，实可关异议者之口。至阁、会两层，决难同时并举。先立内阁，而国会办法，缓至明年。鄙意亦谓当如是，自不至启河汉无极之疑。事机日迫，时不我待，筹商妥协，似当早日入告。钧处挈衔，岐仍附骥。鸣岐。庚。印。

《东方杂志》第七年第十一期，宣统二年十一月二十五日（1910年12月26日）

云南督帅李来电

宣统二年九月十一日

辰。阁、会联衔，约有十五六省，尚未至齐，拟月底内外发电奏。届时羲专折先行，期与公论互相印证也。电奏成，当译寄，折稿亦寄阅。顷有电复沈方伯，当已呈览，能同商定更盼。羲。真。

《庞鸿书讨论立宪电文》（《近代史资料》总59号）

东三省锡督帅来电

宣统二年九月十二日

周朴帅鉴：盛。前准松鹤帅电商，如谘议局联名要求代奏速开国会，应如何办理，以期各省一律。正核覆间，复准袁海帅电，谓督抚对于此举似只可指陈其理由，至于伏阙要求，系人民一方面事，或呈请都察院代投，方符体制等因。鄙意甚以海帅所见为是，已通电接洽，如遇谘议局有此呈，请希照办。良。真。印。

《各省督抚议速开国会设责任内阁电》（北京大学图书馆藏抄本）

河南宝抚台来电

宣统二年九月十二日

各省制台、抚台探投广西张抚台鉴：辰。密。安帅有电，慕帅勘电，海帅先电，仲帅冬电，坚帅冬电，仲帅、莘帅江电，固帅支电，筱帅鱼电，均敬悉。时局日益危迫，新政迄无实效，挽败之策，舍建机关以先求齐一，无以戢安众志，鞭辟进行。诸公熟虑深筹，同深敬佩。

窃按东西立宪国均以责任内阁为国家必要机关，与国会同一地位，凡君上大权作用，必须内阁【副】【署】，犹之制定法律必得国会协赞，二者有两利而无偏废。以中国近情而论，有内阁则政令可期统一，有国会则群言得所折衷，尤为对症良药。其流弊所在，筱帅、安帅亦已阐抉无遗，顾区区之愚，窃尚有不能不为之过虑者。

中国幅员最广，文法最繁，政事之纠纷自昔已然。近更堂宇洞开，群雄逐逐，一谋一动，辄系存亡。今一切行政机关尚未完善，遽照内阁制度专其责于总理大臣之身，即使才智殊绝，而求其胜任愉快，究恐不易。若仍分责阁臣，则日久又将与旧制无异。应如何通筹妥计，俾有实济，似不可不于组织之前先为审计。

至各国国会无不根据宪法构成，其职权亦以明载于宪法及附设于法令中者为限。诚以国家人民不际，畸轻畸重，不能不大为之防。今中国宪法尚未颁布，国会职权应何所依据以定，事关国本，亦似不能不慎之于始，俾免流弊。棻于此事甚表同情，以上各节谨就一孔之愚，陈备采择。如议定全体入告，即祈挈列敝衔为荷。棻。蒸。印。

《各省督抚议速开国会设责任内阁电》（北京大学图书馆藏抄本）

复云南督帅电

宣统二年九月十四日

辰。真电祗悉。联衔十五六省，月底电奏，正公折到京之日，彼此印证，当邀俞允。前次公与瑞莘帅合发之江电，敝处尚未接到，仰祈补发。公致蔼苍电已阅，渠正遵拟折底，公稿如已先成，恳即译示，至盼。鸿书。盐。

《庞鸿书讨论立宪电文》（《近代史资料》总59号）

复云南督帅电

宣统二年九月十六日

洪。寒电祗悉。兹谨公拟折底，仰候钧示。其文曰：“颁布立宪，遵奉遗诏，断无反汗，所争者迟速耳。庚子以后，列强互相牵制，天犹予我以未雨之时间。乃英日协而日势益张，俄日协而朝鲜遂并。自是以后，彼之协而谋我者，实逼处此矣，臣等所以触目惊心，日夜彷徨。窃谓以我濡滞涣散之政术，当彼气势猛鸷之协谋，其为危殆，岂烦再计。所万幸者，我国土地之广大，人民之群多，甲于全球。果能齐力一志，共谋国是，上下之心既固，未尝不可恃以折冲。则设立责任内阁与开国会，岂复可稍缓须臾哉。内阁与国会，二者交相为用，大权操诸朝廷，既无虞侵越，政（地）〔府〕有人监督，亦无虑欺蒙。

论者或谓国民程度不足，言论滋多，虑从违之难决。窃以为，天下事惟局外不知事实，故不谅艰难，肆为妄议，无可究诘。若引而置之局中，则讨论者群，揆时度势，必不能掉以轻心。若要求挟制之行为，亦必无群共赞成之能力。且使知国会之开有日，方善于图强有基，各思有以自效，而发其爱国之念，则士气亦可望其一静，初不因是而开其横议之渐也。今者国会未立，而争路拒款、排斥海陆军者，日有所闻，当事亦遂生顾虑，而未敢立断。此正由处局外者易于由言，不知轻重之故耳。国势危则人情惧，又未能窥见至隐，逞其词锋，万得一当。历观前史，亦多有之，固无抑制之良法。因而用之联民心，即所以振国体也。

论者又谓我国无政党，责任内阁将无所取材。然所谓政党者，非其平日结纳私人之谓也。柄政果能大公无我，忠于为国，则气类相孚，自然协应。昔惟无连带负责任之机关，故各事其事，势涣情离。机关一立，则同寅协恭，自不能不联为一体。拔茅连茹，古有明训，此亦无可疑也。

总之，国民非使与闻政事，断无可进之程度；臣工非有他山攻错，亦无进行之可言。此时，强邻变计，着着争先，剥肤之痛，非可从容布置，留待异时。所以救危急之策，计惟有上下一心，急起直追，相矢以诚，相砺以实，不为要结，亦不为羁縻。国会与内阁即日定议宣布之期，使一国之政，若网在纲，议必取决，事必实行，庶几物耻可振，国耻可雪矣。

所有请速开国会、定责任内阁有利无弊，势难稍缓缘由，臣等合筹至熟，吁恳宸断施行，大局幸甚。鸿书。铣。瑜庆、国昌、玉麟同奉。

《庞鸿书讨论立宪电文》（《近代史资料》总59号）

李仲帅来电

宣统二年九月廿日

抚台鉴：辰。阁、会之议，仰荷诸帅合谋，谬委经羲起草。近闻议局商学会代表第三次请愿已上，倘不蒙允，转圜更难，联请奚益？自以电奏为捷。妄拟电稿，文曰：

“内阁、国会为宪政根本，计已定于先朝，事无待于末议。顾造端宏大，不易图维，老成过为持重，必求谋出万全，政府首当其冲，不敢轻于一发。其争执不过数年期限之迟早，其关系乃在目前国势之存亡。锡良等疆寄忝膺，忧危共切，忍视朝廷为孤注，独举中央以责难。第外觇世变，内察国情，立宪既无反汗之理，则阁、会决无不成立之理。与其迟设而失事机，不如速设以维邦本。用敢推求利弊，力破群疑，共竭愚诚，披沥陈之。

今之致疑于内阁者，必曰权责太重，权盛则恐挟震主之威，责专则虑启营私之渐。不知自古权奸窃国，非因在位日久，即由兵柄下移。今阁臣但司行政，本无统驭军队之权，而责望所归，易兴易仆，一身进退，利害较轻。既不能有擅作之福威，更不必为要路之盘踞。况有国会以监察财政，出纳未由自专；有审判以拥护法权，生杀无从任意。不必虑者一。

或又疑内阁既设，君主仅拥虚名。岂知不负责任，实由神圣不可侵犯之义而生。至大权之载诸宪法者，立法、行政、司法悉归总揽，不过无内阁则职务分之臣下，而担负仍在朝廷；有内阁则统治属诸一人，而功过必归枢府。巩固君权，尊崇主极，无逾于此。不必虑者二。

或又疑内阁初立，组织者未必皆干济之才，任非其人，终虞覆悚。不知世变人才，互相陶冶，但使部臣【同为阁臣】，应行政纲协同审择，已无目前政出多门、彼此矛盾之事。益以国会监察，权限明则责成专，虽欲诿卸而不能；才力薄则应付穷，虽欲把持而不得。数经更易以后，求才者知非破格不为功，饱尝忧患之余，任事者亦必审量而后进。相磨相（弃）〔砺〕，自有一二非常之选，因时会构造而成。不必虑者三。

其致疑于国会者，或谓议员程度不一，言论易涉嚣张，比年争路争矿，迭肆要求，允之则政策益纷，抑之则风潮更烈，一虑也。抑知士论沸腾，实多激于忧愤。与其强为遏制，徒滋事外猜疑，何若引就范围，俾知局中曲折。及其经验渐深，疑误尽解，尚望与政府相扶相励，力拯艰危。今世立宪较久之国，内阁、国会往往少纷争而多匡止，其明验也。

或谓国会有弹劾大臣之权，议员将挟私拚击，贤者避谤求去，不肖者转得结党自固，二虑也。不知国会弹劾与台谏异。言官风闻入告，动机发自一人；议院据事直陈，同意必谋之多数。如果大臣当国，众望交孚，则数人对抗之私，何能敌全体舆论之公。黜陟进退，权操君上，宪法自有明文，国会何能干预。至论党派之发生，要以政见为标准，内阁政见与议院合，利用适资其交济；内阁政见与议院不合，全党岂听其转移乎？

或谓国会当幼稚时代，仅有要求而无担负，财政问题仍难解决，三虑也。不知国会初设，不必急谋财政之扩张，先求巩固财政之信用。议员来自田间，深知疾苦，果财政计画悉经协赞，蠲除扰累，力戒虚糜，人民已共谅政府之无他。迨至行政克坚民信，措施深入人心，议员目睹计臣挹注之穷，外界竞争之烈，凡各国通行之租赋，中朝未有之税章，未尝不可审势因时，徐图兴举。即欲广募国债，立应急需，恃此枢纽以为【沟】通，国民既休戚相关，何能置国难于不顾。日本国会未开，岁入仅八千万元，国会既开，不及廿载已逾六万万元，可为借证。

以上阁、会利弊，理势所在，均可无疑。舍此则主脑不立，宪政别无着手之方；缺一则辅车无依，阁、会均有逾辙之害。程度不足，官与民共之，不相磨励，虽百年亦无所进；法律难定，情与俗碍之，互为参考，历数载可望实行。此非锡良等之私言，实天下臣民所公认也。

今日大患在于政务太繁，财用日绌。有内阁统一政策，国帑始可酌盈济虚；有国会协赞岁用，要政始不因噎废食。比者日俄协约成后一举亡韩，列强均势政策，皆将一变方针，猛厉并进，时局危险已远过于德宗在位之日，缓无可缓，待无可待。此即阁、会克期成立，上下合力，犹恐后时，奈何以区区数年期限争持不决乎？

锡良等更有渎者，以明怀宗之忧勤惕厉，卒无救于明室。其谓诸臣皆亡国之臣，岂有他哉，不负责任而已。夫以政体不善，致诸臣隳坏于冥冥之中，至大局安危之际，几无能负责之人，而使至尊独忧社稷，此为何等景象。殷鉴不远，能无懔栗。

锡良等知而不言，无以对我皇上，更无以对我先帝。伏恳圣明独断，亲简大臣，立即组织内阁，特颁明诏，定于明年开设国会，敕宪政编查馆克期拟呈议院、选举各法，钦定施行。宗社幸甚，生民幸甚。

再，此电由经羲主稿，与锡良等往复电商，询谋佥同，合并陈明，请代奏。锡良、瑞澄、袁树勋、李经羲、广福、溥良、陈昭常、周树模、程德全、朱家宝、孙宝琦、丁宝铨、宝棻、联魁、增韫、冯汝骙、杨文鼎、张鸣岐、庞鸿书谨肃”等语。不当之处，敬祈指教。筱帅、果帅前电均表同情，究列台衔与否，务乞速赐覆。【松、信、恩三帅尚未赐复】，亦祈即示。惟尊电均请于廿二日以前到滇，电奏定于廿三日晨拜发。事机迫切，不及从容熟商，诸求鉴谅。羲。筱。[①]

《各省督抚议速开国会设责任内阁电》（北京大学图书馆藏抄本）

---

① 按：此电“文曰”以下，至“等语”以前，即滇督李经羲主笔之“各省督抚会奏请开国会电”初稿，宣统二年九月廿七日（1910年10月29日）《帝国日报》曾刊此电内容，但缺末段。

云南督帅李来电

宣统二年九月廿二日

洪。铣电咨到。惠赐洞明时局，通达治体，恳挚和平，尤合会奏，极佩。望间迭接京外电，催速入告，因急草一稿，筱日通发，意与尊稿略同，计入鉴。顷得奉、鄂十数省电，均认可，碍难改用，甚歉维谅。未协处仍希赐教。羲。养。

《庞鸿书讨论立宪电文》（《近代史资料》总59号）

陈筱帅来电

宣统二年九月廿二日

抚台鉴：辰。顷电请军机处代奏，文曰："窃维时事艰难，日甚一日，朝廷宵旰忧劳，人民彷徨望治，实已迫于积薪厝火，不能稍安之势。近来各省士绅伏阙陈言，无不以内阁、国会同时并举为请，忠爱之忱，良可嘉佩。惟夔龙以为国会与内阁双方并进，虽有辅车相依之象，然事有先后，必宜循序渐进，非可一蹴而几。日本明治维新号称锐进，而设立内阁与召集国会亦尚距数年。良以宪法成立，必须各项机关预备完全，人人知立宪之实质，然后国会召集，自收上下相维之效。现在内阁未设，无行政统一机关；弼德院未设，无要政顾问机关；审计院未立，无岁出岁入综核之机关；行政裁判院未成，无裁判行政争议之机关。举凡宪法上应有之预备未全设施，而欲内阁与国会同时并举，是不啻治丝而先使之棼也。为今之计，宜于行政机关先求统一，俾责任既专，政见无从歧出。是内阁为行政枢纽，必宜先行组织，方足以策进行。既有内阁，一切宪政预备自可依次程功，一面选派通达治体之大员拟议宪法、议院法、选举法各草案，呈候钦定颁布。数年以后，各项机关完备，国会可一集而成，较之同时并进，其难易利钝何待烦言。

夔龙愚见，窃愿我皇上宸衷独断，明诏天下，先于明年设立责任内阁，将各项机关次第筹设。或虑国会未开，内阁疑有专擅，不知资政院已经成立，参议协赞之职已具规模，自可以资政院代举其职。俟宣统五年资政院议员任满，彼时内阁早设三年，行政诸端均已从容整理，代议之职国民亦已熟悉，即以是年为国会召集之期，比较原定期限尚已缩短三年。如此予为转移，既收相辅为用之功，复免凌节而施之弊，实于大局裨益良多。管窥之见，是否有当，谨请代奏。"等语。特奉闻。龙。养。印。

《各省督抚议速开国会设责任内阁电》（北京大学图书馆藏抄本）

山西丁抚台来电

宣统二年九月廿二日

周抚台、增抚台、冯抚台鉴：辰。前奉尊电，论阁、会两事，均深中窍要，敬佩曷胜。时艰至此，不敢谓建阁开会即可立救危亡，但中外属望方殷，舍此亦别无下手之法。所虑者内阁甫立，而政府未经巩固，其能力亦尚薄弱；国会虽开，而议员未经磨练，其议论亦未尽可行。当此内忧外患交迫迭乘，断非仅务虚名所能补救，必有先立乎其本者，而后阁、会可收实效。铨月前议覆赵、王经费折内，于阁、会之外另陈三事，以为根本。折长难以电达，业经录稿咨送，尚乞教正为荷。铨。号。印。

《各省督抚议速开国会设责任内阁电》（北京大学图书馆藏抄本）

吉林陈简帅来电

宣统二年九月廿五日

各省制台、抚台、将军、都统均鉴：辰。仲帅主稿电奏，想已如期译发。顷奉筱帅养电，于组织内阁、缩短国会期限，具见斟酌审慎之宜，不胜佩仰。惟昭常尚有不能已于言者，谨陈述如下。

阁、会所以必须同时成立理由，仲帅电昌言之。今筱帅欲先立内阁，缓开国会，而援日本为证。查国会之益，在能君民一心，上下一体；而速开之益，则在立拯危亡，与民更始。日本自尊王倒幕以后，民气业已激扬，民情亦均鼓舞，不必待国会成立，上下观感已交孚无间，虽缓数年，丁其图存图强之机尚无阻失。中国则上下睽离、民心涣散已非一日，正赖百方团结，始能一意进行。〈以〉〈复〉外界侵陵，朝野忧惧，趁此各虑覆亡之日，尚有合谋巩固之心，若再迟疑不决，在政府不过稍缓须臾，而国民则已（坚）〔潜〕形解体。时机一失，事会难知，此尤不能不同时并举之切要关系也。

至筱帅电中所举弼德院等各种机关，以愚见论之，若事事求备，则三年犹恐多疏；若立意促行，则同年亦可立办。即使不及备设，不妨以审计院附属于度支，行政裁判院暂领于内阁，均不难于阁、会成立之后逐项分举，再谋完全，似可不必置虑。

且愚见更有进者，内阁初立，必有致碍于权势太重者。若总理大臣委蛇取容，则于国事何益；若稍有展布，则三年之中，岂止谤书盈箧。吾国历史昭然可鉴。是国会一日不开，内阁仍一日不固。同列既疑于逼处，国人将议其擅专，无论当之者难得其人，亦何贵乎有此三年艰难无补之内阁乎？养电所云，以资政院代举国会之职，似已可为监督。惟资政院系上院基础，接近政府，监督性质殊不完全，且国会之为人民代表，本不能以一院成立。现即暂令代举，而于人民呼吁之私既难稍慰，国家危亡之局亦复奚裨？

天道人事，后起者胜，他国成例，毋庸过拘。愚意仍恳列帅主持，仲帅主稿，再申不必缓期之请，以慰海内翘望之殷。是否可行，立盼大教。惟时期已迫，不及详商，如各帅赞成，或别有意见，即请径电仲帅。是祈至祷。昭常。敬。印。

《各省督抚议速开国会设责任内阁电》（北京大学图书馆藏抄本）

云贵李仲帅电

宣统二年九月廿六日

制台、抚台均鉴：辰。密。阁、会事诸帅电均敬悉，已于漾晚遵列衔电奏。“某等更有渎者”，至“能无懔栗”一段，遵慕帅改删去。又于“可为借证”句下加一段，文曰“以上阁、会利弊，均无可疑，而持议者犹谓军机处总持行政，略同内阁；资政院采集舆论，可代国会。此又不可不辨也。就军机处言之，枢部未能联合，主义难免背驰，且日赞万几，取决俄顷，合谋不及，详究为难。在昔制度因仍，尚可权宜应付，今日政务繁棘，遂觉筹措艰虞，时势厄之，乌可不变？就资政院言之，各国下院议员必由民选，所以重人民之责，立政府之监。今资政院议员互选者由议局发生，与人民有直接关系，钦选者以朝官充任，与政府有统属嫌疑，藉为引导议院之机关自无不可，谓可替代国会之作用，而国会遂可迟设数年，则理解殊误。总之，阁、会权责所关，不容假借，舍此则主脑不立”云云，似义更周。又“定以明年开设国会”改为“定于一二年内”，似不迫促。僭妄乞谅。羲。敬。印。

《各省督抚议速开国会设责任内阁电》（北京大学图书馆藏抄本）

山西丁衡帅来电

宣统二年九月卅日

抚台鉴：辰。弟处顷覆清帅电云：尊处外交最棘，所虑较各省尤难，若无国民以盾其后，一半年间设出有不可思议之现象，又将何策以图补救。故国会一举，对外较对内为尤亟。鄙意仍由公领衔，联合各省续请速开。此后事变之来，至万不得已，是可由国会议决，天下得失方不归咎于一二人等语。照录呈阅，尚希酌核。铨。勘。

《各省督抚议速开国会设责任内阁电》（北京大学图书馆藏抄本）

云贵李仲帅来电

宣统二年十月初一日

抚台鉴：辰。敬电谅达。海帅有电、雪帅宥电，均祗悉。简帅敬电昨始奉读，于国会不可迟设三年之理，（讨）〔驳〕论精切，佩甚。联奏尚未奉旨，此时似难续奏。惟时机急迫，间不容发，若朝旨一发，更难挽回。羲已于昨夜将简帅敬电略加裁润，仍列前奏原衔，急电枢府，请其决择主持，但不知有济否耳。事与前奏宗旨相符，且非续奏，故冒昧为之，诸祈鉴谅。至叩。羲。勘。印。

《各省督抚议速开国会设责任内阁电》（北京大学图书馆藏抄本）

复吉林抚台陈电

宣统二年十月初一日

洪。敬电祗悉。有内阁而无国会，妨碍甚多，鄙意亦极滋疑。得闻尊论，明快警切，实获我心，服膺无已。幸仲帅已依公意，联衔续奏，必能动听，大局幸甚。谨复，并致佩忱。鸿书。东。

《庞鸿书讨论立宪电文》（《近代史资料》总59号）

复云南督帅李电

宣统二年十月初一日

洪。勘电祗悉。简帅敬电，驳论精切，公已再加润色，联衔续奏，必能动听，大局幸甚。仍祈将奏稿寄读为祷。鸿书。东。

《庞鸿书讨论立宪电文》（《近代史资料》总59号）

致云南督帅李电

宣统二年十月初一日

洪。接贵州绅学各界钱登熙等四千一百八十八人联名呈请速开国会，恳予代奏。该绅等爱国热诚，似未壅于上闻，惟折奏太迟，若如所请，亦只能摘要电达。滇省绅民想亦有此陈请，我公如何办法，仰恳速示。鸿书。东。

《庞鸿书讨论立宪电文》（《近代史资料》总59号）

吉林陈简帅来电

宣统二年十月初二日

周朴帅鉴：辰。昨电想达。旋读衡帅赐电，于三省危亡大局，言之痛切，尤见相规之远，相爱之深，不胜感惧。联衔之请，久无覆音。昨见官报事由单，张坚帅单衔奏开国会，旨交宪政馆矣。还恐前件未必□，不知锡帅近日得都中消息否？昭常愚见，倘仍不得请，务恳锡帅领衔再行入告，必求朝廷明白宣示可否，以释群疑而定国是。此不独东省实首赖之，但期争持到底，政府必有转机，是不啻清、衡两帅之赐也。正译发间，又接仲帅勘电，知前电已续达枢府，惟万一再无下文，仍求至三至四，俾不至虚此一举。仍盼教示。昭常。东。印。

《各省督抚议速开国会设责任内阁电》（北京大学图书馆藏抄本）

锡督帅来电

宣统二年十月初二日

周朴帅鉴：申。阁、会诸帅政见相同，闻政府尚待（依）〔会〕议，倘定为宣统五年召集，一经宣布，碍难收回【成命】。仲帅准诸帅电，嘱良主稿联奏，衡帅电尤痛切。大局安危所系，趁此未奉明诏之先，联电续陈较有效力，已于三十日夜会列台衔电奏。因事机迫急，不及往复电商，至深歉仄，诸乞鉴原。

原奏稿录下，文曰："锡良等前奏请设内阁、开国会以救危急，近闻有主张仍欲先立内阁，迟至宣统五年乃行召集国会者，区区愚忱，窃抱过虑。说者谓日本维新亦先立内阁，后开国会，遂欲取以为法。乃知日本改革幕府之后，长、萨二藩握权专政，其基未固，故专用压力，缓开国会。而民间积愤不平，倒幕之声已闻于全国。幸政党人才继起，国会旋开，仅保未乱。此日本之内容，固无庸隐讳者也。今中国民气奋发，视日本当年不啻过之，而朝中大臣勋业才望，较之长、萨二党相去何如？岂（妄）〔可〕复袭其危险之政策哉？且国会既开，人心拥戴，皇室愈固，一切颠危倾侧意外之变，无自而生。所谓周虽旧邦，其【命】维新，自有上下相维之气象。若又迟以三年，则三年之内风潮万状，佥壬之人皆欲趁此三年，夤缘援结，以据要津；贪利之臣亦皆乘此三年，黩货营私，以肥囊橐。失败之政仍归咎于君上，监督之力终难及于当轴。朝廷宜防官邪，不宜徒防民气，正锡【良】等所谓内阁、国会不能不同时并立者也。如谓机关未备，则凡弼德院、审计院、行政裁判院均有各国成案，取以仿行，似非甚难。此次沮开国会者，或有新进之辈，欲遏其后起而自居其功，故【饰】为进行有序之说，以惑上听；又必谓国会早开，则政府权柄将有不能完全之患，以慑在位。不知宪法大纲业已规定，新学良士未尽登庸，朝廷一视大公，天下自无偏党。在位者不必亲，在野者不必疏，其崇戴我大清则一也。先后迟速之间，安危所系，谨披沥再陈，务乞宸衷独断，立颁明诏，内阁、国会同时并举，以慰民望。不胜惶悚待命之至。谨请代奏。锡良、松寿、瑞澄、赵尔巽、袁树勋、李经羲、张鸣岐、信勤、广福、诚勋、傅良、陈昭常、周【树模】、程德全、朱家宝、孙宝琦、丁宝铨、联魁、增韫、冯汝骙、杨文鼎、庞鸿书谨叩。三十日谨叩。”乞察照。良。东。印。

《各省督抚议速开国会设责任内阁电》（北京大学图书馆藏抄本）

致山西丁衡帅电

宣统二年十月

太原丁衡帅鉴：辰。勘电敬悉。我公关心边陲，发抒荩论，危疆闻命，感惧同深。现经锡帅领衔续行陈请，倘蒙俞允，不惟边事赖以挽回，亦全局之幸也。谨此覆闻。【树模】。印。

《各省督抚议速开国会设责任内阁电》（北京大学图书馆藏抄本）

锡督帅来电

宣统二年十月初三日

李仲帅、丁衡帅、陈简帅、周朴帅鉴：辰。东电计达。仲帅勘电、简帅东电，均敬悉。各省及资政院先后奏开国会，于廿六日奏。谕旨：着将原折电交会议政务处王大臣公同阅看后预备召见。钦此。今闻初一日王大臣呈递说帖，初二日召见。仲帅廿七日联电枢府，甚得效力。敝处卅日电奏，昨日计可进呈矣。特闻。良。冬。印。

《各省督抚议速开国会设责任内阁电》(北京大学图书馆藏抄本)

云南督帅李来电

宣统二年十月初三日

东电悉。滇省绅民因羲已自奏，不再恳奏。各省代奏者闻亦有之，此时据情代奏，出自绅民之意，似无不可，仍祈我公卓夺。羲。江。

《庞鸿书讨论立宪电文》(《近代史资料》总59号)

云南督帅来电

宣统二年十月初四日

洪。东电悉。联电稿并自奏稿即邮寄。闻此事二三日内发表，有速立内阁缩短期限之说。并闻。羲。支。

《庞鸿书讨论立宪电文》(《近代史资料》总59号)

晋抚丁宝铨致京军机处电[1]

宣统二年

辰。据山西全省人民代表郑永贞、梁善济等百廿人联名呈称：窃维君主立宪国之要旨有三：一曰巩固皇室，二曰设立责任内阁，三曰召集国会。具此三者，而后立宪国之精神乃底于完全。中国数千年来，承专制积习，君主负无限责任，而政治无统一之机关，人民无参与之权限，上下隔阂，众志乖离，实由于此。东西各国深明治本，集多政治家之研究，遂采用责任内阁制度，以国务大臣负国事之责任，而君主永不失其尊严，皇室亦日底于巩固。然欲国务大臣不放弃责任，非有国会协赞于其间，恐立宪亦徒托空言。德宗景帝天亶聪明，早定国是，毅然颁立宪之明诏。我皇上御极之初，继志述事，亦明诰天下，谆谆以宪政为要图。凡在臣民，同深感戴。现当时局阽危，外交日棘，欲救危亡，舍责任内阁，召集国会，别无下手之方。资政院开会以来，钦选、民选各议员，亦皆以建阁开会为救时良策。诚使大局尚可缓图，亦何敢再三陈请，上渎于君父之前？永贞等爱国有心，匡时无具，伏愿我皇上独伸宸断，俯采群言，速颁设立责任内阁、召集国会之明诏，以巩万世一系之皇统，而慰四然待治之人心等情。呈请电奏前来。宝铨伏查晋省人民代表郑永贞等志虑忠纯，情词恳【切】，未便壅于上闻，谨请代奏。

《帝国日报》，宣统二年十月十三日（1910 年 11 月 14 日）

① 原标题“山西人民请速开国会电之补志”，兹拟标题“晋抚丁宝铨致京军机处电”。

请北京军机处代奏电

宣统二年十月初五日

洪。贵州绅民钱登熙等四千一百八十八人联名呈称：为大局日危，沥请即开国会，以顺舆情而纾国难，伏乞代奏事。

窃维国势至今，最可忧者莫甚朝野之志意相揆。揆庚子以来大势，益怀德宗景皇帝独奋干纲，颁布立宪，大勋未集，遽弃臣民。皇上冲龄践祚，监国负扆临朝，亦既以宪政必立，议院必开，焕纶音而示亿兆矣。比岁以来，忧患日迫，召集国会有断难俟之九年者。前此臣民吁请，乃奉上谕谓筹备尚未完全。查筹备之必要，无过于教育普及，兹兴学已历数年，校舍依然萎落。推原其故，皆由国会未开，事前无议决之机关，事后无监督之地位，施政之方针无定，官厅之责任不专。以此类观，必谓筹备完全乃可开国会，登熙等以（谓）〔为〕，不开国会，则筹备永无完全之日也。上谕谓议院相辅相成之事，无一不关重要。议院只为立法机关，其他非尽能参预。立法为今日唯一重要之事，其他无一不待决于此。今国会未开，宪法未定，部颁各项法令，率取他国之法典抄袭而成。根本未立，枝叶安傅？故宜急者无过于国会，其他皆其后焉者也。近今财政艰难，偏灾迭告，计臣仰屋，罗掘俱穷。即以贵州言之，丁粮厘税岁入不足七十万，土税停征，又岁少二十七八万，所可得者四十余万耳。此外则仰给四川之协饷。本届预算，不敷已在百万以上。于此犹必牵合九年筹备之期限，政府日事督促，官吏率图敷衍，欲谋救亡之策，亦曰速开国会而已。议院监督财政，国家赋税无一不取之于民，必使国民晓然于赋税之用而无所疑，然后责之以公共之负担而无所怨。欧美人民对于国家之负担数十倍于我，而不以【为】痛者，国会之用神也。我国财政紊乱已极，即无外人干涉之事，亦不能有九年暇豫之时，容我以从容筹备。今日内外俱痛，上下交征，盗贼满山，流亡载道，观种种之危状，而知召集国会有万不容缓者。皇上以继志述事为孝，先皇帝不惮改祖宗之成宪，而有预备立宪之诏，皇上独不能于缵述之事稍促进行，绝无是理。日俄协约成而韩亡矣，抑思继韩而当日俄之冲者谁乎？前车已覆，来轸方遒。登熙等所为悁悁而悲，不能不直陈于君父前者也。伏愿皇上迅伸干断，俯顺舆情，准速召集国会，天下幸甚。伏乞代奏等情。查该绅等爱国热诚，情词迫切，未敢壅于上闻，除将原呈另文咨呈钧处备查外，谨先摘要电陈。祈代奏。鸿书。歌。

《庞鸿书讨论立宪电文》(《近代史资料》总59号)

复云南督帅李电

宣统二年十月十七日

洪。文电谨悉。外官非出督抚会商妥定，将来编订，一不得法，于治理必多窒碍。钧意分为三级办法，极佩伟识。惟新奉谕旨缩短开国会年限，内意目前似举主静摄，此时建言，转恐所识无效。鸿意不如稍缓再为陈请，仍候钧教。鸿书。筱。

《庞鸿书讨论立宪电文》(《近代史资料》总59号)

复云南督帅电

宣统二年十月十九日

辰。啸电谨悉。时局不可言，诚如公言。尊处有何闻见，务求密示。鸿书。皓。

《庞鸿书讨论立宪电文》(《近代史资料》总59号)

复武督帅瑞电

宣统二年十月二十五日

辰。漾电敬悉。黔省前有绅民四千余人联名呈请速开国会，已代摘要电奏，但在未接奉缩短国会期限朝旨以前。谨复。鸿书。有。

《庞鸿书讨论立宪电文》(《近代史资料》总59号)

武昌瑞莘、张坚帅来电

宣统二年十一月十五日

辰。分年筹备，现奉旨饬宪政编查馆修正，惟分别缓急，恐或未筹全局。岐过鄂与澄面商，应联名电馆以期协商。今由岐主稿，其文曰："伏读初五上谕，以提前开设议院，特饬钧馆修正筹备清单，仰见朝廷励精图治之至意。窃维筹备事项，必当以与开设议院【关】系最切者为范围，尤当以官力民财所能办到者为标准，乃不至徒托空言。若将原定清单事事刻期奏效，恐严刑峻罚亦有所穷，搜括涂饰且以召乱。某等查案原定清单事宜，除已办者外，其为开设议院前必应办定者，惟宣布皇室大典及宪法，确定皇室经费，颁布议院选举法及各种法律，实行内外官制及文武官考试、任用、官俸各种章程，调查财政及户口，厘定税法及会计法，设立弼德【院】、审计院、行政审判院及各级审判厅等十六项。若教育、自治、巡警、户籍，此均莫究莫殚之事，无论开设议院以前以后，均应随时办理，断难计日程工。恭绎谕旨，分别缩短之意，本已洞鉴同时并举之为难。钧馆全局统筹，亦必以权衡至当，原无俟某等渎赘。惟某等方任疆圻，既有此知，未敢缄默，用特合词陈请，以备采择。再，审判一项，诚为开设议院前应办之事，但目下人才、财力均极消乏，若必悉照法院编制法，仍难办到。似应将级区域放大，权限加重，以期节费省官。是否有当，统乞示复。某等同肃。”特奉达。乞诸公如表同情，即祈电复，以便列名译发。鸣岐、瑞澄。咸。

《庞鸿书讨论立宪电文》(《近代史资料》总59号)

安庆朱经帅来电

宣统二年十一月十七日

辰。宝于十七日电请军机处代奏。文曰：“伏读迭次谕旨，定于宣统五年开设议院，饬令京外各衙门将筹备事宜提前赶办；复饬宪政编查馆修正筹备清单，奏明办理。仰见朝廷励行宪政之至意，钦悚莫名。

窃维宪政为万事权舆，阁、会尤为宪政根本，故筹备事项宜以直接关乎阁、会者提前，间接关乎阁、会者自可稍缓。且万事非财莫理，宪政通例，国费须由议院赞成，当议院未开之际，当难以义务责诸国民。而九年筹备清单，如审判、巡警、教育、实业诸端，需款甚多，非一时所能办到。前奉谕旨，饬将御史赵炳麟确定行政经费及前湖北布政史王乃征酌分筹备缓急两折，商并详议具奏。【当饬据】各司道详报集年筹备行政经费，自宣统三年至宣统八年，审判一项需款九百余万两，巡警一项需款二千九百余万两，教育一项需款一千四百余万两，实业一项需款五百余万两，而筹备自治、调查户口及各项筹备经费尚难预计，统计不下七千余万两。今国会期限【缩】短，若事事求其完备，势必以六年分筹之数责之二年，则每年应增数千万方能敷用。而岁入只有此数，民仍担负，骤难增加。以有限之财，使无穷之用，不但官吏疲于徒手，因竭蹶而贻误要政，尤恐闾阎苦于剥肤，因诛求而致酿乱机。

查单开各政，多系国会既开以后应有之问题，非尽国会未开以前必要之事项。伏思所谓必要之事项者，如纂拟宪法及拟订议院、选举各案也，组织内阁改定官制也，调查户口筹办自治也，清理财政划分国家税、地方税也。此其荦荦大者，并力精进，两年之内或以粗备规模。迨至国会既开，士民因权利而生义务，一分大政，自可以量入为出者逐渐扩张。请饬下宪政编查馆遵照谕旨中'通盘筹划'一语，审量国力，分别最要、次要为修正凭单之标准，力决简单，不必遽期完备。奏定后，通饬京外各衙门一律遵办，俾筹备各事，一一求其可行，斯一一能有实效，于宪政前途应有裨益。家宝待罪【皖】疆，忧心时局，谨抒管蠡之见，上备葑菲之采，伏乞圣鉴"等因。乞赐教是荷。宝。筱。

《庞鸿书讨论立宪电文》(《近代史资料》总59号)

三、资政院议请速开国会

资政院第一次常年会第八号议场速记录（节录）

宣统二年九月十七日下午一点二十五分钟开议。

……

副议长：今天议员到院者共一百四十四人，现由秘书官报告文件。

秘书官张祖廉承命报告文件共六件。

……

百二一号（方议员还）：各省谘议局陈请速开国会之说帖，其理由第一项谓：国会不能速开者，必为筹备宪政尚未完全；顾欲求完全之筹备，必先有完全之机关；欲求完全之机关，必先有负责任之内阁；有负责任之内阁，就不能无对待之国会。此应速开者一也。第二项谓：国会不能速开者，为人民程度之未画一，但人民程度亦无一定之标准，何者方能画一，何者作为标准，将以政府为比例，抑以外洋为比例。现在各省谘议局业已办过，今年资政院业已开院，何独人民程度必不能开国会。此应速开者二也。第三项谓：国会不能速开者，资政院为议院之基础，基础稳固然后能开国会。但既欲为议院之基础，必有与议院对待之内阁，而资政院无对待之内阁；议院为独立之机关，而资政院非独立机关，是不可为基础。此应速开者三也。第四项谓：议院不过立法机关，必不能参预一切，则又不然。各国国会制度有协赞权，有承诺权，有质问权，上奏弹劾、受理请愿权，实兼监督行政而言，非可谓议院于立宪无大关系。此应速开者四也。且国会迟开一日，即人心不能安定一日；人心不能安定，即有种种可危之象。至财政上紊乱如此，不开国会更何从解决。

众议员请将速开国会之说帖朗读一遍。

一五三号（易议员宗夔）：中国当此危急存亡之秋，除开国会无救亡之法。自日韩合并以后，东亚之风云日恶，政府衮衮诸公尚在醉生梦死之中。现拟按照议事细则，请改定议事日表，开议此项重大问题，一切枝枝节节之问题可从缓议。（拍手拍手）

副议长：事体重大，不能仓猝开议。

一四七号（谈议员钺）：昨天已经审查，今日即可会议。

副议长：此事非寥寥数语可以了结者，应俟编入议事日表作为议案方可会议。

众议员有声请议长命秘书官朗读陈请提议速开国会说帖者。

副议长：秘书官朗读说帖。

秘书官张祖廉承命朗读共二件。

一二六号（陶议员镕）：请发言。

副议长：现在非讨论此案的时候，请缓发言，俟将来提作议案时再行讨论。

一二六号（陶议员镕）：此事无议案，毋庸审查，可以即行讨论。

副议长：此事总须俟编成议案后再付讨论，现在不是讨论的时候。

众议员起立，主张即行讨论。（声浪嘈杂）

副议长：俟编成议案登入议事日表后再行讨论。

一四九号（罗议员杰）：本议员据资政院章程二十七条，资政院于人民陈请事件，若该管各股议员多数认为合例可采者，得将该件提议作为议案。观之国会陈请书，既多数认可，即可作为议案，何必另编议案。

一二六号（陶议员镕）：此事系陈请案，既经陈请股审查报告作为议案，无再交审查专备议案之理。且速开国会与不速开国会，一言可决，应请即行讨论。

副议长：编为议案列入议事日表即可会议。

一二六号（陶议员镕）：毕竟到何日可以会议此事。

副议长：下届即可会议。

《资政院会议速记录》（宣统三年初版）

资政院第一次常年会第九号议场速记录（节录）

宣统二年九月二十日一点三十分钟开议。

……

副议长：本日议员到院者一百四十一人，现由秘书官报告文件。

秘书官（张祖廉）：承命报告一切文件，各股员会报告书，及议员汪龙光等及议员邵羲等质问说帖。

……

副议长：……议事日表第四就是提议陈请速开国会议案，此项讨论按发议表，头一位是罗议员杰，请发言。

一四九号（罗议员杰）：国会速开一事，为我国存亡问题。何以言之？外患日迫，非国会担负财政，扩张国防，不足以抵制；内政腐败，非国会与责任内阁对待，不足以促其负责任而发展助长交通诸政。各省国会请愿，本员曾为与闻之一分子，于兹有年。现在国民之断指、割臂、挖股者相继，皆表示国民【以】死【请】愿之决心。且各省谘议局议员前在北京开联合会，议决代表国民心理，不速开国会，互选资政院议员不能承诺新租税。非本员一人要挟，实国民全体【鉴】于外忧内患，不得已而援各国国会请愿不出代议士不纳租税之通例。本议员对于此案：一、此案不决，诸案均不能决，要求本院议员全体赞成通过；二、要求议长从速上奏；三、要求到院政府及特派员暨我国有气力之人，设法使摄政王见信即允速开。此案既关国家存亡，想在院诸公皆具有忠君爱国天良，必赞成本员之请。本院议事细则所载，凡表决先用起立方法，次用投票方法，请议长宣告起立表决。

副议长：第二位是江议员辛，请发言。

一二三号（江议员辛）：今天所提陈请速开国会的议案，于此可见现在中国人民政府思想渐渐发达，本院议员想无有一个不赞成的。但此案经表决后，还望从速上奏，盖国会早一日成立，即国家早一日有些转机。现在国家危险已达极点，救亡问题除速开国会更无别法，如再迟延，则国家前途本议员就不忍再说了。据本议员个人的意思，大约此事无难通过，前此政府所虑，不过说中国人民程度不足，且数千年来都是专制政体，恐国会一开，民气嚣张，转可生出种种妨害。然各省谘议局开议一年，亦未闻有什么风潮，可为民气并不嚣张之一证据。况九年筹备的事宜，若无国会完全监督的机关，决不能生什么效力。所以本议员谓，所提出的议案，总以国会为最有关系，从此大家对于这个议案，务须争至达其目的而后已。若谓开国会尚有种种手续，非一年半载所能集事，这更容易解决了。盖各国议院选举法已为我先导，均可采取，是一两月之间便可编定。至于责任内阁，与国会是对待机关，政府自会研究，本议员不敢置议。

副议长：牟议员琳请发言。

一九六号（牟议员琳）：开国会之利益，是经过几次代表上书，并各报馆鼓吹，都已透切说明，本议员不必再说。但照现在时事而论，我们与国会有最重之关系，请稍为表明。现在最重要的是财政问题，国家存亡就在财政。譬如现在度支部每年预算款项就差到五千万，此项最重大的款将从何处凑集，势不能不取之于民。现今计议加税，人民多起反对。此项加税何以如此之难？人民以为国家的用款我们都不知悉，不能将人民脂膏饱其私囊，所以人民有不肯纳租税，遂起而反对，即如试办印花税亦难举行。不能举行，国家就差了几千万，毕竟从何处支出。我中国事情现在都要赶紧去办，因没有款项，所以不能举办，有许多事情都搁起来不办，总是无这个国会的原故。现在我们务须将这个国会的问题速为议决，议决之后我们人民才能负担租税，国家就可以生存。此个国会不独于人民有利益，于政府亦有利益。从本议员观之，外国与中国情形不同。外国情形，内阁与国会冲突之时，第一次国会可以解散，第二次内阁必须解职。而我们中国情形，政府与督抚、各部大臣立于同等之地位，与各国地方长官归中央政府管辖者不同，就是内阁大臣与国会冲突至于辞职，此非人民所得参与，则移内阁大臣作各省督抚，于内阁大臣亦毫无所损。政府苟明此理，亦断无反对之理。故速开国会一事，上自政府，下至人民，都要全体赞成。国会早开一日，国家早强一日，本议员不胜盼祷之至。

副议长：于议员邦华请发言。

一百十号（于议员邦华）：国会问题从前几次陈请书言之已详，本议员不必再述。今日本议员对于众议员、军机大臣、各部行政大臣、政府特派员先行叩一个头。当今时局正在危急存亡，今日同堂研究，可先把一切自私自利心肠一齐抹去（掌声如雷），本议员亦不能挂念本院几百元公费。（拍手拍手）中国时局日变，前半年一种模样，后半年又是一种模样。请问诸君：除却开国会以外，还有何项方法可以救亡？国会譬如人心，人心若死，手足安能灵便。现今各省谘议局与督抚冲突事件，不能说是民气嚣张而归咎于各省谘议局，实缘议决之事各省督抚不去执行，所办之事又不能洽于民心，心之不平，其气益不可遏。然亦不能归咎于各省督抚，我国行政机关有种种牵制，况近日民间搜括殆尽，财政无着，又有中央集权之说，使督抚愈不能办事，是以对于议决之事往往不能执行，甘受人民唾骂，则督抚自有督抚难处。然则过在中央各部大臣乎？其实亦不尽然。盖中央亦无统一机关，各部各自为谋，此部有钱或用不得宜，彼部无钱则事不能办，彼此各不相顾，以致事出两歧，种种困难因之而生。凡此皆系国会未开之故。本议员无他意见，甚愿军机大臣、各部院行政大臣、政府特派员及本院议员赞成速开国会。

一二六号（陶议员镕）：本议员对于今日此事无他议论，惟觉欢喜无量。凡事无论如（可）〔何〕，必有反对者，独今日发言表意无一反对之人，此可见一般之心理。盖全国上下无不愿速开国会，且不但中国如此，即海外诸友邦亦甚望我国为完全立宪国。若无国会，何得谓之完全立宪。现在既无反对，已表示全体一致之可决，请议长即行宣布表决，无庸讨论。

副议长：现在讨论已毕，按照议事细则第七十六条，议长认为重要事项得不用起立法，以记名或无记名法表决。

一百十号（于议员邦华）：请问议长，此事全体既已赞成，何必再用票决。

副议长：此事重大，不能不用他法表决。

一四九号（罗议员杰）：凡议会表决，起立之时恐有疑义，今既全体起立，有何疑义？既无疑义，何用投票表决。

一百十号（于议员邦华）：现在并无异议，以起立表决为是。

副议长：似宜用记名表决法。

各议员齐声大呼议长为何坚持不用起立表决法。

一零九号（籍议员忠寅）：暂用起立表决，议长如有疑义，再用票决。

一四八号（陶议员峻）：按议事细则第七十五条，有赞成者起立。

副议长：全体意见如此，拟即用起立表决。

副议长：如有赞成请开国会者起立。

全体议员应声矗立，鼓掌如雷，并齐呼“大清帝国万岁”“大清帝国皇帝陛下万岁”“大清帝国立宪政体万岁”者三，全场震动。

八一号（沈议员林一）：赞成之后，必有一进行的手续。资政院与国会不同是两种，第一层选举，第二层是根据宪法。现在我国宪法未有发表，本院互选议员是间接选举，与国会议员不同。国会既已表决，但年限宜速不宜迟。如果即刻开国会，不能无宪法，总宜先请早颁宪法为妙。（拍手）国会若无宪法之根据，亦是无效力，此是上奏折辞之方法。

一零九号（籍议员忠寅）：方才沈议员的意思，一在欲讨论年限迟速，一在欲请速颁宪法，本议员意思，此次具奏只请速开，至于年限，应请旨裁夺。又今日议决者系国会问题，尚未讲到宪法，国会问题既已表决，即请议长具奏，其宪法问题可另作一次研究。抑本议员更有所申明者，陈请说帖内有请代奏字样，系错误。资政院是议决机关，不能代奏，须请议长据院章所规定，特为具奏。此系在法理上解释，且以实事言之，若仅代奏，即是本院不负责任，则不能得朝廷之信用，故须定案方有效力。

七三号（汪议员荣宝）：本院全体将陈请速开国会一案通过，应作为本院具奏案，由议长、副议长具奏。

各议员请议长指定请速开国会奏稿起草员。

七三号（汪议员荣宝）：请议长仿照上次陈谢折稿之例，就议员中指定六人为起草员（拍手）。

副议长：本议长委托起草员六人，恭拟具奏请速开国会折。起草员赵议员炳麟、陈议员宝琛、孟议员昭常、汪议员荣宝、许议员鼎霖、雷议员奋（拍手拍手）。

一一五号（许议员鼎霖）：今日宣布表决，全体赞成速开国会，无不欢声雷动，想政府一定欢迎，皇上及摄政王一定许可。但许可之后，必须预备办法，明日假财政学堂开一全院研究会，大家无论有何项事情，都望拨冗，于一点钟准到，研究一个办法，务请各抒所见，以谋将来地位。

一〇八号（刘议员春霖）：今天因为速开国会一事，全体赞成，无一反对者，真可为中国前途贺。本议员以为人人希望国会者，盖因资政院章程规则多与国会不合，然细看院章，亦有合于国会之处，其相合者本院不可不以全力保守之。国会之期限至早当是明年，而今年之资政院要当就其相合处实力作成国会之基础。国会之完全与否，固在章程规则之所定，然亦视议员之能力何如。即如今年资政院开会以来，所议皆一枝一节之事，惟有今天所议速开国会，算是一件要紧之事。要知还有一件最要之事尚未提出，最要者何？就是预算案。预算可以察看一国大政之方针，若预算不交而仅议零星末节，即终年开会，于国计亦无所补救。按资政院章程第十五条，预算案应由政府先期编制，具奏请旨，于开院之时交议。此正院章合于国会之处，今隔二十日尚未交出，这便是资政院不能保守章程之过，应请议长用正式公文催政府早为交出。

一零八号（刘议员春霖）：方才有位议员说明日可以交出，本议员甚为欢迎，如果明日不交，请议长即行催问。

副议长：且看明日，如果不交出，可以催问。

副议长：散会。

副议长离席，各议员以次退场。

下午六点十五分钟散会。

《资政院会议速记录》（宣统三年初版）

资政院第一次常年会第十号议场速记录（节录）

宣统二年九月二十四日下午一点四十分开议。

……

议长：今天议员到会者一百七十一人，现在由秘书官报告文件。

秘书官张祖廉承命报告文件及各股股员长报告书共十三件。

……

议长：现在开议。照议事日表，第一议陈请速开国会具奏案，应由秘书长朗读具奏折稿。

秘书长承命朗读奏稿。读时，于议员邦华请大家起立敬听，于是全体起立。

秘书长读毕（拍手）。

议长：请问起草员有无说明。

一一五号（许议员鼎霖）：公推汪议员说明。

七三号（汪议员荣宝）：这个奏稿是照资政院议事细则一百零六条办理的具奏案，这个具奏案就是各国所谓上奏案，与都察院代奏不同。都察院代奏照原本不加案语即行上奏，今既成具奏案，应该将自己意思写上去。现在此折的体裁，第一是先把陈请的要义铺叙一遍，所有陈请书原本既须随折一并奏上，故其中繁杂之处不必复述，只将精义提出铺叙上去。合计陈请书共三件：第一各省谘议局陈请书，第二代表孙洪伊等陈请书，第三海外华侨汤觉顿等陈请书。叙述三件陈请书大意之后，然后加入本院自己意思。从资政院的口气内要说到国会不能不开，须另有一种说法。我们起草员斟酌几次，以为资政院近于国会的样子，又近乎各国一院制的样子，现在各国除德意志小邦及瑞士外，没有行一院制的。各国国会多半是两院制，这两院制出于英国，英国因他的历史，他的国情，不能不行两院制。但是现在欧美各国有国会之国家，不必有英国的历史，英国的国情，通通都是两院制，此并非盲从英制，盖两院制自有两院制的好处，此是学说上一种同题,折稿上不必详细说明。简单言之,这两院制有两种要义:第一,有两院之后议事可以郑重。经两院均以为然,事理详尽,必无窒碍难行的弊病,而一院制不能有此。所以一院制不如两院制者,此其一也。第二,立法、行政两个机关不至当起冲突。若一院以为然,一院从而非之,这个时候自然相争相杀,纵有许多争端,常可消灭于无形。若是一院制,则议院之所议决者,政府即有执行之义务,万一议院与政府意见反对,非解散议院,就是政府辞职。若是年年都有这种事情,不特于政府不利,即国民亦间接受其影响。所谓一院制不如两院制者,此其二也。说过两种理由之后,然后说到设立国会是立宪政体题中应有之义,无论如何国会是万万不能不设。既然知道立宪政体可以救亡,何必一定要待到三五年之后,民心难得而易失,事机一去而不还,现在已经到了十分危险的时候,若从此赶紧设立,还可以巩固国家的大局,不然就有难言之隐。所以本院的意思,务求皇上毅然独断,把上下议院提前设立。这便是奏稿体裁及大旨。再者,此件初稿是赵议员炳麟起草,后经孟议员昭常修改,又经本议员修改一次,三次斟酌乃始定稿,起草同人均以为然,并经议长、副议长阅定,不知诸君有无修改之处。(拍手拍手)

议长:奏稿主旨现已说明,诸君如赞成请起立。

众议员全体起立。(拍手)

一五三号(易议员宗夔):请议长从速具奏。

议长:可以从速具奏。

一零七号(李议员榘):现在请求速开国会具奏案,皇上允准与否尚未可知,如邀允准,固为国家幸福,如不允准,不能达速开之目的,将来再有别项举动,甚为可虑。今天本议员请求议长者,第一件事,在皇上及摄政王前可以进言者惟议长,请议长将各省谘议局请愿之热诚,各省人民代表请愿之热诚,各华侨代表请愿之热诚,与资政院全体议决请求速开国会之热诚,暨旁听之本国人与外国人因议决请求速开国会,当时之或拍掌或摘帽,欢忻之出于不自知,一一于皇上及摄政王前详细奏明。譬如有一段喜事,在画报上阅过固是动心,若再有目睹其事者为之说明当日之情形,未有不更为感动者。且此事无人反对固好,若有人反对,请议长力争。将来中国可望有转机者,惟速开国会,此时不能解决,恐将来欲开国会而不可得。第二件,本院所陈请者是速开国会,能早开一日,中国即早一日有安存之望。国会问题与九年筹备立宪无多关系,然所以迟疑不决者,各大臣或以筹备尚未有完全为词，不知筹备立宪与国会有关系者惟议院法与选举法，此外与国会全无关系。议院法与选举法以宪政编查馆之济济多才，数月之间可以编订竣事。国会早一日成立，人民可以早一日得享幸福，国家可以早一日得免纷扰。若再延耽数年，恐中国即不可收拾。（拍手拍手）

议长：贵议员所说甚是，本议长当极力陈说。（拍手拍手）

百十号（于议员邦华）：本议员甚为赞成李议员所说，现在本议员再有一言。此时机会甚好，我们全国一动一静，其精神全向我皇上而来。皇上一旦答应，大家更加亲密，民心为之一振，从此上下隔阂之病一旦消除。况现在各国进步，有一日千里之势，我国急起直追犹恐不及，岂可仍事迟疑，所以请速开国会者，此是一层。就内政上说，现在一天困难一天，民穷财尽可不必说，实业不能发达，教育不能普及，因为政治不完全之故，究其原因多由不早开国会而来。若国会早开一天，各部衙门亦天少一天难处。请议长对于皇上、摄政王说明国会不可不速开的缘故。若是缩短一年、二年，大家再争请愿，于表面上殊不雅观，不如将此意说明于前，就不至激烈于后。本议员与人民同一国家为心，所以请议长上达此语。我皇上素以民心为心，爱民如子，想必深体此意。现在人心如此，亦是大势所趋，不得不速开国会，以慰人心之盼望，请议长竭力达到。二则还要请军机大臣、各部行政大臣及政府特派员诸位极力维持，极力赞成。本议员草莽下士，所言无足轻重，望诸君以国家为心，国家早安一日，就自己地位亦早安一日。必须上下一心，联合一气。所以本议员盼望议长将此意思上达，是为我国家万年无疆之基。（拍手拍手）

八六号（喻议员长霖）：此事于一般国民之心看来，摄政王无不答应。何以故？因为民之所好好之，民之所恶恶之，速开国会事情，朝廷以民心为心，同民好恶。据本议员看来，速开国会的事我们已经决定，摄政王没有不竭力赞成的。但今天还有几件事情，请议长宣布开议。

一五三号（易议员宗夔）：国会事体，上下一心，此件事体皇上一定答应，如必谓许允开国会便失朝廷威令，未免误会。盖速开国会是出于有益之请求，非出于无益之迫胁。既然是人民请求，何致损失朝廷威令。请议长如此解释为要。

……

《资政院会议速记录》（宣统三年初版）

资政院第一次常年会第十二号议场速记录（节录）

宣统二年九月二十九日下午一点三十分钟开议。

……

议长：今日议员到会者一百三十八人，现由秘书官报告文件。

秘书官（张祖廉）承命报告文件。

……

议长：本日军机大臣到会，请军机大臣出临议台演说。

军机大臣（朗贝勒）：本大臣等今日系第二次到资政院，原以资政院本上下两议院之基础，为中国数千年来未有之盛举，本大臣实深钦佩之至。自先朝宣布德音，预备立宪，我皇上御极以来，复经迭次谕令内外臣工按照清单实行筹备，次第举办，是大政方针早已定自朝廷，不可移易。本大臣等奉命入直枢廷，忝参机务，惟有恪遵圣训，悉心经画，与内外行政各衙门协力进行，以期毋误期限。其中先后缓急次序，如揆诸时势有不得不量为变通者，随时具奏请旨遵办，而大纲终确守不渝。方今时艰日棘，正危急存亡之秋，无论如何为难，总当淬（厉）〔砺〕精神，迅速前进，俾宪政早日观成。尚冀朝野一心，共图补救，上赞圣世维新之化，下慰薄海望治之心，区区苦衷，愿共谅之。

一五三号（易议员宗夔）：有两句简单的话问军机大臣。军机大臣顷所说者有“正危急存亡之秋”一语，本议员的意思，以为要挽救此危急存亡别无良法，就是速开国会。前天本院已经具奏，各省督抚又联名电奏，现在已有谕旨交会议政务处会议。虽说各部尚书都到政务处会议，究竟军机大臣还是主体，要请军机大臣今日当场宣示对于国会之意见。

军机大臣（朗贝勒）：国会的事情，朝廷亦深知最为重要，但是万几决于公论，方能筹策万全。现在各省督抚速开国会之电奏，以及各省人民速开国会之陈请，先后均经上达天听，惟此事必须询谋佥同，才能定夺，所以要各部院行政大臣各具说帖，陈述所见，始可定此方针。现今已有谕旨将资政院原奏发交政务处公同阅看，不日开御前会议妥商办法。

一百一十号（于议员邦华）：“万机决于公论”，此语甚当。请求开国会一事，闻昨日交政务处会议，皇上、摄政王、王公大臣同行政大臣，以及天下人民，无不望开国会，各省督抚亦联衔具奏，看此时候，就是军机大臣对于此事大约无不赞成者。昨天已交议，总望军机大臣竭力主持，则国会无不早开之理。况且如今时候，前半年一样，后半年又不一样，先有日俄协约不几日，又有日韩合并。各国对于中国大有一日千里之势，因为根本上在国会（设）〔没〕有解决。至军机大臣同各部行政大臣，想及此次情形，种种困难，天下人无不知道。如果速开国会才能解决，即军机大臣亦甚明白，以故望军机大臣竭力主持，早日成全此事。况且资政院虽属上下议院基础，然不能为国会。其所以不能为国会者，一院制不同两院制，钦选议员与民选议员一堂议事多有不便之处。国会不成立，则内阁无由负责任。甚望军机大臣一念国家全体之生命，二念我祖宗创业之艰难，三念皇上望治之殷勤，四念全国人民盼望国会之迫切。我们为议员的说话，对于现今的事情无有别法，就是一腔热血而已。无识者往往说民气嚣张，其实人民盼望之切，多有说我们不能办一事者。但既为议员，自不能不抱一点诚心，我今替国民惟有对军机大臣叩头而已。

一四九号（罗议员杰）：本员对于各位军机大臣无穷希望，于现在出席军机朗大臣尤有特别希望。去岁本员与（开）〔闻〕国会请愿，曾谒军机朗大臣，请求赞成即开，是时军机朗大臣尚为军谘处总理，极力许可，但以不在政府，未便主持。自军机朗大臣入军机以来，本员异常欣慰，因为军机大臣公忠体国，海内钦仰，出语切实，尤所倚信，对于国会必极力主张。来日御前会议，要求诸位军机大臣极力主张，于军机朗大臣要求尤切。万一虽蒙俞允速开，不能达即开之目的，敬求军机朗大臣坚请即开，俾国家转危为安，全国幸甚。

一二九号（汪议员龙光）：朝廷原定宗旨，在将九年清单筹备完全之后始开国会，但把九年清单一看，必事事核其成效，即待宣统八年亦决不能筹办完全。目今内忧外患日甚一日，非速开国会万不能救亡，九年筹备清单可以付诸不顾，只须专言筹备国会手续，将选举法、议院法赶紧办好，约计数月可以成功，便可以召集国会。至如宪法一节，我国是君主立宪，自应先颁宪法，后开国会。然选举法同议院法可以数月编成，宪法寥寥数十条，自无不可于数月内订定。总要请求军机大臣即将根本之宪法及选举法、议院法赶紧办起，早开一日早有一日之幸福。若手续上本赶赴得及，而必多延缓一年、两年，似无理由可说矣。

百九十号（吴议员赐龄）：今天军机大臣对于国会问题或赞【成】或反对，总要有一个切实的表示。国会的问题现已经过各省人民陈请，至再至三，各省督抚又联衔入告。开国会与不开国会之利害，各省督抚已经研究，则军机大臣较各省督抚必是更加研究的。军机大臣既然已经研究有素，究竟应速开国会不应速开国会，今天请军机大臣当场宣布。

军机大臣（朗贝勒）：方才有位议员所说的情形，对于国会问题，现在奉到朝旨，已经交会议政务处公同阅看，将来各具说帖，筹定方针。现在尚未决定，本大臣亦无从预言，但据全国人民对于此事都是为公为国，（拍手）并不是为私为利，（拍手）朝廷之上已经深悉，不久即可宣示。凡事都要决诸公论，始能面面周到，现今朝廷既未决定，本大臣所以不能宣布。

一三二号（文议员龢）：方才军机大臣所说都是为国为公，不是为私为利，即此两言已足表明实与全国吁请速开国会之人心为一致，此即是军机大臣欲速开国会之证据。现在吁请速开国会之折件已交政务处王大臣公同阅看，则转移之枢纽实系于军机大臣、政务处王大臣之一言，古人所谓一言兴邦，即赖是矣。且国会之必开，系奉先朝谕旨宣布，今所争者不过迟速之问题耳。譬如医家诊病，当其危殆之顷，群以为非服某药必不能生，则当急以进之，万勿狐疑犹豫，待其元气日削，外感交乘，以至于束手而不可治。《传》曰：圣人不能违时，而亦不失时。又曰：趋时若鸷鸟猛兽之发时者，固易失而难得者也。闲尝历观前史，迨其末季，曷尝不有人才，曷尝不发愤图存，曷尝不有一二事力矫前非，差强人意，而卒之无救于危亡者，则以不知本原之所在，或知之而误于群疑之荧惑，不能以毅力行之，然后遂致如此。今日之速开国会，即本原之所在，愿军机大臣深体默验，当机立断，据以为请，毋再迟回，此则全国之人民所昕夕企祷者已。

一零八号（刘议员春霖）：速开国会事情资政院已经具奏，奉旨交会议政务处议决。既是全国的人都有陈请书，又经本院议决，可谓万众一心。本院议决国会之时，无一人不赞成，且三呼万岁，欢声如雷，凡旁听人亦从而欢欣鼓舞，如此情形譬如瓜果已届成熟之时，无论何人断不能再勒令不成熟。国朝三百年来，列圣唯一之政策无不以顺民心为宗旨，想我皇上、我监国摄政王亦必心列圣之心。既以顺民心为宗旨，则今日万众一心，皇上必能俯允。现交会议政务处，则天下所共倚赖、所专责望者，就在军机大臣同政务处诸大臣而已。

一一五号（许议员鼎霖）：外国立宪都是由人民要求的，不知费多少笔墨，多少唇舌，甚至流血，然后始能立宪。我中国立宪出自先皇太后、先皇帝特诏颁行，由军机竭力匡助，才能成功，所以我们无有不感激的。此次请开国会，想军机大臣断无有不赞成的，将来一定可以对天下人民，不至使天下失望的。本月二十日资政院表决国会，无一人不赞成，三呼万岁，欢声如雷，诚为数千年来未有之盛事。观二十二行省人民〈的〉代表【的】请愿书，各省谘议局的请愿书，海外华侨的请愿书，都说得沉痛悲切，无不愿意早开国会，惟有革命党、哥老会、土匪不愿意开国会。想政府看见四万万人民无不一心情形，必愿赞成速开国会。至于各省督抚，亦皆联名电奏请即开国会，所反对者不过一二人。此一二人不过是顽固党，无甚主张，被一种赃官污吏蛊惑，恐怕速开国会即难自私自利。可惜此等顽固督抚未能亲到会场，听大家讨论，苟能听至大家讨论，何至犯天下之不韪。想政府看见各（国）〔省〕督抚同意情形，更愿速开国会。当二十日议决国会问题后，住六国饭店外国人当晚即发出电报六十七件，皆说我们以后同中国的交情应当愈密，我们到中国通商亦可以放心，因为有国会则有监督财政的机关，中国前途实有莫大之希望。见各报传有宣统五年开国会之说，本议员想，这个国会总是要开的，早一年好一年，早一日好一日，五年与三、四年又有何分别，所望军机大臣将此种意思代为奏明，以副天下之望。

一零九号（籍议员忠寅）：对于军机大臣颇有质问。方才有一位议员请军机大臣宣布国会的意思，据军机大臣所说现在不能宣布，因为皇上没有一定方针，所以无从宣布，足见军机大臣郑重朝廷的意思。但是上谕未下，是朝廷的方针未曾宣布，大家请求宣布者，不是宣布朝廷的意思，是请军机大臣对于国会以表示个人意思。朝廷虽锐意维新，尚无效力，因为全国人无不希望国会，并非资政院两百人议员的意思。前天上谕可见我皇上同监国摄政王对于国会毫无异同，所赖以表决者，即是军机大臣同各部行政大臣会议时力为主持。如果将来全体赞成，则国会即可速开；如果军机大臣或者不全体赞成，或者个人尚有他项意见，则国会恐一刻不能速开。这个结果全在军机大臣，所以大家请军机大臣宣布主旨者如此。

军机大臣（朗贝勒）：方才各位议员所说的本大臣都已明白，今日本大臣以法人的资格到院，所以所说的话不能越法人资格的范围。若说个人的意见，本大臣未经陈明君上之前，自不便先为宣布。总之，国会问题大既自上至下应该无有不赞成的。（拍手）如今地球之大，大半是立宪之国，没有一国没有国会的，岂但本大臣等无别的意思，想我朝廷亦无别的意思。况且各位议员代表舆论请速开国会，都出于忠君爱国之至诚，本大臣等是很佩服的。（拍手）

一三七号（邵议员羲）：东西各国通例，凡是君主的命令，都由国务大臣副署，其副署之原因，一方代君主负行政上之责任，一方对于国会负责任。今中国所有上谕已由军机大臣副署，现在国会未开，资政院已经成立，副署之事是否与各国副署用意相同，上代君主负责任，下对于资政院负责任，究竟与各国国务大臣副署之意有无区别。

军机大臣（朗贝勒）：方才这位议员所说的话，本大臣听不甚懂。是否副署的话？如果是副署问题，先已有说帖过去，将来可用文书答复。

一五三号（易议员宗夔）：方才本院各议员对于军机大臣所希望的，要求军机大臣说明是否赞成的意思，军机大臣说明赞成，本院非常感激。但是上谕出来的时候，如果国会明年可开，就可以达全国人民之目的；如果明年不能即开，军机大臣就有副署的责任，即请军机大臣不必将名字副署。现在有反对的，说是人民一请，国会即开，未免有失国家威令。殊不知请速开国会出于人民善意之请求，并非由于人民恶意之胁迫，朝廷取重舆论，一定无不可行。军机大臣如果能够赞成速开国会，本员可代表全国人民十分感激。但外间有人传说必须宣统五年才能开国会，如果待到五年，不但生出许多危险，就是天下人民亦大失所望。（拍手拍手）

一六八号（李议员素）：我中国之最可宝贵、最可凭恃者，惟此民气。倘迭次请愿不准，人民爱国之气稍一冷淡，则中国真亡矣。请军机大臣要利用现在之民气，赶速扶植之，以救我中国于不亡，则人民爱戴各军机大臣当何如也。

一一五号（许议员鼎霖）：我看众议员所说的话已甚悲切，军机大臣已经说过没有不赞成速开国会的，请大家于这个速字注意就是了。（拍手）

今天时已不早，请议长按照议事日表宣布开议。……

《资政院会议速记录》（宣统三年初版）

资政院第一次常年会第十四号议场速记录（节录）

宣统二年十月初六日下午一点三十分钟开议。

……

议长：今天议员到会者一百三十四人，现由秘书官报告文件。

秘书官（张祖廉）承命报告文件及各省来电。

……

一六八号（李议员素）：本议员今日听宣读江、浙贺国会电，不觉痛心。何者？外人对我国家瞬息万变，实有不可思议之状态，倘我中国有幸到宣统五年仍是完全无缺之中国，尔时致贺犹不为迟。今速开国会之目的不能达，人民失望，而江、浙独争先电贺，以懈怠民气，本员甚觉痛心。

一三七号（邵议员羲）：宪政编查馆答复本员说帖一件，本员对于此项答复未能满意，今日还要以口述质问，不知道宪政编查馆特派员今已到会否，即请特派员以口述答复。

宪政编查馆特派员（顾鳌）：本员对于质问事件不应答复。

一三七号（邵议员羲）：何以不应答复？

宪政编查馆特派员（顾鳌）：照章，质问事件以口说或用文书答复，军机大臣及行政大臣始有此权，特派员按照议事则并无得以口说答复明文，是以不应答复。

一五三号（易议员宗夔）：方才质问说帖因为会议政务处王大臣一定要宣统五年开国会，但是资政院只有两百议员，这三年之内内忧外患，我们两百议员能否担此责任。如果担此责任，本员无话可说；若不能担此责任，则本员意见，有两个办法：（一）本院再行议决具奏，请再行缩短年限（拍手）；（二）这件事若办不到，则本员还有下策，就是将资政院院章改良，将议事细则改良，或者不无小补。总之，三年之内，我们两百个议员若不能担此责任，上何以对我皇上、摄政王，下何以对四万万同胞（拍手拍手），本议员意见就是如此。

百九十号（吴议员赐龄）：易议员宗夔提出这个质问书，很明白的。此次本院陈请速开国会具奏案，钦奉初三日上谕，仰见我皇上、我摄政王毫无成见，四万万同胞非常爱戴。但政务处王大臣的意见，何以速开国会必待至宣统五年，而筹备宪政何以必须三年。就王大臣所列举者而言，除宪法条款寥寥百数十条条文外，议院法亦甚简单，惟上下议院议员选举法颇费研究。以现今中国这个时候，一切机关未备，就是筹备三十年，恐亦未必完善。不如就从前办谘议局的选举法略为变通规定，断不至于选举不当，并且三两个月可以成事。王大臣所谓关于宪政应提前赶办事项，虽用概括名词，大抵不外各省督抚电奏组织内阁，设弼德院、会计检查院及行政裁判所。此皆厘订官制内事，未可与国会同时并举，不是召集国会以前必先举办的。国会即开，人民乐于负担，预算方能成立。该王大臣以为必须三年，然后所筹备者方得完全，这个道理易议员质问说帖上已经说过，本议员还有一点意见可以发表。日前国会议案已经全院表决具奏，凡在立宪国，一个议案经表决之后，须请皇上裁可。所谓裁可者，不过是名义上之裁可，并没有经议院表决之后不实行的道理。前天表决这个议案的时候，王公大臣士庶人民无不欢欣鼓舞，以期翘日公布施行，即外国人亦皆分电各国，以为已经通过之后必定有效。如果无效，我们资政院必为外人所轻视。今本院具奏案主张明年速开，而王大臣议定宣统五年，则这议案效力全失，所谓资政院立议院基础、养议院精神者何在？还有一层，自筹备宪政以来，朝廷无日不以消融满汉界限为事，前天表决国会，无论王公大臣士庶人民都是欢欣鼓舞，意气相同，感情非常之深，满汉界限已经破除净尽。何以会议政务处王大臣必要迟至宣统五年，表示保全朝廷自动力的意【思】。此等意思即是不信任人民的意思，岂不引起满汉之恶感，不知该王大臣是何意见。况且这个事情是各省督抚、人民同意请求，其有不同意者就是少数之王大臣，如果全国人民与督抚协谋对待王大臣，不识王大臣何以应付。至于宪法条款，议院法、选举法，数月之间未始不可以办好。但自筹备宪政以来，皇上尚在冲龄，监国摄政王采纳群言，一切立法悉委任宪政编查馆王大臣，而宪政编查馆之起草的就是一二小臣，大概全是在东洋留学的。其程度之高下本议员不敢轻议，但是他自己以为程度非常之高，遇事迎合王大臣意旨，附会以文明学说，卖弄手段，揣度其心不过为固宠邀荣之计，恐国会一开，多数新人才出现，使他们无立足之地，所以此次彼辈百般运动，主持迟开国会，以抑民气。现在已有资政院，当请议长咨商宪政编查馆，从速将宪法、议院法、选举法起草，交资政院通过。与其信一二人之意见，何如信任多数人之意见，这个事情请各位注意。（拍手）

一一十号（于议员邦华）：初三日上谕下来，本议员看其内容，对于我皇上、我摄政王非常感激，就晓得我皇上、我摄政王本无成见，天下人民及各省督抚请求亦属同意。但是中国政体，凡遇有特别事情，不能不商之会议政务处王大臣，而该王大臣既已署名，当有副署之责任。今既不能提前速开国会，而必延至宣统五年，非该王大臣之意见何以致此，本议员对于该王大臣不能不滋疑惑。若说三年、二年不要紧的，就是九年又何尝要紧。因为天下人民及各省督抚所陈请的已经说【得】极〈的〉详，所以不能不速开国会者，就是因事变日亟，有瞬息千里之势，若是可缓，又何必变更先朝的谕旨。现在要开，可以即开，以遂天下臣民之望；若必俟宣统五年始开国会，试问此两三年内倘有意外的事情，该王大臣等将何以对付。贪黩之臣本来有的，如果有了立宪期限，彼贪黩之臣不于此时用辣手段再弄几个钱，更待何时。所以该王大臣定了五年期限，不要即开，是为贪官污吏开搜括之门。前天上谕发表后，四川、湖北来电均主力争，惟江苏来电致谢。试问国家是何人的国家，天下臣民人人都有义务，江苏之谢并不是谢资政院，是说我们资政院议员不能办事的意思。要请议长请会议政务处王大臣到会，以便质问。

一二三号（李议员搢荣）：本议员今天在前门外看见贺国会者满街悬挂龙旗，这是一个现象；及到资政院，见议员等因未达明年即开之目的，甚至于痛哭流涕，又是一个现象。本议员想大家痛哭流涕，必以为已经宣布，不能挽回，且上谕亦说是确定年限，万不能再议更张。但本议员恭绎上谕的精神所在，全在“揆度时势，瞬息不同，危迫情形，日甚一日，朝廷宵旰焦思，急图挽救，惟有促行宪政，俾日起而有功，不待臣庶请求，已计及于此”这几句话，盖因“急图”“促行”等字，皆愈速愈好的意思。我皇上、我监国摄政王的本意，并不是必要到宣统五年始开国会，若以“不待臣庶请求，亦已计及于此”二句言之，虽无各省督抚联衔奏请早开，及人民代表屡次请求早开，已打算早开才好。然则就是宣统三年还以为迟，不过因皇上方在冲龄，监国摄政王不能自作主张，所以付交廷议以取决之，而发此明谕。可知五年之期限不在皇上及监国，而在会议政务处王大臣。据上谕以观，王大臣意思，亦无一定理由，不过由宪法、议院法、选举法未尝编订。然编订何必须三年之久方能颁布。现议长已奉旨简派为纂拟宪法大臣，将来议长与国会甚有关系，使议长督饬协纂各位一半年可以编定，安见宣统三年不可以开国会。如为以一定五年的限期，确定不能再行请求，本议员以为不然。何以故？我皇上是继志述事，所谓继志者非继九年筹备之志，乃继立宪以救危亡之志也。既因时势危迫，变更先朝所定九年期限，现在皇上所定的期限，又何尝不可变更。（拍手）上谕说验向背于舆情，此次颁布上谕之后，本院及各省代表若不思挽回，则是五年期限，舆情已经满足，朝廷于何处验舆情之向背乎？至初三日第二道上谕，所有各省代表人等着民政部及各省督抚剀切晓谕，即日令其散归，各安职业。本议员恭绎上谕，有深意存焉。因为各省代表久困京师，三年开国会未邀俞允，无面目回家见乡间父老，所以着民政部及各省督抚劝谕他们回家，作一个下场的方法，并不是皇上意思。未达三年之目的，再行请求，则舆情之向背更可验矣。莫曰先朝谕旨可以更张，现在上谕所定期限绝不可以更张也。本议员意思，大家如能继续请求，自能挽回天听，宣统三年即可以开国会是最好的。

一四九号（罗议员杰）：本员对国会开设年限，不能不要求议长前。易议员谓本院二百议员难于负责任，本员则谓此项上谕，皇上及监国已知睽度时势，瞬息不同，危迫情形，日甚一日，本欲即开，因政务处王大臣多主张五年，是以不能即开。此后内忧外患，要请副署王大臣负其责任。但本院既已具奏，未能达即开之目的，明知内忧外患如此逼迫，心实难安。请求议长咨询，本院可否指派特任股员再具议案，请求即开。请议长速将再具即开国会案倡议，宣付表决。

八六号（喻议员长霖）：开国会的问题方才听大家讲得很痛切，这个事情固是早一天好一天，况是国会一开，国民都有负担，于朝廷很有益。然朝廷不欲即开者，岂是王公大臣的知识都不及我们的高明，王公大臣的关系不如我们的紧要，不过中间有许多理由在。宪政的大体，是行政、立法、司法三权并立，议院是立法的机关，行政统于内阁。现在请速开国会，上下之情甚属踊跃，然无内阁则国会无所对待，故欲速开国会，必先组织内阁。查日本未开国会以前，明治八年颁地方自治，十二年行府县自治，十八年组织新内阁。由此而观，十九年就可以开国会，乃日本直待二十三年始开国会。他岂不知早开国会好的，因为此中有个道理，我中国现既改为宣统五年，已经比日本速的多了。（语未毕，众论纷然，声浪大作）

议长摇铃，众均静默。

议长：本议长有一言，请大家静坐一听。

议长：这件事情已奉上谕，大家的意思本议长均已领会，此事关系很大，早晚也在几天工夫。现在易议员已有质问会议政务处王大臣的说帖，说的理由亦甚透彻，本院从速质问，请政务处王大臣以文书或口说答复，看政务处王大臣有何理由，再作道理。（拍手拍手）若政务处迟疑答复，本院尚可以力催。（拍手拍手）上谕既是王大臣署名，本院就可以质问王大臣等说出理由，本院若有疑义，还可以再质问。（拍手拍手）今天的事情很多，请先开议罢。

一四九号（罗议员杰）：本院质问说帖政府答复很迟，此项为国会质问，关系尤重，请议长限期答复。

百十号（于议员邦华）：今天议长所言甚好，议长的心本院议员无不知道，请议长就从速质问为是。

一九六号（牟议员琳）：我们资政院两星期以来，每一星期内只开会二次，每次开会议事日表总不能议完，如此议法，恐政府交来之议案，三个月之后亦不能议完。至议员提出之案，及人民陈请之案，更不能议到矣。请议长决定以后每星期须开会三次。

百四十号（康议员咏）：各省谘议局多有因豫算案事件来电，现在还没有开会，请议长再发一电才好。

议长：这事已经办过了。

一三十号（刘议员景烈）：方才易议员质问书，据本员看来，还有一个意见认为必要。今日中国现状日迫一日，倘必须迟至宣统五年始开国会，则此数年内关于中国前途之种种会议，政务处王大臣能否（当）〔担〕任维持现状之责。

九十九号（陈议员瀛洲）：今天议事日表并未列有国会议题，乃众议员纷纷提议，而议长亦并不禁止，诚以国会问题关系重大，为当今救亡之惟一政策也。本议员是东省人，窃以为国会能即开，全国受其福；国会不速开，首膺其祸者必在东三省。现在东三省危迫情形已达极点，想早在议长洞鉴之中，本议员无烦赘述。今既明奉上谕，何敢妄议更张，惟有请求议长质问军机大臣，除速开国会外，当有何种政策以救东三省之危亡。

……

《资政院会议速记录》（宣统三年初版）

资政院之议案

资政院总裁伦贝子对于缩短国会一事，颇表同情，闻近日提议，以此事关系重大，必须详细研究，方能知其利害。预计各省代表晋京时，距本院开幕之期匪遥，拟即将此问题定为开院之第一议案，以昭慎重。

《申报》，宣统元年十二月十三日（1910年1月23日）

五光十色之资政院

钦选议员之秘密会

日前政府党曾开一秘密会议，以为反对速开国会之预备。其发起之人，探系为钦选议员汪荣宝，并闻民选议员中亦有一二负声望者到会云。又闻汪荣宝等以沈议长人太懦弱，为政府特派员辩护不力，现极力运动去沈，而以李柳溪代之，俾将来可以收压倒民党之全胜。或谓此次运动，如不成功，而沈侍郎亦恐不免为其所持云。

资政院陈请股开会

十九日资政院陈请股开会，审查华侨陈请速开国会书一件，及北京报界公会陈请书一件。当审查国会陈请书时，陈宝琛云，速开国会一事，汪荣宝反对特甚。赵炳麟谓，无论钦选、民选，总宜和衷共济，均以国事为重，毋分畛域。且今日作钦选议员，若明日罢官回籍，亦即民选议员云云。陈宝琛亦极然其说，并拟借财政学堂，合钦、民选议员开一会议，以便计议。及审查报界陈请书时，赵炳麟、陈宝琛均云修正报律比旧律还苛，不论有无事实不得登载，万万无此道理，自应交出会议，再交法典股过细审查云。

资政院议员研究会

十九日资政院议员在全蜀会馆开会，研究对于国会问题之豫备，到会者约八十余人，国会代表孙洪伊等亦到会与议。首由主席李文熙君报告速开国会一案，今日应预备妥协，开议时即可当场决定。次由代表孙洪伊君演说代表团近日情形，及请求议员诸君极力赞成此举等语。后由李芳君谓，诸君果能赞成扶助，如有意外之事，代表等当以个人名义对待云云。各议员皆表示赞成，并议定照院章表决后，即行上奏。至上奏后之一切手续，星期日再行开会云云。又由主席报告，谓本会接到他团体来函，诘问本会是否为完全政党之组织，孟昭常是否为党魁，此信应否回答。某君谓本会为研究会，并非政党，政纲未定，本会确未定有何党魁。此信既未署名，亦可不答。众意赞成，遂散会。

《民立报》，庚戌年九月廿五日（1910年10月27日）

资政院议决上奏国会情形

二十日，资政院提议陈请速开国会议案，先由罗杰登台演说：（一）此议案请即作为上奏案；（二）此议案不决，即各议案皆不能决；（三）各省谘议局议员联合会有不开国会全体辞职之说，而各省人民已次第倡不开国会不纳租税之议，是舆论所在，非议员一人所独赞成。次牟琳就财政方面论国会之不可缓。又次于邦华登台，先言今日对众议员及议长、副议长、军机大臣、各部行政大臣、各部院特派员，当先九顿首，请赞成国会。嗣复述国会与我国家，与我政府，与我各部院、各议员，均有生死关系。至是，陶镕及陈树楷同时起立，均言如无反对者，即全体赞成，请表决。易宗夔请依议事细则，由议长、副议长即时上奏。众请起立表决，议长即宣告用起立表决法。全场三次全体起立，三次高呼“国会万岁”“大清国万岁”“大清国立宪政体万岁”。其一种欢欣鼓舞情形，令人神往。沈林一于表决后忽欲发言，群以其素反对国会，恐又唱异议，急禁止之。沈因转圜其说曰：“即上奏办法亦当研究，现在非开不开问题，系期限问题，如欲提前速开，非请速行宪法不可。”（藉）〔籍〕忠寅驳之，谓：“国会一问题，宪法一问题，今日不必并作一谈。”其时发言者尚有数人，择要摘录如下：（一）本院既经全体起立表决，应决定为即时上奏案；（一）本院不仅代奏，且当奏陈国会必应速开之理由，方负责任；（一）请议长仿照开院答复谕旨例，选定起草员六人，拟上奏折。此三说全场一致起立赞成。议长宣告选定起草员六人姓名如下：赵炳麟、陈宝琛、汪荣宝、孟昭常、雷奋、许鼎霖。许鼎霖言：“今日资政院全体决定上奏速开国会，必能邀皇上、摄政王之俞允。惟上谕颁布之后，应有预备之办法，我议员等尤当共出死力，以善其后。拟于明日假财政学堂开一大研究会，凡我议员皆当到会。”众赞成。

《申报》，宣统二年九月廿七日（1910 年 10 月 29 日）

资政院议员研究国会问题

资政院表决国会问题后，经许鼎霖发起，二十一日于财政学堂开研究会，到者一百零六人，公推庄亲王为主席。首由许君鼎霖报告开会主旨，次易宗夔、罗杰、于邦华等皆有演说。惟雷奋言，停会、辞职等种种消极办法皆不赞成，如果具奏后朝旨仍不允行，则吾辈至议场时，无论会议何项事件，一言不发，惟全体要求议长亲挽军机大臣来院，求其明白答复。以既用副署体制，则军机大臣不得不负答复之责任也。如一再不来，则请议长率全体议员谒见各军机大臣，不达到答复之目的不止。然后就其所答复者，再行陈明具奏。如是而政府仍不允，则必激政府以解散资政院而后已，不可由我辈自行解散。众皆拍掌赞成。又次汪荣宝发言，大意约分四段：（一）政府不明外国历史，不知会议性质，故我辈小有争议，彼即视为嚣张，望诸君对于小问题宁少让步，至大问题乃以死力争之；（二）会场虽有争议，不可存意见，并详举历史上党争之害；（三）国会问题宜使政府知其利己，并宜使政府知国会之利迥胜于资政院；（四）资政院可开，国会亦即可开，速开国会并无烦难。其论甚为明通。最后牟琳倡言，如雷君之议，今日应即由议员中选出若干人谒见军机。众意推举十人，名氏列下：那亲王、庄亲王、润贝勒、汪荣宝、赵炳麟、陈宝琛、许鼎霖、雷奋、籍忠寅、李文熙。

《申报》，宣统二年九月廿八日（1910年10月30日）

资政院议决陈请速开国会议案之快闻

（甲）先由罗议员杰登台发言，大声谓不速开国会，不足以救我中国之危亡云云。

（乙）江议员辛发言，谓议员对于国会之速开，大致无不赞成，请议长早日出奏，并请速其进行。若以国会选举法为一时遽难定出，则各国俱有成例，可以采用，数日可成。

（丙）尹议员祚章亦请议长迅速出奏。

（丁）牟议员琳谓财政问题之所迫，国会不得不速开。

（戊）李议员文熙谓表同情于牟议员。

（己）于议员邦华请登台发言，大声疾呼曰：今日因要求速开国会事，本员愿对于军机大臣、行政大臣、政府特派员叩一头。即举头向议台案上作叩状，触案有声。随即含泪历述各部无统一之机关，及其他机关不完全、不灵动，皆由于无国会之总原因。言至此，声泪并下矣。

（庚）陶议员镕谓无国会即无立宪，欲实行立宪，非速开国会不可。

（辛）陈议员树楷谓表同情于陶议员。

（壬）易议员宗夔谓众议员大致无不赞成者，请议长付表决。

（癸）于议员邦华又起立谓，此议案必能得全体议员之赞成，可不必用记名表决，但用起立表决可矣。

议长答称谓，此事重大，不可不用记名表决。

最后籍议员忠寅接口谓，用起立表决之后，议长可再用他种表决方法。此语未毕，但见各省民选议员，及各部院议员，并硕学通儒议员，又宗室觉罗、满汉世爵与王公世爵各议员，全场一百五六十员，同时起立，同时拍掌。楼上旁听座上一百余人，亦同时起立，拍掌相应。此时楼下、楼上鼓掌欢呼之声，如同霹雳之来，震动四壁。拍掌未已，又闻欢呼“中国万岁”，又闻欢呼“国会万岁”，又闻高呼“中国帝国立宪万岁”。此时楼上下复同声相应，拍掌之声又从欢呼中出。全场凡三拍掌，三欢呼，而拍掌与欢呼声合为一声，而成为全体议场之国会先声。此由于国民权利思想之膨（账）〔胀〕，实行立宪请愿之急迫所致，资政院开议以来此为第一次最灿烂之景象也。

议长于是答曰：既如此，可以表决矣。

籍议员又谓，原呈有“请代奏”字样，此应改为“据奏”，盖资政院与都察院不同，“代奏”则不负责任，若“据奏”则全体负责任也。请议长出奏必须用“据奏”字样，效力乃大云云。

众议员亦皆请议长宜用“据奏”字样为是。

议长问曰：然则是否应须起草员？

众答宜有起草员，全体赞成请议长指定。

又问应须几人，众答请指定六人。

乃由议长亲笔开写指定人，付秘书官宣告。

陈请速开国会起草员六人：（一）赵炳麟，（二）许鼎霖，（三）陈宝琛，（四）汪荣宝，（五）雷奋，（六）孟昭常。

资政院开议已七次矣，此日洵为最重大之会议，我中国民气之发扬，即此可见其真相矣，不禁为中国立宪前途贺。是日政府特派员列席者三十余人，然无政府大员临场者，旁听大约百五十人。

《晋阳公报》，宣统二年九月十九日（1910年10月31日）

资政院全体通过国会议案后政界近信

自二十日资政院全体通过国会议案后，政界纷纷传说枢府及亲贵之意见不一。有谓某亲贵以是日会场欢呼号叫，愤訾“此等不啻义和团”，因言于宫中，实为有力之反对者。有谓政界大有力者，均有活动之意，期限必缩短者。兹据记者所闻，详述于下。

当资政院未曾通过国会议案之先，民选议员已以议事细则问题，与议长及政府特派员大相冲突，于是政府及其他政界中人已皇皇然，呈一绝大恐慌之现象。故大老一般意见，以为民选议员有团体，而钦选议员无之，是不啻让民选议员以独断之局。现在即开国会，亦不过割钦选、民选二席，分为二院，而意见均得自由，是为政界中一种之新智识，而皆以连日冲突逼酿而成。故谓政界大有力者，均有活动之意者，确也。

二十一日早七时，代表团孙君洪伊往谒涛邸而归，述云：“涛邸谓汪荣宝告伦贝子云，无论如何，此次万不可准许开国会。”又曰“我们大家都没有什么，惟泽公不甚愿意”云云。于是群情大愤，以汪荣宝始终在外倡议赞成，二十日通过议案之时，首起欢呼，唱万岁者三，安得反复如此？而是日（二十一日）全体议员在石桥别业开研究会之时（为此会系二十日开会通过议案后，许鼎霖为调停起见所倡议者），汪复慷慨激昂，谓此事当如何立言，如何办法，殊不似首鼠两端之人。又二十二日，汪君复与孙君洪伊会于石桥别业之私宴，汪君告孙君曰：“外间所述，实系谣传，如此次国会之事不成，兄弟亦必挂冠归去。”孙君则为反复开陈大义，及其所以不得已宣布之故。故现在北京舆论皆以此案离奇变幻，为一怪事也。且姑纪所闻，以观其后。

代表团既得泽公反对国会之耗，于是于二十三日开会研究。集二十余人往见，值泽公他出，乃属其门者请之返，因得谒对。代表团具述来意，泽公因谓：“兄弟自出洋考察回国，即首先倡议立宪，岂有至今日而反对之〈之〉理？但朝廷可否，须出自动。又筹备清单亦系先朝遗旨，此则稍须斟酌者耳。”代表等因具述时局艰难，三省危急，民情愤慨，体面不足顾，拉杂无理之清单不足惜云云。泽公默听良久。代表言：“请公于资政院未曾具奏之先，先于监国处痛陈利害。”泽公首肯，并谓“如万一旨意不允所请，兄弟当单衔具奏”云云。查二十一及二十四，泽公皆单对召见，念四之召见，不悉所奏云何。至二十一日之召见，则有确悉泽公实曾表赞成之意于监国者。

近政界中有某有力者，颇极主张不俟资政院具奏，即行缩短期限较为得体之说者，此泽公自动之说所由来。二十一、二十四之召见，或即曾表白此意耶？

二十四日资政院开会，全体通过国会奏案毕后，以度支部新提出预算议案故，泽公演述大意，极陈难迫情形，因极言非开国会，万无办法。大众拍掌之声雷动。

又奏文通过后，大众请伦贝子面呈，贝子许可。大众拍掌之声亦如雷。盖是日伦贝子新销假，就议长席也。①

《时报》，宣统二年十月初一日（1910年11月2日）

国会问题大成功

痛快，真痛快！

二十日下午，资政院开会，由议长命秘书官报告陈请股审查事六件，关于审查谘议局之电件，常设特任股员辞职书一件。议长即依据章程，改为暂设特任股员，并谓前日选举本不合法，应由议长指定。雷议员奋谓议事细则十三条既有选定二字，则选举自系遵守章程，辩论数四。全体议员均以今日尚有重大问题，即照细则十五条承认议长指定。当经指定河南印花税案特任股员十八人，湖南航业案特任股员十八人，谘议局关系事件十八人。嗣由法典股审查员汪荣宝报告修正地方学务章程案，说明以后劝学所不当存在之理由。次由胡礽泰报告修正著作权律，应依据德国学理作为单行法。众皆请付再读。于是开议请开国会问题，按发言表次第，（发）〔登〕台演说。

罗议员杰登台发言，谓：国会速开一事，为我国存亡问题，因外患日迫，非国会担负财政、扩张国防，不足抵制；内政腐败，非国会与责任内阁对待，不足以促其负责。各国通例，人民不出代议士，则不负纳租税之义务。今我国财政如此之困难，不能不增加租税，然国会不开，则人民之对于新租税不能承认，（拍掌）前此各省谘议局联合会已经决议。故为国家计，万不可不速开国会。国会

① 录自“京师近信”，标题为编者所加。

虽与责任内阁并重，但我辈今日讨论是国会问题，故本员第一要求本院议员全体赞成通过，第二要求议长从速上奏，第三要求到院政府及特派员，暨我国有气力之人设法提倡，则国会必能成功。（拍掌）

江议员辛登台发言，谓：我辈对于国会问题，应无不赞成，请大家速行表决，并请议长速行具奏。（拍手）

牟议员琳登台发言，谓：政府对于国会或有疑难，大约恐国会既开有不利益之处。不知开国会实大有利益，各部分种种之牵掣，种种之困难，皆可由国会解决，故国会万无不可速开之理。（拍手）

于议员邦华登台发言，谓：今日国会问题，各陈请书言之详且尽矣，本议员不必再述。本议员为国会事，对于军机大臣、各部行政大臣、政府特派员及全院议员先叩一个头，（拍手）望诸君先把自己些小利益思想一概抛开，然后讨论国会。（拍手）近来国家大势，后半年即异于前半年，后几日即不如前几日，大局一危，自己利益何在？（拍手）且今日诸君细想，除却国会外，尚有何救亡之策？如无他策，则必当赞成速开国会。近来各省谘议局与督抚时有冲突，或有因此疑民气嚣张者，其实不然。盖谘议局议决之件，督抚不能执行，岂有不与冲突之理？然则过在督抚乎？而其实亦不尽在督抚。我国行政之组织，各省与中央种种牵掣，有督抚欲执行而不能者，则督抚自有督抚之困难，不待言也。然则过在中央各部行政大臣乎？而各部行政大臣，实亦有不能任咎之处。各部自有各部之政策，各部自顾各部之财政，此部丰则政易行，彼部贫则事多窒，欲为根本之计画，势有不能，则各部之种种困难，亦为议员所共谅也。凡此种种，皆由无国会之故。（拍手）国会开，则此种困难皆可解决。故本议员甚望诸君赞成速开国会。（拍手）言毕，复向众叩头。（拍手）于时有泣下者。

陶议员镕登台发言，谓：今日对于国会事，大约无不赞成，本议员甚望速行表决，速行具奏云云。

各议员均谓讨论终结，请议长即行表决。闵议员荷生大呼云：何人反对，请登台说明反对之理由，若无人陈说，即是全体赞成，请行表决。议长宣告应照议事细则七十六条，认为重要事件，应用投票表决，不用起立表决。众议员均主张用起立表决，议长仍以记名投票为言，刺刺不休。吴议员赐龄大声疾呼：议长注意，多数议员既主张起立表决，议长偏坚持投票表决，是议长先存袒护反对者之心，为之特留余地，议长便为反对国会第一人，我们万目一的，必集矢于议长。于是议长宣告用起立表决法。议员全体起立，汪议员荣宝大呼"中国万岁""国民万岁""立宪政体万岁"，一时欢声雷动，中外旁听不下千余人，均鼓舞山呼。旋有多数议员倡议此案应认为具奏案，请议长委任起草员。议长宣告委任赵议员炳麟、陈议员宝琛、汪议员荣宝、孟议员昭常、雷议员奋、许议员鼎霖六人起草。许议员鼎霖言国会问题重大，明日午后一点钟假财政学堂，请钦选、民选全体议员同到，研究办法，众赞成。议长宣告散会。

《厦门日报》，宣统二年十月初三日（1910 年 11 月 4 日）

国会热中之怪内阁

京函：摄政王得资政院封奏，同时又得十一省督抚电奏，颇为动容，当日即交政务处王大臣阅看，预备召见。二十八日，政务处加班会议。今日（二十七日），王大臣遍访资政院有力议员，如汪荣宝、陈懋鼎，及民选议员雷奋、孟昭常等，预备议题。闻其内容系有三大条件：（一）期限以宣统五年为限；（一）先布宪法，后开国会；（一）开国会用两院制。大致议决。惟亲贵某枢持议，谓责任内阁虽设，而军机不可废，且内阁总理仍不止一人，又言当面奏定局。故会议之结果，尚须数日后方可解决耳。

《民立报》，庚戌年十月初四日（1910 年 11 月 5 日）

资政院各省议员研究会开会记事

昨日（二十八）下午二钟，各省议员仍假全蜀会馆开研究会，由孟昭常提议对于议事进行方法。……次议及国会问题，佥谓谕旨行将发表，若果如外间传说，必待至宣统五年，将何以处之？讨论许久，咸谓今日时局，外人有一日千里之势，即于明年召集国会，犹嫌其迟。宜将此情形泣陈于军机大臣，并质问其迟至宣统五年之故。且此事既交会议政务处，则国会年限乃军机王大臣会议之结果，如军机大臣仍诿过君上，则当质问其副署之故；如以为责任不完全，则当要求其上奏云云。

《国民公报》，宣统二年九月二十九日（1910 年 10 月 31 日）

资政院仍要求即开国会

《字林报》载，初六北京电云，资政院今日开议，有议员二十人，仍以激烈之词演说，主张即开国会，谓初三日上谕已承认时局危急，如此危局，断不能延至三年。有一议员问曰："请问此时之间，将何以保全满洲？"诸议员演说者复诽毁"命各省代表人等散归"之谕旨。有议员一人登台发言，袒护上谕，群员鼓噪疾呼，斥令下台。资政院总裁已允助各员要求即开国会，并提议上书政务处，恳求协助，全院为之欢呼。故资政院于是日并未有所决议，遂即休议。各议员志坚如是，恐不免又起葛藤也。

自上谕发布后，各处旗帜飘扬，学生逐夜开提灯会，惟平民均不甚注意，盖知此种举动，均官场授意故也。

《申报》，宣统二年十月初八日（1910 年 11 月 9 日）

国会问题之复起

又闻国会明谕未发表之先，枢廷中人即恐民间另有举动，遂委托某某运动各方面，以杜民口，并竭力联络资政院民选议员，冀其开会之时不表示反对。说者谓前日江、浙谘议局之电贺资政院，其主动力即在此。然此说恐未必确，姑志之以觇其后。

初六日，资政院开议，民选议员对于初三日之上谕大不满意，其势极为激愤。伦议长为维持会场起见，故为调停之说，谓此事可由本院质问政府，今日不答，明日再问，必使政府答出理由。并谓政府如不明白答复本院，尚可再行出奏等语。当时极受议员之欢迎。惟枢廷中人对于伦议长之此数语，则大不谓然，群起责问。且是日议会散后，伦贝子遍访枢府各大老，沥陈该院各议员激昂情形，多数主张再行决议陈请。至于宪法、议院选举法等，各国成规具在，断无庸候至三年。且此三年中，吾国所历危象不可臆测，苟无国会以促进行，但凭数大臣之焦劳，一二新进之协赞，断不足洽国民之公论。应请熟权利害，早定大计，务以不拂民情为主，否则压抑过甚，必有溃决之一日，甚非国家之福。语颇恺切。其意盖欲激动诸大老，使之到院，一通上下之情，不谓以是反大受某邸指斥，故伦议长近日已决计辞职，幸由监国派某贝勒前往劝慰而罢。

《申报》，宣统二年十月十六日（1910年11月17日）

暮夜权门之乏味

京函：十八日之资政院，可谓一月以来最有精采之议场，而刘春霖一篇演说，议场欢动如雷，人人眉飞色舞，不知无意中却尽揭出易宗夔之种种丑态。是时，全院议员及旁听人均觉非常快心。盖自资政院开院以来，外间舆论无不为易宗夔一人所欺。因易在京得固，同乡占一种优势，而知其底蕴者，因其为民选议员，无不欲为国民代表争一口气，故隐忍不言，且随处为之庇护。乃易习惯自然，若舆论之真可欺也，遂实行其暮夜乞怜主义，反造言生事，以己度人，今日妄谓某议员已为政府收买，明日又言某议员已运动得京堂。揣其心理，日日有“收买”、“京堂”等字深葬脑际，一则惟恐人之或得，一则惟恐己之不得，而又恐人之知其运动，故为是禳解委脱之术耳。

自第一次解散代表团后，即有人知其奸隐。因易在代表团中，传肃邸意主张解散，而在资政院又主张不解散，首鼠两端，识者窥其微矣。自湖南公债案质问无效，财政学堂一会，有陶镕、陶峻等受易授意，极端持激烈主义，而易宗夔反在旁自解，谓昨日之事，并非我所主张云云。闻者大哗，而易之假面目遂尽撕破矣。此次刘春霖之演说，乃紧接易宗夔谓不能解散之后，遽痛切言之，直揭其近日之举动，当时易似有愧恧之色。平时，易在院中之态度，独异于众。其坐必斜面东，仰首挺胸，两股相叠，以膝抵几，作傲岸自得状。至此辄俯首不语，身亦不自知其偃偻矣。故闻刘言，无不知指易而发，终会易遂不发一语。次日，议员有会集，易到时，群鄙夷不屑与言。盖易宗夔至是，已三露其丑态矣。

《民立报》，庚戌年十一月廿六日（1910 年 12 月 27 日）

四、其　他

王善荃厅丞、刘次源郎中之折呈

外城王善荃厅丞奏请开设国会，至迟不得过三年。度支部郎中刘次源亦呈请都察院代奏请开国会，至迟不得过三年。王折大意谓国会之开，于国权、内治二者，极有关系，论断谨严。刘折大意征引各国立宪历史，印证中国情势，恺切详明；后段比较中国与日本立宪之难易，尤足以破死守明治史者之惑。①

《中外日报》，光绪三十四年六月十九日（1908 年 7 月 17 日）

驻德、荷钦使请开国会

日前驻德、驻荷两钦使均有密电到京，大致系奏请速开国会，以定人心。②

《中外日报》，光绪三十四年七月初四日（1908 年 7 月 31 日）

① 录自“国会问题汇志”，标题为编者所加。
② 录自“关于国会之近闻”，标题为编者所加。

驻德钦使之电请

驻德钦使孙宝琦昨日有要电至政府，洋洋数百字，系请早行召集国会，愈速愈妙，迟则恐生他变。[①]

《时报》，光绪三十四年七月十一日（1908 年 8 月 7 日）

驻英钦使请定召集国会年限

驻英李钦使有密电致政府，系条陈速行宣布国会召集年限，援引中外情形，语皆中肯，颇为政府诸公所许推。[②]

《中外日报》，光绪三十四年七月十五日（1908 年 8 月 11 日）

① 录自“钦使之电请”，标题为编者所加。

② 录自“国会问题汇志”，标题为编者所加。

督抚之国会意见

闻江督端午帅密委某观察来京诣枢府，面陈召集国会意见，主持以速为是。

鄂督陈筱帅电致政府，请速开国会以慰四海臣民之望，而一切复杂问题，亦非开国会后不能解决，实百利而无一害，百得而无一失，万毋为众议所摇，贻误大局。

陕督升制军致电某当道，略谓国会问题关系重大，务请计虑周详，然后决议，不可轻举，以贻后悔等语。

东督徐菊帅电致政府，略谓各省绅民请愿国会皆出于爱国热诚，不可日久延宕，致失众望，并请明降谕旨，速安人心，以全大局，而免涣散之虑云。①

《中外日报》，光绪三十四年七月十五日（1908年8月11日）

直督之主张

直督杨莲帅日昨会同各大臣在园会议国会期限问题，仍主张三年召集国会，并请政府早日议定，奏请宣布，以顺人心。②

《时报》，光绪三十四年七月廿二日（1908年8月18日）

---

① 录自“国会问题汇志”，标题为编者所加。

② 录自“国会问题”，标题为编者所加。

驻美伍钦使请速开国会

驻美伍钦使日昨电致政府，请速开国会，实行立宪，以顺世界之大势。并举土耳其现已颁布宪法，改建内阁，以后五洲万国将无专制国立足之地等语。①

《时报》，光绪三十四年七月廿二日（1908 年 8 月 18 日）

官府之国会意见

山东巡抚袁中丞电致军机处，请颁布国会期限，以定国是。又政府日前接到驻法使臣刘钦使密电，其关于至要者，系请开设民选议院，明示实行立宪之年，以定人心而固邦本。

《时报》，光绪三十四年七月廿四日（1908 年 8 月 20 日）

① 录自“国会问题”，标题为编者所加。

请愿书之延搁

各省呈递都察院之请愿书，迄今尚未代奏，以致人言啧啧，疑窦丛生。顷得政界消息，有谓都察院各堂宪对于此事异常郑重，拟先请旨定夺，再行代奏；有谓各省请愿尚未到齐，一俟各省汇齐后，即一并代奏。二说未知孰确。

《时报》，光绪三十四年七月廿四日（1908 年 8 月 20 日）

宪政大臣之奏折

宪政大臣达寿自日本考察宪政归国，连上封奏，已奉旨交宪政编查馆核议。闻其内容系谓，近来谈立宪者有急进派，主张三年、二年乃至一年即开议会者；有缓进派，主张五年、七年乃至二十年始开议会者。二派虽各有理由，然以日本之事实考之，则大开御前会议，令廷臣担任若干年，可以预备完全，然后定为十年。今中国地大于日本，事繁于日本，其中如组织责任内阁，如钦定宪法，如海陆军等，皆应于未开议会以前预备者。故今日国会期限之纷议，非如日（未）〔本〕召集廷臣，大开御前会议，使之担任若干年预备，然后折中以定之不可。又附片奏宪法有定于未开议会以前者，有定于已开议会之后者，已开议会而后定宪法，则君权必因之缩小，故朝廷于此必须斟酌云云。

《时报》，光绪三十四年七月廿四日（1908 年 8 月 20 日）

豫抚林赞帅请颁国会年限

豫抚林赞帅奏国会为宪法最要机关，现经一再降旨，切实预备立宪，国会尤当先期试办。事贵因时，年分之远近本难预定，然臣庶视线所注，不论其期之迟速，总须从速颁布，以慰人心云云。奉旨：宪政编查馆知道。某邸颇不以林奏为然，曾云：林绍年多事，仍如此好说话。盖林抚当军机时，往往大发议论，能说不能行之事，信口而谈，因此不能取媚政府，即为调出军机，而畀以巡抚河南之任。至此次请颁国会年限，不得谓之多事也，而某邸犹以为言，恐积嫌成隙，将蹈安徽冯帅开缺之覆辙也。①

《申报》，光绪三十四年七月廿七日（1908年8月23日）

三钦使电奏速开国会

孙宝琦、胡维德、李家驹电奏略云：屡奉明诏，预备立宪，中外臣民，同深庆幸，臣等在外，与有光荣。举凡施政布令，莫不为外人瞻观所系。近来各省环请开办国会，致激成陈景仁革职之事。举行政令，朝廷自有权衡，固非臣下所宜擅请，然际此预备宪法，似宜稍采舆论，逐渐实行。拟恳天恩，速颁国会年限，以免外人贻笑，而慰臣庶期望云云。奉旨留中。

《申报》，光绪三十四年七月廿八日（1908年8月24日）

① 录自“国会问题”，标题为编者所加。

赵次帅电请召集国会

赵次帅日昨电致政府，请速行召集国会，并先期宣布年限，以释群疑。莫以民智不开，程度尚低各语，以为延缓之计。倘民心一散，全局动摇，中国前途将不堪设想云。①

《时报》，光绪三十四年八月初一日（1908 年 8 月 27 日）

四督抚赞成国会

闻军机处日来陆续接到江督张、粤督袁、鲁抚孙、晋抚丁四大臣请代奏要电，均系详陈此次各省议员要求速开国会情形，极言民气发达为国事转机之证，吁恳贤王主持独裁，勿惑群言，勿失时机，以成此空前绝后之伟举，而副先后、先帝殷殷望治之遗志云。

《申报》，宣统元年十二月初四（1910 年 1 月 14 日）

① 录自“国会问题”，标题为编者所加。

袁项城之国会谭

顷闻豫省来京某君谈及，项城宫保近已大愈，惟杜门谢客，除学界中数人外，概不接见。此次要求速开国会问题发见后，宫保每与人曰：我国民气之勃发，较之东西各国实不稍让，苟扶植之，利用之，转弱为强固非大难事也。言下尤觉其英雄之技，跃跃欲试云。

《帝国日报》，宣统元年十二月初八日（1910 年 1 月 18 日）

国会请愿之残照

请开国会代表到京后，闻鲁抚孙宝琦、奉抚程德全、吉抚陈昭常、粤督袁树勋、直督陈夔龙及出使各国大臣等，均电致政府，请从舆论，速开国会。十七日，某某两省督抚尚有电致政府，略云此次请愿速开国会，旗汉一体，乞从舆论，请旨宣布召集国会年限，以符民望云云。

《申报》，宣统元年十二月廿六日（1910 年 2 月 5 日）

广西臬台王芝祥致顺直国会团体函摘录

昨日顺直团体接广西臬台王君芝祥（北通州人）继续请求速开国会来函一通，并郑孝胥君题其骑马小照若干张。函中有云：两次呈稿，回环讽诵，如闻清夜钟，令人猛醒。既往不可谏，来者犹可追。诸公热诚毅力，贯澈终始，民气充溢，则国势自张。承数要求速开国会，组织伟大政党，此诚根本之设施，救国之良策。众志成城，无任赘颂云云。[①]

《中国报》，宣统二年正月廿八日（1910年3月9日）

崇都统死请速开国会

镶黄旗汉军都统崇勋于三月间病故，临终呈递遗折，略云：伏念时方多故，百度维新，我皇上冲龄典学，我监国摄政王实以文王而兼周公之任。欲竞美天保治内，采薇治外，惟在宪政之实行。迩来海内想望太平，异口同声，均谓世变日迫，应于预备立宪期内，提前速开国会，方足促宪政之前进，以固我皇朝万年不拔之基。臣博访周谘，皆主此说。仰恳睿虑熟筹，早定大计，当机立断，毅然及时自强，又何必缓而行之，重劳人民集会上书，纷纷请愿云云。闻监国阅毕，颇为动容。

《申报》，宣统二年五月初六日（1910年6月12日）

---

① 录自“国会请愿三十二志”，标题为编者所加。

苏抚说帖与国会之关系

苏抚程雪（栖）〔楼〕中丞前此陛辞出京，向监国及军机大臣各递说帖一扣，已志本报。兹探其财政一条内容，系关于国会请愿问题，大致谓：现在各省财政困难情形大抵相同，而办理新政，如筹办审判厅、举行地方自治、振兴实业、推广教育，各项经费，为数尤巨，无所自出。各省纷纷举代表请愿速开国会，该代表等既为全体人民代表，知国家与身心性命相关，必能统筹全局，肩负此责。倘皇上干宸独断，举行临时国会，亦足征意见而定危局云云。闻其意旨，不敢明言速开国会，故用财政二字以饰其表面；又不便主张不开国会，故责以担任新政经费。果政府行其计，国民必出经费，则督抚此后不担财政支绌之忧；倘政府不行其计，或国民不出经费，固无人知其有阻挠国会之实云。

《申报》，宣统二年五月廿四日（1910年6月30日）

督抚联衔请开国会之先声

滇督李仲帅邀约各省督抚联衔上奏，请开国会一节，已志前报。兹悉此事由仲帅发起后，一时赞成者有五六省之多，现闻折已备就，系由直督陈小帅领衔。折中措词大致谓各省财政困难已极，而各省新政有增无减，应请朝廷锐意更新，使朝野上下一律担负责任，此后方可着手，否则无米为炊，人所难能，必至土崩瓦解，无以为继。然欲朝野皆负责任，惟有吁请速开国会云云，亦未来之一大奏章也。

《申报》，宣统二年九月初九日（1910年10月11日）

督抚中之反对国会者

外间皆传江督张人骏反对国会，通电各省督抚，力辟国会之害。现探悉，陕抚恩寿、豫抚宝棻亦反对国会。其反对之原因，系因两抚均某邸亲戚，某邸此番极力反对，并电嘱该两抚毋遽赞成，以致最热心发起之滇督，一面受枢府之胁制，一面遭同僚之冷淡，亦不敢遽然领衔。失此机会，吾为国民惆矣。按：本报昨日曾载宝抚允代奏国会，彼系谘议局呈请，此系各督抚会奏，自是二事，阅者不可混同。

《国民公报》，宣统二年九月十五日（1910 年 10 月 17 日）

驻使对于国会请愿之欢迎

探闻，驻京各国公使对于国会请愿之举，深赞中国国民民气之勃发，团体之坚固，热诚之可嘉。昨特由领袖公使致函外部，藉以表示其欢迎。

《大公报》，宣统二年九月十六日（1910 年 10 月 18 日）

国会问题大警告

国会问题，前数日本大有动机，今日则其机一转，将成绝望。其最大之原因有二。一则政府诸人近因浙江谘议局为路事抗议，屡电请收回成命，并经停会，遂谓现在未开国会，朝廷尚不能去一铁路总理，将来开国会后，事事干涉，政令必至下移。一则泽公为政府最有力量之人，虽不积极反对，然取消极不赞成之态度，监国之意遂致游移。惟涛邸竭力主张，前次晤代表时，曾谓“予因吾国要求国会，尝细心考察各国国会利害，实无丝毫流弊”云云。然年少锐进，恐未足遽动监国之意。代表诸人闻此消息，日夜奔走，大有与政府决斗，不得不休之势。

《晋阳公报》，宣统二年九月二十三日（1910 年 10 月 25 日）

国会请愿最后之五分钟

各省谘议局及国会代表所递之请愿书，前日经资政院审查员报告后，各代表于二十日全蜀会馆会议时，向各省民选议员要求，此事如经资政院议决上奏，仍不蒙裁可者，民选议员应即全体解散，其各省谘议局亦一律邀约辞职。此次政府因第三次请愿国会，民情踊跃，特征意见于各省督抚及各部院尚书，闻外省督抚大半赞成速开，而各政务大臣赞成此举者不过三分之一。

又宪政编查馆前曾电咨各省督抚，各抒意见，除东三省、山西、直隶、湖广、云贵、两江、四川、两广、河南等省现已电复外，其它未复之省分，昨已电催，限五日内电复。因陈请国会业经资政院陈请股员朗读，故令该督抚将可否开会之处迅速电复，以资核议。

滇督李制军以军谘处涛、朗两贝勒皆抱宪政速成之宗旨，特将通电各督抚联衔请开国会事宜，另译呈览，并力陈速开国会之利，不开国会之害，语极沈痛。中有大清恃中国而存，若不开国会，恐不能待至九年，中国不存，大清亦不能保之语，并有两贝勒爷天潢贵胄，休戚相关，如蒙获赐助力，事必有济云云。以督抚而敢言如此，亦请愿国会之一大进步也。

闻涛邸日前亦致函洵邸，略云国会请愿，非不极力赞成，然孤掌难鸣，苦无同志，天下不如意事十居八九，信不我欺云。

《申报》，宣统二年九月廿五日（1910 年 10 月 27 日）

川督允奏国会

昨代表团接四川谘议局来电云：国会事川督已允代奏，毋念云云。昨督抚联衔，赵督独未署名，不知此次何以又允代奏也。

《国民公报》，宣统二年九月二十八日（1910 年 10 月 30 日）

各省官员之国会热

闻二十二日，奉天、吉林、黑龙江、湖北、湖南、山东、山西、云南、江西、广东、河南各省督抚均有电致政府，主张组织责任内阁，早开国会。有以缩短三年为请者，有以缩短二年为请者，均由枢垣译呈监国披鉴。

又闻近日枢府连接驻英任满李伯行、驻美张熙伯、驻俄萨季谦各钦使先后来电，均系关于陈请速开国会事件。措词甚为迫切，请即极力主张，万勿再有别议。

桂抚张鸣岐日前亦递封奏一件，闻其折中有立宪断难反汗，国会终必当开，事前不可漫无预备，且此时民气激昂，论其迹虽近于浮嚣，原其心实出于忠爱等语。折上，已交宪政编查馆知道。

南省某督反对速开国会一节，曾志前报。现闻该督二十二日复有电致军机处，略云：接奉电开资政院速开国会案，由全体议员取决，将即入奏等因。伏思九年筹备事宜尚未就绪，倘果速开国会，民气必为嚣张，徒滋纷扰，且与先皇遗诏相背，殊有不合。惟愿政府遵守先皇遗诏大谟，向议员争持等语。是亦离群独立者矣。①

《申报》，宣统二年九月廿九日（1910年10月31日）

督宪会议请开国会之代奏

请愿国会一事，现已鼓动全国人民呼号奔走，大有奋往直前之势。奉省各属绅商农学各界签名者亦至三十余万，皆拟晋省面恳总督代奏。现在谘议局代表人民已拟具公呈，并请愿之奏稿，呈请督宪据情代奏，以顺舆论，而救危局。督宪以此事关系重大，于昨二十日召集各司道，暨各局处所总办大员等，会议妥善办法，以求双方尽善之策云。

《国民公报》，宣统二年九月二十七日（1910年10月29日）

① 原标题“各省官民之国会热”，本部分为其中几个片段，标题改“各省官员之国会热”。

恩寿之阻挠国会

陕西巡抚恩寿日昨电奏，阻挠国会，内容有云：政成法立，必有先后之序、缓急之分，一有不慎，难与图成。先朝筹备宪政，期以九年，庙谟至为深远。诚以预备践行，宪政阶级，非可一蹴而几。在当年降旨之时，原有不忍迫切之深衷，为天下臣民策万全。今日谋国，属在老成，似宜将行政机关早定统一之策。士民请愿虽殷，特于“言之匪艰，行之维艰”一语，未深体会。臣愚以为，责任内阁尤急于开国会之先，盖内阁成立，则一切部属裁判，有所主持，然后查照立宪政体，次第举办，权限分明，后明诏天下，酌定国会日期。俟选举完备，即予以召集议员，举行开会，似较同时并进，略有把握。若阁、会并举，窃虞缓急无方，先后失序等语。其不明事体如此。

《国民公报》，宣统二年九月二十九日（1910 年 10 月 31 日）

鄂督通告请愿国会事

请愿速开国会一事，已奉谕缩短年限召集。鄂督于钦奉电钞后，即以此事为薄海臣民所仰企，今既钦奉明谕缩至宣统五年召集，凡属官民，均应淬（厉）〔砺〕精神，循照筹备秩序合力进行，以副朝廷之期望。昨特通告合省官绅商民一体钦遵。

《顺天时报》，宣统二年十月廿四日（1910 年 11 月 25 日）

滇督联衔请开国会之余谈

滇督联衔请开国会电奏稿，已于漾日译发。旋接直督马、养二电，马、养系不愿附衔，养电则渠已先电奏，主张内阁先设，国会须缓至宣统五年之稿也。又得吉抚陈简帅敬电，则痛驳直督主张之非是，再请滇省联衔力争。李仲帅始以须俟谕旨降后，倘不俯允，当再为地，乃复得代表团孙洪伊等电，谓朝廷将择纳直督所奏，国会期限仅允缩短三年，不日发表。故滇督乃将陈简帅原电转达军机处，冀于未降旨时挽回，并云枢府诸公力可回天，乞慰人民渴望之殷，毋（侯）〔候〕再三争奏云云。再，前此电奏未附衔者，仅陈夔龙、张人骏、长庚、恩寿、宝棻五人。宝棻先允而后反汗，自相矛盾，君子耻之。

《中外日报》，宣统二年十月廿五日（1910年11月26日）

督宪紧要告示

为剀切晓谕事。照得国会期限，朝廷前已博采群言，俯顺舆论，缩改于宣统五年为开设议院之期，固经斟酌至当，用特明示天下。今据顺直谘议局、天津商会、学界请愿同志会等请明年即开国会，联名合词来辕呈请代奏。本部堂详加察阅，情词迫切，出于至诚，未便壅于上闻，当经据情电奏，并批示在案。二十日钦奉上谕：陈电奏顺直谘议局议长等，呈请于明年即开国会等语。开设议院，缩改于宣统五年，限期不为不近，所有提前应行预备事宜至为繁赜，已虑赶办不及，各督抚陈奏亦多见及于此，岂能再行更张。着懔遵上次谕旨，剀切宣示，不准再行联名要求渎奏，钦此。为此钦遵剀切晓谕，须知国会事系创举，今距实行之期虽有两载，而一切应行筹办之事，兼力进行，已虞不及。另拟不俟赶办蒇事，率行召集国会，就事实而论，仓猝固难办到，就国会而论，责任亦难完全。现在钦奉严旨，不准要求再行渎奏，尔士民人等务各一体懔遵，安守职业，静候朝廷详定一切，次第施行。倘再聚众要求，则是藉国会为名，意存扰累治安，本部堂惟有懔遵十月初三日上谕，查拿严办，决不稍贷凛之，切切勿违。此谕。宣统二年十一月十二日。

《大公报》，宣统二年十一月廿三日（1910 年 12 月 24 日）

滇督李经羲致出使各国大臣函

（前略）溯宪政之推行，始于五臣考察，迄今按年筹备，转形竭蹶。各省谘议局代表请速开国会，朝廷以人民程度不及为疑。鄙意中西立国情势不同，而好恶同民，则考之三代而符，推诸四海而准，由之则治，违之则乱，无古今中外，一也。中国开化最早，中更多故，风教凌迟，日退化而未有已。自秦以来，君与民阔绝；自宋以来，君与臣亦阔绝。国事家事歧而为二，如秦人视越人之肥瘠，漠然无动于中。民各有心，国非其国，读孟子首篇，未尝不废书而叹也。以今日人民与诸立宪国人民相提并论，程度不及亦何待言。然自外界激刺，天怀发中，豪杰之士，忠义勃兴，晓然于国之不存，身将安附，思出群策群力以保安之，不可谓非中国一大转机。及今利用其机，早从民望，凡民亦知其意，争自濯磨，庶有众志成城之望。是以愚虑所及，非速开国会，人民之程度断不能进化。若必俟教育普及，不独宣统九年不能遽有此境，即再展缓数十年，恐亦有所未逮。盖数十年上下暌隔所致，非一朝一夕之故矣。不揣冒昧，草疏上陈，又复联合疆吏，公电枢府。明发诏下，仍以宣统五年为召集之始。窃恐民气历久而渐衰，列强乘机而并进，时会易失，世变难知，迟至三年，又不知是何景象，此则杞忧不能自释耳。第以天高听卑，年限已经缩短，势难再三渎请，爰取迭次疏电各稿，汇印一编，附尘签室。羲未历海外，本乏新知，或所陈未切事情，或立言尚未得体，一一均求指示，锡以南针。我公周知四国，言重九鼎，倘蒙大疏敷陈，将列国之所以兴，与中国之所以敝，剀切言之，较羲等补牍，功效尤多。地球一日而周，愿结同心于异域，天节八星在望，定知大力之回天。临颖无任企祷之至。

《申报》，宣统二年十一月廿八日（1910年12月29日）

复张季直殿撰书（戊申）

忆自戊戌同散馆时，得以詹邛丰彩，此后沧海波涛，逐年诡变，我公辎尘轩冕，为吾民开无限利源，真如天上游龙，空中白鹤，可望而不可及。为丈夫者不当如是乎！侄一官束缚，于世何裨？昨范予兄来，辱承赐函延誉，盥诵再四，弥觉赧颜。国会一层，彼此意见甚合，侄尝以古今致治之道，一则自上而下，必有英明之君主勤求民隐，官吏不敢为虐，如是可以治；一则自下而上，必有完全之议会，监督行政，官吏不能为虐，如是可以治。上焉者，必须英君，君主知识稍差，弊端百出，故治日常暂；下焉者，监督之权公诸全国，官吏不能治事安民，必不能立于政治场上，虽有中材之主，可以为治，故治日常久。侄自翰林至台谏，于此中机关言之凡七次，惜乎其和寡耳。方今国步艰难，不可终日，外诇他族逼处之势，内观当轴骄泰之形，吾辈政见恐只垂诸理想，兴言及此，能无慨然。临书不尽缕缕，伏维崇照不宣。

（赵炳麟：《柏严文存》卷二）

恽毓鼎澄斋日记（节录）

光绪卅四年戊申（1908 年）

五月十五日　晴。……维新诸君子锐欲开国会，立议院，恐亦徒多扰攘而已。……

七月初二日　阴。同县吴佩荪别驾（玉棻）来电。江苏求开国会，代表人孟庸生孝廉（昭常，同邑人）、雷季兴茂才（奋，松江人）来拜。公呈已呈都察院，签名者二万余人，江阴缪筱珊太史为领袖。两君出示呈稿，洞达晓畅，无激烈过分语，庸生手笔也。庸生曩在京师，与余为文字交，共守桐城派，有同志之乐。后游东瀛，尽弃其所学而学焉，以书抵余，宗旨稍乖。……

宣统二年庚戌（1910 年）

九月二十二日　晴。……申刻赴朗轩天福堂之约。车中撰速开国会疏，构定大意。灯下纵笔成之，共分三段，皆辨正反对党之言。当士民之初次陈请也（在光绪三十四年），余颇病其骤。今年觉内治之凌杂腐败，外患之迫近鸱张，实有傀焉不能终日之势，更不能待九年。闻各督抚欲联衔电请，而京朝堂上官尚无发其端者，余将以此疏为先声也。锡三兄通夜不眠，将折缮华。

二十四日　晴。呈递封奏。七点二刻到史馆候事，八钟事下，即回寓。此折必留以有待也。……

二十五日　晴。……杨荫北告余昨折留上未下，当是待资政院公折上后一并发表矣。……

二十七日　晴。……昨日资政院具公折，请速开国会。各省督抚联衔电奏，请责任内阁、召集国会（东三省总督锡良领衔，江督张人骏、陕督长庚、豫抚宝棻均不列名）。又直督陈夔龙、陕抚恩寿另有电奏。均奉旨交政务处王大臣阅看后预备召见（次日宝棻又有专电）。

十月初二日　晴。……政务王大臣御前会议国会事。

初三日午刻诣史馆。奉上谕缩短国会期限，定于宣统五年召集。

初六日　阴。……学部传知各学堂：自酉初刻至戌正，学生人持一红纸灯笼，张旗鸣鼓，排队至大清门外，向北（有结彩牌坊）三呼万岁（大清帝国万岁，宣统皇帝万岁，大清国会万岁）。

十一月二十三日　晴。……东三省四次请愿速开国会，代表十五人来京递呈，军机大臣据情代奏，奉上谕严斥，命民政部、步军统领衙门送回原籍，各安生业，不得在京逗留。此后如再有聚众要求者，查拿惩办等因。

二十四日　阴。……天津士民聚众求速开国会，陈督代奏，奉严谕，学生大愤，有割臂肉，写血书以激众者。学生相率罢课，且遍发传单，致旅京各学堂，约停课反抗，不认政府，欲将各学堂付之一炬。其语狂悖，直叛徒矣。余察顺直学堂学生，依然上课，未为所动，因嘱诸管理员以安静处之，勿张皇抑制以启乱。二张、袁、端诸臣废科举而立学堂，其效如此！……

史晓风整理《恽毓鼎澄斋日记》，浙江古籍出版社2004年版，第385、390、506—508、515页

第四编　清廷对速开国会之因应

一、有关国会期限之谕旨

革除政闻社陈景仁法部主事职谕[①]

光绪三十四年六月二十七日

光绪三十四年六月二十七日奉上谕：政闻社法部主事陈景仁等电奏，请定三年内开国会，革于式枚谢天下等语。朝廷预备立宪，将来开设议院，自为必办之事，但应行讨论预备各务，头绪纷繁，需时若干，朝廷自须详慎斟酌，权衡至当。应定年限，该主事等何得臆度率请？于式枚为卿贰大员，又岂该主事等所得擅行请革？闻政闻社内诸人良莠不齐，且多曾犯重案之人，陈景仁身为职官，竟敢附和比昵，倡率生事，殊属廖妄。若不量予惩处，恐诪张为幻，必致扰乱大

① 原无标题，此标题为编者所加。

局，妨害治安。法部主事陈景仁，着即行革职，由所在地方官查传管束，以示薄惩。钦此。

《申报》，光绪三十四年六月二十八日（1908 年 7 月 26 日）

俟九年预备完全定期召集议院谕

宣统元年十二月二十日

十二月二十日内阁奉上谕：据都察院奏代递直隶各省谘议局议员孙洪伊等速开国会一折，披览均悉。具见爱国悃忱，朝廷深为嘉悦。朕仰承先朝付托之重，于预备立宪之要政，当御极之初，即布告内外，仍以宣统八年为限，业经明定国是，上体求治未竟之圣怀，下慰薄海维新之企望。钦惟我孝钦献皇后、德宗景皇帝前降谕旨，实系断自宸衷，定以九年预备，为大清帝国君权立宪政体，并谕曰：大权统于朝廷，庶政公诸舆论。此天下臣民所共见共闻也。今朝廷宵旰忧劳，勤求上理，已叠次申谕，责成京外各该衙门切实依限次第办理，深冀议院早为成立，以固邦基。惟我国幅员辽阔，筹备既未完全，国民智识程度又未画一，如一时遽开议院，恐反致纷扰不安，适足为宪政前程之累。非特朕无以慰先朝在天之灵，试问尔请愿代表诸人，其何以对我四万万国民之众乎？朕开诚布公，无所隐饰。总之，宪政必立，议院必开，所慎筹者，缓急先后之序耳。夫行远者必求稳步，图大者不争近功，现在各省谘议局均已举行，明年资政院亦即开办，所以为议院基础者，具在于此。但愿我臣民各勤职务，计日程功，毋骛虚名而隳实效。兹特明白宣示，俟将来九年预备业已完全，国民教育普及，届时朕必毅然降旨，定期召集议院，庶于励精图治之中，更寓慎重筹维之意。将此通谕知之。钦此。

《清末筹备立宪档案史料》下册，中华书局 1979 年版，第 641—642 页

仍俟九年预备完全再定期召集议院谕

宣统二年五月二十一日（军谕）

宣统二年五月二十一日内阁奉上谕：据都察院奏，代递谘议局议员孙洪伊等并直省旗籍各代表等呈请速开国会一折，披览均悉。速开议院一事，上年十二月间，据直隶各省谘议局议员呈请，已经明白宣谕，俟九年预备完全，国民程度普及，必毅然降旨，定期召集。朝廷慎重图维之意，无非愿我臣民，勿骛虚名而隳实效。本年复经宪政编查馆奏派妥员，分起前赴各省，按照筹备清单，认真考核，并饬各省将军将筹备事宜应需之款，详加预算。本日复面询各衙门行政大臣，亦皆奏称按期次第筹备，一切尚未完全等语。朕仰承先朝付托之重，俯念臣民呼吁之殷，夙夜孜孜，深望宪政早一日成立，即早纾一日忧劳，亦何所靳于议院耶！惟思国家至重，宪政至繁，缓急先后之间，为治乱安危所系，壮往则有悔，虑深则获全。论议院之地位，在宪法中只为参预立法之一机关耳，其与议院相辅相成之事，何一不关重要，非尽议院所能参预。而谓议院一开，即足致全功而臻郅治，古今中外，亦无此理。况以我国幅员之广，近今财政之艰，屡值地方偏灾，兼虞匪徒滋事，皆于宪政前途不无阻碍。而朝廷按期责效，并未尝稍任松懈，宵旰急切图治之心，当为薄海臣民所共谅。本年九月即届资政院开院之期，业已降旨选定议员，先期集会，如能上下一心，共图治理，不惟立议院之基础，兼以养议院之精神。朕缵述前谟，定以仍俟九年筹备完全，再行降旨，定期召集议院。尔等忠爱之忱，朕所深悉，惟兹事体大，宜有秩序，宣谕甚明，毋得再行渎请。兹特通行谕令知之。钦此。

《清末筹备立宪档案史料》下册，中华书局1979年版，第644—645页

缩改于宣统五年开设议院谕

宣统二年十月初二日

谕内阁：前据各省督抚等先后电奏，以钦颁宪法，组织内阁，开设议院为请。又据资政院奏称：据顺直各省谘议局及各省人民代表等，陈请速开国会等语。当将原折电交内阁会议政务处王大臣公同阅看。旋据该王大臣等各抒所见，具说呈进。又于本月初二日召见王大臣等，详细垂询，切实讨论，意见大致相同。

溯自分年筹备期限，定自先朝。朕仰承付托之重，夙夜兢惕，无时不以继志述事为心，既不敢少事迟回，亦不敢过形急切。前经都察院两次代奏呈请速开国会，均即明白剀切宣谕。彼时为郑重要政起见，诚有不得不一再审慎者。乃揆度时势，瞬息不同，危迫情形，日甚一日。朝廷宵旰焦思，亟图挽救，惟有促行宪政，俾日进而有功，不待臣庶请求，亦已计及于此。第恐民智尚未尽开通，财力又不敷分布，操之过蹙，或有欲速不达之虞，故不能不验向背于舆情，决是非于廷议。

今者，人民代表吁恳既出于至诚，内外臣工强半皆主张急进，民气奋发，众论佥同，自必于人民应担之义务，确有把握，应即俯顺臣民之请，用协好恶之公。惟是召集议院以前，应行筹备各大端，事体重要，头绪纷繁，计非一二年所能蒇事。着缩改于宣统五年，实行开设议院。先将官制厘订，提前颁布试办，预即组织内阁。迅速遵照钦定宪法大纲，编订宪法条款，并将议院法、上下议院议员选举法，及有关于宪法范围以内必须提前赶办事项，均着同时并举，于召集议院之前，一律完备，奏请钦定颁行，不得少有延误。

总之，决疑定计，惟断乃成。此次缩定期限，系采取各督抚等奏章，又由王大臣等悉心谋议，请旨定夺，洵属斟酌妥协，折衷至当，缓之固无可缓，急亦无可再急，应即作为确定年限，一经宣布，万不能再议更张。尔内外各大臣，务当协力进行，时艰共济。各省督抚，领治疆圻，责任尤重，凡地方应行筹备各事宜，更当淬（厉）〔砺〕精神，督饬所属，妥速筹办，勿再有名无实，空言搪塞，必使一事有一事之成绩，一时有一时之进步，无论如何为难，总当力副委任，如或因循误事，粉饰邀功，定即严惩，不少宽假。

顾官吏有应顾之考成，国民亦有应循之秩序。此后，倘有无知愚氓，藉词煽惑，或希图破坏，或踰越范围，均足扰害治安，必即按法惩办，断不使于宪政前途，稍有窒碍，以期计时收效，克日观成，上慰先帝在天之灵，下慰海内喁喁之望。将此通谕知之。

《清末筹备立宪档案史料》上册，中华书局1979年版，第78—79页

令民政部及各省督抚解散请开国会之代表谕

宣统二年十月初三日

谕内阁：现经降旨，以宣统五年为开设议院之期，所有各省代表人等，着民政部及各省督抚剀切晓谕，令其即日散归，各安职业，静候朝廷详定一切，次第施行。

《宣统政纪》卷四十三叶五

开设议院年限不能再议来京请愿人等迅速送回原籍谕

宣统二年十一月二十三日（军谕）

宣统二年十一月二十三日内阁奉上谕：前据锡良代奏，奉天绅民呈请明年即开国会，当经批示：缩改开设议院年限，前经廷议详酌，已降旨明白宣示，不应再奏。嗣据陈夔龙电奏，顺直谘议局议长等又以速开国会为请，复经电饬剀切宣示，不准再行联名要求渎奏，并严饬开导弹压，如不服劝谕，纠众违抗，即行查拿严办。兹又据军机大臣据情面奏，亦属不合。开设议院缩改于宣统五年，乃系廷臣协议，请旨定夺，并申明一经宣示，万不能再议更张。诚以事繁期迫，一切均须提前筹备，已不免种种为难，各省督抚陈奏，亦多见及于此，乃无识之徒，不察此意，仍肆要求，往往聚集多人，挟制官长。今又有以东三省代表名词来京递呈，一再渎扰，实属不成事体，着民政部、步军统领衙门立即派员将此项人等迅速送回原籍，各安生业，不准在京逗留。

朝廷于无知愚民因迫于时艰，妄行陈说，已屡从宽宥，然岂有国民而不循理法者，深恐奸人暗中鼓动，藉词煽惑，希图扰害治安，若不及早防维，认真弹压惩办，久必至于酿乱。此后倘有续行来京，藉端滋扰者，定惟民政部、步军统领衙门是问。各省如再有聚众滋闹情事，即非安分良民，该督抚等均有地方之责，着即懔遵十月初三日谕旨，查拿严办，毋稍纵容，以安民生而防隐患。钦此。

《清末筹备立宪档案史料》下册，中华书局1979年版，第652—653页

令各省督抚弹压严办聚众要求速开国会之各地学生谕

宣统二年十二月初二日

谕军机大臣等：前经降旨缩改于宣统五年开设议院，已明白宣示，作为确定年限，不能再议更张。乃不安本分之徒，藉速开国会为名，仍复到处鼓惑。各学堂学生，多系年幼无知，血气未定，往往被其愚弄，轻发传单，纷纷停课，聚众要求。闻奉天、直隶、四川等省，均有此项情事，恐他省亦在所不免。似此无端荒弃正业，奔走呼号，日久恐酿生他变，贻害民生。学堂学生，历练未深，本不准干预国家政治，曾奉先朝严谕，刊入文凭，悬为厉禁。乃历时未久，复染嚣张之习，是皆由办学人员管教不严所致。前已面谕学部尚书唐景崇，通饬各省，严行禁止。着各省督抚，再行剀切晓谕，随时弹压，严饬提学使及监督、提调、堂长、监学等，按照定章，随时开导查禁，防范未然。倘再有前项情事，立即从严惩办，并将办学人员一并重处，以儆其余。如或仍前玩愒，以致滋生事端，惟该督抚等是问。将此各谕令知之。

《宣统政纪》卷四十六叶一

令资政院迅速拟订议院法选举法谕

宣统三年九月十五日（军谕）

宣统三年九月十五日内阁奉上谕：资政院奏请速开国会以符立宪政体一折。所有议院法、选举法，着迅速拟订议决，办理选举，一俟议员选定，即行召集国会。钦此。

《清末筹备立宪档案史料》下册，中华书局1979年版，第664页

二、清廷内部讨论与态度种种

政务处驳覆请开国会

都察院代递举人萧鹤祥请开国会折，兹经会议政务处覆奏，略谓：查阅原呈，谓国会之开，为立宪之本，持论非不甚善。惟两议院制度，必须审时度势，以冀次第推行。臣等前于议覆都御史陆宝忠、给事中忠廉等折内，已详言之。今资政院既经议设，实为议院之基础，并非贵族之更名，并令各省酌开董事、议事会，以办理地方自治。应俟议事会、董事会办有成效，再行议开国会，庶免欲速不达之弊。所有该举人请开国会之处，应暂毋庸置议。十一日奉旨：依议。

《申报》，光绪三十三年十一月廿五日（1907年12月29日）

建议调查日本初设国会情形

闻政府最近议开设国会问题，杨京堂度建议先往日本调查该国初设国会一切

情形，按照中国现势，分别比较，妥订章程，然后具折奏请两宫，决定限期实行。

《申报》，光绪三十四年四月廿八日（1908 年 5 月 27 日）

枢臣嘉赏杨度之说帖

杨京卿度日前上一开设国会之说帖，请军机处王大臣察核。闻各军机略阅一过，于该说帖所载三利三害之说，颇为嘉赏。其最动听者，尤在皇上有神圣不可侵犯之权，【可】巩固皇室数语云。

《申报》，光绪三十四年四月廿八日（1908 年 5 月 27 日）

政府讨议国会问题

《字林西报》北京访函云：近数礼拜中，政府接直隶、江苏、安徽各省要请速开国会之电禀甚多，内有数电谓滇省乱党借口中国政体之不善，果能下谕旨设立国会，则革命党亦可化为立宪国民云云。袁、张两军机皆主张于三年之内设立国会，铁良、唐绍仪二人则谓据中国现下人民之程度，止少限以五年。闻各大臣不日将集会讨议此事。

《申报》，光绪三十四年五月初四日（1908 年 6 月 2 日）

学部电阻学界请开国会

学部电致各省督抚，略谓：学部定章，凡各省学堂之教习、学生等，不准演说政事，及有集会结社等事。现各省迭有要请开设国会之事，民心浮动，虑起风潮，应由贵督抚饬令提学使晓谕禁遏云。

《中外日报》，光绪三十四年五月初八日（1908年6月6日）

民选议院请愿书缓奏

都察院前接湖南全省开设民选议院请愿书，并未代奏，而该省代表人萧鹤祥等于十八日又禀催该院递呈。经都御史张英麟谕云，不日即将代奏。萧鹤祥等退后，该院会议可否代奏，张都宪云请开民选议院非关一省之事，若以一省之请愿书入奏，未免势孤，本院俟有四五省人民联衔呈请者，再行代奏云。

《顺天时报》，光绪三十四年五月二十日（1908年6月18日）

宣布国会期限消息

昨闻都察院人云：湖南人民代表刘人熙等请开国会要折，张总宪已决定于二十五日代为奏陈。又东洋留学会联名数省，电请早定国会开设之期限，以济时艰。军机处接电后会议数次，谓国会期限自应早日宣布，惟年限不可太近，致滋弊端，当定一适中之期，请旨宣布云。

《申报》，光绪三十四年六月初二日（1908年6月30日）

范源濂之答问

学部员外郎范源濂日前拜访张中堂时，张中堂询云："现各省请愿开国会者甚多，然政府若开设国会，与人民以参政权，恐多窒碍，因人民无政治能力，不若俟上谕所示年限，徐图开设国会之为愈。"范副郎答云"开设国会，舆望所归，政府若一味迟延，恐滋意外，宜参考民意，速开国会。况中国与日本同为君主国，钦定宪法，皇上仍有神圣不可侵犯之权"云云。

《申报》，光绪三十四年六月初四日（1908年7月2日）

政府对于开设国会之意见

政府近以人民纷纷请开国会，知期限决不能过长，因拟先通饬各省，于三年之内，将地方自治团体组织成就，以为地方议会。如三年内组织完全，则国会即不难以三年为期限，否则至远亦不过七年云。

闻张中堂对于民选议院之设立，甚欲急于解决。前日对某部发一问题，谓立宪公例，皆由国民要求逼迫，政府始与以参政权。今中国国民要求并未逼迫，倏然与之，恐人民不肯负担立宪国民之义务。某部即答云，立宪固有公例，然亦不能不依据其国之历史。欧美、日本诸国去封建近，故人民要求逼迫，有贵族为之屏蔽，不至危及皇室。今中国去封建久远，既无贵族以抵御风潮，使国民要求稍急，后患将不可胜言。中堂闻之，大为动容。

《中外日报》，光绪三十四年六月初七日（1908年7月5日）

开设国会年限之大会议

政府近因杨皙子京卿竭力主张开设国会之议，而士民请愿者亦络绎不绝，连日提议此事，迄不能决。日前特命宪政编查馆邀集人员，共同解决。计到者二十余员，兹将主张长短期限之各员分列如下：

主张五年者七名：汪荣宝、胡大勋、连甲、朱国桢、程明超、刘泽熙、陈箓；主张六年者二名：嵇镜、延鸿；主张七年者三名：曹汝霖、钱承鋕、廉隅；主张十年者十二名：沈林一、王建祖、章宗元、嵇芩孙、傅岳棻、黄瑞麒、劳乃宣、恩华、富士英、胡礽泰、章宗祥，余一员未详；主张二十年者一名：高种（或云高亦主张十年，当时系误言二十年）；不表可否者一名：汪诒书。

又闻宪政编查馆提调宝熙、刘若曾等以此次会议颇为重大，特编成议事录，将呈候政务处览核。

另，又一说云，是日会议诸人分为三派，讨论至四点钟之久。三派中一为急进派，皆以政府萎疲，国势危急，非早开国会不可，故主张于数年之内即行召集，计是派共十五人，多日本留学生。一为渐进派，则主张以十年为期，是派多西洋留学生，以于本国情形稍形隔阂，故甚迟重，计是派共九人。一为延宕派，主张二十年始行召集，计此派仅一人。是日杨皙子京卿并未与议，闻因另有发表之意见，故不与其列也。

按：两说微有不同，并志之以观其后。

《中外日报》，光绪三十四年六月初七日（1908 年 7 月 5 日）

国会期限问题之纷歧

颁布国会期限之议，杨皙子京堂本主张三年，至迟亦不得过五年，政府已均承诺。惟于年限长短之间，尚有踌躇，故特令召集会议，不料竟有十年、二十年之说，因此遂未解决。

黄瑞麒初意本主张五年，后忽变计，改作十年。汪贻书是日亦在座，无所主张。两提调询其意见，答云：“我平日未尝研究，故不能有所主张。”

张、袁两军机与人谈及国会期限事，谓开设期限至迟总当在数年内，乃高种竟主张二十年，殊为可怪。闽人闻之，大为愤恨，谓高此举实为全闽人之奇辱，遂投书各报馆，声讨其罪。

外间传言杨京堂将呈递反对十年之说帖，后探知京堂以宪政编查馆诸君主张各年限尚未确定，将来必有更动，故无呈递反对十年之事。

又闻宪政编查馆前日会议国会期限，因众议纷歧，颇不一致，主张五年、六年、七年及十年者，拟联合一气，公呈说帖，请于光绪四十年开设国会。

又闻袁、张两军机及某邸已将年限议妥，惟究竟主张若干年，尚未深悉，大约不久即可发表矣。[①]

《中外日报》，光绪三十四年六月十日（1908年7月8日）

两宫调取朱福诜封奏

自朱学士福诜奏请开设议会后，各军机对于此折意颇为动，将折稿抄录一分，详加研究。前日入值时，两宫垂询宪政，甚为详悉，并有国会不可不开之谕。临散时，庆邸又蒙叫起，其内容如何，无从探悉，但闻当时将朱学士封奏调取进内。越日各军机大臣入值，两宫又垂询国会事宜，世中堂、鹿中堂、张中堂、袁宫保均蒙叫起，仍调取朱学士封奏进内云。[②]

《中外日报》，光绪三十四年六月十日（1908年7月8日）

电请督抚密报国会年限

政府各王大臣以宪政编查馆各科员国会说帖敢擅自决定，现由军机处电致各

① 录自“国会问题汇录”，标题为编者所加。
② 录自“国会问题汇录”，标题为编者所加。

省督抚，略云：开设国会须先从谘议局与自治局入手，然各省人民愿迅速设立国会，请求宣布年限者，陆续不绝。是时政府若不研究年限宜速宜迟，是不足以符人民之望，而俾人心之安。贵督抚等深体此意，于所属各地方认真审察舆情，以民智之程度，果若干年始宜开设国会，详细咨报。至其年限，尚宜慎密勿泄，恐一经泄露，人民因年限之长短而起争端也。故咨报时务须秘密，至多以六个月为限云云。

《申报》，光绪三十四年六月十二日（1908 年 7 月 10 日）

廷臣对于开设国会期限之意

日前宪政编查馆各员拟再集议，公呈说帖，请以光绪四十年为开设国会之期，已纪本报。闻是日公举民政部右参议汪荣宝为起草员，所有各员之意见书皆送汪处，以备加入。该馆宝熙、刘若曾两提调亦主张从速，故馆中言论近颇一致。

枢府近以国民舆论，非速开国会【无】以慰其望，纵令迟缓，亦不能逾光绪四十年，前日主张十年之期者，因此皆不呈递说帖。

肃邸于开设国会一事，主张甚力，曾对僚属谈及，以为非二三年内召集国会不足以救亡，且谓召集国会一切预备方法，现须急宜着手，以免凌杂无序云。

侍讲文斌以为开设国会，于中国有五利二要，非二三年内开设，不足以治内抗外，惟因在服中，未能将此意上达天听。闻服阕在即，拟上条陈痛陈此事云。

《中外日报》，光绪三十四年六月十五日（1908 年 7 月 13 日）

国会期限莫衷一是

开设国会年限，枢府研究多日。闻袁、张两军机以金邦平素系热心国会者，俟其服阕来京，与彼磋商，即可宣布。

宪政编查馆各员初拟公呈说帖，嗣以协议不就，仍拟各自呈递说帖，其中有由五年升至七年者，有由十年降至七年者，刻尚聚讼纷纭，莫衷一是。

政府于开设国会年限，有主调停之说者，将折衷于五年、七年、十年之间，而以八年为期云。

高种主张二十年开设国会，清议不容，老羞成怒，闻欲作一极长之说帖，说明其主张之理由。

枢府以各省国会请愿纷至沓来，内外官场亦多主张速颁期限，醇邸及袁大军机提议于万寿日宣布国会年限，闻各军机亦均赞成。

自王善荃厅丞奏请速开国会后，枢府诸公赞成者居多，闻张中堂现拟会同宪政馆、资政院，另期在朗润园特开国会会议，再定办法。

日前两宫召见张中堂后，复另召世伯轩相国入对。闻慈宫垂询宪政国会议院诸要政，世相国奏对有国会年限宜速不宜迟，惟应详细研究各国国会之流弊，再行请旨宣布，以期完全各等语。

或云政府于国会年限问题，一时尚未敢轻决，大致以为国会应以地方自治为根柢，拟饬各省调查局迅速查验各州县自治之现情，详由各督抚列表呈送宪政编查馆查核，以定趋向。

宪政编查馆华士奎日前呈递条陈，主张迟开国会，闻其内容以为早开国会，则人民将以财政协参权反抗国税，故三五年内，万不可召集国会云。[①]

《中外日报》，光绪三十四年六月十九日、二十三日（1908年7月17日、21日）

两宫留心立宪事

据内廷消息云，近日两宫对于立宪事宜最为留心，凡有京外官员条陈宪政折奏，必详加披览，始行交下。至于国会问题，尤属注重。日前面谕枢府诸老，务须详慎妥议国会办法，总使推行尽利，再为奏请核办，庶足以副朝廷求治之心，而孚众望云云。

王厅丞奏请速开国会折，两宫颇为动容，并言限期三年，尤为政界中主张最少者。某邸及某军机谓，近来国会请愿者多发自民间，从未有政界中人单衔具奏，故此折政府极为注意。[②]

《申报》，光绪三十四年六月二十日（1908年7月18日）

国会论两派之竞争

国会问题发起后，各大员意见参差，每议一事必有两方之争执，每开一会必

① 本篇根据戊申六月十九日（1908年7月17日）《中外日报》所登“国会问题汇志”及同报六月二十三日（7月21日）所登“国会问题汇录”汇编而成，标题为编者所加。

② 录自“国会问题”，标题为编者所加。

有两方之辩难。会议国会年限，纷纷已久，渐臻融洽。乃自于式枚立宪必须正名，及保守、渐进两次上折后，两方意见又复不一。有极力赞成于折者，有以于不胜考察之任，请委人代之者。迨纷争稍见平息，而王厅丞、刘部郎速开国会两折又上，于是两方复议论大起。有谓如此折奏，实为政界中罕见，而竭力赞扬者；有谓此等大事，非小臣所能参议，而以越权目之者。观此情形，则目下政府正在国会论激战之时代云。

又闻，枢府王大臣近来对于国会问题异常注意，并以开设国会年限，关系綦重，议论不一，故拟召集京外熟谙新政人员，至京开一特别议会，以冀尽善，未知确否。

《申报》，光绪三十四年六月廿一日（1908 年 7 月 19 日）

政府会议国会问题

日昨，两宫召见枢臣，垂询国会问题，倍极详细。并责枢臣办事稽延，殊属非是。又谕务须详慎妥议，速决可否，早为颁布。

又闻诸大老连日会议国会召集年限，迄未决定。日前醇邸宣言，今日预备立宪，朝廷博采群言，若不速开国会，诚恐众志不齐，国是无定，上下隔阂，国力不张，万勿以程度不及为言，致事事无可举办。亟宜妥定选举规则，并宣示最近召集国会期限，以孚天下人民之望。

又闻国会问题，政府已有主持三年之议。日昨通电各省，一律在省城设立自治会，以知府为会长；州县设立自治局，以州县为局长，绅商为局董；村镇设自治所，以乡绅为村长。均附设宣讲所，宣讲自治条规，以为国会之预备。

《申报》，光绪三十四年六月廿五日（1908 年 7 月 23 日）

都察院对于国会之评议

安徽、江苏两省请愿书已于初二日呈递都察院。闻江苏代表孟、雷两君于呈递之前一日谒见该院副宪，经陈梦陶副宪答以各省请愿书呈递后，即可汇齐代奏。

初二日，都察院给事中、御史开会集议国会年限问题，其主张亦不一致。最后某御史谓，政府已决议光绪三十九年为召集国会之年限，我辈可拭目以俟其成云。

《申报》，光绪三十四年七月初八日（1908年8月4日）

国会年限之议谕

前月二十四日上谕，国会期限宣布之迟速，视乎宪政编查馆、资政院覆奏之缓急。顷闻宪政编查馆、资政院诸人，以兹事关系大局，不敢因循，连日会集同馆院各员，细心研究，将上谕所指各节逐层拟议，不久即当覆奏，恭候钦裁。

《时报》，光绪三十四年七月十一日（1908年8月7日）

请愿书之代奏

都察院张总宪英麟于日前在该院统计处与两副总宪议订，现已接到湖南、河南、安徽、江苏四省之国会请愿书，宜于某班递奏。陈副总宪云，现闻各国会请愿代表人除已到京外，他省亦将陆续来京呈递代奏，须俟再越一班【一】并代递。

《时报》，光绪三十四年七月十一日（1908 年 8 月 7 日）

宪政馆对于国会之意见

枢府各大臣以鹿协揆最为反对立宪，有不愿生见国会〈等〉成立之语，后得张南皮极力解释劝慰，鹿始未施阻力，然终不赞成也。

宪政馆因会议年限自相冲突之后，现在凡有会议，即由汪荣宝、钱承鋕、章宗祥、曹汝霖等数人，在大甜水井某宅密议。不独杨度及与杨同志之人无从与闻，即他科员亦皆未与其列。

自各报痛诋高种之后，宪政馆各员与杨京堂感情大减。适杨又纳一红香阁歌姬为妾，于是群起排之。凡湘人之在宪政馆者，无不大受影响，近日竟分为两大派，互相攻击。呜呼！中国人才之程度如是，不几令于式枚笑死。

杨度与汪荣宝意见最深。自表面视之，是为议论国会年限宗旨不合而起，实则别有用意也。幸宝、刘两提调能力持大【体】，【力为】排解，近日冲突，始稍和平。

《申报》，光绪三十四年七月十二日（1908 年 8 月 8 日）

不准留学生请愿国会

日前，日本东京留学生团体因国会请愿事上书政府。兹闻学部某尚书大为不悦，以学生不遵定章，干预外事，原拟查办，嗣因多系自费学生，事遂中止。

《中外日报》，光绪三十四年七月十三日（1908 年 8 月 9 日）

宪政馆各员陈述意见

宪政编查馆各员主张年限各有不同，近均缮具说帖，呈于政府，陈述意见。大致首言其所主张年限之理由，次则横列每年应行预备之件。其主张年限同者，则同一说帖，惟汪荣宝一人独具一说帖，内言所以必须七年开设之故，在于使各省谘议局与资政院先行成立，然后可开国会，并胪陈此七年中应办之事有五：一定宪法，二查财政，三编户籍，四【定】行政官制，五办地方自治。[①]

《中外日报》，光绪三十四年七月十五日（1908 年 8 月 11 日）

---

① 录自“国会问题汇志”，标题为编者所加。

慎重代奏国会请愿书

都察院接收之各省国会请愿书，该院总宪张英麟已允各省代表人于初八日递奏，已志本报。又闻系该院俟下班再行递奏。今得确耗，该院堂宪已于初八日派折班官赴颐和园呈递各省国会请愿书。是日经堂宪复又派员飞行，将该折追回，是以未能呈递。其原因以此折系各省呈请，非寻常事宜，现在皇上正资调养，恐劳圣虑。

《顺天时报》，光绪三十四年七月十五日（1908年8月11日）

国会与各督抚

国会年限问题，政府迄无成议。近日人民请求日迫，拟早期宣布，以慰人心。现已电致各督抚，各陈己见，究竟几年相宜，一俟覆奏到京，即可决议。

《时报》，光绪三十四年七月十七日（1908年8月13日）

国会与政府

政府王大臣前会议召集国会年限问题，诸大老多主以六年为期，惟外务部尚书袁大军机谓此事最忌因循，但恐稽迟日久，暗生阻力，故力持三年之议。并拟迅速公同订定，先行奏请宣示，俾众周知。并闻庆邸极表同情。又探闻各军机以国会期限不日颁布，急宜草定宪法，以定国是，连日调取各国宪法书籍不少，即日本单行本宪法，亦调取四十部之多。大约将派员起草，其内容不外以君主大权作用、人民权利义务分为二大章云。

《时报》，光绪三十四年七月十七日（1908 年 8 月 13 日）

国会问题之里面

杨莲帅入都后，十三、十四连召对二次，为时皆不甚久，闻系因圣躬不能耐劳之故。莲帅此次本拟面奏速定国会年限，十四日奏对片刻后，正拟敷陈，甫开口提及，太后即云：“皇上未宜久坐，汝下去，与军机诸臣商量可也。”次日，莲帅偕幕府诸人在附近万寿山各处一游，遂未入值。

国会事诸大老皆颇赞成，南皮、项城主持尤力，庆邸亦极以为然。惟□□二尚书，颇有反对意。七月十二日，政务处会议，二尚书宣言，现在不防立宪，惟一开国会，则流弊无穷。某公直驳之曰：“如饮茶不用水，炊饭不用米，可乎?”

陈景仁之电进奏时，劾于式枚颇甚，南皮为言，丁之言皆德皇之言，于特代达耳，此亦可参乎？初拟旨有于“本无不是”四字，后经删去。

半月以来，宪政馆编辑宪法纲要、议院选举章程，并将议院未开以前逐年应行筹备事宜，分期表列。闻所列各项，至光绪四十二年方能办完，开会之期即在是年。

《时报》，光绪三十四年七月廿四日（1908 年 8 月 20 日）

议饬各督抚详陈国会利益

闻王大臣近日迭次集议国会年限问题，昨特调查各省督抚条陈国会折电，计主持速开国会者，有直督杨莲帅、江督端午帅、川督赵次帅、鄂督陈小帅、晋抚宝中丞、浙抚增中丞、奉抚唐中丞各员。现拟分电各该督抚等，饬再详陈国会利益，以便酌核入奏云云。

《中外日报》，光绪三十四年七月念七日（1908 年 8 月 23 日）

枢垣对于国会奏折之观念

考察宪政大臣达寿回国复命时所上各折片，其进呈书籍一折，已先录入昨报。再有请定国会年限一折，最关紧要。折中大略，有国会一事，与国民程度无相关系，且惟其程度不及，所以急欲开设国会，若待程度，将永无开国会之日等语，措词颇为激切。军机各大臣览奏，均不以达寿为然。某中堂谓，达寿身为大臣，亦与外省请愿之人民同一见解，殊属不合，请旨留中不发。嗣又再三磋议，以钦派大员上折壅闻，无此体制，且于达寿面子亦不好看，始决议发抄，请旨交宪政编查馆知道。

《申报》，光绪三十四年七月廿九日（1908 年 8 月 25 日）

政府对国会问题

闻张相国与庆邸、袁尚书提议国会调查法，拟再饬驻英、驻日、驻德各使会同考察宪政大臣，另将国会要领先行咨报宪政馆。至前拟派遣贝子溥伦出洋专任考查一节，议作罢论，闻系因宪政馆员近日议定各办法已颇与目下情形合宜，故有是议云。

又枢府近日迭次会议国会问题，有某相国提议国会应有三项特权：一、检查岁用；二、监督官吏；三、弹劾政府。但恐人民程度不足，徒资纷扰，不如先行通饬各省设立议事会、董事会，俟办有成效后，再议开办国会等语。闻枢臣中赞成此议者，甚属寥寥。

《现世史》第六号，光绪三十四年八月初一日（1908 年 8 月 27 日）

都察院捺搁国会请愿书原因

去年湖南第一次国会请愿书呈递都察院后，陆伯葵总宪本拟代奏，惟以请愿书中有措词过当之处，欲令代表稍加修改，重缮呈折，再行代递。嗣因该省同乡京官函致都察院，谓此事在京各同乡均未知悉云云。陆总宪以此等大事，理宜以同乡京官为代表，今乃并不知照，殊为不合，遂搁置不递。迨本年第二次请愿代表晋京向都察院催递，措词过于严厉，有诘责都察院不应捺搁之语，张总宪阅之不免稍有负气，亦遂置之不递。嗣河南、江苏、安徽、山东等省代表陆续到京，八旗、直隶士民等请愿书亦相继呈递都察院。张总宪议将七省请愿书一同代奏，嗣因河南同乡京官亦以并未知悉为词，向都察院陈说，张总宪遂议将河南省及与河南省措词相同之某省请愿书抽去。又张总宪为山东省前辈，该省代表于洪起等到京后，并未投刺晋谒，张深滋不悦，亦拟置之不递。其余江苏等四五省请愿书，拟上月初八日先行代奏。及递折之日，枢府以此事尚须郑重，故复至颐和园追回。其后有议先请旨而后代奏者，有议俟各省齐到一并代奏者。张总宪之意，则拟将请愿书咨送军机处，由军机大臣裁夺。不料各御史大起反对，谓都察院向不与军机处相通，如以请愿书咨送军机，则他日军机如有参案，亦可先行关照云云。张亦无词【驳】难，遂毅然决计于上月十八日代奏。枢府知此消息，即有人商请都察院暂缓十日，俟至二十八日再奏。探其原因，政府欲于都察院代奏之前，发布国会期限上谕，以示开设国会之出自上意，不待人民之要求也。故都中有二十五日下谕宣布年限之说云。按：二十八日都察院仍不闻代奏，大约因上谕未布，故复阻止数日耳。今宣布国会年限之谕下矣，则都察院可以递，可以无递。

《申报》，光绪三十四年八月初三日（1908 年 8 月 29 日）

宣布国会年限之原因

国会问题经宪政编查馆编年预备后，已见明谕，定于第十年召集矣。日前政务各王大臣于朗润园会同密议时，早闻某中堂云，现在各省人民到都察院呈请开设国会，及请宣布国会年限者，陆续不绝，足见舆论之所在。况各省督抚复电，亦有以宣布国会年限，为有利无害者。今若不宣布年限，各省人民绝望，难保地方无扰乱之虞，是亦政府所当注意也。故急宜参酌东西各国国会开设情形，将年限宣布云云。某尚书以为然，且惟以现在各色人民，多未谙宪政，往往有不解国会与立宪之分，或以立宪直为国会者，故宣布年限之时，不可不详晰划清。惟国会年限事宜关系重大，宜详慎会议，请旨定夺。庆邸即将此议奏明两宫，而两宫颇为嘉纳，故有初一日之上谕云。

又闻日前各省代表在宪政编查馆呈递之条陈，某邸及某军机极为赞赏。并谓人民程度进步之猛，于此可见，因此始有早期颁布年限之议。当时独有某尚书不甚赞成，幸经多人斥驳，亦难施其阻力云。

《时报》，光绪三十四年八月初三日（1908年8月29日）

王大臣会议国会年限问题

据内廷消息，国会年限迄今尚未宣布，其原因系为政闻社事发之后，某枢臣力主从缓，且大施运动手段以为宕延之计。幸某邸及某军机力辩其非，所以大局尚不致有变。

日前王大臣在朗润园会议国会年限问题，某大军机谓现当解散各省党匪，人心惶惧，非速【速】宣布国会之年限，使人知朝廷并非无意于开设国会，恐不能以维系人心。若久事迟延，则人心解散，疑朝廷特为愚人之计，大局将为不堪设想者。而某中堂犹主持十年之议。某邸谓，果如此，则召集国会之时，吾人亦早成腐骨矣。闻者皆大笑。①

《晋阳公报》，光绪戊申八月初六日（1908年9月1日）

① 录自“国会问题汇志”，标题为编者所加。

回顾发表国会年限之当时

八月初一日颁布国会期限之诏，探闻谕稿已缮就数日，因阻挠者尚不乏人，极力运动，故圣意尚未十分决定。初一日临颁布时，经庆邸详细奏陈现时不可不立宪之理由，凡数十分钟之久。最后痛陈时势艰难，若不及早将国是决定，使宪政克期实行，万一人心不固，外患愈深，陷中国于朝鲜地位，臣等不足惜，其如太后、皇上何？因此，太后大为动容，即行决定颁布。庆邸随又奏陈云：此事关系国家存亡，大诏一下，即须实行。惟实行宪政利于君，利于民，而不利于官，将来不肖官吏，恐不免尚有希冀阻挠者，请圣上十分决心，然后可以颁布，否则将来稍有动摇，恐失信于民，即危及君上，国家大局必败坏于阻挠者之手。两宫闻奏，毅然俞允。故初一日上谕，异常严厉，并有刊印誊黄，呈请每用御宝，悬挂京内外各衙署堂上，暨每届六个月，及先后任交替时，均须奏明各节云。

此次各省国会请愿代表，纷纷至京呈递请愿书，都察院虽未表奏，然八月初一之上谕，实与之有大关系，两宫实已知有此事。闻某枢府曾向某邸痛言，此次各省请愿，不特时下名流主张其事，即素持保守主义之宿儒，如蒋太史艮、缪太史荃孙诸人，均参入其中，实与从前纯由少年志士所鼓吹者不同。若不从速将国会期限决定，人心一失，隐患愈深云云。故某邸此次主持最力，皆由深恐人民失望之故也。

《时报》，光绪三十四年八月十一日（1908 年 9 月 6 日）

颁布议院谕旨之郑重

初一日宣布议院期限之诏，闻谕稿已缮就数日，因阻挠者多，未经发表。初一日召见军机时，庆邸先上宪政编查馆封奏，并面陈今日不可不立宪之理由，至数十分钟之久。最后力陈时势艰难，若不及早将国是决定，使宪政克期实行，万一人心不固，外患愈深，陷中国于朝鲜地位，臣等不足惜，其如太后、皇上何？因此，太后大为震动，即行决定颁布。当由张中堂起草进呈，其紧要关键，均系太后钦定，复召集各王大臣详慎斟酌，始行钞交内阁，宣示天下。故是日邸抄到阁，已至午后一点余钟矣。

《申报》，光绪三十四年八月十一日（1908 年 9 月 6 日）

都察院与国会

京函云：都察院自上月至今，屡准各士绅上书请开国会。某总宪以事关重大，未敢率行代奏，迫不得已，乃径往颐和园请教某相国，以定准驳云。

又都察院陈副宪以国会代表陆续到京，本允积有数省，俟七月初旬代递，而总宪之意，以二十四日明旨于国会一事尚在预备时代，即使代递，亦未必即有影响，故七月初代递之说已作罢论。

又一说云，湖南、河南、安徽、江苏四省国会请愿书请代奏时，张总宪与两副宪会商，初拟七月初八日递奏，嗣因陈副宪以他省尚将陆续来京，拟俟再越一班，一并代递云。

《现世史》第七号，光绪三十四年八月二十日（1908 年 9 月 15 日）

政府预筹抵制外人监督财政

自驻义钱使奏陈海牙平和会提出监督我国财政之议案，政府甚为焦虑。日前，政务处调取春间唐侍郎绍怡调查之万国财政制度，暨美国新定地方岁费之制度两项档案，云将以备参考，徐图抵制监督财政之策。

摄政王前日召见枢臣，面询世、那、泽三大臣对于外人监督财政一案有无抵制之策。那、泽两公皆谓清理岁出入，改正税则，固为整顿财政之大要，然兹事体大，非仗民力负担，别无良策。近年民气日振，国家思想逐渐发达，此问题发生后，已有数省绅民筹议偿还外债办法，若能因势利导，必易集事。拟请俯从民望，缩短国会年限，定期召集，以期统筹分认云云。摄政王颇嘉其议。

《申报》，宣统元年十月二十五日（1909年12月7日）

亲贵对于国会之预议

亲贵各王公贝勒热心国会一事，已叠记前报。兹又探闻，肃邸诸公以各省代表不日即将到京，恳请拟于日内邀集诸亲贵，特开会议，先行研究此重大问题，须发起在各省之先，或追随于各省之后。并拟恳请朝廷，如已允准，须仿日本明治初元【立】誓办法，宣布誓言，以坚臣民之信望。又一函云，日前各枢臣提及各省请缩短国会一事，某相国（素习因循，凡事均以慎重二字为主）谓：现在谘议局成立未久，即行要请此重大事件，诚恐将来之要求，不知伊于胡底。况各省、各部应筹之宪政，分以九年尚不知能否依限办竣，若再缩短，恐适足以召纷乱。公等以为可喜，予独以为可忧云云。据此以观，吾恐将来各代表晋京时，必有一重阻力也。

《汉口中西报》，己酉十二月初一日（1910 年 1 月 11 日）

枢臣之意见

上月二十八日，政府诸大老退朝后，议及各省均遣代表要求缩短国会年限，按奏定章程办理，原未便擅自更张，惟近来民气既能如是奋发，似应略为缩短，以顺舆情。拟先通饬各省赶紧筹办一切宪政，设法培植人民资格，即于宣统五年为召集国会之期。闻某相国终以兹事体大，必须倍加慎重，因议届期再行详核办理。

《申报》，宣统元年十二月十三日（1910 年 1 月 23 日）

海军大臣之电告

日前由军谘处涛、朗两贝勒接到考察海军大臣洵贝勒电一道，闻其内容略谓现在各省鼓动请缩短国会年限，此事欧人喧传已遍，虽议论不一，然皆极为注重。应奏请监国，务宜俯顺民情，匡救时局，万不可轻信人言，以致横生阻力云云。

《申报》，宣统元年十二月十三日（1910 年 1 月 23 日）

摄政王深信民智之已开

闻日前摄政王召见各枢臣，略云：披览各省督抚奏折，于应办一切新政，往往声称民智不开，借词推诿。试观近日绅民请愿国会，筹还国债，以及集款修路等事，均能力任其艰，足见民气业已发达，民智实未尝不开。嗣后各省举办一切新政，倘有再以前言搪塞者，应照欺君之罪论。各枢臣闻谕，皆默然失色。

《汉口中西报》，己酉年十二月十七日（1910 年 1 月 27 日）

初十日都察院之集议

初十日，都察院各堂宪全行到署，会商请开国会之公呈。闻各堂宪以各代表远涉千里，情同一致，以此足见民气之发扬，日进不已，其公呈自应准为代奏。现正妥商代奏之期。

《申报》，宣统元年十二月十七日（1910 年 1 月 27 日）

补述国会代表请愿时情形

各省国会代表前赴都察院呈递请愿书后，都察院虽允代递，然终不肯明示日期。闻都察院之意，欲先探以枢臣意旨，方有定见。如枢臣不赞成，则仍用昔年手段，将请愿书收留后迟迟不为上呈，即此烟销迹灭。嗣因闻摄政王面谕都察院堂宪，凡有呈请代递之件，无论其中如何措词，均须为之代递，不准迟延阻驳，故堂宪始行代呈，然此时枢臣意向亦已探得矣。

某日，伦贝子召见，奉摄政王面询国会事宜。贝子奏对：国会早开一日，固可早收一日之效果，但兹事重大，必须审慎，方可施行。与其勉强从事，莫若稍待时期，倘揆时度情，实可以开会者，则即毅然行之，亦未便迟疑不决云云。

《申报》，宣统元年十二月廿五日（1910年2月4日）

开国会仍无影响

京函云：都中近日之期成国会者，热度愈增，开会集议之声不绝于耳。诸大老闻之，皆视同蛇蝎，恐请愿书再上，监国将为所动，欲更谋阻抑，实难为词。故一面授意都察院，令勿再为呈递；一面使人讽劝代表，俾速出京，以杜后患。日前枢府某巨公又闻人语及各省代表将续行请愿事，乃悻然曰：甚么请愿国会，无非要和咱们家里人做对头。既经明谕拒绝，他们还要再讨没趣，这可真怪绝了。我是拿定主意，不论他们怎样要求，都还他个不准。我决不愿及身亲见国会成立，教他们休再妄想罢。闻者为之短气。

赞曰：你不论他们怎样要求，都还他个不准。我不论你们怎么不准，总是一个要求。究竟你们风烛残年，死在旦夕。既死之后，岂能爬出棺材，尚来阻挠乎？然则国会成立之日，诚非你们所能及身亲见矣。

《华商联合会报》第一期，宣统二年正月十五日（1910 年 2 月 24 日）

政府慎防国会之周密

政府诸大老对于国会请愿一事，已决计不再代奏。兹因此事之发起，实由于各谘议局之鼓动，拟即通致督抚转致各谘议局员，所有开会议事，均须遵照奏订局章，不得妄行干预，并应随时监察各议员，不得滥结党会，如各国之政党、社会党等类，致启纷扰。闻日内当即电知各省遵照。

《大公报》，宣统二年正月廿三日（1910 年 3 月 4 日）

吴军机之国会热

军机大臣吴郁生对于速开国会颇具热心，日前在监国摄政王前已三次奏陈此举之益，满口赞成，以冀感动王怀，俟将来各省代表呈递请愿书时，藉可力请缩短期限，为君民之幸福云。

《中外日报》，宣统二年三月十七日（1910 年 4 月 26 日）

摄政王谕查各国国会内容

闻摄政王近谕宪政编查馆王大臣，将英、日、德各国于开国会时，各项议员、委员系何种名目，如何布置，其召集议员临开会议，先期以何日为召集，及开会后以若干日为议结散会期，并将总议长、副议长、议员、委员等发给薪水大者若干数，小者若干数，详细调查，开单呈览，以备将来开国会之参考。闻经该馆先将前考查宪政于、汪、李三大臣等所考查国会内容各折片，检齐缮单，呈候备览矣。

《中外日报》，宣统二年四月十二日（1910 年 5 月 20 日）

国会受乱民之影响

顷据政府人云，诸大老近议各省代表将拟上书，要求速开国会，均愿赞成略为缩短年限。日前召见时，复在监国前极力揄扬。惟摄政王以近来各省乱事迭出，足见人民资格不齐，若果国会速开，诚恐徒滋纷扰，故仍坚持原定年限，并无转圜之意。诸大老拟俟届时设法再行委婉进言，庶足以慰人民之望。

《大公报》，宣统二年四月廿七日（1910 年 6 月 4 日）

最近之国会谈

初二日，政务处王大臣暨各部尚书会议，提及各省公举代表续行请开国会问题。闻民政部肃邸，度支部泽公，海军大臣洵邸，军咨处朗贝勒，邮传部徐协揆，均谓宜俯顺舆情，速开国会。

《申报》，宣统二年五月十一日（1910 年 6 月 17 日）

国会请愿书之入奏

都察院各堂宪，因此次各界请开国会之代表，于日前呈递乞请代奏之请愿书事宜，连日会商，决定伸展民情之议，故昨已将各界之请愿书据实入奏请旨。

《顺天时报》，宣统二年五月十六日（1910 年 6 月 22 日）

国会请愿近情种种

此次各省谘议局、海外华侨以及各团体齐集请愿国会一事，实为前古所未有，足为民气发达之特征。惟近来枢廷对于此事，主见各异。某中堂及某军机则力主以严旨震吓，以免哓哓不休，并力陈二次请愿，实由去冬之温旨褒嘉，以助其气。朝廷既迫于先朝之成命，则应力禁人民之再求云云。某中堂则甚不以此议为然，谓国会期限虽不能缩短，而民心不可失，民怨不可积，仍须婉言对付，以免酿生意外枝节。而某邸则甚然此说，并主张期限稍为缩短，非十分不能办到之事，于大局亦无甚窒碍云云。惟某中堂及某军机持之甚力，故一时尚难解决云。

又闻初十日各代表到都察院递书之后，张总宪即于午后四时奔赴那相宅第，会商两小时之久，复至庆邸面陈此事。闻已决定代奏，惟日期尚未定准耳。

《时报》，宣统二年五月二十日（1910 年 6 月 26 日）

补述伦贝子之反对国会请愿

上年冬间议驳国会请愿时，伦贝子即主持甚力。闻此次该贝子之意见仍坚持前议，并声称资政院现已颁布开院之期，是即国会基础，何必再事请求，致滋纷扰等语。日前政府曾拟将此问题交资政院公议，该贝子亦甚不以为然。

《大公报》，宣统二年五月廿三日（1910 年 6 月 29 日）

国会请愿最后之解决

国会请愿书于十五日由都察院汇齐代奏后，监国即将原书发交各枢臣核阅，并令会同拟旨。在监国之意，以不违成命、不拂民情为宗旨，故拟进之上谕凡起数稿，监国皆不以为然。旋由某军机删定一稿，字数甚多，词意亦甚婉转，与去冬之上谕大致相仿。惟仍未得同意之决定，遂由枢臣请旨，命会议政务处王大臣于二十一日预备召见。会议后，监国仍将谕旨亲改数处，始行发表。

另一访函云：国会请愿书十五日入奏后，摄政王即命军机大臣解决，而军机面奏请交政务处，取多数人意见，监国然之。随将原折抄交政务处会议，故军机大臣、各部院尚书皆每日于一钟至三钟齐集政务处，研究对待之法。嗣以久议不决，由领袖军机面奏监国，请召见各王大臣，各抒已见，是以有二十一日召见之旨。按此次政务处会议异常秘密，据官场中人云，不赞成缩短者实居多数，惟某某两尚书极力维持云。

又函云：政务处王大臣奉到二十一日全班召见之谕，各部院大臣即于是日早晨齐集政务处，预先会议国会期限能否缩短。当时各王大臣主张不一，有赞成者，有反对者，有中立者，共分三派，而三派中以中立者为多。赞成派之最力者，首推肃、泽两尚书，学部、邮传部唐、徐两尚书亦振振有词。反对派则以法部廷尚书为首，中立派则以陆中堂为首。会议数小时之久，言论庞杂，迄无头绪，而上头已经叫起，随即纷纷入内，其结果则仍反对派占优胜而已。

《申报》，宣统二年五月廿六日（1910年7月2日）

国会请愿不准之原因

此次各界代表请速开国会未蒙邀准一节，该代表因明诏有“勿得再行渎请”等语，亦无可如何。近闻请愿不准之原因，摄政王览阅请愿书后，以国会关系重大，故饬宪政编查馆王大臣电询各省督抚，以九年筹备与速开国会有无利害，迅即复奏。旋经该馆电寄后，各督抚来电赞成速开国会者仅止八人，核计督抚二十四员，赞成速开者不过三分之一。是以摄政王又特开御前会议，召见内阁大学士、协办大学士、军机大臣、各部尚书、都察院都御史、资政院总裁，会议可否速开，各陈主见。当时各大臣抱可速开者仅止三名，嗣后决议时止一人主持速开。故摄政王以各王大臣所议九年筹备后尚为适当时期，始行明降谕旨，并饬勿得渎请等语。盖各代表前于晋谒各王大臣时，该大臣中赞成者不少，迨至召见时，除某尚书赞成外，余皆不赞成云。

《顺天时报》，宣统二年五月三十日（1910年7月6日）

追记国会请愿确情

国会请愿书于十五日由都察院上奏，至二十一日始发表。枢府对于此事，商量又商量之情形可以想见。据政界中可靠消息，谓二十一日之谕旨，于发布前三日，已经拟好，因军机处不敢独担责任，故十九日定议，以二十一日召见政务处王大臣，以为分谤之地。观是日御前会议，不过数分钟即已了事，其谋定而动可知。

二十一日御前会议，十一部尚书与军机大臣相对，监国居中。军机一方，庆为首，次世，又次那，吴居末；尚书一方，肃为首，次李殿林，泽居第三。一到即将拟定之谕旨宣读，中有“询谋佥同”字样，肃首言此事本由枢臣定议，并未与各行政衙门谋过，何谓询谋佥同？泽亦言此事不能专推在我们身上，如必欲叫我们分些责任，则但言按照分年筹备单，办理尚未完全，尚可说得过去。由是于面询各衙门行政大臣下，改如今旨。此系从另一方面听得者，大约必有七八成可信。

二十一日之谕旨，系早经拟定，并非御前会议之结果，此间无论政界非政界，皆信是说。惟拟此旨者究系何人手笔，则言人人殊。就此三四日中我所闻者言之，其普通者则谓系吴军机所拟，以吴入军机后拟旨独多也。最奇特者，则谓系李柳溪所拟，以谕旨中有“议院之地位，在宪法中只为参预立法之一机关”字样，宛然日本派之口吻，非各军机所能知也。据最后所闻，则谓此稿系外务部所拟，由那相带入军机。盖近来枢府事由外部发生者甚多，而此次对付国会问题之办法，那相主持最力。至于外部中何人当此美差，则不可得而知矣。此说最可信。

《时报》，宣统二年六月初二日（1910 年 7 月 8 日）

提防国会请愿代表

监国于二十一日曾饬民政部尚书肃邸，从速派员调查各省请愿国会代表人员履历，汇册进呈钦览。闻该部于二十五值日时已行呈递。

某相国在会议政务处提议，以国会谕旨虽已宣布，然国民之气勃勃难遏，若不预防，难免其无组织政党干预政事及叩阍呈递愿书等事。因拟密派干员，分赴各处，调查各代表举动，如有以上消息，即赶速报告，以作准备。闻各枢臣皆附和赞成。

闻警厅连日与国会代表团筹议，力劝速即离京，勿再逗留，其意盖在使之解散。或谓警厅现已预备，如国会代表团仍行逗留，即当强迫解散，未知确否。

又闻二十八日国会代表开谈话会时，外警厅及右二区均派警官监临。①

《申报》，宣统二年六月初四日（1910 年 7 月 10 日）

国会请愿不死

留京代表团近仍逐日在事务处集议进行方法，而各省各团体电报亦络绎而

① 原标题“国会请愿不死”，本篇录自其中，标题为编者所加。

至。都察院闻知消息，恐其即日将为第三次请愿，前日自总宪以下，陆续莅院，预议对付办法。全台均主持遵照二十一日上谕“不得再行渎请”六字，不再收呈代奏，惟张总宪意颇犹豫，故一时尚未能决议。

闻某贝勒因国会代表团请愿无效，恐其或被革党煽惑，改变宗旨，故特密谕侦探队，格外注意。并闻有某探员已混入国会代表团，充作会员，藉得侦探一切。果尔，则是政府亦知请愿国会者之宗旨，乃全出爱国矣。

《申报》，宣统二年六月初七日（1910 年 7 月 13 日）

然则国会果有速开之望矣

自第二次请愿无效后，全国人心为之灰冷，谓国会缩短绝望，国亡无日，无须再作和平之请愿。惟代表团诸君则以二次请愿或积诚未至，不能动深宫之听，故又通告各省团体，限定九月间再行来京，抵死请愿，不得轻退，曾迭志前报。近自涛邸回国，怵于外势之迫，谓非速开国会，无以图存，而朗贝勒亦极力主张缩短国会。诸大老中如庆邸、徐中堂、泽公现亦均表同意。肃邸、良弼、九常与涛、朗细商此事，监国亦为涛贝勒所感动，已深知速开国会之利益。闻将饬令宪政馆奏陈如何缩短国会之法，即由朝廷颁布施行，他如开党禁、剪辫发两事，亦将同时发布。

《申报》，宣统二年七月廿九日（1910 年 9 月 2 日）

洵邸不忘情国会

洵邸昨有电来京，称美国评论中国人民第三次要求国会之毅力甚坚，并讥刺政府之专制，谓中国今日舍开国会，无救亡善策。后又表明己之赞成速开国会云。(人)

《国民公报》，宣统二年九月十五日（1910 年 10 月 17 日）

涛贝勒为真赞成国会者

此次国会请愿，在政府与各部大臣，虽赞成者亦不乏人，然多窥伺某大军机之意向以〈与〉为转移。其真具热心者，惟涛贝勒一人。闻贝勒日前曾对人言，谓自归国后所极力主张者三事，一为缩短国会，一为更动京外庸懦大员，一为军界剪发。其剪发与更动大员已归无效，然尚不及国会问题之重要，予誓必竭力争请，如再有阻力，则定行退位让贤，断不随同敷衍云。

《大公报》，宣统二年九月十六日（1910 年 10 月 18 日）

政府会商对国会办法

初七日午后，监国摄政王在三所特召军机大臣，垂询对待国会请愿事宜。朗贝勒立言民气不可强压，欲救中国之不亡，非速即照准早开国会，实无他策可筹，因政府数人之筹画，决不如早开国会之益等语。王深嘉悦朗之忠心爱国。时又有某中堂略陈数语，似有反对意云。

又闻政府当轴诸公深悉此次国会请愿进行方针甚固，而对付一层颇为紧要，故连日计议办法，仍责令内外各政务大臣核议，如各大臣有三分之二曰否者，此事恐仍无效。姑志之以觇其后。

《晋阳公报》，宣统二年九月十九日（1910 年 10 月 21 日）

涛邸之热诚

涛邸于国会一事，极力赞成，屡见报端。兹闻日前涛邸致函洵邸，略云：国会请愿并非不极力赞成，然孤掌难鸣，苦无同志。天下不如意事十常居八九，信不我欺也云。（许）

《国民公报》，宣统二年九月十九日（1910 年 10 月 21 日）

太后有速开国会之意

国会代表自上摄政王书后，连日接上资政院及庆邸书，奔走号呼，佥谓非速开国会不足以救危亡，风声所播，流入大内。日昨隆裕太后特在长春宫召摄政王进内，垂询近日资政院议案如何情形，王对以议案均未完备，月初暂时休会，至十二日始行开议。太后又询："呈递请愿书时有割股断指事，信乎?"王对："有之，系奉天学生。"太后闻"奉天"二字，似有所动，不觉默然久之。旋谓："伊等忠爱热忱，谅非沽名，实迫于时势为之耳。吾亦知此事关系重大，不可草率从事，惟闻廷臣中有意反对者亦属不少，究竟有人能将国会速开之得失及利弊关系，一一断决否？若仍似是而非，怀挟私见，须当早自定见，切勿为浮言所挠。"王唯唯出，即在三所召见枢臣，以懿旨告之，并饬速电各省督抚及各部大臣，将缩短国会期限问题详细解释，统限于半月以前，十日以后电奏，以便博采众论，从长计议。至外间喧传交资政院议决一说，殊属不确。

《申报》，宣统二年九月十九日（1910 年 10 月 21 日）

国会问题之进行

近日枢府对于国会问题，忽一变其态度，日前外间轰传此事，实则里面仍不见动静。乃各省督抚联衔奏请后，朝廷亦知此事之不可以已，故于前日召见伦贝子及泽公，即系商量此事，大约俟资政院具奏后即可发表。

伦贝子前日在资政院对众议员言：今日召见十分钟之久，监国垂询甚悉，国会事大有可望，愿诸君暂耐心守候云云。窥其言外之意，恐系缩短三年，定于宣统五年召集。

闻泽公前日在资政院演说预算方针，亦系为伦贝子所催促而来，日前外间喧传泽公反对国会，今忽临院演说，说者谓有佳消息在于其中也。

《国民公报》，宣统二年九月二十六日（1910 年 10 月 28 日）

亲贵大臣之国会观

自第三次请愿国会初运动时，军谘大臣涛贝勒即往返奔走，极力赞成，思联合各亲贵王公大臣联衔请愿。惟连日游说，政府中同志甚鲜，因此贝勒极为焦灼，兹拟于资政院上奏后，即行单衔奏请，以为国民之后劲。

又闻枢府某邸为反对国会之最有势力者，现因各省人民要求开国会势力日坚，而上之各督抚、各部院大臣，下之各谘议局，莫不闻风响应，自揣难敌公论，又不愿见此不合意之举动，故近日已决意辞职，以避贤路。姑志所闻，以观其后。

邮传部唐少川尚书自到京召见后，即分谒各军机大臣，会商现在应筹之交涉路政各要端。闻该尚书极力在各军机前称赞前任出使美国大臣伍廷芳，为现在外交上不可多得之人才，请即召京重用，实于各项交涉，多所裨益等语。并闻该尚书对于此次国会请愿亦极赞成，以为揆之民情如是，外患如是，断无再能批驳之理由云。

《申报》，宣统二年九月廿七日（1910 年 10 月 29 日）

国会之八面观

京函：自资政院提前议国会问题，全体欢呼，当场公决为本院具奏案，举赵炳麟、陈宝琛、汪荣宝、雷奋、孟昭常、许鼎霖六人草具折稿，大会通过，即日上奏。日内政府对于此问题极为震动，兹将各方面之举动，确切探明，汇报如下：

（一）汪荣宝之献策。汪荣宝为新军机及肃邸等所信任之人，又因宪政馆历年筹办资政院、谘议局皆出其手，是日会散后，即有数邸用电话召谈。汪主张不俟资政院上奏，于两三日内即明发谕旨缩短四年，以宣统四年为召集国会之期。当时首先自任进言监国者，为伦贝勒及肃邸。

（二）泽公之招宴。是日（即二十日）晚间，泽公宴客，座间有振将军、润贝勒及涛贝勒等，而伦贝勒适患面部肿胀，亦力疾往赴，痛陈国会利益，泽公颇有醒悟之象。因政府中惟泽反对此举，故伦贝勒以为泽能不出言，即无阻挠矣。

（三）监国之为难。二十二日摄政王召见泽公，叫起两次，询国会事。泽公即以伦贝勒所言大意进陈，摄政王称善者再。既而谓军机大臣向来对朕是一种说法，对国会代表又是一种说法，朕颇有所闻，所以倒为难了。泽公不能答，退后即往见伦贝勒，备述监国言。伦乃知照资政院，请将折稿拟缮停妥，俟伦销假，面呈监国，较为可恃。

（四）杨度之作祟。是时外间忽传出一种谣言，谓涛、振二人曾对人谓：国会事情难了，难了，连某某主张速开之人都反对起来，“缩短”二字，恐怕靠不住。又杨度在宪政馆时，尝受章宗元、汪荣宝之龉龁，不甚得意，又从中鼓动，某亲贵遂愈得计。盖亲贵正苦无法违背舆论，将以反间运动党中有势力之人，以阴使其阻挠之力也。

（五）军机之责任。资政院议员关于国会事宜，二十一日特开研究会于财政学堂，到会者一百零六人，公推庄亲王为主席。首由许君鼎霖报告开会主旨。惟雷奋所主张，以为具奏后，万一朝旨仍不允行，则吾辈至议场，无论会议何项事件，可一言不发。惟全体要求议长亲挽军机大臣来院，求其明白答复，以既用副署名制，则军机大臣不得不负答复之责任也。如一再不来，则请议长率全体议员谒见各军机，不达到答复之目的不止。然后就其所答复者，再行陈明具奏，如是而政府仍不允，则必激政府以解散资政院而后已。经众赞成，并先举十人谒见各军机大臣。举定之人录下：那亲王、庄亲王、润贝勒、汪荣宝、赵炳麟、陈宝琛、许鼎霖、雷奋、籍忠寅、李文熙。

《民立报》，庚戌年九月廿八日（1910 年 10 月 30 日）

汪荣宝果反对国会耶

国会问题，钦选议员汪荣宝本极反对。据代表团访闻，汪于前数日曾运动王公亲贵及一二有力之民选议员，以冀达其反对之目的。闻其语某亲贵曰："国会一请即开，殊失朝廷之威重。"某亲贵颇惑其言。迨前日资政院表决国会问题时，汪竟首先起立，并高呼"万岁"。而散会后，则又语某贝子曰："今日之事，非吾辈所能主张，实有不敢不赞成之势。"复黄夜叩某贝子、某公之门，痛陈民气嚣张，资政院初开，即已如此，国会开后，何堪设想。闻某贝子、某公二人均为所惑，某公并言"由不得他们胡闹，我明日见监国时，必详陈一切"云云。夫以一人一日之间，而反复若此，殊失议员资格。但汪亦稍负物望者，且在财政学堂会议时，言论侃侃，似出两人。愿代表团再仔细核访查之。

《申报》，宣统二年九月廿八日（1910 年 10 月 30 日）

汪议员与孙代表之晤谈

昨晚资政院议员雷继兴等公宴《太晤士报》主笔于石桥别业，汪议员荣宝、孙代表洪伊均在座。谈及国会一事，汪宣言向来主张速开，前经往谒伦贝子，曾痛陈国会不开之害与速开之利，贝子极表同情，允与泽公磋商。外间不察，谣啄繁兴，殊不可解。并云："此次如资政院具奏无效，必不独任民选议员辞职，我当倡约钦选议员辞职，且挂冠出都，以表心志。"语次颇有不平。孙代表云："此次一不得请，人民绝望，怨毒所发，不知演出如何惨剧。大家争此生死关头，苟有所闻，万不能不即行揭载，以破阴谋，不暇爱惜个人名誉，致妨大计。足下但能始终赞成，是非自有定论，谅不至因人言而变初志也。"

记者曰：嗟，嗟！今夕汪议员之言如此，前日访员之言如彼，何去何从，姑志之，以观其后。

《国民公报》，宣统二年九月二十四日（1910 年 10 月 26 日）

政府对于国会之疲软

二十八日，会议政务处王大臣商议国会问题。庆邸将资政院代奏书及各督抚电奏，交王大臣阅看后，诸人皆嘿无一言。庆邸不得已，嘱令各具说帖，于日内交到取决。

又闻诸王大臣中，抱资政院即国会之意见者实居多数，将于日内到资政院说明行政方针云。

《国民公报》，宣统二年九月三十日（1910 年 11 月 1 日）

国会请愿之好消息

资政院总裁伦贝子前日特蒙监国召见，垂询国会事宜，约一时五十分钟之久。归告诸议员云国会消息甚好，但未明言细情。或谓监国拟照陈筱帅之折办理，于明年组织责任内阁，宣统五年召集国会云。

军机处各大臣自资政院上奏速开国会后，【以】此事关系重要，连日会议，惟庆亲王适在假内，未能与议。各大臣以未识庆邸主见若何，不敢擅专。当于会议后函询庆邸，请示对于国会之意见，以凭斟酌办理。

……

又闻摄政王因资政院通过速开国会一案关系重大，故于日前请见隆裕皇太后，将资政院会议通过该案，及各省人民请愿、民气发达情形据实奏陈，意欲探听懿旨，以便定夺云。

《申报》，宣统二年十月初二日（1910 年 11 月 3 日）

国会之大跃动

二十一日泽公召见，二十四日泽公、伦贝子同召见。伦贝子距假期尚有二日，以国会事紧急，故先期销假，销假而即召见，盖监国注念此事亦殷也。闻二邸皆力陈利害，请监国决于速开。而伦贝子召对尤久，至于近一小时二三十分，所陈尤切，但未言及期限。据伦贝子所告于议员诸君之言外之意，似系速开一层，已蒙监国允许，期限一层，即不便言及。而据议员推测，或系决于宣统五年也。

宣统五年之说并未闻出于政界有力者之谈，盖系一般揣测者之言。揣测者之意，谓至宣统五年，资政院议员一任期期满，恰好以国会代之。而及此二年之间，订定选举法、议院法及预备一切，恰好不疾不徐也。然诸督抚联衔之奏，则请决于明年，则尤为劲爽矣。

二十五日晚，外务部接到诸督抚联衔请开国会并设立责任内阁之电奏（电奏已见本报），仅洋洋千言，而二者之利害得失，毕陈无遗。文体尤明白整练，实为最近之大手笔。闻系滇督李帅主稿，各督抚暨将军、都统等列名，而锡清帅主衔，遵宪纲也。惟南洋大臣以先此曾表白反对意见而不与，北洋单衔独奏云。

联衔之电奏既达，遂于二十六日与资政院具奏之文同上。此真内外同心，上下合力，为中国历史上之一大纪念矣。先是资政院奏本拟二十五日上，以缮写不及，乃改二十六日。此奏系起草员（议长沈家本指定）赵炳麟起稿，继由孟昭常改之，更后由汪荣宝笔削之，经全体议员于二十三日会场，一字不易而赞成表决之者，大致经以众意，纬以院议，附陈一院制之害及时机之不待人。文亦可读，然不敌联衔之电奏多矣。

以此内外同心、上下合力之举，竟不能立回圣听，改易枢旨，立予允许。于即日奉上谕，只将院奏暨诸督抚电奏交给政务处大臣阅看，会议后预备召见。此与代表团孙君洪伊等第二次请愿之结果相同，读者当能记忆。嗣后以累议佥同，决行缓开，而卒不知其责任之所在也。议者谓军机为此急脉缓受之法，殆欲以枢臣权力，于该处伸其有力之主张，复得以服从多数，于议后降旨，避其副署之诘问，其计诚巧矣。

政务处大臣自军机外，部臣中自以泽公为最有力，其余之赞成反对者，虽可即以其人性格历史推之，然必视军机意旨发言，断不敢为有力之主张。鄙人参伍错综，列现在亲贵暨诸大臣之派别如左，亦是一趣，特其名字不便明言耳。

（一）闭口不谈者。（少）

（二）观风色者。（最多数）

（三）两面造谣言者。（不少）

（四）愤激而赞成者。（意谓他们既一定要开，就给他开开看。又有一种奇妙说法，谓照现在院制，民选党众，钦选党少，不如再开一议院，安置民选，亦不过分。开两间屋子给他们说话也。）

（五）诚心诚意而赞成者。（恐只一二人耳）

（六）以一种政略而赞成者。所谓政略者，不外争夺政权之意耳。

当二十五日联衔电奏未到之先，诸督抚中已颇有单奏者，朱家宝其一也。而最奇者为北洋陈小帅之电奏（二十四日到京）。津京数时之隔，国会尤为宿题，小帅何故遽促如此，且既在赞成一面，何以不愿联衔。其奏中主张至宣统五年，故论者谓其实系接到枢府某人电示，特承迎之，外结欢心，阴图抵制明年之说。

又闻伦贝子二十四日召对时，监国言曰："情势如此，期限不能不缩，然则一年可乎？"对曰："不可。"又曰："二年可乎？"对曰："不可。大抵至少之，非缩短三年，不足以餍天下之望。"监国默然。

此次国会后援之有力者，伦贝子殆为其中之一人。泽公之到院演说财政，即资政院通过奏稿之日，伦贝子突邀之来，泽公因言财政危迫种种，并种种无法，而归结于国会不可不速开。大众鼓掌雷动。既以表白泽公之嫌疑，又为资政院得一有力后劲。论者谓固由伦邸之热心国事，而亦可见伦、泽二邸之交亲矣。

二十日通过国会议案后，许鼎霖（即许九香）君倡议钦选、民选于二十一日开会于石桥别业，名为研究，意在调停。而是日庄亲王登坛演说，谓近人见院中情形，多以民气嚣张为虑，其实以某意论之，此乃忠君爱国之嚣张，并非犯上作乱之嚣张。又有人谓议员为轻蔑朝廷（此指润贝勒，盖润贝勒二十日在院争论院章时，谓不遵院章，即是轻蔑朝廷），以某论，今议员愤慨之【余】轻蔑政府则有之，轻蔑朝廷则无之也。其语为一般传诵。又是日之会，雷奋（即雷继兴）君倡议，如国会之请万一不见听，则将如何？有人主张辞职或停会者似近消极，不如到时仍照常到会，请议长要求军机大臣到院答对副署之责任，然后严行质问。今日请之不得，则明日请；明日不得，则更明日，以示吾议员之始终不懈。大众赞成。今有二十六日"急脉缓受"之上谕，须俟政务大臣召见后，再定进止矣。

《时报》，宣统二年十月初二日、初四日（1910年11月3日、5日）

内阁与国会之先后

廷臣会议召集国会与建设责任内阁两问题，据内廷最可靠之消息云，此次军机中均甚赞成，颇知宪政之进行，财政之统筹，外交之振作，国势之振兴，全恃此举，迭次在摄政王前详陈一切。惟近日所研究者，即为政府与人民之担负及权限各章制，探之前议于责任内阁召试行一两年后，稍立统一政权之模型，即行召集国会之说，已有照此奏请之议，准否听候摄政王之宸衷独断，以便遵行云。

《厦门日报》，宣统二年十月初三日（1910 年 11 月 4 日）

枢臣研究资政院奏稿

速开国会一事上月二十六日由资政院具奏之后，原由枢臣拟就两种办法，一系定为宣统五年召集国会，一则即交王大臣公阅后预备召见。摄政王采用第二办法。

上月二十八日下午一钟，军机大臣、各行政大臣均到东华门外会议政务处，公同阅看资政院请开国会原奏，并陈夔龙、恩寿、宝棻电奏。阅毕，彼此研究良久，大抵语多骑墙，无一决断之词。后经军机大臣议定，若不稍为缩短年限，难餍众望；若径予允许，又恐民气愈张。拟为调停之计，改为宣统三年设立内阁，宣统五年召集国会。准于今日入对开御前会议，即可请旨宣布。议毕而散，已四钟矣。诸大臣皆精神困倦，面有饥色云。

会议政务处王大臣近日连开会议，研究对于国会请愿之办法，拟俟明谕宣布后，由各军机大臣出席，于资政院说明国会不能即开之理由。

某巨公对人宣言，朝廷实无必开国会之意，不过各省督抚及各省人民纷纷要求，故定于宣统五年召集，此次转圜尚系格外成全云。又有人谓，宪政编查馆某某两人，曾奔走某贝勒之门，主张缓开国会，某贝勒已为所动，因之稍生阻力。[①]

《申报》，宣统二年十月初四日（1910年11月5日）

国会党与资政院议员

京函：资政院议决具奏请开国会，奉旨交会议政务处阅看，预备召见。当上谕未下之先，资政院初欲入奏之际，北京乃呈一种现象，不可不补述之，以见国民争竞之气，与其倾陷之阴谋。

国会代表团中有东三省人民，因激刺较深，见闻较切，又迫于日俄协约，皆誓死以争，平时专探听政府党有何人反对国会者，拟演流血之壮剧。其时，适湖南杨度与民部汪荣宝有隙，因杨在宪政馆处处受汪及陆润生、章仲和等之龉龁，无足以自表见，近又因鄂路风潮，不敢出头，遍造谣诼，嗾其同乡陆某、黄某、林某在北京设法阴伤之。一时东省代表等遂到处宣言，欲杀汪参议。

又江南议员某负时重望，而在会场率不甚开口，复在全蜀倡立政党，宣布政纲，一般民党议员不悦，又疑其受政府运动，谓其变节，其实非也。同时又有谣言，谓某议员亦持反对主义，风声鹤唳，草木皆兵，而此事之真相实有可述，且甚有趣味，足以见政府布置之密，而人民窥测之误也。

先是，【二十】日资政院决议上奏后，因是日伦贝子请假未至，会散后，伦以电话询汪荣宝情形。汪答以“民气发扬，可为国会前途贺”。又继续言：“不

① 录自“国会问题种种”，标题为编者所加。

如请政务处先议缩短四年，请旨通谕，可以不失朝廷威望。”伦谓：“泽公颇反对，吾当面叩之。”伦遂至泽处，仍无要领。次日，汪又以伦召往，则泽公适自召见下来，谓监国问以国会事，泽即以昨日汪及伦言上闻。监国默然良久，曰：“军机大臣对上言是一种说话，对国会代表言又是一种说话，教我倒为难了。”泽即不敢复答，退下云云。外间遂疑为汪与泽一气，后经多数议员以汪确是奔走运动速开国会之人，群为不平，一面请代表团孙洪伊为之说明当日情形，一面又有民党议员数人为之解说与湖南某君，其事始得昭然大明。然近日手枪、手枪之声，仍嚣然不绝。资政院开会时，旁听座中常有欲得反对党而甘心者。警卫防范甚严。说者谓此次请愿不遂，必至闹出风潮，然婴其祸者，决不在政府真正反对者，必在资政院议员，因此辈之目力心力仍是自相残杀，则优为之耳。

《民立报》，庚戌年十月初四日（1910 年 11 月 5 日）

涛贝勒也算聪明

京函：二十日资政院议决国会具奏，全院欢呼，其中有亲贵数人，于两日后宴客，涛邸在坐。某亲贵言：“二十日之资政院，人心激昂，实是危险，再进一步者，恐欲贝勒爷到场矣。”其意以为将有暴动，须请兵弹压也。涛贝勒穆然答曰：“我来何干？我亦带了军队来，帮着呼万岁罢咧。”某亲贵即无语。次日，有以此言告肃邸，肃邸谓，涛毕竟是聪明人。

《民立报》，庚戌年十月初四日（1910 年 11 月 5 日）

杨京堂封折述闻

昨日，四品京堂杨度呈递封折一件，大旨谓非速开国会，不足以救国势之危。今资政院初开，即以速开国会为请，民心所欲，已可概知。若朝廷不允所请，则草泽横议，必十倍于今时。设有事变相乘，或致资政院并不能开，岂得为国家之福？又云：论者以宪法、内阁皆应预备在先，故国会不能过速。然内阁随时可以成立，丝毫不须预备，即宪法亦有各国宪法可以师资，且有《钦定宪法大纲》明示范围，亦非难于拟订，不必以宪法之难编，而将国会置缓。请设编订宪法馆于宫中，特选亲信重臣明达宪法者数人，妥慎起草云云。其折留中。

《帝国日报》，宣统二年十月初四日（1910 年 11 月 5 日）

国会缩短后应行之盛典

京函云：缩短国会期限问题，将次决定。闻枢臣对于此事极为郑重，以此事为国家非常之盛典，俟谕旨颁布后，除由监国入奏隆裕皇太后外，尚须告祭太庙及孝钦显皇后与德宗景皇帝陵寝，以昭慎重。

《中外日报》，宣统二年十月初五日（1910 年 11 月 6 日）

黄侍御瑞麒之封奏

黄侍御瑞麒日昨呈递封奏一件，探其内容系主张从速开设国会，以挽民心而维大局，并揭参一二反对宪政之大员，以为毫无心肝者戒。即奉朱批，交政务处一并会议。①

《申报》，宣统二年十月初六日（1910年11月7日）

政府密议追记

朗贝勒、那桐、徐世昌到资政院演说一节，已志本报。闻个中人言，资政院陈请速开国会折交阅后，二十七日各军机秘密会议，皆主张明年设内阁，五年开国会。庆邸不发一言，商之伦贝子，伦似有难色，良久曰："兹事体大，明日第十期议会，可请诸公到院，将朝廷于宪政进行之方法，先向各议员演说，微示以缩短国会之意。如得全体赞成，则将来明诏一颁，自然欢声雷动，而诸公之名誉，亦必占将来历史上无量光荣。"庆邸颇以为然，伦即请庆邸到会。庆言："朗贝勒长于词令，可叫他去，而以那、徐辅之。"又恐到院时，不便直截议国会，因先拟就演说稿一篇，借以发端。讵朗贝勒到院读完演说，各议员群起质问，人多语杂，遂将此公言路阻塞，始终未申明宪政进行之方法及缩短国会之微意。下台后，匆匆出院，报告庆邸，有"民气如此强盛，国会万不可不速开"。

① 原标题"追纪请开国会之热度"，本条录自其中，标题为编者所加。

那、徐从旁赞助，庆邸连称“不错，不错，俟御前会议再说罢”。此当日之实在情形也。

《民立报》，庚戌年十月初六日（1910 年 11 月 7 日）

宣统五年决议开设国会之原因

政府王大臣对于速开国会问题连日会议讨论，已详昨报。兹悉初一日，王大臣等将各说帖呈递，初二辰刻开御前会议，有旨着政务处王大臣等预备召见。闻王大臣等说帖，有主张宣统五年者，有主张六、七年者，大致均以缩短为速，不以即开为速，皆借口于九年筹备单之不易更改，若仓卒取办，则事事出于草率，且选举章程尤宜慎重核订，至速亦必俟宣统五年始能召集国会等语。闻宪政编查馆各员持之尤力，有某大臣者以此事关系重大，九年筹备单系先朝钦定，只宜缩短，不宜取消，请旨宣布俟资政院一会期满后，设立责任内阁，一面改定九年清单，再由朝廷特旨召集国会，方合体制。赞成者颇居多数，于是宣统五年开设国会之议，因以大定。

又闻政府王大臣是日在政务处会议时，于速开一事均表赞成，其年限多主张在宣统五年，惟某军机一人主张缩短二年，即宣统四年，大意谓资政院现已开院，国会与资政院并无轩轾，乃人民皆云政府未能实行预备立宪，不过以预备为延缓地步。预备一节最为全国民气所反对。现在时局，内政、外交皆甚棘手，徒招民怨，甚非上策。此时欲孚民望，惟有速开国会，即为立宪之实行。并云开设国会系中国未有之事，政府深恐滋生弊害，是以详慎，不知各国一经开设国会，其人民程度自蒸蒸日上，政治日有进步。以故政府宜定一年之预备，后年即开设国会，以副民望而速宪政。各大臣以此事关系重大，议以奏明请旨钦定，该议决定，始各散回。

《申报》，宣统二年十月初七日（1910 年 11 月 8 日）

国会缩短三年召集之原因

初三日奉旨国会缩短三年，闻系出于泽公之主张，缘泽公素为监国倚重。此次各省及资政院奏请速开国会，监国以事关重大，该大臣曾经先朝派赴各国考察宪政，阅历必有所得，故连日召见，垂询意见。闻泽尚书奏对注重调和，略谓国民既要求速开国会，现在国库竭蹶，自应为国家担任义务。惟地方税与国家税目前尚未分别清楚，国会一开，将来国民对于此项税则必多争执；且目前国是未定，朝廷为注重国防起见，故不惜糜重款以扩张海陆军备，而国民则在注重实业一方面。旁揣众论，多以预算表内所列海陆军费过巨，要求核减。故国是未定，先开国会，徒滋纷扰。不如先设责任内阁，明定国是，然后再开国会，将现定政策明白宣布，以期上下一致进行，较易着手等语。监国颇加称赏，当谕以责任内阁总理大臣一席某邸不允担任，外此殊难其选，故此事不能议决。泽公又奏现在内阁总理大臣一席，诚非某邸莫属，须朝廷责以大义，某邸公忠体国，当无袖手之理。此连日召见泽公之情形也。观其奏对之语，知上谕之来有由矣。

《申报》，宣统二年十月初九日（1910 年 11 月 10 日）

御前会议国会记

京函：初二日御前会议，以朗、泽发抒国会之政见，最为监国所倚信。朗大致谓：时势危迫，国会诚不可不开，然不先明定国是，则政府与国民遇事争执，必不免纷扰。故必先设新内阁，及确定海陆军进行政策，再开国会，庶君权不至为民权所抑。泽则谓：现在国税、地方税未分，遽开国会，恐人民争执。且朝廷注重国防，人民注重实业，目下采访舆论，已多主张裁减海陆军费，甚有主张停办海军者。故必先立新内阁，明定国是，然后再开国会，方免一切纷扰。为今之计，应明定宣统五年召集国会，既不阻绝人民之请愿，而乘此二年工夫，可以确定各项要政办法，并须立降明谕，成立新内阁。故本日主要问题，当先规定新内阁办法。监国极是二人之议，遂决定国会定限缩短三年。而议及新内阁问题，某上书谓：新内阁问题，必先定总理大臣、副总理大臣及外相职任。于是公推庆邸为总理。庆以老病，精力不支，竭诚力辞，并力保泽公堪膺是任，当蒙监国认可。续公推朗贝勒为副总理，徐中堂为外相，监国亦均俯允。缩短国会谕旨降后，立即组织一切，准于明正元旦宣布谕旨，设立责任内阁，同时裁并礼、吏两部；并设立元老院，凡裁缺之军机、尚书等，均归入元老院，遇有大政，以备随时谘询。又朗贝勒提议，以既明定国会召集年限，须赶急修订宪法，此事关系重大，应奏请特派专修宪法大臣，必于宣统四年颁发，俾内外臣民有所遵循，而召集国会亦本此宪法为不易之准则，故有简派宪法大臣之谕旨云。

《民立报》，庚戌年十月初十日（1910 年 11 月 11 日）

五年国会之纷争

京函：五年开设议院之谕旨，系初二日阁议所决定，其时政府各种情形，有足胪述者。

（一）伦贝子奔走。阁议为初二日下午二时散值，资政院议长伦贝子闻此信后，即四出告知其谋臣。某参议亦颇不以为然，即晚缮一长函致伦贝子，略谓国家存亡危急之秋，当以鼓舞民心为第一要义。明知其不能缓，顾斤斤于一二年之间，与其贻悔于将来，不若审机于此日。就现在预备而论，明年颁（年）〔定〕宪法、议院法、选举法，后年举行选举，宣统四年必可开院。况现时内外臣工主张三年者已占多数，主张五年者不过直督一人，朝廷斟酌其间，断以肆年，亦未始非中庸之策。若必坚持五年，则今日一场花团锦簇之举，必消归乌有云云。贝子得书，大为感动，翌早即入三所见摄政王，竭力敷陈。摄政王甚韪其言，令退与政务处商议。乃各臣均已退值，惟庆邸尚留，不赞一词。伦复力争，乃将拟谕内宣统五年召集议院一语，改为五年实行开设，盖五年开院，则四年必选举竣事，先期降旨召集也。

（二）唐绍怡脱逃。又是旨唐绍怡始终反对，在阁议时即主张以宣统八年开国会。及旨下，应由会议政务王大臣副署，乃唐绍怡先行潜退，驰至东车站见洵贝勒，盖洵贝勒以是日抵京也。诸臣署名讫，觅唐绍怡不得，庆、朗两军机极窘，强邹嘉来为之代署，邹对不敢。又强唐景崇为之枪替，谓你两人同姓，终是一家人，唐景崇亦不允。乃传呼电话至东车站追回，故唐绍怡名在末，而上谕发下已过午四十余分钟矣。内廷会议，乃作如许丑态，可笑也。

《民立报》，庚戌年十月十三日（1910年11月14日）

阁会之风丝雨片

自国会缩短谕旨颁布后，东督锡制军等曾经电致枢府，力请设法转圜，俾内阁、国会及早成立等语。某枢老核阅原电，勃然色变，谓大权操之君主，该督抚宜如何仰体圣意，保全大局，乃竟敢于朝廷已决之政，犹复一再渎请，殊属希图沽誉，不知大体。因将原电呈之监国，请旨分别申饬。监国以该督抚等志愿堪嘉，惟于进行缓急尚欠了了，因饬将原电置毋庸议，并谕以不须申饬。

初二日，御前会议国会问题，监国依次询问各大臣之政见，内有两三尚书期期艾艾，不知所云，监国深为不悦。又有某某两大臣，奏请朝廷详加慎重，再行决定，并云大权不可轻移，民气勿任嚣张，种种顽固反对之谬见。监国闻之，立加申饬，并云此等不识时务之言，我闻之已久，现时局如此颠危，民情如此奋发，若再议驳，汝等能别有善策以保治安而免祸乱乎？某某两大臣始不敢再陈。

初二日，御前会议国会问题，已决定缩短至宣统五年，然必延至次日始行颁布发者，其中原因甚多：（一）为表示此次缩短年限，虽由于臣民之公请，仍出自朝廷之独断；（一）为会议解决后，监国谕以此事关系重大，应再详细审思；（一）为国会年限系先朝钦定，必预行奏请皇太后懿旨允准；（一）为涛贝勒、伦贝子未得参列御前会议，尚须特召与之密商。

闻政府诸大老此次对于国会唯喏赞成，实于最近时间受有非常之震惊，生绝大之恐怖，所事详情，未便宣布。

内阁总理一席，监国本拟将用投票选举，某军机极力谏止，大致以为现在选举法尚未规定，倘一经滥行，弊实滋多，且极言近来官场之恶毒，运动之阶已不可杜，即前次资政院钦选议员，其现形已不堪言状，此次万勿蹈其覆辙，致碍宪政云云。监国闻之，颇然其说。

又闻洵邸谒某邸，问邸对于国会何不赞成即开，某邸曰：近来宪政如此乱七八糟，国会一旦即开，何所应付。此后极力整顿，有二三年光阴，自可逐渐认真，名实两副。洵邸闻之，颇讶其说，以某邸素日之口吻非如此也。

内廷人云：日前监国召见纂拟宪法大臣泽公时，该大臣奏称有请再召政务大臣，特开御前会议之说。探之，系为责任内阁与国会分期召设，与纂拟宪法并实行宪法上均有关系，且纂拟宪法无所根据，更与财政上有绝大之窒碍。

政务处王大臣现因资政院议员群起质问国会年限何故仅能缩短三年之理由，闻领袖大臣庆邸对此问题颇为踌躇，初七日办事后，即在宪政编查馆电召各政务王大臣，特开秘议，研究约一小时之久，互商对付之策。

现在外间对于国会缩短年限，仍多不满意处，不久恐仍有一番举动。各枢臣已早闻知，日来连次会议，闻某邸极不以为然，略谓查各立宪国，断无不（遵）〔尊〕重君主命令之事，现朝廷既已俯允缩短国会年限，明谕颁布，无可再更。如果将来仍行续请，定即施以严厉手段，无庸鳃鳃过虑云。

初八早，监国在三所与各枢老提议以组织新内阁一事，虽已责成政务处各王大臣筹办，然究系兼差，恐目为具文，仍无实在效果。因拟特简众望素孚、学问渊博之老成大臣一员，专司组织新内阁事宜，不准兼任他差，当已饬各大臣保荐矣。

纂拟宪法大臣泽、伦两贝子分诣三所，及召见，奏陈阁、会分年召设，实行窒碍各情形。政府诸巨公聆之，颇为愁虑。闻有俟资政院二次奏请缩短年限时，再行请旨更动。兹特志之，以觇其后。

监国摄政王日前面谕政府王大臣，现在关系筹办立宪要政甚多，万勿各执意见。凡有要事，即行奏明，特开御前会议，以昭慎重。

朗月华军机与洵、涛两贝勒集议，以反对国会各督抚，虽无若何之劣迹，然与该省人民感情既伤，嗣后一切事宜，定有种种窒碍之处，须速妥筹办法，以免官民之纠葛。刻正筹画更调之方，不日即行宣布。

《民立报》，庚戌年十月十四日、十七日（1910 年 11 月 15 日、18 日）

肃邸尚托病解围

京函：肃邸在现在政府中，外负开通之名，然有时立言持两面讨好主义。故政务处会议时，多所主张，而迨上谕颁发后，每见代表，亦叹息谓，朝廷亦不必执定五年云云。代表团初决解散后，乃以各省之电争（汴、鄂因决定本月十三日集多数团体，赴督抚辕门请愿，一时颇难中止，故仍电争），决计再行请愿。军机大臣中，如某亲贵，乃走询肃邸代表团近作何状。肃邸答以“国会期限缩至五年，舆情欢舞，实无反对。代表团因本省电争，不敢解散，亦是各尽其职，当设法开导”。某枢臣即言，“尽职”一言，最为精确，即如吾辈，自以“遵旨办理”为尽职，贵部尤负重任云云。盖上谕首着民政部剀切晓谕也。肃邸无言，初九日即请假，以免（今）〔令〕代表为难，一面令人劝谕代表领袖某君，令某设法解散大家，顾全面子云。

《民立报》，庚戌年十月十六日（1910 年 11 月 17 日）

国会年限果不许再请耶

得枢垣可靠消息，政府诸君因现在国会年限虽已奉旨缩短，外间仍多不甚满意，恐再有所请求，以至纠葛，特于日前通电各省督抚，略谓国会年限已奉明谕颁布，庙谟已定，无论如何，不能再行缩短。应即详查所属，不得再有结社立会与谕旨违背之事，如有等情，应即立时解散，勿得怠玩。

前日资政院开议时，有某议员开具说帖，质问政府。乃传言讹谬，或以为代表团将别有举动，政府中人遂有谓其藉端煽惑，违背谕旨，力请严惩者。闻摄政王谓民心自当曲从，然若过于急进，恐于宪政前途反有阻碍。说者谓代表日内若不出京，恐尚有严厉之后命云。

初七日肃邸召见一事，外间传说不一。兹得确实消息，确为各省代表自奉上谕之后，何以尚未出京，是否尚有举动，并问北京人民对此上谕究竟感情如何。闻肃邸一一答对，立言颇为得体，但称京师人民异常欢迎而已。

《申报》，宣统二年十月十七日（1910 年 11 月 18 日）

国会恐无即开之望

枢垣前接各省督抚第二次电奏，仍主明年开设国会，心已不悦。现恐联衔各疆臣以屡奏无效，仍须续奏，而资政院又有提出质问书之举，故各军机特于前日会议，多谓日内须再降一旨，以示朝廷不得已之苦衷，俾疆吏、人民勿再渎请。并须历述筹备事宜，某项须若干时，某项需若干日。又谓开通省分固易提前筹备，而边远各省风气闭塞，卤莽从事，必启变端，故不得不从缓开设云云。不日想有明文矣。

闻洵邸日前谒某邸，问国会何以不赞成即开。某邸言目下宪政殊多不备，如宪法、选举法、议院法概未编定，又弼德院、会计检查院、行政裁判所亦皆未成立，倘使国会即开，试问将如何应付，岂不贻笑各国。故须迟至二三年后，俟此数年诸事预备就绪，以期名实两副。洵邸言此等预备殊属无谓，东西洋各国皆有成规，即认真编纂，半年亦可竣事，何必迟至二三年之久，反使因循误事。现在民气激昂，若再加抑制，恐有意外之虞，不识公等何以处此。某邸惟长叹而已。

《申报》，宣统二年十月十九日（1910 年 11 月 20 日）

枢府电饬解散国会

闻军机处王大臣近因各省人民仍有重行公举代表来京要求明年即开国会之举，昨特通电各督抚速为阻止。略谓：朝廷业已明降谕旨，准于宣统五年实行开设议院，年限确定，万难再改。乃闻各省人民仍有开会要求即开国会情事，希即剀切晓谕。如有固执己见者，应即解散，毋令来京再行渎请，致干未便云云。

《申报》，宣统二年十月廿三日（1910 年 11 月 24 日）

东省请愿国会之被斥

东省各界日前恳请督宪代奏速开国会，并举代表上书政府等情，已志前报。

兹闻公署于昨二十五日早接奉寄谕，略谓：开设议院，缩改于宣统五年，乃系廷臣协议，请旨定夺，并申明一经宣示，万不能再议更张。乃无知之徒，往往要集多人，挟制官长。今又有以东三省代表名词来京递呈，一再渎扰，实属不成事体。已饬民政部、步军衙门将代表驱回，不准逗留。嗣后如再有聚众滋闹情事，即由该督抚查拿严办而防隐患云云。

《盛京时报》，宣统二年十一月廿六日（1910年12月27日）

四次国会请愿了矣

某邸对于国民第四次请愿极端反对，久已京外喧传，毋庸赘述。兹闻上月二十三日谕旨宣布之前，某邸入内奏对甚久，力言民气嚣张，渎请无厌，煌煌谕旨，若屡允更改，殊非国家前途之福，词意激切，遂邀允准。某邸又虑为众怒所丛，遂授意于拟旨某大员，插入“军机面奏”一语，某枢相深服其老谋卓识。

另一访函云，此次奉天请愿代表来京，遍谒各军机，某邸与那相虽均接见，以礼相待，然背后则极为痛恶。闻日前某邸曾在枢垣宣言：“何谓国会代表，我看此辈直是义和团之变相。然义和团尚知排外，此辈则专知排内，若不严加防范，其流弊将伊于胡底?”故次日遂有解散之严谕。无怪外间多疑为某邸主持也。

是日解散国会代表之谕旨，由军机恭拟呈进后，闻监国初尚游移，嗣某相国在旁奏称：“当断不断，必受其乱，此事既经决定，即请宣布，勿庸疑虑，致误大局。”监国聆之，随即钤章交发。

二十四日，奉旨特传民政部尚书肃邸及林侍郎并步军统领乌侍郎召见，垂问是否派员送各代表回籍，并饬严密访查，有无匪党匿迹京师。

二十五日，民政部肃亲王等三堂又伺候召见，是日摄政王所垂询者仍系二十三日旨饬该王大臣护送国会代表回东事。闻肃亲王奏对已定于明日遵旨护送回籍，并详陈该代表之热心国事，实为时事所迫。复云东三省时事，实有如各代表等所陈之状况，并请饬催宪政编查馆迅速编订阁制，及改订筹备宪政清单，以副人民之望。或云是日所颁之特旨，即系肃邸所奏询者。

驻京某国公使对于此次东三省人民要求即开国会甚为注意，曾电致其政府，极赞中国民气之奋发。自见二十三日申斥请开国会之谕旨，当晚即电达该国报知一切情形，传闻电中有谓深恐祸乱将从此发见云。

枢府各大老日昨会议，以要求速开国会问题，民间本无甚实力，只以京内外各报纸极力鼓吹，故其团体益形膨胀，此事不能不归咎于报纸。刻拟用军机处名义，移请民政部，转札内外城警厅，传谕各报馆，此后对于此项事宜，不得滥行登载及妄加批评。

又闻各当道因不允即开国会之请，将奉省代表送回后，深恐民间愈滋疑虑，前日大开会议，决定三事：一尽前提办宪政，一防遏各省暴动，一奏请颁旨，剀切晓谕人民，谓时局艰危，国民当循秩序，共图富强，不可徒事嚣张。

又闻国会降旨之前数日，曾在三所特开密议，各枢臣均以民气嚣张，日益膨胀，朝廷若再放弃大权，必致酿成乱端，莫如即时防制，或可补救等词激讽监国，以致监国卒为所动。其中尤以某邸为甚，乃颁旨之日，某邸忽然以请假规避署名，故各枢臣大不满意，退值后啧有烦言。

又闻外城总厅前晚接到护送东三省代表回奉之委员车玉祥等来电云，已于上月二十五日下午八时将各代表送交东三省总督署内，以便转送回籍。外厅即于是晚申告民政部销差。盖至此而第四次请愿了矣。

《申报》，宣统二年十二月初四日（1911 年 1 月 4 日）

政界之疑心暗鬼

自日前颁发严缔续请国会之谕旨后，民政部及步军统领两衙，均特派侦探队四出侦察，凡行迹与请愿国会稍有关系者，均极注意。兹闻有资政院民选议员□人，亦均在侦察之列。或谓各该议员系曾充国会代表者，又谓系与从前数次请愿有干涉者，或更谓系另为别项关系者，其实在详情，未能探悉。

学部日来对于学生干预学堂范围以外之事，已经一再缔制。兹闻唐尚书以现在学生每有刺臂割股，缮写血书，以期炫人听闻。此种举动殊属不合规则，拟即通行京外，嗣后如见学生再有刺血上书之事，立将该生斥革，以免鼓动风潮。学部为慎防学界再有鼓动请愿之风潮，特派员前往东三省调查学界日来对于要求国会，有无罢课废学，及聚众演说情事，以备核办。并谕令驻东一月，俟各校散放年假后，再为回京报告。

《民立报》，庚戌年十二月初九日（1911 年 1 月 9 日）

汪荣宝日记（节录）

宣统元年（1909 年）

十二月初二日早起，冷水浴。孟庸生昭常来谈。……日来各省士绅纷纷举代表赴京，请速开国会，庸生盖亦代表之一。余因与讨论此事之当否，并略述所见，供其参考。庸生亦颇认为然，谈四十分而去。

宣统二年（1910 年）

五月十八日……十二时顷，回寓。饭后季兴始来，更具餐饷之。略谈国会请愿运动情形，及现在厘定官制之困难。三时顷去。

五月十九日……饭后到宪政馆内。本日有旨，令内阁、会议政务处王大臣于二十一日预备召见，所谓“叫大起”也。向例非有大事，不为此郑重之举。庚子宣战之议，即以是年五月二十一日叫大起决定者。今朝廷别无何等紧急问题，此举必为对付国会速设请愿无疑也。四时顷，以目疾先散回寓。得于子昂电话，云明日内阁、会议政务处有特别会议，当是后日奉答意见之准备也。……

五月二十日早起，以目疾不出。饭后与家人手谈。五时顷，肃邸以电话招往一谈，余知必为国会问题有所谘询，甚愿一陈愚见，以备采择，立即前往。邸略述本日会议情形及枢府宗旨，余因白邸召集国会为立宪政体题中应有之义，何必断断于三五年迟早之间。人心难得而易失，借此激发舆情，亦未尝非绝好之政策。应请以资政院议员任满之日，改设上下议院以对付之，不过提早三年，而人心必当大奋，朝廷何惮而不为？邸亦甚以为然。而决其必不能行，因提两议：（一）请设立责任政府；（二）请实行钦定宪法，先设宪法讲筵，亲临讲习。即就坐上草成说帖一件。邸属抄写两分，明日当与隐坪上公计议。……

五月二十一日……恭读本日上谕，国会召集定以仍俟九年筹备完全，再行降旨，并令嗣毋得渎请。

五月二十二日……饭后回寓，为肃邸草敬陈管见折，约二千余言，大旨如下：（一）国会与宪法成立之先后，视国体而异；（二）中国国会之成立，当在宪法制定以后；（三）宪法必须钦定；（四）宪法必须真正钦定；（五）钦定宪法必要之预备及预备之时机；（六）日本制定宪法之历史（甲、天皇之英，乙、伊藤博文自述之语）；（七）请设宪法讲筵。至晚饭后始行脱稿。……

九月初五日……与兴、庸、平、威四君共到伯初家一谈。旋共诣喀府，久香、仲和踵至。……肃邸因有人在摄政王府投书请速开国会，时摄政王住三所未归，众不信，固请面递，久而不散，即与仲和同往劝谕。余等亦散。

九月初七日早起，冷水浴。午后，季兴、庸生、李绢庵文熙、邵仲威羲来谈，商榷组织政党事，将建设国会、制定宪法、建设责任内阁诸问题分别讨论，卒不得要领。姑属庸生草定政纲数条再商。

九月二十日……饭后到院。……旋讨论国会问题。经三数人演说之后，即付表决。满场一致，无不起立，拍手喝采，声震屋瓦。余以得意之极，大呼大清国万岁，今上皇帝陛下万岁，大清国立宪政体万岁。众和之。楼上旁听之内外国人亦各和之。自开议以来，此为第一次有声有色之举矣。旋由议长指定伯潜、竹垣、九香、季兴、庸生及余为具奏案起草员。散会后与伯潜、竹垣诸公商略折稿大意，抵暮而回，与家人手谈。

九月二十一日早起，冷水浴。十一时顷，往谒月华贝勒。贝勒言比日资政院举动之大规则，政府对于资政院之疑虑，并自陈居间调停之苦衷，及速开国会之难行。余竭力解释，并以不能不速开国会之理由详细剖陈，因出第九期《国风报》所载《国会同志会意见书》，请其一阅。留饭之后，又谈。一时许，到丰盛胡同祝逵臣母太夫人生辰。旋以本院议员假财政学堂开国会问题研究会，往赴。许九香、易纬舆、于泽园、雷季兴诸君各有演说，余亦登台演说一番，大意有二：一、同院诸君应各除意见，略其所不必争，而争其大者；二、国会制度与资政院制度之比较。资政院为一院制之国会，与近世国会主义不合，故改资政院为国会，与谓为利民，宁谓为利政府。散会后，庸生谓，今日外间喧传余反对国会，一面赞成，一面竭力运动，使不得裁可，众情愤怒，将谋暴动云云。抑何可笑乃尔。……

九月二十二日早起，冷水浴，十时顷，诣叙斋贝子。值隐坪上公在坐，候其出，乃入见。坐有乐峰宫相。贝子言：前日隐坪上公来谈，向之破釜沈舟，痛陈利害，国会问题非缩短年限无从解决。上公亦以为然。本日召见，已将此意奏闻。监国颇以枢臣首鼠两端，诿过当【引】为憾。顷上公来述召对情形，想此事或可略有转机，但具奏期日宜稍从缓，最好于上奏之前，能一见监国，面陈利害，于事更易有济云。余亦以昨日在财政学堂演说，及所闻外间谣言告之，相与太息。十二时顷回寓，千里在坐，述代表团及各报馆对于余之疑谤颇悉，令人灰心。午饭后阅本日各报。林梅贞来谈良久，谈近年财政情形，余因论及此种问题惟有国会可以解决，并与论一院制与两院制之利害得失，与其开资政院，不如径开上下议院之为愈。梅贞颇动听，余因属其见隐坪上公时可乘间言之。……五时顷以九香、庸生、季兴招饮石桥别业，往赴，宾主共二十余人。有英国《伦敦时报》馆主笔某君及振将军、润贝勒、盈将军、贡王、博公，又杨皙子、孙伯兰洪伊等。席散，与皙子、伯兰一谈近日谣言之可怪，请其设法解释。庸生拟奏稿后半幅成，余酌改数处。十一时顷袖稿而回。

九月二十三日……四时顷回寓。叙斋贝子约本日晚饭后见顾，属转邀起草诸君同来，商酌奏稿。并属邀润田、仲和、伯屏。六时后，仲和、伯屏先来，留晚饭。随后九香、伯潜、季兴、贝子均至。商榷数四，据庸生稿另拟一通，用其意而变其词。定稿后，贝子略谈本院开办历史及连日设法令速开国会情形。十二时顷各散。……

九月二十四日……十二时顷，到法律馆，旋即到院。叙斋贝子已到，延见各议员，言本日销假，召见奏对至七刻之久，国会问题大有圆满解决之望。并将余等所拟奏稿示众，属转告同人安心毋躁。午后一时三十分开会，政府提出豫算案，度支部尚书泽公出席，演说财政大概情形，众颇欢迎。旋由秘书长朗读请旨速开国会奏稿，众起立敬听。余后登台说明奏稿要义所在，随即表决，满场一致通过。……

九月二十五日……十一时顷，到伦贝子府，遇润田同来。少顷，仲和亦至。商榷呈递速开国会奏折前后应行办理各事。……李君文熙来，言于君邦华等欲余偕同诣伦贝子，请奏对时面陈速开国会之理由。余随与李君同车前往。随后于君邦华、李君榘、籍君忠寅、顾君栋臣同来。谈一时许，各痛切尽言，大意请以宣统四年为召集国会之期。随辞出，以高子益兄弟招饮，往赴。闻各省督抚本日电致外部，请速设内阁、国会，词理详尽。外部将于明日代递（本院奏折亦定于明日呈递）。此事上下一心，机会成熟，以理度之，应有圆满之结果矣。……

九月二十六日……本院奏请速开国会折初拟二十七八日呈递，昨因探闻各省电奏于今晨上闻，因连夜赶办，同时呈递。十时顷诣润田处，研究此问题之解决。……探悉本日有旨将原折、电交会议政务处王大臣阅看后豫备召见。……

九月二十七日早起，冷水浴。十一时顷，正欲出门，适杨翼之来谈。旋诣肃邸，遇仲和于途，同车而往，微探邸对于国会问题之意见如何，并力劝以主张速开，应以宣统四年为召集之期。邸于政界上力量不足，颇持超然主义。一进顷辞出。……

九月二十八日……饭后一时顷诣叙斋贝子，仲和、润田先后来，研究国会问题解决后之进行。已而那相来谈，述及本日政务处王大臣阅看折电，拟各递说帖汇齐进呈，再行召见须在来月初三日云。……

九月二十九日……午刻到院。……军机大臣朗贝勒登台演说，众起问枢廷对于国会问题之意见，究诘百端，未有决答。……

十月初一日……本日有旨，着内阁、会议政务处王大臣于初二日预备召见。闻玉老言，枢廷说帖请以宣统五年召集国会。午后二时顷，同诣偶邸，邸以颁布宪法为召集国会之根本，既须速开国会，便须速定宪法。明日召对，拟即申明此义。谈次，陶观察森甲来见，又共谈一小时，旋辞出回寓。电询延鸿五年说是否确定，可否再提前一年，属其设法。与家人手谈。晚饭后得延鸿电，一切明日面谈。

十月初二日……八时半，诣延鸿贝子，祝其生辰。仲和亦来。贝子言召集国会之期，闻已确定宣统五年，欲再提前实难为力。……一时顷，贝子来院，余往一谈。贝子略述本日会议政务处王大臣召对情形，多数赞成五年说，属密告晓事议员设法镇定，毋再反对。……议长深恐五年说发表后，人心不甚满足，力属密探民选诸君意见。……回寓后，作一书与延鸿，力请设法再行提前一年。略言今日危急存亡之际，朝廷政策以鼓舞人心为第一要义。又言多一日豫备，不过多一日敷衍。又言安危之机，在此一举，若发表之后再有更动，则朝廷之威信尽失，即大权之根本不坚。与其贻悔于将来，何如审机于此日。又言，若坚持五年，必令花团锦簇之举，消归无有，决非得策。

十月初三日早起，冷水浴。十时顷，延鸿贝子来谈，谓昨日得书，反复省览，非常感动。今日诣三所谒摄政，已竭力敷陈，摄政屈于群议，亦无如何。贝子后向军机大臣等力争，应者寥寥。最后惟闻上谕内召集议院改为开设议院，并令会议政务处王大臣全行副署云云。

十月初四日……晚饭后冯历甫来谈。得季兴电话，云本日代表团会议议决遵旨解散，另行组织政党，明日民选议员在全蜀会馆会议，情形如何，尚难预料。

十月初五日……饭后，闻京师各学堂以初三日之诏，将于本日结提灯行列，集大清门歌呼庆祝。……旋诣仲和家晚饭，知提灯行列定以明夕举行。……旋得季兴电话，云本日全蜀馆会议并无何等反对之议决，惟易纬舆提出质问说帖一件，质问国会必须宣统五年开设之理由，以此为下台地步而已。

十月初六日早起，冷水浴。十一时顷诣延鸿贝子，以昨日所闻于季兴者告之，请今日毋庸宣读上谕，恐生问题。旋到院，开会前，议长延余密示江、浙谘议局及我苏商学各团体祝电，问本日应否当场报告，余意以报告为宜。遂开会，报告文件讫，众无言，忽闻议场南面发一种悲凉之声，谓国会开设年限乃可吊之事，非可贺之事。众愕然。已而易宗夔、于邦华、李搢荣等群起发言，多不满五年说。喻君长霖起立演说，略示国会不能骤设之指。语未毕，哗噪之声大作。罗杰提出再上奏问题，请付表决。议长大声对众宣言，先将易议员质问说帖送付政务处，俟得覆文，再定办法，众始宁静。

十一月二十一日……比日东三省人民公举代表来京，为第四次国会请愿，并送一陈请书于本院，贝子颇以为难，筹商应付之策。余谓宜延见东省议员及代表，开诚布公，告以无从再请之理由。贝子亦无他法，约明日邀长寿卿来府一商。十一时顷散归。

《汪荣宝日记》台北，文海出版社影印本

第五编　国会请愿时论

无国会之害

熊范舆

其　一

江南民饥，至于人相食，海内外人士，咸筹有以赈之，政府则不过问；匪特不过问而已，请拨镑亏镑余之款以工代赈而不许，请息借之而约以尽先归还仍不许。饿莩相望，枕藉于途，政府视之漠然焉。若在立宪国，则此赈灾问题，必为国会劈头重要之件，此等弃置饥民之政府，必为国会上奏弹劾之的。而今日中国之饥民，仍惟恃人民自谋赈救，不能不听政府之恝置而无如彼何。若是者何也？曰：无国会之故。

其　二

中历二月八日上海《时报》论度支部拒绝息借赈款事云："各省之路矿与他国立借款代办之公司者，仅私人之合同耳，而无一不由政府出面，以致酿国际之交涉。独于此次筹赈，度支部凛然拒之，岂害国病民之债则乐预闻，稍有惠民之债即不愿预闻乎?”夫政府乐闻害国病民之债，我国民无从拒之；政府不乐闻惠民之债，我国民无从迫之。若是者何也？曰：无国会之故。

其　三

光绪二十四年，法使要索广西铁路权，以“同登至龙州”合同为根据，仅云“由北海至西江让给法公司修造”而止。政府即指实以允之，云“由北海进至南宁”，更为额外之允许，曰：“将来若由南宁展接铁路，亦由两国商允酌办”。法使复据此照会政府云：“将来若另造铁路，由北海起，不至南宁而至他处为止，均应与法国公司或华法公司承办。”政府复允之曰：“届时商令中法公司承办可也。”自此以后，广西全省铁路权已尽归法，吾国人民尚无从得知。及光绪三十二年九月，法使有照会抗议广西自修铁路之事，此中始末殆由该省人调查而得。呜呼！政府之馈赠法人，可谓厚矣。然其为馈赠也，不以自己之私财，而阴窃国家之路权以为之礼，秘密其事而不使人知。此在立宪国中，早经国会之诘问，有以破其谋而救其失矣。今吾国人必待外人抗议，始渐知其事，利权已丧，诘问无益，且亦无从而诘问焉。若是者何也？曰：无国会之故。

其　四

近日传闻，伊犁将军拟息借汇丰银行外债若干，以办新政。阳历四月六日，日本东京《朝日新闻》又云：“清国政府将募外债一千万两，传言为藉以充新政施行之费用者。”今日我中国受外债之害不堪言矣，仅就今日所已有者计之，已不知偿还之款出之于何地，还清之日尚须若干年。然款之所自出，无论直接、间接，皆必为吾国民所负担；此负担之年限，不仅累及吾身，又将及吾子孙者也。乃当局者犹以吾国民今日所已负担者为不足，再借外债，且不以用于生利之途，而借口于施行新政焉。近日以来，此等消息时有所闻，右之所及，特一例耳。夫各文明国，其政府与他国结私法上之契约，若其结果归人民负担者，必由国会承认。今中国之政府竟可任意为之，无所顾虑，徒使吾国民之债台，日筑日高，终吾身以及吾子孙，永无可以下此债台之一日，而吾国【民】亦竟莫若之何。若是者何也？曰：无国会之故。

其　五

阳历三月二十二日，东京《朝日新闻》载："英公使与外务部交涉之结果，已承认前年上海骚动之赔偿金，由度支部命上海道台与英国官宪商定金额，道台愤然辞任。"中历二月初八日《时报》载："探闻上海道瑞观察，因内政、外交均为困难，外部一味放弃，毫不主持，颇萌退志，已于初六日因病呈请开缺。"同初九日《时报》载："德文报得北京电云，近数日来，外务部与英使叠次会议上海闹公堂案之赔款，中政府意见，已大略认赔。当经谕令上海道，再与英国官员查核损失之数及一切详细情形，以致上海道呈请开缺。"据以上各报所载观之，闹公堂案之认赔，殆已确矣。本国人所受之损失，不惟全不过问，又将削本国人之脂膏以赔外人。此等失败外交，若在立宪国中，必招国会之纠弹，当局者不能不任其咎，而在吾国，则为人民者，莫若之何。区区一上海道，即以去就相争，尔复何益。当局者之地位，仍安然无恙，无由有过而责之者。若是者何也？曰：无国会之故。

其　六

东三省设置督抚，内定徐世昌为总督，哄传已逾两月。近忽有廷寄，饬三省将军整顿吏治，哄传之事，全部取消。闻因某尚书惧袁、徐一气，故阻其事。议之起也，三省当局者，准备行装，不遑他事。现又另起炉灶，百废仓皇。夫改置行省，此为国家行政上最重大之事，若在立宪国，则最初之建议，必由国会协议而后决，既已决议之后，即不能因私人之意见，寝阻其事。中国则不然，出尔反尔，一听政府及一二人私意之所为，致令行政来无端之废弛，人民莫由过问。若是者何也？曰：无国会之故。

其　七

吉林行政腐败不堪言，自振徐视察后，将军达桂之玩惰扬播国内，人人决其位之不保矣。乃以巨金运动之结果，至于今日，竟安座如初。若在立宪国，则振肃官纪问题、整理行政问题，必腾沸于议院，当局者不能辞其责矣。而今日我国之政府，竟可坦然为之，毫无所顾惧。若是者何也？曰：无国会之故。

其　八

上海某报载，有滇人痛泪一节，略云："滇省向来办公费用，略分五种：一为盐斤加价，年约得六十余万两；一为田户粮票三项，年约四十余万两；一为积谷；一为团款；一为夫马。近年积谷、团款一律停止，夫马亦无事需用，而盐价、粮票，一例加收，征纳如故。所纳各款尽数提省，皆称用以办学。而省垣所办学堂，开支薪水、学生火食及一切书器杂费，暨分送中外各地留学生之所需，每年至多不过二十余万两，其余作何开销，滇人无知之者。"夫征收租税必由国会承诺，此立宪国所最要者，且其所消费之目的如何，其开支之数与收入之数如何，人民得而监督之。今滇省盐价、粮票合计百余万两，而十分之八竟不知消费于何地，人民莫从过问。若是者何也？曰：无国会之故。

《中国新报》第四号，光绪三十三年三月初七日（1907年4月19日）

国会请愿之时机

鹤亭 稿

政府善纱国民之臂，外人善扼政府之吭。当外人扼政府之吭，其用力稍紧之时，即政府纱国民之臂，其用力稍宽之时。外人用力愈紧，即政府用力之愈宽。何以征之？变法萌芽，受赐于中日战役也；变法进步，受赐于日俄战役也；立宪预备，受赐于日俄协约、日英协约、日法协约也。其原因固可推寻而见者也。然则江浙铁路，政府与国民，政府与代表，相持不下者数月，忽而磋商，忽而转圜，得易官办为商办者，伊谁之赐？则江浙枭匪也，非外人也。夫江浙绅商与江浙枭匪，如风马牛之不相及，谓枭匪扼政府之吭已紧，政府纱国民之臂始宽，其谁信之？不知当路事将决裂时，政府斥报馆为造谣生事，斥江浙为人心浮动，已构成无数幻象于胸中，遂发现无数幻形于目前，风声鹤唳，草木皆兵，迷离惝恍，视绅商如枭匪，即视绅商如外人，于是乎缪臂之用力稍宽，而借款合同，存款章程，遂由是而成耳。然则政府经一番之创痛，即勉强有一番之改革。政府之性情，前后如出一辙，而后知国会请愿之时机，即在粤人抵制日货之举动。在我同胞，奋起力图，利而用之，当有可成之望也。

夫前者路事初定，江浙犹思力争。识时者谓，事变之来，方兴未艾，惟当留此有用之力，为后日争执之地。前日某报亦谓，抵制美货目的在救华侨，今抵制日货为无目的。吾今仍谓，国会请愿之时机，即在粤人抵制日货之举动。何也？吾于政府之性情卜之也。国民畏政府，政府畏外人，外人货物滞销，有所损失，必取偿于政府。今国民群起抵制而不畏政府，外人必啧有烦言，日聒政府诸公之耳，虚声恫喝，兵力盾其后。斯时也，外人又扼政府之吭矣，政府不能缪国民之臂矣，国会请愿之书，我国民已纷纷而上矣。政府此时瞻前顾后，将移南下之姜军以弹压江浙者，弹压粤东欤？我知其必不然也。惟有解散抵制，以结外人之欢，许开国会，以结国民之欢。虽非出于政府之真诚，不免有跋前踕尾之患，然其实种种变法，果何一出于政府之真诚哉？许开国会固可不必问其真诚与否也。我国民爱政府，助政府，政府必夷然不屑。惟有乘此时机，以请开国会为目的，在视我国民之能力何如耳。

虽然，政府之手段亦善变矣，外人之手段亦善变矣，我国民之手段亦未知能善变否耶？今日抵制日货之情形，与昔日抵制美货之情形不同也。昔日之抵制，有政府为之助力矣，今则不然也；有沪上报纸、沪上绅商为之助力矣，今则不然也；且有外人为之助力，以图推销己国之货矣，今则又不然也。且美人以赔款赢余酬谢中国之不抵制，尚在事后，今则日人鉴美前车，未始不于事前运动也。日人力求消患于无形，故江督承政府之命，沪道承江督之命，皆以和平劝解粤人，为消患无形之计。然则所谓外人扼政府之吭，而后政府不缪国民之臂，其说不可行也。我国民亦当稍变其手段，如抵制日货政府以和平劝解为目的，则国会请愿我国民亦以和平要求为目的。国民之目的不达，能使政府之目的亦不达，斯诚天假之缘，共图幸福于无形者矣。倘坐失时机，俟他日另起炉灶，则费力而无成，恐悔之已晚，外人且将窃窃然笑其后也。凡我国民，其能持此目的进行乎？粤人勉之，我国民勉之。

《时报》，光绪三十四年三月初一日（1908 年 4 月 1 日）

政府能顺国民开国会之请愿乎

今日各省人民，大声疾呼，跳号奔喘，请开国会，一倡百和，影从响应。或曰时机不可失矣，或曰图之此其时矣。草意见书，开期成会，心诚苦矣！

夫国会者，国民与政府之相手方也。政府近日所痛恨，痛恨者何事？曰：一般提倡发展民权、参与政事，稍知国家思想者也。所疾首，疾首者何事？曰：一种保全利权、伸雪国耻，实行抵制之策者也。商兵剧战之世界，专制政体既莫能利用，从而装头盖脚，表示意思于象魏，一则曰预备立宪，再则曰庶政公诸舆论。两次派员考察宪政，川费之巨不惜也。设宪政编查馆，使数辈大老、二三新进，盘踞其间，抄袭摹仿，官名则种种改定，形式则处处翻新。其愚者，将谓朝廷果有立宪之意，实行可望。其智者，明知其不能实行，亦不敢持此逆忆之论，诋议朝廷。而深识者，早隐忧其假借立宪之名，以行其朘削、剥夺之实，参政权未兴，而国民之负担将益重，怨咨沸腾。亡国之惨，不在于专制极盛之时代，而〈且〉在于假名立宪之时代矣。

若曰政府果有实行立宪之决心，则期期不敢稍信者也。如曰国会可以请求，则结社、开会之律不出；如曰国会可以请求，则江浙之民气、粤人之义愤，不致置若罔闻；如曰国会可以请求，则出版自由、言论自由之权，何致百计削夺？夫杨度之得以赏给四品京堂也，无非以杨君提倡立宪最力，特试其牢笼之手段，以羁绊之耳。曰容留都中，毋使在外，胡闹而已；曰奔走阙下，聊为政府爪牙而已；而曰政府果有实行立宪之心，则期期不敢确信者此也。顾其所以多方粉饰，造作万端者，其技术既不足以欺骗外人，而只足以欺骗一般国民。夫欺骗国民即所以自欺也，其所以出此掩耳盗铃之计者，何也？不过欲朘削、剥夺一般国民之汗血、脂膏而已矣。国库支绌，将起而议国民捐矣；海军窳败，将起而议海军捐矣。国民之权利，层层剥削；国民之义务，日日增加。虽其事未果实行，无非欲以立宪二字饴之而已，无非欲以立宪二字巧立名目而已。

国会既开，则政府受国民之监督，而国民之汗血，不得任其挥霍；专横之手腕，不得任其展布；树党营私、蝇营狗苟之举动，有所顾忌而不敢为；作威作福、违反人意之措施，有所督责而不敢肆。夫以恣行无忌、坚持成见之政府，其肯低首下心，受一般国民之监察、督责乎？则期期不能确信者此也。

总之，欲请求国会之成立，根本上有数问题当先解决之，则请求之有效力与否当可预决矣。横征暴敛、纵欲无度之淫威，能受国民监督否？穷耳目之观听，尽心意之嗜好，能受国民监督否？割地赠礼、媚外压内之手段，能受国民监督否？诛求无度、令出惟行之气概，能受国民监督否？穷土木之工巧，极游观之虞乐，能受国民监督否？更有蝇营狗苟、树党营私、揽权窃位、苞苴载道之一般诸大老，盘踞其间，能受国民之监督否？夫政府虽未能明目张胆，反对立宪，然据其所行政策论之，则反对立宪之行为，已昭然若揭。借口于国民程度之不够，以延缓其实行立宪之期；假名于革命之风潮，以重施其箝束之术。以外力相恐吓，以革命相罗织，以君权为独一无二之利器，而曰能请求国会之有效者，则期期不敢确信者此也。

此非反对请求国会之说也，胪列政府之行动，尽揭政府之用心，以见国会之不能以三通意见书，数处期成会，数辈公举员，联袂入京而能捶手得之者也。当必有实力以盾乎其后。

《申报》，光绪三十四年四月初二日（1908 年 5 月 1 日）

对于要求开设国会者之感喟（节录）

鸿　飞（张锺瑞）

……

夫人生天地间，本非有特别阶级划分于其际。同是方趾，同是圆颅，既无特异之质，又何有特异之辨？则君主亦平民，官吏亦平民，而平民亦与君主、官吏无以异。此固可为断言者。今以如斯之君主、官吏，乃竟行其若有特异于人之十目十首之气象，岂为彼辈之正当权利而为我平民之应奉义务耶？抑为彼辈之大反常经而为我平民之不知自爱耶？我同胞于此，盖亦知所自勉矣。此身立大地上，既具此一分完全之体质，即具此一分完全之意识；具此一分完全之意识，即具此一分完全之权利。纵有如何可依赖、可信任之政府，我平民犹不可失其自立自振之精神，况此不可依赖、不可信任之政府，我平民又何可丧失其天赋之权利！前此之误，乃误于不自知，而为一般奇怪学说所濡染，故以如神如天之君主必不可以侵犯，如父如母之官吏必不可以亵侮。此亦习惯自然，而已往洵不足深怪者。近者海疆大启，公理始明，君主、官吏乃与我平民同立于对等之位置，其资格不惟不能高于平民，且有以为公仆而与雇佣相类者。此泰西一般学者所公认，而我中国学者闻之而以为诧异者也。然近今一二年间，其稍知世界大势、具开明之识者，见夫各国之所以强，与夫平民之所以自立于国家之地位，遂莫不豁然憬悟，跃然兴起，乃大声（急）〔疾〕呼曰：自立自立。此亦可征人民智力之进化，而中国前途似有光明一线之可通者。纵卑鄙龌龊如保皇党，虽认君主即国家，然终不敢声言平民屈服主义。此亦可见公道之具存，而良心尚有未死时也。嗟嗟！以数千年暗昧之习惯至于今而始揭开之，固我平民之大幸，然揭开之而不能实行之，且较前此所被之苦恼为尤甚焉。虽为政府之恶劣，又未始非我平民不自振之咎也。夫不知之而屈服之，犹可言也；亦既知之，则我身之位置既不卑，我身之关系亦当重，而改造国家与变易政体之大责任自不能再望之于恶劣政府。自为破坏，自为建设，其所担负其破坏与建设者惟我平民之责任，且更为我平民之权利焉。对于恶劣政府，固不能有丝毫依赖之行、信任之心，且日日当有脱离此恶劣政府之观念盘旋于吾脑筋中。然后本此独立精神以为运用，则凡所定之目的，所施之手段，所获之效果，即莫不以此自立之精神活动于其前，于是所希望之功效始足以达于最完最满之域，而所谓平民政治实现之期当亦不远，而所谓专制政体消灭之日且更可立而待也。如其不然，痿痿焉，靡靡焉，因循而观望焉，明知恶劣政府之不能有为、不肯有为，然犹必有希冀万一或可之想。于是依赖信任之手段亦油然而生于其前，自以为和平而不偾事。其人似老成，其行似持重，庸讵知天下之事即败乱于此辈之手。盖彼所自谓为和平，吾亦不敢谓彼不和平矣，然所谓不偾事者，不过为一身一时之计，而所谓天下事则未有不偾者。日日言革新，日日言立宪，而其实行之期又必待政府自动。政府既不能自动，不肯自动，其能自动、肯自动者惟仅专制之进行，而我平民又时居于被动之列。平民被动，则其实行改革之期既已万不可得，而劝告、请求、晓谕、训示等等之名词轰烈于口头，浓妆于报上，是既无达其希望之方法，又何能有告成之功效？今日已过，再望来日；今年已过，再望来年。迟之又久，而自立之观念终不能断行决果于一身中。朝上一纸请愿书，暮达一封问安表，匪特不能达其改革之目的，且使恶劣政府愈不知畏惧，以为我平民之势力不过如是如是，而专横贪鄙、极端压制更将厉行而无忌。是盖以不自立之精神，发为长此依赖之举动，固为恶劣政府之所最欣喜，祈之而惟恐不得者。则是我平民将永远沉溺于苦海中，再无重觅天日之一日，而国家亦以此专制之毒，更必至失其存在而后已。是则以和平之原因而得不和平之结果，谓之不偾事，匪特欺人，且更以自欺耳。嗟嗟！美虎欧龙驰驱东亚，枪林剑树□漫神州，存亡之机，间不容发，乃复优游岁月，因循观望，以为此恶劣政府尚或可以能当此重任，遂自生其放任心。此不惟我平民中不当有此奴隶之观念，纵或有之，亦当驱之使去，列诸无人格之流，而丧失其本来者也。故吾为我平民正告之曰：今日之事，政府不能救国，必我平民而始能救国；政府不惟不能救国，更且限制我平民为救国之计。故今日之对于政府，其依赖之行、信任之心固不可稍存丝毫，且必有极端之对抗以转旋于心中而勿去，如是而后我平民之自立心于以振，则政治改革之实效于以现，而保存国家之问题亦不待问而可知其必无他虞矣。凡此者，皆我平民最不可不断行之前提，予是以不惮反复而为我平民告也。

如右所陈，其事势亦可以推测矣，我平民之趋向亦可以决定而无疑矣。不谓近者社会上有创所谓要求开设国会之说，其内容适与吾意见相反，而其能挫折我平民之责任心乃至不可思议。呜呼！对于此辈，予诚不欲有所言，以排斥其短、发现其诬，而秽吾笔墨。其创此惑世殃民之学说，发此奴颜隶面之政见，在彼之自娱于黑暗而不欲见天日者，于中国犹不过四万万人中之三数人，吾虽有启提匡正之责任，然其事犹缓而非所急。今乃明目张胆，大肆邪说，其言论功效足以使我平民失其责任之心而为放任之计，势有必至，固不待言。且更有一种特殊之奇勋，竟为留学界开一升官发财之捷径。素行薄弱、良心抛弃者嗜其有利于己身之无上目的，即亦热心奔竞，大声急呼，纷纷攘攘，几至与黄金暮夜通款侯门之行为无以异。朝开一会，则曰监督政府，夕画一策，则曰上请愿书，而其实皆欲达其升官发财之目的。此其败乱之结果，诚有令吾人目不忍睹、耳不忍闻之概，稍具真诚者当亦闻此而恫心焉，又不独吾辈当以蟊贼视之也。……用是平心静气以精细研究此问题，特先述反对、要求开设国会者之二大派乃非予之所主张者（此二派学说本不可述，然予言一出，必有以予说遁入此两派中之谤言者，故不可不先举之，以明吾宗旨之所在），然后续以予之对于要求开设国会者感喟之理由，以决吾目的之方针，以限吾辩论之线界焉。试分论于左：

（一）主张专制政体以反对要求开设国会者此论吾中国今未发现。盖主张此等议论者，必其为君主专制及其大臣等，欲保其特别之阶级，故为是反抗之言，以痛诋代议政体犹不若专制政体之为愈也。然中国所以尚无此等宣言之发见者，其政府亦非不欲保全其特别之权利也，惟其知识尚薄弱，亦并不知代议政体之内容如何，特闻多数皆誉扬国会政治之善，又见各国皆以此隆兴，彼亦从而敷衍其说曰开国会、开国会，其实则于国会之内容，懵懵惚惚，匪特不知其害，亦并不知有所谓实质之利也。然又不肯雷厉风行而急于开设者，则以欲保其利禄之所在，恐开设后而已无位置地，或有位置而不能如现在专制之自由，故不惜出死力以为抵抗，然又迫于一般之舆论，乃遂借时机尚早之言以施搪塞。其心盖极恶国会开设，而又不能措反对之词以指摘国会政治之弊，故终惟行其暗默之反对而已。然此犹就其号为半开者言也，若其余则犹是守先王之法、行圣人之道等等极无聊赖之词，以为反对之根据。在中国政府，犹居十之八九。此固无价值之议论，曾无一批击之可言。若在野党中，则《新民丛报》去岁曾以开明专制劝告政府。然其文一出而攻者四起，卒之失其根据，无所回护。近者复与要求开国会者相联络，其悔过之心于此可见矣。虽然，此派之主张固无甚理由之可言，然其说之风行实以俄罗斯为最甚。盖自数年以前，俄之宗务大臣波彼得斯鸠尝著一书，题曰《虚伪》，日人译之曰《政党议员之弊》。以勇健之笔、奇激之文，洋洋数万言，暴露代议政治之弊，亦可谓详尽而无遗。于其终编，复预为言曰："今日世人尚心醉此代议政治之虚名，不自醒其迷梦。吾人于生存中虽不及见其末路，吾人之子孙其必及见此世人所崇拜之偶相之颠覆乎。此吾辈所深信而不疑者。"其言如是，庸讵知当时彼国内之所谓君主独裁政治者已渐趋于末路，而代议政治之潜势力久已印入于人心，勃郁薰蒸，不可抑制，骎骎乎有动机一触，烈焰轰然，不至地裂天崩不止之势。卒之不数年间，彼庞然伟大神圣不可侵犯之无上专制帝国，内逼于革命之骚动，外屈于世界之竞争，亦将弃其古今一贯之独裁主义，而同跻于代议政治之列。宁非不得已而制定宪法、为国会之召集乎？虽其所开之国会，原无权利之可言，不过为保其专制之惟一手段，然其趋于国会政治则可断言也。故就今日世界之现势观之，彼政治的理想之发达，稍一迂缓，辄不能立足于欧西诸政治家之间。况以此冥顽不灵以拥护独裁政治为目的如俄国官僚政治家之一私言，殆尤不能使人终听者矣。故凡无达观社会趋势之明，不能洞见人心之所向，而忝为政治家之言，亦可谓不自知之甚者矣。（以上所言，杂引日本斋藤隆夫《比较国会论》之说）由是观之，则二十世纪之国家，其势已有万不能保存专制政体之概；其执此说以反对要求开设国会者，盖亦不透悉事势者，适成痿自私自利之言矣。

（二）主张无政府主义以反对要求开设国会者此派议论，中国近已发生。如欧洲留学之志士及在东之二三君子，或著书，或刊报，皆极力鼓吹此等思想，以提醒我平民。其主义既以无政府为前提，则亦不承认有所谓国会之政治，故既反对国会之开设，亦并不能不反对其所谓要求者也。（其理想极高，其议论亦确有根据，吾固爱之重之而甚愿表极端之同情者也。然中国际此时机，其主义实有难于实行者。且不特中国难于实行，即泰西诸国现在亦有难于实行者）溯此派之发端，乃始于蒲鲁东、巴枯宁、克若泡金等为之提倡。至于今，大行于法、德、荷兰诸国，二三年来尤有气焰炎炎不可遏抑之势。以倾覆一切政府、推倒一切强权为宗旨，故于国会政治攻之不遗余力。其指摘弊端之所在亦诚有如其言者，然其持之过高，行之过激，如反对军国主义、祖国主义（现无政府党中法人爱尔卫氏则极力发挥此两种主义），亦为打破国会政治之一大方法，欲以实行其无政府之主义，而十余年前即有投炸弹于议院之事。然近者德、法政府已占此派什之三四，而其主义终不能行。由是观之，则此种主义于泰西各文明国其人民程度较我中国之人民不知其相去几何，然犹不能急于施行，况以我中国人民之黑暗而犹未脱羁绊之羁绊，乃即欲享此最大之幸福乎，吾又有以知其难能也。故吾于此主义，于极赞成中而有不敢谓其为能救我中国今日者，则以能行于未来之中国而不能行之于现在之中国，能为今日学说之研究而不能为今日施行之方法。若必欲强而行之，则不徒无济于我平民，且将丧失其为平民之具，所谓众人皆醉我独醒者亦恐不能当天演淘汰而适于生存矣。盖吾为此言，吾实非反对此无政府主义者，吾诚愿诸志士提倡之以实行于将来也。特有一必历之阶级，为现在之万万不可忽略者，则国家的平民是也。果能保此国家，保此平民，则国内之幸福既得，然后起而以对付各列强，开导之，启提之，必使其化干戈为玉帛，进野蛮为文明，黄白一家，中外大同，无所谓竞争，无所谓强权，斯不惟吾平民受绝大之幸，世界万国亦实受其赐焉。此固为保全国家之方法，然实亦打破国家之方法；固为保全国内平民之方法，然实保全世界平民之方法。吾用是祷之祝之而愿有志者惟从事于斯以进行焉。若其不然，高言大同，破坏政府，是自失其团结力，解其责任心，而一切抵制各自之器具必至消除以净尽，则中国全地已自现其瓜分之形状。无论不能自治，不能上臻于无法律之域，即令能焉，则俄、法、德、日之强硬手段，英、美、意、奥之柔滑伎俩，必从而轧轹于其间。收我土，吸我财，揽我权，犹可为将来之恢复，乃至灭我种，而不使存留于天壤，是真无再图报复之期矣。于此之时，纵哀鸣宛转，如黑奴呼天吁地，而亦莫之或顾。是则以普渡众生为原因，乃致不能保及一身、保及全国之结果。其非计之完善，固又不待予之哓哓为也。故此现世中有不能不随波逐流以先从事于国际之竞争，此亦迫于风云之不得不然者。由是言之，则主张无政府主义以反对要求开设国会者，其亦未知时机者矣。

综上所言，则反对此要求开设国会者，一主张专制政体，则为过去之陈迹，不可保存；一主张无政府主义，则为未来之理想，尚难实现。一流于事势之所趋，而为我平民所当吐弃；一碍于时机之未到，而为我平民所难飞越。则祈于现在之潮流中转旋回复以期适当之生存，固不能守既往之腐败，亦不可好未来之奇俗。纵目四顾，平心详查，为我平民之最适当易行，且即世界各国持以为长以凌驾我国者，其道何由？则即吾所主张之平民的国家是也。盖现今之世，国家之所以必使其存在者，以其能保全平民之故；若不能保全平民，则国家可使其消灭而亦无不可矣。故国家而非保全平民之国家，则国家主义即可不言。平民之所以能完其资格者，以其能保全国家之故；若不保全国家，则平民非自为堕落而必不出此矣。故平民而非保全国家之平民，则平民主义亦可废弃。由是言之，平民与国家互相为因、互相为果，其相依实有不可须臾或离之势。故吾之平民的国家主义，虽为国家主义之一种，然实非政府之所能持以为奸；虽为平民主义之一种，然又非个人之所能据以自利。盖自古以来，国家之名词，君主、官吏恒假以愚民，借以胁众，恣行其凌虐之手段，以遂其奸。如课军费也，则以扩张国权为辞；用酷刑也，则以保护安宁自解。乃求其实质居心之所在，实以逞一己之欲，固己身之势，故不惜出种种之威权，以施暴虐。于是一国之政，其利于君主、利于官吏者则为之，而平民之休戚更付之于不顾。如是则亦何乐而有此国家之存在，而国家特为我平民痛苦之媒；是有国家而亦与无国家者等，则从英、从美、从德、法、俄、日、奥亦何往而不得此压抑，而又何必栖栖皇皇以保全此国家为者！夫国家之目的，原以维持增进平民之幸福者也。如人之身体、货物、生活快乐等，失其幸福，则无以适于生存，故不得不以国家之权力保护之。是则国家之存在乃为全体平民幸福之存在，若仅为一人（君主）、数人（官吏）之幸福而存在，则国家不惟不能为保护之物，且适成为障碍之具。揆之公理固非，准之实质亦不可解。而近世之无耻者，扬言保国，更不惜举全体平民以抛弃之！呜呼，吾甚不解其是何用心也。然吾为此言，吾非谓平民不可为国家以牺牲其身也。国家既不能自存，必待平民运用之而使其存，则肩其责、担其任者自不能不有所牺牲。然以平民之少数为牺牲可也，乃至举平民之全体而为国家牺牲，以巩固君主、官吏之权势，则亦未审夫国家之所以为国家，有高远之目的，有自然之制度，非可以害物视之也。故必察国家非所以保君主、官吏而乃以之保平民者，则国家主义庶乎得其道。自非然者，国家主义适成为君主贵族专制主义，匪特无以处平民，抑亦非国家之本意也。凡此者，皆予对于国家主义之意义也。至于吾所谓平民之名词，固非今世界而共为一例之民者，其必限于一国。限于一国之民，亦出于万不得已之势。盖我欲合世界为大同，而各国乃利用其术以兼并我国，卒以不平之民遇我。是我以提携世界平民之原因而得散失本国平民之结果，固为万万不可之势。然使其为一国之民，而徒供君主、官吏之刀锯，而不能有自由之行动，亦为堕落其平民之具。是不过政府之奴隶，其与求世界平民而不得者又何以异？故既立于国家之下，即当为国家之平民，而不可更为奴隶——自丧失人格者；则必人人皆有平等之权利，不当有特别区划于其间、阶级设施于其内。质而言之，则同为一国人民，人人皆平等也。就现在文明国之法律言之，虽有时似若不平等者，如公务上、官吏、议员犯罪，当供职时不能逮捕；军人犯罪，不能适用普通之刑罚，皆与平民不同。、营业上、制一新器，于国家大有利益，国家与以文凭，许之专利，有营业上至特权。能力上，其例有五：一、受高等教育而试验及第者入仕，此因教育以生之阶级。二、身体强健者始可充兵，此因身体所生之阶级。三、入仕者必三十，此因年龄所生之阶级。四、有财产若干能充议员。此因财产所生之阶级。五、选举权及被选举权惟男子有之，此因男女所生之阶级。然皆有理由之可言，并非由社会上自然习惯无意识以为分别者。故吾所主张之平民，乃人人同守此公平之法律，即君主、官吏亦当同立于此法律之下而不能或越。国家之问题，当使平民与闻之；平民己身之权利，能对国家请求之。君主如是，官吏亦如是。是之谓政治上之平等。至于人之欲有同一之财产、同一之利益，此固难于分配者。而怠惰者痿痹废坠，不自振励，乃借口于国家之不能保全平民，又若以国家为生活之场所，此其行为固可羞；然使其持国家之权力，以收罗一切权利而据为己有，其结果用国家为护符，以固其个人之私利，而于平民一般之利害则付诸不闻不问，惟以遂一己之私为得计，此不特非国家之平民，乃适成为国家之蠹而已。故欲平民主义之实现，其不振者固不可不为激励，而无端恃国家之声势，以超拔乎平民，亦万不可不排斥之也。凡此者，皆予对于平民主义之意义也。由是言之，则予之所谓平民的国家主义者，谓之国家主义可也，谓之平民主义亦无不可也。然国家不能离平民而自成，平民不能脱国家而自立，故二者之名虽不同，而其实质究无以异。盖其互相为用，实有必相联续而后可者。故吾所主张之平民的国家主义者，盖即此也。虽然，此犹不过究其理论言也；若以现在之实行言之，则又有次第之二道，试列举之：

（甲）现在——破坏非平民的政府，以改造国家今之政府为何如之政府乎？人皆曰：不负责任之政府也。然使其仅为不负责任之政府，于此国际竞争之场不能保全国家，而其害固不可胜言，乃并于不负责任之外而更行其唯一之利己主义压制行为，以保全一身之威福，兢兢焉惟恐不至，其藐视我平民已蝼蚁之不若。则欲使国家之存在，既不能望于此辈，而我平民复立于惨无天日之下，欲言对外，彼亦干涉，欲言治内，彼亦限制，而国家之危亡复迫于眉睫而不可缓，则将长此以听国家之消灭乎？抑将有所作为而图自振乎？如听其消灭，可不言也；若欲自振，则即非破坏此非平民的政府不为功。盖彼之所以不负责任而惟励行其专制政体者，利我平民为屈曲于肘腋之下而不能参一言也。若我平民能指谪其短，攻诘其奸，则彼亦何从而至是也。故彼欲保全其私利，遂万不能开放我平民，使与彼立于对等之位置。而我平民苟思所以自立，既不赖此政府，又不得政府之权力而用之，且与政府适成为反比例，是此政府不倒之一日，即我平民障碍之一日，而我平民欲图生存，自当与政府成不两容之势。则本此平民之精神以与此非平民之政府相对待，不除之使去而不止者，盖非固好为此破坏，实亦出于万不容已也。惟是政府之中复有满汉之别，近者调和之声喧腾朝野。然吾固非主张种族主义者，又非不排满者。满人之平民可不排，而满人之官吏则必不能不排。不特此也，汉人中之在政府，其朋比为奸、助纣为虐者，亦在必排之内。盖吾之排斥，非因种族而有异也，乃因平民而有异，孰祸我平民，即孰当吾排斥之冲。故不特提携汉人之平民，亦且提携满人之平民，以及蒙、回、藏之平民也。今先就满人言之：北京政府中，其种种要缺皆为满人窃据，之无不识、粟麦不辨者殆已十之八九。然固其威权、保其品位之计画，则计之无所不周。语以亡国之惨，则曰：宁赠朋友，勿与家奴。告以灭种之祸，则曰：汉人强，满人亡。其终日所设施，无非欲巩固其阶级之制度。于此望以救国、望以退让，此恐较俟河清为尤难者。至于汉人中，其拥高位、享厚禄者，亦盲不知变政之为何因、救国之为何意，惟日望红顶花翎之加于其身。时势之迁流，匪特不知底里，亦且略弗闻问。间有一二知识稍半开者，则又为一己之私位以图保其野蛮专制之行为，反借口于人民程度之未到、政治机关未整备，且为妄言以惑于众曰：立宪也，立宪也，今尚非其时，勿背进化之公例而大反乎秩序之进行为也。然其实施之政治，则又无时不以极端压抑为目的。由是言之，则现在之政府中，不惟满人欲保其特别之阶级，而汉人亦皆欲保其特别之阶级，其误我国家、祸我平民，盖有不两去之而不可者。然吾犹有说焉：彼其尸位素餐、作威作福，满人如斯，汉人亦如斯，然其所以能为此者，盖不过借此无限之君权以为武断，仅奔走于一人以下，而威行于万人以上，不特君主自欲保其威权，政府之人且助之以保其威权；故无论现在之君主为昏愦淫纵，无可为之君主，即令其稍有知识，亦不可存之以为此诸官吏之护符。不去君权，则官吏之权必不能灭；君主不去，则其权必不肯轻为解脱。吾之为此言，吾实非争君位者。果其为平民的政府，则君主不过国家之一机关，红人、黑人皆可为中国之君主，何况满人？其存在，其除去，原无轻重之可言。故非以其为满人而去之也，即为汉人亦必去之。盖不如是必不能解其权，则国家之危亡亦将随兹非平民的政府而俱来。是故不得不去此君位者，非因其主而去之也，乃因其权而去之。势事所迫，有强之使不能不然也。

（乙）将来——建设平民的政府，以巩固国家徒言破坏，不思建设，此尽人而知其为无意识者。惟破坏之先即不可不预为之备，而后其破坏为有效；不然，亦徒扰乱，无济于事也。中国数千年历史上经几许之革命而终无救于人民之痛苦，其为害皆由于此。然则现今之政体将以何种为最宜乎？贵族政体固自无论矣，至于君主专制惟以压抑民权者，其为吾人所唾弃亦不待言。然使为民主专制，而国家收不良之效果者，亦未见其为善矣。则是今日之所亟欲研究者，惟君权民权之立宪而已。吾因得而断之曰：将来之中国当为民权立宪，不当为君权立宪。何则？破坏之后，则现在之君主既归于消灭，是他日之政体自当为民主，而不当为君主。然或有碍于时机，迫于事势，或竟因仍现在君主之旧，或另立他族之君，世袭相承，以保其位。然不过国家之一机关，又岂能再付以大权而重施今日之专制，以成为非平民之政府乎？况乎君权立宪必君主善良而后能行立宪之实，今之君主固非善良，他日之君主又岂能保其又善良乎？故将来中国，君权立宪既万不可行，如或行焉，亦与专制无以异耳。且即以政治上论之，君主立宪，君主纵不滥用威权，而行政部之权力又每专横而不可制止，则亦适成为贵族政府，而不能为平民政府。按之日本，是其明证。即或不然，则行政部与立法部相冲突之时，行政部不认立法部之所决议，立法部不决行政部之所决算，则百事既陷于凝滞，而君主大权因得肆行于其间，而平民之势复坠废矣。此其弊殆有不可胜言者。……然或者以中国国民无民权之习惯，断言我国不能行平民的政府。呜呼！为此言者，不惟足以摧折我平民之气，且亦未察夫我平民之现势也。夫中国文化近虽不及欧西，然其见理之深透亦未尝远劣于各国，故二三年来，凡士林中之稍具知识者，几至无一不识民权之真理，徒以官吏之压制而进行遂以迟迟。使此政府一摧败，则天下之不知者恐亦稀矣。故吾以为此政府不推倒之一日，即我平民之人权永无伸张之一日。其人权之起伏，以政府之存亡为断定，而不可以现在之表面为断定也。则是谓我平民无当政府之能力者，其与政府主张压制之策殆无以异也。则我平民闻此语，亦当以对抗政府之法同一例也。虽然，平民的政府，其为正当者固无论也，然平民的政府果以何者为实现乎，是又不可不说明也。盖平民的政府云者，一切之平民皆有为国家最高机关之地位也。然所谓一切平民又非谓平民之全部，如精神丧失、小儿之无能力或女子及因其他之原因而失去其资格者皆不包含其中，除此之外则一切平民皆与有参与国权行使之权焉。盖一切平民之意思即为统治权之源泉，而非一人数人之所得专者也。然尚有一必要者，则代议会行使国家统治权全部之谓也。代议会为平民之代表机关而行使统治权，平民虽不失其为主体，然平民非人人能行使统治权者，故平民之行为仅限于选举之行为，惟代议会以平民之名而行实际之统治权焉。此与国民总会之民主专制，如瑞、西之二三小州者，又大有别也。故可谓之平民的政府，而亦可谓之曰国会政体是也。此皆以平民而行国家主体之实，而非以君主、贵族行国家主体之实。凡立于国家之内者即皆平民，无特别独异之阶级也。此即予所主张平民政府之理由也。

如上所言，则是国会政治固为吾所最欢迎最欣慰而馨香祷祝惟恐不得者，则人之言国会、言要求、言开设亦当为我所最欢迎最欣慰而馨香祷祝惟恐不得者，而何以吾竟大反其常而更示以极端之反对焉？抑又何也？则以国会之实质非吾所求之目的也，开设之实质非吾所乞之效果也，要求之实质非吾所出之手段也。故其名虽同，而其实甚异。此吾所以示极端之反对，发极端之感喟，而正为我平民告也。兹述其感喟之大略。至其详者，则俟诸后之分章。

请先言要求。凡谓之要求者，必其为能与我而又万不肯与者，而后谓之要求。不然，一乞求焉即可也，又何必兢兢焉用兹要求为者？故吾之所谓要求，必其力能与彼为对待，胁迫之，强制执行之，使之以必不能不从，不能不如我所要求之愿以相偿。故对于一人之要求，则我之强力必远甚于彼而后可以施行，否则亦无济于事，而适受其陵轹之悲。今以此数千年专制之恶政府，挟其特权，操其武力，以肆行漫无拘束之势，我平民一旦而欲解其权，扫其威，使其与我平民相等，则以一二人之意见，行其要求，其为无功自不待言。然使即为多数人，而其能力不能与之为敌，其要求亦未为有效。故必合最大多数人心之合意，集最大多数之兵力，本其舍生忘死之精神，以为达此目的之举动。盖既见及此事之不易，即当以勇敢直前，力达此目的而后已。然又虑其力之不足，徒为是无功效之举动，匪特自戕其身，亦且自形其力之薄弱，故万不可不于能力既充分之后而始为遑动。盖政府之心既以一保其专横之目的为前提，对我平民即无反抗时且犹施其极端之压制，况其要求者乃绝对与彼为反抗之行为，而彼之为一身利权之存亡，又势必出死力以与我平民抗。我平民能力不足抗彼之一日，即犹是不能脱彼范围之一日。一纸请愿书，固为无效，即以多数舆论、多数政党而徒为是和平之行为，其要求亦必无功。故欲大告成功、完全以达其要求之目的者，则舍革命军而外更无他道以处此也！盖吾为此言，吾非好为暴动而不惜流血之惨状也，吾实见夫非此不足以达此目的。此目的既不能达，则召此恶劣政府之残刻，施其荼毒，肆其淫威，今日此省数十万遭彼酷刑暴罚之惨，明日彼省数百万被彼刀锯斧钺之苦，加以放任国事，则列强环视，而亡种之祸又迫于目前而不可须臾缓。此诚我平民存亡之秋，出于万不获已之行为。盖与其坐以待亡，何如早自亡之为愈。况所谓革命军者，不惟足以救亡，且即为振兴之一导线耶！然或者曰：革命军未兴之一日，即不能与此政府为接触，是政府愈形放任而肆行无忌，则中国前途将愈不堪问。是何不先为和平之要求，而后以武力继其后耶？予曰：是不然。盖有一番之和平之要求，则愈增其恶劣政府之势力，愈增我平民心志之堕落，此万不可出此者。如虑政府不知所畏惧，无已，其暗杀团之一道乎？杀一恶劣官吏，则可少安一时。如吴、徐两烈士之行为，亦足褫彼等之魄而丧彼等之胆。纵其影响未能见于实际之改革，然伪立宪之诏书亦日日飞下，亦可见其功效之所至矣。虽然，此可为要求之发轫，而不足以尽要求之成功。以中国之君主、官吏，杀之不胜杀，诚有非革命军起后实不足以扫荡尽净者。此即予所主张要求之方法，抑亦对于政府确当不易之道也。吾今且让一着，以为革命之惨人所共知，中国当此大创之际，又增此无量之痛苦以干天地之和，斯固有心所不忍言者；至于暗杀之事，必致伤生，彼亦人类，亦何至遽置之死，揆诸畜老惮杀之义，亦属仁人爱物之至诚。特吾有为彼等进一言者：凡成一至难之事，既不损人，则必损己，舍此二道，实无他途。则彼等既不赞成革命军、暗杀团，以为损人之举，则必愿牺牲一己以达此最大之前提。吾特为彼等再进一策焉：曹沫之要齐桓，唐（睢）〔雎〕之胁秦王，执一敢死不拔之气，以临于君主或当道之前，强之以不得不从，迫之以不能不开，纵有灾患之于一身，而政府以有所畏惧，亦必暂次如愿以相偿。是受害者一人，而获福者天下，斯亦不谓非义侠之行为。诸公于此，亦有意乎？再不然，以为只手而劫当道，犹非和平之可言，则或如申包胥之于秦庭，痛哭哀吟以动当道之恻隐，虽杜鹃之血无补三春，然乌啼夜月亦未当不凄人心脾也。人非顽石，孰能无情，恶劣之政府苟因兹而生感焉，斯亦我平民之大幸者。是能如此，亦不失为爱国之士，虽疲懦无可取，而真诚实可嘉。此又予为诸公所筹要求之至计，或可希望政府稍有变动之转机也。而乃又不出此。则其要求之手段，真令吾百思而莫解者。一封请愿书，为其不二之方法，此不特不符要求之名词，且与之适成反对。究善意言，直为哀诉耳。若就中国之固有之名词言，则与喊冤之意义实无异。夫平民怀冤，至京上诉，屡年统计不知其几千、万也，问有一人得为昭雪者乎？则不惟百者无一，千者无一，且因此而倾家破产者道相接也。故各国之哀愿书无效者少，而中国之鸣冤状只成为贾祸媒耳。现象如斯，诸公亦知以反乎？虽然，吾亦不为诸公之热心于此者妄为推测。诸公之心，吾知之矣，固非为国而来、为民而来；而其身之无冤也，又不待于上控。然其所以必如此要求者，吾为之反复详察，而知诸公之请愿书不过一纸求自试表而已！盖其冒一至新之名色，以呼弄于一时者，其心志之所向，实冀以沽名誉、钓利禄。挟一和平改革之口头禅，周旋京邸，朝匍伏于某王爷之前，夕拜跪于某中堂之下，不问己身之来为何事，惟以求得一权要大人之顾盼为已足。以升官发财为目的，以夤缘奔竞为手段，得一差使，就一馆事，而彼之要求固早已打消，至是并请愿之目的悉抛弃矣。此皆现象之可征者。间有人格稍存、良心尚余点滴者，则惟仅达一请愿书，邮寄政府，其意惟欲得一名以动众人之听，虽为他日之升官发财计，然犹非图之于目前者。诸如此类，见之于上海之日报，已数数矣。此尤可为求利禄之进化者。呜呼，彼其变要求为请愿，已无可言也，乃至变请愿书为介绍书，此真不能不令吾骇然者！然政府之视此辈，亦未尝不得待遇之法矣。欲名者，即以官衔与之；欲利者，即以薪水与之。如近日之上请愿书者，皆于北京得优等事业，是其实例。盖政府诸公亦甚与此辈表同情也。下以名利求，上以名利应，同出于一途，遂因之而狼狈为奸。而前此所谓要求之目的，不惟无所得，且更增一厉禁，如前此上请愿书之后，而政府即随之而下禁止集会、犯者监禁之诏。吾因是思之，此辈和平要求之功效诚有不可及者。以要求开设国会之原因而得集会监禁之结果，此非和平家之赐，讵能至此！因为一言以决之曰：要求如此，可断永远无开设国会之一日。盖政府之心，所谓司马昭之心路人共见，其不足与谋、不能与谋，此尽人皆知者，而犹不知自爱，依赖之，信任之，此真吾之所不能解。然其为此和平直要求者，亦非不知政府之不可依赖、不可信任也。惟以自身所欲达之目的与此政府之主义暗合，不妨冒至公之名目而达至私之希望。此其用心之巧，施术之高，虽老于昏暮侯门者，其操道恐亦不若是之工也。故吾今为天下人告之曰：若欲达升官发财之目的者，请其速上请愿书。若稍迟迟，恐政府诸优差悉为先登者所窃据，无以位置公等，则失机宜诚不浅矣。呜呼！吾不料以此要求之好名词而竟用于此辈之手，以演成此种种无聊之怪状。则政府之为恶，殆犹有理论之可言，而此辈之心肠真有不堪闻问者。则其他日助政府之虐，长政府之威，以桎梏我平民，圈禁我平民，正不知增如何之惨剧也。准是而言，则彼等之要求，不惟不得国会之开设，且并为政府增无数之恶劣爪牙而已！

次言国会。前言要求之性质，以决国会之不能得开设，吾今更进一步，敬以告上请愿书者诸公，勿虑国会之不能开设。汲汲进行，速速上书，政府诸公必将餍诸公之望而开设国会矣。此月不开设，则来月必开设；今年不开设，则明年必开设。惟所开设之国会，必为无人格之国会，与行政官厅无以异耳。诸君以此等国会为已足乎，则吾亦无言矣。若其未也，则请实力预备以图最大多数之战胜；不然，恐一纸哀求书即为造此祸之根源矣。盖天下之事，强人以难能，犹可说也，至强人以不能，此不惟人不肯如我之希望，即我自知人亦不能如我之希望，是固可为推测而不待繁言而解者。即如开设有人格的国会，现今之政府匪特难能，且并为不能者。请约略分三项言之：（1）无以解决君主。世界各君主自动立宪者，必其先能为开明专制。普鲁西及日本是其例也。故国会未开之前，而人民之权利较既开之后为尤甚，盖未开之先，君主时以鼓励民权为目的，既开之后始以限制民权为目的。然有一最要之问题，则君主必为圣明，如斐列特、明治其人而后可能为者。今试问现在之君主，斐列特乎？抑明治乎？吾不敢信，当亦众人之所不以为然者。则是既不开明于前，而望其立宪于后，此盖稀有之事也。今且无论其现在行为，试假定开一有人格之国会而研究之。他事勿言，即以财政上论之。凡有人格之国会，有完全监督财政上之权。预算之重，固有独立行使之权；日本定预算之法，议会有协赞之权，然定案之权操之天皇，已为无人格之国会。然天皇退让，究未尝以己意强制国会以承认。此关乎君主之善良，故能保议会之权。若暴厉之君，则日本之宪法亦助成君主专制耳。君主之费，亦有限制之制。日本定天皇每年三百万圆，款不敷时，虽能再取之国库，然宪法成立以来，君主并未逾其限制。此亦关乎君主之善良者。其他各国则无不以国会之承认而始能有所支取，君主并不能自由妄动国家财政。今之君主，淫昏之举无所不至。土木之功，奇巧之欲，其他一时之从心所好而即欲敷设者，皆足以破坏预算案。至于宴会也，歌舞也，西太后每年戏钱稍减即足办北京警察之用，此亦可见其巨。而妆饰消耗品之繁巨，更不知其几何。因是推之，预测每年之必脱离财政上之限制也。其他重要之政，若立法权、条约承认权、紧急命令之承认权、司法权，皆保完国会人格之盘石而不可侵害者，而现在之君主断难保其无一不犯也。此因君主而不能有人格之国会者一。（2）无以解决满人。满族以天然之资格，保其权位，入关以来即成铁案而不可移。以功高若二曾，犹不能参去卑劣之一官文。若国会成立后，则弹劾之权为其特有，内阁之中满人自居大半，一不信任，则以国会之力，必乞答辩，而彼以无学无识之身，放任乃其本色，自必无辞以对，势必至迫令解职，则彼挟天皇之威，拥贵族之势，以解散国会；即再组织，亦复如是，虽国会三五度召集，亦不能强之退位，是国会之权力仍堕落矣。此因满人而不能开设有人格之国会者又其一。（3）无以解决汉人。现在政府中汉人之最有权势者，莫如袁也张也，其能为责任大臣与否，姑不必辨，要之为趋承天皇之颜色而不惜虐戮我平民者，当亦众人所公认。一度之国会召集，则此辈即首当其冲。弹劾之书上而彼等无所逃避，必依赖君主之权以为保障，或更与满人联络抵抗，则国会之势又不能敌，纵彼不解散国会，而国会亦将自解散矣。然其所以致此者，固由在官者心性之不良，抑亦自有故也。盖凡责任大臣，必联合最大之政党，吸取最多之舆论，而后始可以成功，然历朝家法，既以树党营私为大逆，至于舆论所归，尤触君主、大臣之所忌。故近日京师大寮稍有置羽翼者，即被弹劾，而一二督抚中有与民心相惬洽者，则政府即时为移动，兢兢焉惟恐排斥之不力。加以得君主一人之欢心，固已无事不可为，而得众人之和同，且反生极大之障碍。自非识见出群之流，是亦何乐而向此众人者。况乎求众人之公意，又非有确当之才能亦断不能获此最良之效果；稍有失足，即解众心。而求一人之知遇，一经信用，则任意妄为。彼辈固保守利禄惟恐不及者，其肯失一人之心而抛其顶戴耶？抑肯顺众人之意而缚束其身体耶？吾又知其必不能矣。不能，则国会之人格已可知矣。此因汉人而不能开设有人格之国会者又其一也。合三者言之，皆为现在国会必至之现象，然最宜注意者，即君权不去则国会必不能开设。满人固挟君权，而汉人亦挟君权，是国会之有人格与否，固以君权为断，而政府之负责任与否，亦当以君权为断。现在之君主，其权方日日增加，问有一事稍施退让者乎，则此后更可想矣。是则欲开有人格之国会，万不可不排君权。然彼以此位而方巩固其权，则非除去此位，其权必无自而解。吾故谓君位不去之一日，即有人格之国会永不能成立之一日。斯言盖有断断然者！因是以观，则吾前言国会不能开设者，是亦不然也。热心希望国会者，试极力请愿之，国会立即开设矣。吾今为此言，吾实又非想像之词，其实势必开设而无容疑者。

盖政府诸公前此既不知国会之为何物、内容之为何事，以为此我平民之要求，必其有害于我，是当拒绝之而不听其意；及既久之，则朝一人言，夕一人言，彼固心烦而厌闻，然亦不能不求其内容性质之所在，以为是果何权利而必嚣嚣如是者；及其留心考之，反复查之，则其精意得，而其解决之方法亦至矣，——以为众人之所求在国会，并未争国会实质之权利，徒务其名，是亦易易耳，于是取一二国家之最适宜最完全而巩固政府权力之国会，本其模范以开设焉，既可以博新政之美名，又可以餍众人之希望，于是开设之计定，而无人格之局亦定矣。呜呼，似此国会，何待要求！现在之资政院，彼政府既已开设，又何必再增一行政官厅，除奉令承教代收呈词外更无他事，徒消耗货财为也！且行政官厅尚有事可作，而此则必将成谈话之聚场，甚则将如博物院、动物院，议员辈不过如陈列品、豢养物，供游人赏鉴而已。此理之自然，而必有如斯之现象。更以现事征之，即可知予言之不谬者。如上海之报馆，近者颇有所言，政府之人莫不忌之。然以其在租界也，其权力复不能及。且无报律以为交涉焉，乃亦仿效文明而定为报律。然报律亦非不善良者，乃其不采美也法也英也，乃并日本、德意志而亦不采，竟采于万国最唾骂之俄罗斯、奥大利。其定报律既如斯，则国会亦可想矣。且以各国之历史征之，其君不贤，断未有能开设有人格之国会者。如仅言国会，则英之查理斯、法之路易十六不尝开国会耶，而何以革命之军尚必起也？现在之俄罗斯、土耳其、波斯不已开国会耶，而何以政治家皆谓其国会有若无也？故土耳其之国运未因国会而振兴，俄罗斯之革命未因国会而稍减，波斯之内乱未因国会而消除，而此数国之人民痛苦乃反因开设国会而愈增者，从可知国会在人格而不仅在一空名也。若徒在一空名，不特无益，且于我平民之损害孰大也。盖我平民在今日尚称小幸者，政府虽专横，其于加税一道尚未敢雷厉风行。其心非有爱于我平民也，恐行之而四方扰攘，彼身亦不能安享矣。若国会既召集，则加税之案首当提出，而议员以应办之务，自不能不自相承认，而监督财政权复不得实见施行，一切种种之请愿更不能如意。是我平民国会之开设，原以要求权利而来，乃权利既不得，而义务复大增加，此诚万万不可者。然吾为此言，吾非谓众人勿纳税而独享自由之福也。有一分之义务，即有一分之权利，此固相为兑换而非可单与者。然此犹就法律言也。如以道德言，当使国家有利我平民，即有义务而无权利亦为无辞。无如此辈素日习惯既难解脱，而又加此多数资财，则放纵横暴之手段更将愈不可遏。国家之要政犹是依然如故，我平民之沉沦苦海现既奄奄而难起，则无人格之国会开设后，我平民舍垂头待毙而外更无他法，则国家之危亡亦不问而可测。是此无人格之国会，不惟增平民之痛苦，增政府之恶劣，其害之影响且将使国家之速其亡。似此国会，吾愿我平民其漠然置之，而勿为佥壬莠言之所惑也。

再言开设。前此所述，既决定为无人格之国会，其为确当而万不能移易者如此，则既无研究之价值矣，然更不妨再为热心希望者设一问题焉：则开设之国会，纵能有人格，确能行使其意思，然其组织必为阶级制度，而必不能为平民制度，是中国又将增无数贵族，而较今日仅为满汉不平等者尤更甚也。盖议会之制有一院、两院之别，近世各国皆行两院之制，用一院制者德意志数小州及希腊、室尔比亚二国而已。制之优劣，姑勿具论。然使组织平民的政府，自当以一院为宜。即使用两院之制，亦当如美、法，无论上下两院皆平民组织之，方不背乎平民的国家之实。非然者，适成为阶级制度而已。中国今日一院之制断难实行。不特君主之权力不肯抛弃，即肯抛弃，亦将置此无数之满人于何地？彼以种族之异，享特权已二百余年。若为一院制，则满洲之人口仅汉人八十一分之一，假定以议员二百之数计算，彼不过二三人，其必失其素享之权利，自无待言。纵使以种族为分配，满汉各半，而满人复以经济能力之不足，其预算之承认既不能担任而自养，议员之俸亦必不能供给。是万不能不为二院之制，以保其贵族之特权。则上议院中，满人必居十之七八。然汉人中之现任大臣及以前所有世袭门阀者，亦必起争特别之利益，苟有不遂，即必生种种阻碍开设之问题。如去岁调查各省功臣之裔，是已为他日之贵族预备。兼以近日谣传，更有倡二品以上之子弟皆当有上院选举之特权。道路所传，固未足信，然他日现象实有必致如斯。因此推之，则上院中又必举从前汉人中之爵位及现在之为大臣之诸贵子弟以参入其间，或更以有财产、有学识、有勋劳者厕副其内。如此则不惟满人长保其阶级之势，而汉人之阶级亦将从此生矣。夫中国自封建变郡县以后，即已扫阶级而空之。元之灭宋，分民为四级，至明祖则即除去之。清之亡明，分满汉之别，然苟能斩君主之权，则即无特异之可言。此固与西洋有各种之阶级者，其相去原不可以道里计。此正我中国之特长也。今以此素昔所无者，乃忽焉加入之，则他日之扰乱，更盍言也。盖两院之制既因贵族而有差等，而上院中满人占十之七八，则当全为满人之势力，是与下院已遥存满汉对待之致。按之各国通例，下院惟有议预算之特权，余皆两院占对等之地位。则是利于满人者，而满人可迫下院以必从，否则即以君主大权解散之；而关于汉人之利，虽欲上院以必从，而终无法以为胁迫，且上院不能解散，则其势力更将日增。是下院之权，除承认国税增加外，余更无权利之可言。准是以推，则凡关于如何专政，皆必听上院之指挥，而上院之势力愈益巩固。则各国之下院恒占优势者，我中国将变为上院行专制也。于此时也，以任何之方法而亦莫能挽其弊。则现在满人仅有政治阶级而无经济阶级、教育阶级，他日乃以国会专制之力，实行发展满人经济能力、教育能力之政治，则经济阶级、教育阶级又将重增矣。且不特满人也，汉人之在上院者亦必思保其贵族种种之利益，平日既以少数而不能反对满人，势必阿附之，及其关于己身之利，以反而求之满人，而满人以其素日归顺也，亦必应之，则本此专制以增长汉人贵族之势力，亦为势所必至者，则汉人之阶级亦大展而不可制止。则无论其不能为有人格之国会，即令有独立之人格，是适足为贵族代表，若古时日尔曼、英吉利之国会，所谓不平等、无人道之恶现象又将重现于中国大陆矣。夫法兰西、英吉利之革命，即因各种之阶级而生。我中国今日方力求满汉之平等，乃更自增其毒，自种其祸。开设如此，吾甚愿我平民其自思之。夫国税之收抽，其担荷恒积重于中人以下之人民；而拥门阀之尊荣者，虽未尝无所担任，然实被其私有财产之影响者已在至细至微之数；至于资本家，则不惟不蒙国税之损害，且随国税之重而更益利银之多，盖国税有增加而彼之动产不动产之价额亦因之而膨胀，是其实际蒙损者悉在于普通消费之人。故中国而行平民的国会，尤将于经济上施特别之限制，而后不增长阶级之气焰。况先立一阶级之恶因，则后此积重之恶果又将何可胜言。是今日之君主专制，其害已无所不至，而他日之贵族专制，更将较此为尤深。我民何辜，而至于是！夫君主专制，不过一人，贵族专制，乃至千万。观于中国历史之君主，其暴戾为恶者虽已穷极残刻，然实被其祸者恒在附近京畿之民，其距离稍远之众则其受祸为最轻。若乃贵族专制，则凡立其统治范围以内者莫不尽被其荼毒。如现今欧美各国劳动之惨状，闻之令人酸鼻。然此犹不过经济一部分之损害，其痛苦已至如斯，况中国更兼以门阀阶级以为经济之拥护，则其祸患之所至又将更甚于欧美。我平民于此，岂以君主专制，其压制尤未足，而更增以贵族专制，其惨痛始遂意耶？如其不然，则吾愿君权尚重之一日，即为不可开设国会之一日，如欲开设，则他日所受之痛苦固较今日为极甚，即他日欲行其反抗，亦较今日为甚难也。诚以革命之为用，施之于君主专制易，施之于贵族专制难。如中国之历史，其去君位倾朝纲者不知其几十见，盖仅去一人一家，阻碍少而成功速也。至于贵族专制，如近日欧美之社会运动已经数十年，而终无可著之效验。盖满地之中皆其承颜色、供奔走、依赖以为生活之人，故心虽有所不服，而究不敢遽为逞动，以散失其衣食之乡，卒之积弊难返，其祸愈横肆而不可遏制，他日流毒更不知若何纪极。又若俄罗斯革命之风，积数十年而不成，人第见其君主专制之巩固也，而实则贵族之力有以辅翼之。故势力之所被，以致不能一全国革命之心，纵有无量数之豪杰，亦皆无微功之可见。呜呼，我平民苟至如斯，其欲脱离此苦海乎，窃恐其未必能矣！因是推之，纵为有人格之国会，吾亦愿今日勿为开设，况所谓有人格者犹不过托之想像。我平民盍自审之，幸勿为此无聊之极思也。

上来所述，亦可解决彼等要求开设国会之大要矣。然吾亦要求开设国会之一人，特吾非为全国之少数人计，乃为一般平民计者。今兹之要求开设国会者，乃与吾意见适成一反比较也。呜呼，种此祸者谁乎？吾又不能不痛恨杨度之怪语妖言蠹惑众听也！夫现今政府之恶劣，官吏之横暴，君主之淫昏，虐我平民，败我国事，情势所趋，已成痼疾而不可救药，虽三尺童子皆能道之，彼杨氏岂未见及此耶？然观《中国新报》发端之语则曰：今日之政府，“对于内惟知窃财，对于外惟知赠礼”，虽寥寥数言，然已抉透政府之病根，孰知树立之宗旨，演绎之议论，殆又无一不依赖政府者！至于所用之手段，尤为卑鄙恶劣，不堪闻问。是明知政府之恶劣，而复助恶劣政府之气焰。名耶？利耶？吾不得而知。然其非为国为民，则为吾所敢断言者。呜呼，社会上有此人，即多一种败常乱俗之人，国家内有此人，即多一种卖国求荣之人，吾不料中国危亡至此，尚复容此辈之发生也！虽然，此辈不足责，风大顺风，雨大顺雨，为其平生之最长技，行为之卑劣，固无为而不可，吾特怪天下人信任之者，岂与彼尽表同情者耶？抑或未知其素日之行为耶？若尽与彼表同情者，则吾无言矣；若尚为未知其素行者，则吾略言其生平以告天下之爱国爱民者。彼其考经济特科时，因党事被黜，见于上海某日报固详且尽，想为一般人所公见，不必述也。故上海之秘密会，彼亦会员中之一人。名册具在，岂有误耶？然犹曰用灵活之手腕以牢笼一切也。其见之文章，刊之简牍，固非他人之所能强而为之，皆发于情之所不能自已。故古今恒有狡猾之手段，绝少丧心之文章（如钱谦益、吴梅村辈虽属贰臣，然其诗歌中无在不有亡国之感，此可为例），公道具存、良心未死故耳。乃观杨氏之《湖南少年歌》，几无一字而非革命者。又，《武士道序》亦有“或者挟虚无党之刃以与雷电争光也，或者举革命军之旗以与风云竞争也”等语。诸如此类，不胜枚举。《新民报》载杨氏及某某等与嘉纳夜谈教育事，亦主张民族主义。特记者尚非本人，或有不可信者。又，《新湖南》虽未全出杨氏之手，然亦与有作焉。《游学译编》多言革命，杨氏亦主笔之一人。其他论述，言革命者至夥，因非宣告名字者，亦不足取信大众。是前为激烈派之健儿，今为和平派之首领，春蚕夏蛾，时生变易，人类界中恐少此流。今更约其生平，略分数期：初至东京，专言排满；附梁之后，更言保皇；三年以来，复言立宪。此中运动手段极多：在东所言，则曰政治革命；在内地所言，则曰政治革新；其对满人，则曰巩固满人势力；其对汉人，则曰和平排满手段；其对政府，则曰保全利禄；其对君主，则曰维持皇基。万绪千头，吾亦不确知其宗旨之所在。有富于判断力者，其于此试下一断案？又至京师，得四品京堂，入宪政馆矣。则后此所变易，想亦不出君主专制、贵族专制之范围，其他则亦无孔可入矣。呜呼，吾言至此，不惟吾之怒发上冠，想亦有血气者所同嫉也！尤可怪者，满人为保卫其种族之计，乃创办一所谓《大同报》，借至公之名，以施狡狯之术，而杨氏乃亦会中之一人，互相提撕，联为一气，其目的之所向，专以获满人之欢心。每况愈下，可诛可殛！又，某报九号记前年十一月满学生大会提出以汉人制汉人计，即为请杨氏作报以乱汉人之耳目。斯时《中国新报》尚未发生。后二月，报出，其宗旨果如所言。卑劣如斯，可耻孰甚！惟是满人为此，吾亦不罪其行为之非。究善意言，则中国当此危亡之机，不分种界，惟以救国为先，似亦不失为公正。究恶意言，则天演竞争，适者生存，各为其种，亦属斯人之自性，虽笼络汉人，其心难问，然揆之公理，犹足征彼族尚有自立之心。综是两端，皆无可议。惟报中所言，只亟亟于八旗生计，而于政权之退让，略未言及。是又将于门阀贵族而复益经济贵族也。其为恶意，已无容疑。然彼族之所以能如是者，正以见彼族之尚有人心也。故对于汉人为恶意，对于满人为善意。吾人虽有增其敌视之心，亦窃有服其精神之念。至于杨氏之用心，则真吾人所难解。满人不敢谓政权已解决，而杨氏则言已解决大半（《中国新报》第二号《金铁主义说》六十八页）；满人不能筹生计之良法，而杨氏则竭尽数万言之条议(《国会与旗人》全部皆是)，甚者且以满人之当兵为特别之义务，满人之营业为特别之限制。人不能出诸口，彼竟大言而不惭；人思此而引以为羞，彼道之则若甚得意。

乃至积久习惯竟成自然，干名犯义，且不惜以一身与吾同胞全体为难。观其沾沾自喜而为言曰：“夫人之所以乐其生者，惟自由耳。率吾之意思而自由发表之，率吾之言论而自由发表之，天下事孰有乐于此者？西人有言曰：‘不自由，无宁死！’诚然诚然。吾身未死之一日，即吾身自由之一日，何所畏而为此鼠子避人之状者！”（《中国新报》第二号《金铁主义说》四十页）小人而无忌惮，乃竟至于此极！犹复不知自羞，习焉不怪，尚敢非笑服从公理之士！如其言曰：“此等人心志薄弱，毫无自立之心，人言东则不敢曰西，人言西则不敢曰东，宁为乡愿以死，不为不乡愿以生，无聊之极思，乃至偷生寻死，真为人格之不完全者！吾无以名之，名之曰奴隶。”（《中国新报》第二号《金铁主义说》四十页）推其用意，以众人不附和其谈请愿者，恒借不出应世之语为口实，故斥曰偷生；又见近日投海自杀之风，虽为救国而死，然不免空丧其身，故斥曰寻死。呜呼，我中国所以尚存于几希者，正赖有此二种人以维持我平民之精神也。若并此而无之，更不知中国若何情状也。杨氏不知，侈口谩骂，真所谓以己之无耻而见人有羞恶之心者为可耻，以己之奴隶徽章而妄上人以此徽章。自愚愚人，良足深怪。犹有一不易索解之事：杨氏尝言“不惜以一身与恶劣官府为难”，又云“则除非去此不负责任之政府”，则现在官吏中有能戕其腐败人员，必为杨氏所欣慰，乃观恩铭之铳死，东京学界，无论为激烈为和平，皆同声以多徐烈士之侠义，兢兢称道不置，不谓杨氏之行为乃更出人意料之外，竟作发起人为恩铭开追悼会于总会馆！即素与彼同情于富贵利达之人，至此亦赧颜而不承命，如其社员某某等，且素为极端之服从，独于此事而皆裹足不前，且声言反对之，见于宪政讲会报告，云“外间传言，本会社员熊□□、雷□□赞成追悼恩铭，其实并无其事”。本此以观，此辈亦非夙有真诚者，而于兹乃天良发现，公理所存，岂尽昧耶？杨氏于此犹不自忏，见满人外无一人到会，登台演说，因痛言中国人心之不可恃，慷慨激昂，声泪俱下。习惯竟成第二天性，真令吾百思而莫得其理由。昔扬雄作《美新》，仅阿谀王莽一人；杨度作《新报》，乃更阿谀满洲全族。扬雄卖朝而未卖国；杨度卖国更复卖种，无亦其苗裔而变本愈加厉耶？呜呼，心性如此，言论如此，行为如此，则凡我中国人士，若稍知自爱者，其亦知所返焉可也。……惟是往者已往，来者未来，而现在一般之人心虽无一不知政府之当破坏，然或以累经挫折，遂废然丧其勇往之心，或以疲懦无能，素怯然乏敢为之志，遂使前途进行迟迟而大受障害。而此一种之佞人邪说，复流行于社会脑质中而互为激战。其具爱国之真诚、素灵不昧者，固不能为其所动摇。若一般无耻辈，平居已不知爱国之为何物，今乃利用此党以为前导，遂敢昌言无忌，以为升官发财之进行。吾恐四百兆之人民虽众，必至堕落于世界最下层之人类而后已。此予之所以不能已于言，而实又不能不言者也。

……

《河南》第四、五期，光绪三十四年四月五日、五月七日（1908年5月5日、6月5日），录自张枬、王忍之编《辛亥革命前十年间时论选集》第三卷，读书·生活·新知三联书店1977年版，第271—297页

论都察院搁置国会请愿书事

国民之欲开国会也，其趋向如长江大河，有百折不迴之势。自湖南雷光宇等发起国会请愿，一时云合响应，歘起风发，若广东，若安徽，若河南，若江苏，若浙江，若直隶诸省，悉欲继续要求入都请愿。是国民希望国会之成立也，若是其切。自近年以来，朝廷屡下预备立宪之诏，两次遣派大臣赴各国考察，需款之巨不计也；资政院之组织，宪政编查馆之设立，纷更之诮不计也。是圣衷之欲希望立宪之成立，又若是其切。而不意无意于立宪者，且欲阻止其立宪者，则有都察院诸老。何以知之？知之于不递请愿书一事。湖南雷光宇等请愿书，都察院搁置不递，故又举萧鹤祥上京催递。

夫立宪之实行，国会之开设，固非数辈公举员一纸请愿书所可要求而得。人民与政府必经几度之要索、几度之争执、几度之抵抗，力求而后得之。按诸各国历史，莫不皆然。其专制愈甚者，则其祸尤烈，若俄国革命之举是也；其要求愈激者，则其祸亦尤烈，若法之大革命是也。故立宪一物，虽有君主、共和、民主之别，而总为居最高权者所不愿出此。故无论国民之要求民主立宪者，必起而反

对；要求共和立宪者，必起而反对；即要求君主立宪，亦为人君所不愿闻。是国会请愿之必不满意于人君，而请愿之不能必生效力，既为各国之通例。

今人君既几回表示其立宪之意思于魏象，表示其意思于庶政，虽似真非真，或遵或背，而一般国民既认定立宪宗旨，入都请愿，联袂奋兴，诸臣宜如何仰体朝廷实行立宪之举，下察人民爱国之心，亟为呈递，乃延搁至今，未见发表，其故曷在？

据职守言，御史居于监督之地位，有绳愆纠谬之权，无徇私罔上之理；有收呈转递之职，无留中不发之条。则诸御史无论于立宪之宗旨若何反对，而终不能以国民呈递之请愿书搁置不上。若谓国会已成，则监督之权移于议院，而御史失能言之职，用是怀挟鬼胎，则亦可以直抒见解，明示其反对立宪之举动，断无以暗昧手段出之。若谓上之所好，不从其令而从其意，则亦当于代奏之后，指驳其国会请愿之理由不能满足，而再强词夺理以伸其非理由之辩说，而亦断无以暗昧手段出之。

据国势言，经济若何困难？海军若何窳败？民心若何浮动？且云南革命军起事，一战而陷河口，再战而陷南溪。刻今虽调集数省兵力，次第恢复，顾未受大创，大憝未除，难保不死灰复燃。原其种种经济困乏原因、海军窳败原因、革党起事原因，一言断之，则曰：由于立宪之未能实行而已。都察院欲保存一部分之职权，而败坏全局之事业，较短量长，孰得孰失？御史职居弹劾，于国家强弱、盛衰、存亡之故，知之最悉，当必能辨之。

据理论旨，则国者，人民之积也；君者，人民之代表也；臣者，匡辅人君之所不逮，以实行国民意思者也。今阻止国民多数人之意见，而徇隐政府少数人之意见，则非特理之所必无，抑且势有所不逮。若谓听从某某等大老之指挥，勉强出此，则以一己功名位禄之私意为人指挥，是以顷刻之功名，换千古之耻辱，亦不合算。是以反复思虑，而总莫测其搁置请愿书之理由。

以违背谕旨论之，则为不忠；以反对国民全体意思论之，则为不义。忘国家之危局，徇少数人之意见，谓之不仁；贪目前之功名，忘身后之大耻，谓之不智。记者不解，窃有问于都察院诸公。

《申报》，光绪三十四年五月初二日（1908年5月31日）

论学部电阻学界请开国会事

自国会请愿之说腾跃于各省士民之口，而钤制社会之法律，不后不先，乘时发现。识者谓政府隐衷，略已掬示。未几而请愿之使集于国门，请愿之书达诸察院，以脆弱之民气，而敢为正式之要求。衮衮群公，相顾动色，于是揭专制之幕，张反对之旗。而首先排斥，显树敌帜者，有学部电阻学界请开国会一事。

组织国会，为目前救亡之要图；合力请愿，为人民意思所表示。此今日习闻之论，无俟赘言者也。窃意政府诸公，苟其对于请愿有正确反对之理由，则明白宣示，以祛天下之疑，而使热心国会者为再度请愿之预备，磊落光明，于理应尔。即不然，以时势之未宜，而主张缓设，则明示以主缓之故，而与天下人民共资研究，亦舆论所共谅。乃都察院之搁置请愿书，已不闻据何等理由，以答舆论，而学部所挟持以禁遏者，叩其理由，又不正确。举而评之，则有如左之误点：

学部之禁遏，以定章为借口，然学部定章云者，不过据一二人之私见，冠以钦定字样，强制执行，为专制政府一种之命令而已，初不若立宪国之法律，尝经国会之协赞，为国民所公认。此种定章施诸立宪国之人民，不能容受，即在预备立宪时代，亦渐失其适用之价值。以无价值之命令，拒有理由之请愿，其误一。

立宪国之人民，莫不有参政权，教员、学生犹是国民，非可剥夺。即以日本论，小学校教员及官私立学校生徒，无议会选举权、被选举权，然此乃实际限制其政权，非平居禁绝其政谈也。且即政权言，小学校教员因终身任职之故，不令其投身政界，而他教员则否。学生则年满六岁即须入学，而议会之有选举权者必二十五岁以上，有被选举权者必三十岁以上，其间之修学时代，多已经过，是以虽设限制，而无不便。至如我国则情势有异，当此过渡时代，有年逾弱冠而方修小学生之科，授至举男而未毕中学校之学业；大学弟子常近强壮之年，法政学生更多抱孙之叟。若如学部之意，凡属学生，不准演说政事，演说且不准，试问他日议院法将如何规定乎？抑岁不我与，人寿几何，何等之年龄，始为闻政之时代乎？迂腐而难通，其误二。

学部电禁之故，借口于民心之浮动，似也。抑知民心所以浮动者，以国是之未定也。请开国会者，所以定国是而奠人心，此正当之运动也。学部而不顾民心，则学界之运动国会，禁之可也，罚之、罪之、摧折而诛戮之，无不可也。如其不然，不宜禁阻。何则？当此国民动机活现之际，主动者学界也。学界之行动，乃正当之运动，非浮动也。浮动可以强定，是故无意识之民变，不规则之匪乱，压制的镇定亦能奏一时之效。若夫正当之运动，则基于正当之观念，确定之目的，勃焉进行，以求达其所祈响之境。倡导者数人耳，然精神所发，影响所及，渐能得多数之赞成，取同一之行动。而任倡导国民之责者，恒为富于学识，众流推重之士。试观近日如江浙铁道事件，广东二辰丸事件，倡始于少数学者之谋挽国权，而各界为之响应。此种行动，在政府之心光，或视为浮动，而自众人观之，则此等正当之运动，不可以势愓，不可以威压，自然进行，莫之能阻。今也学者之视线群集于监督政府之国会，所谓谋最大幸福，定最大方针，正当运动之最大者也。不是奖励，而乃举“民心浮动”四字诬我正当运动之学界，窃恐禁阻之结果，国会一日不解决，国是一日不确定。社会非无浮动之民心，因学部一电，而忧国之士，虽挟根本的镇定主义，不遽成功，如此民心浮动。何也？排斥根本的镇定，而概用压制的镇定，其误（五）〔三〕。

学部之电文，其最可怪者，莫如“虑起风潮”一语。推其用心，一若国会请愿，出于一般少年无意识之举动，好事者之狂热，不加禁阻，将激成风潮，重烦念虑者。吾闻官场文告，凡遇地方闹事，例必有难保匪徒不乘间煽惑之防范，学部之虑起风潮，殆隐存一匪徒煽惑之念，而预为防范者。此其误点，适成为学部之见解而已。国会者，参政权之汇泉；请愿国会者，基于国民政治上之欲望。先觉之士，求圆满其政治上之欲望，而对于政府请求其参与政治特权，为一般国民之先导，为再请三请，终必得请之发凡。斯何如重大之事，而谓有轻举妄动如学部之所虑者乎？国会代表后先启行，向帝阍而呼吁，作正式之要求，其手段之平和如此；各省之国会运动者，或演说，或讨论，莫不取积极主义，用温和词令，其秩序之整肃又如此；不意二三志士方徼幸以求平和立宪之购得，而学部初不解此，首示其严厉之面目，恫吓国民先导之学界。当此国会绝叫，大机已动之时，而学部必欲力为之阻，窃恐其破坏潮流，激之自上，向之挟平和主义者，势有所激，则溃堤决防，漭漾无底矣。防遏风潮之政策，转成鼓动风潮之原因，其误（六）〔四〕。

吾述学部政策之误，荦荦如右。虽然，学部之政策，未必能实行，即能实行，不足为国会运动之阻力。所患者，学界虽有指导国民之责，而金钱主义之教员，廷试主义之学生，占其太半，其具有政治思想、从事于国会之运动者，威凤祥麟，究不多见。且其能力又多薄弱，未必有坚忍不挠之概也。吾闻日本当国会运动之初，政府镇压学界之手段未尝不酷，学校讲授之际，警吏且暗杂其中而从事侦探，三五同志聚一室而谈政见者往往被逮。然如庆应义塾之学生，感福泽氏政府教育之效，莫不以改革政治自任，其后或充私校教员，或任新闻记者，积极进行，万方一概，而卒有国会成立之一日。论者谓日本之国会运动，民间之乐观厥成，导线于学界者居多。然则要求国会，虽属全体国民之事，而我国民先觉之学界诸君，对于学部之电阻，可以观诸君之毅力矣。

《中外日报》，光绪三十四年五月十六日至十七日（1908年6月14日至15日）

论学部禁阻学界干涉请开国会事

问

要求国会之举，发生于湘人，踵起于各省。就近日各处纷纷派代表诣京师上请愿书以观，几有万目睽睽，争集【视】线之势，而为之原动力者，要以学界中人居最多数。论者方以士绅之智识日见开通，政治之思想渐行切实，谓此即数年来兴学校、讲教育之功，而亦足为国民程度已及立宪之证。政府果有志于立宪也者，自宜顺舆情之趋向，以召集国会，植宪政之始基。不谓当轴诸公迟疑观望，尚无以慰国民如饥如渴之忱，而学部禁阻教员、学生干涉请设国会之事，已突然作当头之棒喝也。

夫学部之意，岂不曰教育员宜专心于教育，学生宜专心于学业，而不当随声附和，纷心于政事界哉？不知与闻请设国会，较干涉其它各项政事者，截然不同。各项政事，有行政官以任其责，以总其成，固无俟教员、学生废居诸、荒功课以议其后。至于请设国会，则出自公众人民之意思，并非官绅独有之职权。无论有参预政治之资格者，固可与闻，即未有参预政治之资格者，亦不妨表厥同情，书名陈请。岂有一为教员、学生，而并此无废居诸、无妨功课之事，亦竟不得依附其间也？况浑言之曰教员、学生，而不别其何项之教习、何等之学生，则是凡为教习者，虽在专门法政之学堂，亦不得侈谈国会；凡为学生者，虽系高等大学之学生，亦不容率而署名。既夺其参政权，而又夺其鸣愿权，学部之束缚教员、学生，何其不留余地，一至于此耶！

且学部亦知，国人之请设国会者，非得已哉！强敌伺于外，既有得寸进尺之形；匪党讧于内，又有此仆彼起之势。于此而欲转乱为治，非设一上下联合、君民共治之机关，断乎不可。故识时之士，咸欲竭全力以求国会之组成，为公益非为私利，此心宜无不可见谅于政府诸公。即曰学界中人意气太盛，不加以抑制，恐转以热心国会之故，大起风潮，学部之为此言，似亦持之有故矣。然以今日之教员、学生论，其专攻教术与程度未及者，固未必欲置身于局中；若其究心政治原理，与深知改造政体之根本者，则对于请求国会一端，方将视政府之从违，以为忧乐悲欢之判。政府而有以偿其欲望欤，则为教员者，将以造成立宪国民为己任，而默定其方针；为学生者，且以勉副立宪政府之盛心，而致力于实学，尚何风潮之足忧？政府而终无以酬其志愿欤，则为教员者，将以政府之伪言立宪，而尽灰其心；为学生者，且以当轴之不顾民情，而大非其意。因怨生愤，因愤生仇，停课罢学、率众要请之风潮，或不免见诸国会失望之后耳。是则学部诸公，诚知虑及于风潮，亟宜赞成国会，以塞天下之望，以安学界之心，又奈何可以反其道而行之也？

虽然，人民之热心国会，为大局计，实为救亡计也。至如学部者，则惟知迎合政府之意思而已。政府对于国会之举，召集法则置而不讲，请愿书则搁而不呈，其为无意于斯已可概见。学部欲与政府诸公表其同意，而又虑莘莘学子，妄用血气以相争，致学部蹈虑患不先、管理不善之咎，于是以压制之力行之，欲使学界中人，尽如噤口之蝉，无声之鸟，而不敢于国会一置喙焉。此则学部诸老之微意也。呜呼！学部为总司教育之机关，而其虑预备立宪时代之意见、之行为，乃复尔尔，天下事尚何望哉！

《申报》，光绪三十四年五月十八日（1908年6月16日）

敬告禁止请开国会者

欲弭今日中国之内乱，整理国务，非改行立宪政体不可；欲抵制今日之外侮，以图保存，非改行立宪政体不可。此其故朝廷非不知之，否则，何以有预备立宪之明诏也？所谓预备立宪者，其名目至巧，既无限期，亦无范围，阅二三年，阅十数年，阅百年，皆可谓在预备时代。无一日不在预备之中，而无一日在预备之中，故其预备，由一世纪而至十世纪，皆可言预备，是预备乃永无实行之望也。朝廷既以预备立宪宣告国民，而国民亦将永为此预备立宪时代之国民以与之终古耶？参政之权利，吾四万万国民永无及身实行之望而迟迟以待耶？虽然，吾政府可待，吾国民可待，而各国不我待矣。

今日列强对我国之侵略政策，已视我国为涸中鱼，釜上肉，欲何如，则何如。其所以迟迟而未下决绝之手段者，以我国人数至多，民气未死，若骤下分割之手段，则民心未必能服，必麋彼国无数之兵力、财力，其结果如何，犹在不可知之数。故不如留此躯壳，与我腐败之政府相要求，可以无求不应，先吸收其精华，然后再从事于糟粕。此各国对我侵略所持之长技也，而我政府梦梦然，以为吾国尚有数十年、百年可待，见各省人民之请愿开国会者，必持以俟诸十年、数十年以后之毅力，恐人民之程度不足，而有躁进之虞。不知俟诸十年、数十年以后，非人心已死，或人民程度已足，而已无我国自开国会之余地矣。日本进步党首领犬养毅君之言曰：吾国欲成立国会，即在此数年间，否则列国亦无容我设立国会之余地。痛哉斯言！可为我政府与人民之一当头棒喝。我政府与人民而犹不警醒，殆天生之亡国奴矣。幸而今日要求开设国会，已成一般国民之舆论，我国之犹可图存而不至于绝望者，仅希冀此一线之光明。不旬月间，乃学部忽有禁止学生国会请愿签名之事，政府继又有禁止国民为国会请愿之举。而奉政府之命令施诸实行者，首见于汴省，其他各省当亦有继起奉行者。国民之为请愿书，请愿开设国会者，在各国立宪史上可为至平和之要求举动。翻观各国立宪之沿革史，谁不蹈流血之惨祸。吾国苟因各省之上书要求，竟能开设国会，实行立宪，在各国之立宪史上，吾国当占最有名誉之地位，以视英国宪法史上之光辉革命，其荣誉当有过之而无不及矣。

立宪之潮流，由欧西而及于东亚，日本迎其机而利用之，已与世界强国为伍。惟俄国偏欲与之反抗，适以助虚无党之反动力，今日死一亲贵，明日毙一大臣，卒因日俄战败，不能不顺其势而改行立宪，开国会予人民以参政权。以俄国专制之久，其力尚不能与立宪潮流相抵抗，而卒归于顺从，吾国亦可引为殷鉴矣。当事者不欲为和平之立宪，岂必欲蹈各国流血之惨祸，而始肯实行立宪乎？与其为流血之惨祸所逼迫，而仍不能不实行立宪，何如越过此阶级而实行立宪，速开国会，以为国史光乎？汴抚林公在各省督抚中犹为开明者也，而乃有立宪尚在预备，国民程度参差，国会断难遽请开办之谬论，则他省督抚逢迎政府之手段，更有不堪设想者。惟问今日中国之国会当开不当开，不问请愿者之为嚣张与否，为大臣者当以救国保民为己任，不宜以逢迎政府自保其禄位，而为政府之一机械疆臣。若专以逢迎政府为得计，则已失其独立作用，又何用此疆臣为？吾故曰：将来之中国，非君主亡之也，非国民亡之也，实断送于政府与疆臣之手而亡也。呜呼，噫嘻！

《中外日报》，光绪三十四年五月廿三日（1908年6月21日）

论请愿国会之运动

有是哉，国会之说，为中国民所罕闻也。然自闻有其说矣，而忠于谋国之心，不禁勃然而兴，群相竞以进取。虽曰民智未尽启，其知自爱者，已结成团体，运动政府，以开国会请。凡我友邦对兹，相与为中国前途贺，曰中国能立宪，治自蒸然日上，其谁则御之？特由政界以上观，不啻大洋海中风潮之顿起，势有难于坐视者。

夫愿开国会之运动，其能达目的与否，固不得臆断也。究其成否之理由，亦可不必问之，而其情自着。何言之？国会运动者，本中国人民政治思想之第一程也。夫中国人民，困于专制之日久，政治上之自由权利，举无所容其喙。当道者制一法，行一令，自以为不可移易，每有人焉议及之，则目之为横议，罪之以罔上。时而众庶会聚，计及地方公益事，一入官吏之目，即斥为恃众抗官，禁而抑之，并酷罚之，毫不为之宽假。是何如行政也，乃人民习惯成性，视以为寻常事，而罔知其他，虽侧目政府，终不敢诽议之。孰料今之时势变矣，内忧外患，接踵而来，专制政体之威权，日见其削弱，公议舆论之势力，因之而日增。政府当道者，为时势所迫，不得已请发明诏，宣布实行立宪之旨，以此数年间为预备时代。观政府所言者，誓已无他矣。然则今日之中国民，虽侈谈政治，而政府不得禁止也；虽结社立论，而政府不得抑制也；虽开公会，议政法，徒聚日众，(籍)〔藉〕合群之力，以迫促政府，而政府不得解散也。夫政府不得禁国民之运动，而国民复有发表政治之意见，振作公议舆论之责，谁则能间之者？故实行立宪之上谕，一旦颁自朝廷，窃以中国民政治上之运动，必郁勃而起矣。然其后将及二年，杳不见政治上之运动焉。所有运动者，曰铁路问题也，曰借款问题也，曰矿权问题也。此不过一地方一部局之事耳，至中国全局之问题，关于天下一家者，其运动寂然无闻。人或疑中国专制之弊，将民之政治思想早已掩没之也，其能如彼何哉？虽然，为是言者，未知请愿开国会之运动，已渐次萌芽也。

且国会运动之种子，既先播于国民之脑筋中，质有实行立宪之天热，渐跻自由民权之地温，而新学问、新人才之雨泽，又时为之沾濡，是以至于今，中国政治界特发生一种之新芽，大启政治运动之第一花。惟此花一着，而百花之竞芳，贡献于中国政治上之运动，将来愈活动矣。则其发生者、贡献者，自日进而不已。启发人民之智识，督催立宪之实行，所关亦大矣哉！吾侪是以不拘运动之成否何如，但以政治上之运动开始，实创前古未有之局，即谓为成功庆贺之，夫岂无故而云然？

日本之立宪也，当其初，亦有请愿开国会之举。一先觉倡之于前，数千人和之于后，自一乡以及州县，自州县以及全国，联众小社会为一大结社，以数十万合群之力，连名要求开设国会，于是朝廷上遂有定期十年后开设国会之明诏。迨明诏一颁，请愿国会之运动，变而为组织政党之运动矣。而自由党、改进党、帝政党等，不期年而成立，特开今日之大局矣。回思日本当日者，其情状何如，愿开国会之运动，果短缩其限期与否，未可知也；组织政党之运动，果适乎时机与否，亦未可知也。但此运动而后，有运动员之游说，有政党员之劝诱，是以全国各都邑，政治书籍流行，演说日形其无间，比户里闾，巷议政治者皆是，匹夫匹妇，亦知可否政党。时至三家之村，见其少年子弟，颇能仿大政治家、大演说家之谊，登坛而放言高论，以惊悟乎群徒。夫如是，人民政治思想既形其发达，而立宪之真意至味，浸渍于脑筋者久，谁不曰运动者，勿认为恶风潮，实有大造于国家也。以观今日之中国，各直省人民，似有知效日本之运动者矣，为此运动之人，果能推极其热心，历百折而不屈，以次鼓舞全国民气，使各州县、各行省，胥泯其畛域，化合其意见，合数万万之人，联数十百种之结社，不问邑里与市镇，不拘长老与青年，随处谈政治而求同志，随时开演说会，申明请愿之主义，又何请愿之目的，不能必达哉？盖振作人民之志气，养成立宪国民之资格，自有可期而俟者。苟非下愚者流，谁不赞成请愿之运动乎？政府诸当道，相与维持国是，以忠谋见知于主上，对于群黎百姓，非皆同种同胞乎？若果善自为谋，正以洽于民心、勿忤夫运动者为宜，更当听其所言而采纳之，以预备立宪，至于实行时，则明效大验，无或昧焉矣。犹得谓民无智识，俱可蔑视乎？热心人想共鉴之。

《顺天时报》，光绪三十四年五月廿三日（1908年6月21日）

国会请愿书已生毛矣

朝廷对于国民，有预备立宪之明诏，而都察院对于各省要求开国会之请愿书，即有预备代奏之搪塞。预备两字，其今日政界最适宜之名词哉！内地十八省，民气最发扬者首推湖南，故湖南雷光宇等呈国会请愿书亦最早。乃闻此书搁置都察院，已逾数月，延不代奏。湘中人士后举萧鹤祥等晋京催递。萧氏至京，严诘所以搁置之理由，有曰：如宪台不以所请为然，则可否应断自朝廷，臣下何能以私意擅为弃取。都察院又无中可留，天下所共晓，以宪台之明达，容有不知等语。其言亦可谓至切直矣。然吾为湘中人士慰之曰：诸君毋亟亟也，政界中人，不如此不足以言预备也。正惟其预备，而后有无期之立宪；亦正惟其预备，而后有搁置之请愿书。五年乎，十年乎，二十年乎，国会之开否不可知，而请愿书已生毛矣。而凡列名于请愿书中者，且老矣，死矣。

以云国民程度乎？一曰未足，再曰未足。以云预备立宪乎？今日预备，明日又预备。茫茫万古，莽莽前途，吾乌知其所终极也。

《现世史》第一号，光绪三十四年五月二十五日（1908 年 6 月 23 日）

敬告各省请开国会之代表诸君

今日国会请愿之声万方一概矣，各省纷纷议举代表入都赍呈请愿书矣，都察院拟俟四五省代表毕集即行入奏矣，政府决议于一月内宣布开设国会年限矣。机会不可失，手续不可忽，愿举所知，为各省之国会代表告，为各省未举代表而膺他日代表责任之代表告。

所告伊何？则各省代表宜急速北上，不宜延缓失机也。何则？政府之对于国会也，时在若无若有之间，然而又迭次会议，近且有一月内宣布年限之消息者。内有杨京卿之游说各堂，外有湘代表之催请代奏，衮衮群公，始稍稍动色耳。果使各省代表赶速入都，则以动机甫现之政府，遇万方一致之舆情，根本问题或即解决。不然，个人之游说效止一时，而请愿之代表未有后继，需以贼事，迁乃失机，素主反对之政府将有所借口，而国会之阻力咎不在政府，转在代表诸君之观望不前矣。乃观各省之国会请愿书，除湖南代表雷光宇等先尝赍呈，既而催奏，近拟另举代表再行请愿外，其他若直隶，若南洋华侨，则虽举代表而未能入都。若江苏则代表乍举而未有行期。若浙江、若晋、若粤则虽有议举之说，而未有举定之人。若云贵诸僻省，并国会请愿之运动而未闻有倡议者。举全国利害关系之国会，而独任湖南代表之入都请愿，孤援无助，力弱难谋，不可谓非各省士民之咎矣。然则各省之未举代表者宜速举，已举而尚未启行者宜克日入都，以作湘人之助力，一致要求，万籁齐奏，所谓乘时也。是为第一之手续。

既入都矣，则各省代表宜联合请愿，不宜单独进行也。何则？势孤则力弱，力合则势张。国会者，全国人民之事，必有全国一致之请愿，而后有以塞政府之遁词；尤必有各省联合之愿书，而后有以征全国之一致。不然陈说理由不同，愿书之措词各异，或偏颇于本省之利害，或疏忽于敷佐之援证，上书者言只一端，展览者目迷五色。以无甚见解之政府，见不相一致之陈词，其结果将顾而之他，倦而思卧，舆论之势力不几见轻矣乎！然则，各省必举代表，各代表宜速毕集于帝都者，所以示请愿国会人有同心，明各省之自动也。各省虽有入京之代表，而请愿书宜合上一通者，所以集全国一致之意思，厚舆论之势力也。窃愿各代表入京以后，宜即合议一请愿书，以同一之理由，同一之语意，利害以统筹而得体，援证以集思而愈确，采各省请愿书之精义，而汇成一全国之请愿书。全国之请愿书，即全国人民之意思也；全国人民意思之机体，即各省入京之代表也。是为第二之手续。

请愿书既赍呈矣，则各省代表宜认定请愿之目的，不宜受政府之羁縻也。羁縻手段为政府所特长，受人羁縻为吾人之恒性。平居慷慨谈国政，临行意气甚激烈，一身膺付托之重，一心谋家国之安，乃一入京师之政界，而相公厚我之结果，顿易其素志者，盖有之矣。无他，施羁縻者稍出其手段，受羁縻者已入其玄中，吾民之程度使然，不必讳也。虽然，今日之代表，代表人民对于根本问题之意思者也，其请愿为创见，其责任为极重，其对于政府之素恃羁縻，当又为诸君所夙知。诸君挟早定国是之壮怀，膺全国同胞之付托，为国家策前途，为同胞谋幸福，必不为一身计利禄。然而道路传闻，政府拟虚悬资政院议员之席位置诸君矣。诸君者，要求民选议院之代表也，资政院者，不上不下之议院之性质也。各省人民之付托诸君者，求民选议院之早立，谋各自之幸福，而非为不上不下之议院举议员畀诸君之位置也。政府既将以此席施其羁縻手段，则代表诸君于请愿一事，其勿眩虚荣，屏绝羁縻，而认定民选议院之目的，以与政府相周旋，诸君所宜注意者也。是为第三之手续。

目的既认定矣，代表诸君宜神其贯澈目的之词令，妙其谋达目的之手段，不宜仅呈请愿书为足尽代表之能事也。何则？国会之性质若何，组织若何，一切之手续若何，若何而必须有国会，若何而非设国会不足为真实之立宪，若何而不早设立不足救今日国家，其理复杂，非楮墨所能罄意者也。广喻曲譬，显说浅言，百变不离其宗，而引申请愿书之意思者，殆必有极妙之词令，而后沉沉之政府乃有豁然开朗之一日。所谓神其贯澈目的之词令者，此也。虽然，国会者，政府所顾忌者也。设以顾忌之故，而訑訑之声音笑貌，拒人于千里之外，则代表诸君虽有极妙之词令，所谓不入耳之谈，来相劝勉，口说之效用，将焉所施？其必待一施而贯澈所目的者，殆必视诸君之手段矣。夫以光明磊落之请愿，遇无意于国会，或且反对之政府，而藉手段以进言，此势之无如何者也。手段无取乎暧昧，择反对最力之政府，就其所器重者，振聩启聋，以谋得其助力，得助矣，则迎机善导，以解反对者之偏蔽，而冀其成功。所谓妙其谋达目的之手段者，此也。是为第四之手续。

词令与手段，所以为请愿书之助力。请愿不能必应，代表诸君尤宜继续上书，不宜稍阻即怠者也。何则？政府方兴高采烈组织资政院，以为议院之雏形，而全国人民忽群起以求正式之国会；政府方饬办自治，以为立宪之始基，而舆论一般忽同声以谋国会之先设；政府方深闭固拒，禁阻请开国会，以为国民程度之未逮，而各省代表，忽毕集以呈国会之愿书。其意思既相抵触，则此次请愿不能一叩即应者，意中事也。虽然，吾人既认国会，为早设之必要，则政府虽有拒绝之事，请愿当无中止之理。请之而不应，则继续上书，以谋得请而后已，此代表诸君之责也。或谓继续上书之代表，不妨另举。例如日本当国会运动之初，请愿之使不绝于道。又如湖南因请愿书之搁置，另举代表，所以示人民之热诚。理当如是，然以地方寥廓，交通不便之中国，而代表入都，一请一易，则边僻如云、贵，行且以长途跋涉之故，懈其国会请愿之心，非持久计也。然则举代表者，宜一次举定，而不必其屡更。任代表者，宜持以毅力，而为继续上书之预备。是为第五之手续。

信能行此五者，国会之设立殆将不远矣乎。呜呼，代表诸君勉之矣。

《中外日报》，光绪三十四年五月廿八日至廿九日（1908 年 6 月 26 日至 27 日）

论国民皆宜加入国会期成会

今日者，群知以国会为中国救亡之问题。虽然，国会果由何道而成立乎？考之各国之历史，有由于君主之承认者，有由于国民之力争者。要之，今世各国莫不有代表民意监督政府之机关，而此机关之所以成立，无论出于君民之交让，或出于国民之自力，皆非以国民为之原动，则末由告成。国民苟自放弃其天职，而不汲汲于经营监督机关，使此专制之政治，永跋扈于终古数千年文明之古国，随此专制政治以俱没，则亦已矣；苟其抱改良政治之热望，而有与世界列强争衡之心，舍成立监督机关以改造政府，奚由哉？夫政府对于国会一事，非有深闭固拒之心也，徒以国民未表示其需要之决心，未尝为激昂之请愿，遂致迁延复迁延，蹉跎复蹉跎。或借口于人民程度之不足，或成立一二似是而非之机关，以为敷衍搪塞之计。在政府怙其数千年专制之旧惯，把持其独裁之大权，忌有人焉甚乎其旁而实行监督之举，原尢足怪。独奈何号称国民者，亦伈伈伣伣而不早为之计也。使政府果有组织国会之决心，或政府所组织之国会，果无以异于国民之所组织者，则吾宁独苛责吾国民而薄待吾政府。然尝浏览东西各国之成史，诇察吾中国之前途，知非组织国会，万无可以救国之理；而组织国会，万无可以倚赖政府之理。使组织国会而倚赖政府，彼东西各国之国会，至今且无一能成立者。何则？国会者，与政府分权者也，当专制气焰鸱张之时，政府何乐以完全无缺之权力公诸国民，令国民而有一分依赖之心焉？微论国会之组织万不能几于完善，而先已无可以成立之道。是故今日者，国民当先求国会之成立，而国会之组织，及其组织之能完善与否，犹属于第二问题。苟国会而为国民所成立者，其组织未有不完备者也。苟不为国民所成立，而属于政府之自动，其成立之根本主义，已大错谬（如今日资政院之类，非以代表国民，而以代表政府也），而徒与之争组织之末节，是所谓放饭流歠，而问无齿决也，岂吾国民要求国会之始意乎？

迩来海上各政治团体，及国中之耆旧有德望者，仿日本要求国会之法，组织一国会期成会，以为国民主动之先声，要求者之后继。其宗旨在于代表国民之国会，其要求自一次以达于数千百次，勿得勿休焉。数月以来，响应者颇众。吾闻之，不禁距踊三百曰：有是哉！吾国民发愿之宏，而收效之捷也。凡我国民，皆宜取得会中一分子之资格，以供后先奔走之役，而以成立监督机关为最终之目的。综其宜加入之理由，厥有四端：

一、泯省界之纷争也。数年以来，于满汉之纷争以外，又加一省界之竞争。虽经志士仁人之融合陶冶，而畛域綦严，交通不便，终无以沟通之而联络之也。今日国会要求、国会请愿之声已遍于海内，而各省之单独起而要求者，如湘，如皖，如苏，如浙，如豫，时有所闻，使非联合二十一省者，为共同之要求，则今日种省界之萌芽于要求时者，他日即酿省界之纷争于国会以内。夫国会政治之所最忌者，即地方党派之分裂是已。地方党派分裂之结果，惟断断于地方区域之利害，而置全国之利害于不顾。此地方区域之利，或即为彼地方区域之害，于是而冲突生焉。故凡不以一国之利害为前提，而以一地方区域之利害为前提，缺乏公共之观念者，其危险常及于立宪政治，此不可以不察也。今之国会期成会者，全国共闻之团体，而非地方的团体。凡加入此团体者，惟以求得国会为目的，而不以省界为区划，不独较各省单独请愿之举为有势力而厚集声援，即以后国会中省界之恶感，亦可消灭于无形之中矣。

一、联农工商各界之情感也。我国之号为士者，虽列于四民之中，而与农工商毫无关系。士固不屑俯与农工商侪，而农工商亦不欲伍士以自浼。故举一事也，虽有少数识字之士人，为之呼号奔走，而占全国大多数之农工商，仍漠然无所动。即以农而论，各国不出代议士不纳租税之名言，为要求国会最犀锐之武器，试问我国之农，能知此义乎？又试问我国除农以外，其余者能有几亩之薄田，足以致政府之死命乎？他如保护商业政策，及奖励工业政策，皆各国国会中几经讨论之问题，而我国则以无国会之故，遂致商困于廛，工疲于肆。各国经济膨胀之势力，随欧风美雨以俱来，不出十年，吾国人民将尽为饿殍，以长跪丐余沥于白种之前。故国会之能开与否，在我国之经济界，尤为生死存亡之问题。何则？无国会以恤农、通商、惠工，生利者少，分利者多，经济涸竭，国亦必亡也。我国之农界、工界、商界而明此义也，投袂而起，争相要求。为之士者，又复唤起其爱国之精神，鼓吹其权利之思想，使其视线争注于国会之一途，万众一心，不得不止。彼专制政府虽顽强，焉能与此至强之国民心理相抗乎？

一、破党派之界限也。近岁以来，政治团体勃然兴起，一则应于世界大势之所趋，一则应于国民心理之必要。中国苟能自存者，舍此政治团体莫由也。顾政治团体者，有主义而继续之团体也。有主义则凡加入团体者，皆为主义所拘束；必继续，则凡团体员之去就，皆不得自由。故我国识时之彦，耆旧之伦，恐其去就不自由，多不欲受团体之拘束，而相率出于徘徊观望之一途，此最足为政党前途之障碍也。若加入国会期成会，则无虑是。国会期成会者，非有主义之结合也，不过一单纯之目的而已。此目的若达，则其主体立即消灭，故又无继续之性质。惟其如此，故无论何种党派（限于立宪范围以内）皆可加入，以其主张立宪，断未有不主张国会者；既主张国会，断未有不欲速其成立者。即党派以外之人，既无主义之拘束，又无继续之义务，皆可加入其中，同向于单纯目的以进行。进行而得焉，岂惟各团体之同一之感情经此一度之结合而益加，党派以外者亦渐与各党派相接近，而共策国家进行之前途，国利民福，实攸赖之。

一、定学派之指归也。我国近日之学派，亦纷挐而无一定哉。言教育者，鄙政治为空谈；言实业者，嗤法政为虚器；言军备者，斥政治家为文儒，不足御缓急。凡此言皆仅见其一方，而未见其全体也。平心论之，国家根本之方针不定，则教育行政、农工商务行政、军务行政，皆飘摇而无所依据。国家根本之方针何以定？定于有责任之内阁。责任内阁何以成立？成立于监督机关之国会。故定国家大政之方针，整理各部之行政，非俟之国会成立以后不可。因政治者，国家之根本也；国会者，又根本之根本也。非政治改良，则教育、实业、军备，皆成具文；非国会成立，则一切政治无从着手。世之教育【家】、实业家、军事家，徒怙其一偏，而着眼于国家根本之改革，奋然以要求国会，如此而犹谓国会不能得者，吾未之信也。

呜呼！今世何世乎？吾人侧身四顾，几无复容我插足之地。岂茫茫神州，终任其陆沉已耶？我国之运命，少或五年，至多亦不过十年。此十年间少纵即逝，吾愿吾国民之急起直追，而以成立国会为救国之第一着也。

《现世史》第二号，光绪三十四年六月初五日（1908年7月3日）

论宣布国会期限之纷议敬告已入政府留学诸君

天下事有明知其必不可行者，则毅然断然拒绝之可耳；若明知其可行，而又非行之不足以救国家之危难者，则毅然断然行之可耳。朝不俟夕，又何暇迟回审顾哉？今之讨论开设国会问题，乃为改行立宪政体国中所当有之事实，无国会不得谓之立宪国，故一日不开国会，一日不得谓之实行立宪。虽朝廷已宣布预备立宪，若不开国会，虽谓终身在预备期中可也，而卒无实行立宪之望。况吾国之内乱外侮迫切，非实行立宪，不足以新列国之观瞻，而杜外交之狡谋；非速开国会，不足以唤起人民之责任，而促政治之改进。今日之议开国会，乃为救吾国存亡关系之一大问题也，故宣布国会期限之迟速，即关系吾国存亡之迟速。例如医者之治疾也，以久患麻木不仁之病夫，医者苦心研究，必得良法以治愈之。久之而得一治愈之良法，且非用此法，不足以治其病。是时病者之自身固亟欲望医者之施良法以治其病，而医者亦亟欲以其研究所得之方法施之，独与病夫相关最切之亲族子弟，以告医者曰：吾非不知尔治法之可以救危于安，吾又非不知病者之日迫于危而亟欲求治，然吾犹迟疑未果，姑请俟之异日再行施治。可乎？未几而病者日益加剧，且外邪侵入，已不容医者之施治，乃悔之无及，徒唤奈何。

今政府对于速开国会期限而主持纷议者，非犹是病夫待医者之治理乎？朝廷已早知非改行立宪政体，不足以图存，而与列强相并峙，故庶政公诸舆论之诏久已颁示天下，其望治之心不可谓不切。而人民亦深知内乱外侮之日亟，非合全国民之力量，尽组织国家分子之义务，不足保全此国家之存在。故各省人民之请愿开国会者，纷起集于京师，人民愿为国家负担责任之心已可概见。今日之朝廷与人民其亟于望治之心已合为一致，惟政府诸公犹在迟疑瞻（愿）〔顾〕，乃一欲决诸宪政编查馆之留学诸君意。留学诸君必熟于各国立宪之历史，又久客外国，目睹各国政治之修明，而回顾祖国政治之不振，外族之欺凌，一旦身当其地，必能设法建言，以速救我国之危亡。不意留学诸君之意见各别，或主五年，或主七年，或主十年，甚至有主张迟至二十年者，其纷议之现象，实出人意料之外。立宪政体之善，当为留学诸君所夙知，吾国之必欲立宪，必欲开设国会，留学诸君所抱之意见当亦相同，而必欲主持迟至五年、七年、十年、二十年者，明知其不可不为，而偏欲迟迟以待之，其理由何若？如谓人民程度不足以当议员之选，岂诸君今日程度，果足以当参与宪政之任乎？以四万万之民众，而选举少数者如诸君今日之程度之议员，犹可得也。或者曰，是非程度不足之问题也，是全出于已入政府留学诸君之私意。今日入政府之留学生，非昔日留学时之留学生可以并论。今在政府之留学生，习于专制政体中之可以便宜行事，易施压力；否则若有国会，如彼报律、结社律何以得制定颁布。必经议会之修正，若辈即不易施其逢迎大老之手段，而遂其升官发财之目的。故不敢明目张胆以反对舆论，乃出此迟延之策，以为苟延之计，其居心不可问耳。

记者曰：是未免以浅见推测政府之留学诸君矣。既为留学生，其心目中必有异于非留学生之知识。二者之说，是乎，否乎？还以质之已入政府之留学诸君。

《中外日报》，光绪三十四年六月初十日（1908年7月8日）

开设国会年限缓急问题

由空谈国会之阶级，而共认开设为必要；由决意开设之结果，而进究年限之缓急，此不可谓非今日之良消息，而上下意向渐有接近之机也。

披数家之报纸，日接触吾眼帘者，非今日上下共究国会年限之汲汲乎？宪政编查馆之会议也，其主张之年限为十年、七年、六年、五年；立宪公会、政闻社之电达政府也，其主张之年限为二年、三年。以彼期期争论，若谓多一年不能，少一年不可，而明指若干年为国会召集之期者，殆必有正确之理由。吾人既未闻其理由，则姑就主急、主缓两派，而讨论其孰宜，亦颇有兴味之问题也。

我不能谓，主急者果能免欲速不达之讥也。以地广人稠如中国，则实际之调查也难；以各省方言彼此难通如今日，则议院之建议也难；以满蒙藏回汉杂居之民族，则户籍之清查，国税之标准，住所之规定，选举区之分配，选举权、被选举权之制限，其手续甚繁也；以百废待兴，财政紊乱，豫算制又未确立之中国，则规定豫算制度，为他日豫算案提出之预备，而有待议会之协赞者，其编制又甚难也。即此数端，已非仓猝能办之事，其他关于国会之组织，至细极繁，而召集之前，必当为一切之预备。以如此重大之事，而谓二年、三年或五年终了一切，此当为主缓者批难之理由，不识主急者曾熟筹之，而有以解决之否也。

我亦不敢谓，主缓者果能免（需）〔濡〕足贼事之患也。政府之承诺国会也，不过偶然之赞成，势急则难阻也；人民之要求国会也，未有可恃之毅力，期缓则易怠也。当政府难阻，民气未怠之时，而迟回审慎，迁缓其开设之期，则以年高政繁之政府，不数年而淡焉处之，杳然忘之。虽不淡忘，而燕居转念之余，私心以为不利于己，则邪说如某公者，方将乘间竞进，政府虽无食言之心，然展期践行之事，邪慝者必有词以代解。而况静观民气，稍纵即逝，当其兴会淋漓之际，外着之精神真若有泰山可移，此志不夺之概。而历时稍久，则泄沓嬉游，相忘于无事，不及今上下同心之日，决定最近之年限，以摄天下之意志。此当为主急者批难之理由，不识主缓者亦曾顾及之，而有以保证之否也。

两派之主张，不必其有所偏蔽也；缓急之理由，不必其繁征博引也；年限之争论，不必其斤斤于一二年，如贸易场之论价也。虽然，有二事焉，足为主缓、主急之参考者，则首观内外目前之情势，次察上下办事之精神是也。

试言对外。外交棘手矣，内政干预矣，路矿外夺矣，教祸剧烈矣，丧地失权，警报日至，无理要索，对付日难。不及今集国人而共谋合舆论以盾后，则人方急进，而我主缓图；人方协以谋我，有一日千里之势，而我乃上下雍容，为十年预备计。傥非至愚，决不因我之预备未终，而相率久待，以缓其侵略之方针；倘非至愚，焉有见人之寇我已深，而从容布置，以丐其侵略之稍缓乎？

再言对内。财政奇绌矣，糜费无算矣，外债滥募矣，政费无区别，侵蚀任自由，满地散沙，一筐乱发。不及今予人民以监督，设各种之机关，则国家之破产可立待，官吏之诛求益无艺，而人民之负担必不堪。上有任意行为之政府，下有急图破坏之乱党。当民不堪命，转瞬万变之时，而谓参政之权姑俟异日异日者，国事益坏，无可收拾，乃欲进国人而谋之，我知其不待谋而噬脐无及矣。然则就内外目前之情势，而定一最短之年限，实为不易之理由，主张国会者所宜注意者也。

资政院设矣，而半载以来，支俸筹款以外，未办一事也；度支部拟订预算决算表矣，而文牍往来以外，无其实事也；各省设谘议局矣，而所谘所议者，迄不知其何事也；省会又设调查局矣，在事诸官守老子“其弥远出，其知弥少”之戒，而各地之风俗习惯，初不闻一出而调查也。此在上者办事之精神也。诏许人民预备立宪矣，而七月十三之谕旨鲜有能道及者也；官饬省县设自治局矣，而地方绅士初不过问也；请愿国会闻风兴起矣，而代表举定迟迟吾行也。此在下者办事之精神也。夫使上下而犹是精神也，无论最短之年限不能毕国会召集之预【备】，即迟至十年，或竟如高某之妄主二十年，窃恐玩时愒日，预备之手续仍未既也。使其能自警惕也，则以内外情势之见迫，鼓其剑及履及之精神，而从事于国会之组织，捐意气而襄大业，即此二年，虽未成完全之国会，而大体固已略备矣。然则主张国会者，其深鉴内外之情势，而急主开设以振上下之精神，谋国者固当如是也夫。

《中外日报》，光绪三十四年六月十一日（1908 年 7 月 9 日）

敬告国会请愿者

石　公

自国会问题发生以来，各地之请愿书纷纷而至，吾不禁欣喜欲狂，三呼万岁，为吾中国祝，且为我国民祝，以为吾有此民气，不惧政府之不我从也。虽然，吾细查请愿书之署名者，多不过数百人，少者仅有数十人。此数百人及数十人者，何人也？曰：官多而绅民少。噫，异矣！近日之请愿者类皆分疆划界，别之曰某省某省，岂此少数之官，遂可代表多数绅民之全体意志耶？抑谓绅民无此资格担任之官吏，绅民可不过问耶？由前之说，我国之各地，恐不能有此坚固之团体，合全省人民之自由之意志，决议以举此代表也。由后之说，是我国民尚不知此事为何事，今日为何日，无政治的思想，作旁观之路人，天下大事，国家兴亡之大计，不肯引为己任。前之以不负责任责政府者，今且以之责我国民。

呜呼！吾爱国会，吾不能不怨我国民矣。吾尝谓，我国民对于国家消极的，非积极的，以自居于被治者之地位也。自前年预备立宪之诏旨下，所谓预备者，非仅政府之预备，谓举国上下齐心努力以预备之也。然二年以来，政府所预备者已如九牛一毛，无济于事，而回观我国民，仍淡然默然，大有秦人视越人肥瘠之感，痛痒不相关，以为今将立宪，吾小民即可束手以待，作立宪大国民者。嘻！历考各国宪法之所由来，固未有得之若是易易者也。

夫国民之所宜预备者有二大端，一曰研究地方自治，一曰组织政治团体。吾国之地方自治，言之亦可慨已。去年各省请愿自治也，政府令直隶、奉天等省立自治局先行试办。夫自治何以必分省界，岂以此省能自治，彼省不能自治乎？此别为一问题，不在吾所论范围之内，吾姑不具论。即以自治局言之，官立也，非民立也，故地方自治之结果，设一自治局而已，且设一官立自治局而已，则我国民自治之程度，亦可见矣。

至于政党一事，尤为我国民所未闻。政党者，不拘身分，不论省界，合主义相同者为一团体，以为活动进行之方针。我民心所以不固，而民气所以不振者，皆坐无党为之引线阶梯。而今日国会请愿，官吏多而绅民少，亦未始不由此结果登生耳。吾思之，吾重思之，日本之国会请愿也，聚数十政党之人员，合二府二十三县之人民，以日本全国民之资格，对待政府。今我国之请愿者，官多而绅民少，已失主客之形势；分省以为请，又成孤立之现象。今敢告国民，国家生死关头，争此一举，扶大厦于将倾，系安危于一发，此而不动，无复活动之日矣。吾愿国民之未请愿者，急集合同志，以作背城之战；已请愿者更联络他人，以备再接再（励）〔厉〕之举。

时乎时乎，不再来，错此一步无死地。吾书至此，吾不觉拔剑斫地，呼酒向天，为吾国民祝，为吾中国前途祝。

《北京大同日报》，戊申六月十三日（1908 年 7 月 11 日）

论今日国民之请愿国会不当阴袭阻挠国会者之故智

心　史

有根本法，有枝叶法。已规定立法、司法、行法之各机关，然后法由是出，是为枝叶法。是由明法者制之，而多数人奉行之。非究极法理，采取其最美善者，以餍多数人之望，必不足以自命为法，然且有万万不能不采惯习以入法者。至根本法，则将用以为法所从出之地，使定法与奉法之人合而为一，以表现其心理，然后明法者有所依据，以为采取之标准。故曰国会为根本法，既为根本法，即无疏密之可言，凡以令国民心理有所表现而已。且夫一国之民，多数既以为是，即少数人不得以为非。欧美之国会，其所主张，何尝尽合公理？有如美虐华工，美之人立个人之地位，亦恒以为不道，一下其议于国会，则为一国之生机计，工党无不胜者。夫有国会之后，不能遽束缚以公理，与未有国会之先，不能束缚以柄凿不相入之各国议院法，其故一也。

今之中国，患人民无责于其国而已，有国会而后负责于国。寰球有国会之国无一同者，彼岂不能择最美善者以衷于一，亦以表现己国之心理，非表现他国之心理。能表现即为美善，其中彼善于此者，乃真视程度之高下以为之，故有程度不及他国国会之国会，断无程度不及己国国会之国民。而论者动辄于户口、财产之制，难之于选举之始，以估计国会之年限。此日日言请愿，日日言允许，而其实皆阻挠之策也。夫评骘其议院法之疏密，乃有国会以后之事，及今不为救祸眉睫之计，先狺狺争国会程度之美善，此在愚弄国民之政府，出此犹有为也，吾独怪学法学者，死执国法学数十纸，以为合乎此者，乃为天下之至允。其实此学者亦多半学自新兴之日本，而或五六年，或七八年，或一二十年，俨然各递说帖，持之有故。此其人，吾无以美之，美之曰于式枚第二。虽然，京曹之主张五六年以下者，固无意识矣。各团体之主张二、三年者，亦殊不解其所谓。幸而预备立宪公会之第二电，声明其旨曰：所谓二年，乃立与施行之谓。然则其所需之时期，不过召集以至施行，所经过之日月耳。夫国会当开，何待今日？向使秦汉而下，递阐三代以上之公心，则国会已开数百年可也。迟至于今，犹不自恧，乃曰几年几年，然后可开，此真月攘一鸡之笑柄焉耳。夫争缩短年限，此固开通者之所为，然苟非有后电之声明，吾犹疑其不免为于式枚第三也。

说者谓，今日国民之对于国会，非请愿问题，乃年岁问题。各省代表之人入京，乃要求缩短年限之代表，非要求开设国会之代表。盖开设国会已上秉庙谟，中叶枢议，无所用吾士民哓哓为也。吾窃以为年岁问题中，尚当分本原之年岁与手续之年岁。夫国会之当开，在今日已为后时，特往者不可谏，姑许其自今日始，其中更无可以停顿之时机，即无所谓本原之年岁。但计今日即立下明诏，几何日而议员已集于阙下，则不能不稍需以时日耳，此所谓手续之年岁也。虽然，此其中又有大虑存焉。

今天下抗论之士，除于式枚一人之外，其敢于反对，谓国会为不当开者，久已无是人矣。然则所争之年岁，要言之，亦仍是手续问题。

一误于根本法与枝叶法界说未明，误以为今日之议国会，即是议法。夫自以为议法，则方且以多数故实为淹雅，多设疑难为精密，多据学说为圆满，充其量，阻挠之力，可驾乎于式枚而上之。盖坚执政法讲义以争是非，则吾国之财产、人口，并有非国会成立无能立调查精密之法者。或以选举法不备而议国会，疑其倒果为因。抑岂知吾国之事实，正以国会成立为因，选举法乃其果乎？特选举法加备，而后国会加良，此则果之后又有因，因之后复得果耳。故第一当知选举法当以意造，先召集国会，乃以选举法之组织付之。此欲不为于式枚者所当注意者一。

次误于以国会为法律，不以国会为生命。以四万万众之国，并无意思机关，【如】人之有身，支体悉具，而独无脑，虽极美备，不过偃师之巧，可以为俑，不可以为人。惟国亦然。吾国乃国之俑，时有一二凭以为厉者，脔割其肢骸，以果魑魅之腹。吾国民初不知之，今灵魂将醒，知为厉者脔割之可畏，而初无能力以运用肢骸而对抗之，所谓神不守舍者是也。有国会而合灵魂复合于体魄，是故生命之关系，学者欲以口舌误之，而适与高高在上者以程度不及之借口。天下之非笑今方集于于式枚，后必集于此议论繁多之学者。此欲不为于式枚者所当注意者二。

又次则误于选举法不备，议员必不得人之理想。夫各国之选举法，大抵注重于财产、人口之比较。夫人口、财产谓与人材之高下，有的确不移之关系，谁其信之？然则断断于人口、财产者，亦曰吾读之国法学书，吾所受之国法学讲义，〈不〉如是耳。吾非谓中国之选举，不当从人口、财产为分配，然一二次不从其分配，一以名誉、资望收之，其所得必不远于人口、财产所分配者。议员之数有限，以吾国之地大物博，所举多不过数千人。无论用何旧区域为界畔，旧册籍为根抵，旧团体为机关，所推出之议员，大率必为古百里之国之善士。以一国之善士，投身于政界，而谓赀郎纨绔，以至八股之真才，庞然于政治之地，而己不抱愧，人不窃笑，独虑一国之善士，程度不足与相衡，此出于赀郎纨绔与夫八股家之口耶，抑普天下人有积非成是之惑耶？此欲不为于式枚者所（首）〔当〕注意者三。

最次则误于吾国视立法为一成不变之作用，故开国之功令，可以听其不合于事实，而相戒以祖制之难违。今日国会，创举也，老成之士，以为不可不慎之于始，恐将来不可救正，此大谬也。夫惟以法律之一成不变为虑，是乃不知国会时时可为改良法律之地也。要之，请愿之代表络绎入京矣，吾愿持论于代表之后者，举无以寻常议法之眼光，致为于式枚第四、第五，乃至无穷之数，以自相牵制也。凡此皆不欲为于式枚者所当注意者矣。

《时报》，光绪三十四年六月十七日至十八日（1908年7月15日至16日）

祝国会期成会成立之前途

凡办一事务，不可不先组织一机关。必有机关之设置，而后始可为种种活动之行为。举一例以言之，大者如国家，小者如公司，若无各种机关之设备，决不能为活动之行为。文明国之国家，有国务大臣为行政上之执行机关，有国会为国民发表意思之议决机关。股份公司之设立，有总理、董事为业务上之执行机关，有股东总会为各股东发表意思之议决机关。公司中如欲变更各项之组织，及关于一切收入支出之报告，不能不召集股东总会，以探股东之意见如何，犹之立宪国之国家，关于全国之立法事务，与财政之豫算决算，每年必召集国会，以俟国民选举之代议士之议决。故无论国家，无论公司，必分执行机关与议决机关为二种，然后合二种机关以处理事务，其所处【理】之事务，始克无偏重之虞。而在专制政体之国家则不然。

专制政体之国家，仅有政府之执行机关，而无国民意思之议决机关。其所谓政治法律者，即以政府之意思为执行，无须取决于国民之意思，且能令多数之国民服从少数政府之意思，所谓专制独裁政体是也。专制独裁政体在二十世纪，已决不容于地球之上，因不适合于立国之公例。国家之必除专制而改为立宪，乃立国之公例所当尔。顺之者昌，逆之者亡，全视乎有国家者之自择焉可也。

吾国由专制而改为预备立宪已阅二年，然空言预备，而预备终无止境，可谓无日不在预备中，而实无一日在预备中。政府以此名词欺国民，而国民复以之自欺而已。近者各省士民上书请愿要求速开国会者，已逾五六省，而继起者犹方兴未艾，已由预备而渐进于实行。然各省到京者道途远迩不一，且久留京师费用亦巨，终不可不组织一国民常设之机关对待政府，以便随时可为积极之请求。顷沪上之四大政治团体发起一国会期成会，当开成立会时，人民到者蜂挤，会所几无容足地，可见国民之政治思想日见发达，对于请愿国会无不热心，希望其速成。此国会期成会虽由四大团体发起，然至开成立会时，已为完全组织之国民机关。

凡有组织国家分子之义务之中国人民，皆可为国会期成会之会员，而组织各政治团体之分子，是亦得以个人之资格而加入为会员。故国会期成会，实可谓为四万万国民常设之意思机关。在立宪之国家，有国会为国民意思之活动机关；当预备立宪时代之国家，尚无国会可为国民意思之活动机关，故组织国会期成会，萃全国民之知识意思，从种种方面而为活动之行为，必达于国会成立而后止。国会一日不成立，则国会期成会一日不能消灭，会员之活动行为一日不能终止，此国会期成会当视为组织我国民选议院之国民机关可也。

先是，我国无国民机关，故国民欲有所行动，不能自由，必仰仗于他种团体为活动，往往受人牵制，道旁筹议，不成者十之八九。今国会期成会业已成立，国民有可以自由活动之机关，嗟我国民，毋再蹈前此倚赖性之覆辙也。当日本改行立宪政体时，板垣退助请开民选议院，组织国会期成会，请愿书数十上，卒能达开设民选议院之目的。当时会中不乏爱国志士，奔走四方，以为坚苦之运动。吾国内乱外侮，纷至沓来，热心爱国之志士，具一腔热血，为全体国民请命者，当不乏人。吾知异时维新告成，当不让河野、木户诸贤专美于前，不禁拭目为我全国民馨香以祷祝之。

《中外日报》，光绪三十四年六月十八日（1908 年 7 月 16 日）

国民当请愿国会时代试再读集会结社律

心　史

本律之最耐寻味者，在第十条：凡政事结社人数，以一百人为限；政论集会人数，以二百人为限。夫寰球各国，有设为秘密结社之禁者矣。既不在禁例，而又限其人数，此为万国所无，不知宪政编查馆暨民政部诸秉笔人，何以敢悍然自用，而大书特书如此？今试检其进呈该律之折，固曰“仰体圣谟，参酌中外，谨拟成结社集会律三十五条”。意者其他各条多参酌乎外，而此独参酌乎中者也。夫参酌乎中，则宜曰事不干己，曰不守卧碑，曰禁谈时事。无论结社集会，即其政事、政论之名词，已在法纲之内，参酌之而仅以人数为限，是诸公之宽大也。吾党尚哓哓于此，诸公必以为加惠而不知感，又求多焉。所谓民之无良，相怨一方者矣。呜呼！吾观折稿，其所以不深非结社集会者，一则曰独谋常绌，众谋常工；再则曰，稽合众长，研求至理。诸公之意，固以学术艺事之流，视此结社集会，是本茫然于政事所以结社、政论所以集会之故，宜其以本律为逢迎专制之作用也。据本律第二十二条：教育会、商会、农会等之结社集会，不在此限。则学术艺事，本不定以人数众多为贵者，诸公反以为不足忌而容假之。至政党之势力，万国所据为国是之指针者，诸公独限制之，既为立宪之敌，又生专制之疵。学政法不见其大，恃其能奋笔勒为条文，以取备于非驴非马之法律，可哀也已。

吾尝闻统计学者之言，万国之于政治统计，恒视选举议员时投票者之数，与被选举者之数，出于何党者多，即决其政策之当倾于何向。且始未有此一党，浸假而萌芽，则知国民心理中，有此一段利害之关系；又浸假而蔓衍，则知此一段利害关系，已有多数国民感觉焉，刺激焉，乃相团结而谋其救济之道也。故实业盛而工党之势力亦盛，贫富日相悬绝而社会党之势力亦日昌。谋国者非日趋于保护劳动者，递重所有税等等之政策，必不足以得国民之心。且非以要结为私也，为一国之生活计，亦利害无切乎此。故政党之散漫，即国民程度之低。英惟为纯粹两政党，进步党失之锐，则保守党起而缓之；保守党失之钝，则进步党起而厉之。一张一弛，文武之道，精意如此。吾儒不知政党为何物，因不知张弛为何事，乃以一治一乱当之，则《传》何以不言一张一弛，尧桀之道？张弛均就文武言，故知张固治，而弛亦必非乱也。然非如英之政党，不足语于此也。吾党亲见日本议院之坐次矣，某党议员占若干坐，标而出之，不相揉乱。政友会与宪政本党，隐然师英之两大政党，特无奈有少数不立党派者介之，有畸零小党派介之，此即所谓程度之不及者也。故政党也者，以多数为贵。多数固能表现国民之心理，而行政之君若相，乃得视党员在议席之多寡，以定其施政之从违。故国无拂人之性之政，君若相因罕菑及其身之忧。夫因程度不及而政党未能纯粹，宜如何愧叹惋惜，而蕲其终不久沦乎？此诸公乃欲挟法律以离披之，此在今日出乎诸公之手即成法律，诚可不愧不怍以订此文矣。若问其定此律之具何理论，则诸公之庞然为法学专家者，固出于群盲之相引。然即问法学门面语，天下固有无理论之法律乎？诸公胡颜之厚也。

吾再检折稿，吾又知诸公之理论矣。夫岂不曰漫无限制，不能无言庞事杂之虞乎？夫【一】政党之人数，不得过一二百人，中国之大，四万万人之多，将使之析为数十百千万党，有数十百千万种之言，因有数十百千万种之事，此而曰不庞不杂；惟政党之言论略统于同，事功不甚相远者，乃曰庞且杂焉。盖诸公属稿至此，似忘其为政党而发，特以酒食征逐之类视之，纠集多人哄饮喧嚣，不如二三知己清尊小叙之为不庞不杂耳。具此眼光，以论政治，订为此律，何怪其然？

夫此律于秘密结社，则仿照各国例，概禁之矣。既不秘密，又关政治，乃以人数制限，斯为奇矣。且夫秘密不秘密亦何常之有？夫惟政府所不许，而人民有必争，乃成秘密会党。因欲避政府之指目，而始秘密。因欲达人民之愿望，而终不散其会党。秘密会党之多寡，仍是程度问题。国家必有一方面之窟穴，不利于为一般人民所破，乃制定法律，崇饰名教，以迫压之。追此秘密之宗旨，多数人咸以为然，一朝横决，或且成天下之公理。各国之事实且勿论，就吾国言“立宪”二字，在十余年前，非即大逆不道之代名词耶？当时若因立宪而结社，而集会，虽欲不秘密而不得也。特大同之世，未可遽期，姑以秘密之禁，希当时之旨，其亦足矣。今又师心自用，以留笑柄，何为者？

抑尤奇者，本律第一条云：本律称结社者，凡以一定之宗旨，合众联结公会，经久存立者皆是。第二条云：本律称集会者，凡以一定之宗旨，临时集众，公开讲演者皆是。夫临时集众，则人数何能预定？宣告宗旨，指定会场，按照本律呈报巡警或地方官署，则此公开之讲演，何以止可公之二百人？谓将于会场左侧数其人数不满二百，乃听其入耶？凡集会以人不乐赴为耻，断无挥斥赴者于门外之理。细检本律，第六条云：政论集会，须先定倡始人，由倡始人于开会前一日，开其左列各款，呈报会场所在地方该管巡警或地方官署。其所谓左列各款者，第五条为现有入会人数。然则人数之符于二百与否，当呈报于开会前一日，前一日而能知明日到会之人数，意其神乎？或者曰，入会未必即是到会，但问会中本有之人耳。然则与第二条“临时”二字，何以相应？且临时集会而有先入会之会员，则已成第一条之结社，所谓“合众联结公会”之会，是本律专为已结社而后开会者而设。然观先定倡始人等云云，则又不然。夫人以一宗旨号召开会，既起意于临时，自律文言之曰集会，在本人则并不标某某会之名，即并无会员之可言。故本律所谓入会，必即系到会者无疑也。第二十五条云：违第十条者处三元以上三十元以下之罚金。未知为呈报时多于二百之数，抑开会后实计其不止二百人？使仅问其呈报，则凡来报者，恒必称一百九十九人，据吾社会向来之惯技，殆必至此。若从开会后实计之，则凡抱相同之宗旨而欲赴入会者，苟一体谅其倡始人，必重足不赴，令倡始人不致处罚三十元，彼此相戒，赴者可无一人，而诸公定律之效乃大显。否则知识日进，有价值之讲演日多，来者必不止二百人，持三十元纳之官，即安然无事。地方官每一会可坐收三十元之利，亦生财之一大道也。

《时报》，光绪三十四年六月廿五日至廿六日（1908 年 7 月 23 日至 24 日）

读二十四日上谕恭注

自开设国会年限之问题发生后，举国上下，纷争不一，究其所争论者，但有一定之年限，而不能有一定之理由。此何以故？则以国会问题，本未可以年月限之者也。使举国而以宪政为必要，切实预备，虽二三年可以有成；使举国而以宪政为不必要，因循推诿，虽二十年仍难进步。近来各省国会请愿之代表甫集都下，而迅速编定宪法之上谕颁布国中，是朝廷汲汲求治之意，与吾民殷殷望治之心，上下相应，诚我国宪政前途之庆幸也。

按此次上谕之旨，大致可分二端：其一则各省谘议局限一年内成立，以为国民参与政事之阶；其二则上下议院俟宪法编成后，再行颁布开设之年。凡此二端，皆实行立宪之切要办法，并非空言立宪以欺吾民者也。然就第一端而论，刻下谘议局章程尚未发布，内容不得而知。但无论谘议局之性质如何，权限如何，而于此一年之期限内，其章程果能实行否？苟其上下因循，遇事推诿，则章程虽如何完善，亦不过成为具文；限期虽如何急迫，亦不能如期办理。前曾明奉上谕，各省自治局及调查局限于三月内一律成立，然至今又逾三月矣，其未经设立者固不具论，即其已经设立者，亦不过徒糜巨款，仅存虚名而已。今者谘议局之成立，期以三年限期，不为过迫。然既欲使国民参与政事，吾恐官场之阻挠，国民之畏葸，均所不免。今日所可希望者，仍在政府之督促，与国民之自勉耳。不然，此章程不能实行，则宪政无从预备，今日煌煌之上谕，不又成一种之空文耶？

更以第二端论之，在议院未设之前，必先编定宪法，是固应有之手续。但所谓逐年应行筹备各事，既无一定之范围，必不能有一定之限期。且曰逐年筹备，曰分期拟议，则断非一二年之功所可完全其事者。然而立宪国应行之事，有应筹备于议院开设之前者，亦有举办于议院开设之后者。以我国之国事而论，在议院未设之前，当取简单之手续；至议院成立之后，其应兴应革之事，乃可次第举行。何也？无财政机关，则筹款不易；无监督机关，则事难核实。今日第一日应行着手之事，莫如先颁国会召集年限。其必要之事，固须预先筹备；其不必要之事，不妨次第举行。若必以长期之预备，致缓宪政之实行，此吾人于渴望立宪之下，不能无遗憾者也。

《大公报》，光绪三十四年六月廿七日（1908 年 7 月 25 日）

读六月二十四日上谕谨注

今以全国人民热心潮涌，联名请愿国会之时，而忽下二十四日各省举办谘议局之谕旨。骤观之，似为请愿风潮所激动，而国会之开设，有年近一年，逐渐进行之望。细读之，则此次之诏书，仍是敷衍涂饰之故智，而召集之期，正遥遥未知何日也。政府愚民之手段，抑何神妙而不可测乎！

自前年预备立宪之诏下，而朝廷始有设置资政院之举。去年八月十三日，慈谕着派溥伦、孙家鼐充该院总裁，所有详细院章，由该总裁会同军机大臣妥慎拟订。宪政编查馆亦旋有各省谘议局章程之编制。在政府之意，以为现在议院未设，应先立资政院以为之基础，而又于各省设谘议局，为预储资政院议员之阶。如此逐层预备，正可藉此以延长岁月，以故议订章程以来，忽忽经年，杳无消息。今忽于国会风云腾涌之际，而始急急焉以资政院与谘议局之章程相继入奏。无识之徒，方且谓朝廷将速开国会，故先以资政院与谘议局示进行之方法；而深心之士，则且疑朝廷无意于立宪，不过借以延宕议院之开设，搪塞国民之要求而已。今观二十四日之上谕，而益信斯言之不谬。使政府而果有速开国会之意，则一方面宜速宣布最近召集年限，一方面将资政院与谘议局责成王大臣与各省切实举办，如是始足以示大公而坚国民之信。乃细译谕旨，所以谆谆告诫者，专在各省谘议局之设置，兢兢以一年办齐为限，而先为资政院预储议员之地，故资政院之若何设置、若何办法，决不提及，而仅以谘议局责令各省实力奉行。然则所谓议院者，必俟资政院举办若干年，而后可期设立；而资政院又必俟各省谘议局开设若干年，而后可以举办。

由今以逆测开设国会之日，必须几历阶级：谘议局不知何年办理始克有效，而后有设立资政院之希望；资政院不知何年办理始克合度，而后有开设议院之希望。迢迢岁月，人寿几何，将何日得达我人要求之目的乎？

或曰：谘议局之设，上谕明言为采取舆论之地，是仿佛下议院之基础也。又观资政院章之内容，仿佛上议院之模型也。政府不明立宪国之制度，故设此不中不西之院局，其陋不必论。惟据此以观，则政府之意，似欲以资政院与谘议局并举，其去议院仅一级耳。窃谓不然。使政府而果以资政院与谘议局同时并举，则谘议局之详细章程，何以亟亟编订，而资政院之章程，何以仅仅编成总纲、选举两章，而其余八章尚待从容不可知之时日乎？观此则知，今日之上谕，犹是从前预备立宪之诏，国会之开设，仍不知在何日。窃不解政府之意，必若何预备而始克云切实，必若何预备而不致徒托空言乎？其实，预备愈久而民益灰心，预备愈远而时不我待，愈延宕，愈搪塞，而国是愈不可为。政府何不思之甚也？

或者又曰：政府何尝不欲速开国会，上谕着各大臣迅速编辑宪政事宜，拟议筹备方法，亲裁后当即宣布开设议院期限，非朝廷欲速开国会之证据乎？不知此事，政府仍以甘言愚民之计耳。宪政大纲与议院、选举各法何等重要，逐年应行筹备各事何等纷烦，前次编订资政院章一年仅成两章，据此为比例，则资政院十章编竣，当在五年之后。今所编辑拟议者，重要、纷烦较资政院章奚啻十倍，则所需编辑拟议之岁月，不知几十年而始克竣事乎？然则开设国会之谕旨，更不知历几十年而始克宣布也！国民渴望国会召集之热若彼，而政府对于国会之状态又若此。呜呼！尚何言哉！

《申报》，光绪三十四年六月廿七日（1908 年 7 月 25 日）

呜呼，中国之前途

吾中国数十年来，外则迫压于强邻，岌岌有分裂之祸；内则剥肤于革党，时时有崩溃之虞，延至今日而其患益烈，其机益危。丁斯之时，欲救中国之亡，非亟亟立宪不可，而立宪又非速开国会不可。故自去岁以来，有志之士，结为政团，要求国会。今则各省人民，凡不利于中国之亡者，咸明此义，望国会如饥之望食，旱之望雨，群举代表麕集都下，以速开国会为请。及至六月二十四日之上谕出，其内容或为政府藉以搪塞国民之要求，掩饰中外之耳目欤，虽不可臆度，然政府之认定国会二字，则为本年来新政之特色。孰知甫阅三日，而忽有革斥陈景仁之谕旨，记者于是讶然骇、惕然忧，曰：中国其不可以复救矣乎！中国其不可以复救矣乎！

盖此次谕旨所在，非陈景仁成败之问题，而国会成败之问题也。何则？开国会者，政府极剧心之事也，凡言开国会者，帝室之忠臣，人民之慈父，而政府大老则视为仇雠也。故凡言国会、国会云者，政府皆恶闻之，欲得而甘心焉。顾但以请开国会而入人于罪，不惟请愿者众，不能人人而诛，且以彰己之暗愚，为各国所非笑。而听人民任意请求，则又大违其素志，意不如乘各代表请愿书未上之前，先有以挫折之，庶使各省代表慑于严威，不至源源而来。而适有陈景仁之电奏至京，乃与政府以压制人民之好机会矣。政府恶陈景仁乎？恶国会耳。故曰非陈景仁成败之问题，而国会成败之问题也。

顾或者曰，革陈景仁者，为其劾于式枚耳，非为其请开国会也。然试问陈景仁之目的在国会乎？在于式枚乎？使于式枚而不为阻挠大计之人，为举国所切齿，陈景仁又何必与之为难，以邀区区之名。陈景仁之请革于式枚谢天下，乃所以为达其速开国会之目的。且舆论之不直于式枚，痛骂深恶见之各新闻纸，皆较陈景仁激烈十倍，政府何不早加以侮辱官吏之罪，而独于陈景仁之奏请而施雷霆之威？无他，前者各代表未至京，国会、国会之声不过喧嚣于报纸，今各代表为国会请愿麕集都下，有不得其当不去之势，将迫政府以无所措手。政府思迎其势而击之，故加陈景仁以指斥卿贰之罪，其意若曰：是直请开国会之罪耳。奚以明其然也？于式枚者，枢府之小影也，于式枚之以保守渐进为主义，是直揣摩枢府之意而为之；否则枢臣有授之旨者，而使为己之保障。不然，朝廷下立宪之诏久矣，而于式枚为考查宪政大臣，乃阻挠大计如此，其违背朝旨、辜负国恩之大罪，久当明予以惩戒，乃因陈景仁之奏请革斥，而朝廷重视于式枚之意反更加。盖不至此，天下犹疑朝廷之派于式枚为一时用人之误，惟至此，天下乃共喻朝廷实无意国会，所谓讨论预备云者，乃直搪塞而已矣，掩饰而已矣。抑惩一儆百，所以裹全国请愿者之足，使不前而已矣，岂得曰但斥陈景仁之以小臣冒犯大僚为不合而已哉！

呜呼，国会已矣！有陈景仁之被革，而海内之言国会者皆重足而立矣。国会不开，专制愈甚，举天下皆不敢言国会，在政府未尝不自以为计之得。然外侮日亟，请问不开国会何以御之；百政待举，请问不开国会何以图之。不但此也，民智已开，万难壅遏。使但负无穷之义务，而不使少获参政权，虽彼蚩蚩者，能甘为犬羊而任政府之屠割乎？旷观东西各国之历史，无不由专制愈甚，而民间之反动力愈大者。其善者政府见大势之去，回心向民，虽官民小有冲突，尚不至亡国；其不善者则内患必丛起，而外患乘之，遂至瓜分。皆于今日革陈景仁兆之。可危哉，中国之前途！可哀哉，中国之前途！

《大公报》，光绪三十四年七月初五日（1908 年 8 月 1 日）

乞求开国会者之卑劣手段

寓巴罗华侨一份子 来稿

《槟城新报》载六月廿七日巴罗发电至北京农工商部乞求速开国会，尾署比叻总商会某某等叩，又发电至上海《时报》，谓请开国会，极表同情，尾署比叻商会叩。吾读之大疑，所谓“比叻总商会”、“比叻商会”者为何，一耶？二耶？吾寓巴罗，何未之见，并未之闻也？未几，又见《敬告华侨签名请开国会启》，尾署巴罗新改良商局启，吾乃益疑。噫！新改良中人，乃如是耶？

启中引英国人民及日本人民请开国会之事以为例，廉耻丧尽，于斯为极。夫英国人民对于英国政府而请愿，日本人民对于日本政府而请愿，以本国之人民表示意思于本国之政府有何不可？若中国之人民对于满洲之政府请愿，则非请愿于本国之政府，乃请愿于外国之政府耳。何则？二百六十余年前之满洲犹今之欧美、日本诸国也，不同国家，不同民族，平时则为异国，战时则为敌国，一旦被其侵夺，屠戮我人民，占据我土地，吾民之屈伏而不敢抗者岂怀其德耶，直畏其威耳。一旦机会可乘，则奋然脱其压制，而还我中国人之中国。若不知亡国之恨，而相率为乞求立宪之书，则是恢复之心已死，而甘于谓他人父也。可以此面目对满洲政府，何不可以此面目对欧美、日本诸政府？如是则凡外国人侵入而强有力者吾人皆当死心塌地以从之乎？故导国民以乞求满洲，与导国民以乞求列国，同一汉奸心事而为我国民所不容者也。

夫所乞求之人与乞求之目的其不足道既如此矣，至其乞求之手段，则尤非有廉耻者所肯为。盖各国人民对于政府而主张权利犹必先以激烈之请愿，不应则继之以强硬之对待。至于政府、人民因利害相反而终不能不决一死战者亦复时有，征之各国立宪之历史，美国血战七年而后得成民主立宪国，法国大革命三次而后共和宪法始定，此人人皆知者也。英国号称以平和而得宪法者矣，然自查里斯第三被诛而后暴君绝迹，以视法兰西人延路易第十六上断头台，其劳苦相去，宁甚远耶？日本号称以尊王覆幕而得宪法者矣，然当其时，国家大权在幕府不在皇室，故日本之覆幕即如他国之革命也。由是言之，世界各国只闻以流血而得宪法，未闻以乞求而得宪法。其以国民之地位而躬为乞求之身份者，惟保皇党而已。今夫乞人暮夜叩人家门，求得一箪食、一瓢饮，虽受呼蹴，而不敢稍有所怫，其低首下心若是者何也？以无尺寸之权故也。今之对于政府惟知乞求，而不知用权力者，其果有异于乞人乎？无论宪法为国家根本大计，非可以乞求而得也，即如去年苏浙之人与清政府争苏杭甬铁路，其意不欲以此路权授之外人而已，事至微末也，然苏浙之人用尽上书方法而无效，用尽打电方法而亦无效，至其最后之方法，开大会，举代表以入京师，至矣，尽矣，蔑以加矣，而清政府视之，曾蝼蚁之不若，命姜桂题以一军南下，而苏浙人民震骇无措，俯伏屏息，扰攘之风潮一时尽灭，千万人民呼吁之声曾不如政府之一叱咤。吾以为世之犹有人心者，观于此事，应灼知满洲政府之不足与言，而断绝其倚赖之念，又应灼知人民徒张虚声之无用，而更相勉以实行。真不料保皇党犹死抱此不值一钱之乞求手段，而用之不已至于如此也。

且自苏浙抗争路权之后，清政府已发严令，不准国人干预政治，且限制海外侨民电渎政府，著为令典，布告天下，此人所同知者也。又令各省严防奸民藉口立宪以欺君犯上，命设法诱拿，此又人所同知者也。而此启有云："签名者须照册中表格填写姓名、年龄、职业、(藉)〔籍〕贯。"噫！此何心耶？岂非诱海外之人入于死路耶？当此查拿严密之时，签名之人何异对于清政府自写供状，不打自招？况(藉)〔籍〕贯具在，更不难累及家属。吾不知彼与海外之人有何仇怨，而设此毒计以诱害之也。故签名之时，必怀一必死之心而后可，然苟能怀必死之心，何必为此乞求之举哉？今人之喜言乞求畏言革命者，无非贪生怕死耳，果有不怕死之心，则人人皆可为革命党，何必填写供状，授之保皇党，上之清政府，以自寻死路，而遗臭于万年乎？

以上所言乞求开国会之举，其宗旨、其办法无一而可，吾愿同胞勿为其所愚也。虽然，此等举动为保皇党所惯用，原无足异。例如己亥年末虏太后因虏帝无子，册立大阿哥，保皇党闻之，纷纷运动南洋、美洲各埠商人打电请安，阻立嗣，请归政。夫立嗣者满洲人一家之私事，于我汉人何与，乃群起而噪攻之，一何可笑！在保皇党亦何尝不知此意，特以数百万之巨款作何开销，非藉此为名，发电百数十通，则不足以掩人耳目，故虽知其贻笑天下，亦为之而无所怍。今之运动打电请开国会亦犹此旨，徒执正理以斥之，保皇党将忍笑于旁耳。虽然，吾侨民何辜，乃为其一再欺罔，然则吾又安能已于言也？虽然，此启流传于外埠，人见之者必以为新改良中人所为无疑矣，然余寓巴罗，夙知新改良内容之大概。新改良者，由本埠诸商人集股而成，以联络商情为宗旨，其内有阅书报社，有酒店，其办理方法虽非外人所得而详，然既为集股所成，则苟非得多数股东之决议，必不能用新改良之名义，此则人人所得而断定者。然则何以未闻会议，而突然有“新改良商局启”出现乎？

旁观者有为之拟议曰：此启或他人所冒名签发，而新改良诸君容未之知。又有为之拟议曰：此启或为一二股东所专断签发，而全体股东容未之知。吾则以为，此二拟议孰为得实，新改良诸君必有所处分，必有所发表，果使无所处分、无所发表，则是默认也，故吾□□于新改良诸君之措置如何可暂勿问，惟吾辈对于发行此启者不能不叹其手段之卑劣，而又叹如此卑劣之手段出于乞求开国会之人，为适得其宜也。

按：同日接比叻人来稿，题为“霸罗新改良商局之无耻”，词旨严厉，盖公愤所激，故不觉其言之切。惟新改良诸君素负众望，未必遽肯为此，特既有此《新改良商局启》，则亦不能咎人之责言，非诸君自为表白，恐责言无已也。此篇谓该公启必非新改良全体股东之意，殊有所见，且议论平正，故先登之，想比叻人亦相视莫逆也。

《中兴日报》，戊申年七月十二日（1908年8月8日）

论湖北之无国会请愿者

罗荃庵 来稿

今将执途人而语之曰：汝愿安乎，愿危乎？则未有舍安而从危者。又语之曰：汝乐生乎，乐死乎？则未有舍生而就死者。呜呼！吾甚不解湖北之大，士民之众，而无一非愿危乐死之人也。

当二十世纪过渡之交，一夫夜呼，乱者四应，革命之议，腾播国中。噫！是何言哉？历观欧西革命诸书，不知费几许头颅，流几许膏血，损国家之元气，伤天地之和平，怪雨盲风，思之凛烈。是革命者，虽非西人之讳事，而亦西人一大不幸之时期也。然则欲免其祸，乌乎可？曰：立宪而已矣。预备立宪乌乎可？曰：国会而已矣。吾民知其然也，若湖南，若广东，若安徽，若江苏，若山东，若贵州，若四川，请愿之来，如临孟津，不期而会。乃鄂省退居人后，噤若寒蝉。岂（知）〔智〕识未开耶？抑坐观成败耶？否则主张革命，恐国会之窒其机，故不乐赞成耶？当此命在呼吸之间，一发千钧，不容稍懈，先几坐昧，大局将墟；矧鹤唳风声，兵生草木，设不幸而天然破坏，肘腋兴戈，大厦全倾，不亦索吾民于枯鱼之肆哉！我不争存，是速亡也。吾故谓其乐危而愿死也。

此邦为开通风气之先，学术昌明，商场剧战，凡有血气，宜无不有合群保种之深思。乃踽踽凉凉，贻羞民族，其它则又何说。夫见利则乐处人先，言害则甘居人后，藏身之巧，无过于斯。官界以希荣固宠为枢机，学界以不与外事为科条，商界以引身远害为智识。合数种凉血之动物，聚口成都，鞭而不知，针而不动。吾恐殆哉岌岌，变局（难）〔虽〕知，累卵（虽）〔难〕完，皆败于覆巢之下。则凡所谓官界者、学界者、商界者，又将焉附哉？同此心思连动，同此方顶圆颅，当无不知有君，当无不知有国，而忍令滔滔天下，溺而不援，是不亲其君也，是不爱其国也，是无人格也，是无人心也。吾不意数千里河山如故，而其中并无一人也。今政府之迟迟不决者，无亦曰瞻我之程度何如耳，察我之智识何如耳。所当大结团体，异地同归，使朝廷知我万众齐心，民情可用，夫然后翻然决计，合力图存。否则如脂如韦，依稀瞻望，将因是之故，主上游者以人心未一，故事踌躇，失此机宜。大团解体，岂非自我一小部分者阶之厉乎？

嗟嗟！千夫之指，不疾而死。我于本省有失职之讥，我于各省受牵身之累，我于政府则为□人不义，阿意屈从。犯数不韪之名，亦何乐而为此态？我粤人也，乡邻有鬭，披发缨冠，杞人忧天，自知无谓。然悯人情之涣散，伤众志之难成，不忍自外同胞，稍存省界。愿国风十五，君子六千，勿暴弃自甘，勿优游卒岁，取求相应，呼吁同声。江汉炳灵，世载其英，其肯让人前步哉？此则仆之所谓祷祀而求，深望于鄂省诸君子者也。知我罪我，其听之焉。

《申报》，光绪三十四年七月十二日（1908 年 8 月 8 日）

论国会无不可速开之理由

媄　俗

近日，政府对于国会年限问题，或主三年，或主五年，或主八年，最迟者至于十年、二十年，议论纷纭，莫衷一是。而其所持之理由，无非人民程度不及、政府预备未齐之两事。其实人民之程度必至何等境界而始可谓之及，至何等境界而犹不能谓之及，初未尝有一定之界线。政府之预备必至何年何月而始毫无遗憾，至何年何月而犹不免缺漏，亦未必有一定之时限也。则其所持之理由，虽谓之全无根据焉可也。

夫自宣示预备立宪以后，二年于兹矣。政府预备之方法，曰会议、曰复核、曰条陈、曰咨查，如是焉已耳，而于宪政之前途无有裨补也。人民程度之养成，曰无筹款权之自治局、曰调停冲突之教育会、曰以绅士为顾问之谘议局，如是焉已耳，而去立宪之道里未尝稍近也。此无他，国会不先设立，则行政者既无从旁临视之监督，又无吸收舆论之机关，遇有重要之问题，或各督抚咨查，或各司员条陈，或王大臣会议，或政务处复核，迨至经年累月，积牍逾尺，则且各执一见，而莫知适从。究其结果，非强者专权而擅断，即弱者敷衍以了事而已。是则国会不开，政治固无可以预先改良之希望也。至于程度之养成，全在教育之普及。今国会不先设立，则人民既不能有监督财政之权利，即不能强其担负筹款之义务，所以学部欲设分科大学则无款，外省欲推广蒙小学堂则无款，而各处学务，因筹款竭蹶而不能发达者，比比然也。是则国会不开，人民之程度亦不能望其继长增高也。日月代谢，忽忽二年，设更五年、八年、十年、二十年，政府仍如今之预备，人民仍如今日之程度，则我中国岂将常此终古也乎？

且政府日日以人民程度不及为虑，则今之署名请愿者，非程度之已及者乎？揣政府之意，必曰：是区区者，仅居全国之少数，不足以概其他之人民。殊不知，谘议局之议员既用制限选举而不用普通选举，则所谓参预政治者，原不过于多数之中选少数之秀异特出者，以代表多数之意见焉耳，初不求人人皆有议事之资格也。况今日之谘议局议员，即为异日国会议员之升阶，就规定之谘议局之议员名额推之，是区区者，已尽足够国会之议员而有余，而况各省之继续请愿者，皆将分居一席耶。我闻伦敦西偏之农民，至今犹有不识选举为何事者。夫英国为立宪最先之始祖，虽至今日，犹不能全国皆有立宪之程度，使彼必待全国程度一致而后实行立宪，则虽谓英国今日尚无国会可也。即以我国言之，专制政体已行之二千余年，试执劳动社会中人，而询以专制国之行政如何、专制国之立法如何，必有瞠目不能对者。则虽谓我国人民尚无受庇于专制政体之程度，亦蔑不可也。此皆可以破程度不及之谬说者也。

至政府欲于国会未开之先，而求事事皆有预备，果能如是，岂不甚善？但在闭关独立之时代，诚有祖宗立法，子孙世守之一说；若在万国交通之时代，国家之行政，必随世界趋势以进行。设政府今日预备之，而明日已不合于世界之趋势，则将再预备乎？即明日再预备之，而后日又不合于世界之趋势，则将再再预备乎？预备之年月无尽，国会之开设无期矣！古人有言：凡事见到七分真，便做将去。昔汉高祖以马上得天下，当其为亭长时，岂常预备天子之事哉？而一旦身登大宝，则西京绵蕞，居然汉官威仪矣。此即以我国专制言，固未闻预备又预备也。

故今日政府，固以国会为可开则开之，不妨于既开之后，一面进行，一面改良，愈改良则愈进行，愈进行则愈改良，如是则虽欲与英、日诸国并躯齐驾，不难也。若今日待程度，明日待预备，一刹那，便千万劫，岂待十年、二十年哉！

《申报》，光绪三十四年七月十四日（1908 年 8 月 10 日）

马良请速开国会

太　炎

政闻社法部主事陈景仁既奏请速开国会，同时马良复电致宪政编查馆云：宪政编查馆王爷、中堂、军机大人钧鉴：开设国会一事，天下观瞻所系，即中国存亡所关，非宣布最近年限，无以消弭祸乱，维系人心。且事必实行，则改良易，空言预备，则成功（杂）〔难〕，凡事如斯，岂惟国会。近闻有主张十年、二十年者，灰爱国者之心，长揭竿者之气。需将贼事，时不我留，乞速宣布期限，以三年召集国会。宗社幸甚，生灵幸甚。政闻社总务员马良等谨叩。

按：马良本罗马教神父，身有祖祢且不祀，何有于他人之宗庙；家有五祀且不奉，何有于他人之社稷。易牙蒸子，开方弃父，而云为其主效忠，此识者所以致惑良。且不顾马氏之宗社，乃为政府言曰"宗社幸甚"，此违心之言耶，抑已愿背其上帝耶？向见基督教徒，闻人仕为印官，则将拜谒孔子，辄频蹙，今乃有言宗社幸甚者，有向王大臣而言谨叩者，然后知利禄所在，虽破门以从他教，伏地以谒贵人，有所不惮。而向之不愿拜谒孔子者，由其资望之不足以拜谒，非得拜谒而不欲也。良之言曰：时不我留。此义云何？以为老夫僻处，马牛羊齿已长矣，复待十年，则将上宾于帝，以享天宫之乐，遂不获享上议院之乐也。纵获再生，惟得为天使，犹不得为人间之议长也。盖闻东方学生之言开国会者，期以三年；满洲政府之言开国会者，期以十年；西方学生之言开国会者，期以二十年。淹速之度，相去绝远，何也？东方学生，以为吾习法政既成，暖暖姝姝，足以自喜，他日习者猥众，则其贱与帖括、房行无异。乘其未集，以高材捷足掩袭得之，犹可以取富贵。西方学生，以为吾习法政未成，今富贵为东方学生袭取，吾辈归国以后，特循资除授耳，未能据要津也，故力遏其流，以待明王之梦。一则曰开国会过迟，时不我留；一则曰开国会过速，时不我待。所持不同，其为利禄则一也。马良者，介在东西之间，视荫已不能待五稔，其弁急甚于恒人，宜矣。

人虽原貌，眸子不能掩其中情。于式枚老于事，逆知宪政党人鼠窃狗偷，所志不过升斗，故以“中国自有宪法”折之，虽附会，足令夸夫夺气。陈景仁忿戾争之，遂被编管。良不遇谴，亦幸矣。吾所为良忧者，七十岁老秃翁，危如朝露，旦夕将入天宫。若无上帝耶，一瞑不视，亦已矣；若有上帝耶，见其宗社幸甚之言，惧将斥之为老魔，责之为背叛正教。不蒙谴于生前，而或蒙谴于死后，则上议院之乐未得，而又丧其天宫之乐也。悲夫！

《民报》第二十三号，中国开国纪元四千六百零六年八月十日（1908年8月10日）

八旗联名上书请愿开国会说

请愿者，凡立宪国人所同有之权也。中国今拟改行立宪，已明诏天下曰“预备”云，各直省士民，恍然作其政治之思想，起而上书当道。以开国会请愿者，既接踵而至，人皆谓汉族之民，以困于专制久，故一闻立宪之说，即群起而共图之，相与维持夫国是。彼籍列八旗者，嬉戏于衣食之天，已非一朝一夕之故，对于汉族民请开国会事，得勿闻而却步乎？乃竟有出人意外者，非惟不忌汉族民之请开国会，而且有倡开国会之首，特敬告八旗人士，联名上书，呈请都察院代奏者矣。闻署名者亦至数千人，以是见旗民进步之速，而不尽颓废之流也。且更力求开通，不以势骄人，但日事进德修业，与汉族民同心联合，以保卫国家之治安。则排满之衅，不戢而自弭，于八旗之所关大矣。若计不出此，则满汉之界愈明，其阻挠立宪也深，势必至自诒伊戚，激烈而不可遏，谁则能为抵御之？有心人思患预防，自今日以还，将见中国民无满汉，一也。至定期开国会时，犹能分满汉之界乎？尚其迅速图之便，各权贵王大臣尤宜尽力为之助，而无或忘情于斯。

《顺天时报》，光绪三十四年七月十六日（1908年8月12日）

政府与国会

自各省国会请愿之代表入都后，国会、国会之声，益洋洋盈耳，成一颠扑不破之舆论。自士绅以至下走，无不知速开国会之利，迟开国会之害，而企望早布年限，如暮行之望家。乃起视政府则何若？其反对国会如故也，其深恶国民之哓哓要求如故也。

夫民之所好好之，民之所恶恶之，谓民父母，平天下者自古相传之明训也；好人之所恶，恶人之所好，谓拂人性，菑必及身，平天下者自古相传之明诫也。今民之所好莫国会若，民之所恶莫反对国会若，而政府于其好者则深靳之，于其恶者则固执之。拂人之性若是者，何也？或曰政府盖深恐人民程度不足，国会开之过早，则议员无其资格，将士论庞杂，莫衷一是，或反为行政之阻。曰，然则政府之程度果足乎？人民皆欲早开国会以救亡，政府反欲迟开国会以速亡，孰为程度足，而孰为程度不足耶？夫士论庞杂，莫衷一是，是亦筹开国会者应虑及之现象，然亦视其内容之组织如何耳。大凡立宪之国，必有政党占国会议员之大部分。一政党无论其党员若干，其表决之主义则惟一，故议院表决主义之多寡，每视议员党派之多寡为比例，而小党派之表决往往为大党派之表决所吸收。一国中大党派至多不过二三，故一议院中议员虽千数百人，而其论议不同之点不过二三，断无千数百议员，而有千数百主义相争论之弊。

然则程度不足也，士论庞杂也，皆不足以为开国会之阻。为开国会之阻者，惟政府之私心而已。私心云何？其腐朽顽固，痛骂新政，不知国会为若何名词、若何理解者无论已；若夫明知国会为救亡妙术，而犹迟徊审慎，深忌舆论之哓聒，不准人民之请求，若而人者，吾有以窥其隐矣。盖政府之如是者无他，身已昏耄，而维新之大业，破荒之奇局，自审精神才力决不能办，不如苟安姑息，阴延数载专制之命，己身得藉以安富尊荣，考终余年。免致国会一开，向之行政方针或为国会所攻击，有一旦不能尸此位之苦。故国会之请愿，无论民间有若干代表麕集都下，而政府总不为之动容，总不为之奏请。陈景仁革矣，于式枚不闻撤回之命，政府之意，不昭然若揭乎？

近者又闻关于国会事电咨各督抚，使陈述意见。夫各督抚有何意见乎？其二三贤者，业早有请速开国会以安人心而维大局之电达政府矣。政府不此之采，而又电咨使陈意见，吾知尔余督抚之电覆，皆不外揣摩政府之意而为之耳，宪政编查馆是其明验也。闻宪政编查馆人员颇不乏洞明时局，主张国会之开断不可逾三年者，而恒以此触其长官之怒斥，言曰：尔何不主张明日即开？尔岂不知国会早开，大非枢臣之意云云。观于此，而各省督抚，其敢违政府之意者，有几人哉，有几人哉？开国会，开国会，直谓绝望于今之政府可已。虽然，政府若此存心，亦太愚耳。计一身之利，贻全国之害；苟一时之安，忘百世之讥。秤轻重，计大小，政府果何所甘而为此也？故记者迩来为国会悲，尤为政府悲。

《大公报》，光绪三十四年七月十六日（1908 年 8 月 12 日）

忠告请愿国会者

国会请愿之议，发起于东京学界生徒，而东南诸省云合响应，裹粮景从，北至晋、豫，东暨吉、黑，莫不翕然而表同情。虽以政府万能之力，亦不得不与时消息，如火如（茶）〔荼〕，再接再厉。盛矣哉，吾国之民气也。虽然，成非常之大事者，必有高乎天下之识，与周乎天下之量，而后可以达吾救亡图存、利国福民之目的，而无所缺憾。盛名之下，其实难副；为山九仞，功亏一篑。言乎成功之难，而一息之不可以稍肆也。今吾国前途之遗大投艰，殆百倍于九仞，而诸君救国之目的，所引为未至之程者，更什伯于一篑而未已。顾以记者之浅见窥之，则内部嚣凌腐败之机，亦已暴露而不可掩。而外部之与吾党为敌者，又日伺吾隙，以施其中伤之秘术。殆哉，岌岌乎，今日之大势乎！报馆以谏争社会为天职者也，今吾国所谓最高尚纯洁之社会者，非诸君也耶！四百兆人全体生死存亡之所系者，非诸君也耶！职任既崇，则清议之责备也亦愈至。用敢一贡其忠告之言，惟诸君实图利之。

一曰公。今夫政法之学，天下之公理也。改良政法，以达吾救国之志者，又吾国民之公事也。识大识小，各随其学力之浅深；见智见仁，悉本其性情之所近。但使无悖于利国福民之旨，则虽百出其途，而指归要汇于一。微论昌言宪政，大旨相合者，不能无小小之异同也，或激烈而志在急进，或泥旧而意存保守，苟使出于公心，则虽与吾党立于全然反对之地位，亦不妨各行其志，以竞争而图进化，而况乎同宗指、同手段、同党派者耶？今以一语之差殊，并无关乎宏指者，而遽斥为反对，口诛笔伐，不遗余力。勇于私斗，则怯于公战，内部自相竞争，则外敌乘间而入。岂惟无进步之可望也哉？土崩瓦解，直旦夕间事耳！诸君平日之自命者何如，而忍以区区私忿，弃吾国民全体之幸福以殉之也。

一曰虚。天下之事，其范围愈广者，其事理愈益繁赜，非可恃少数人之聪明才力，遂可谓得是非之真相也。政法之学，虽曰吾国之所固有，而国会立宪，则实四千年未有之创局。微论吾党初学，未可焰然自足，即起管、商、萧、葛之伦复生于今日，度亦未敢胜任愉快，而尽斥群策群力为无足取也。筚路蓝缕之秋，岂伐己拒谏之会哉？果使虚心听纳，使夫智者得进其谋，勇者思效其力，义理以辨驳而益明，才力以淬（厉）〔砺〕而日精，举天下智名勇功之人，云屯雾沛，以会归于吾党，内力既厚，斯肆应咸宜，隐然为一国观听之所系，而颉颃于东西国之大政党矣。礼曰：君子有大道，忠信以得之，骄泰以失之。前鉴具在，诸君奈何弗三复也？

一曰实。吾国大势，危于累卵，此吾党被发缨冠、焦头烂额之秋，非出入风议、高谈王道之日也。诸君而以救亡图存，己饥己溺为职志也，固当牺牲人世之是非毁誉，而并力以赴之，乌有从容暇豫之时间，以容吾雄谈大睨者耶？汲长孺有言：为政不在多言，在力行。何如耳？生民之祸烈矣，但使有一二事获见实行，则天下苍生已蒙其福，而后来旋干转坤之事业，或即此一二事之成功，为之基础。诸君勉旃，其勿以区区意气之争，而忘生死肉骨之大计也。

此三言者，以当世高才视之，直老生常谈已耳。而记者顾以此贡于诸君子之前，亦徒见其不知量矣。虽然，天下最远大之事业，未有不基于浅近者，而是三言者，又团体之所不可离，而适为吾国民之所短。吾愿诸君子之深察而自省也。

吾党幸甚，吾国幸甚。

《中外日报》，光绪三十四年七月二十日（1908年8月16日）

国会问题杂感

惜 诵

谓朝廷果无意于立宪乎？则何以调查之使、编译之员，皇皇然惟日不给也？谓朝廷果有意于立宪乎？则何以国民请愿之书，云集辐辏，而并不得达乙夜之一览也？谓人民果无立宪之能力乎？则何以请愿之书，亿兆一心，无远弗届也？谓人民果有立宪之能力乎？则何以区区一纸之书辞，亦被格而不得上也？数月以来，以记者所闻所见政府与社会之现象，实有百思而不得其解，而不得不为之寒心者。是用此而论之，以贡诸吾国之热心国会者，或于无罪足戒之旨，不无万一之当也乎？

一、《江汉日报》之封禁。国家之所示禁于报馆者，一则漏泄军国之秘密也，二则扰乱公众之治安也，三则损伤个人之名誉也。有是三者，非惟国法之所不宥，抑亦社会之所不容，有司执律严惩，固宜其弭耳而帖伏矣。《江汉日报》之登录请愿书也，其于以上所举三端，有何等之关系也耶？官府而不欲此等文字之流传也，禁之可也，罚锾可也，停止其出版若干时可也，何至永远封禁也耶？设不幸而违犯报律，如以上所指三事者，其又将何以治之？政府疾视国民之请愿也久矣，而又不敢昌言以拒绝之，于是百折千回，出此项庄舞剑之手段，冀斯民之知难而退已耳。嘻，误矣！人民与政府正当之交涉，惟此哀鸣呼吁而已，政府之俯从与否，固非人民之所能强也。然而过此以往，则有非记者之所忍言者矣。

一、秦人之国会冷。自国会问题发起以来，上自天潢贵族，下逮【闾】【阎】负贩，东北极白山黑水之墟，西南暨滇池夜郎之域，莫不闻风响应，裹粮景从，合志同心以蕲尽国民之天职。虽未必能如愿以偿，而民气之厚，进步之速，已非复前此泄泄沓沓之气象矣。然竟有自外帡幪，袖手冷眼，作局外之旁观，如陕、甘两省者，则尤足异矣。吾国而苟能立宪以自强也，岂秦民独不被其泽耶？吾国而不幸不克立宪，以渐就沦胥也，岂秦地独能免其祸耶？将无违众意而反对国会，为专制政体不侵不叛之臣耶？抑亦任他人之处其劳，而己处其逸，以坐享成功之幸福耶？天下岂有不耕而获之农事哉？秦民而不尽力于国会也，则他日独受专制之轭焉，固人情施报之常，而群演因果之所必至也。嗟夫！秦人奈之何弗深长思也。

一、开实官捐之风说。人有恒言，中国之痼疾有三：八股也，鸦片也，捐纳也。三者皆破坏吾国之原素，而与立宪之政体绝不相容者也。自顷以来，八股废，捐纳停，鸦片议禁，而后举国之民，始欣欣然有生气。不谓当昌言立宪之时，而忽有议开实官捐之风说也。夫捐纳非它，质言之，即朝廷以官职为货物，售之于人，而购此货者，即以官署为商场，以逐什一之利焉耳。其为辱国体而蠹民生，前人论之已详，固无俟本报之赘言矣。今国会势在必开，则官权不复如畴昔之无限，而谓营是业者，尚能操利市三倍之券，如昨日事乎？然则朝廷虽开捐，而人之必无应者可知，其有冒万险而为之者，其必蠢愚无识者也。不然，必其奸狡过人，思于国是未定之秋，得官职以攫民财者也。国家任官位事，而所得者乃此等之人，其前途尚堪设想乎？即不为立宪计，独不为专制计耶？是说也，吾敢决其为系心仕宦，求幸进而不得者之餍言，而朝廷之必无此意，断可知也。虽然，当民义大昌之时代，而败类之贪人，犹敢造浮言以惑众听，则尤社会之所不容者矣。

《时报》，光绪三十四年七月廿四日（1908年8月20日）

论请开国会之踊跃

锄

自前月二十七日陈景仁以请速开国会，请革阻挠立宪之于式枚，无罪被革，而关心国会者，恐继起之无人，反对国会者，喜进谗之得间，虽此等诬民之邪说，稍识时势者断不至为其所愚，然间有立志未坚、临事不决之国民，误信其危险之词，以至观望迟疑、不求进步，此吾前日所以解释群疑，而有《陈景仁被革不足为国会阻力》之作也。然此犹曰理想之言，而未尝有事实之证，不过理有固然，事有必至，断不若彼党虚张声势，以影响之谈厚诬天下云尔。岂料不旬日间，内地报章所载，于二十七日上谕发现之后，而一般国民要求国会之踊跃，有足为吾言之证者，特表而出之，以为关心于国会之现象者告焉。

本报二十日“祖国新闻”一门所登旗汉人民要求国会，引出：“各省绅民，虽奉六月二十七日上谕，而志仍不夺，运动较神。八旗人民开会公举代表上书，并请先示年限，署名者已有二千二百四十人。又北京市民，亦开会协议举代表上书，发起者有千余人。”此两事同发现于一日，而皆在六月二十七日陈景仁被革之后。八旗人民领衔称首，而不惮蹈陈景仁之覆辙者，则为乌泽声，北京市人领衔称首，而不惮蹈陈景仁之覆辙者，则为孙壮民。乌君、孙君对于要求国会之事而肯领衔称首，岂不知有六月二十七日之上谕而冒昧至此耶？就令乌君、孙君不知有六月廿七日上谕，冒昧而领衔称首，而八旗中署名者二千二百四十人，北京市民发起者亦千余人，又岂皆不知有六月廿七之上谕，而冒昧至此耶？何以此则举代表上书，彼亦举代表上书，务以达其要求国会之目的？观此而大势所趋，亦可见矣。

夫八旗人民、北京市民非不知请开国会之事非政府所乐闻也，而必继起而要求者，前蹶而后起，势使然也。政府又非不知革陈景仁之举非国民所心服也，而必出此可怪之上谕者，积威约之渐，亦势使然也。政府又非不知陈景仁之被革，而国民之要求有加无已也，而断不敢无所借端，一概申斥者，公道在人心，亦势使然也。政府与国民，各处一方面，而皆有不得已之势，彼进则此退，彼消则此长，视其魄力之如何而已。国民之魄力，先发现于八旗人民、北京市民，而薄海内外，其识时观变，不减于八旗人民、北京市民者何限，其热心爱国，较进于八旗人民、北京市民者又何限，吾知要求国会之后援，闻八旗人民、北京市民之风而兴起者，必有进焉。此则国民魄力之可恃也。

而说者谓请开国会之事，国民既与政府直接交涉，固当视国民与政府魄力之优劣以决雌雄。然就现时两方面之魄力较之，在国民不过以签名请愿者表其要求，在政府竟能以惩革无辜者肆其压制，似政府之魄力处优胜之势，而国民之魄力处劣败之势，将无疑要求国会之无效，而继起者或不若从前之踊跃耶？然为此言者，不过以目前之消长而武断其成败耳，乌足以知国会之究竟耶？

夫既曰国会云者，对于现在之政府言之也。国会而必待要求，则开国会之主动力，当属诸发起之国民，【而】不属于现在之政府。政府只可为国会被动之客体，而不能同时认之为国会主动之主体。使彼而可以为国会主动之主体，则亦无复要求之必要焉矣。然则孰能为主动之主体？曰惟立于现政府之外者能为主体之主体。立于现政府之外者为谁？则国民是也。国民立于现政府之外，而开国会之事，与政府有直接之交涉，当此过渡时代，主动之主体与被动之客体相触，间有所激射，亦势之必然，而不能以目前之稍见压抑，遂决其必归退让也。

天下之事，成就愈远者，则其反对愈多。使我国民既为国会之主动，与政府交涉，而政府慨然为全体国民之被动，无一点阻抗之力，以持国会之成，则国会成立之基，日进无疆，岂非国民所甚愿？然以此重大之事业，垂手而可得，将来所收之结果，其得之也易，则其视之也轻，恐我国民对于国会之前途，其既成也不觉其艰难，其未成也不觉其困苦，既无争胜竞存之心，则必循其倚赖服从之性，他日国会既开之后，又经几许之经营规定，几许之纠正改良，如何而谋所以保存，如何而克底于完备，皆随意敷衍，不能探其本原。其体质既不坚，偶激射于外界之风潮，将无法以盾其后，是直使反对国会者引以为国民程度未足之证也。迨大（事）〔势〕已去，然后思所以挽回之策，求所以补救之方，何如当萌芽甫露之时，以朝廷之枉革无辜，作国会急速期成之气，如石之投水，愈激而愈高，如箭之在弦，愈蓄而愈远，是则六月廿七之上谕，不但不足为国会祸，实则可以为国会福也。八旗人民、北京市民，见此上谕之后，而签名请愿者恐后争先，振臂一呼，云集响应，吾度政府虽极顽固，而观于人心之所向，即知大势之所趋，又安能以诬罪陈景仁者推而诬罪此八旗人民、北京市民耶？更安能以诬罪陈景仁者推而诬罪一般志陈景仁之志，继八旗人民、北京市民之后而浡然兴起者耶？

由此观之，速开国会者，国民之所同欲也。压抑国会者，又国民之所公愤也。于其同欲者，则当以种种之方式表示其意思，苟无意思之表示，则在理谓之放弃矣。于其公愤者，又当以种种之方式表示其意思，苟无意思之表示，在法谓之服从矣。□政府对于国民之所同欲而敢靳而不与者，必其乘国民放弃之势，以巧为尝试者也。政府对于国民之所公愤，而敢甘冒不韪者，必其藉国民服从之基，以借为后援者也。苟其国民于所同欲而政府靳而不与者、于所公愤而政府甘冒不韪者能奋起而力争，有一部分焉表示其意思，而政府之势必动摇，有大多数焉表示其意思，而政府之势必退让，此征诸欧美东西各国，而历历不爽者也。前此中国国民，与政府异常阂隔，往往于所同欲与所公愤者，始则无能举其意思以表示于政府之前，继以甫经表示，而政府翻驳不从，又无能奋起力争，以尽国民之职，此政府所以利用其放弃，欺侮其顺从耳。近年以来，民气发达，凡政府之一举一动，皆有起而改良、起而监督、起而干涉之心，而政府亦不得不酌予转圜，以求保全之策。间或以积重难返，而专制之故态死灰复燃，迨国民之势力已成，而政府平日之蛮威竟成末运，如宿雾之遏朝曦，如残雪之感炉火，彼消则此长，彼盛则此衰。敬告我国民，勿以现在之稍受折磨，而举其平日最踊跃之热心嗒然自馁也。

《南洋总汇新报》，戊申七月廿四日、廿六日（1908 年 8 月 20 日、22 日）

读谕恭注

数月以来，朝野上下之所争论者，非召集国会年限之问题乎？顾或主三年，或主五年，或主七年、十年不等。大抵国民之请愿，皆主速办，而政府所主张，则多从缓办。然时间虽有短长，而理由殊难确定，本报对此问题所以不为一定之期限者，职是故也。

今观本月初一日上谕，其宣告于天下者，固明明以十年为期。吾知各省请愿诸人，对于此次上谕，必有不甚满意之处。然使十年之中，我国果能实行立宪，召集国会，以与各立宪国并驾齐驱，未始非国家之幸事，而吾民受赐于国家者，固已多矣。惟细绎此次上谕，所有立宪事宜，责成于内外臣工者甚重，而责备于国民者甚轻。一若宪法、议院、选举各事，专为政府所应筹备，而国民应行练习者，惟在自治、教育两端。呜呼，一国立宪之事，岂有全恃政府之提倡，而国民可以坐享成利者耶？各国之立宪也，有原动于政府者，有原动于国民者，即在钦定宪法之国，苟无民党之运动，民气之勃兴，彼政府虽如何，亦万不能使天下臣民，一跃而入于立宪之域。夫立宪云者，将使政府与国民同守宪法之约束者也。苟此宪法之成立，全由政府一方之命令，恐他日议院虽设，而国民无参政之能力；选举虽备，而国民无辨别之知识。其结果也，国家有立宪之名，而政府有专制之实，夫岂今日明诏立宪之本意哉！

窃以为今日既欲筹备立宪，无论时之暂久，当使政府与国民两方面同时并进。若仅恃政府之一方雷厉风行，以王大臣而责成各部，以各部而责成各省，吾恐朝廷立法虽严，然无国民以为之助，亦不过徒有其名。愚尝言之，天下最难恃者，莫如政府之良心；而天下最可恃者，莫如国民之能力。假使十年之中，国民之程度日见增进，吾知政府虽如何阻挠，宪政终有成立之一日。若但恃政府之良心，自行改革，而无国民以应之，宪政亦安有望哉？今日果欲筹备立宪，与其戒政府之因循，使之勉强从事，诚不如促国民之进步，使之自然发达也。况以数千年专制之政体，人民扈从其下者，殆不知宪政为何物。今若于宪法未颁、议院未开之前，使之悉遵现行制度，静待朝廷实行立宪，举凡宪法之良否国民不得参与，议院之组织国民无从谙晓，恐他日立宪之后，一切行动皆听政府之指挥，是十年以前深虑政府程度不足者，十年以后反虑国民程度不足矣。

夫国民程度问题关系于宪政者何如，在今日关心时局者无不深以为虑。然而国民之经济程度与夫教育程度，虽于宪政有间接之关系，而非一朝一夕之功所能使之发达者。至于国民之政治能力，在今日筹备立宪时代，政府苟有以助长之，固有一日千里之势；况一国政体之变更，由于政府数人之振作者，可暂而不可久；由于国民全体之能力者，可常而亦可变。今观此次上谕，其所恃以促进国民程度者，果何如乎？以言教育，但可造就个人之资格，而无关于全国之利害；以言自治，但可参预一部之行政，而不能有对外之精神。一国之赖有宪政，将欲以竞争世界，使适于今日之生存者也；若仅为补偏救弊之计，又何需乎定宪法、设议院，为此根本之改革哉！今日而欲筹备立宪，于国民之方面应注意者厥有二端：（一）政党之行动。政党者，立宪政体之下必不可少之团体也。有政党，而后舆论有所归宿。舆论复杂，政党可以统一之；舆论偏跛，政党可以纠正之。故当议会选举之期，政党常得多数者即以此故。使一国中而无政党，吾知物议纷纭，漫无统系，一旦实行选举，势必举政见不同之人集于一堂，政府有所提议，非上下隔膜，即任意反对，甚非立宪前途之幸事也。居今日而欲筹备宪政，莫如开诚布公，承认政党之行动，藉以促宪政之进步。否则国民之政治思想不能发达，宪政难以实行，即令热心政治者纷纷建议，然无统一之机关，于宪政亦安有补哉？（二）言论之自由。言论者，事实之母也。凡欲改良一代之政治，必先造成一代之言论。今欲于专制时代筹备立宪事宜，即不可不于专制时代予人民以言论之自由。使国为宪法未颁、议院未设、人民不得言论自由，举凡国事之得失、法律之良否、财政之盈虚，国民漠不关心，悉听政府之措施，恐一日实行立宪，召集议员，此辈于以上诸事既未讨论于平日，安能建议于临时？故当筹备立宪之际，非使天下臣民指陈政事，又何能促社会之进步，而立宪政之基础哉？

虽然，以上二事，与其赖政府之督促，不如听人民之自谋。吾人所希望于政府者，不过于此次上谕之后，不再过事干涉而已。今之时为何如哉？诚能上下同心，互相匡正，在政府有应行筹备之事，在国民亦有当然应尽之责，循斯以往，吾知十年以后，宪政推行，国势蒸蒸日上，岂不懿欤！

《大公报》，光绪三十四年八月初四至初五日（1908 年 8 月 30 日至 31 日）

忠告联名上请愿书于满洲者

精　卫

近者内地亡国遗民举代表入北京请愿开国会，各代表入京后，灼知清政府之无望，以请愿书呈都察院后即谋出京，河南、湖南、安徽、直隶等省诸代表均已先后出京。经此失意，民情当有所变迁。盖清政府既言预备立宪，自不能不定开设国会之年限，各省所争者，争年限之迟速，以验其意之真伪耳。故前月汤寿潜等闻清政府拟于七年内开国会，曾发电力争，要以三年，近者各省请愿，亦谓至迟三年，而清廷不顾，保皇党且盛言最近消息定期九年，宜请愿者之失意也。愚民久中狙公赋芧之毒，其能因此发愤与否虽未可知，然既与初意相违反，则不能无所（尤）〔忧〕悔，吾人乘其失望之机会以进忠告之言，自信为不可吝也。

惟近年赞成满洲立宪者约分三派，其心事与地位各不同，不可不分析言之。

第一派为预备立宪公会。此会之发起，在清政府诈称预备立宪之后，郑孝胥、汤寿潜、张謇等主持之。郑、汤、张皆知名之士，应诏开会，平日厚自结于当道之大奴才，且与各省缙绅之士交通声气，易于联络，近日各省联名上请愿书于满洲者皆属于此派。

第二派为保皇会。自清政府诈称预备立宪之后，幻形为帝国宪政会，以迎合虏朝之意，而《新民丛报》、《商报》、《总汇报》等日夜鼓吹之，盖知保皇之说已为人唾弃，不得不换此面目也。然戊戌政变，助子杀母，效后汉中常侍之所为，虏廷母子，恨之刺骨，无论其如何卑屈将顺，终不可得故主之欢，故江汉报馆以登载《帝国宪政会联合二百埠华侨上请愿书》而被封禁，则清政府之意旨可见。然其所谓“二百埠者”，大抵每埠一二人便称代表，保皇党之惯技，无足怪者。

第三派为政闻社。初，杨度与熊范舆等创《中国新报》，后熊范舆被举入北京请愿开国会，袁世凯欲捕之，熊惧而逃。杨度藉张之洞之奥援，复入北京，竟得京堂，熊大愤，遂与杨交恶。蒋智由乘其溃败，乃起而立政闻社，梁启超求入社，蒋无以拒，则托言此社拟与内地联络，不宜签尔姓名，于是举马良为总务员。梁欲为文登于《政论》，亦必要其变名始诺，其善避嫌疑若此。然终不能不与相往还，致为清廷所觉，亦以保皇会例视之，故陈景仁之被革，清谕有云："政闻社良莠不齐，且内多曾犯重案之人。"七月十七日清谕捕拿政闻社，有云"内多悖逆要犯"，即指梁等而言也。以实际言之，蒋智由虽与梁为友，内实相恶，今因是犯清政府之怒，必愈离心，而社中既受外患，又生内乱，马良以牵率老夫以至于此，遂迫其解散，斯亦可笑矣。蒋观云平日著述皆主张革命光复，杨度平日与革命党人多往来，一旦变节，情同叛逆，民党恨之，旁观者贱之。

以上三派，其政闻社则凡留学于日本者莫不能言其怪状，彼社中人其始皆有志于革命，及久居日本，见其现时之政党皆安富尊荣，而追念其覆幕时之革命党出生入死之状，乃始怦然动心，盖功名富贵之念已夺其爱国之志，一落千丈，以成政闻社，其卑怯可恨，吾不屑斥之。若保皇会之幻形以趋时，自是老奴本色，虽不如政闻社之可恨，而其可贱则甚于政闻社。是二派者皆不可与言，余今乃专对于第一派预备立宪公会诸人而尽忠告也。

夫内地亡国遗民所以联名上请愿书于满洲以求速开国会者，其心非不知中国一亡之后将至于再亡也，但平日爱平和而惮破坏，以为革命之事以流血行之，其成功也难，立宪之事以乞求得之，其成功也易，苟立宪亦足以救国，则何为不舍其难者而就其易者，此实近来内地人民希望立宪者之心理也（即海外人民，平日攻击保皇而顾希望立宪者亦同此心理）。是则其心中全无是非问题，亦无利害问题，但有难易问题而已。吾今为一浅譬于此：今有人欲赴村落，而可由之路有二，一则崎岖而难行，一则平坦而易由，如是则必择其易者，此当然之理也。设使一路虽似平坦，而实不通行，一路虽若崎岖，而实必由之路，则虽明知其难行，亦不得不循而行之，盖不如是则不能达其目的地也。行路如是，谋国亦何莫不然。今者乘满洲有预备立宪之伪诏而请愿即开国会，此举无甚费力，宜若平坦之路矣，无如其事虽易，而终无以达吾民之目的。如是则革命虽难，仍不得不合为一致，进取无前，不可犹以为当避难而就易也。夫请愿之必不能达吾民之目的，其故有二：

一曰革命只须得国民之合意，而请愿则必须兼得伪政府之同意。满洲肆虐，内地之民，身受其害，敢怒而不敢言，革命之心理，犹炸药满实于地穴，火线一燃，即轰天而起。观夫革命诸役，一夫奋臂，万众奔集，是足征国民之心理也。盖其身受之迫害既同，则其所怀抱之目的亦必同，此所谓同利害共休戚之国民，易于协力者也。若伪政府之于国民，则所谓非我族类其心必异，彼立于征服者之地位，我立于被征服者之地位，利害相反，我所以为利者，其必不利于彼明矣。既不利于彼，则我以死力争之，彼犹必以死力相抗，况以空言之请愿书，而欲得其同意乎？惜乎吾民无果决之识力也。前满洲假称预备立宪，一时热肠之士欢呼恭祝，燕雀相庆，举国若狂。乃未几改革官制，实权尽移于满人，欢祝者乃大惊怒，变笑为号咷，热肠灰冷，詈骂万状（即《新民丛报》亦道其失望）。《民报》因为文以警之，谓满人于汉人一片欢祝声中已攫中央集权之实，良非虚语。至是清政府朝三暮四之实情已坦然自白于人，其不能与吾民同意以改革政体，固天下所共见者。使吾人而有果决之识力，则自彼时当早已断绝满汉一心之希望，惟助勖汉人以修战备，排满洲而去之，乃为真爱国者。岂意年复一年，而苏浙铁路、西江捕权等事日棘于心，终不能醒假平和之梦，至于今日，犹有联名上请愿书之事也。彼清政府见吾民之愚懦，则姑缓用强悍政策，而先以阴柔政策为对付。其始也，则命都察院延缓之；其继也，必饰为厚貌深仁以笼络之，俾其不失虚荣，虽未得实权，亦可无憾；及其终也，乘其旷日持久，暮气已生，则震以雷霆万钧之力，迫之解散。此固伪政府惯用之手段也。不观于苏浙铁路之已事乎，其始苏浙人民，气嚣尘上，函电交驰，责言日厉，且派代表入京面争，而清政府处之晏然，不以为意，终则命姜桂题督师南下，军威所震，远近折服，而东南民气茶然靡矣。呜呼！前事之不忘，后事之师也。请愿诸人今日所处之地位亦至窘矣，滞留北京，亲见清政府之举动，无一不足令人心死。而其议定国会开设年限，或言二十年，或言十年，或言九年，或言七年，迟滞纷纭，莫衷一是。即使如近日保皇党所传消息，谓定期九年，此宁足达请愿诸人之希望乎？（若保皇党机关报，则固已狂呼曲踊，自谦自赞，曲尽沐猴之态。盖保皇党之言立先与清政府之言立宪同一假面目，清政府畏革命党之攻击，而以此为挡牌，保皇党畏革命党之唾骂，而以此为面具，宜其此倡彼和，不知人间有羞耻事，吾亦不屑斥之）人亦有言，康有为能说五分钟大话。夫五分钟大话其害人犹浅，而九年之大话，不重劳吾民之延颈伫待乎？中国之危尽人所知矣，自甲午以至庚子仅七年耳，而中间所经过者，丧权失地，穷耻极辱，留千年之纪念于吾人。自庚子以至今年，仅九年耳，而中间所经过者，对外之屈辱无以异于前，而虏廷对内之诪张为幻，尤不能令吾人有一刻之安。追溯前此之九年，以豫测后此之九年，而欲令我国民于此九年之中雍容望治，此真所谓苟且度日者，吾民其能安之乎？夫伪政府之为此延宕政策，其意纯主阴柔，而吾民既知请愿必不能得伪朝之同意，而犹必故为之，则伪朝知阴柔之无效，必仍采强悍政策，一威以兵力，能不骇然溃散乎？倘请愿诸人能见及此，则不惟不当计较开设国会之迟速，并不当争国会之开设与否，而惟以恢复主权为目的。主权未复，无论其俟几年始开国会也，就令今日即开国会，亦不可以不革命。何则？主权未复，虽开国会，亦复何济？奥大利虽有国会，而民族之不相容如故；瑞典、挪威虽有国会，而终至于分离；土耳其曾开国会，而腐败更甚；俄罗斯曾开国会，而辄被解散。是故政府之权力未有变动，则国会虽没，亦为无用之长物，不惟种族问题无能解决，即政治问题亦无能解决。故吾人之意，以为今日所急在颠覆政府，不在开国会。对于此次请愿诸人之失意，以为得不足喜，失不足忧，但当由此而悔望伪政府同意之愚，更谋所以合国民为一致以从事于革命者，犹未为晚也。

二曰革命有实力，而请愿则托空言。上论清政府与我国民利害相反，必不能得其同意，亦既详尽。此问题既解决，则可无他言，直实行革命而已。然余尚有言者，则以今之请愿者绝无挟持之具以为最后之对待，而惟贸然从事于请求，此实可怪诧。非惟对于异族政府无此成例，即对于本国政府亦无此成例也。盖人民与政府之争，尚空言者败，尚实力者胜，此无他，权在政府，欲其屈而从我，则必有强之使不得不从者而后可，责以空言，能使其必从乎？幸而从之，是政府之所自愿，而非国民之力也，不幸而不从，国民将何所挟以制之乎？若夫既灼知伪政府必不能与国民同意，则已无幸其或从之望，而犹徒以空言责之，此则必败之道也。法国路易第十六时已有国会矣，而贵族与平民之争不为之少杀，法民知王室之终不能与国民同意，则直起革命，处路易第十六以死刑。夫法民于既有国会之后犹不能不济以武力，况今者国会尚未发生，而人民乃欲以空言抗政府乎？日本国民于覆幕以前，以权在幕府，大将军不能同意于国民之政见，遂起废藩覆幕之师，以收回大将军之政权，而归之天皇。及天皇在位，似乎维新之望可遂，而犹必费西乡隆盛西南之师始得促立宪政治之发生。使无西乡隆盛诸人奋然起而革命，日本政府固未必即徇国民之意也。夫日本为纯一之民族，而其改革政治又在实权既移之后（实权由大将军移归于天皇，是亦革命也），而苟无人民之革命，犹不能达政治革命之目的，况中国今日踞于民上者为异族政府乎？然则人民徒恃空言不求实力者，非惟无济于事，亦危道也（近日上海及内地各日报所著政见论说，皆含有要求不遂继以革命之意，尚不至若保皇报之专言乞求反对革命也）。往者《新民丛报》曾求和于《民报》，其文曰："一面导人民以要求，一面养成武力。要求若遂，武力戢而不用，如天之福也；要求而不遂，则有武力以随其后，如是，则两党可以相提携而向针锋于政府。"此其所言，若对于本国专制政府，是或一道（若如《总汇报》之专排斥革命，则并其师兄之言亦反对矣），而对于异族专制政府则其说为不可行。故《民报》答曰："使武力而未充实耶，则无所挟而求，非要求也，直乞求耳；使武力而既充实，则一举而颠覆之可耳，又奚事于要求？"是则人民无实力者必不可以反抗政府明矣。不此之务，而日尚空言，此八九年中人民盛谈国会预备，而伪政府则一意养成兵力及警察力，有兵力足以屠洗（谓屠城洗村也），有警察力足以劫制，则阴柔政策可废，而强悍政策全然实施，悍然揭其假面目，国民惊视而莫如何。呜呼！至尔时而始忆今日之言，已无及矣，则何如于今日请愿失望之时一为之备乎？

请愿诸人，若果纯出爱国之心者，则当此时不可不早自决定革命之志，若犹以爱平和惧破坏为言，是所爱者非真平和，特假平和耳。与其假平和，盍如大破坏，庶有真平和之一日。吾恒闻外人言："支那民族为平和之民族。"心实耻之，盖平和虽美德，然未闻有唾面自干而犹自以为平和者。昔罗兰夫人有言曰："自由自由，汝为人假借以行恶。"呜呼！平和平和，汝为人假借以行其苟且也。

《中兴日报》，戊申八月初八日至十二日（1908年9月3日至8日）

论国会请愿之无效

问各国立宪政体，成于上者为善乎，抑成于下者为善乎？则应之曰：但求能成，无分于上下也。然则我国今日之立宪，必在上者而后可以成之乎，抑在下者而后可以成之乎？据我国之时势而论，若成之于下，其事甚难，而成之于上，其势甚易。但成之于上者，多不可恃，而成之于下者，势难更移。今吾人于此二者之间，将避难就易，而求立宪国家之名乎，抑舍易就难，而求立宪政治之实乎？吾人既知立宪为救亡之策，而此问题即为吾国存亡之大关键也。我国以数千年专制之政体，在上者暴戾恣睢，在下者委靡退缩，今一旦而欲振励精神，共图立宪，使仅恃政府之权力，督率国民，一有不善，仍不能脱专制之范围。反之而以国民之势力督促政府，无论如何，终可以达立宪之目的。今观吾民之对于政府，与政府之所以对于吾民者，乃无一而不反此原则。如是而欲求立宪政体之成立，岂易事哉！

预备立宪之诏颁布已二年矣，而预备之成绩，毫无可睹。至国会论发生以后，实行立宪之机，又为之大动。今试问此国会论之由来，果为国民所要求乎，抑由政府所提倡乎？如为国民所要求，则不得谓我国之立宪全成自上；如由政府所提倡，则不得谓我国之立宪全成自下。当初一日上谕未颁之前，各省请愿代表业已纷纷到京，及初一日上谕既发之后，各省请愿之书仍未上达天听。是岂代表者之办事迂缓耶，抑都察院之有意宕延耶？毋亦政府从中阻挠，以为君主立宪之国，万事发起于上，毫不容人民之置喙。一有人民之要求，必失钦定宪法之名，而背君主立宪之实，是则政府之存心，观于宪政编查馆之原奏可知矣。然吾人观于东西各国立宪之陈迹，殊有大不然者。在君主立宪之国，未尝不用协定之宪法；即在钦定宪法之国，亦未尝不容人民之要求。如以为一有人民之请愿，必有损于君主之大权，是不过保存专制之见，究于立宪前途有何补哉！

《大公报》，光绪三十四年八月廿三日（1908 年 9 月 18 日）

论各省请愿国会代表亟应筹议地方自治

牟树滋 稿

吾不知各省请愿国会之代表，挟何目的以不远千里，不远万里，而梯山航海，麕集北京乎？莫不曰其目的在于要请国会之年限。今者国会之年限，已于八月初一日宣布矣，将毋谓各省请愿国会之代表，即于八月初一日而卸其责任耶？然国会年限之宣布，果出于代表请愿之效力与否，在诸君未敢自信，即记者亦甚不谓无。是各省请愿国会之代表，即不来北京，亦必于八月初一日宣布国会之年限也。既如是，又安得谓各省请愿国会之代表，为已尽其代表之责任乎？

人谓各省请愿国会之代表，今日为尽其责任之终期，而吾谓各省请愿国会之代表，今日为负其责任之始点。何则？代表请愿国会者，岂惟是徒骛虚名，聊且尔尔已乎？乃集合多数有望之国民，联名上书，陈痛利害，以要索国民之参政权，而共图存立者也。迨读八月一日上谕，其所以惩善罚恶、策励臣工之意，虽谓至剀至切，即铁汉亦当激刺其最不易动之老心，至问其予我国民以参政之权与否，我不敢妄参以浅见。而在痛心时局之士，罔不知国民今日，仍处于被动之地位，我而一任官府之指挥。盖谓民格太低，不得骤予以参政之权，而先使官格之不低者，催办自治、教育等事，勿任玩延，以为将来第九年以后之位置也。天语一声，坚于金石，固不得躁妄生事，致触神威。但于此而苟且图安，以静候第九年之筹备，岂不曰手足无措，老死英雄耶？幸也此九年中，我国民中亦有应行练习之一问题也。其问题维何？曰：首在地方自治。记者不敏，请为诸君述地方自治之意义。

自治云者，对乎官治而言。近世之国家，其行政之机关，大别之可为二：一曰官府，一曰自治体。官府为国家直接之行政机关，以直接维持国权为目的。如《宪法大纲》所云外交、军事、财政，以及用人爵赏之类，皆官府所司之政务也。自治体为国家间接之行政机关，以地方之人，治地方之事，而间接以达国家行政之目的。如教育、警察及凡关乎地方人民之安宁幸福之事，皆是也。直接之行政，名曰官治；间接之行政，名曰自治。此行政法上常用之语，而近世文明诸国皆行之，有其实例者也。自治之制，盖所以补官治之不足，而与官治相辅而行。是故其国官治不振者，则事无统一；其国自治不备者，则事必废隳。自治之精神，在以国家之公务，为地方之生存目的，而以地方之力行之。故自治体者，由地方而言，则为地方之行政机关；由国家而言，则仍为国家行政机关之一部分也。彼各人处理一己之事务，而与公共无涉，则无自治体之要素。官吏执行公共之事务，而为国家直接机关，则无自治体之位置。自治体云者，以国家公共之事务，视为地方固有之事务，而实行之公共团体是也，故自治体又谓之公共团体。欲举自治之实，必自组织自治体始，后当详述之。知自治体之为何物，则于地方自治之意义，其庶几乎。

其次请言中国今日之自治之必要，事实上之必要。中国今日，与各国不无特异之点，至其原理，则各国无以异也。论自治之原理，其最著名者，为德国葛奈斯特氏，氏之言曰：社会与国家之间，常有不能调和之冲突，即贫富之界是也。富者务扩张其势力，贫者务抵抗富者之压抑，于是利益之冲突起。使任其自然之势，则弱者必为强者所抑，而自由将绝于世。调和此冲突者，国家之力也。国家之组织，足以抵制社会之势力，犹之人类之有德义，足以抑其利欲之念也。而取调和之手段，行之最有实效者，厥惟英美之自治制度。盖自治者，使社会有势力之阶级，各担任国家之行政，由是义务之思想，政治之知识，浸润于社会各原素之中，而代议政治之基础乃固，故自治者，国家与社会之连锁也。又曰：欲养人民奉公之念，莫如使之从事于公共事务，使人民（无）〔有〕参与公共事务之机会，则不至人人依赖国家，谋一己之利，而不顾国家之公益不止。故民可使知之，不可使由之，实自治之格言也。又曰：欲布全国划一之政，则事事出于中央机关，于施行之敏活则有之，而期其适于实际之事情，不可得也。知地方之实情者，惟地方之住民，故地方行政，使地方之住民负担之，最适于行政之实际也。其言大旨如是，于自治之必要，可谓深切透明。而中国今日，以记者之见，则必要之原因，尚有二事如左：其一，分政府之劳，以速改革之事业，而造成立宪国之国民；其二，养人民政治思想，炼人民政治能力，以为第九年开设国会之准备。

中国今日，非改革一切，不足以言自存。此在未经宣布国会以前，当亦人人皆知之。然改革之事，必望之政府，无论政府不能骤行，即欲骤行，而事情繁杂综错，有万非专恃中央集权所能胜任之势。且改革之进行，以人材与经费为要素，以中国疆域之寥远，风俗之异宜，政府不能为地方得相宜之人，此无论矣。以言经费，今试举一事而论，其关乎全国者，则由政府筹之固也；其关（于）〔乎〕一地方者，亦必由政府筹之，则政府【虽】求于民间者数数，民间未睹其效，而徒见政府之日夕搜括也，乃有不信任之意。夫至民间不信任政府，则改革不能进步，有断然矣。我皇太后皇上欲救此弊，故曰非朝野同心，不足以图存立；非纪纲整肃，不足以保治安；非军民交勉，互相匡正，不足以促进步而收实效。即着在京由该管衙门，在外由各督抚，督饬各属，随时催办，勿任玩延云云。因而思各省请愿国会之代表，即为各省国民之所公举，而群所钦佩者也。以地方之人，任地方之事，则人乃得；以地方之事，需地方之费，则费易筹。欧美之大工大商，以分业为最要着，国家之行政亦然。中央与地方分业，然后责有归而事无滞，此改革之第一义也。

凡国非立宪政体，不足以列于第一等国，人民非立于立宪政体之下，不足以称完全之国民，固为世界之通义。然立宪，非只数言宣布，纸上文章已也。立宪政体之要素，在人民之参政权。参政权者，所以表国民为国家之分子，故有参与国家政治之职。谓曰权利，实则义务是也。吾中国国民，果能于第九年后而得此权利，尽此义务矣乎？在今日屈指以计，虽距九年之期限尚远，而应行筹备之事宜，则自本年始矣。筹备之事不一端，而以达参政之资格为要义。凡关乎国家之政治，苟为人民分内所应筹备者，则即宜尽其当尽之责，而为练习之地步。地方自治其首端也。英国以宪政之始祖名于世，而其基础亦本于地方自治。今日各国地方自治之发达，无有逾于英国者，其明证也。且今日立宪各国，欲求宪政之完美，乃益不得不致力于地方自治，无他，人民之参预政治，大之在组织国家机关，小之则在组织地方机关，其事互相联络，未有不能自治，而能治国家之大事者也。各国且如此，况吾中国宣布国会以筹备实行立宪者，尚未及一月乎？此改革之第二义也。

记者以为，中国今日地方自治之必要，未有逾此二义者。因此二义，故自治不可以一日缓。至自治必要之原理，葛氏之言盖尽之，记者无赘焉。

其次请言中国地方自治之易。凡改革之事业，全无根基而待创办者，其事难；有其端倪而但改良者，其事易。中国自古至今，地方自治之事实，固有其端倪而非全无根基者也。记者于世俗之言新学者，往往以欧美之新法新理，引古人之一二言以相附会，以为吾国固亦有此，一若欧美今日之文明，均为吾国昔日之历史者然，以是为足以投合吾国好古之心，而冀其说之行。记者最不喜此。记者以为，欧美之新法新理，大都为近世纪之所产物，以进化之理推之，吾国古代不宜有此无疑；即文字上有相类似者，其意义与其实质，必大相悬殊也。必欲牵强附会，记者惧其说之未行，而听者之将误会其意也。虽然，苟其事为历史上有明证，而现今事实尚继续者，记者又安敢诬其必无也。地方自治之在中国，盖可谓中国固有之事实矣。西人某有言曰：世界各国地方自治，最古而最发达者，惟英国与中国。其言盖实有所见，惜吾国民日循其当然，而不自知，故无进步之望也。

中国地方自治之存在，实有不可掩者，记者试举一二以为证。中国地方，各有绅士，孟子所谓巨室是也。凡地方之公事，大都由绅士处理。地方官有所兴废，必与绅士协议；绅士之可否，即为地方事业之兴废。故绅士者，实地方自治之代表也。今日之请愿国会之代表，非亦各省之绅士乎？欲问中国地方自治体何在，则亦绅士是已。绅士所得干预之地方公事，其范围与各国地方自治体略同，而时或过之。如各国地方自治体无兵权，而中国则有事时，绅士得以办理团练是也。其他若教育，若慈善事业，若土木工程，若公共财产等类，属于绅士之手者，不可胜数。故中国之地方自治，真有相沿于自然之势，有自治之实，而无自治之名。今欲昌明其制，则所谓因业而非创业，其事之易举有昭然也。

德国义耳克氏一派之学说，以为自治体之存在，较国家为古，合种种之自治体，然后成一国家。记者谓其偏重历史，悖于近世国家组织之理。盖近世之国家，先有国家，然后有种种机关，谓自治体先国家而存在，非的论也。然以言中国之地方自治，则谓为与国家同时并生，盖无可议。特中国任其自生自灭，故极不完备而极不巩固耳。记者请举现行中国地方自治之缺点，略一述之。由前之说，中国地方自治之易行，有固然矣。虽然，就中国百事中而言，则地方自治一事，似有端倪，而易于着手耳。若取自治之意义，而严正解之，则中国现行之事实，果足称为自治而无愧与否，记者未敢下一断语也。中国现行之地方自治，其缺点不一而足，而其最有害于自治之发达与自治之圆满进行者，则莫如机关之不备是也。中国之可称为自治机关者，前所谓绅士是已。然绅士云者，有自然人之资格，而无法人之资格，故集多数之绅士，有时亦为地方自治之代表，而不能成一完全之自治体。绅士之于地方公事，盖为随意的，而非必然的，其预闻与否，由绅士之意思定之，地方不能强绅士而为之也。故绅士之于地方，若某事，若某事，自古相沿至今者，则亦习为之而不觉。至欲兴一新事，行一新法，则非有大热心、具大热力者，往往互相推诿，相率而不敢为创。又其甚者，借地方之公事，以便一己之私图，此尤数见不鲜者也。

夫以公共之事而无公共之机关以维持之，其弊不至废而不行、行而不善不止，此不待识者而亦知之。中国地方自治之基础极厚，而成效乃极少者，无机关故也。地方之无自治机关，其犹国家之无政府，乌乎其可行也。故必知中国今日之缺点，然后乃有救之之道。救之之道奈何？曰组织地方自治机关而已。义耳克氏有言曰：地方，小国家也。国家行政有种种之机关，是故有议院，有内阁，有裁判所，地方之行政亦类是。其在日本，府县有府县会，有府县参事会；市有市会，有市参会；町村有町村会，有町村长。一言以蔽之，各自治体，莫不有议决机关与执行机关二种。组成此机关者，由地方人民之有公权者选举之，若舍各省请愿国会之代表诸君，其孰能当此重任乎？此二种机关，其权限各不相侵，一司议决，一司执行地方之公事，悉归纳于此二种机关之中，故事无不举。吾国今日欲组织地方自治机关，骤取各国细密之条例、之规则，一一移诸吾国，此固势所不能。然于各国公认之大原则，则不可不遵之而行。不然，机关之形式不具，未有能举其实质者也。言者以为中国今日组织自治机关，有最要者数事，并列如左：

（一）就各地方固有之区划，即城、镇、乡等组织一自治体。

（二）自治体宜分议决与执行二机关。

（三）分任机关之事者，由其地方绅士，即请愿国会之代表者等互相投票公举。

（四）机关议事必以多数为可决。

（五）机关之职员悉为名誉职。

凡此诸项皆简而易行，而实地方行政之大原则也。不如此，则自治体不能成立，自治事务无由实行。中国今日之弊，其前车矣。所以必就各地方固有之绅士者，以一般人民尚无公民（贸）〔资〕格，故普通选举之法，不能不俟诸他日。所以悉为名誉职者，使人知尽力于地方公事，为地方住民之义务，非可藉此得利与为营私之地也。至于机关之必分议决、执行，职员之必以由投票公举，议事之必待多数可决，盖为处理公共事务不易之定则。而必以此地方自治之总机关，责之于各省请愿国会之代表者，以发起之必有原动力也，其理固甚昭然，无庸详解。

如上所述，中国地方自治之根基，其发达存在既如彼，而今日实行自治之方法，其简单易行又如此。然则中国之改革事业，其九年中国民之所亟宜筹备者，莫自治若也。记者是以不惮烦言，为各省请愿国【会】之代表者告。记者有言之责，诸君有行之责，记者以一片热心言之，愿诸君以一片热心行之。诸君诸君，地方自治者，诸君之天职也。记者敢重言之，愿诸君无忘其天职，而求完其国民之责任，以补足请愿国会之希望也。否则予政府以口实，否则为外人所鼻嗤。

《顺天时报》，光绪三十四年九月初一日至初三日、初五日（1908年9月25日至27日、29日）

要求开国会者宜有最后之武力

精　卫

迩者内外人士，热心宪政者，纷纷上请愿书于满洲政府，要求开国会，余以其无实力为预备，而徒托于空言，已忠告之，谓有所挟而求乃为要求，无所挟而求则为乞求，天下未有政治革命而可以乞求得之者。及观今日之事，余言乃悉验，然则对于请愿失望诸人，安得无一言。

夫诸人要求之目的在开国会也，满洲政府既宣言预备立宪矣，则开国会之事自万不能免，请愿者之所争非争国会之开设与否，乃争开设之迟速耳。各地请愿书皆以三年为期，而满洲政府乃以九年报之。夫时局之危急，人所共知也，即极热望开国会者亦只能谓开国会为自强之基础，而不能谓开国会即可自强。乃今者自强基础之成立犹必待诸九年，若忘时局之危急者，俟河之清，人寿几何，此已非请愿者所欲闻矣。然使九年后所开之国会，其权限组织能如请愿者所欲，则将来之期望犹未遽绝，乃观所谓宪法大纲，尊重君主之大权，侵夺人民之自由，而国会之权能受种种裁制，不能独立，呻吟于君主大权之下，以顺为正而已（汉民《论满洲所谓“宪法大纲”》已详尽无遗，故不再及）。旷观各国之国会，其权能之不健全，未有如清国者也，彼自称为巩固君权，良非虚语。如是之国会，纵令满洲不食前言，于第九年即行开设，其于吾民有何利益？此当为热望开国会者所心灰气绝者也。以浅言譬之，所谓九年始开国会者，盖如讨债者登负债者之门，而责其履行义务，负债者期以他日，讨债者不得不废然而返，此已为失望矣。而所谓宪法大纲上之国会权限，则如乞人款主人之门，求钱不已，主人以烂铜钱一枚与之，受之则无用，弃之则无礼，此其失望，尤难堪也。嗟乎！以亡国遗民而向异族政府求生活已极可怜，乃一再乞求，一再被呼蹴，至于如此，令人无暇鄙笑，惟矜怜之而已。

夫使请愿诸人惟以乞求为已足，则从此腼颜向人，旧调重弹，吾亦何能与之言。然而请愿诸人固不甘受乞求之名，而必以要求自命者也。信如是也，则其要求之时，必有挟持之武力以为最后之对付，而于要求不遂之日，即不可不露其锋芒。盖若云乞求，则其请愿书之价值与乞儿手中之破钵、口中之祷词同一轻重而已，若云要求，则其表面为请愿书，而里面直下战书也。要求而遂，目的可达，要求而不遂，舍以强力达其目的之外实无他策，征之各国，要求不遂继以革命，其成例不一而足，此言要求者所宜知也。

试征之法兰西。以路易第十六不能容国民之意旨，诪张为幻，思藉外兵之力以压抑其民，人民知要求之无效，遂起一千七百九十二年之革命，处国王以死刑，发布共和宪法，此其一例也。沙尔第十世承路易第十八之钦定宪法，思奋专制之蛮力，以抑国民之自由，公然于国会中宣言国王之特权重于宪法，国会极力抗议，莫能得，遂起一千八百三十年之革命，废国王沙尔第十世，制定新宪法，此又其一例也。路易腓力不能徇国民之意，屡失政，国民怒，起一千八百四十八年之革命，废君主，布告共和政治，此又其一例也。综观佛兰西革命之历史，忽为民政，忽为帝政，凡三数易，佛民固非谓君主之为物必不能容于国家之内，徒以要求无效，民意不中，不得不出于革命，则可知君主之为鬼为蜮，实为人民之蠹，而人民之于君主，舍以武力反抗实无他道足以削除其专制之威权，皆昭然明矣。

更征之英吉利。一千二百十五年以前，国王约翰聚敛为虐，贵族不忍其毒，提出权利之要求，王愎而弗从，贵族相合，一千二百十五年举兵直逼伦敦，王穷蹙逃遁，乞降于贵族，悉承诺其要求之条件而署名焉，是为英国之大宪章，斯则要求不遂继以革命而后得之者也。查里斯第一厉行君权，压抑国会，其后与佛国开战端，求军费于国会，国会因提出权利请愿（一千六百二十八年），查里斯阳诺之，而专制如故，屡解散国会，一千六百二十九年以后，十一年间不召集国会。迨其后再召集国会，大生冲突，王怒以兵力镇之，民党亦以武器为反抗，以人心之靡贰，卒能制胜，一千六百四十九年遂处英王查里斯第一以死刑，国体一变而为共和政治，斯又要求不遂继以革命而后得之者也。占士第二世承查里斯第二之后，愚而无断，结怨于民，民怒而逐之，占士第二出奔佛国，英人迎立新王，遂以一千六百八十九年公布《权利宣言》，斯又要求不遂继以革命而后得之者也。夫大宪章为贵族与国王相约束以制限其权力者，权利请愿为人民与国王相约束以制限其权力者，权利宣言为确保国民之自由而固英国立宪之根本者，斯三者皆英国宪政之元素，其始也，于革命以前先之以要求，其后也，要求而不获则继以革命。世人多谓英国宪法不以流血得之，盍亦深求其故欤？

英、法革命之事实具如此，其他若德国立宪以前则有柏林三月之变，若日本立宪以前则有西南之役，不可枚举。要而论之，各国宪法之成，皆在于以国民之实力抗专制之君权，其国民全胜，踣君主而代之者名曰君权，法国是也；其国民大胜，君主让步，以就宪法之范围者，名曰限制君权，英国是也。语其制胜之由，惟武力而已。若夫专制之君主怵民权之将为己患，钦定宪法以为其权力之保障者，则直名之曰巩固君权，清国是也。当是之时，人民非惟无颠覆君权之能力，并无限制君权之能力，其呻吟于专制威力之下，与未有宪法时曾无稍异，惟多一空文以为束缚之具而已。嗟夫！以专制之力，何求不得，然欲靖人心，死民气，则于威力之外必尚有所谓天经地义者以为生民灵魂之桎梏，故今之宪法大纲直与雍正时之《大义觉迷录》同一效力，吾不知请愿诸人何仇于国民而以是鸩之也。

请愿诸人而深知此义，则当追悔前之乞求，为迷信一纸之空文可以发生国民之权力，又迷信空言之请愿可以推倒政府之实权（此实与义和拳欲以念咒抵御枪炮者同一迷谬），从此当知革命之必要、武力之宜预备。武力未充实，请愿何为者？武力既充实，直抉此异族政府而去之，请愿又胡为者？藉曰徇名之念，过于死权，慕立宪国之虚荣，袭大国民之徽号，以冀附于杨度之末，而侥幸不为陈景仁，是则将率天下而入于洋八股时代（此《新世纪》所定之名，至为确切，故用之），吾亦惟驱除之为务，不屑复与尔等言矣。

《中兴日报》（1908年10月10日），录自章开沅等主编《辛亥革命史资料新编》，湖北人民出版社2006年版，第345—346页

国会问题之真相

侠　少

近世各文明国之政治，无论君权立宪国、民权立宪国，皆议会政治也。议会政治者何？谓以国会为国家政治之中坚也，国家活动之心髓也。惟民权立宪国之国会，为国民全体代表之机关；君权立宪国之国会，为各阶级代表之机关。此政治上事实之问题，各国虽不尽同，而大较则然也。若国法上国会之性质，则均为国民全体代表之机关。凡国民利害之调和，权义之平均，国会皆负其责。故国会与国民前途之关系最密切，而最重大者也。

我国近数月来，国会、国会之声吠如狂瘈。仅观其表面，莫不以为国民之国家观念兴起，权利思想发达也。而其实则诚如斯宾塞尔所云，政党之所为固无与于全国民也。盖其上请愿书之代表，因闻政府欲以各省国会请愿之代表为资议院议员或顾问，于是皆纷纷而毛遂自荐，郭隗请始。其签名之人即上请愿书之代

表，或其狐群狗党。牵衣拦道，逢人说项，若沪上野雉之拉客者。甚至盗窃捏造，或搜集无数之缙绅录、乡会试同年录、各商会及各公司、各学会及各学校之名簿。故三五日间，全省之绅商学界中人皆网罗无遗，固不患人不盈万。而其实则如旧时之绿营、防营兵籍，有不知为何许人者，有名存而人已亡者。谓予不信，则请观政闻社法部主事陈景仁，因电奏要求国会被谴。而各报载，其电系由星加坡政闻社支店所发，陈景仁未得与知；更有谓陈景仁并非法部主事者。又京、沪各报载，留东全部学生电禀政府，要求速开国会。而实则留学生总会馆职员不知，各省同乡会职员不知，微论全体学生也。呜呼！今之要求开国会者，其倡率生事，侜张为幻，即此亦大可见矣。而尤有昧良丧耻、人头畜鸣如预备立宪公会者，胆敢以其暮夜乞怜、白昼欺人之惯技，欲迎合政府，以利用我国民。兹揭其请愿国会之原电如下：

北京宪政编查馆王爷、中堂、宫保钧鉴：前电意有未尽，谨披沥再陈，冀蒙垂听。开国会者，特利用国民之策而已。中国之国会与万国不同，无论何国之政治家，究其学识，无足以裁决中国国会适当之办法者。何则？以我之国大俗殊，为历史所无故也。今欲集中国之学者裁决此事，虽虚拟年限，要皆随意揣测，不足以为定论。但问朝廷欲开国会否耳，果欲为之，则宜决然为之。直以最捷之法选举召集，固非甚难，胥等所谓二年即立与施行之谓。如以二年为简率，则虽五六年至七八年，亦与二年略等，未见其遂为完密也。迟疑顾虑，终于无成，实中国积弱之锢习。必先除去此习，乃有图存之望。时不可失，敌不我待。当世雄杰，或韪斯言，不胜忧愤，伏祈荩察。预备立宪公会等百叩。

呜呼！我国民于彼党何仇？彼党于我国民何怨？岂我四亿国民皆杀戮奸淫彼党之高曾父母、诸姑伯姊如扬州十日、嘉定三屠者乎？抑我四亿国民皆攘夺吸食彼党之身命财产、妻儿膏血，而男不知耕、女不知织者乎？何彼党处心积虑，日惟思利用我国民以献媚政府，为彼党购取国会议员、谋树政党内阁之资。悲哉，我国民！苦哉，我国民！愚哉，我国民！弱哉，我国民！农工商贾，各营其业，终岁勤劬，而食不得饱，衣不得暖，仰不足以事父母，俯不足以蓄妻子，日惟任人之利用，而纳税焉，而服役焉。至所谓法律上之平等权，与身体之自由、居住移转之自由、书信秘密之自由、所有权自由、信仰自由、言论著作出版集会结社诸自由、请愿自由、非宪法所载者拒绝自由等权，则决无丝毫之可望，可断言也。何也？以今日之提倡立宪、要求国会者，皆欲利用国民者也，非代表国民者也。彼辈日日言爱国救国，而实则背叛祖国；日日言合群保种，而实则戕杀同种；日日言监督政府，改造政府，而实则谄媚政府，依赖政府。则以开国会为利用国民之策者，非独预备立宪公会中人，而实一般要求开国会者之肺肝，诚于中而形于外也。惟预备立宪公会中人，天良虽汩没，而言尚由衷，故吾人观其利用国民之言，始焉则惊其胆大，继焉亦谅其愚诚。使我国人皆如预备立宪公会中人乎，则将来我国之刑讯庶几可免。

然彼辈之为此言者，为对于宪政编查馆诸王爷、中堂、宫保言。得毋亦仰承政府之言立宪、言开国会者之意旨即在利用国民，故以此言餂之乎？然而误矣。夫欲为立宪国民之资格，必光明正大，忠实诚信，事事皆推心置腹，以赤诚相见。而况自命为国民之先导、提倡立宪、请愿国会者，乃欲一手掩尽天下目，臆度率请，侜张为幻，自欺欺人，餂政府以利用国民耶？则为朝廷所必惩，亦实有亏于立宪国民之道德。夫使政府之言立宪也、言开国会也，非欲利用国民，而实欲救国济民，岂非吾国之大幸？若政府竟纳彼党利用国民之策，而立宪、而开国会也，则政府固直接利用政党，间接利用国民，而加税，而征兵；政党则上焉利用政府，下焉利用国民，而发财，而升官。惟吾侪小民则氓之蚩蚩，虽鬻妻质子，断颈折脰，为黑奴而吁天无路，为红夷而抢地无声，惟澌灭待尽而已。然先哲有言：上下交征利，而国危矣。

至其谓中国之国会与万国不同，无论何国之政治家，究其学识，无足以裁决中国国会适当之办法者。呜呼！中国之国会匪特与万国不同，吾人恐求之地球以外，或太阳系外之世界，亦决无如中国之国会者也。夫真正之国会，无论君权立宪国、民权立宪国，皆为谋国利民福而开也，非为欲利用国民而开也。若为欲利用国民而开国会，则与其立宪也，毋宁专制；与其有国会也，毋宁无国会。盖君主专制，只一重之专制，而专制变相之立宪，则反加数重专制。近人谓国会为第二重之专制，非谑而虐，实自然必至之结果也。闻者疑吾言乎，则盍观中央资政院及各省谘议局、地方自治局等之办法。

夫资政院议员之规定，除宗室、王公、京官、大富豪外，非有所谓世爵者乎？我国自秦汉以来，贵族政治久归天演淘汰，虽或有世爵之名，大都有爵而无位，鲜有永久占政治上之重大势力者。今则特设贵胄学堂矣，特定贵胄游学章程矣，特派贵胄学法政、陆海军矣，特加恩录用中兴勋裔矣。此皆预备贵族内阁外，又预备贵族院议员之资格，以为将来设贵族院之基础。盖今之言立宪者，欲取法于日本，日本有贵族院，故我国亦必有贵族院。顾日本之贵族，除宗室外，则旧藩侯之子弟，维新功臣之子弟。而我国则除宗室外，有八旗世仆之子弟也，有杀戮同胞之功臣之子弟也。我国有此数多之堂堂贵族，固足以组织势力最大之贵族院，自豪于世界各国，夫岂让日本帝国专美于东亚耶？某报记者乃教猱升木，斤斤于上院、下院、左院、右院等名目，以为狙公赋芧之计，朝三暮四，朝四暮三，亦徒见其不惮烦矣。

又，谘议局议员之规定，除曾办学及中学卒业生外，有所谓举贡及服官未被参者，与家产逾五千之业主。夫举贡也，业主也，服官未被参者也，除三数洁身自好者外，非老朽即市侩，不知政治为何物，法律为何物，地方行政为何事，地方自治为何事，其不能胜地方议员之任，固无论矣。而一般挟贵凌贱、挟富凌贫之恶习不除，日惟夤缘官吏，包揽词讼，侵吞公款，武断乡曲。前此未为谘议局之议员，地方已不堪其害，若一为谘议员，奚翅为虎傅翼乎？而尤有最奇异不可思议者，则名为地方自治，而局长则普通博士之道员也；谘议员定章由民选，而乃由私人推荐、官吏奏调也。呜呼！此真大地万国所未有，无论何国之政治家，究其学识，无足以裁决之，恐亦为意料所不及矣。

专制乎？立宪乎？专制之时代，中央则君主独裁之政治也，地方则暴官污吏之政治也。将来立宪之时代，中央则君主暨贵族专制之政治也，地方则官吏与劣绅土豪之政治也。故吾人谓：君主专制政体，只一重之专制，而今之立宪政体，反加数重之专制。世之崇拜国会论、迷信国会论者，其亦知所返耶！

《云南》第十六期，戊申年十二月十八日（1909 年 1 月 10 日）

敬告筹还国债会及国会请愿各代表

宣

自各国监督吾国财政之说起，直隶士绅首先发起筹还国债会，各省应之。上海商界中人，亦于日前开会，议其事矣。而同时各省谘议局议员，又各派代表来沪，会集商议，为缩短国会期限之请愿。其首发此议也，则为江苏省之士绅。夫筹还国债会，是国民对政府自尽其义务也。而国会请愿，则为国民对政府要求其权利。南北人思想虽不同，而其救国之热心则一矣。

揣筹还国债会诸君子之意，则以为各国之欲监督我财政也，无非因吾国财政之紊乱，深恐紊乱之结果，于赔款、借款不能如期以偿，故有斯举。今我国民，若能集款清还国债，则可以免各国行使其债权，此直接补救之方法也。

而国会请愿诸君子之用意，则以为各国之欲监督我财政也，实因吾国政府对于宪政之事，犹有半疑半信之心，半实半虚之举动，微论国家财政不能整理，预算不能确立，生直接影响于赔款、借款之问题，即其他之用人行政、立法等项，皆适足以促其国运，以戕其民生，过此以往，国将益贫，债将益多，虽不亡不可得也。故其欲监督我财政也，实因无望于吾国之宪政而生也。今苟能缩短国会期限，及早组织责任内阁，则用人行政秩序井然，预算决算丝毫不苟，税法币制以次厘定，国用自充，信用亦厚，而债权者将无所用其疑惧。此虽为间接补救之方法，然不得谓非根本的之计划矣。

南北士绅，据上述之二理由，遂有筹还国债会，及国会请愿之举。其爱国之热诚，救国之忠悃，足使闻者兴起，见者感泣，而记者即为兴起感泣之一人。夫天下惟深表同情于其事之人，其关心为独挚。因其关心之挚，则研究之功多，而种种可疑之问题，乃悉浮现于脑际。盖始则深恐其事之不成，继则深望其事之成，终则深虑其事虽成，而未必获良结果，如南北诸君子之所期也。今先分析筹还国债会与国会请愿团体为二，而各设问题以资研究焉。

（甲）对于筹还国债会之问题

第一问：筹还国债会能否终达其预期之目的，不至如数年前之国民捐终无结果否（此问题系深恐其事之不成而生者也）？

第二问：筹还国债会能否担保政府不移此款作别项之需用，设移此款为别项需用，或竟为官吏侵蚀其一二成，筹还国债会诸君子更有何法以与政府争执（此问题系深望其事之成而生者也）？

第三问：筹还国债会能否担保政府此后不再有借债之事（借债之事，各国所常有，兹之所谓借债者，指赔款借债，及如苏杭甬铁路、川汉、粤汉铁路借债等类，非谓国家不能借一债也）？

国家财政可以自为整理，不至再告紊乱。设政府自后仍须源源借债，则筹还国债会能否源源筹还之，或有何法以阻止政府？然若国家财政依旧不整理，仍旧紊乱，则政府此后之借款，必势所难免。然则因财政紊乱而借债，因借债而致各国之监督，因各国之监督而遂有筹还国债会。则是筹还国债会者，因恐各国实行监督财政而设也，因恐各国之实行监督财政，遂思代政府清还国债也。思代政府清还国债者，欲其以后不借债也；欲其以后不借债者，必欲其先整理国家之财政也。则是夫筹还国债会，最终之希望在此矣。然今究用何法而后乃能达其希望？倘此希望不达，则虽筹还至于二次三次驯至于十百次千万次，亦终无良效果焉。今筹还国债会，亦曾通盘计及之否？（此问题系深虑其事虽成而未必获良结果而生者也）

（乙）对于国会请愿之问题

第一问：开设国会之事，先朝已有谕旨明定期限，今欲要求其缩短期限，能否期朝廷之必从。

第二问：开设国会之事，此人民对于政府而要求权利也，是必有义务而与之交换。纳税本为交换矣，然须迟至九年，方能享有此权利。今欲要求其缩短期限，是要求其特别之权利也，是亦必须特别之义务，以与之交换。今国会请愿诸君子，果挟有何项特别义务，而与政府换此特别权利，为此特别要求乎？抑亦不过如前年之以空言上书，为豚蹄篝车之祝已也。

以上所陈，皆记者所深思不能解决之问题也。虽然，筹还国债会与国会请愿，若果分为二体，不相联络，则吾知此等问题，终无人可以解决之。若筹还国债会与国会请愿能合为一体，则一方所不能解决之问题，正一方所能代为解决者也。两者相资为用，始终提携，则筹还国债最终之希望可达，而国会请愿之目的亦与之俱达。今请更详言之。

如甲项第一之问题，倘国会能及早开设，则以议员之决议，国民必能始终担任，不至如国民捐之仅及于一部分之学界、政界，遂至有始无终矣。

如甲项第二之问题，倘国会能及早成立，则监督财政，承诺预算，本为国会特有之职权，不至任政府移此款为别用，及致官吏有侵蚀之事矣。

如甲项第三之问题，倘国会能及早成立，则政府此后虽有借债，国会亦可与闻，而立宪国家种种机关皆已完备，税法、币制自能以次厘定，教育、实业既以渐兴，国（富）〔库〕亦当渐裕，财政不至紊乱，则外国监督之事，终不得逞其野心矣。

据此而观，则筹还国债会，必先使国会请愿得达目的而后，乃能遂其最终之希望。而前此之三问题，亦必待国会成立，乃能解决矣。

若夫国会请愿一方，苟不挟筹还国债会以为其先锋，则吾不能必请愿之目的之果能达也。如乙项第一、第二之问题，虽期限已定，朝廷必难轻易俯从民请，且无特别权利相与交换，更不足以动政府之心。然今苟能示以筹还千兆国债之大利，则在政府一旦可以释此万斤之背负，举从前之伛偻遽得一伸，则亦何惜于此数年之期限，而不为之缩短？夫不出代议士者，不纳租税，欧人已尝言之。今我则曰：不缩短国会期限者，不筹还千兆之国债。以此为请，庶能冀政府之我从矣。

故吾今敢敬告于筹还国债会诸君，君等欲筹还国债，宜先合君等所组织之团体，而保于国会请愿之团体中，且宜先提还国债之款几成，为国会请愿时运动之用。欧美各国，此种风气在所不免，奇正相生，此着不能不预备也。

吾今又敬告于（照）〔国〕会请愿诸君，君等欲为国会请愿，必先以君等所组织之团体，与筹还国债会相并。请愿之手段，即以筹还国债为手段，目的苟达，则足以促筹还国债会之进行，不至有鲜终之虑。目的苟始终不达，则可与筹还国债会相率解散，不宜使我民更负此分外之义务。盖国会不早开，财政终至紊乱，政府借债，永无了期，国民筹还，亦永无了期。而其究也，终不免于外人之监督，吾国亦终不免于为埃及，则又何苦使我民于垂死之年，更增重累，而不畀以余生稍纾之境遇也？

《时报》，宣统元年十一月初十至十一日（1909 年 12 月 3 日至 4 日）

论朝廷对于国会请愿宜从民意

宣

国会请愿各代表，已首途矣。记者窃谓朝廷于立宪之事，果出于热心与否，可于此举觇之。倘其果热心于宪政也，则立宪之原则，以从多数国民意见为要，虽先朝谕旨已定九年开设国会之期限，而今则多数人民以为宜从缩短，则朝廷不能不体我先皇帝庶政公诸舆论之诏旨，而略事变通，此不易之定理也。倘其执持定见，不准代表之所请，则必大拂民望，不啻揭其专制之心，以昭示于天下，人心解体，国势日孤，以我监国之贤明，当不至出此下策也。

各省之谘议局议员者，各省人民之所公举者也。各省谘议局议员联合为一体，以请愿国会者，本乎各省人民之公意也。是则此次请愿各代表，实全国四万万人民意见之集合。我朝廷若不准之，则在表面似不过拂数个代表之意见，而实际上则直谓为以一人而反对四万万人，其不合于先皇帝庶政公诸舆论之诏旨，不待言矣。抑数年以来，各省派遣代表人入京之事，已屡见不一。若苏杭甬铁路之事，若铜官山之事，若皖路之事，若第一次国会请愿之事，率皆无甚结果可言者也。然犹得曰其事多涉于外交，朝廷诎于外力，无可如何也。而第一次国会请愿后，不旋踵即有预备立宪之诏旨。夫事涉外交者，朝廷原有为难之苦衷，其不能尽如民请，非朝廷之过也。即第一次国会请愿，原不过发起于沪上学界之一部分，而数省学界之人应之，非如此次为全国人民公举之谘议局议员也。故以前人民与政府，虽亦有直接请求之事，皆不得视为多数人民之公意，其代表皆不足以代表全国民。惟此次之代表，则其所请求之事，既不涉于外交，朝廷无外力之可顾虑，而其资格又为各省之谘议局议员，足为国民公意之据，非出于一地方一部分人民之私见可知也。

据是以观，则朝廷对于此次请愿各代表，苟接之不以礼欤，则不谓为蔑视代表也，直谓为蔑视四万万之人民；苟不准代表之请愿欤，则不谓为拂代表数人之私意，直谓为逆天下之公意。夫民为邦本，惟民可畏，此古昔明王之训也。古无代表请愿之事，而三代以下之贤君，犹畏其团体涣散之民，不敢稍拂民意。今则合四百兆民为一体，举代表以请命于君，而谓吾君乃靳此数年之期限，必甘冒蔑视国民、拂逆公意之恶名，吾知圣明必不出此也。

虽然，以我圣上之聪明，贤王之谦恭，对于在朝臣工，犹屡示其虚衷纳言之大度，而谓对于全国公民之代表，独逞其专制之威，此事理之必无者也。所可虑者，国会早开，彼佥壬之徒，知无所利，必起而尼之。或则诿过于民，谓程度之不及；或则借口于先帝，谓成宪之难更（指九年期限之诏）。特下一纸诏书，一面褒嘉，一面劝解，谓宜回籍静待，以徐俟朝廷之查察。倘果宜从速开设国会，或人民程度已高，则届时自应立从缩短云云。是等模糊两可之辞，皆彼辈舞文之惯技。倘我监国误听其说，则贻误于国计者大矣。

此次请愿之结果，若竟不得达其目的，则各代表归来之后，据其情以报告于各省之谘议局，谘议局各议员据其情以报告于各省之人民，人民以国会开设之无望，国势之日陷于孤危，则必人人丧气，人人灰心，对于朝廷呈其冷淡之态度。微论新发起之海军捐、国民捐，将立时解体，即平日已认之种种捐项，恐亦未必乐输。而革命党且得利用时机，相为鼓煽，谓民权之终 <不> 可得，立宪之终不可免出于空谈，不如及早自图颠覆政府，别立新政府之为愈。是说一播，则各省不逞之徒立见其蠢动，而国家大局立见其危。乌夫！吾言若不幸而中者，吾虽自斩吾舌，而终不能祓除此不祥矣。吾愿在廷诸臣，审慎思之，勿贻吾君国之戚也。

《时报》，光绪三十四年十一月廿一日（1909 年 12 月 14 日）

论国民对于国会请愿当协同一致

樊

民智已进之国家，其国民对政府、对国家或有所要求、有所行动，其方法无不出于一致。其政党虽多，然除政府党之一部常阿附于政府外，其余各党若遇有共同关系之事，则未有不立消其党派之意见，而采协同一致之主义，相与挈提以行。盖不如是，则其势不盛，其力不厚，对于政府不足以生其感动畏慑之心，而其所要求者，亦不能必达其目的。顾其所以能如是者，因其国民程度相等，常识具备，于某事各党宜各抱其主张，于某事各党宜联合为一体，人人熟知之，无待于报馆之鼓吹，政客之游说也。

吾国政党犹未成立，近年以来，遇有国家发生大事，或地方发生公共之事，皆临时组织团体以应付之，比其事件告终，则其团体亦复解散。此较之固定之政党，虽亦有便利之处，然若遇国家同时有数件之事，而其事又大小缓急参差不同，则以吾民程度之不等，其观察自亦不能尽同，于是有误小事为大事者，有误缓事为急事者，不相闻问，各抱意见，各立团体，而又各欲藉其临时组织团体之力，以求各达其目的，偶经挫折，各自涣散。数年以来，此等事实，盖不少矣。

近月以来，吾国临时所组织之团体亦不少，就中以拒款会（粤汉、川汉铁路借款事）、海军捐会、筹还国债会、国会请愿会为最有价值之团体，此殆有识者所同认矣。是等团体将来效果如何，虽不敢言，而其爱国救国之热诚，则固无高低轻重之别。顾记者窃以为，今日吾民对于国家种种之问题，当先谋其根本之解决。譬之于树，千枝万叶，非无宜修宜剪之处，然苟能日就其本根加以灌溉，则其枝叶之修剪无急矣。譬之于水，千流万脉，非无宜疏宜导之方，然苟能就其源头加以防护，则其流（派）〔脉〕之疏导可后矣。今国家譬犹人身也，脏腑受病，而发于外者则为肌肤手足之病，倘为医者不审其病源，而徒为此头痛医头、脚痛医脚之治法，则药无已时，病亦无已时矣。

吾国民亦知铁路之所以必借款，海军之所以无经费，国债之所以不可免，而致有拒款会、海军捐会、筹还国债会之发生者，何故乎？一言以蔽之曰：无国会而已。有国会则有监督政府之机关，而国家财政可期整理，财政整理则国用充，国用充则国力强，于是铁路亦不必借款，海军亦不忧无费，国债亦可以偿还，而君等之团体，可以永永消灭，不必再效此不祥之义举矣。

由斯以谈，则是国会者，为祓除国家不祥之明神也，为驱逐鬼魅之阳光也，为荡扫垢秽之风伯也。国会一旦成立，则国家种种之难问题咸可解决，若庖丁之解牛，迎刃而解，无有濡滞。于斯时也，不止兴海军有费，即偿外（借）〔债〕亦有费；不止偿外债有费，即再借外债，亦不须以海关、盐厘等为抵押。（各国无不利用外资以兴实业，吾国每借债必须以海关为担保者，因信用不孚而财政紊乱也。如开国会，则财政整理之后，对外之信用已厚，将来尚须提倡外资输入，岂止筹还国债一事可以自豪。）是则国会之开设，岂非百政之根本，而吾民要求缩短国会开设之期限，岂非万事之源头乎？

今国会请愿各代表既已陆续到沪，吾知会议之结果，必选举数人赴京上书矣。将来此举果有效与否，为吾国生死存亡之所关，吾国民所当人人注意者也。记者窃以为，此事当合全国之力以图之，必盛张其势，厚集其力，万众协同一致，群趋于此轨，不可仅任之各省谘议局少数之议员。盖各省议员名为代表国民，而实不过绅界、学界之一部人物。今宜大扩团体之范围，联合各界，集为一团，而以今之拒款会、海军捐会、筹还国债会联合为最必要。因是数团体者，皆以国家财政问题而发生者也，而国会之职权，则又以监督国家财政、承诺豫决算为其惟一之职权也。故就实际言之，彼拒款会、海军捐会、筹还国债会，无一不与国会有密切之关系。今能合此数团体而为一，则代表之请愿为有力，而朝廷自计，苟不允吾请，将立失此海军巨万之捐，国债巨兆之款，则亦何苦与我民争持此数年之期限，而必靳不我与也。

吾国人省界之辨至严，党派之见极重，每作一事，不问是非，皆无互相挈提、互相保全之公共心。不知此在他事犹且不宜，若以国会请愿一事而论，则举国之生死存亡，咸视此举。吾知彼拒款会、海军捐会、筹还国债会诸君子，必不至守从前之旧见，而不采此协同一致之行动也。乌呼！大国民之能力，大国民之气度，大国民之幸福，咸视此举。记者敬拭目以俟之。

《申报》，宣统元年十一月初十日（1909年12月22日）

截指之国会

吉　三

殉约、殉路、殉矿，苦哉，我同胞也！灵魂不死，国魂斯存，乐哉，我同胞也！人死则哀之，国存则祝之。人死而国有生气。以死之至苦，蓊生之至乐，人之灵魂欤，国之灵魂欤？合三位而一体，救众生而流血。孔氏言仁，耶氏言爱，佛氏涅盘，心同是心，理同是理。我同胞之殉约、殉路、殉矿，苦耶，乐耶？鲁人童汪锜执干以卫社稷，史以“国殇”称之，美其能御外侮也；史鱼以尸谏，史称其“直”，不系以“国”矣。此内外之辨，而轻重见焉。约也，路也，矿也，皆外人迫我者也。迫于外而欲安其内，如焚热血，匪石丹心，于无可塞责之中，聊以一死励众生，风当世。其死也，不可谓非死国也。自有殉路、殉矿、殉约之死，而后起者大有人矣。黯黯黄魂，其将历永劫而不死乎？汨罗水深，屈子何心？从政殆而，匪今斯今，尸谏愚忠，吾犹及见。方反顾而流涕，忽又闻有截指之徐特立。徐胡不爱其指，曰为国会故；胡不知截指之痛苦，曰为国会之幸福故。徐截指以励代表之行，与殉约、殉路、殉矿者同一苦心耳。嗟乎！立宪之伟业，人皆血肉成之；立宪之价值，人皆以头颅购之。我同胞于黑酣乡、温柔乡中，已不劳而获如天之福，固空前绝后，轶东越西者也。

天下事得之难者守之固，求之易者视之轻。外人一言立宪，举国若狂，老者、少者、壮者、妇人、孺子、贩夫、樵牧，莫不壮志勃勃，眉飞色舞，此数年间一若舍立宪外无谈论，舍立宪外无事业，舍立宪外无性命。孤人之子，寡人之妻，层层枯骨，累累京观，无非为此立宪作预备。而吾国立宪之预备又何如？各部奏陈成绩，非预备也；督抚奏陈办法，非预备也；谘议局议员济济，非预备也；政府中央集权，非预备也。何也？立政体之宪，非立人心之宪也。故成绩则敷衍也；故办法则苟且也；故谘议局议案之无理取闹也；故中央集权之支配不均也。于是征兵则逃，理财则困，舆论则摧。日日言预备，事事多反对，南辕北辙。九年容易，难俟河清。此安坐而致之立宪，其不可恃者有如此也。然今日又有请开国会之说矣。请者，下求上也。各省代表上书请愿，去年今日，已成人面桃花。昔之请开国会，今又请开国会，再三之渎求之，固如是其难耶？明知其难，而亦求之，我同胞之心固未死也。徐之截其指，所以显其事之难，使我国民知立宪无不劳而获之理，一人痛苦，万众欢心，夫又奚惜？况立宪不经流血，则立宪之异彩不生。徐之截指谓为国会流血可也，谓为立宪流血亦可也。

自有徐之流血，立宪前途或可大放光明矣。以血为立宪预备，真能预备者也。平安岁月，九年则苦其长；忧患余生，九年则觉其短。时局如斯，平安难必，一日变端忽起，吾虽欲享九年后之幸福，天已夺之于九年之前。日月逝矣，岁不我与，预备云乎哉？弹指光阴，不如痛快以决绝之耳！如天龙之一指，徐其寓有深意乎？吾国无流血之立宪，而有截指之国会，夫亦差强人意耳。澹澹国魂，蹇蹇国殇，殉约、殉路、殉矿之烈士，英灵有知，必曰吾不虚死。

《中国报》，宣统元年十一月十三日（1909 年 12 月 25 日）

敬告国会请愿代表

醒

国人鉴于时局之日非，大祸之将届，以为非速开国会使人民与政府共负责任不足以图挽救也，于是有请求速开国会之谋。自江苏、直隶谘议局倡议联合各省诣阙上书后，各省闻风响应，先后公举代表聚集海上，连开谈话会数次，讨论进行之方针，并组织国会请愿同志会，以为永久持续之计。当事者之慎始虑终，至可纫佩。今请愿代表已于前日首涂矣，国人对之均报无穷之希望，以为必能达最初之目的。然记者窃有虑焉。盖请愿代表抵京后，捧呈请愿书，恳请都察院代奏，以今之主持院务者论，恐未必允为代奏；即允代奏矣，亦恐濡滞不发；即竟即日代奏矣，又恐朝廷审慎迴顾，置之不理；即使朝廷深知民气未便强抑，或颁一嘉奖之谕，以格于先朝成宪，未便擅更期限为词，则仍不能达我之目的；即使朝廷俯顺舆情，谋有以慰民之望，或将九年筹备期限缩短若干年，饬下内外各衙门赶速筹办，则犹未能偿我满足之希望，然此已为我民得有胜利之结果，恐尚未可必耳。至云在此一二年内，即行选举议员，开设国会，犹恐未易仰邀俞允。虽然，各代表苟欲其事之或有可望也，亦有道焉，是在各代表之善为（干）〔斡〕旋耳。用敢不揣冒昧，供其一得之愚，愿垂察焉。

上年春间，首次国会请愿代表抵京后，恳请都察院代奏请愿书，掌院者以朝廷已有分年筹备宪政之谋，竟未上奏。其畏葸玩忽，不肯为人民稍负仔肩，盖有如此者。此次各省代表联袂北上，虽非可与上年出于少数人之意见同日而论，然在院中诸大老视之，必以为无所轩轾于其间也。则设辞阻难，亦意中之事耳。故此次代表抵京后，不可将请愿书捧呈都察院，即谓为已尽其责而无所事事也，必以游说王公大臣，期得其赞助为最要。盖代表恳请都察院代奏请愿书，院中不允代奏故属可虑，然即代奏矣，以监国之贤明，必能俯允人民之要求。然军机、内阁以及各部长官，或不免造作操切从事、徒滋流弊种种语言，耸动监国之听闻，而藉以阻挠其事者，此乃深属可虑者也。为今之计，代表抵京后，宜一面捧呈请愿书于都察院，一面遍谒王公大臣，说以速开国会之益，期得其赞助。如此两方并进，或有万一之希冀。若徒恃一纸呈书，聊以塞责，则将来不能得良好之效果，有断然者。深愿诸代表其注意于斯。

请愿代表抵京后，首宜晋谒宪政编查馆诸大臣，将不得不速开国会之理由，痛切敷陈。如彼有所问难，尤宜剖炮详明，解其所惑，务使其乐于赞成而后已。次宜晋谒资政院诸大臣，该院为上议院之【基】础，与开设国会本有密切之关系，倘有善于辞令者说以速开国会之益，及不开国会之害，固无不有动于中者。次宜遍谒各道监察御史，并可由诸代表各以乡谊而联络之，将请求速开国会之理由，申说无遗，要求其联合各台谏同上封奏，详陈内忧外患之日迫，非速开国会无以谋救亡之策。余如各部尚书，亦宜同时投谒，说以不得不速开国会之理由。且各部之中，尤宜分别对待，未可一例而论。如度支部于清理财政之事颇形为难，正在无可如何之际，宜说以清理财政以及实行预算决算等，非可尽恃中央政府与各省官吏自行举办者，不得国会之赞助，必难得圆满之效果，则该部未有不赞成者。又如民政部，宜说以筹办地方自治，调查户口，举办警察等，欲使全国一律通行，亦非徒恃一纸部文通行各省所可期其成功者，必由国会协力赞助，方克有济。又如学部，则宜说以欲谋全国教育之普及，非全恃官力所能办到，必藉国会通盘筹画，始可期其推行而无滞。又如农工商部及邮传部，则宜说以欲兴全国之实业，非徒恃国家提倡以及富豪创办所可期其发达者，不由国会从长计议，安能望全国实业家之生色。又如外务部，宜说以历来办理外交之失败，虽由于国势之不振，然亦人民不顾国家之利害，遇有交涉，置若罔闻，故外人益肆其无理之举动耳。今苟开设国会，则有舆论以为后盾，足以壮当局之气，列强慑于民气之勃发，亦必稍戢其强暴之态度也。又如陆军部、军咨处以及海军筹办处等，宜说以兴办海陆军以经费为最要，而尤以人才为最急，徒恃在上者之焦劳筹画，不有国会赞助于下，则经费何由而出。度支部拨款，各省摊派，泽竭而渔，岂能久持，亦应由国会另谋筹款之法。至海陆军之兵卒，非切实办理征兵不可，徒恃召募，终恐无裨实用。俟征兵办有成效，再为实行举国皆兵之预备，则庶乎众志成城，可备干城之选矣。然此皆非国会成立后，上下协谋不为功。至军机大臣为翼赞机密之人，朝廷定大计、决大疑，莫不惟此是赖。苟彼等立意赞成，事或有济；万一存心反对，则事无不败。仅恃监国贤明无益也，各代表尤宜分别谒见，将国势阽危，非速开国会无以救亡之理由，详晰陈述，以期彼等于监国前有所发表，则其事未有不济者也。

上所云云，不过举其大概而已，是在各代表善用其游说之策略耳。其中尤宜注意者，为军机处、宪政编查馆、资政院及各道监察御史等，非得其应允赞助不可。记者于此深望各代表之勿以捧呈请愿书为已尽其责也。

总之，此次请愿代表抵京后，宜共同一致，各尽其能力而为之。尤宜存坚忍不拔之志，不至达到目的，不宜遽尔遄返。历届各省公举代表驰赴京师有所请求，均未得圆满之结果，如江浙铁路争款代表，铜官山废约代表，以及河南、山东矿案代表等抵京后，皆未得胜利，丧然而归。此次国会请愿代表，关系于宪政之前途，至重且大，非一局隅一部分之请求可比。各代表尤宜始终坚持，不稍懈怠。万一朝廷置之不理，断不可顿灰初念，废然而返。尽可向各省公共团体报告情形，以为再接再厉之举。况日来报载政府诸大臣，自闻各省公举请愿代表之消息，已会商数次，颇有赞成之意，各代表尤应乘机说法，以决其志。倘能上下一心，共谋宪政之实行，讵非我国莫大之幸福欤。记者引领此望，窃不胜其依依之私也。

《申报》，宣统元年十一月廿五日（1910 年 1 月 6 日）

对于请愿速开国会代表之希望

吼　佛

鸣呼，吾国之预备立宪也，已两战于兹矣。大陆茫茫，事变日亟，内忧外患，纷至沓来，而九年之期限，不几如河清难俟乎！故忧时志士，相与奔走呼号，以筹救亡之策，莫不曰：舍速开国会其奚由？舍速开国会其奚由？

斯议也，发起于江苏，进行于湘省，影响被及于全国焉。而各省谘议局，均已举代表入京，请愿速开国会。吾敬之重之，顶礼而尸祝之，且拭目以观其效果，吾又奚言？然记者不敏，希望于代表诸君弥切，而有不能已于言者，故不辞烦琐而殚言之。

我政府之不欲遽开国会者，不曰民气之嚣张，即曰人民程度之不足耳。兹代表诸君之请速开国会也，政府必坚持斯说以阻挠之，则请代表诸君为之解曰：民气犹水也，盂圆则水圆，盂方则水方。近数年来国民痛外侮辱之日亟，内权之不振，其趋于激烈之一端，诚未敢自讳。然所以若斯之甚者，无法律以羁束之耳。国会成则宪法立，宪法立则权利、义务于以确定，舆论发达，公理日明，民志伸，民气平，又何必鳃鳃过虑其嚣张为也。以是为请愿之理由，不难迎刃而解。此吾所希望于代表诸君者一也。

至人民程度不足之问题，尤易为之解决也。何也？程度云者，一广漠无界限之名词也。试思十年以前较之今日奚若，二十年以前较之今日又奚若，恐不止十与五、百与十之比例也。且各国学者，每谓国民有立宪之程度与否，视其渴望立宪与否以为衡。盖人民非深知立宪之利益，断无要求速开国会之热心。譬之世人，既知营谋衣食，即深知衣之足以御寒，食之足以疗饥矣。倘有人斥之曰，尔虽知求衣食，而尔之程度尚不知有温饱之乐，宁有是理乎？人民既渴望国会之早开，则其已有立宪之程度，又奚疑焉？以是为请愿之理由，不难使政府之疑虑涣然冰释。此吾所希望于代表诸君者又一也。

世有恒言：立宪国之国民，自觉之国民也。然其果为大多数人民之自觉欤，抑仅为少数人之自觉欤，此不可不一审也。夫欲求全国大多数人民之自觉，恐遍历世界文明国而不一遇也。则现今立宪国人民之自觉者，仅少数人之自觉耳。夫大多数人民，既不能自觉，故先能自觉者，不徒负己身一人之责任已也，实当取大多数人民所不能负之责任而亦负之。此则观于日本当国民运动勃兴之时，而叹其国中先觉者之能以此自任也。人第见今日日本立宪政治之美，而不知实当日板垣、河野诸贤，冒危难，犯艰险，牺牲一己以为国民奔走要求，始得有国会成立之一日也。今我请愿速开国会之代表诸君，不可谓非吾国之先能自觉者，幸勿让板垣、河野之辈，得专美于前。是尤记者所隐抱无穷之希望也。

抑又闻之，天下至宝贵之物，必掷巨大之代价以得之。英之模范国会也，法之国民会议也，莫不经剧烈之风潮，而始克发生萌蘖。即如日本之要求国会，请愿之书，达于七十余通。夫天下事断无不劳而获者，今我代表诸君独一无二之宗旨，既在请愿速开国会，则当和血和泪以争之，一请不得效，至于再，至于三焉，且至于什百千万，而勿得勿休焉。威武不屈，刀锯不慑，总机一动，万脉胥张，我国家亿万年有道之基，其决于是乎！

嗟乎，诸君之请愿速开国会，今日其发轫之途矣。合全力以赴此目的，而勉为其难，则异日者吾国国会之成立，以诸君之贤达，与有伟绩焉。而仆愿须臾毋死，以伫看轰轰烈烈之国会，发现于我赤县神州之内也。

《汉口中西报》，己酉年十二月初六日（1910年1月16日）

论政府亦宜欢迎国会代表

外洋人之对于中国，在昔尝有言：中国人民，无政治思想，不知所谓国家何。故有人侵凌之，侮辱之，至夺其利权，据为己有，亦所不惜。此积弱之大原因也。近数年之内，群鉴于专制之失败，不如立宪之能自强，于是一唱而百和，立宪之私议，达于海内矣。未几当道者闻知，亦以立宪为美谈，因而改良政体之说，上下如出一口，而国民之政治思想一动。迨朝廷之上，下明诏，发德音，决议于实行立宪矣，谕定年限，逐渐筹备，中外人咸为之注目。或者谓，自强之基其在斯乎？而国民等于此，有置若罔闻者，亦有目击国家大势，谓非速行立宪不可者。今年各省谘议局成立，议院之先声已开，而为议员者，代表民族同胞，相与讨论地方要政，是诚中国所未有也。既而有人焉，关怀于立宪之念切，首倡开国会之议，响应群起，各省遣代表来京，计相与运动政府，以期达其目的而后止。善夫！此非可浅尝试之也，而国民政治思想之发达，已见其一端。故识者谓，国民之政治思想既勃然而兴，请愿开国会之运动又势不可遏，各省有人首倡，则民气日见其振兴矣，舆论亦因之而刺激，而为此运动者，其发扬国民政治思想之功，亦云伟甚。

然进而视之，国民等于内政上少所历，于外交各问题群起置嚣，莫衷一是。东西洋列强对兹，盖有不敢蔑视者。惟彼志士等不以与人起交涉为务，旷观大局，自思能力，忍气吞声，相与联合团体，从事国会运动，以为整饬内政之先务。盖其心确知夫时事之日迫，非先开国会，断难筹策自强，以痛除夫积弊。而外交之术，亦必有所藉而后施，国会不开，其何能济？闻请开国会代表员，拟上书于朝，而不能自专，惟是先呈请都察院代奏，盖言慎也。而都察院当道者，亦为慎重起见，不敢遽行奏陈，其意谅自有所在。各代表员于此，既知以开国会为重要，万不可因都察院之迟滞，即随之而气沮。或历访军机王大臣，以申明其意见，亦无不可者。如庆王，如肃王，如那中堂，如泽公，皆为监国者所亲信，深知立宪之不可不实力奉行者。惟若辈既明于其义，各省代表员即以意见告之，彼岂能无端而拒之门墙外，概不与之接见哉？于此为政府当道者计，国家大任既分受其责，而救亡之策，亦无他善道，开国会之请，非好事也。各大员集思广益，正宜虚怀若谷，以引见代表诸君，详听其所言，按切诸时事，意见之是者，从而采纳之；意见之不同者，再殷然咨询，说明其不可之理由，以相为讨论，是则切要之至也。夫论政府之与代表诸公，其对待之道，犹父之视子，兄之爱弟，固理所宜然。而且接见以礼，相感以情，谕之有方，即代表所言，不尽为政府采纳，吾想各代表员尊重政府之念，必因之而倍增矣。苟待之不以其道，专恃以权势压制之，迫令解散之，则代表员怒政府之无礼，必相与离心离德，视大员为仇雠。代表员一与政府有违言，是全国民离心于政府之第一阶也，而可或忽诸？况乎政府拟筹备立宪时，忧人民之程度尚低，而谓不足与于实行立宪事。然请开国会之运动，正所以鼓吹人民之进步，养其政治思想于无穷也。有此一番运动，圣上果俯如所请，则使人民等知舆论为何物，爱群为何事，自治为何说，立宪之实行为何法，政府以是催促人民之预备立宪，道固由之矣。故曰政府可以欢迎代表员，方无拒斥之理。而且朝廷上圣明洞鉴，预备立宪之明诏已频颁于海内，若戒饬政府诸人，以及各省督抚并地方行政官，至于再，至于三，而空言塞责者，仍居其多数。今运动开国会之人，来自各省民间，由局外以催进预备立宪事，诚可谓当局者之大援矣。当局者能利用之，以催进预备之热心，则空言塞责之流弊，可以由是而痛除。而积弱之大源以绝，人民之政治思想，不其蒸然日上乎？谁谓中国民，不可以有为者？

善夫！各省请愿国会代表来京，北京绅士欢迎之，北京报界亦拟欢迎之，其运动之气甚盛，想政府诸当道亦耳而闻之矣，慎勿阻挠之便！

《顺天时报》，宣统元年十二月十一日（1910年1月21日）

论国会代表与政府之关切

国会代表之未来京也，北京人士心目中早有国会之代表在。有恨其不速来者，有恐其徒劳往返者，亦有谓先朝庙谟具在，可不事更张者。甚矣夫！代表之苦衷，不能尽求谅于人也。迨既由各省陆续来京，请愿开国会之声，尤洋溢于群耳。而绅董报界各等，特联合同志，在湖广馆开催欢迎代表会。国旗高悬，序次秩然，相继演说，拍照纪念，诚盛事也。当时到会者约六百余人，以此见舆论之趋向，与代表有同情者，亦实繁有徒矣。至速开国会之目的能达与否，视代表实力何如。政府大员，尚未知其意云何，然为政府大员计，正宜表同情于代表耳。何言之？预备立宪在政府，而代表则热心立宪，望之尤切者。其所差异处，不过迟速之间，且迟速之差，亦不过二三年之数。据现今推之，政府谓开国会之期，在于八年后；代表则曰宜速开，八年不能待，期以一年之后而已可也。试思政府拟定宣统九年开国会，而代表以宣统二年开国会为请，其间相隔只六年，相去只七年。夫此六七年之岁月，就个人之寿命论，不为不长；由国家之寿命观，则亦短甚，若是所差仅尺寸之微耳。然差之毫厘，谬之千里，不可不慎也。

读国会代表请愿书，慨然念时局阽危，非速开国会不足救急，其持论明确，其用心亦良苦。其曰在内政上言，不可不速开国会，以国会者为宪政机关之要部，有国会，然后政府有催促之机，庶政始有更张之本。操政权者，苟不明于其义，可将此请愿书反复诵之，再按之所办新政事，自无难了然矣。其言国会之关于外交，尤一日不可缓，以为有国会，则对于全国，为政府交通之邮；对于列邦，为政府文明之帜。政府于此，苟未之深思，无难取请愿书所论外交事，详细研究之，以征诸实际，当亦恍然曰，前此外交之失败，苟有国会不至斯。其曰为根本中之根本计，谓有国会则与对待之责任内阁始能成立，国会有议政之权，然后内阁得尽其职务，宫府安而国家盛，胥肇基于兹，想摄政王亦筹及之。古有云：忠言逆耳利于行，良药苦口利于病，其斯之谓乎？政府大员，既以忠爱自命，尚其抑制私念，敬听代表之言可。

然由政府之立脚处论，议开国会于一年之间，万难办到。非不欲办，势不能也。何以故？曰宪法与议院法并选举法等，必调查精详，方可以制定。一年内草率从事，能漫然颁布乎？曰财政支绌，于今已极，中央政府，集权未能，整理无方，预算案之裁制，尚莫之实行，一年内能筹备乎？曰国会之开，必建议事堂，今议事堂之建筑，尚无成议，即拟迅速开工，一年内能落成乎？曰资政院拟于明年九月开会，若欲于一年内开国会，则必将资政院改为上议院，全然另行其组织。资政院议员，既顺次选举之，又忽而改变之，恐有未便。是九月开资政院，十二月开国会，言之其能行乎？曰假使议院法、选举法可于一年内颁布，然欲国民等尽谙通其法，各使执行选举事，一年内恐有未能。又况定期一年，召集选举之议员，其可得乎？

夫此以上所云，皆就政府之一方面论也。但使由吾侪鄙见观之，政府决不欲速开国会则已，如有速开国会之意，则筹备正自宜速矣。盖速一日，即有一日之利，其事确切而不疑。故虽不能轻听代表之言，遽许以一年开国会，或三年，或四年，速行筹备完竣后，国会自可开也。

去年明诏筹备立宪事，政府饬各省督抚于一年内开办谘议局，当时人皆患预备之难成。迨各省遵奉命令，一切赶紧筹办，届期谘议局均开。为议员者不尽熟议事法，督抚亦不明于对待之法，是固难谓完全之地方议会也。然届期开会而不误，其议事之成绩，亦未必尽恶劣，中外人睹兹情形，盛称中国人有自治之能力，不为无故矣。今而议开国会事，即不能一年办到，果使从速制定宪法，并颁布议院法、选举法等；财政亦从速整理，豫算决算方式亦从速裁制；资政院明年开会，一变其组织为上议院；议事堂赶即修筑，如未能落成，亦可作假屋布棚以列席。若此者以整饬内治，对于外观，精神蓬勃，迅即筹备实行立宪事宜，虽曰一年内办不及，窃想三四年之后，拟定国会之开，谅无或贻误也。而且代表所请者，虽议以一年之内，然推其意旨，亦未必准限于一年之内也。苟政府不借口于按年筹备各项，以空言塞责斯可耳。政府中能披胸襟、推赤诚，誓以迅速筹办开国会之为务，三四年之岁月，又安所争，有是哉？一年之内，国会不能开，而立宪之精神，则今日固要保持之，采纳舆论之盛意，今日又要发扬之。政府诸大员辈，苟有意及此，形式上之国会虽不能开以遽，而精神之于实行立宪，自不难力持其终始。如谓空言可以塞责也，国会之代表，胡为由各省而莅止，代表之请愿书，又胡为而上诸政府哉。试抒诚思之。

《顺天时报》，宣统元年十二月十二日（1910年1月22日）

论国会问题告八旗人士

天　民

自世界竞争之局愈烈，国家存亡之道，亦若有定例在焉。故国家无论幅员广狭，凡国是主乎开港进取者必兴，主乎保存退守者必亡，其例一也。次则土地广大，人民众多者必兴，幅员狭小，人民稀薄者必亡，其例二也。又其次则国家组织多数政治者必兴，君主专制或二三有司专制者必亡，其例三也。近吾国既远为世界大势所趋，近为列强均势之局所制，若在地小民寡之国，则灭亡之祸不知已历几多年。所幸以地大物博，死而不僵，而生命之延，亦仅在旦夕。即使采用多数政治，而时不我与，已恨亡羊补牢之迟。仅恃列强之利益冲突，机会未熟之隙，为黄帝子孙作一线之延。其危亡之势，已如一发千钧，而又于此一刹那之顷，作数年无谓之迁延，其何有济也。故此数年来，吾国立宪之机，本为世界潮流所逼，不容再缓须臾，势之所必至也。然而，以四万万以上之人民，四百余州之土地，特采国民的政治，而成一完全伟大立宪国家，五洲实无其匹；而又有二千余年专制之余毒，弥漫荡漾于其间；苟不以猛烈之药直破其中坚，则枝枝节节，东扶西倒，非徒无益，而害且愈滋，亦势之所必至也。故吾国言变法者已五六十年，其毫无价值之可言者，不必论矣。而近三四年来，吾国之政局不能不谓之有所变更，然而始则以改革官制入手，继则缓进徐行主义入手，徒掷岁月，而内政之披猖依然故我，外患之压迫则百倍于前。故非直截了当速开国会，以国会监督政府，促之进行，则中心之病不去。四体久已麻木不仁，虽有国手，无由奏技。一则以国势之局面过大，习染太深；一则以时局日危，无暇久待也。然则，我四万万国民，无论其为满为汉为蒙为回为藏，苟欲与国俱存，而不欲以奴隶之谱籍，劣败之历史，遗我子孙，惟有力求国会速开，组织国民政治，内以促改革之进行，外以御列强之日逼，虽圣人复起，无以易也。是国会问题为国家存亡问题，亦即为四万万人共同利害之问题，固不待言。即使满人独立一国，汉人独立一国，以及蒙回藏人各以其种族团体独立一国，而欲应乎世界大势之所趋，以争国家一旦之存亡，其亦必宜以国会制度为图存救亡之不二法门，则天下人之所公认也。

居今日而挑拨满汉问题，是昧大局而促国家之内乱也；居今日而漫谓无满汉问题，是忽政局而以妄言欺人也。盖以国民共同之感情论之，则直可谓之并无种族的满汉问题；而以国家政治之趋势观之，则可知政治的满汉问题终必发生，而于今日特尚未逢其会。天下万无苟且目前可以图存之理，无论变通旗制处负责与否，吾深愿我八旗人士，洞观国家之大势，早寻将来归结之路也。

谓今日中国尚未亡乎？则机会均等主义即瓜分中国之定局也。谓中国今日为已亡乎？则零星破碎之余，主权尚存一二也。居此无形已亡、有形未亡之间，我国民欲出九渊，升九天，诚戛戛其难，而又不容自委。故每一观列强对于我之均势，未尝不为之寒心。而欲求亡羊补牢之效，则我国民舍博取政治监督机关之外，又别无他法。何也？国家之现势，章明较着，毕呈于前，未尝毫发欺人，亦无再容泄沓之隙。今国际关系已如束缚吾国之四体，而国民之趋势尚未能遽握政治之中心，此吾国之所以日趋于弊也。不见夫吾国边海之势力平均乎？法居东京湾，而英以香港抵之；德居胶州湾，而英以上海抵之；俄居旅顺港，而英以威海抵之。今虽旅大让于日，足以远抵海参（威）〔崴〕，台湾县于日，足以远隔菲律宾，而以我国之边海，作列国平均势力之国防，其势非一朝一夕之所能挽回，即国势之沉沦不知何所底止也。又不见夫陆地之势力平均乎？俄侵蒙古，英以西藏抵之；俄据北满，日以南满抵之；德据山左，英以长江流域抵之；法侵云贵，英、日以闽、广抵之。以我国之各省，为列国势力平均之势力范围，此又不知其沉沦何所底止也。然则，北满铁路也，南满铁路也，京汉铁路也，粤汉铁路也，滇黔铁路也，九广铁路也，胶济铁路也，此据于英，彼据于俄，日本、德、法各据其一，以期势力之平衡。门户大开，腹心横贯，无事则为商业竞争之利器，有事则为军事进取之前锋。虎踞龙蟠，四分五裂。美利坚染指独后，故时思插足，以冀帝国主义之横行。其交还赔款，招待留学，干涉哈尔滨之行政权，提议满洲铁道之中立，皆帝国主义勃勃欲试，斤斤遗憾于列国之捷足先登，而急于一试者也。彼进取之心，无时或已于亚东大陆，尝自悔其投足之晚。吾国又岂能长此终古，苟安目前。以列强竞争之潮流，为我国改革之反动，则区区一二人之保存政策，其于国家之大体，又有何所重轻也。则鉴于世界大势，而知现状之不能维持，不仅一八旗制度也。

今者各省代表来京请愿，期责任政府之速成，谋国会前途之发达，则久困于特别制度之旗人，乌可独后于人，而不急起直追，以期早收宪政之美果；则联合各省代表，出死力以求国会之速开，此其时也。然比年以来，既以八旗之特别制度，发生满汉问题，又以满汉问题之影响，无形之间，致宪政前途之阻力横生。是欲求国会之速开，不惟八旗人士宜争先努力，为各省之前茅；苟八旗问题不先有一定之解决，则国会虽开，而满汉问题，或即首先发难于国会之中，未可知也。然则欲救国家危亡，不可不速开国会；而欲速开国会，又不可不首先解决满汉问题；欲解决满汉问题，不可不早定八旗位置。事本一贯，而本末不可颠倒，此则海内识时之士之所同认也。朝廷有鉴于此，故于九年筹备宪政单中，特定于宣统八年以前，举行融化满汉事宜，筹划八旗生计。又恐其责任之不专，权限之不定，则事权不一，而成效难期，故明定其事责之于军机大臣，统之以变通旗制处。其意未尝不善，手续未尝不清也，然惟时已越一年，而变通旗制处竟【以】一二大臣之私意，置八旗生计于若有若无之间，置宪政前途于不闻不问之列，一若而今而后，八旗之生死吾不与闻，宪政之成否吾不过问，举五百万人之身家性命，冥冥堕丧于二三大臣意见之中，野无人知，朝无人问。甚矣，八旗人士虽多，而贻误摧残如是其易易也。今政府既有赞成速开国会之意，则八旗问题之解决，益不容缓。吾愿八旗人士，一面联合各省代表，促国会之速成；一面对于变通旗制处，出死力以叩八旗之究竟。此不惟八旗之生死攸关，实亦国家前途安危之所系也。

呜呼，我八旗同胞乎！谁无父母，谁无昆弟，谁无夫妇，谁无亲友，谁非国家之公民。而身家性命群操之于变通旗制处之中，乃竟于召集国会以前，决无一人过问也，则信乎八旗之宜于灭亡也。然则，速开国会，八旗宜若何？缓开国会，八旗应若何？彼变通旗制处之责有专归，我八旗人士不妨竭力一问也。若不旱图，后将噬脐，虽欲悔之，其又何及。彼变通旗制处不能蛮暴杀人，我八旗人士又何以如是之默默也。呜呼，八旗！呜呼，变通旗制处！

《帝国日报》，宣统元年十二月十六日、十七日、十八日（1910 年 1 月 26 日、27 日、28 日）

论促开国会之无流弊忠告政府诸公

传闻国会代表诸君谒见政府，世相忽发问曰：“朝廷深仁厚泽，民间乃有贰心乎？”代表答曰：“贰心诚不敢有，然朝廷苟不与民同好，恐天下从此离心矣。”世相闻之悚然，乃有转圜之意（见十六日本报专电栏内）。乌呼，世相误矣！正唯二百六十年深仁厚泽之不能忘，始相率为促开国会之请吁耳。国会开而民皆参与政权，此正国民之义务也，非其权利也。肉食者不能代为之谋，国民始不得不起而自谋之。使非有深仁厚泽之固结人心，则美利坚之于英吉利，法兰西之于波尔本者，其大乱已蚤起于域中矣，又安得有今日军民一体之现象也哉？

君之于民，犹一身也，痛痒之所关，手足未有不自卫其头目者。今以其自卫也，而疑手足之有贰心于头目，可乎？且犹一家也，患难之所系，子弟未有不自救其父兄者。今以其自救也，而谓子弟之有贰心于父兄，其可乎？吾国今日至危绝险之问题，有两事焉，一为财政，一为外交。二千年来，国民昧于租税之原理，以为率民财以奉上，乃吾侪媚兹一人之正义。既纳之上，更不必复从而过问。上之人见民之不问也，亦遂淡然忘之。于是乎财政之漏卮，上不在君，下不在民，而只在中流之官吏。比者内兴新政，外偿旧债，皆不得不取之于民，民间负担之重，乃百倍于曩昔，此其心固已有所不愿矣。而又得西人“不得代议士不纳租税”之说以输入之，而监督财政之思想乃勃发而不可制。夫使有国会以为财政之枢，而度支【部】之益窘，则国会诚不可轻议。然吾观宇内立宪诸邦，其财力之优裕乃数倍于吾国也，何哉？盖豫算决算之权皆操之于国会，民知夫朝廷之取之于我者，一丝一粟仍用之于我也，自豁然释其疑沮之心，竭力以纾国家之急。而所谓理财之官吏，则又以有国会为之监视，不得不清白乃心，以奉尺一之法，而干没中饱之弊乃不俟禁令而自除。回视吾国上下湫然，若不可一朝居者，其气象之舒蹙为何如也？此其不必疑虑者一也。

群德之演进愈深，则民生之欲望愈大。今日所谓重要之外交，则非为国民之生活而起。殖民地之扩张也，矿路权之得失也，此皆国民生计所关。列强所为，举国向心，以张其帝国主义之帜者，胥此义耳。夫人方协以谋我，而我之所以应之者，乃仅恃君若相少数人之智力，安得不三战而三北也？孟子之言曰："得道者多助，失道者寡助。"夫外侮之日事凭陵，而外交诸臣，所由仓皇狼狈，不暇自谋者，岂非以寡助之故哉？果一旦奋然大变拘挛之旧习，亟召集国会，举外交政策公诸海内，合群策群力以谋区处之宜，众志成城，孰敢予侮？四万万众萃为一心，耽耽逐逐之谋，其有不知难而退者乎？国力日见其发皇，而君相转形其暇豫，立宪之邦，所为远逾乎专制之上，此耳。而尚何所惮而不决也？此其不必疑沮者二也。

且执笔人尤有所不忍言者，国民之要求国会，至此已再举矣，在位者方病其烦黩，而岂知失今不图，后此得永无从容风议之一日。盖强敌进取之方略，实视我国会之成否为进退。我而与民同好也，则彼且易侵略之计，而施其翊助之谋。否则乘吾国上下离心之会，而因以为利危亡之祸，直瞬间事耳。秉国成者，当其尽祛蓬心，而开诚布公，以与天下相见也。

《时报》，宣统元年十二月十七日（1910年1月27日）

中国之国会请愿

泰晤士报

于戏！要求速开国会之声洋溢于中国。盖直省议局既兴，国事政治之思想，遂一发而不复能制。今日之要求，固不外此直省议员也。直省议局开办以来，成议极少；直省政府更革之事，亦复无多。然则议局之成效，特于政界以外增一担任国事之感情而已。中国国事夙由官长担任，事权之专为中国政界所独有。中国政府既以国政为君上之事，复以为非大臣即不当过问，不忍一旦放弃，亦固其所。甲午、庚子之役，大局累卵，直省人民未尝引为己任，一若痛痒无关者。中国专制之习惯，牢不可破，此其明征。至若身服京官者，目本省之事较重于他省，是以国事殊难部署，无惑乎外部动辄棘手，视为畏途也。不知重大政事，非商□关系密切之地方，终难妥洽。良以斯民之负荷，至为重大，必谋及庶人，而后足言公允。彼甲、庚赔款之属，何一非百姓之脂膏？顾未尝于全体国民有一言之垂问。以中央政府之谬误累及，通国人心，岂遽能平？

比来排外之举，时有所闻。路事则粤汉、沪杭甬，外交则二辰丸、满洲各案，民间莫不起而抗议，仇外之感情，逐渐萌茁。脱有好事之徒从中鼓动，安知不酿为庚子之变？幸有贤者为之护持，始获无恙，反足以见爱国之热忱，否则为患庸堪设想哉？要之，民之自爱其国者，大率由于外势之激刺，爱国愈深，排外之思想即缘之而起，无他，未有自爱其国而乐外人之预其国事者也。今以路事之故，反对外债，遂有詹天佑诸人出而肩其责任，以极廉之资本经营铁路，以迄于成。职此之由，维新志士知国事之非无可为，慨然起而竞当其冲，顷以谋开国会为补弱救亡之基础，亦异时至良之结果也。夫一事之兴，必有无限困难之端以踵其后，固各国所恒有。中国议局亦既成立，有所纠葛，殆非始料所及。信能速开国会，以代台垣，俾上下之情洞然畅达，收效曷有涯涘。国会、议局，皆为民普谋幸福，议局可开，国会之召集又何乐以濡延时日为哉！

《时报》，宣统元年十二月二十日至二十一日（1910 年 1 月 30 日至 31 日）

学界欢迎请愿国会代表演说

醒 滹

廿日学界在湖南会馆开欢迎请愿国会代表大会。至下午三点，正开会间，孙洪伊代表宣告，今日午后因洵贝勒到京，均往恭迎，不克终会而去。当时学界同胞多不满意，因其以人数之半往迎，以半数留会，一则可达其迎迓大老之目的，一则可满学界同胞之意。乃不能出此，竟率然前往。故有醒滹演说曰：

我学界同胞数百人，麕集来欢迎国会代表，乃国会代表诸君竟代表四百兆同胞而往迎大老。盖彼以欢迎大老，即可达缩期开国会之目的，似亦当谅其苦心也。夫国会之开，为立宪国之必要，现吾同胞所争者，在缩短几年之期限。持反对之说者，谓九年后开国会，是先皇之诏旨，不可违背。此说太误。何则？盖先皇之期于九年者，系指宪政预备非一时所能猝办。现各省谘议局成立，提案决案，秩然有序，已实足为开国会之基础。此就吾国内部人民程度上之速开国会，为不可一日缓也。

再就外面之激刺言之，当近今之时代，各国动合力以谋我，万非政府七八十岁之大老之智识、之才力所能抵制。何也？请观外交失败之历史，如旅顺、大连、广州、胶州、东清铁路之密约，使当初若先参以舆论，吾知必不甘心割让。此政府一二人所主张之失策，与当初人民无国家思想之过也。现如山西福公司矿之已收回，湘鄂路之不借外款，绅民正在争议，使无舆论主持，借外款正约必早经签押。此舆论澎涨，政府采纳之效也。是对外之政策，政府一二人筹画之，虽智者千虑，必有一失；若实行公诸舆论，必能收群策群力之效。

现在请求缩短国会之期，所以不能待至九年者，实以为吾同胞昏睡，将全国之事，一任政府之所为，则此九年间之主权丧失，利权被剥，土地被侵，路权、矿权、财政权之日见消亡者，不知凡几。迨九年期满，而国会尚有何事可议？此不能不请速期开催国会之理由也。但政府大老主持政务，可任意为之，一旦国会成立，一不能达巧于外交之目的，二不便位置私人，三不便自肥，此彼等所以对国会之延缓推宕，阳为赞成，阴为阻挠，使国会之难于迅速成立者也。然代表诸君受四百（万）〔兆〕同胞重要之付托来京，与此政府数大老战，而代表诸君又抱必达吾目的，必操战胜之志愿，故吾学界同胞均馨香欢祝，以望其成功。今日开会欢迎，益加重代表诸君之担负也。

按：昨日演说，尚不知请愿书已递，谕旨已颁。当时有陈佐清君演说，恐事归泡幻，拟办请愿国会之援助会，殆已早料朝廷之不允缩期开国会也。刻下各省请愿代表诸君，亟宜筹善后之策云。

《顺天时报》，宣统元年十二月二十二日（1910 年 2 月 1 日）

请开国会之结果

国会、国会之声遍全国，而其结果如是。

绅学界欢迎国会，工商界欢迎国会，而欢迎之结果如是。

汉人举代表请愿国会，满人举代表请愿国会，而请愿之结果如是。

督抚也电奏请开国会，钦使也电奏请开国会，而电奏之结果如是。

是犹可曰：此皆为局外之主张，政府之意有不然者。

然代表亦尝进谒枢府矣，某邸曰赞成，某中堂曰赞成，某军机曰赞成，乃赞成之结果如是。

呜呼，代表休矣，盍归乎来！

《申报》，宣统元年十二月廿二日（1910 年 2 月 1 日）

对于速开国会请愿之感言并忠告政府

仁　术

国会为中国救亡之第一元素，成则君民之隔阂尽去，上下交泰，人人有争自奋涤之心；不成则君民之隔阂益深，上下相蒙，人人有沉沦黑暗之感。伊古以来，无间中外，既知处二十世纪之时代，非立宪不足以生存、竞争于世界，即断无舍国会而云可与言立宪之理，亦断无轻视国会而云可称为完全之立宪之理。然则国会之不可不开，而中国之国会，尤有最密切之关系。不早自成立，则必有坐视陆沉之痛，而别无一法可以挽回之、补救之也者。此固世界所公认，而即吾人所馨香祷祝，梦寐求之而不能自已者也。

虽然，以记者之眼光观之，谓无国会则中国必至于亡则可，谓有国会则中国必不至于亡则不可；谓国会为救亡之第一元素则可，谓救亡之策，不必俟他机关之成立，而惟以国会当之而有余则不可。何也？国会者，上下两议院之名词，而实立宪国之立法机关也。立宪制度，三权鼎立，立法而外，必有所谓行政、司法两机关者，与之互相维系于维皇一人之下，而后乃足以有效。而惟所欲为，徒争国会之虚名，而其他之两机关，则任其付之阙如焉，吾恐国会之不足以收效，其害犹轻；因国会之不足以收效，而将来之政府且借口于国会之无用，而横生阻力，以轻视国会者并波及于宪政全体焉，则不如其缓开国会之为愈也。

或曰，吾子固赞成速开国会者，今乃以因噎废食之见，竟抹煞国会焉，恐非吾子之本心，或者则有所见也。然则将奈何？曰：宜要求政府，先组织责任内阁。内阁不及先组织，则政府诸公，人人无负责任之心，且不知连带责任为何物。遇有要件，盈庭聚讼，如散沙之不可团结，部臣推疆臣，疆臣推部臣，甚者疆臣推疆臣，部臣推部臣。往往一事之微，吾人可一二言决者，一经政府之会议，则穷年累月，莫得其端绪，且有因而终止者。此非仅政府无材无学无识之过，亦非仅政府不肯自用其材与学与识之过，无责任内阁以为之统率，使若网在纲，有条不紊，一人进则人人俱受其荣，一人【退】则人人俱受其辱，利害关系，互相连带。上有恩施，曰惟内阁是问；下有疾苦，曰惟内阁是问。则当此贿赂公行、赏罚倒置之时局，谁复肯独具热忱，以救国为己任，而自陷于四面楚歌之中者？然则虽有国会，而无责任内阁以受国会之监督，遇有关于国民利害生死之事件，为国会所必当干预者，将日讨政府诸公而一一监督之，国会将不胜其烦。且政出多门，行政官吏之程度不一，如补苴，如缺漏，扶得东来西又倒，国会将何以为情？即不然而国会为立法机关，有建言之权，无实行之权，将来国会之所善，政府亦以互相推诿者谢之；国会之所恶，政府亦以互相推诿者容之。所问非所答，所答非所问，不知国会又将何以处此。

由是言之，速开国会之请愿，无论政府狃于专制之余习，所求不能保其必操券以得，即使监国英明，果能谅请愿诸公之心之无他，而国会之实足以救亡而不容缓也，而毅然许之，吾恐后此之盘错，有更甚于国会未开以前者。国会固宜速开也，而责任内阁，亦不宜不早自组织也。记者不敏，语焉不详，谨撮其大略，以见国会与内阁之关系是切，非两相成立，决不足以收效，以忠告于我国民而并及于我政府。

《中国公报》，宣统二年正月二日（1910年2月11日）

敬告海内继续国会请愿之各团体

天下事有不经千回百折，停辛伫苦，而即不能如愿以相偿者。凡属国民，对于政府之请愿，罔不皆然，而国会其尤著者也。吾国民之热心立宪，固已傀焉如不终日矣。迨去年各省谘议局成立，十六省之议员乃于岁晚年尽之时，冀缩短国会之年限，相与奔走京师，上书政府为正式之要求，使当轴者能仰体先后、先帝之德意，毅然力排异议，俯顺舆情，俾全国四百兆之众，得从此同登衽席，喁喁然含哺鼓腹，以观宪政之进行，讵不甚善。而无如在下方延颈企踵以期之者，在上则迟回审慎以出之。此各省代表所以计无复之，不得不殷然属望于海内之各团体，以为将伯之助者也。

按欧西各国始行创设国会之时，其人民莫不牺牲巨万之生命以为代价，而或经数年而得之，或经数十年而后得之，从未有不极之颠连况瘁而能遽达其目的者。即言乎平和之请愿，则千八百二十五年匈牙利之召集国会，暨千八百四十七年意大利之召集国会，其国民之上书政府者，咸多至数十万人，且亦不止一度之要求而已，此其人民之同德一心，为何如者？而吾国之叩阍呼吁者，则仅有各省议员之代表数十人，此外海内之各团体，则阒其无闻焉。夫国民欲安享立宪之幸福，而仅寥寥数代表任其仔肩，在政府其有不皇然致疑，而遽以其莫大之权利轻以相畀者乎？则不疑为代表个人之私心，即疑为国民程度之不足者，固亦势有必至，理有固然，而不得为政府咎者也。惟是经一度之请求而未能如愿，则代表之责任已尽，此后果欲再接再厉，以达其最后之希望，则惟吾四万万同胞之惟力是视，而岂能尽卸其责于代表也耶？

况乎天下兴亡，匹夫有责。吾国民有当兵纳税之义务者，即有请开国会之权利，夫固非异人任也。代表之一击不中，则再衰三竭，终日立于孤立无助之地位。使踵其后者亦如匈牙利、意大利之国民，咸纷纷然投袂而起，则既有数千代表为之前茅，复有亿兆国民为之后援，前仆后继，在政府必有曲从民欲之一日，而岂能始终持其胶柱刻舟之成见者？苟其不然，舍数十代表而外，为国民者莫不袖手旁观，则政府纵谓此次请愿为代表个人之私心，各代表固无以自解；即谓为国民程度之不足，在吾民尤不能曲为解矣。

要之，此次请愿之出于议员代表，不过请愿之初基，而国会之导线耳。此后凡百宪政之有需于国民为后盾者，知复何限。吾国民务当绝去其依赖性质，知目下国会之问题实与国家之进退存亡为直接之关系，即与个人之身家性命为间接之关系，而海内商学各界之团体，尤处乎国民领袖之地位而责无旁贷者，慎毋谓国会之期限出自先朝之明谕，在下者不容妄参末议也。要知值此内忧外患，纷乘迭起之时，大局之变迁，有不可以寻常意计测者。使不于此时急起直追，俾国家转【弱】为强，与世界各国立于同等之地位，则白云苍狗，变幻无方，九年之为期甚远，长夜漫漫，亦岂能从容坐候者耶？夫国会，在吾国为绝后空前之创举，固非咄嗟所能立办为宇内立宪之邦，而又畏难苟安，群等诸河清之俟，斯则先我立宪之欧美各国所未之前闻者。况目下反对国会之人，在执政中不过百中之一二，此则赞成者实居其多数，吾国民果能竭诚继进，尽力以图，则其事之易于转圜，固可先时豫决者也。呜呼，时不可失，事在人为，所望海内热心国会之各团体亟起图之。

《厦门日报》，宣统二年正月十三日（1910 年 2 月 22 日）

第一次国会请愿后敬告我国民

湖南代表 刘善渥

光绪三十二年七月，先皇帝以国势不振，日处阽危，忧患迫切，实由于上下相暌，官不知所以保民，民不知所以卫国，于是乎有宣布预备立宪之诏。薄海臣民，逖听之余，万众一心，趋向于此端。至去年八月一日，复有“务在九年之内将各项筹备事宜一律办齐，即行开设议院”之诏，并谕：“京内外各衙门勿任玩延”，仰见先皇帝实行立宪，期望甚殷，而全国人心，思议院之成立，乃益迫切。然两年以来，切实筹备之谕屡下，不独敌国外患之相困者固未少澹，即内如各部，外如各省，两年中所谓切实预备者，亦不过粉饰因循，如涂涂附，以延长筹备之期限，虚掷数年之岁月而已。今我二十一省臣民，慨然知国势之日即于危，而人民之不可一息即于安，乃相率公举代表，以即开国会请愿于政府。善渥识浅力薄，厕各省代表后，自十二月初六日呈请都察院代奏以来，业于二十日钦奉上谕，未邀允许。则是人民苦衷，尚未上达于圣明。悚惧之余，内疚益甚。然善渥不能不有一言者，则以天下力量之最大者，莫如时势。国家当危急存亡之秋，其察于时势，以急君父之难、扶国家之敝者，责实在于国民。居政府者苟暗于利害，瞢时势而逆施，以民智民力之所趋者，欲压而激之，不知愈压之则其抗抵也愈烈，愈激之则其进行也愈急。斯固理有固然，无足怪者。故夫民智已进之国家，其国民之行动，无不出于一致，相与提挈而行，不如是则其气不壮，其思不广，其力不厚，其所期不得而达。

今者各省又议举第二次代表来京，将以即开国会为继续之请求，其取必于政府者，则以今日全国政事之警触，既迫以不得不即开之势，又殷殷然以全国人民之哀告，而动以万不能已之情者也。盖今日所视为一日不可缓者，一在内政有国会，则行政有监督，而政令收实行之效；一在外交有国会，则因应有后援，而操纵无失策之虞。二者一归结于君民相通，去从前上下隔阂之弊。顾善渥在京所闻，尚有为之鳃鳃过虑者，其说可约为三端：一以为或滋扰乱而不敢开者；二以为筹备不完全而不能开者；三以为已有资政院而不必即开者。是三说皆似是而非，淆听实甚。故不得不再为之辩，以为群疑之解释焉。

盖其第一说之所据，不以为吾民之叫嚣，即以为程度之不及。夫国会者，行动于法律范围之内者也。人民之权利义务，既规定于宪法之中，则人民之代表于国会者，悉有法律以为之根据，事事可执法律以相绳。凡一切出于法律外者，皆不能发生效力。且事既协于众心，亦不必有叫嚣之惧，则第一说之所据可毋庸鳃鳃过虑者焉。至以为程度不及，则尤不足以立说。何者？世界各立宪国，其治制非所谓先进者乎？然至今人民程度之何若？其不能令全国画一者，有断然矣。且程度者，如喜怒哀乐之蕴于中者也，未发以前，有何标准？足与不足，必表之事功而后见。今乃以浑括笼罩之词，概责于全国，是不独灰国民望治之心，抑亦启外人轻视之渐矣。夫各省谘议局，非已所经验者乎？其效果虽不敢言，然程度则实无不足之累。必谓其仅足为谘议局议员与资政院议员，而必不可为国会议员，则不惟征其无此事，天下亦且无是理。惟偏僻如蒙、藏，或有文野之不同，然地域所关，必不可以并论。边疆自为风气，窃恐迟之九年以后，亦断不能有画一之望也。况今日实可无虑者，则有选举法之伸缩，以为补救之道焉。日本之国会也，北海道地大而议员少，九州岛、四国地小而议员多，其明证矣。夫选举既得以程度为伸缩，则程度之说，又选举法之问题，而非开国会之问题，此可毋庸过虑者也。

筹备之事创于日本，然国家情形之不同，岂可刻舟胶柱为一致？试问吾国政府，其所谓大久保、伊藤者为何人？其所谓切实执行之机关又何在？上无定方针、负责任之大臣，下无秉法令、宣德意之官吏，层层壅滞，事事具文。倘筹备必极之九年，吾恐实效无期，本根日坏，人心大去，国事日非，势且无从容布置之日。况九年中筹备清单所列各事，何者应办理于国会未开以前，何者应办理于国会既开以后，逐条判分，莫不井然可见。是“筹备完全”一语，不特使人所难信，抑亦事实所不行。盖无国会以为政府之监督机关，则事实上之责任内阁必不能立。内阁既不负责任，则全国之行政机关皆将无〈无〉责任之可言。国家之大患，孰有逾于此者？故吾国而不实行立宪则已，否则国会尤为切实预备之枢纽也。

且国家所贵乎有国会者，为其有根据之宪法，有监督政府之实力，有维持议案之权能，通上下之情，联君民之愫，实为朝廷所以立宪之精神，亦即为人民所以参政之机关也。今试问资政院能乎不能？以法律言，则资政院为无根之泉；以地位言，则资政院为补助行政机关之具；以权限言，则资政院所不承诺之议案，最终乃恭候圣裁而已。议员则合官民为一团，议案则立于被动之地位。中西法制，殆无一合，貌袭神离，于斯为甚。不但此也，吾国专制之治，虽已四千余年，小民或有怨咨，大臣犹可分谤。自有资政院，则大臣可无责焉。题案则曰“奉旨”，争持则又“恭候圣裁”，政府转退立于两造之地，而以判决之全责，一诿之于皇上。是君主以神圣不可侵犯之尊，且为各大臣诿罪卸过之地也。古人之所谓善则归君，过则归己者，更无论矣。此资政院之必不能相提并论者也。

凡此三端，皆群疑所在，不得不为之辩者。

若其为救亡之急务，则更有说。政事者，人民利害之所关；国会者，人民权利之所在。而在今日，则要求权利以与闻政事者也。故以一国之民，求应有之权利，其民不可得而侮；以一国之民，谋一国之利害，其国即不可得而亡。中国自来民不知有国，国不知有民，全国上下涣散猜疑，政府既不负责任，国民又不从而过问焉。积非成谬，乃遂有此内忧外患之危局。夫纳税保邦之事，吾民之输将于公家者，自不得稍宽其责。乃以政府之债事，十数年来，甲午有偿款，庚子有偿款，为数一千余兆，为时三四十年，各省按年摊还，多者一百余万，少亦数十万。辇万姓之所以仰事父母、俯蓄妻子者，日剥以致之海外。苟念及此，能无痛心？夫政府一二人之债事，乃以千余兆之债务累及吾民，顾未尝于全国民有一言之垂问焉。而不肖官吏，且为之敲骨吸髓，日削月蹙，上则滥铸铜元，下则滥发纸币，吸膏血于冥冥之中，遂使民穷财尽，呼号破产者相随属，且莫知其祸端之所由然。噫！谁非兄弟，谁非亲故，凡有血气，言之寒心。

语曰：国之兴亡，匹夫有责。愿我忧国之士，一思其故，使全国人民，共知其为生命财产之关系，而速开国会之要求，乃实为其责任之所在。则忠义所生，人人心此心，日日事此事，相续相继，至再至三，以号泣于君父之前。吾知朝廷必不忍以相负，而先朝厉行宪政之至意，其所以固吾国之邦基，增吾民之幸福者，即于是在乎。

《申报》，宣统二年正月二十日至二十一日（1910年3月1日至2日）

劝同胞须人人担一份请开国会的义务

剑　公

自去年十月各省谘议局开幕后，江苏谘议局为请求速开国会事宜，特约集各省谘议局，各遣代表会议于上海，商订请求办法，着各省谘议局各派代表齐集北京，上书要求速开国会。当未上书以前，各代表遍谒各王大臣，各王大臣也都深表同情，这可见天下臣民，莫一个不赞成速开国会了，所不可测度的，就是我那圣明的皇上。当时京内外各处的舆论，都说国会有速开的希望了，我们赶紧预备举议员罢。记者听见这话，觉着高兴（的）〔得〕了不得，就每日打听上书的日期，闻人传说腊月十八日由都察院代奏。又过了几天，就恭接着二十日的上谕。记者捧读之下，仰见我皇上圣谋深远，实非我们臣民所能及，就面北叫了几十声万岁，又接着叫了几声国会万岁。当时有个友人在旁，说是上谕明明不教速开国会，你为何为国会呼万岁？记者答道：上谕这么明白，阁下还不懂得么？起首说“孙洪伊等呈请速开国会，具见爱国忱悃，朝廷深为嘉悦”，你想，皇上嘉悦什么？不是嘉悦我们百姓还有速开国会的热诚么？又说“深冀议院早为成立，以固邦基”，细玩这个“早”字，可见皇上无日不愿速开国会了，所最足累圣忧的，就是恐怕国民智识程度未能画一，遽开国会，必致扰乱，反于宪政前途有碍，所以皇上不敢遽然允许，但勉励我们臣民，从速实行预备，仍以九年为期。

我们读罢上谕想想，这岂是皇上不愿速开国会么？我们四百兆百姓里头，实在还有不知国会是什么东西的，无怪皇上说全国民智识程度未能画一。据各省情形看来，实是不画一。我们圆颅方趾的各个同胞们呀，看看皇上的苦心，还不赶紧椎胸自愧，望着北京叩头呼万岁么？

为今之计，一面叩谢皇上的圣明，一面仍要赶紧团结，为继续请求的地步，不可仅以自愧了事，有负皇上期望的苦心。现在北京请愿代表团已竟立下个国会期成会，各省也有这种会，我们山西于正月十三日立下个国会同志会。各处办法虽不同，然都是为国会而设，只求宗旨相同就是了。机关既立，办法亦备，其中所缺的就是力量。记者先把这回事，找个比方出来，说给大家听听，大家就可以明白了。比方甚么？就和一个机器厂一样。各省国会期成会的会所，好比是放机器的地方；其一切办法，好比机器上的机件；会中的人，好比运动机器的工手。譬如机器厂也有，机器也有，却没有运动机器的工手，那机器还能自己动去不成？如今我们对于国会请求事，会所也有了，办法也有了，却没有催促进行的人，那还拿着什么期成？就即山西而论，劝工陈列所那几间房子，难道能替你负这期成责任么？还是草章程的那片白纸，能替你到北京请求去呢？这岂不是笑话么？况且我们山西，不叫国会期成会，叫个国会同志会。这“同志”二字，却很有意思，见出我们人是多哩，就看同志不同志。立这会的意思，是打算把众人的志向，统同聚在这一处，然后国会方可期其速成，可见国民但能同志，期成就不必说了，这是用“同志”二字的深心。如今省城里头的人，已竟都是同志，可不知各处是怎么样哟。

我们山西的全体同胞呀，我们中国的全体同胞呀，你们【志】向都向那里去了？现在国家要保全，莫过于速开国会，要速开国会，断不可有一人不附名。我们既是国民，就应当注意国会，如今替我们上书的那些代表困坐京城，日每望我们全体给他加力。我们若坐视不顾，是我们有负代表，并非代表有负我们；且不但有负代表就算了，皇上那番期望我们的苦心，也负（的）〔得〕一干二净啦。同胞呀，我们总然不惦记代表，难道也敢不惦记皇上么？前者在京的代表，约集各省速设期成会，大家附名，共担一份责任，再举代表赶三月底进京，为继续请求之举。大家趁这个时候，赶紧在本处设立会所（就是一县一个会也不要紧，只要普遍），照省城所拟的办法，全数附名，公举代表进京。这么一来，皇上就喜欢啦，国会立刻就开啦，我们国家的气运立刻就转过来啦，外人也不敢再欺侮我们啦。

同胞同胞，快起快起，记者先在这里替大家叫一声“皇上万岁!”“国会万岁!”“国民万岁!”。

《晋阳公报》，宣统二年正月廿九日（1910年3月10日）

国会期限问题

沧　江

各省谘议局议员，鉴于政府之筹备立宪，有名无实，于是全国一致，共举代表，敬谨伏阙，吁请缩短国会期限，提前召集。此诚深明治本之论，亦可见率土臣民对于先帝遗诏忠诚奉戴，兢兢惟恐不及。《书》所谓民情大可见者，非耶？而朝廷亦俯顺舆情，涣降温诏，坚明宪政必立、国会必开之约，申之以信誓；徒以幅员辽阔，筹备未能完全，国民智识程度未能画一，恐致纷扰，以贻宪政前程之累，而复教以行远者必求稳步，图大者不争近功。有君如此，吾侪小民真可恃以无恐矣。

虽然，各省代表所以汲汲请愿之故，尚有不能不为政府诸公一忠告者。夫以先朝之煌煌大诰，暨宣统纪元以来明诏，三令五申，我国政体之必归于立宪，昭然既若揭日月，而举国臣民顾将信将疑，戚戚然若以为甚不可恃者，何也？非敢疑我皇上，疑政府诸臣之终无以奉答圣意而已。夫南辕旆而告人以将适幽燕，苏粪壤而告人以欲求芳泽，虽五尺之童，犹能知其诞也。而不幸我政府所以奉行预备立宪之诏旨者，乃有类于是。

夫以政府前此所上之九年筹备案，则既已卤莽灭裂，不成片段，虽一一实行，而立宪国所当有事者，固已未备什一矣。而况乎凡百政务，其因果之关系甚复杂，欲治甲必当先乙，当其治乙又当先丙，以此卤莽灭裂之筹备案，欲求其实行，决不可得也。此犹就形式上言之也。夫使政府及中外群吏，果有至诚恻怛、忧天下之心，有皎然不敢欺君父之志，则虽预定之方案有所未备，而随时损益固甚易易。即使其政策或有大误谬，而既已至诚奉公，必能不远复而无祇悔。又使其才力或有所不逮，则亦必能周谘博访，举贤自佐。信如是也，则其精白之心既已与天下共见，无论举措若何阙失，固不必求谅于天下，而天下自能谅之。信如是也，则必乐闻天下人之勤攻吾短，得瞿然借鉴以为补救之资，而必不肯箝塞舆论，为炀灶鼪纩之愚计以自陷于戾。

而今之从政者何如？荀子有言：致乱而恶人之非己也，致不肖而欲人之贤己也，心如虎狼、行如禽兽而又恐人之贼己也。今之从政者当之矣。其心目中未始有国家也，未始有君父也，未始有人民也；所见者，权位耳，金钱耳。其自始未尝知宪政为何物也，且视宪政如寇仇也。天子曰，非行宪政无以保我子孙黎民；则相率自效曰，吾固最能奉行宪政之人也，奉行之且数年矣。然其不知宪政为何物如故也，其视宪政如寇仇如故也。夫既已不知为何物，且视如寇仇，而曷为犹奉行之？曰：权位在，则然尔；金钱在，则然尔。故昔年考察政治大臣复奏有云：立宪政治，上利君，下利民，而独中不利于官。夫立宪政治，则岂真有不利于官者？而中国今日之官，乃诚有所不利矣。是故窃其名则乐之，举其实则恶之。夫举立宪之实，则舍召集国会之外，宁有他事更急者？而政府之期以九年者，岂其实有见于筹备之必需尔许时日？毋亦默揣其时，吾之人与骨皆已朽，即不尔，亦可以饱而飏去，而后此遗艰投巨，非吾事也。此非吾深文周纳之言，今之从政者，试抚心自问，其有不若此者乎？曾不知从政者之于职位，虽可以视同传舍，而皇统之于国家，国家之于大地，其寿命当与天无极，非可随彼辈之职位以为传舍者。

天下大器也，群生重宝也，数百年之基业，数千年之文明，而今也将冥冥漠漠以断送于传舍中少数旅人之手，苟有血气，其安忍坐视？然既已奉大诰，行立宪之政，政治上之责任，义不可复以劳君上，则夫监察彼辈，使稍动其天良而思其所职者，夫乌可以无独立之一机关？吾侪小民所以求国会若饥渴者，徒以此耳。不然，谘议局者，固全国人民所选举而成也。管子不云乎：民也者，分而听之则愚，合而听之则智。谘议局虽曰幼稚，岂其不知宪政之当先事筹备而非可以一蹴几者。正惟以事事亟须筹备，而今政府筹备三年，成效既已可睹，循此以往，微论九年也，虽九十年，而政治现象一如今日，且每下愈况耳，若是则我国其长已矣！是故速开国会云者，非谓宪政以有国会而即为告成，正谓宪政必赖国会而始能预备耳。使政府自光绪三十四年以来，果能着着举预备之实，其心与迹皆为天下所共信，则吾民亦何必汲汲争此虚名？虽迟至宣统十八年，二十八年始开焉，固无怼耳。今奉温诏，明白宣示，吾侪小民，益以知圣意所在，诚欢诚忭。顾所最愿望者，愿政府诸公及中外群吏，稍出其天良千万分之一，以敬谨绅绎圣意所在而已。诏书所兢兢垂念者，在筹备之完全，而完全之期，责诸宣统八年以前。若何而始为完全？政府及群吏其念之！宣统八年以前，果以何道而使臻于完全？政府及群吏其念之！而不然者，诏书不云乎：上无以慰先朝在天之灵，下无以对我四万万国民之众。此莫大之罪戾，吾恐非请愿代表诸人尸之，而别有尸之者矣。

抑吾闻之，至诚所感，日返鲁阳，血性所孚，泉涌疏勒。我皇上思速观宪政之成，甚于吾侪。而非有国会，不能举宪政预备之实，其事理既已昭然共见，则我皇上之于国会，又岂其好靳此数年者？第父母之爱子也，恒待其诚求而始应之，所以教孝也。意者吾民之求，犹有未诚耶？如其诚也，吾将更以移孝作忠之说进。

《国风报》第一年第三期，宣统二年二月初一日（1910年3月11日）

最近国会之动机

六　六

今之忧世者辄曰：时事多矣，来日大难，政府诸公泄沓如故，立宪收效岁不我与。当此时，识时之士乃风起云涌，发扬蹈厉，联合同志，分举代表，聚于京师，为国会之请愿，持之屡月，而廷谕乃以“按年递进，勿求操切”诏吾民，此其间盖有故焉。在朝廷统筹全局，持重之见，不能自已，故恐吾民智识未能齐一也。此种政见只属诸政府一方面，若我国民，惟求进步，相与摩励于救危之策，则舍此国会速成无以为挈木图源之治，各省代表所以审慎筹【维】，不忍舍置，急谋再接再厉也。吾乃思吾华侨，智识开通最早，维持事业亦最发达，急公仇，赴国难，数年以来，肩背相接，殆未尝稍为落后者。有此智识之开通、义愤之气概，群策群力，以将国事，图强有效，当亦非难。夫救国也，图强也，收立宪之大效也，非国会速成，将何道以致之哉。

幸哉，吾华侨乃有请愿代表其人也。日前我华侨举陆君为代表，兹者陆君已到粤省矣，行将晋京与各省代表联合矣，吾侨民能有此举，殆可见救国之热心矣。吾因是故，敢告我同胞曰：须知此举关夫大局也，须知谋华侨之幸福、策中国之安全即在是也，须知群策群力，务底于成，无虑政府反对也。吾华侨中不乏热心救国之士，大多明达之人，其亦奋然兴起哉。

何以谓群策群力，务底于成，无虑政府反对也？夫国会早成，则国事因而大定。今日之中国时会已无专制立足之地，抑无二三有司专制立足之地，国会制度，必与期成。顾国会制度，多数之政治也，多数之政治与专制政治适成反比例，是以主持专制政治者必反对之。反对既甚，不特从中横生阻力，且必出其死力，摧残蹂躏，而后足以快志，此必然之势力也。然而专制之君臣，其反抗之力果足以敌国民否耶？则盍观之泰西。如罗马教皇也，挟彼无上势力以临万民，以视吾国之矫情□□、智识顽固如旧党领袖者，其势力之雄厚、大权之稳【固】，轻重相异为何如？乃彼虽挟威权，曾几何时而威权尽矣。□□奥相梅特涅也，其专制之威名，三尺之童靡不闻之者也，□其固守政策，势力磅薄，负百折小挠之气概，较诸吾国之所谓枢垣大老泄沓成风、依违立宪、虚与委蛇者，其真实之抵抗力相去又何如？乃彼虽积极淫威，曾几何时而淫威灭矣。威权尽，淫威灭，于是昔之所谓不立宪者竟立宪焉。观其国民，则战胜彼无上威权，昔之无人权者至是而人权尽复也，昔之不自由者至是而自由得也，政府果如国民何哉。不特此也，试又观之邻【邦】。日本当明治六年，内阁溃裂，局势艰难，论者将且谓功败垂成，无力支持矣，乃观其国民，未几而江藤新平喋血于佐贺，未几而爱国公党会发见于大阪，未几而扳垣退助下于野唤起民权，未几而西乡隆盛举兵于鹿儿岛，未几而片冈健吉请愿于京都，未几而爱国公党复会于大阪，河野广中遥应于仙台，其政治团体凡九十六，其会员总数凡九万八千人，未几而片冈河野复为二府二十二县之国会请愿。当斯时也，合千万人之力，大气包举，发扬奋厉，共赴此誓死必成之道，虽以政府之威权临莅、压力强迫，百折不挠，卒也，事势日急，未几而大限免官，诸党奋起矣，未几而自由党立矣，经数次之喋血，多人之捕逮，而民气急盛，进行愈急，至其终极，而议院政治之实、国会期成之效，一旦成功也。然则政府虽强，又如国民何哉。此所谓群策群力，务底于成，无虑政府反对，观之东西各国已成往事，历验不差者也。

何以谓谋华侨幸福、策中国之安全，即在是也？夫华侨望治久矣，濒年来困于政治之不良、生计之日促，益以外界风潮，交撼大局。澳门界务一方之交涉无效，移诸政府，而交涉亦未见效，徒令人太息观望而已；赌害至大，虽欲禁赌，乃原因于课税未能明定，遂窒碍而难行；最近军警交哄风潮，其总原因则由于审判之权限未克分明，遂至有误会交攻之事。凡诸种种，在表面上则似为一方发见之端，孰知推厥原由，则所谓政治之本源未能划一，凡诸政务因以困难也。夫国家之生存、政治之精神，在乎主权之坚定，主权既定，而后凡诸政务自能划一，政务既能划一，则子目分条而理，必无困难之象，不独一省为然也。虽然，政务划一何自始乎？非国会速开、国家大定之时基之乎？此所谓谋华侨之幸福、策中国之安全，即在是也。

何以谓此举关夫大局也？夫今日各省请愿代表已大不乏人矣，试问我海外何如耶？我海外之人，救国热诚何不若人之有？我海外之人，学问智识岂落人后？我海外之人，办事之魄力、气势之雄厚宁独大不如人？则将任事无人，徒令此绝大要事，为千载一时之机会者袖手而听他人为之，将令后人笑我拙耶？人之□善，谁不如我，请愿之举，中外所注视，关系夫一国全局危急存亡之大，且又为政府与国民相□之发达时期也，粤人宁外视之耶？此所谓关夫大局之说也。

是故今日吾人苟不知中外之大势则已，苟不知救危之必要则已，苟不知国会须速开、要求须不懈则已，如曰知而图之，陆君之毅然返国，以将厥事，已发于前途矣，故吾所望于粤人者，勿让陆君专美于前，当必振臂疾呼以继厥后，此则吾所厚望也。抑吾尤有进者，今日中国已宣言预备立宪，立宪之期距九年而非远，若仍因循敷衍，萎靡不振，吾恐立宪之实行，将至宣统八年而犹不可望，则我同胞，不已夫失其希望哉。于此而不谋速开国会，安可以促宪政之实行也？宪政既不可以实行，又安可以救中国之亡也？嘉会难逢，事机易过，时乎时乎，稍纵即逝，吾华侨当如何奋起，群策群力，以为陆君后劲，共襄厥事，以收救国之效也欤？

《南洋总汇新报》，庚戌年七月初二日至初三日（1910 年 3 月 17 日至 18 日）

日纸论速开国会之利害

最近日本新闻论我国国会速开之利害，略述其意见曰：清国之国会，据一昨年之上谕，应至宣统八年方可开设。然近来民间运动速开国会之热度，非常旺盛，各省有志之士相率上京，请求缩短期限，提出请愿书于政府。该国政府虽嘉纳之，以为准备未完成，国民智识之程度犹未足，一朝遽开国会，或致触起纷扰，反误宪政之前途，故却其请。而彼请愿者尚一再运动，历访王公大臣辈，恳求援助不止。且在政府部内，亦有以速开请愿之却下，弹劾某大臣，谓此举为蔽皇上之聪明者。盖彼请愿人等非寻常有志家之集合，其中心皆与各省谘议局有密切关系，故今后之运动果达如何之程度，此时尚难预言。

然则论清国开设国会，究依预定之期限开设为宜乎，抑依此次之请愿提前开设为宜乎？是亦一问题矣。欲答此问题，非熟知其国势民情，是非得失，再三考虑，未易轻下论评。查考一昨年颁布国会开设之上谕，以九年为期，亦自含有整然之意味。彼宪政编查馆及资政院草定（宪）〔办〕法，分配预备事项于九年以内，每年划有一定之目次，经皇上裁可，次第举办，自是秩然之法。则故若欲武断为迟延国会之开设，衡情而论，不得不谓为误解当局者之真意。然观去年开设各省谘议局之成绩，比较的尚称完善，确守办事之范围，不涉权限以外之事项，早为内外人所同声赏赞。由此成绩推之，民间以为即在此时开设国会，亦似无案外之不合。如此次之速开运动丨分旺盛，亦自以此事为主要之一大原因。但就谘议局之成绩而论，仅以一回之经验，欲轻评论其价值，不特未可遽定，且地方议会与国会，其性质截然不同。今日清国之宪法纵属未定，国会职务之权限纵多未明，究与普通立宪国所行之制度不至有大差，故当局者慎重其准备，特加注意，未能遽应请愿者之求，亦自未可厚非。且如清国一般人民之智识尚低，费九年之期限预为准备，亦未可评论为不当。况乎据清国政府去年发布之资政院章程，已定该院为上下两院前身之制度，则在今日国会纵不能遽开，然如资政院准国会之机关，设置非远，已自了然。故我辈若由是等诸点以下观察乎，则在今日速开国会之运动，尚未敢轻表同情也。

虽然，默观现在之情势，加入运动速开国会之团体，皆为该国各地方之有力者，察其举止，似有一日不达此目的，一日不止之意向。其热忱壮志，恰与明治十三四年顷我国各地方之诸志士要求政府速开国会之伟举，如出一辙。若清国政府竟漠不加意，而出以没视民意之态度乎，或至激发彼等，反兆危险之结果，亦难豫测。殷鉴不（速）〔远〕，即在我国。当明治十四年之大诏虽经颁布，尚有政党员之国事犯继续而出；且至国会开设，民党与政府之争阋，犹未能遽绝。是在清国当局者，皆可引为前鉴。由此而观，此际秉国钧者宜十分参酌民间有力者之意向，慎重其举措，当万不得已之时，或执临机之处置，勿误时宜，以利用民情，稍稍提前国会开设之期限，与民相见以诚，或较为得策，是在我辈所希望不置也云云。

噫！外人之论尚恺切如此，闻北京诸大老尚极力拒请愿代表，正设法以防遏各省续举代表入京。奈之何哉！奈之何哉！

《厦门日报》，宣统二年二月初九日（1910年3月19日）

论政府欲解散国会请愿代表

今而知薄海内外，“伪立宪”之言洋溢于耳鼓、充塞于报章者，诚非无因也。当光绪三十三年预备立宪之诏既下，一般人士无不距跃曲踊，以为二千余年之专制虐政从此摧荡一空。至光绪三十四年复颁布宪法大纲及议院选举法，同时又定九年筹备案，方以为立宪政体从此可以节节进行。乃不谓阅时至二年之久，而行政之官吏、总揽政治之大臣，其粉饰迁延、因循观望，与专制时代之手段无异。□□前之延颈企踵以望宪政之成立者，乃无不废然而返，于是“伪立宪”之声浪更为激烈，而一般热血之仁人志士仍不敢谓朝廷之必以虚伪待我国民也，于是请速开国会之议乃起于东南各省，登高一呼，众山响应，不期而会者十余省。

夫国会请愿实立宪之真伪试验案也，乃朝旨既下，则以恐滋纷扰为言。姑勿论其非纷扰也，即谓其纷扰，试问九年之后，能保其不纷扰乎？以筹备之案不完不备，能赖之以消除纷扰乎？以奉行筹备案之官吏欺蒙苟且、因循姑待，能希望其筹备案之依期实行，而藉以消除纷扰乎？是故如虑其纷扰，则九年之后官吏社会之腐败如故也，人民社会之蔽塞如故也，则惟有永永不开国会，始能杜纷扰之弊而已。然则所谓立宪，真乎伪乎？

今又有甚于此者，则京中诸大老有以解散国会代表为维持治安之手续者，此无他，亦恐其纷扰而已。夫代表不解散，未必有违法举动也，于诸大老有何不利，而必欲解散之？吾揆诸大老之意，亦未必恐其有违法举动，实则恐其久聚京师，为各省视线所集，将来请愿之舆论愈以发展，万一全国激昂奋发，逼以不得不开，则彼等平日手操之无限威权，不得不割让其一二以就国会之范围，割让其威权，是即割弃其无穷之富贵，不得不竭力以抵制之耳。故诸大老之不欲速开国会解散代表，实利害问题，且为彼诸大老个人之利害问题。善乎吴郁生之言也，其谓：“各代表并未犯法，遽令解散，恐激公愤。”实切中诸大老胸臆之言也。诸大老所忧者个人之利害，吴即与之言个人之利害，意谓万一激动公愤，使四万万之国民集矢于公等，则国家未蒙其利，公等先受其害，何拙如之，而解散代表之谬见，莫不颓然沮丧矣。且彼等即欲解散，各代表未必依其命令而遽然解散也。各代表负国民之重任，为全国所矜式，实对于全国人受责任，非对于诸大老负责任也，诸大老又有何权利能强使解散乎？即令现在之代表解散矣，而未来无穷之代表能解散乎？我国民权利思想、国家思想、政治思想渐次发达，大有不获参与政治权而不已之势，蓬蓬勃勃，试问诸大老能解散之乎？况以一般之腐败老朽执掌政权，内治之纷乱姑勿具论，而外交之失败无时不有丧权失地之事激刺国人之脑筋。民智未开，不知国家于己有关系则亦已耳，既已知失地赔偿于己受无穷之苦累，又乌得不亟思整顿，改革议政之机关，实行监督政府乎？故诸大老之欲解散代表，实伪立宪之表征也，不然则百思而不得其故者也。

《南洋总汇新报》，庚戌年二月十五日（1910年3月25日）

再请速开国会感言

选稿

事有非延至某日不可实行者，非即日实行不可者，延缓若干日或即日实行俱无不可者。如我国今日求开国会问题，在政府一部观之，直非延至九年不可；自模棱两可，所谓中立派者观之，或延缓若干日，抑即日实行，俱无不可；惟自热心宪政、深明时局之志士观之，则我国今日开设国会，奚啻七年之病，三年之艾，倘不速行，将见权日削，政务日废弛，外势内侵，久将不治。哀哀国运，有非臣子所忍言矣。

何以言之？二十世纪，专制政体决无容足地，如欲救亡，势必立宪，此朝野所共知者；立宪之期愈速愈妙，此亦全国所一致赞可也。惟专制与立宪立于绝对违异之地位，欲改专制为立宪，谓此徐徐施行，方免颠越，亦郑重将事者所宜尔。然而，民族惯性不迫不行，筹备宪政各事宜，吾非敢曰旦夕可济，但果实心从事，固可决其不必延以九年，否则即延至九年，恐犹是今年之状态。试征往事，筹备宪政业逾二年矣，其成绩除勉强告成一二外，重要事宜之未举行者，夫岂鲜少？循以往宣统八年开设国会，彼时之宪政不知其异于今日者有几何。与其迟开国会，延掷七载岁月于何无有之乡，孰若详议进行方法，俾早臻完美之域，此对于政府一方面言也。

至于吾侪国民，既有请开国会之主动，第一当思屡申请愿无乖朝旨否？第二当思朝廷不我许，则将以何者为最终之策以盾乎其后？由前之说，吾得而释之曰，前年诏颁豫备立宪后，吾民请愿缩国会期限，朝廷婉辞以却，并不以吾民之请为非分，是朝廷于请愿缩短国会期限之举，已默认吾民为正当之手段，虽至再至三殆无不可。由后之说，最为吾民今日应行准备之点，盖请愿与否之权虽在吾民，而允否吾民请愿之权，则操之政府。吾民无最后之对付方法，百请而百不允，与不请将毋同？或有谓以筹还国债为购国会之代价者，是说犹待斟酌。盖筹还国债一事也，开国会又一事也，不得曰无国会之开设，即不须筹缴国债；亦不得曰不筹还国债，不开设国会，此中界线，画若鸿沟，愿吾民之无作茧自缚也。西人有言：不出代议士，不纳租税。吾民世受国恩，顾全大局，万不可行此种激烈手段，惟亦当微师其意，由各地团体妥议一定宗旨，通告全国，国会一日未开，除前此确定之租税照常缴纳外，其他财政上之负担，非经吾民公选之代议士认可者，不敢缴纳丝毫。此乃吾民极和平之手段，实为今日所宜提倡实行者也。吾热心国会之同胞，其不河汉斯言。

《厦门日报》，宣统二年二月十八日（1910年3月28日）

对于枢府议逐国会代表之感言

心　僧

呜呼！请愿速开国会之举，出于吾国民之同意，而其结果乃大拂枢府之私计。而道路传闻，将有斥逐之令，此固全国人民之所疑怪，而以为枢府之所为，所谓好恶拂人之性者也。则谓以今日枢府之所张，其势必出于此，而所谓国会代表者，不久而有瓦解之象，由前因以推后果，事所必至，无足骇也。是以何故？立宪之诏，先朝之德音，而四万万人民之所齐心同愿者。然而昏耄之大臣，贪污之有司，则深不利于有此举，徒以大势所趋，美名所在，不得已而附和之，阳奉阴违，久为惯技。但云预备，犹可以种种敷衍之术，涂饰耳目，偷取荣宠。至于即开国会，实行宪政，则国民将进而握议政之实权，立于监督政府之地，政府必不能仍其从前种种卑劣之习惯，以瘠民而自肥，此其所大惧也。故彼对于宪政之成立，不欲其速，而欲其缓者，亦其所处之地与其平日所抱之宗旨有以使之然也。何物小儿，得为谘议局议员亦已足矣，乃有所谓国会代表者来吾前而强聒焉，不即逐之，又何为哉！把持朝局，罔知国是，如若辈者，何足深责也哉！

且自国会代表一方面言之，则亦有未满人意者矣。吾人欲为一事，苟与前此积重之势稍相龃龉，则其事必不能急于告成，必竭吾之热心毅力而后得之。今立宪之为事巨矣，而吾国政府承专制之末流，城狐社鼠，罔不与宪政反对，于此而欲以数纸之空言，数十人之请愿，以冀事之必成，虽有愚公，亦知其难矣。然而姑且为之者，非以时势所迫，不得不有此呼号乎？抑明知其事之不能即如所愿，而欲藉此以动一时之人心，而唤起其政治上之思想乎？此二者知速开国会，非必即邀许诺，而不得不出于请愿之一途，其心无他也，然已无必成之志矣。下此者盘桓辇毂之下，假日偷乐，竟忘所负之职任，甚或托故遄归，罔知羞耻。呜呼！此正枢府诸公所目笑存之，而以为易与者也，不逐之何待乎？

然而，吾谓枢府诸公之失计，无有甚于此矣。彼以为国会成立不便于己耳，不知今日之事势，内政愈理而愈纷，外交日逼而日紧，非进全国人民而与分其忧，则二三大臣首当艰巨，其势非为亡国之臣不止。国破家亡，遗臭千古，亦何利焉？拯亡之计，惟此宪政之一着。有良药而不肯速饮，是自速其死也。至于为国会代表者，亦既受国民之委托，而有此愿矣，苟非事底于成，则亦胡颜而返？在理必当再接再厉，务祈必成，其毋虚与委蛇，自适已事，幸博中国志士之虚名也。

抑又有言者，请开国会之举，非仅代表之事，而多数国民之事也。代表而果遭斥逐乎，是辱吾国民也，政府与人民之感情将自此而益漓矣。异日之事，正有难言者矣。吾尚望枢府诸臣之或不出于此也。

《厦门日报》，宣统二年二月廿二日（1910年4月1日）

祝豫备立宪分会之成立

选

自豫备立宪之明诏颁布于先朝，一时王公、大夫、士庶咸相庆祝曰，吾国其豫备立宪也；议朝政者曰，吾等其豫备立宪也；里谈充斥亦曰，政府其豫备立宪也。甚矣，夫豫备立宪之名词，于今妇孺皆知，而按实行豫备立宪事宜，除各衙门公文奏报谓筹办有成绩以外，见所谓豫备立宪之实政何也？中外有心人，无弗窥伺其间者，而廿二省志【士】中，政治思想既形发达，目击时艰迫蹙日甚，若但坐视当道者之预备立宪，以图敷衍了事，冀转弱而为强，必至贻误干国计之大。届期立宪不能实行，而归罪于豫备之寡效，不亦晚乎？

去年各省公举代表上书政府，请愿速开国会，以催促实行豫备立宪之进步，而未能称旨。代表诸君拟继续请愿，有黎君宗岳等，恐其势孤力薄，联合在京同志数百人，组织国会期成会，以为代表之后援。当时即致电各省谘议局、学会、商会，请其举第二次代表入京。后复致书谘议局、教育会，言国会一日不开，国是一日不定；惟国是一日不能定，则国困即一日不能苏，请联合各地方自治、宪政等会，组织国会期成分会，公举代表人偕教育会、商会各代表，准三月初十前到京，会同联名上书，以达请愿速开国会之目的。以此见中国民对于国会之热诚，不可谓不挚也。然究其情实，亦谓当道者之豫备立宪不足恃，速开国会以催进云尔。

善夫！沪上已有预备立宪公会之设也。日前会员孟君昭常来京，拟组织分会于（辇）〔辇〕毂下，与京中志士等迭经会商，择定公所以便扩张该会事宜，并招集会员相与研究中国举行豫备立宪之道。其计划诚善，其热心堪嘉，其宗旨所定确切于时事，果使同人等力勉前途，勿或作辍，断不能不收成效于将来。如以为致饰外观，而内容缺陷，将安用此标名豫备立宪。盖欲实行立宪，所有预备各项事，上下本皆与有责焉，在上之当道诸人，其所豫备者既不足恃，下之国民等起而速图之，以相与维持大势，从切实处筹策，亦道有固然。虽曰去年各省开办谘议局已未尝愆期，而谘议局既开，所有会议地方各庶政已未尝贻误也，然究之谘议局所议者，仅就各省地方上言。各省同以谘议局名，而不能必办理者事同一律，故收效差有所间。

今年九月，定期开办资政院，各省谘议局得互选议员，与王公大吏抗席而坐，以相与讨论国家大政，为豫备立宪第一期。官府与人民合议之政体，是会议之最关紧要者，注重公论，不矜权势，正可断言。且资政院议员之由钦选者不必论，而由各省谘议局互选之资政院议员等，若政见纷歧，临时开会，以致茫然失措，其贻误也大矣。有热诚者提倡豫备立宪公会之举，先期约集资政院议员，将会议各要项在公会运用办法，决定议题，以免贻误于临时，固分所应尔。且京师现在择定公所以扩张豫备立宪分会事，与沪上预备立宪公会相辅而行，循名责实，会员同人抱持预备立宪之定主义，尽力以相筹，旅京志士既有表同情者矣。吾想各省谘议局互选资政院议员诸君，对兹预备立宪分会之设于京师，尤必闻风而响应。盖实行立宪之须切实豫备，臣民当共负其责任，况今日时事危迫已至，苟动爱国思想者，见改良政体势不容缓图，豫备立宪诸要务更不能以因循从事，有公会以相与讨论之力，为认真研究之，与大局所关殊属重要之至者。故先是豫备立宪公会之设于沪上也，由郑君孝胥等加意提倡，而各地闻之兴起投入该会充正会员者已有六百人之谱，此可见中国人士之热心豫备立宪者多也。矧京师为首善之区，现又值资政院开会之期，在迩各省人民翘首仰望，固无敢或恝者，公举代表来京，以相与聚集同堂，联为一气，虽名谓豫备立宪分会云尔，实则视沪上公会之创立，倍见其切急，国会速开之请愿与此亦声息相通矣。

驻京分会会长既举得其人，拟于四月初一日发刊《宪志》，除宣布该会宗旨外，并登载宪政事及运用公会办法，务期确收成效，虽有权势者勿得而间之。由是以思，国民等热心于豫备立宪者深，而不徒责之当道，中国竞强，其庶几矣。窃不禁为之祝。

《厦门日报》，宣统二年三月初五日（1910 年 4 月 14 日）

敬告南洋华侨请愿代表

星

本月朔日，埠上商务总会分会、华商联合会、江苏教育总会等在立宪公会内欢迎南洋雪兰莪二十六埠华侨请开国会代表，翌日复由报界假商学公会设宴赓续，礼也。是会也，衣冠跄济，茶话联欢，宾主一堂，纵谈时局，亦可见商界之关心国事，而华侨之能结团体矣。顾记者于连日追陪之下，一若有无限特别之感情者，诚以华侨此举距去岁十六省议员上书之日，为期已过四月，今赓续者幸有此区区之数代表。诸君子其果确见国会与商业之关系，而踊跃从事乎，抑徒慕虚名而请愿乎？其果念去岁请愿者之顾全大局，不忍袖手而令其进退两难乎，抑迫于各界之提倡，泛泛焉以一行塞其责乎？其果研究乎国会之内容，以预备设施于开会后者更有何事乎，抑人云亦云，第以为得请则私愿已足，而此外概不暇计乎？凡此种种问题，皆请愿诸君子所当预为解决者。

自顷以来，开国会、开国会之声不绝于耳，究其国会与全局有何等之关系，与商业更有何等之关系，窃恐耳食之而未必能详言之也。夫国会为廿世纪国家之建筑物，殆为立宪国所公认矣。其他姑不具论，就如商界一方面，此次之继续请愿，岂徒作无谓之周旋云尔哉？古之贸迁有无者，要其实不过商业之性质而已，今则商业色质，必具含有政治性质，而后机关灵而效用广。是故合举国多数之权力与人较，则商业必兴；挟个人少数之权力与人较，则商业必萎。我国商业由竞争时代进于恐慌时代，固由不知进取改良之故，抑未始非无国会以统率之为害大也。其在内地者，经济困难，商情涣散，虽有总会、研究会等，不过略具形式，而上与下之精神关键，依然势成两橛。其侨居海外者，则更困于异族强权之下，而政府不任保护之责，徒使商民增重负担以自累，公私交迫，其不贻宪政前途之害者几何？须知今日世界，一财权之世界也。欲扩张国势，非整顿财政，其道无由；欲整顿财政，非提倡实业，其道无由；欲提倡实业，非联络商情，其道无由；欲联络商情，非设一总汇之机关，使远近相应，上下大通，争雄于商战剧烈之世，其道无由。明乎此，则此次之请愿非徒为商界也，直为人民也；非徒为人民也，直为政府也。凡人欲为一事，必确信与己身有切密之利害，然后任全力以争之，今日不得，继以明日；一人不得，继以众人，誓不达其目的不止，如此或终有幸偿之希望。若徒挟虚文以相市，又焉用此仆仆为耶？此记者之欲代表解决者一也。

当去岁各界之发起请愿也，沪上人士开会欢迎，万口同声，一若此行必将达无穷之奢望。而识者静观时局，早知其未易为力者。是非记者之事后论智也，试问国会为我国绝后空前之求，而遽如我愿乎？且使一请即得，则此行亦将无重大价值，而国民必以不甚爱惜者视之矣。彼鄂路仅一省事耳，为代表者犹且需以时日，搏以性命，矧国会之关于大局者哉！今南洋代表之投袂而起也，其非漫然为各界之被动力可知也，必其确见乎我国所处之危局，与海内外人士属望之殷，而十六省议局代表复丁此进退维谷之秋，设因循复因循，恐后此七年更无可措手之日，不第商业之归于淘汰已也。吾诚誓以不得不已之心为心，俾各界闻风者，或憬然于海外遗民尚殷殷有眷念祖国之诚，况各界生于斯而长于斯，乃反如秦越肥瘠之漠不相关，不特无以对华侨，抑亦无以对自己。由此一倡百和，而请愿之势既不孤，国会之开或稍速，岂非代表诸君子之有造于我国耶？夫吾亦何敢责代表此举之必有效也，然亦甚愿他日召集议院实行立宪之时，使各界论功者皆翕然以此次请愿为功首。诚能念念及此，则可知人之属望于我者何在，即可知我之厚自期许者又何在，虽欲不竭全力以从事而不得矣。非然者，不审其事之轻重缓急，第迫于他人之主动，不得已为表面上敷衍之计，是为无意识之举动，事未行而已可决其无效，想代表决不至此。此记者之欲代表解决者二也。

今之请开国会者，彼其心岂不曰国无国会，不得列于文明强国之中。综观欧美各邦，若者独立，若者附庸，殆无不以国会为立宪精神之保障。吾国诚幸而得此，则所谓国家之郅治，人民之幸福，胥于是乎在。而四千年君主专制之政体，亦可一扫而空之。斯言也，谓非近日我国人梦想国会之唯一心理而不得也。然蒙对于此窃有疑者，则以我国大局，谓不开国会不足以救亡则可，谓速开国会即足以救亡则不可；谓先开国会以徐图立宪国一切之设施则可，谓速开国会即足收立宪国一切之效用则不可。譬之建筑物，国会犹则也，则既画，而以材料布置之，而后大厦底于成；非有则，而材料可不设也。譬之制造品，国会犹范也，范既备，而以工艺补助之，而后美器适于用；非有范，而工艺可不讲也。今试作或有一然之想，设政府感吾民之诚恳专一、辛苦要求，一旦明定日期，行召集议院之礼，而此外之张弛损益，懵然未有计及，吾国人其敢信各部之权限可以分明，军机之专横可以裁制乎？恐未必然矣。抑敢信国家之经济可以裕如，地方之责任可以无负乎？又未必然矣。然则所谓请开国会者，殆亦人云亦云耳，于大局何足轻重，于商业更何足轻重，甚非诸君子赓续请愿之本意也。诸君子而诚有立宪国民之思想也，则当辨别乎国会形式虽各国皆同，要其宗旨之所注定，政策之所施行，类皆审势度时，而各有不求强合之处。吾国果有此举，则必思将来设身处地，对于国家各方面宜如何兴革，对于商界各方面宜如何联合，愈不知繁赜几许，艰难几许。彼表面上之国会，盖犹发轫之始，而非成功之日焉。如第以国会为美名，以速开国会为幸事，窃意政府虽取怀而予，不过顺人情以为羁縻之计。论其专制手段，依然深藏密护，不肯放过，俾吾国人之厕身议院者，有提议之权，无执行之实。事机既坏，则又互相推诿，不担责任，徒使举国人民为政府受谤，其何能为。倘至是而又欲再四请求，冀政府之改其内容，而变其面目也，在政府必以吾民为贪得无厌，轻举妄动，终必有弄成决裂之势，而吾民亦无辞以自解。且就令再请再得，政府尽以其权予诸民，既无复虑有几微之专制矣，而隐之无组织政党之机关，显之亦难收责任内阁之效力。诸君子栖身异地，当有习见乎文明政体，以静参乎彼此情形者，而尚烦长虑却顾也哉。此记者之欲代表解决者三也。

慨自国势不张，人心思乱，凡我同胞之谋生异域者，其惨状正不堪寓目矣。统计南洋各区，居留人无虑数百余万，而岁遭凌虐，呼吁无门，甚有迫入国籍，视我为亡国之民者。侨众以水深火热之余，发而为种人土思之感，若报效海军巨款，注意国籍办法，又如组义勇队，倡自治会，筹国债会，诸举所在与内地相响应。而我内地各界之人情，与其任理地方之效果，顾不之若。非华侨之聪明才力独异于人也，不被他种之侵凌剥肤之惨痛，则不知人民与国家相维相系之重，所有对于宪政诸问题，仍不脱依赖政府之旧习惯也。即如请愿一端，发起于去年冬月，各界亦明知此举之稍纵即逝，而口惠而实不至，徒任在京之十数代表，旅进旅退，一若凯旋之期，即在眉睫。直至华侨倡义，代表已至，而江、浙诸省亦遂开会集议，派人入都，声势始为之一振。可见天下事，莫为之前，虽美不彰；莫为之后，虽盛不传。纵事之成否未可知，而其影响于各界人心者，已不啻速置邮而捷桴鼓矣。呜呼，岂不伟哉！

记者敢以一极不得意之言赠代表曰：诸君子而不欲实行请愿也，吾毋责已耳；设欲实行请愿，则万不可恃此行为有功。当思去岁各省代表其留京之景况何如，吾此次继续进行，其声气能较广于他与否，其宗旨能较胜于他与否。若犹未也，则政府必仍挟其无可无否之主义，不痛不痒之办法，或以一纸空文挫我锐气，或以虚辞慰藉答我盛心。代表斯时其果渡【海】遄返乎，抑与目下议局之代表徉狂阙下，以俟河清乎？为今之计，行者一面以请愿为己任，其居者一面互相联络，于目前二十六埠之外，更沟通各埠陆续举人，然后会齐内地。各界应日前所定大会汉口，四月北上之期，再接再厉，有进无止。须知各国变法，大都由人民之掷头颅、溅颈血，千辛万苦始有安享之一日。吾第多请数次，多派数人，即可以和平得之，已为万幸。此非记者好以危言相激，盖事所必至，理有固然，凡稍明事势者，殆无不窥破此旨耳。我海内外同胞，盍更起而图之乎。

《中外日报》，宣统二年三月初六日、初九日（1910年4月15日、4月18日）

论请愿国会当与请愿政府并行

沧　江

《国风报》载笔者，谨述民意，拜手稽首扬言曰：吾侪小民，不胜大愿，愿大皇帝臞其大惠，赉吾侪以国会。

《国风报》载笔者，谨赓载述民意，拜手稽首扬言曰：吾侪小民，不胜大愿，愿大皇帝臞其大惠，赉吾侪以政府。

问者曰：请愿国会，东西诸国有行之者矣；请愿政府，则吾未之前闻，甚矣吾子之好为戏言也。应之曰：不然。请愿云者，于其所无之物而急欲得之，乃陈其所愿望而竭诚以请也。政府与国会，同为国家不可缺之机关。东西各国国民，当其无国会之时，则请愿国会。吾国今日固无国会也，故吾国民当竭诚尽敬以请愿国会；抑吾国今日固无政府也，故吾国民尤当竭诚尽敬以请愿政府。

问者曰：有是哉，子之诞也！无政府云者，近今欧西犷悍之民所揭橥以为倡乱之名号耳，孰谓吾国现状而乃若是？且今之印累累，绶若若，挟魁柄作威福以临乎吾上者，非政府也耶？应之曰：子未识政府之为何物也，吾无以晓子。子既曰吾国有政府，则政府果安在，子其有以语我来。

于是有复者曰：军机大臣，则政府也。虽然，吾有以明其不然也。军机大臣者，则当唐、虞时纳言之官，所谓出纳王命，王之喉舌耳，入儤直而听受之，出誊黄而记注之，其职盖合留声机器与写字机器为一体。当今科学昌明之世，殆不必以人为之，而直可以铁与电为之。用铁与电，其视今日之军机大臣，必愈能尽职而且无弊也。藉曰必须人也，则今者各银行、各公司之书记员，足以当之矣；更上者，则内阁总理大臣之秘书官，足以当之矣。认铁与电为政府，夫安得曰有政府？即认书记员、秘书官为政府，又安得曰有政府？夫政府也者，一方面为全国政治之所自出，一方面又为全国行政机关之总枢者也。（政治与行政意义之区别参观本报附录《宪政浅说》第二章第三节）今全国之政治，虽大半假涂于军机处以出，而军机处则已非政治之所自出。若夫全国之行政行为，试问岂有一项焉，经军机大臣之手以处办之者？是故谓军机大臣即政府，无有是处。

于是又有复者曰：各部之尚书侍郎，即政府也。虽然，吾有以明其不然也。政府者，一国中不可无一而不容有二者也。今国中有十部，谓部部皆为政府耶，则是有十政府；谓十部共为政府耶，则部与部之间，如秦与越之相视其肥瘠，如人与鳅之各殊其趋舍。譬有人于此，集文义不相属之十字而指为一句，集经纬不相接之十线而指为一布，识者亦孰不笑之。而不幸我国之各部，乃有类于是。夫政府者，统一而有组织之机关也。如人身然，五官百骸，各有所司，顾未尝凌乱而相犯也，又未尝离瘼而不相即也，二者有一，则人而非人也已矣。而不幸我国之各部，乃有类于是。是故谓各部即政府，无有是处。

亦有复者曰：会议政务处及宪政编查馆，其或有一焉，可以当政府。虽然，吾又有以明其不然也。会议政务处，骤视其名号，颇有类于各立宪国之内阁会议。然今之置此职，不过以位置羸老恋栈之闲员，除列席之军机大臣外，自余皆伴食也，而其决议又丝毫不能生法律上之效力，其职之不足轻重，五尺之童，类能知之矣。宪政编查馆，则今者庶政动皆与闻，诚不失为有力之一机关。然按其实际，则亦等于外国之一法制局耳，一法典调查委员会耳。夫政府也者，其命令，其行为，皆直接与国民以拘束力者也，而此两署之职权皆不能有此。是故指会议政务处或宪政编查馆为政府，更无有是处。

于是更有复者曰：我大皇帝与监国摄政王，则政府也。是其然否且勿论，虽然，此大不敬之言也。夫大皇帝为一国之元首，总揽国家之统治权，司国家之最高机关，而凡百机关皆统焉。政府则辅弼大皇帝者也，国会则协赞大皇帝者也，法院则以大皇帝之名而维持大皇帝所布之法律者也。如心君然，百体咸率其令，顾不能指目一体以为心君。任举一体以指目心君，此如庄生所谓耳目鼻口不能相通，其亵心君莫甚。大皇帝亦尔，总诸机关，而非一机关所得私。一机关而欲私挟大皇帝以自重，其亵大皇帝莫甚。且我宪法大纲中，不明言君上神圣尊严不可侵犯耶？而政府者，则在政治上为全国众矢之的，人人得而侵犯之者也。国会之弹劾恒于斯，集会演说之抨击恒于斯，报馆之嬉笑怒骂恒于斯。试观今世各国，虽以贤才处政府，未有不遭攻难以致身无完肤者。甚至讦其隐慝，毛举细故，作为种种媟亵尖刻之谣谚图画以揶揄之，使在常人，则名誉赔偿之诉讼必起，而处政府者不敢校也。故政府者，实人人得而侵犯之者也。所以者何？盖祁寒暑雨，怨咨万无可逃；而监谤防川，有国之所大戒。夫惟万目睽睽以具瞻政府，万口嗷嗷以交谪政府，然后政府之职，庶克举矣。若是乎政府者，实众毁之所归，而万不容以神圣尊严之君上当其冲者也。是故指我大皇帝与监国摄政王为政府，益无有是处。

是四者皆不足以当政府，然则我国更乌睹所谓政府者？质言之，则一无政府之国而已。呜呼，痛哉！夫孰知拥土地数二万方里，聚人民四百余兆，有历史四五千年之堂堂中国，乃竟以无政府闻于世界也。惟无政府也，故我大皇帝虽有高天厚地之恩，而无人奉行之以湛汪濊于吾民。惟无政府也，故内外百僚之行政，无所禀承。惟无政府也，故各部、各省，支离灭裂，各从其好，各营其私，无所统一，无所督责。惟无政府也，故虽以一部、一省、一司、一局，毫不能知其权限责任所在，而百事败于掣肘，废于丛脞。惟无政府也，故始终未尝有一通筹全局之政策，而凡百庶政皆以矛盾而相消。惟无政府也，故一切政治皆失其继续性，吏民无所适从。惟无政府也，故法令如牛毛，皆成纸上空文，无一能见诸实行。惟无政府也，故官吏不事事而莫之问，朘削臬脍吾民而莫之罪。惟无政府也，故列强眈眈以姑嘬我、脔割我而莫之知、莫之御。惟无政府也，故水旱繁兴。惟无政府也，故疠疫洊袭。惟无政府也，故盗贼蜂作。惟无政府也，故学绝道丧，廉耻扫地。惟无政府也，故民穷财尽，饿殍塞途。惟无政府也，故使我大皇帝、我监国摄政王宵衣旰食于上，尧肤如腊，禹足胼胝，而无一人能分其忧，代其劳。惟无政府也，故使吾国民困苦颠连于下，而无所控诉。惟无政府也，故使吾民之劳苦倦极、疾痛惨怛者，求其故而不得，乃致怼于天地之不仁，而以君上为怨府。惟无政府也，故他国人视我国为一无所属之广原，抉其藩，破其门，入其堂，踞其室，游行自在，若无人焉者。惟无政府也，故有土地而如无土地，有人民而如无人民，有主权而如无主权，乃至有国家而如无国家。呜呼，痛哉！无政府之害一至于此！

今也吾侪处此无政府之国，为无政府之民，如舟泛巨浸、怒涛搏击而无其柁，如车上峻坂、俯临无地而无其轮，如师陷重围、敌军肉薄而无其旗鼓，如儿啼抱中、声息仅属而无其乳保。是故吾侪小民之望得一政府也，如渴望饮，如饥望食，如寒望衣，如暍望荫，如风雨望蔽，如蹩望杖，如瞽望相，如临河望筏，如陟险望梯，如久病望医，如大旱望云霓霖雨。西方之人亦有言：恶政府固恶也，犹愈于无政府。吾侪小民，今且不敢遽惟良政府是望也，惟望有政府。如彼久饥者，不敢望膏粱，且望粗粝；如彼久寒者，不敢望文绣，且望裋褐；乃至如彼久病者，不敢望和、缓，且望中医。虽得有如日本之井伊直弼政府，虽得有如奥大利之梅特涅政府，虽得有如俄罗斯之坡鼇那士德夫政府，吾侪小民犹得仰首伸眉以自夸于世界曰：自今以往，吾固为有政府之国，吾固为有政府之国之民也。

是故《国风报》之载笔者，谨述民意，拜手稽首扬言曰：吾侪小民，不胜大愿，愿大皇帝矚其大惠，赉吾侪以政府。

《国风报》第一年第七期，宣统二年三月十一日（1910 年 4 月 20 日）

对于谘议局连合会开会地方之意见书

星

呜呼！人心之猜忌，时局之倾危，未有甚于今日者也。吾国仁人志士苟欲联结团体，匡救国事，必先袪除畛域之成见，一心以监督中央政府为宗旨，挟成城之志，或可以行之而有效。若当发起之始，互存意见，各便私图，此亦一是非，彼亦一是非，无论组织机关之必不完备也，即完备矣，而办事之人心不一，终无望有能达目的之一日。近日各界因是而破坏公益者，何可胜道，矧所希望者，为重大之事情也哉。呜呼！谘议局诸君，曷不憬然悟也。

按：日前国会请愿代表发起各省谘议局连合会，拟择京师为开会之地，惟各省来电多有主张在沪者，代表欲与辩驳，又恐各省固执，届时难开。记者曰：有是哉，各省议员之偏见也！大凡吾人办国家大事，当先问其主义何若，归宿何若，而后可以定趋向之方针。连合会之设，其果因何而发起乎？为国会也。开国会之事其果与何者交涉乎？为政府也。国会虽为各省之国会，而政府则为京师之政府；政府既为京师之政府，即请愿当为京师之请愿；请愿既为京师之请愿，即连合当为京师之连合；连合既为京师之连合，即开会当为京师之开会。此理甚明，无可疑者。

而或者谓，开会一事，是研究的性质，非实行的性质，何必沾沾于京师。然吾闻去岁请愿不行以来，各议员代表之逗遛都下者，政府方欲驱逐之以为快。嗣因强权干涉，恐失人望，不得已设一谘议局新律，谓议员不得擅离局所，思以是为取缔代表之方。今若无端以连合会开会之理由，齐弃京师，集于沪上，是不待政府之驱逐我，而我自行驱逐之，不特遂政府忌刻之私，窃恐举国之耳目，将由此而益疏；举国之人心，亦由此而益懈。他日请愿无效，其咎不在代表之势孤力弱，而转患势不孤力不弱，而开连合会者之心不齐，有以致此弊也。

然则各省谘议局之持是说，果何为也哉？吾知之矣。大抵上海一埠，为水道交通之境，商务发达之区，风气开通，人才辐辏，凡各界之襄办事业，开会演说者，莫不于此托足焉。况以吾国地势而论，则与京师相近者，不过鲁、直、晋、豫与远东毗连之三数省份耳，外此则东南各省暨粤、桂边境之区，推而至南洋外埠，经由之道皆与上海接壤，其往来视京师为较便，故各省欲以是为连合开会之所也亦宜。惟是务远图者不计近功，谋大事者不拘小见，明知其与国会请愿之主义、之归宿有种种窒碍难行之处，顾犹狃于目前，不顾大局，则是名连合，而实不联合，毋宁少此一举之为愈矣。是则记者所不能已于言者，此耳。

闻请愿代表之主持意见也，一则便于考察中央举动，二则可联络资政院议员，三则使枢府得观国民程度。吾谓三者皆按切时势之论，而尤以程度一说为国会准否之第一机关也。目下政府行事大都严守秘密，思藉是为对待国民之妙策。盖中央举动，吾国人之不敢过问也久矣。顾往者之放弃责任，犹可言也；当此要求国会之秋，倘仍视个人之与国家漠然如秦越人之相视肥瘠，则其所恃以为请愿者，亦概可知。惟是吾既欲纠察情形，而以今日之上下相疑，则虽京师之地，闻见易周，尚恐彼始终挟秘密之主义以愚人，而于事仍虞其无济，况复舍其近而求诸远乎？此开会之不能在沪上者一也。

此次请开国会，虽出于举国人民之意见，究其在事出力者，不过区区之数十议员耳。须知至重极大之事，而冀以少数人担任之，政府之不疑且忌也几何？是故欲厚其力，而要其成，非集合大多数有力之人不可，即连合会之开会，亦不过欲厚其力而已。然试问沪上一隅，所谓大多数有力之人者安在也？况谘议局为下议院之基础，而资政院实上议院之先声，既有下议院以开其先，不可无上议院以盾其后。律以东西立宪国民办事之公例，诚有不容偏废者。此开会之不能在沪上者二也。

夫此两者皆就国民对于政府一方面言之也，若就政府对于国民一方面而言，则必使彼疑且忌者，能解决国民程度不足之问题，而后国会有实行之希望。吾而不欲积诚以相感也则已，苟思以区区之心感格政府，计惟有一举一动，俾常接于耳目之地，庶轻我者释然于心，仇我者无所借口，一旦以全体之名义要求于下，自不难势如破竹。彼顽固者即甚不愿，或亦鉴于国民程度之不能反抗，而不惜委曲以从之。念及此而国会之成败胥系于是，更不徒为在京、在沪之孰者便、孰者不便计也。谘议局诸君尚未可以决欤！

抑记者更有一言为诸君正告焉。近年吾国繁盛之区，以沪上为最，而人情浮薄，风俗奢靡，有志之士，一入其境，其始非不热心公益，而风气之渐染，往往疲于奔竞送迎之时间，不免有初而鲜终。盖习俗移人，贤者不免。往岁请愿代表到沪，以朋旧周旋之故，互相酬酢，而各界之造谣生事，已有令人不忍闻者。夫记者亦何敢以谤言相诋，但人情望之愈奢，则责之愈厚。设在沪上开会，斯时日用应酬之顷，或有一二不修私德，势且予人以口实，而人格不及之影响，其患乃不可胜言。如谓人心风俗之坏，京师亦与沪上相同，不知在京则耳目较近，检束较严。然则即使开会一端不拘于地，吾犹以为在京愈于在沪也，矧国会期成会发起于京者已久，有此连合会以相为砥砺，相为联络，其收效不更捷乎？吾愿提倡国会者，勿以斯言为河汉也可。

《中外日报》，宣统二年三月二十日（1910年4月29日）

华侨公举代表请开国会之私议

痴　子

庚戌春三月，南洋华侨公举代表陆乃翔君返国，上书请愿即开国会。都人士欢迎之，非欢迎陆君也，欢迎华侨之代表也，欢迎华侨请愿即开国会之代表也。或者曰：前十八省谘议局议员之代表，不曾受其欢迎乎？一书千万言，仍不足以上动君听。今以一侨居海外商民之代表上书，即可得请乎？

夫以团体大小言，则十八省法定之谘议局，固较南洋（雯）〔雪〕兰峨二十六埠中华商会之为大也；以人数多寡言，则孙洪伊等三十余人，固较陆乃翔一人之为众也。十八省谘议局团体之大，孙洪伊等三十余人之众，政府已于去腊二十日数百字之【上】谕解决其问题。今仅南洋（雯）〔雪〕兰峨二十六埠之中华商会，而又以陆乃翔一人代表之，吾知政府对待之法，固更不必经几许擘划，费几许筹备也。然则请之者自请之，愿之者自愿之，而国会之开与否，其权固仍自政府操之矣。前之政府不允十八省谘议局议员之请者，今之政府未必遽允此侨居(雯)〔雪〕兰峨二十六埠商民之请。哀我同胞，方隐忧之不已，痛哭之不已，何以欢迎为？虽然，是亦有说。十八省谘议局，隶于政府权力之下者也。以法定机关言，谘议局议员不得离此机关之外，对于政府有陈抒意见之行动；即其于机关内议决之问题，政府亦有否拒之权。今政府所以直认其为谘议局议员之代表，并认其为谘议局议员代表之请愿即开国会者，政府之意，盖亦明知全国人民，悯时局之危迫，义不容于缄默，乃各举代表伏阙上书，以为我四万万人民请命，固非有他意存也。政府知其意而不遽允其请者，窃恐人民知政府之易为动，后此之要求，将有甚于今日。故皇皇谕旨，无非解慰推缓之辞。是政府亦未尝不以即开国会为然也，特以权自我操，不得以人民之要挟，而遗君权下逮之患。

(雯)〔雪〕兰峨二十六埠之华侨，则固生长于海外，衣食于海外，不食毛亦不践土者矣。关心祖国，有鉴于印度、波兰人民亡国后之惨状，乃有公举代表返国，请愿即开国会之举。政府闻之，当亦欣然色喜矣。喜者何？喜南洋侨民之尚知有祖国也，喜南洋侨民之有代表返国，请愿即开国会也。向之不允于十八省谘议局议员，而恐君权下逮者，今可允之于南洋侨民，以为居间排解之计。盖今日之人民，知国会不速开，不足以救亡，请之之志日益坚。政府亦知人民请之之意非不善，而又恐张其嚣张之气，不肯遽允其请。则是政府与人民，其势已成对待。诚能出此，上下之情通，内外之志一，嗟我中国，已如天之福矣。况以报酬言，海军大臣之莅南洋也，华侨概捐巨资，以为筹办海军之费，是海外侨民已能各尽应有之义务。有义务者，权利随之，为问今日之华侨，所享政府之权利几何乎？吾为政府计，正宜趁此侨民代表之来，国会请愿书之上，宸衷独断，毅然允行。既可藉此以酬报其义务，又可因此而收拾其人心。复明降谕旨，嘉奖而鼓励之，以示圣恩隆厚，优待侨民之意。则后之负有形之义务，与无形之义务者，皆乐尽之，又何患事之不举，令之不行耶。然而今之海内外人民，固皆翘首引领，以仰望于政府矣，盖请之者为人民，允之者为政府也。

《中国报》，宣统二年三月廿三日（1910年5月2日）

因继续请开国会事敬告华侨

六　六

祖国热心爱国诸君子以中国今日陷于危殆之境，非立宪不足以救危亡，而立宪又非速开国会不足以为功，故大声疾呼，风起云涌，除一二晦盲鄙塞、毫无知识之省份外莫不联结团体，各派代表，晋京为请速开国会之举。呜呼！祖国诸君子之为是举，其志可嘉，其心亦甚苦矣。虽然，我南洋华侨，何肯让祖国诸君子专美哉。昨岁岁底亦曾公举代表返国，为祖国诸君子之应声，为祖国诸君子之后盾。此举也，足见我华侨爱国心之日益发达，而知识之日益进步，殊足令吾人起爱起敬，记者于月前曾论及之矣。虽然，时至今日，事机百变，记者感于最近请开国会之消息，尤欲有一言以告我华侨焉。

且夫立宪必有预备之阶级及进行之手续，循序渐进，然后可以告厥成功。往者宪政编查馆所拟宪法大纲及九年预备案未尝不持渐进主义以为标准，顾于立宪根本上之问题则先后倒置，秩序不齐。何也？盖如召集国会，竟迟至九年之后，此殊大谬不然。吾闻诸宪政由国会而立，未闻国会由宪政而生。尝考诸国宪政史，未有宪政不由国会而立者，今观九年预备立宪案，殆欲宪法不由国会而立，抑何其谬焉者也？以事势上论之，国会为宪政机关之要部，宪法之组织是否完善，视夫其机关之是否完善，国会不开，未有宪政能成立者，即使成立，亦断未有能完善者。去岁各省晋京诸代表力陈非速开国会不能救急之理由，意谓精诚相感，或能动朝廷观听之万一，而国会或可速开，岂料竟未俞允，而且为政府诸大老所不赞成，冷水浇背，兴致索然。噫嘻！是岂朝廷弗肯予人民以参政治之权耶？抑请愿者精诚之未至耶？是皆不然，盖国会者非易要得之目的物也，历观各国人民之要求国会，不知费几许之精神，耗几许之脑血，乃仅得之，今我国民欲以一纸请愿书安然而得，不劳而获，早知其决非易易矣。虽然，既知其难，则不可不勉为其难，苟不勉为其难，即自馁缩，无复有以继其后，则不独速开国会之目的无以达，而虎头蛇尾之诮，几何不为外人齿冷也。

近闻请愿代表仍留北京，有于三月继续请愿之说，而华侨所举代表亦已到京，诸君子再行合大群联众力以谋此事之进行，然则代表诸君其志尚未灰也。假使第二次之要求政府亦行拒绝，将如之何？为代表者徒然以此塞责，遂可告无罪于同胞耶？进一步而言之，今兹之国会问题，非仅少数代表所能为力，必须合全国人民之精神（材）〔财〕力以赴之，庶国会之前途始克有济。前此请愿代表之如此其狼狈者，由于无丝毫实力以为之后盾也。倘使全国人民联为一气，固结公团，百折不回，不达其目的之地不止，则代表既有后盾以为助其力，而政府或亦以民气之蓬勃未易压抑，又安知不可望邀允准也？是以请愿之责虽在代表，而所恃以为后盾实在全体之国民。

夫中国数千年来人民，蜷伏于专制政体之下，其性冷静，毫无振奋。今则一变日前冷静之态度，以尽力于政治上之活动，而有国会请愿之举，是亦政治思想发达之一征，不谓之有进步焉不得也。虽然，以冷静之国民，其进步则甚难，其退步则甚易。若少有蹉跎，则今日之进步，或因而中止，以返于昔日之冷静，是不可不念也。前者请愿无效，已经一蹉跎，假使其气即馁，不能续继，活动之机遏然以息，则此后恐不易于再振。正宜乘此时机，再接再厉，始终坚持，锲而不舍，共向于一目的以进行，庶几其或有济。然则今日继续请愿，效果何如，虽不可知，而亦决不可无此一举者也。譬犹行路然，行一步，便近一步，若畏其远而难行，废然思返，则终无到境之日矣。吾愿代表诸君子勉之，尤愿全体华侨共勉之，庶国会之前途，有良好之结果。

《南洋总汇新报》，庚戌年三月廿五日（1910年5月4日）

读请愿国会同志会意见书书后

江阴 毛凤和

中国自有史以来，不闻有国会之说。至二十世纪时，乃倡言国会，诚有令人不解其何故也者。说者曰：国会可以救亡。夫中国无国会不自今日始，何以不亡于二十世纪以前，转欲亡于二十世纪以后乎？此诚骇人听闻之说也。不知今日之中国，非昔日之中国比。昔日之中国，无有与中国对待者；今日之中国，若英若法若俄若日等国，其环伺于我国之旁，无一刻之或忘者。良以我国人之思想，散漫而不能凝聚；我国人之才力，薄弱而不能雄厚；我国人之智识，浅近而不能深远。所以侵陵我，欺侮我，戏弄我，而我诚不能出其掌握中。是何故耶？无国会故也。使有国会，则我之思想，以全国人之思想为思想；我之才力，以全国人之才力为才力；我之智识，以全国人之智识为智识。中国虽有将亡之势，或一变而为勃兴之机，此意见书中所谓"宪政之确定，必在专制日久，而一旦不能保守专制之时期"也。吾辈之望开国会，今日正此时期，而可不欢迎鼓舞，以期其必成乎？

于是起一问题，曰：中国今日贫弱已极，岂一开国会，即可转为富强乎？执是问题者，是以国会为富强之具，非真能深知国会之妙用者。盖国会原不明言富强，而富强之理由，实有不能出乎国会范围之外。国会之妙用，无所不该，仅仅言富强，末矣。就意见书中之意绎之，国会可以使君民通感情，可以使官僚负责任，可以使财政纾困窘，是国会为有机体，非无机体也。天下惟有机体者，感动最速。组织一国会，组织一总机关，国有总机关，则如电之融发，气之流行，其进步又奚止一日千里者！意见书有云：议院对于君主有上奏建议之权，对于人民有受理请愿之责，是上下之情通也。君权如神圣不可侵犯，内阁不能放其责任，是官僚之受督促也。度支由豫算决算之法，租税不病于烦苛，是财政无虞竭蹶也。国会之开，有益如此，吾国民能不魂梦求之？

又起一问题，曰：资政院与国会性质相似，有资政院即可代国会，何必定以开国会为名乎？开国会必须人民程度齐一，试思今日之人民其程度果齐一乎？开国会必须各事完全，试思今日预备之各事果完全乎？凡此问题，意见书中已辨之明审，固不待为之剖别矣。然有不得不申言之者，盖资政院为专制政体之议政机关，国会为立宪政体之监督机关。资政院合官民于一团，意见不免参差；国会联朝野为一气，事机可无决裂。是资政院之性质，与国会之性质，固两不相同者。

若就人民之程度而论，夫程度犹人之为学，孜孜不倦，固日见其进，不见其退。若一暴十寒，因循坐误，阳居求学之名，阴亏求学之实，其学断未有见其成者。必投以猛烈之剂，促以进行之方，其学自必蒸蒸而日上。人民程度之不足虑，有断然者。至如预备各事之不完全，此又为姑息之见也。夫兴一事，必待预备完全而后兴，恐终无能兴之一日。今者九年筹备之期，已届第三年矣，此三年中，要政迭生，各地方所应筹备者，岂果尽行筹备乎？调查户口而变乱丛生，兴办学堂而风潮迭起。此种原因，筹办新政者故不得辞其责，而其要点，则由于国会之不早开。盖国会为新政之母也，有母然后有子。今之所谓筹办新政者，大率有子而无母。试问子而无母，将何所依附乎？必也先开国会，则庶务不至倒行逆施，乃能推行尽利。诚如此说，则开国会，应在九年筹备之前，不应在九年筹备之后。开国会于九年之前，而世界之享其幸福，无有穷期；开国会于九年之后，而世界之受其恶感，更无已时。此意见书中云“吾国召集国会，早一日即早收一日之人心，迟一日即增一日之荆棘”，即此意也。国会之开，又何待踌躇耶？

又进一问题，曰：国会开则开矣，岂不必有拥戴此国会，保护此国会者耶？夫拥戴此国会，保护此国会者，莫如政党。意见书中之明言之曰：“组织政党有两时期，或在国家将立宪之时，或在国家既立宪之后。”将立宪时之政党，谓之应运而兴之政党；既立宪后之政党，谓之被政宪养成之政党。镕铸久之，则统谓之为政党，固无所分其先后也。夫政党贵有精神，有作用，不以有所求不遂而因此灰心，不以小有挫抑而因之解散。必须牢不可破，坚不可摧，然后能百折不挠以达此完全之目的。夫国家犹舟也，国会犹舟之有轮也，政党乃鼓动此舟之轮之机器也。是故有国会必有政党，有国会而无政党，则国会之运动不掉灵，而亦等诸傀儡。夫组织政党，必有组织之方法。今同志会设矣，以京师之同志会为政党之总设机关，而以各省、各府、各县之同志会为分设机关。京师之总设机关有所建白，必通过于各省之分设机关；各省之分设机关有所请求，必陈明于京师之总设机关。万众一心，如身使臂，如臂使指，警醒灵活，休戚相与，痛痒相关，国家之兴又何疑哉？

然而，国会之开必待九年，何哉？夫国家亦明知国会为一结晶体之物，光芒四射，遍照全球，而顾迟迟以俟之，其中亦有故焉。盖凡物必须剖解，而后能发明其理由，此在创始者，不免有此见存。不知国会正无庸剖也。历观东西各国，如日本于民气未决裂之时，而早布宪政，故君权独尊。英国人民要求国会，前后亘三百年，王权、民权互相搏击，致君权大被其削夺。法人要求立宪，亦数百年，而为君主贵族所钳制，激成屡次大变，而为改民主政治。由此观之，国会之开与不开，各国可为前车之鉴，又何必犹疑审顾、踯躅不前哉？虽然，国会之开，今其时矣，举二十二行省之地，合四万万众之人，咸翘首观瞻，而以为中国将放一绝大光明，以震耀于群生耳目，而今仍寂寂也。所以请愿意见书，洋洋万四千余言（按是书为湖广徐公勉君主稿），上以释君上之疑团，下以慰人民之仰望，切实敷陈，不立异鸣高，不矜奇炫众，如人生与菽粟水火之不可一日离。

旨哉是书，吾读之，吾亦不禁悬一国会之鹄于心目中，而日日以射之也。

《时报》，宣统二年四月十一日至十二日（1910年5月19号至20日）

国会请愿同志会意见书质疑

白 水

自预备立宪之诏下，平时恒自负为有志之士，叫嚣乎东西，奔走乎南北，视线所注，咸猬集于立宪一大问题。中国立宪，果能有利益于生民否耶？中国宪法，果能速行成立否耶？此在略具心肝，而非大愚不解者，类能知之，吾固无烦赘言。一般希望立宪之子，九年期限而有迫不及待之情，于是而有国会请愿之举。国会请愿，不能如愿以偿，于是而有国会请愿之同志会。始而聩聩，继乃悻悖，其果出于信仰立宪之美名耶，抑亦热诚爱国，立宪固为救亡之上策耶？此在略具心肝，而非大愚不解者又能知之，吾尤无烦赘言。近阅各报，纷纷登载国会请愿同志会意见书，洋洋二万言，固非夸示多言，以骇流俗，夫亦为足代表团体之意见耳。夫其立言，为代表绝大团体之意见，必其宗旨伟大，光明磊落；理论根据，确切不磨；愿力宏富，不可动摇，而后可与语天下事也。不意翻阅其书，乃有不禁为之颓然而沮丧者，彼其琐屑微末之间，吾固不暇为瑕疵焉，试举其大焉者而征明之。

一曰宗旨。原文有云："且即为保存君权一事起见，亦当速应人民之要求。考各国宪政演进之前史，即可知之。日本于民气未甚决裂之时，而能早布宪政，故君权独尊于各国，藩阀政治保存至今。英国人民要求国会，前后亘三百载，（中略），而始确定宪法，致君权大被削夺。（中略）法人要求立宪，亦数百年，其后国民议会，竟废去王位，而行民主政治。（中略）追维往昔，得失了然。"夫所指为保存之君权者，其谓君主个人固有之私权耶，抑亦合多数人而成之大权耳？原夫立君之意，固为一国治安之计，国既倚君以为治，不得不与君以殊权，君固无利乎权也。而乃委宛辨论，援据日本、英、法之过去事，指陈得失，以为今日之殷鉴者，岂以保存君权，亦所以为人民之幸福耶？顾何以日本君权独尊，英被削夺，法则一扫而尽，而衡量国势，日终未能凌驾乎英、法也？然则欲保君权之存在者，毋乃适为君主一人地耶？夫举天下以奉一人，自非嬴秦、蒙古暴乱无道之政，鲜有昌言不讳，公然欲私一国中之最高之权，着之为令典也。虽专制政治完密如姬周，所谓亶聪明作元后，元后作民之父母者，其意亦谓君之于民儗于家庭，而有慈惠之恩，对于名分斯有尊严之称，何尝有利天下大权之心，揭示于海内哉？乃以立宪时代，而犹提倡君权为急务者，若其急于干进，不惜假立宪之美名，以为君主一人之刍狗者，吾固无贵焉耳矣。否则或以朝廷惮于立宪，恐损失其君主大权，乃故为此诡诈之说，以促立宪之进行也。然吾闻之，君子爱人以德，奈何以不道德之行尝试君亲，将何以辞欺罔之大罪耶？其何居心，持何宗旨，吾诚百思而不解矣。

二曰理论。原立宪之真理，公庶政于舆论。就表面言，较之专制之政，似未可以同日而语。然而事贵核其实，言必由乎衷，泛言博征，终无当焉。夫人遗世而独立，或犹纷心于浮兢，若其驰骤征逐于富贵中，鲜不溺情利禄，而坠其行，势固然也。欧美立宪诸国，政党中人高材特达者，或亦略有一二，然其奔竞运动，罔廉鲜耻，靡所勿届者，尤不可以胜数。政府不得已而利用其人，非有丝毫裨益于国家者，颓俗浇风，无可讳也。乃竟不察事理之真，援引西方之陈迹，即为神圣之无二。至以结社集会，醉心功利，不稍忌讳，岸然自炫为政党人。尤可笑者，且希望乎国内大臣，屈己效顺，投身于政党中，如痴如梦，狂妄离奇，不可究极。理论卑污，无足道矣。

三曰愿力。夫人建立伟大事业，要必具有强毅不屈、百折不挠之气。例如释氏立志，誓渡众生；耶氏弛教，共登天国，皆其愿力有过人也。原文有云：虽其中亦有特达之士，欲以真理解决纷难，然以一二人力量孤危之故，不敢显树敌帜，趦趄嗫嚅，久之而即安于默退。（中略），此所以正人君子，一转瞬间而皆不愿主持请议也。噫嘻！天下安有所谓特达之士，抱宏济斯民之愿，徒以力量孤危，即安于默退者？方之释、耶二氏，何其相径庭耶！安有所谓清议，一转瞬间，而竟嗒焉颓靡，不愿主持？胡为怯懦柔脆，而曾妇人孺子之不若耶！愿力浅薄，概可知矣。

综上三者，架说竖义，而措弛之以为宪政之基，其无幸于存亡大计，有断者矣。吾今为我国人士忠告而善道之曰：若非十年读书，十年养气，慎无轻言天下事矣。

《民声报》第一号，宣统二年四月十五日（1910 年 5 月 23 日）

论速开国会之请愿

人不可无百折不回之志，国不可无知所进取之民。若民而不知所进取，则虽至强大之国，亦将保守不暇。有志者，事竟成。凡我民族，生而为人，即当具爱国思想，以自强为怀。观立宪各国民，无论对于内政外交事，欲行其志，必百折而不回。向者人皆谓中国人民志不立，气不充，而非所论于今之时矣。即以国会速开请愿之运动言，于去年十二月上书政府之中，而未获所请，当时代表诸公，即有再行上书之诚意。各省人民诸有志者，愈集愈多，运动之力愈大。彼此开会演说，出意见书以示众，至谓非召集全国民请愿，目的不能达，一蹶勿屈，再蹶亦勿挠，总期国会速开之为主要。信乎？人每经一难，必勇气百倍，而后可以有为也。请愿者之运动活泼至于如此，诚可为中国前途贺。夫该运动之目的，固以能达为期必，而朝廷之上，对于请愿者，不知准令达其目的与否，现时难以预料也。虽然，以志士代表各省民，请愿速开国会，则是各省志士，即各省全体之民无异。统各直省言之，亦即全国民也。藉兹合群之势力，负舆论之希望，出其爱国真诚，以献纳于政府中，而又非结党营私者比，其能感动朝廷，作新民之气，以孚乎天下，所可必也。故识者谓，国会请愿，为志士所倡导，而竭力运动之效，原不止一端，要之其最著且大者，正可指数。

其一曰国会之所以请愿速开，本非欲侵夺政府之权利也，实则为政府各官吏筹备宪政诸多敷衍，愿早开国会以救助之。不得谕旨，而运动倍加，则所以刺激政府，使其切实筹备，勿任各官吏之敷衍塞责，吾知其与有力焉。若仍自行其是，谁则肯让？

其二曰各直省民，一自闻立宪将实行之有期，庆幸者固有之，而未必其知立宪改行之云何，又安有政治思想哉？有此运动之活泼力，日以请愿速开国会之利益劝诰于众，如不得请，恐自贻戚。吾知廿二省人民之政治思想，因之日形启发，可令其热心于实行立宪事宜，而知所进行之为要。

其三曰请愿速开国会，由志士提议之，又由志士代表上书政府，以表催促筹备立宪之进行。而要之各省志士亦多矣，断不仅此代表诸君之少数也。然有此请愿速开国会之运动，与时俱进，正以唤起多数志士之政治运动也。而且令政界之上，发生政党之萌芽，即肇基于兹，此则可以断言者。

善夫！国会请愿之运动，果有此三者利益之大，则立宪实行之前程，可为之预助矣。就令速开之目的未能贯彻，犹之贯彻也；其运动之劳，亦非徒劳也。以此进行至宣统八年召集议员，大开国会，实行立宪，无不可者。

夫就现在中国政府之筹备立宪言，内外各官吏之辈，俱以一纸空文奏呈御览，以为存案公事，不可谓非辜负先朝德宗之圣意。请愿速开国会之志士，代表全国人民以上书于政府，不可谓非具爱国之悃忱者。惟运动速开国会诸君，对于今年之开设资政院，有若轻视之，似于宪政无所补然。其持论固自切实无疑，然亦未免偏见矣。盖为国民者，苟欲以平和手段，完全立宪制度，不肯使朝野或有所决裂，须确持得寸守寸、得尺进尺之主义，而不可有所疑。如开办资政院事，非上之政府与人民以参政权之第一步乎？而况上谕颁发，已屡次申明资政院之设，为上下议院基础，全国民谅皆闻知矣。试思上下议院之肇基，俱在资政院中，则是政府与人民以参政权，不可谓不信。且又资政院各议员，半以各省谘议局议员互选充之，其势力与钦选议员亦相平等也。谘议局互选议员，果使廿二省各得其人，自能协力同心，以合群之势力，负舆论之后援，与政府相抗资政院坛上，为国民盛吐气焰，上以动政府之听闻，中以制官吏之耳目，下以励国民之竞进。以视国会，权限虽甚狭隘也，组织虽未完备也，而即此以伸张国民之权利，贯彻舆论之希望，亦不得谓难事之甚者。敢祝运动速开国会者，正须注重资政院之开办，务期在资政院先占势力也。据事实而论，今之热心筹备立宪者，一面请愿速开国会，表示国民渴望立宪之意，犹大旱之望云霓也；一面纠合各省互选资政院议员诸君子，以预备资政院开会时，人占其势力之雄。止此一举而两善得，谁谓其不可者？想运动速开国会各代表，既于今陆续到京，拟定期再行上书，其志已决，而谋之亦臧矣。

《顺天时报》，宣统二年四月廿八日（1910 年 6 月 5 日）

读国会代表与大僚问答感言

吾顷读国会请愿代表与诸大臣问对之辞，乃始信衮衮诸公，至今尚未知国会为何物也。夫政府者非他，所以保护人民之生命财产者而已。有国民而后有政府，则政府之感情与国民之感情，必不可不合为一致，而后利害得失之间，始不致相背驰、相冲突，而后能协一国之心力，以为对外自强之策。国会之为物，正所以联合国民与政府之感情者耳。国民程度不足之说，已成刍狗陈言，稍有识者，皆知其言之不能成理，而诸公犹詹詹乐道之。信如斯言，诸公独非国民也欤哉？何所恃而自信其程度之已足也？处今日商战剧烈之时代，欲致其国于富强者，即无不以商政为立国之根本，而顾殷殷焉问其有何关系，有何利益乎？筹备宪政者谁？曰督抚也。监督谘议局者谁？亦曰督抚也。夫既已受督抚之监督矣，又安能转而监督督抚？而猥曰"曷勿监察督促"云尔？曾亦思夫谘议局之权限之章程，固何人所手定者？议员之于督抚，其果有丝毫监察督促之权力也乎？胡乃自订之而自忘之也？至于某相所言，则更有令人大惑不解者。其言曰："子不见各国立宪之历史，岂一呈一奏所得请求者乎？"夫各国立宪之成也，以革命、以流血，率常殚数十年战争之力，佹得佹失，一仆一起，而后克底于成。及其终也，微特旧政府之威力扫地以尽，甚且聚族歼旃，虽欲降为皂隶而不可得。此岂吾国之所可效法者？某相奈何作此不祥之言耶？图穷匕见，则又曰："国会能否速开，朝廷自有权衡，断非人民所得要求，此风断不可学，余不为然。"当初次国民请愿国会之时，某相不尝以极口赞承，获社会一般之欢迎者耶？曾几何时，出尔反尔，前后竟判若两人也？此亦可见口惠之不足凭，而政府处心积虑之深，有非语言文字所能感动者矣。痛矣哉！代表沈君之言曰："商部能对内而不足以对外，商会能对外而不足以对上。"吾国外交、商战失败之繇，斯二语尽之矣。他国之有官府也，将以保障国民之身命财产，不使受侮于外人也。吾国之有官府也，乃日朘国民之身命财产，拱手而致之外人也。岂尽官府之无良哉？他人之官府，有国民之同心协力，以为之后盾；而吾国官府，乃孤立无援，自处于国民之外也。念及此而国会之开，尚可须臾稍缓也哉？且政府诸公，亦知此次请愿之举，与前次请愿之举，事实虽同，而其所以为蕲向者，则大异耶。前之请愿，犹有见于他国立宪政体之善，思一蹴而与之竞爽，此属于积极者也。今之请愿，乃见夫大势之阽危，旧政府之将就颠覆，欲救护而扶持之耳，此属于消极者也。自昌言预备宪政以来，瞬三年矣，政府日悬立宪之美名，以饵吾国民，实则藉手于种种新政策，以朘吾民之膏血。新政愈行，民生愈蹙，呼吁无闻，乱象蜂起，不及三年，汉唐元明末造土崩鱼烂之现象，将悉见于吾国。虽有管、葛之才，亦终无如之何也矣。迨乱事之既成，则首受其祸者，为岩岩在上，民具尔瞻之政府耳。一二忠君爱国之士，不忍宗周之賨，而倡为促开国会之说，欲以拨乱扶危。其自为谋者欤？实为政府谋也。衮衮诸公顾不谅其苦衷，而以訑訑之声色临之。

尚自谓九年召集之期，可以从容而坐俟耶？吾见其徒悬诸梦想而已矣。永言配命，自求多福，庶几改之，予日望之已。

《时报》，宣统二年五月初十日（1910年6月16日）

第二次国会请愿私议

究　竟

猗欤盛哉！民气发扬，磅礴大陆，国会热潮，直注东亚。自去岁各国有监督中国财政之议，而国债问题发生矣。我国民又以中国财政一日不清理，则吾侪纵肯担负筹还国债之义务，适足以为一般贪官填欲壑耳。于是国会问题，乃从而发生，冀为国债实地根据。全国人民东奔西走，鸠摩舌澜，最大之目的，则曰速开国会而已。举代表，走京师，国会国会之声，乃日触吾人之耳鼓。国民所相告者，国会请愿也；报章所纪载者，国会请愿也。盖以为中国不速开国会，则不足以救中国之危亡，不足以促中国宪政之进步。以故国民不惮竭资财，耗时日，胥营营于国会请愿一事。徐志士断指送行，其所以壮代表之胆，坚代表之志者，精诚所至，诚足以惊鬼神而泣风雨。甚至一般优伶，亦知有所谓国会之名词在，播为戏曲，道之口间。政府诸公闻其事实，睹此景象，能毋动于中哉！不谓请愿国会之书既上，而客腊二十日之上谕忽颁，国人闻之，咸蹙首疾额而相告曰：请愿国会无效矣，吾等之生命财产，其将焉赖？以余观之，当此时之国人，真有国会不立，前途竟致无望之势，于是国债会因国会请愿之无效，而亦骤然中止。推此次之无效，虽政府不无阻力有以致之，然岂知朝廷慎重将事，独有所见，岂吾侪小民之所能知哉！

或曰泰东西人民，能享有国会之权利者，当其始不知费多少志士之光阴，多少志士之头颅，始足以感动其政府，而予以开国会之权利。纵不如此，其有由要求而得者，亦必累时需日，上书要求，始克享此权利，从未闻有书一上，即得效果者。今我国民因第一次请愿无效，遂尔生失望之心，毋亦视此事之太易易矣。窃思政府诸公所抱之政策，类皆老成持重，立宪不即实行，而必迟至九年者，职此故耳。更以人民程度不足，非可与言立宪，若急进从事，求功太速，其不至立见颠蹶者几何。但人民程度不足一语，在热心国会诸君，吾知其必不能承认也，且将进而言曰：吾等今日发生请愿之举，非人民程度已足之明验乎？

然而，吾窃思政府诸公必犹以为未足也。语云：不经一番挫折，不长一番见识。泰东西各国之能得有今日完全宪政者，则以当时未立宪之先，其人民屡与政府战，战而不胜，仍不稍懈，卒至困难备尝，而此项完全权利，国家乃尽畀诸国民。此之谓人民所受之挫折也，此之谓国家故予人民以挫折，藉以觇其智识，增其政治力也。倘国民不经许多困难，经许多挫折，而即获享参预政治之权利，其人民必无坚忍之经验，则虽有国会，夫奚益？要求立宪，请开国会，因为政治上程度之可见者，特此不过为政治上表面的程度。既开国会，则仍须有政治上绝大经验，绝大智识，是乃为政治上实地的程度。所以能存此制度者，由挫折中得来者也。徒有政治上表面的程度，足以增进一时，万不足以增进永久。惟既有政治上表面的程度，而复继之以政治上实地的程度，始足与言宪政，始足与言开国会，而国家及人民，乃能得有同等完全之利益。如我国今日人民之程度，不过为政治上表面的程度，若夫政治上实地的程度，居今日盖不足言也。政府知之稔矣，于是迟迟而不允其请者，非靳予民权也，实以人民无政治上实地的程度耳。人徒见政府借口人民程度不足，遂悻悻然现于色；人又见政府不实行宪政，速开国会，遂怏怏然啐于面，睹此其亦可以恍然矣。然则今岁各省之有第二次请愿国会之举，非即由去岁所受之挫折而始起者乎？前岁请愿国会为第一次挫折，去岁请愿国会为第二次挫折，我国民之经验果何如；再仆再起，其政治上的程度果如何，更可想见。

今则南洋华侨，各省绅民，各省社会团体，齐集京师，一时意气之盛，毅力之坚，殊堪钦佩。政府诸公既故予人民以挫折，既欲藉以觇人民之程度，则国民为国会请愿，不可谓无挫折；国民因国会请愿无效，魄力不为稍减，勇往直前，不可谓无程度；则方今国民之第二次国会请愿，据记者个人之观念论之，当有以奏效矣。窃不禁为吾国宪政前途，及吾国人民生命财产预贺焉。或又以某相于去岁曾生阻力于其间，现在又颇不赞成，似国会请愿又生阻力矣。吾思贤王注重舆论，关心宪政，当不至被其鼓惑，遂予国民以极大之觖望。况政府内不乏辅助宪政，主张国会者，则伊一人又何足为梗。

吾之私议如此，还以质之请愿国会代表诸公以为何如。言果验否，非所敢必，聊发愚言，藉助请愿国会代表诸公之进行方针，且藉坚请愿国会代表诸公之请愿魄力可耳。书上矣，而第二次请愿国会之举，亦已见诸实施矣。窃愿与全国民共俟其成，兼观厥后。

《中国报》，宣统二年五月十四日（1910 年 6 月 20 日）

国会代表团上书办法平议

记者对于国会请愿一事，几经墨枯笔秃，力竭声嘶，雅不欲摭拾陈言，再溷诸君之听矣。惟念兹事体大，此次之得请与否，识者谓为吾国安危存亡之所系，而海内仁人志士，方且联合各界，毅然为赓续上书之举。记者不敏，不获执鞭从诸君子之后，良用自歉。顾尝眷怀时局，坐听好音，于近时政界对待之情形，与诸君子筹商之办法，窃不禁欣然望，皇然虑，思以验此后结果之如何。

据昨日来电所云，谓全体假湖广会馆大会，决议上书手续，计分议员、商界、教育、绅民、政治、华侨、旗籍共七团体，准初十日齐集察院呈递，并研究政党宪政双方进行办法。另致书当道，有请愿不准，必使官场不安等语。记者再三细绎，知代表此次之（情）〔请〕愿，其宗旨更坚，其势力更厚，其豫防而思患也亦更深。未奏冲围陷阵之功，先矢破釜沉舟之想。盖自去岁上书不行之后，处心积虑，集思广益，不知历几许之迟徊审慎，而后有此震雷霹雳之声也。使此书既上而监国能体乎人情，枢臣重违乎公论，缩短期限，准予召集，则如天之福，不（准）〔惟〕办事诸君所深幸，抑亦我国四百兆同（包）〔胞〕所称心快意者矣。然以记者眼光所及，尚恐未能收完美之效果。不观日前代表沈君与各大僚之问答乎？某军机虽甚冥顽，犹有虚与委蛇之意。至某相国谓，各国立宪历史非一呈一请所得，又谓人民要求，此风必不可长。彼其为此不祥之论，可悟政界中人实立意反对国民，阻开国会。某相国习闻是说，故于晤谈顷无端流露其真相耳。

呜呼，痛哉！贾生有言：厝火积薪，而卧其上。薪未燃，火未及，而自以为安。今则居然薪燃矣，火及矣，且焦头烂额，屡濒于死矣，幸有同室之人大声疾呼，欲掖之起，而彼尚颓然僵卧，怒拯己者之多事而摈之，非丧心病狂，何至于是！吾谓今日代表诸君子，果不欲宪政之成立而国会之速开也，吾无责耳已；苟有誓必得当之心，则当知政府用心，殆如某相所云，非一再请求所能集事。且无论政府不肯轻割其专制之权以相予，即彼能予我，而得之者绝不费丝毫之力，即亦不知其权之可贵，且不能行使其权，以用之于利国福民之途。其究也，不免为予我者之所复夺。证之吾国人民之心理，此实为必犯之弊，无能免者。

故为今之计，对于代表一方面，目下之合七团体以上书者，此后当用分途并进之法。议员有议员之团体，商界有商界之团体，推之教育、绅民、政治、华侨、旗籍莫不如此，陆续再举代表，筹划进行。其组织事务也，则合为一团体，以联其情；其要求上书也，则分为七团体，以厚其势。甲团体不获，则以乙团体继之；丙团体不获，以丁团体继之，终始相生，循环不已。多一次之请愿，即多一次之人数，非俟目的既达，誓无解散之时。设有半途而废者，则各团体群起而攻其罪。蒙以为照此办法，似较之全体上书者，其力为体长，而其事又反易也。

若对于国民一方面，则人民之心既不为政府所谅，人民之力复难与政府争衡，惟有坚持权利义务相当之宗旨，由各界代表通告国人，谓国会不开，则政府既不予人民保护性命财产之特权，他日国家有事，凡有需于人民之义务者，不论若国债，若财政，若教育，若海军，与夫华侨捐助之端，此后俱袖手旁观，一任政府之孤立无援，而不能责人民以无偿之代价。诚使各界力持此义，始终不变，与政府争一日之长，吾知衮衮诸公必有悔之恨晚者，乌在其能挟施施之声色，以压制吾民也哉。

今代表投书各邸，以为国会请愿一日不准，必使政府官场一日不安，未知其所云不安者若何，就此意而推论之，则其弊将有不忍言者矣。彼各国以要求立宪之故，至于革命，至于流血，皆不安之实验，度吾国人民未必至此。然既有此动魄惊心之语，奈之何不顺其情以消弭之也。

凡此两方面之事，皆此次上书后之豫备办法。设请愿不得，将舍是更无根本解决之方，我国民其有意乎。虽然，凡事必先立于不可败之地，而后可以与政府争胜，故在吾民之自为计，又必速以储蓄实力、组合政党为第一要义，而不当徒以叫嚣从事。否则朝廷纵勉强召集，而开会之后，一切无所筹备，窃恐操刀伤手，乃适为政府之口实，而贻各国之讪笑焉；抑亦空负此冒万险，历万难，千挫百折之请愿热度也已。

《厦门日报》，宣统二年五月十八日（1910年6月24日）

读国会代表第二次请愿书感言

铎

数年以来，国事日非，内政既陷困难之境，外交又呈危迫之象，江河滔滔，愈趋愈下。圣主忧劳于上，群臣嗟叹于下，大有一筹莫展，无法善后之势。于是，去岁各省谘议局代表孙君洪伊等，伏阙上书，吁请速开国会。虽蒙温旨慰勉，而目的终未得达。今代表等与海外华侨，以及各团体，复为第二次之请愿，（其书已于初十日呈请都察院代奏，见十七日本报。）再接再厉，足为民气发达之特征。呜呼，天时人事，相逼而来，【强】国利民，在此一举。吾政府其亦能熟发内外之情势，联络上下之感情，与国民为一致之行动，速开国会，以扶持国家于颠危者乎？

或谓去岁请愿国会，其手段之和平，情词之恳切，团体集合之巩固，无以异于今日，而卒归于无效。今日之政府，其果有异于昔日之政府矣乎？恐亦得一敷衍笼络之文告而已。虽然，度之于理，揆之于势，今日之政府，容有与昔日不同者。试详言之，以慰吾国民希望之热心。

政府之不愿速开国会，别有深衷，特不肯明白宣示，惟援据一国民程度不及之空言，以为抵制。吾国国民向无参预政事之权，其于政治上之智识经验如何，不得而知；程度之至与不至，亦无从试验。若今日则程度不及之空言，已无可援据。何也？以上年各省谘议局议案，国民已表示其成绩也。谘议局第一次开幕，而其秩序之整齐，讨论之和平，审查之精密，厘然秩然，毫无遗憾。其所提议之事件，多为数十百年之积弊，经无数之名公巨卿，缙绅硕学，欲去而未能者。而各议员能于四十日短促之时间，一一抉剔之，不遗余蕴，智识经验之丰富，即方诸文明先进国之国民，亦无容多让。第一次开会，其成绩已若是，则此后层累曲折而进者，不问可知。聚一省之贤俊，以谋地方政事之改良，其成绩已若是，则集全国之贤俊，以谋国民最大之幸福，定全国最大之方针，其效果之良，又不问可知。是故国民程度不足之言，可发之于一二年前，而决不可适用于今日。政府既不能借口于国民程度之不足，则对于今日之请愿，更无再拒绝之理由。不能拒绝，则必有翻然变计，思所以慰我民望者。或缩短预备时期，或即时颁布宪法，二者必居一于是矣。

至于国势之危迫，正在存亡呼吸之秋，而欲图挽救之策，则普及教育也，振兴实业也，筹办海陆军也，皆为刻不容缓之事。徒以计臣仰屋，国帑空虚，未能切实举办。国会一开，则此种种困难，不数旬而解决。诸公既可稍弛其负担，国民亦可共竭其智谋，上下一心，维持危局。彼列强之野心勃勃者，见我朝政之奋兴，民气之发达，有一跃千里之势，亦将戢其狡谋，敛手而退。日本进步党犬养毅之言曰：中国欲成立国会，即在此数年间，否则列强亦无容我设立国会之余地。痛哉斯言，吾国人闻之，能勿栗栗乎！此真如代表等所云：国会之开，宜以日计，不宜以岁月宽限者也。以我摄政王之贤明，内外百执事之宏达，宁不知此？呜呼！时乎，时乎不再来，愿与全国同胞拭目俟之。

《汉口中西报》，庚戌五月二十日（1910年6月26日）

敬告速开国会请愿者

世界立宪各国，皆有爱国志士，组织成政党，以催促宪政之进行，故制治之道隆焉。中国自诏定筹备立宪，于今已越【三】年，民之政治思想日见发达，既而热心立宪实行者，视政府诸当道筹备之不力，于是相议速开国会请愿，以上书于朝廷。乃上年十一月，初次由都察院代奏请愿书，而目的未即能达。请愿各代表志不为之少屈，更相与分道游说，联合各省各界人士，以养成势力。而同志者如华侨，亦闻风响应。由是云卷重来，作雾霭之状，特着其活泼泼地之精神以运动。然念夫中国先代，政论嚣嚣者有之矣，朋党争睨者亦有之，据一省片隅而自为运动者又有之。若曰网罗天下各种人物，联合各省志士，公然揭速开国会之政治宗旨以号召，而集国都捧请愿书具呈都察院，至再恳代奏，并分方面历访王大臣，所谓立宪公党之运动，实以之为嚆矢。

呜呼，为此运动者，有谘议局代表，有政界全局代表，有商界代表，有华侨代表，其宗旨公正，其势力伟大，在中国政界史上，作一新纪元。吾侪洵感服其毅力之厚，思虑之密，运动之有秩序也。至于运动目的终能达与否，吾侪先似疑之。何则？开设国会一事，若真筹备不完，则开会后破绽百出，议论纷纭，于立宪前途之窒碍，亦良非浅鲜，此盖不可不早为之虑者。又况乎先朝所定九年期限始召集议员开国会，今已越三年，其余所需之岁月，不过七年耳。由请愿之说一方面观之，所有筹备开设国会事宜，尚需二三年之月日，以是知按照定期开国会，与速开之所争，相差之迟速，亦仅四五年云。故吾侪言念及此，想速开国会之运动，其目的或难遽达也。果尔，请愿书既再上，于五月二十一日复奉上谕，不允其所请，并云嗣后毋得再行渎请。取上谕读之，对于请愿各代表，谓其忠爱之忱，朕所深悉，但于速开国会事，意甚难之。是殆与本报前所揣摩者，若相符合。呜呼，筹备立宪者之空文塞责，固足招速开请愿者之上书，而当局者任国家之重，苟有爱国热诚，亦最愿将筹备事宜，期于完全，然后可措施裕如也。因筹备之未及完，故不允国会速开之请愿，盖亦出于不得已之苦衷云尔。本报先忖度此苦衷之不得已，所以早想请愿者之目的难遽达也。

虽然，早知请愿者之目的不能遽达，岂惟本报哉？请愿各代表，最热心于速开国会，固最谅知目的之不能遽达，而有今日之上谕也。或曰：若此者何谓？曰：请愿代表者，皆通晓政界之情形与政府之消息者也。且各代表既通晓此意，讵不知以数十百人连署之请愿书仅数通，万难动政府之议，俾政府改变九年之期限也。惟代表诸君，既知不能如愿，而尚且敢固以请者，此非无故也，试为(译)〔绎〕述之。一则藉兹国会速开请愿之运动，能使全国民之政治思想，因之而振作，更因之以联合全国志士，相与筹备组织政党事，是重要之至者。试思中国政体之不能改良求进步，非以朝野无政党之缺憾乎？亦国民无政治思想之故乎？得兹一运动之力，其收效也远。二则藉兹运动之效用，能刺激政府之大小官吏，使知请愿者之上书，非故为此要求也，实则督催其筹备宪政之进行，以完整其实行立宪也。若政府大小官吏，但仰恃朝廷之势力，以为代表者无论如何请愿，圣上谕旨，终不俯如所请，而泄沓自若，则误矣。吾想请愿者之目的，其在此夫，故曰速开国会之目的，若真能达固可喜也，即不能收成功于暂时，而于组织政党、督催政府之两大目的，必达之无疑，不亦可祝乎。

明明上谕有曰：毋得再行渎请，特通行谕令知之。以此，请愿速开国会各代表，无论具有如何热诚，殊难为再三、再四之上书也。进而思之，云集都下之志士等，将来如何出其活动力，各省同志又如何为进退。勿庸狐疑踌躇矣。务期于近数日内开催大会，一面报告各省，俾群知请愿运动之颠末，即因此提议组织政党之事。直部署同志者，以游说各省人士，于开设国会时，预备该政党员占领议席之要点。夫如此，而各省人民之政治思想愈形发达，政党、政社勃然而兴，将见宣统二年之请愿速开国会者，其运动之效，必能于中国宪政史上，标印一大成绩，可断言也。是则各代表宜善自为谋而已。

《顺天时报》，宣统二年五月廿三日（1910年6月29日）

再忠告国会请愿诸代表

竹　园

去年年底，第一次国会请愿被驳后，鄙人曾在报上登过一段演说，通篇的大意，是嘱代表诸君不可专恃法理与文字，须推求受病的根源，不必非开国会不成。莫若各省的绅民，组织一种极通行的报纸，某利当兴，某弊当革，某项财政当如何清理，某处吏治当如何整顿，无开国会之名，有开国会之实。利弊合盘托出，上下之感情自然越凑合越近。隔阂一去，下情自然上达。一面再组织义勇勤王队，使通国皆兵，以捍卫国家。各省果能通力合作，将来的效力，比开国会亦不在以下。这是去年年底第一次管见。

本月第三次请愿书上后，未奉上谕之前，鄙人又做了一段演说，登在《大公报》上。意思是劝慰诸代表不可着急，沉下心气去向前办，反正国势危如累卵，国民决不忍袖手旁观。即或因言取祸，那亦是不暇计较的。请看高丽的亡国史，目下他们国里的忠臣义士，亦是痛哭流涕到处联合，可惜联合的太晚，毫无凭藉，所以无补于灭亡了。然而高丽目下仍有皇帝，仍有政府，仍有百官。皇帝出门，仍然警跸，贵胄百官，仍然是驷马高车。若看汉城以内之官威，居然是大韩一统太平天下，那些草野间的忠臣义士，反觉福薄好事，自取家败身亡之祸了。然而高车驷马的家，准不败身，准不亡吗？亦不过较比义士忠臣，稍迟三五年罢了。古今来最痛心的事，莫过于种灭国亡，尤莫痛于将亡之际不醒悟，灭亡之后不自知。数千万兆痛哭流涕扼腕太息的人，随着几百、几十位发财享福、醉生梦死的人，同归在奴隶之列，不但不许救，而且不许说，睁眼跳坑，束手就戮，无聊之极，归于运数之当然，你看可惨不可惨呢？

那位说：众国民痛国家之危亡，故举出代表来京，请求速开国会。诸代表千万里辛辛苦苦，留滞在北京七八个月的工夫，费了多少笔墨唾沫，耗了多少赀财，受了多少烦劳，旷了多少营业，所求的事情，竟不能如愿以偿。你只劝人家莫着急，沉心静气的向下办，这不是净说现成话吗？我说我决不是说现成话，诸代表着急，自然是情理中必有的着急，无奈空着急，仍然当不了办事。国会问题，何等重大，倘若一求就允，人人可做代表了。一见不允就着急，岂不是自寻苦恼吗？国会的题目，起于救国，咱们仍以救国为宗旨，实在把国救好了，就算目的已达。目下各代表聚于京师，团体必不能轻易解散，第三次上书再不允，难道说还能第四次、第五次吗？据我看，莫若改变方针，另想救国的善法。

国会请愿的团体，可以改名为宪政进行团，把国会请愿，暂且缓缓，另择有关宪政的几个小题目，求政府允准实行。从此上下通情，事无朦蔽，万众一心，国基自然巩固了。

（一）请设御前顾问也。责任内阁既未设立，每遇大政，全是各便私图，互相推诿。遇有难决的事情，行政大臣多立于嫌疑之地。况且京官多不明白外省的情形，疆吏又没有会议政务的才力。今请每省选召通晓地方利弊民情的士民十数人，不拘有官无官，一律派充御前顾问，朝廷收兼听则明之效，宪政可就日见进行了。（前年下诏，饬各省督抚保举人才，亦有无论有官无官一语）

（二）请准各省谘议局封奏言事也。各省谘议局团体，不必限定本省，遇各省有大关系之事，可以随时条陈意见。如与本省督抚有意见不合，难于解决的事情，果系督抚偏执，准该局随时封奏，请旨定夺。

（三）请准各省自治团体自行清理本省之财政也。各省的财政纷乱如麻，实在关系大局的存亡。果然清理好了，中国立能变成富国，两三省就可以独立成一国，何况二十多省之大，更能成个强大的国了。目下虽有清理财政专官，然真能称职的甚少，皆因官场中的人，多不明白计学，连他自己家里的财政，他全清理不好，他焉能清理一省呢？又有才能称职，足当清理之任的，又因为他们官官相讳，不肯认真的清查，大概徇庇弥缝、朋比为奸的弊病，必然少不了吧。如此清理，是越清越不清，再迟五年，度支部亦不能把预算办好了。（中饱一日不清，财政断难起色，度支部极大的本领，不过加捐而已）今请准各省自治团体，各清各县，各清各府，各清各省，先调查入款，后稽核出款，出入细目，随时登报宣布。税关捐局，每日将前一日所入某客某货纳税捐若干，详细登报。报上未见的，准客商告发。或由各本省富绅团体，包收关税。局所衙门的卷册账目，准自治团体随时调查，不服调查的，商民即停纳税。如此办理，管保一年的功夫，足可把财政清理的有了眉目了。

（四）请准各省绅民自办警务也。警务、学务的款项，按自治章程，皆归地方筹备。近年以来，不是因为抽警捐闹乱子，就是警学两界因为争款打麻烦，莫若把警务、学务归成一气，统由本地自治团体筹办，既免筹款闹乱子，又免争款的麻烦。警务官弁，由本地选聘本省警务卒业的学生，或是在外省办过警务的人充当。退伍的陆军，倘回籍后身无营业，亦可充作警兵。不费大力，不启争端，本地人熟悉本地民情风俗，本地人信服本地公正绅士，情通理顺，全国的警务，不难一年办成了。

（五）请准将外官制订为督抚、提镇、司道、府县、佐杂，文武各官一律普用本省人也。隔省为官，不通地势民情，无桑梓之关系，故于名誉上不甚爱惜，上任就抢钱，饱载归故里。在外省为赃官，在本省为富户，相习成风，恬不为怪。况且一人做官，其乡里亲族之无业游民，无不随官到任，民膏民脂，甘听民贼之取求。此去彼来，不尽不止。今若一律拣品位相当的调换，省省俱用本省人，既有乡党父老之监察，不能不稍知自爱。爱护桑梓，即是爱护国家。贪残庸昏不称职的，准绅民禀请更换。如此办理，朝廷不失赏罚黜陟之大权，百官仍无失位之虑，地方百姓实享君民共治之福。宦途不清而自清，吏治不整而自整矣。

（六）请准各省自治团体旁听观审也。实行司法独立，亦没有禁止旁听之例。各通商码头，竟办至中外会审，何独偏禁本国人旁听呢？中国讼狱之黑暗，久已著名世界，无论州县发审，无论各级审判厅，反正全是换药不换汤，甚至变本加厉。若各省将各级审判厅一齐设立，不但没有这些听讼的通才（留学法政毕业生靠不住，因其所学所知的，与本国的政治、法律、民情、习惯多不合洽，故此一遇重案，每多扞格。这还说的是实心办事的，若藉案敲财一流，更不足论了。旧日的老吏，听断才最长，然宦场衙门习气又太深，求一率真办事的，百无选一。中国讼狱，一二十年内，恐不能骤见天日）而且亦没有这些行政经费（每一县的各级审判厅全立起来，请算算每年多少钱），九年筹备立宪，终是空谈，不过按年造册而已。今请一已立审判厅的地方，准自治团体及本地人民，随便观审。未立审判厅的地方，准人民设立乡评社，细微小事，由多数社员随时调和，不必经官。若重大案件，必须经官审断，准乡评社的团体陪审，并准人民随便观审。如此办理，一二年内，人民的冤抑，可以大伸；讼狱的积弊，可以渐除矣。

以上六条，皆系救时要图，能通隔阂，能去朦蔽，能救贫弱，能跻强富，只怕朝廷终是信官不信民，总以小民脱离水火为民权发涨，那可就不好办了。以上六事，如仍难邀允，咱们还有善法子，反正离不开大权秉公，朝廷庶政公诸舆论的宗旨。诸代表若是干发急燥，不想法子，那可是非急死不可。其实死亦白死，莫若联合同志，组织一个游历会，把本国、各国的名胜要隘，大游一遭呢。

《大公报》，宣统二年五月廿八日至三十日（1910 年 7 月 4 日至 6 日）

忠告国会代表

省庐 来稿

呜呼，国会已矣。谕旨一颁，第二次国会之请愿全归无效。雷霆震耳，心神迷离，冷水浇背，手足战栗，凡有血气者，莫不问天搔首，慷慨而悲歌。吾不知待命阙下之代表诸君将何以处此也。其将整顿行装，退归田里，坐待九年之筹备耶，抑将卷土重来，效中外之英雄豪杰，目的所在，不达不休耶？由前之说，国势日危，时不我待，则国会将无成立之日；由后之说，则危中求安，死中求生，尚可转圜于万一。权之量之，吾代表当知所从矣。

谕旨谆谆，以慎重为本，不肯轻举妄动。使良法美意用不得当，反足以乱朝政而（怀）〔坏〕家邦，深谋远虑，昭然若揭，何容草茅下士论列于其间乎？虽然，此何时哉？登高一望，尘埃涨天，仇敌纷纷，声势汹汹，各挟其奇诡不测之术来以谋我。荆棘满目，自不能不力图良策，以挽浩劫而拯生灵。是时也，惟有集思广益，争自濯磨而立于确乎不拔之地。以言乎战，则万众一心，谁云寡不敌众？以言乎智，则同心共济，自无覆悚之忧。如此，则敌不战而自馁，麾车使退矣。不然人心涣散，莫衷一是，反冀其待我数年豫备完整，再厉兵秣马决胜于疆场，是不特智者知其非计，即三尺童子亦将哑然失笑矣。此缩短国会年限之说所由来也，此第三次国会之请愿所以不容已也。

况自刘殿撰不认签名之说起，则代表诸君益不可不贾余勇，于危中求安，死中求生，使全球世界知我国人民之程度未为不足，请愿书之名衔未必捏写，以开国会之生机，延国会之生命。噫！有志者，事竟成。吾代表其勉之哉！夫殿撰不认签名之事，固影响于国会代表之团体者甚大，然其签名册既为保定高等学堂寄来者，其必为学堂中人签发者无疑；既为学堂中人签发者，虽非殿撰亲自签名，而签名单必非堂中属下员司私自签发者，亦可无疑。岂其时殿撰公出，堂中员司见殿撰之热心国会，揣情揆理未有不认可者，遂即代为签名发寄耶，抑殿撰懔于谕旨之严厉，生有戒心，恐准此前往有碍平生升秩之途耶？要之，殿撰之名衔系自书与否，他人代书与否，虽非外人所得测知，然非国会代表之捏写，可确切无疑矣。当事之初起也，似有伤代表之颜面，然细审之，决无关于宪政之进行，是在我代表好自为之可耳。

谓我代表因此灰心，顿生退志，不复谋进行之法，图转圜之方，是示政府三十余万人之名衔俱为捏写而来，国民之程度诚为不足也。九年筹备荏苒倏过，必复以人民程度不足再推演数年或数十年而不止，如是则专制恶魔可长生弗替矣，此杞忧之士所以终夜不寐、临食而叹也。为今之计，我代表宜抖擞精神，察明刘殿撰之名衔果系何人签发，俾得水落石出，暴其罪于天下，庶可征我之无私，庶可征三十余万人之名俱非捏写而来，而将来之各界代表进京请愿者，亦不致因此心灰而气沮。且政府见吾民之毅力有非鼓一时之气焰、奋一二人之功名心而来者可比，见吾民之热诚，有非爱惜身家、畏难知退者可比，与其九年后召集议士布定宪法，何若缩短其年限以慰天下之望乎？此第三次之国会请愿所以刻不容缓也。古人有言曰：不能流芳百世，亦当遗臭万年。愿我代表诸君共戒之。

按：刘殿撰已有来函，请阅今日本报后幅。

《大公报》，宣统二年五月廿九日（1910年7月5日）

论中国不速开国会无以达宣统八年

孝　可

国会二次请愿，交政务处会议之结果，奉严旨却下。夫吾人所断断于国会，非与政府争此数年早暮之期也，所栗栗危惧者，虑无术达中国于宣统八年耳。今不遑举其他，单语财政一事。此虽政府劳心焦思，智尽能索，而敢断言其无术以纾此难。财政紊乱之结果，而为此大乱之导火线者，一则饥民，一则新兵。我美食安坐，鲜衣怒马，扬扬入政事堂，号称当轴诸公，果曾一计及焉否？

中央政费年不敷者五六千万，顷据清厘财政者报告，合计各省所亏已四千余万，而各省入不敷出，或数十万，或百数十万，亦与中央困绌等。旧入不敷已如此，而新政之待举者尚无穷。新政不举，则偶尔饥寒，窘而自戕于道也，戕亦无救于饥；举之则政费更繁，此费何出。疆臣曰：臣力万分竭蹶，恳饬下部臣主持。部臣曰：该督抚无论如何拮据，总须勉力筹措。彼推此诿，终非了局。挪移搪塞，度此一年，而来年行届，计将何出。无已，仍于吾民膏中未尽之髓，敲而刮之；膏中未涸之液，朘而吸之而已。虽然，于此有一至要之点，则吾民果尚有此担负之余力否？负白觔者果尚有余力，则重加所负，尚可勉力以趋耳；如其力果真竭，则虽刑驱势迫，何能为役。强负其所不能，未有不蹶而颠仆者。吾国虽无精密调查，不确知我民富力果何如，然以近今情势观之，物力之凋敝，十年以来上户落而为中户，中户落而为极贫，指不胜屈，遍全国矣。金融之奇窘，南方银根之紧，匪能言喻，百年著名殷实银钱号，百金到期，有不能兑交者。去腊在渝，亲见通市欠款合数百万，无论大小商号，一律不兑不交。今春渝议，决计停止汉沪货物不买运，已兑汉现银七百余万回川。奇事骇人，百年未有。然银回川虽小裕，而洋则大窘，连倒闭巨大商号数家。息金之涨率，商号之倒闭，流亡之众多，盗贼之蜂起，即政府视之，即必恻然悯吾民之力竭者。民力既竭，则此新费之加征，非取诸国民所得之余，实夺国民资金之本也。资金之本既剥，则民之纳税力更弱，去年所收旧征之二千余万必更不足，不足则不敷之款更巨，巨则剥吾民资金本力者将更伙。辗转为累，不三年民枯腊，国家破产矣，奚能达宣统八年哉？嗟乎！此岂吾人恫吓吾政府之谰言哉，学理所在，事势所迫，莫或能免者。夫怨谤可以塞其口，抗捐可以戮其身，惟此实力蹶竭，虽集百桑（宏）〔弘〕羊，等无所用其聚敛；百郅都，等无所逞其严酷。官所不能迫，吏有不能索，【不】从根本上有以涵养其纳税之源，徒搜刮以济一时，则经一次搜刮而其病愈深，以此云险，莫险于此；以此云亟，莫亟于此。吾侪小人，智虑短浅，一念及此，则心为之掉，股为之慄，而谋利禄、保妻子之思，为之心灰而意懒，视今之得过且过、持盈保泰者流，觉其策之大不稳，而计之甚不周。当轴者扬扬日坐政事堂，安居美食之余，其亦曾计及此否？想老成练达，长才远虑，未雨绸缪，或尚有天外奇计，不求诸国会，而别有以处此。

贫乏极矣，饥民起矣。顷来各省饥民告变者，几无地无日无之。我政府、我国民幸一审察之，此有一至不可不辨之点，今日之饥民，大非昔日饥民比也。昔之饥由于天时水旱之偶灾，今之饥由于根本生计之窘迫。昔之饥为一时的，今之饥为继续的。昔之饥不过一隅，今之饥遍于全国。昔之饥一遇丰年立即安谧，今之饥无论丰歉均多流亡。昔之饥民可以赈恤救之，今之饥民非回复之经济上之生活力莫之能救也。此变征也，此乱象也，此吾国至危、至险、至大、至难之第一问题也。外患不足虑，天灾不足忧，独此内溃本源之祸胎已成，欲挽救之，非合吾君臣上下，万众一心，雷厉风行，图之十年不为功。嗟！我政府试进新从田间来者，一问吾民生计之状况，蒙之言岂毫发有伪哉！而况乎政费日繁，搜刮吾民者，方日进而未有暨哉。

饥民可畏矣，然徒饥民尚不能赤手空拳，揭竿以立乱吾国也。大可惧者，更有征集之新兵在。顷来新军告变者，亦无数起矣。今之新军亦有大异昔日之军，不可不察之点。同为游民，同为招募，聚则麕集，解则兽散，今之新军与昔之营勇，毫无差异。而大异之点，则昔之营兵，以一莽夫（迸）〔拼〕命，可冀高官，可冀锡爵；今之新兵，则不过月饷银四两二钱耳，外此他无丝毫可冀。昔时兵勇所冀之队长、之将弁、之统帅，今皆以学堂出之军事专门，非兵之所能希冀也。是我政府之步趋文明，废营勇、行征兵者，不过糜耗饷银，羁縻数十万游民而已。既非立宪国家，率服兵役义务，其来也如蓬梗，其散也如飈风。来不可迹，往不可追。既非义务之可责，又无爵禄之可歆。故一言不合，反抗辄起；一事偶乖，散于一哄。亦幸而卅六镇新军再历数十百年亦无成时也，如其成军，则此数十万人退伍后之安置，不识当局者何以处之。夫具四足而立者，吾知其能走；挟两翼而张者，吾知其能飞。吾政府每置足于鸟之腿而责其走，置翼于兽之肋而冀其飞，谋事不统筹其全，其可笑、可愤、可叹、可哭者，近年新政万端，何莫不然，固不止一新军，有此极可怪笑现象也。而新军则大足致乱于吾国。新军一散，则为饥民；饥民应募，则为新军。单饥民，则其力不强；单新军，则其势不张。二者相倚，裹挟勾连，其势燎原，乌可扑灭。而革命党人复从而煽之，饥民薪也，新军油也，革命【党】人则风也。而遗火之种者，则仍政府也。暴敛横征，逼民铤而走险矣。骚动一起，收税更减，政费愈繁，煎迫吾民者必更甚，则饥者愈日多，怨者愈日众，而贻革命党人口实，亦日愈重。国亡国亡，税驾莫由；乐土乐郊，中原谁是。吾侪寒素，无大可爱惜，而妻子、田园、庐墓，每念之尚觉潸然；彼高官尊爵，衣锦美食，妻妾、车马、衣服、宫室之奉，数十百倍于吾侪者，爱国不遑，云其将何以自处耶？

《帝京新闻》，宣统二年六月十一日、十二日（1910年7月17日、18日）

论华侨因国会请愿被驳不缴海军捐事

幸　楼

政府之许人民以开国会也，有二意焉。一则惕于吴樾、徐锡麟等暗杀之风潮，欲藉是以弥平之；一则以国家财政之困难达于极点，欲稍予人民以权利，以为异日加增担负之计。是故立宪年限之颁示，非真有爱于人民也，亦非确知此举之可以祈天永命也，迫于不得已而已。惟其迫于不得已，故无论在下之请开国会者，迭次上书，即迭次被驳，即自今以后，继起者多至数十百次，亦可决其无不被驳。盖人民之权利日增，即政府之权利日损，与其一旦自弃其权利，毋宁因循敷衍，苟求自适已事之为愈。此多数人民所以披心沥血，以冀达其区区之目的，而卒归于无效者也。

然则，即俟至九年限满之后，而国会犹未必果开乎？曰：是又不然。苟届时而政府欲自食其言，不特授人民以口实，且亦不免有妨财政之虑。盖政府之意存立宪，徒欲藉国会之名义，为聚敛之机关，其所谓庶政公诸舆论者，初不必实有其事。不观《宪法大纲》所定议院之要领乎？其要点在君上大权所定及法律上必须之一切岁出，非与政府协议，不得废除减削，及国家岁入岁出之预算，得由议院协赞而已。又不观前月二十一日之上谕乎？谓议院之地位，在宪法中只为参预立法之一机关而已。由是而论，即使如乎人民之希望，而竟开国会，恐所谓人民应享之权利，未必如东西各国之完全；而人民肩负之义务，或且视东西各国而尤重。其结果不过政府得利用议院之能力，使人民倍增其担负已耳，而此外何所冀幸也哉！

而不谓海外各埠之华侨，已洞见政府之隐也。政府欲以筹备宪政之空谈，募集华侨之海军捐，华侨即缘国会请愿之被驳，取消政府之海军捐以为要挟，在政府实无可如何。然则暗杀之风潮，固为政府之所惧，而反抗租税之风潮，尤为政府之所深惧。彼东西各国人民之对于立宪一事，无不与政府极力相扼，而其所以能获最后之胜利者，以有所要挟故也。故使吾内地之人民，在在皆效法华侨，则不必暗杀党之反动力，亦不必各团体之请愿书，可决国会之开，易于反掌，而何至一再被驳，谓必俟诸九年以后也耶？

然而，内地人民所以计不及此者，非其智识果远出华侨下也，诚以一有反抗之举动，则政府必出其雷霆万钧之压力以强抑之，于是乎举国流血之惨剧，必在所不免。夫吾国目下之人民，非真畏流血者也，以皆具有忠君爱国之忱，又习于服从主义，宁出于哀鸣呼吁，以冀得一当，而不忍为非法之要求也。虽然，以流血为国会之代价，在东西各国，皆尝经过此时代。即目下波斯、土耳其之立宪，亦皆同出此途。楚灵王曰：是区区者，而不余畀，余必自取之。观于华侨不缴海军捐一事，殆即履霜坚冰、雨雪集霰之明征矣。呜呼，民岩可畏，而天命难谌，吾不禁大声疾呼而望吾政府之一悟也。

《汉口中西报》，庚戌六月十七日（1910 年 7 月 23 日）

论政府阻挠国会之非

沧　江

一、上谕与军机大臣责任问题

国中谘议局及其他公私团体，痛国事之败坏，忧宗社之陆沈，敬谨联合二十余万人，为第二次请愿国会之举。乃以五月二十一日奉上谕，深闭固拒，未予曲从。使此上谕而由我皇上断自圣衷，则吾侪小民何敢更生异议。虽然，我皇上冲龄典学，未亲大政，此天下所共见也。监国摄政王谦恭自牧，事无大小，悉谘廷臣，又天下所共闻也。此次谕旨，经召见会议政务处王大臣及面询各衙门行政大臣而后决定，此又明见于谕旨文中及宫门钞者也。且自宣统元年以来，凡一切诏旨之末，皆有军机大臣署名，此制实为国朝二百年来所未有。今兹所以行之者，则以先朝既确定中国为立宪政体，因采大臣副署之制，以明责任所攸归也。夫立宪政体之精神，君主不能为恶，其有过举，则惟大臣辅弼无状，实职其咎。故诏敕中一句一字，副署者悉任其责，万不容诿过于君上。其有假制诏以为护符者，是自处于至安，而贻君父以至危，其罪为大不敬，所谓乱臣贼子人人得而诛之者也。是故吾侪小民，得援此义以诘责署名诏末之军机大臣。

二、国民吁请速开国会之理由

军机大臣署名之上谕有云："愿我臣民勿骛虚名而隳实效。"呜呼！以国民万斛血泪，而轻轻以虚名二字抹杀之，政府荧惑圣听之技，可谓巧矣。夫宣统八年之必召集国会，既明见于先朝大诰，我皇上且申之以信誓，国民即好虚名，亦何争此区区数年之岁月？而国民所以哀号迫切再三吁诉者，徒以现今之政治组织，循而不改，不及三年，国必大乱，以至于亡，而宣统八年召集国会，为将来历史上所必无之事也。吾之此论，非惟政府群公闻而掩耳，即邦人诸友亦将疑为太甚。虽然，吾亦岂忍为此不祥之言？因果相嬗，自有定律，固非讳言之而遂能逃避也。今中国亡征万千，不可殚述，但举财政一端以为例，而其他可推也。今中央之财政，每年入不敷出者几何，非吾侪所深悉，惟见其日日与外省争财源而已。各省之财政，每年入不敷出者几何，虽不能得实数，然多者缺数百万，少者亦缺百余万，此则见于度支部清理财政之折及各督抚之奏报，历历可按者也。约略计之，则每年全国岁出三万万两内外，而岁入仅二万万两内外，虽不中，当不甚远。假令有一家于此，所入短于其所费三之一，偶然如此，尚可以谋挹注，若年年以为常，则其家人非相率为饿殍，即欺盗劫夺以陷于刑戮，此事势之无可逃避者也。而不幸中国之财政，乃有类于是。前此犹得竭蹶以弥缝于一时也，及最近一二年间而有惊心动魄之一现象起焉，则官俸与兵饷之延欠是已。都中除度支部、外务部、邮传部外，其他各署大率皆以筹给司员薪水为最大问题。外省则虽素号富庶之邦，而各局员薪俸率皆支半欠半。而各省所练新军，欠饷不发者，多则半年，少亦三月，军军如是，省省如是。问将来从何处得款以补发，则毫无成算，但祈天雨金而已。夫国家而欠官俸，更何词以整顿吏治？国家而欠兵饷，则无异授众人以太阿，使聚而戕我。此现象继续一年，全国所至兵变矣。故即此一端，而大乱已可以猝发于旦夕。政府诸公，其亦知之否耶？夫财政现状既已若是，虽一事不办，力图撙节，固已傀然不可终日。而政府当道犹日日假新政之美名，致岁出增加无艺。今日设一研究所，明日设一筹备处，全国所费，动百数十万也。不宁惟是，今日增一局，明日置一课，全国所费，动百数十万也。不宁惟是，中央则今日添一丞参上行走，明日添一参事官；各省则今日添一劝业道、巡警道，明日添一交涉司、度支司，薪俸及行政费之增加，动百数十万也。不宁惟是，今日派员往各省监查甲事，明日派员往各省监查乙事，每员薪水，月辄数百，每派一次，所费动百数十万也。夫此种种日增之费，不取诸民，将焉取之？呜呼，一国中同时能得几个百数十万人民之力，能负担几个百数十万？管子不云乎：天之生财有时，民之用力有限，而人君之欲无穷，以有时有限而养无穷之君，足以上下相贼也。今我皇上虽恭俭自持，而政府当道抱无穷之欲者乃千万辈。古者，虽以殷富之民，竭其力以奉一多欲之君，而大乱未尝不缘之而起；况当民穷财尽之秋，而豢千万之虎狼以噬之，其安得不激而横决？今吾民迫于全世界生计竞争之大势，既已尽失其恒业矣，而政府复从而蹙之于死地，加恶税，募恶债，铸恶币，发恶钞，以致百物腾踊，四海困穷。孟子曰：庖有肥肉，厩有肥马，民有饥色，野有饿莩，此率兽而食人也。又曰：使民盻盻然，将终岁勤动，而不得以养其父母，又称贷而益之，使老弱转乎沟壑。又曰：百姓举疾首蹙频而相告曰：何为使我至于此极也，父子不相见，兄弟妻子离散。今一一当之矣。循此不变，不一二年，国中百业俱废，民终岁不得一饱者必居其半。民劳亦死，逸亦死，进亦死，退亦死，为乞丐亦死，为盗贼亦死，及乎举国皆有死之心而不乐其生，则虽有善者，亦不能为计矣。此仅就财政一端论之，而必至之趋势，既已若是，而况乎他事之与之相缘者，又更仆难数也。故使政治现象，一如今日，则全国之兵变与全国之民变，必起于此一二年之间。此绝非革命党煽动之力所能致也，政府迫之使然也。夫民变而遍于全国，则政府虽有兵，固已无自镇压；若重之以全国兵变，则政府及其他赫赫之官吏，为怨毒所集者，惟有束手以听暴民暴兵之脔炙而已。况以今日中国在世界之位置言之，东西列强必不容我鼎沸糜烂，政府之力既仅能召乱而不能戡乱，斯则必有代起而戡之者，则其祸岂惟中于三百年之皇室，势必且中于五千年之国家。呜呼！政府诸公乎，公等日日梦呓，尚以为有此优闲之岁月，待公等饱而扬去之后，至宣统八年开国会，乃举艰大以遗诸他人乎？夫必有国，然后有国会。吾敢断言曰：中国而欲有国会者，惟开设于宣统四五年以前为能有之，过此以往，吾中国永永无开设国会之时矣。借欲有之，则如芬兰之求国会于俄，印度之求国会于英也。我国民所以泪尽眼枯以求国会者，徒以一失不可复得，故愿及未填沟壑而睹其成。使诸公而有一铢一黍之良心，有一铢一黍之能力，能保我国家之祚命及国民之生命至于宣统八年者，则此区区期限之久暂，敬当忍以待之，何辱命焉！而不然者，则《诗》不云乎：鸱鸮鸱鸮，既取我子，无毁我室。我四万万人前世对于公等，无论结有何种不可解之冤业，公等夺其幸福者数十年，报之已足，幸毋并其所以托命者而夺之也！

三、国会之职权及其功用

军机大臣署名之上谕又云："论议院之地位，在宪法中只为参预立法之一机关耳，其与议院相辅相成之事，何一不关重要，非尽议院所能参预；而谓议院一开，即足竟全功而臻郅治，古今中外，亦无此理。"呜呼！读此而政府诸臣炀蔽圣明之罪，昭然若揭矣。夫谓议院为参预立法之机关，是也；下一"只"字，一"耳"字，一若议院舍此别无他职权，则大非也。欲明议院之性质，必合法理上及政治上两方面以观察之，而始得其全。以云法理耶，则我宪法今尚未颁定，无成文之法理以资解释，所能论据者，惟比较各国成法，以求其公共之原则而已。考各国议院，其职权之大小广狭，千差万别，莫或相同。有以议院为单独之大权机关，其权非惟在政府之上，且在君主之上者，如德意志帝国及比利时是也。有与他机关共同而组成大权机关者，如英国、美国、法国等是也。有兼为司法机关者，如英国之贵族院，德国之联邦参议院，美国、法国、意国之元老院是也。有兼为行政机关者，如德国之联邦参议院、美国之元老院是也。第此勿深论，专就各国议院共通之职权论之，则（一）参预改正宪法之权，（二）提出法律、议决法律之权，（三）议决预算、审查决算之权，（四）事后承诺之权，（五）质问政府之权，（六）上奏弹劾之权，（七）受理请愿之权。此七者，无论何国之议院，咸所具有。故就比较法理言之，即谓此为万国议院共通之职权，可也；即谓此种职权，苟缺其一，即不成为国会，可也。今乃云议院只为参预立法之一机关，将其他职权尽为削去，此则无论征诸何国宪法之法理而皆抵牾者也。名国会为立法机关，此本于孟德斯鸠三权鼎立之说。其实今世各国立法事业，非悉经国会，而国会职权又不仅立法。绝对的三权鼎立之说，久为学者所纠正矣。以云政治耶，则议院最重要之职务，在于代表民意，监督政府。即参预立法之权，其根本精神亦在于是。并非谓人民所选举之议员，其立法上之智识必能视政府为优也。今世立宪国之法案，由政府提出者什而八九，由议员提出者不过一二，顾不闻缘是而谓议院参预立法之权可以轻视者，盖非是则无以防政府立法上之专横，而所立之法必不能顺民所欲也。夫当顺民所欲而防政府之专横者，岂惟在立法而已；大而政治之方针，小而行政之成绩，苟非立监置史以坚明责任，未有不积久而生弊者。故就政治上以论议院之地位，则议院之所以能安社稷、利国家者，不徒在其有参预立法之权，而尤在其有主持财政、监督行政之权。其主持财政之权，则以协赞预算之形式行之。盖庶政非财不行，故政治上一举手、一投足，无不与财政相丽。预算案者，即政治方针之具体的表现也。议院既有协赞预算之权，则政府凡百施政，自不得不取途于预算，以受国民之公断。其所施之政，为有方针耶，为无方针耶，其方针为适宜耶，为不适宜耶，皆观预算而可以得之。而既经议院协赞之预算，即以证明政府之施政能顺民意者也；其预算不能通过于议院，即以证明政府之施政不顺民意者也。故议院有协赞预算权，其于监督政治之大体，则已若网在纲矣。犹虑临机应变之政策或有误也，则有质问权及事后承诺权以监督之。犹虑循名责实之有未周也，则有上奏弹劾权以监督之。有此诸权者以与参预立法权相辅，而完议院之功用。故为政府者，进则收集思之益，自能兼听以生明；退则懔具瞻之严，自能敬慎以毋肆。立宪政体所以优于专制政体者，其根本精神皆在是。而我德宗景皇帝，所以宏此远谟以保子孙黎民者，凡以此也。今而曰议院除参预立法之外，一无所事也，则议院不过宪政编查馆之舆台已耳。以宪政编查馆之舆台为议院，则其谓议院无关于国家安危大计，亦固其所。而惜乎其与各国议院之性质大相刺谬也。

谕旨云："谓议院一开，即足竟全功而臻郅治，古今中外，亦无此理。"诚哉然也。夫政治进化，靡有止期。若何而可称为全功？若何而可称为郅治？虽合全世界政治学大家，固无从下其定义。即在今世宪政久行、议院久开之国，彼其君民上下亦曷尝敢谓已竟全功而臻郅治者，而况于中国乎？虽然，吾抑尝遍读各团体之请愿书，则未见其以此种夸大无实之言上荧圣听也。我国民主张速开国会之理由，图治尚其第二义，而救亡乃其第一义。譬诸在冰天雪窖之中，而胥谋亟炽炉火，非谓但有炉火而人生之幸福即已具备，然目前苟无炉火，将立失其生命，而后此之幸福将安所托？今吾国之急需国会，正此类也。夫以今日卖官鬻爵，公然列肆持筹而算，驵侩圉隶弹指卿相者，一经国会之质问，政府能辨答乎？冗署冗缺、冗差冗员，政府所以位置私人而招徕善价者，将其经费提出于国会，能见承诺乎？日构虚辞，捏报成绩，经国会委员会分科调查，其能隐蔽乎？国家岁计，入不敷出者逾万万，而岁出之属于糜费者殆三之二，此种豫算案，其足以出丑于国会议场乎？凡编豫算，必期于收支适合，国会若质问政府以何术弥此巨亏，能置答乎？其他若外交政策之方针，军事政策之方针，教育政策之方针，交通政策之方针，产业政策之方针，理藩政策之方针，无论为大纲、为细目，国会任举一焉以质问各部大臣，其能以片语见答乎？民间种种颠连疾苦，上请愿书以求国家救济者，国会受理之以移于政府，政府能展一筹乎？此不过随举数端，其他庶政罔不类是，盖更仆难尽也。彼政府及一切官吏，所以视国会如蛇蝎者，曰惟此之故；而国家与皇室与人民所以恃国会为性命者，亦惟此之故。是故谓有国会而国立强，则古今中外洵无此理。若夫无国会而国立亡，则古今中外不乏成例，而在今日之中国，其理尤洞若观火者也。夫组织国会选举议员，此非特为国民之权利也，而一方面亦为国民之义务。政府自言其不得已之苦衷，谓非故靳国民以此权利，曾亦思国民苟非万不得已，亦何乐汲汲焉揽此义务，以自增其负担耶？假使有圣祖仁皇帝、世宗宪皇帝、腓力特力、大彼得以为之君，管夷吾、诸葛孔明、张太岳、俾士麦、加富尔以为之相，则厉行开明专制一二十年，而吾民于其间耕食凿饮，安居乐业，扶杖以观德化之成，岂非快事？夫我皇上他日亲裁大政，绳武仁、宪，方驾腓、彼，诚意中事，然此当期诸十年以后也。此十年中，事无大小，总已以听于政府诸公。政府诸公，乃敢腼然自比管、葛，而为俾、加之所不敢为乎？夫公等为天之降材所限，不能自媲于前贤，吾民亦岂忍苛责？但使有至诚恻怛、忧天下之心，有皎然不敢欺君父之志，则亦自能取人为善，相与有成，而吾侪小民以生命财产托于公等之手，魂梦亦可以暂安。如日本之三条实美、岩仓具视，皆非有过人之才，而能翊佐大业，垂名无穷，是其例也。即不然者，委蛇伴食，无咎无誉，虽不能为国家增幸福，犹不肯为国民滋毒痡，则吾民犹可以苟活数年，以待公等之代谢。今也公等之所为，明明恶国祚之绵长，而日夕并力谋所以斲丧之；恶人民之蕃息，而日夕并力谋所以屠杀之。吾民诚不忍列祖列宗艰难缔造之国土，从兹沦亡；抑亦不甘以天地父母仁爱覆育之躯，宛转就死。故于前途希望一切断绝之余，作九死一生之想，冀此国会成立，得唤醒公等良心于万一，续此千钧一发之国命，以奉诸我皇上而已。而公等乃谓其希全功而望郅治，是晋惠食肉糜之类也！

四、国会与筹备宪政

军机大臣署名之上谕，动以“筹备宪政”为辞，一则曰“面询各衙门行政大臣，皆奏称筹备一切尚未完全”，再则曰“仍俟九年筹备完全再行降旨”。其他连行累牍，皆不外敷衍此一语。呜呼！亡中国者，必此言也！今请立四义以明辨之：

第一，宪政二字当作何解释乎？

第二，九年筹备案与国会果有何种之因果关系乎？

第三，无国会而所谓宪政者，果可得筹备乎？

第四，现政府于其所谓宪政者，果尝筹备乎？

第一，宪政二字当作何解释乎？三四年来，朝野上下，洋洋盈耳，皆曰宪政、宪政，然试叩以宪政之果为何物，恐能对者什不得一二也。宪政也者，立宪的政治也。立宪的政治也者，对于非立宪的政治而得名也。何谓立宪的政治，何谓非立宪的政治，此非绳之以论理学，则正确之意义不可得而见也。今吾立一名于此，曰此人也，此非人也。人与非人，以何为识别？盖人自有人之特质焉，以示别于禽兽，具此特质者名之曰人，缺此特质者时曰非人。宪政与非宪政之别则亦有然。立宪的政治自有其特质焉，以示别于非立宪的政治，苟缺此特质，则无论如何终不得以冒宪政之名也。夫所谓立宪的政治之特质者何？则政府对于国会而负责任是已。盖他事皆立宪政体与专制政体之所同，惟此事惟立宪政体之所独。是故有国会谓之宪政，无国会谓之非宪政，筹办国会谓之筹办宪政，不筹办国会不谓之筹办宪政。责任内阁，立宪的政治之一大特质也，故筹办责任内阁，得谓之筹办宪政。然责任内阁之名何以立？以其对于国会负责任而始立也。故无国会则无责任内阁，不筹办国会则等于不筹办责任内阁。何也？责任内阁者，非对于君主而负责任之谓也。苟对于君主负责任而即称为责任内阁，则凡专制国之大臣，何一不对于君主负责任者？果尔，则是专制政体与立宪政体之所同，非立宪政体之所独，何足称为特质乎？是故必对于国会负责任，始足以符立宪的责任内阁之定义。使无国会，则责任内阁何所丽以成立？故不筹办国会，即等于不筹办宪政，毫无疑义也。夫非谓舍国会以外，凡百庶政可以无须筹办也。今世界中已有国会之国，其所筹办诸政，曷尝一日荒怠，然此乃筹办普通之政治，不名为筹办宪政也。我德宗景皇帝命嗣皇及百执事筹办宪政，恭绎圣意，则不外筹办国会而已。今政府非惟不筹办国会，而反沮挠国会，舍宪政不办，而惟日日指宪政以外之事为宪政，指与宪政不相容之事为宪政。于是中外衙署，纷纷设立宪政筹备处。他且勿论，彼翰林院有何宪政之可筹备者？彼理藩部有何宪政之可筹备者？其他各署亦皆若是已耳。添置一局所，则曰筹备宪政；颁布一章程，则曰筹备宪政；任用一官吏，则曰筹备宪政。凡政府一举一动，皆纳入于筹备宪政之范围中。盖经现政府筹备之后，而宪政一名词遂永永为世诟病。是故我国民上奉先帝之遗诏，下按世界之学理，决不能许现政府以冒筹备宪政之名。孔子曰：名不正则言不顺，言不顺则事不成。究其弊之所极，至于民无所措手足。今若正筹备宪政之名乎，则惟筹备国会而已。

第二，九年筹备案与国会果有何种之因果关系乎？现政府所谓筹备宪政，则以光绪三十四年奏定之九年筹备案为金科玉条。此筹备案之卤莽灭裂，不成片段，吾既已痛驳之。今政府托于筹备未完以沮挠国会，所谓未完者，谓此筹备案之项目敷衍未完，如小学堂学生所读课本未卒业也。今且勿论此筹备案之价值，惟论其与国会之关系何如。考筹备案虽胪列八十余项目以塞篇幅，按其内容实只得十四项：一曰设立谘议局、资政院，二曰调查户口，三曰编纂法典，四曰司法独立，五曰办理巡警，六曰办理地方自治，七曰编订官制、官规，八曰清理财政，九曰编国民课本，十曰变通旗制，十一曰设行政审判院，十二曰设弼德院，十三曰颁布宪法，十四曰颁布议院法及选举法。今得一一检其与国会之关系，以证筹备未完国会不能开之说果为正确与否也。

（一）国会与资政院、谘议局　谘议局为一省之议会，国会为一国之议会，其性质虽相类，其系统不相蒙，两者之间绝无因果之关系。谓必先有谘议局然后能有国会，无有是处。借曰必须尔也，则谘议局之成立，今已两年，他事虽筹备未完，而此则已完矣，其不足为沮挠国会之口实明甚。若夫资政院，政府恒称之为议院之基础，在彼固以为与国会有密切之因果关系，吾则以为资政院非惟与国会不成关系，而且与国会不兼容者也。此其理由，国会请愿代表言之甚详，吾亦于下方别为专条以论之。

（二）国会与调查户口　户口与选举略有关系，则调查户口与国会不得谓绝无关系。虽然，谓户口调查未竣，即选举不能执行，此瞀言也。谘议局议员由选举而成，而筹备案以调查户口列于谘议局成立之后。谓谘议局议员可以无须调查户口而选举，国会议员则非调查户口后不能选举，此何理乎？

（三）国会与编纂法典　国会与编纂法典绝无因果之关系者也。盖法律之应否编为成典，至今尚为世界学者论争之一问题。若谓必须法典完成之后乃能开国会也，则如彼英、美等诸不典国将永世无开国会之期矣。不典国与成典国相对待。成典国者，将民、刑、商、诉等重要之法律，以系统的组织编为成书也。不典国者，国中惟有许多单行法，而未尝编为成书也。今世界上无所谓英国民法、美国民法等，盖英、美皆不典国也。即在采成典主义之国，亦从未闻必先有法典然后可以有国会。法国国会起于一七八九年，其民法颁于一八〇四年。德国国会滥觞于一八四八年，大成于一八七一年，其民法颁于一八九七年。日本国会开设于明治二十四年，其民法颁于明治二十八年。其他诸法，无论何国，大率皆成就于国会既开之后。故开设国会与编纂法典，可谓之绝无关系，若必曰有关系者，则谓当先开国会而后颁法典，犹为近之。此不徒征诸各国成例为然也。盖法典之为物，其效力视普通之单行法为尤强，国民公私权于兹托命焉。国会以参预立法为一重要之职务，若民、刑、商、诉诸大法典，未经国会议决而遂颁布，是举国民参预立法权之一大部分而剥夺之也。是故筹备案以编纂法典列于召集国会之前，实为大悖论理。至谓非俟编纂法典事业筹备完全之后不能开设国会，则更梦呓矣。

（四）国会与司法独立　司法之事，与国会最不相蒙，其绝无因果关系，不辨自明。

（五）国会与巡警　巡警不过内务行政之一事，与国会绝无因果关系。如曰必办完巡警始能开国会，此无异谓必须练成海军，始能开国会也，有是理乎？

（六）国会与地方自治　谓地方自治之成立当先于国会，此现行俗说之最强有力者。非特政府借此以延宕，而大多数之国民亦或缘此而自疑，即吾党前此亦误于此说。此所谓弥近理而大乱真者，不可以不辨也。夫谓自治当先于国会者，不过曰借此以养成人民政治上之能力而已。夫人民习于地方自治，则能唤起其参与公事之兴味，孕育其服从多数之习惯，政治能力缘而增长，谁曰不然。虽然，在欧美诸国，其地方自治为历史上所固有者既数百年，非国家强迫之、奖励之而始成立也，是以能收其效。若国中本无地方自治之习惯，或虽有之而与多数政治之精神相抵触者，则假国会以养成政治能力，为道尚稍易，假地方自治以养成政治能力，为道尤难。彼日本初开国会，已斐然可观，后此年年进步，而其地方自治办理二十余年，至今讫未完备，而一切要政多受成于官吏，实最确之例证也。此其故何耶？盖事业无论大小，成之存乎其人。国会议员，以一国之大，所需不过数百人。地方自治，则一镇一乡动需数十人。于一国而拔其秀者得数百人为事易，于一镇一乡而拔其秀者得数十人为事难，此理势之至易睹者也。今中国人之有新智识而感政治上之兴味者，本已甚稀，其或有之，则当此国家危于累卵之时，自必急其所急，以全国之利害为重，而一方之利害为轻。故非俟国会既开、危机已过之后，则有新智识而抱热诚之士，必不肯尽瘁于一镇一乡之自治，有断然也。然则此数年内，就令地方自治果能成立，其机关亦不过为顽劣绅士所盘据，愈以助其武断乡曲之淫威，于人民究何利焉！而此辈强半不适生存于立宪政体之下，不久当受天然淘汰，若望其练习数年后为国会之中坚，是欲雕朽木而圬粪墙也。由此言之，则泰西之地方自治，诚与国会有因果之关系；而现政府所筹办之地方自治，则与国会无一毫之因果关系者也。况以事势言之，则国会不开，地方自治又决无成立之期。何也？办地方自治，必须先筹地方财政。而筹地方财政，必须使地方人民于负担国税之外，仍有力以负担地方税，然后可以言筹也。中国若三年内不开国会，则全国之民皆憔悴于虐政而转乎沟壑，夫安有以救死不赡之人，而犹暇为乡邻造福者哉？

（七）国会与官制、官规　官制、官规，全属行政范围，与国会不相蒙，其无因果关系，不辨自明。而立宪政体之官制，莫要于责任内阁，无国会则责任内阁无所丽。而官规之实行，亦赖国会为间接之行政监督。故谓有国会然后官制、官规能臻完善则是也，谓官制、官规完善后始能开国会则非也。

（八）国会与清理财政　国会以承诺租税、监督财政为最重要之职务，故为积极的财政计画起见，非有国会不可；为消极的财政整顿起见，亦非有国会不可。我国民之主张速开国会，此实其最主要之一理由也。而政府则谓以财政未清理之故，不能开设国会。此何理耶？谓附属于国会之经费无所出耶？公等日日取吾民之脂膏血汗，恣意挥霍，一掷千万，所忧者岂在此区区？若此区区者，公等诚不能筹措，则国会自必有术焉以筹措之，无劳公等仰屋也！若曰预算表不易编成，无从提出于国会耶？此诚公等不可告人之隐衷。然试问此一二年内犹不举行预算，则国家破产之祸更能免否？国家破产，更安所得宣统八年以召集国会也？且政府不言以资政院为国会基础乎？此为国会基础之资政院，亦有议决预算权否耶？如其无之，何基础之可言？如其有之，则可以提出于资政院者，曷为不可以提出于国会？故筹备案中关于财政之各项目，谓必俟一一筹备完全之后始能开国会，其说决不成立也。

（九）国会与国民课本　筹备案中有编辑简易识字课本，编辑国民必读课本，创设简易塾等条，最为可笑，吾前曾言之。政府日以程度不足责吾民，问其以何术筹备而使之足，则于九年筹备案中，年年排列简易识字课本、简易识字学塾等项目，黔驴之技，止于此矣。夫国家教育之本意，非驱一国之人民悉从事于政治也，故普通教育重焉。普通教育，固随处灌输之以立宪国民之常识；而所恃以为国会议员以代表民意者，则非以此而遂足，故恒注重政治教育，使人民之秀者得由此以自致。所谓政治教育者不一端，而官私大学之教授，报纸之论列，政党之指导，其最要也。使筹备案中所规定，为某年设立官私大学，某年推广官私大学，限某年在大学毕业者须得若干人，未及此数则指为筹备未完全、国会不可开，则吾无间然也。又使政府以国中报馆程度幼稚，以国中无一政党，而筹备所以改良之、奖励之者，当其筹备未完全，而因言国会未可开，则吾益无间然也。今也不然，方禁止私立法政大学，方停止留学法政官费，方桎梏报馆，方摧锄政党，而所以为国会之预备者，惟恃筹备简易识字。试问简易识字果与国会有何关系？度公等固断未必肯行普通选举制也；且谘议局尚行复选举制，则将来国会之必行复选举制，又可推也。于国民中拔其秀者然后予之以选举权，又拔其秀者然后予之以第二次选举权，又拔其秀者然后举而列诸国会，复何虑其不识字？是故筹备简易识字，与国会无丝毫之因果关系，其事甚明。

（十）国会与变通旗制　变通旗制，为一种特别行政，与国会绝无关系，事至易见。若谓旗制未变定以前，于选举议员不无窒碍，则如现在谘议局暂设旗籍议员，俟他日变定后始行归并，有何不可？此固不足为国会之障也。

（十一）国会与行政审判院

（十二）国会与弼德院　行政审判院受理行政诉讼，弼德院备君上顾问，皆为一种独立机关，与国会异其系统，其彼此不必相待，至易见。

（十三）国会与宪法　宜先有宪法而后有国会耶？宜先有国会而后有宪法耶？抑国会、宪法宜同时成立耶？此我国人亟欲研究之问题也。当世诸立宪国中，国会与宪法同时成立者居多数，吾国采此主义，未始不可。虽然，谓非有宪法即不能有国会，此大谬也。英国为立宪政体之祖国，其国会建设已数百年，而至今尚无成文宪法。使国会必有待于宪法，则英何以称焉。不独英也，法国先有国民议会然后有宪法，美国先有十三州议会然后有宪法，德国先有联邦议会然后有宪法，自余诸国率皆类是。盖虽两者同时成立，然犹必召集国会后，乃颁布宪法。观各国宪法条文，其发端皆有经国会协赞字样，斯可证也。惟日本以有特别之国情故，先颁布宪法，乃始召集国会。然国情异于日本者，固非可以漫然学步。即以日本论，彼中有识之学者，于此举犹多腹诽。盖宪法既颁于未有国会以前，斯不得不用君主单独之名义，而用君主单独之名义以颁布宪法，其宪法之硬性过甚，虽时势变迁，而改正不易，非国家之福也。故吾党所主张，谓宜先制定宪法草案而暂勿颁布，俟国会第一次开会，将草案提出，经协赞然后布之。此既符各国通例，亦适应我国国情者也。夫宪法之与国会诚有密切之因果关系，制定草案诚不可不先时筹备，然以一年之力为之，亦既优优有余。谓徒以此而必须费九年之光阴，甚无理也。

（十四）国会与议院法、选举法　此其因果关系，最为直接。非有议院法、选举法，则国会决不能发生，不能存在。当召集国会前必须筹备者，惟此一事而已。然此则何难之有？以宪政编查馆之济济多才，数日半月可了矣。况关于谘议局之种种法规，皆足以为先河，及今筹备，其事已因而非创乎。谓此区区者而须期以九年，尤无理也。

准此以谈，则九年筹备案中，虽胪列八十余目，按诸实际仅得十四项；此十四项中，与国会有因果关系者，仅得两项；此两项中，又惟一项必须筹备于召集国会以前，其他项则虽一面召集，一面筹备亦不为晚；而此必须筹备于召集国会以前之一项，则数日半月可了者也。然则谓筹备必经九年始能完全，未完全则不能召集国会者，直欺罔而已。独奈何以我皇上之圣明，而政府诸臣乃敢于欺罔，忍于欺罔也！独奈何以我国民之忠爱，乃坐视政府诸臣欺罔我皇上，而曾无所动于中也！

第三，无国会而所谓宪政者果可得筹备乎？上所论者，谓九年筹备案与国会绝无因果关系，国会之能开与否，不视此案筹备之曾完与否也。虽然，案中所列，什九皆属要政，此数年中必须次第筹办，自无待言。然苟无国会，则此诸政者果可得筹办乎？吾请立两义以衡之。夫政无大小，其举之也必以财，故财政实为一切政治之总前提。然今日之中国而无国会，则财政万无整理之时，吾既屡言之矣。夫国家所以得收入之道，举其重者，约有三端：曰租税也，曰官办事业之利益也，曰公债也。国会未开，无从募一文之公债，征诸前事，既历历矣。官办事业，若邮政电报，若铁路，在各国政府之收归官办者，其目的虽非借以筹款，然办理得法，自然能于利便人民之外，仍有非常之利，为国家岁入一大宗。今中国诸官业中，有须赔垫者，有仅得微利者，然使经办之官吏，能有实心、有常识，则现之赔垫者决无须赔垫，而微利必易为厚利，可断言也。夫无实心、无常识之官吏所以得滥竽其间者，徒以无国会监督之使然也。故国会不开，则此种收入必有日减、无日增，盖可必矣。若夫租税，则英国人所谓“不出代议士，不纳租税”之一格言，国中一部分人士虽倡导之，然未必能见诸实行，故政府亦不以介意。虽然，旧税之抗纳，容或为事理所暂无，而新税之增征，则为情势所万不能致，此征诸印花税推行之艰窘而可知也。又不惟新税而已，即以旧税论，苟循今日之政治现象而不变，则今后征收日以困难，而收入日以减少，又事势之无可逃避者也。其在间接税，如厘金、关税等，财政学上所谓最富于自然增收之性质者，其性质既能自然增收，则亦能自然减收。民富日发达，则一切物品之销场广，不必加增税率而收入可以自增；反之民富日萎悴，则一切物品之销场狭，虽税率仍旧或议增焉，而收入反以自减，此不易之理也。我国厘金、统捐等，近一二年来，各省所收皆锐减，官吏懵于学理，咸莫解其所以然，不知履霜坚冰，所由来渐矣。其在直接税，如田赋等，政府定率取盈，人民固莫得而抗。然虽有公忠驯良之民，亦必其负担力所能逮，然后得以自效于国家。若老弱转乎沟壑，壮者散而之四方，则虽欲靖献，其可得乎？然中国此种现象，则日迫一日，不一二年决无幸矣。故中国而无国会，则新税决不能增征，而旧税必日以减收，其事至易明。夫所谓有国会而政府收入可以增者，非谓国会以有承诺租税权故，遂能强国民以苛重之负担也。政府中亦有一部分人怀此理想者，而民党之游说政府，亦或以此饵之，其实非正当之观念也。盖国会既开之后，则政府无论如何必须将财政计画提出以求协赞，而计画之太悖于学理、能生出涸竭民力之恶果者，决无从通过。故税源得受保护，而无自然减收及逃匿不纳之患，此其利一也。欲增新税，虽其税目选择极当，然犹必使人民解其所以然之故，乃始不以为厉己，而推行可免阻障。何以能如此？则必使人民于国家之观念见之渐真，于政治之兴味感之渐深，然后开导之乃易为力。彼日本政府，于所得税、相续税等，明知其为最良之税目，然非俟召集国会以后不能施行，此中消息，盖可参矣。故必有国会，然后善良之租税系统得以建设，此其利二也。由此言之，则非有国会，而财政之整理万不可期，虽苏、张之舌无能相难矣。而财政不足以给新政之所需，则未办者必永远阁置，即已办者亦半途废止，势必然矣。不见此两月来，京外大吏陈请缓办新政之疏，已果上乎？其言虽或由于顽固，或出于忠爱，未可以一概论，而要之皆以财政问题不能解决，致生此反动，此万目所共睹也。是故此一二年内不开国会，则无论以何人当筹备宪政之局，决不能为无米之炊；而九年筹备案中所列诸项目，其属于宣统三四年以后者，势不得不悉行中止，吾所敢断言也。

复次，即舍财政勿论，而以现在之政治组织，果足充筹备宪政之机关乎？盖九年筹备案虽属卤莽灭裂，然任欲筹备其一二端，固已非有适当之机关不能为力，而现在之政治机关则无一而适者也。现机关之不适者，其事非一，而根本之缺点则在事权不统一，责任不分明，举措无计画，名实难综核。此事吾于宪政编查馆所编行政纲目，别有批评，将于彼文详之，今且勿具论。然一言以蔽之，其枢纽不外在设责任内阁。然非有国会，则责任内阁决无从成立，故国会又枢纽之枢纽也。今也在现行政治组织之下，虽使管夷吾、诸葛武侯、俾士麦、加富尔复生，则亦困顿于簿书期会，束缚于筑室道谋，而销磨其精神，破坏其计画已耳。故曰：无国会而所谓宪政者，决不能筹备也。

第四，现政府于其所谓宪政者，果尝筹备乎？前此所论，其一以宪政与普通政治不容混为一谈，不得举凡百政治而尽托于宪政之名也；其二谓九年筹备案卤莽灭裂，不能援之以为延宕国会之口实也；其三谓苟无国会，则并此卤莽灭裂之筹备案而不能行，无论以何人当筹备之任，皆将束手也。然此皆勿具论。就令如政府之意，谓筹备案所列项目与宪政之范围适相吻合，舍此以外更无宪政，而此所谓宪政，又不必有国会而已能筹备也，而现政府果尝从事于筹备乎？此则当请政府诸公扪心自问，无劳吾辈更赞一辞也。今军机大臣署名之上谕，一则曰"各衙门行政大臣皆奏称，按期次第筹备一切"，再则曰"经宪政编查馆奏派妥员分起前赴，按照筹备清单认真考核"，三则曰"朝廷按期责效，并未尝稍任松懈"。呜呼！政府诸臣乃敢为不怍之言以上欺君父而下欺国民乎？今每半年奏报筹备成绩一次，听其言则百废俱举，稽其实则百举俱废。此非吾辈少数人之私言，实天下无智愚贤不肖所同认也。上谕有云："宵旰急切图治之心，当为薄海臣民所共谅。"夫我皇上之急切图治，凡有血气，莫不尊亲，虽微明诏，我臣民宁不知感？若政府诸臣乎，我臣民惟见其急切图乱而已。公等而欲求谅于臣民耶？则请先自求谅于其良心。正恐薄海臣民虽恕公等，而公等之良心无一刻可以恕公等也。《易》曰：鼎折足，覆公餗，其形渥凶，言不胜其任也。夫此九年筹备案者，虽一一依单筹备，已不足以称为救时良药；而在现在政治组织之下，虽有非常之才真心筹备，固亦无术以底于成。而况政府诸公乃视为儿戏，资为利薮，而绝未尝为一日之筹备者耶？然则如公等言，谓必须筹备完全乃可开国会，是国会终无能开之日而已。何也？以公等之筹备，终无能完全之一日也。

五、国会与人民程度

谓人民程度不足不能开国会，请愿国会代表诸君已力辨其谬。而政府犹津津然借此以为口实，且易"不足"之名曰"不一"。此其说果足以自完乎？夫我国民动曰吾人民程度已足，此吾所不敢苟同也。吾国现在人民之程度，以比东西诸立宪国，实自惭低下，安能为讳？虽然，此足为阻挠国会之口实乎？吾又将立三义以质之：

第一，程度不能为国会议员者，果能为政府官吏乎？

第二，程度不一果足为国会之病乎？

第三，现在程度不适于开国会者，果九年后遂适乎？

第一，程度不能为国会议员者，果能为政府官吏乎？所谓人民程度者，指全国之人之程度言之也，故凡有籍于此国中者，自必悉在此程度范围之中而无所逃。若欲将官吏置此范围外也，则必官吏非人焉然后可也。官吏与非官吏者既同为人也，且同为中国之人也，则谓程度本不足之非官吏者，一变为官吏，而程度遂足，天下断无此理。不特此也，政府官吏所需之程度，其悬格宜视国会议员为更高。何以明之？

（一）现今各立宪国一切法案，大率由政府调制以提出于国会。国会议员虽亦有提出之权，然什九皆出自政府，则各国所同也。故政府之计画为创，而国会之评决为因。创者劳而因者逸，创者难而因者易。非程度极高者，以创而苦不足；虽程度稍下者，以因而犹有余也。

（二）国会于凡百庶政，则批评其是非得失而已；政府官吏，则当执行之。故议员虽以坐论之士，犹优为之；政府官吏，非富于经验、有干事才者不能胜任也。故议员之程度，惟以智识为标准；政府官吏之程度，兼以智识与能力两者为标准。此取一而彼取二也。

（三）国会为多数合议之机关，而各行政官署大率为独任机关。合议机关，一人程度不足者，他人可以补之，管子所谓“民分而听之则愚，合而听之则圣”也。独任机关，尸之者惟一人，苟非其人，则此机关全隳矣。故国会议员之程度，以相补而易足；政府官吏之程度，以寡助而难完也。

准此以谈，则谓今日中国以人民程度不足之故，无一人堪为政府官吏，则吾或无以为难。既有人堪为政府官吏，而独云无人堪为国会议员，此犹谓力足以举百钧而不足以举一羽，天下宁有是理？是故政府而欲自完其说，则必当自己先认程度不足，而立刻辞职。不宁惟是，以程度不足故，一切行政官厅皆须立时废止，以俟程度既足之后而始再设。而不然者，以程度如此低下之国民，以之充议决机关之分子而犹虞偾事者，更安望其能充执行机关之分子？今政府乃难视其所易，而易视其所难，此何理也？是故人民程度不足之说，外国人以此诮我则可，人民以此自鞭策则可，而独出诸政府官吏之口则大不可也。

第二，程度不一果足为国会之病乎？政府亦知程度不足之说终不能成立也，于是变“不足”以名曰“不一”。军机大臣署名之两次上谕皆有此言。舞文于字句之间，诚现政府之长技哉！吾请更树两义以破其说：

（一）夫物之不齐，物之情也。无论政教若何修明，终不能以使全国人民程度悉归于一。例如，今日仅有少数人民，程度达于乙点，而其他多数，程度尚止于甲点，此“不一”之名所由起也。陶冶而迁化之，则前在甲点者可进而至乙点矣，而前在乙点者又将进而至丙点，如此递嬗，以至无穷，是以终无能一之时。试问政府，今世各立宪国，果有何国焉，其人民程度能一者乎？是故一程度之说，大悖论理，决无自成立也。

（二）且国会又决非俟人民程度均一而始能成立者也。其在古代，雅典、斯巴达等市府国家，议会由人民全体组织而成，则程度均一尚不失为理想的要求。今世之国会，则采代议制度而已。人民各举其贤智于我者以为议员，被选人之程度恒加选举人一等，此各国之通例也。故选举人程度尚在甲点者，则必能选乙点之人以为议员。选举人程度进于乙点者，又自能选丙点之人以为议员。正惟以程度不一之故，而代议制度乃得运行圆活，曷足病焉？夫今日政府官吏之程度，决无有以优越于一般之人民，此举国所同认也。借曰稍优越也，亦不过甲点与乙点之比例已耳。政府官吏程度能达乙点，何以见人民所选议员，其程度不能达乙点。以同级程度之议员，监督同级程度之政府，此正所谓枝枝相对、叶叶相当者耳。

第三，现在程度不适于开国会者，果九年后而遂适乎？政府而曰国民之程度不适于开国会，故中国政体惟宜专制而不宜立宪也，则吾亦更无责焉。今也不然，宣统三四年之人民程度不足，一至宣统八九年而程度遂足，吾不解其何理也。噫嘻，吾知之矣，政府增进人民程度惟一之利器，则彼筹备案中最大特色之简易识字政策也！故原案于第七、八、九年间，将人民识字者须得几分之几列为一项。夫仅能识字，其与立宪国民程度之关系至为微薄，吾既痛陈之；就令曰有关系也，而试问以现政府之力，果能使今后数年间人民识字者日以加增乎？吾见其适得其反已耳！以吾论之，则此一二年内吾民之程度尚足以开国会，更阅数年，乃真不足以开国会矣。此非好为矫激之言也，请言其理：

（一）现在人民浴国家百年养士之泽，承先民好学之风，其治国闻而知大义者，尚不乏人。及近年所谓新教育者兴，非素封之家不能遣子入学，而舍学堂外又更无就学之途。而学堂学科之内容，其腐败又日甚一日。故此后国中识字解文义之人，惟有岁减而无岁增。多阅一年，而人民程度低下一级。此征诸已事而可知者也。

（二）距今数年前，为全国人民最热心以求政治智识之时代。盖留学东西洋以学法政者，殆及万人焉。今政府一变前此之奖励政策为摧抑政策矣，故留学生之学法政者则撤其官费，私立法政学堂则禁止之，而官立诸校其不足以养成人才至易睹矣。故自今以往，国中有政治智识之人，亦恐有日减而无日增。虽至宣统八九年，而其所恃以为议员之中坚者，仍不外现在已具此种智识之人而已。然人之志气最易销磨，而学问亦至易遗失。学成而无所凭借以发挥之，则或慷慨悲咤，颓然自放，或媚世取容，丧其所守。自非有高世之行，绝伦之才，则其不堕落以侪于流俗者几何！而其热狂过度者，则又或走于诡激之途，而婴罗网以死。故现在具有政治智识之人，急开国会以招致之，则咸能出其所学尽瘁国事，且才智以磨练而愈出，行将蔚为国干。更阅数年，则虽有存焉者寡矣，而继起者又且日衰。是故于此一二年内速开国会，国会犹可以得人；九年以后，其程度决无术以逮今兹也。

（三）管子有言：仓廪实而知礼节，衣食足而知荣辱。必国民生计稍足自给，少数优秀之民，不至太以衣食之累，扰其神明，然后得有余裕以尽瘁于国家。今中国国民生计，日趋萎悴，其征已显。今者，爱国之士见迫于仰事俯畜之计而自卸责任者，已不乏人，愈迟一年，则此势愈甚。且谋生愈艰，则全国子弟失学者愈众。坐是之故，人民程度惟有日退而无日进，又必至之势也。

吾故曰，此一二年内，吾民之程度尚足以开国会，更阅数年，乃真不足以开国会。此皆根于事实之言，非激论也。

要之，人民之程度说，其根据甚为薄弱。合请愿国会同志会意见书与吾此论观之，其说盖不攻自破矣。

六、国会与资政院

军机大臣署名之上谕，谓有资政院可以无国会。此种误解，请愿国会同志会意见书中，辨之至详，恰如吾意所欲言，故不复再论。吾对于资政院，尚有意见，他日更当别为文论之。

七、所谓“不准再行渎请”者何如！

军机大臣署名之上谕最末一语曰：“不准再行渎请。”是将以杜第三次请愿之途而永箝民口也。呜呼！方今国会未开，军机大臣署名之诏敕固无独立之机关以纠其责任，不知军机大臣对于列祖列宗亦应负责任否耶？祖宗既设立都察院，更于通政使司置登闻鼓，凡所以宣小民之隐而通上下之情。盖列圣以一夫不获时余之咎为心，故远踵唐、虞、三代盛轨，立诽谤木，建敢谏鼓，虽里巷之谣，蒙瞽之议，犹不惮延揽以广圣聪。世祖章皇帝、圣祖仁皇帝圣训，于此事不啻三令五申。列宗绳武，代有明训。即最近而光绪二十四年六月，德宗景皇帝尚有严饬都察院不准任意延阁人民呈请代奏呈稿、违者严行治罪之谕。盖人民有请愿权，而政府之特设机关有必须为代奏之义务，此实我圣清之不文宪法，百世子孙莫之敢易者也。我皇上之仁孝，其断不忍蔑祖宗大法，自无待言。而军机大臣有辅弼之责者，岂其于历朝圣训竟未一读，乃敢于破坏列圣所赐与臣民之权利，而陷我皇上于不孝也！盖请愿之见采择与否，圣心自有权衡，顾虽于不可采择之事而犹许其请愿者，列圣所以念民瘼而察迩言，且使政府毋得漫为炀灶。故欧美各国之硕学，有谓我中国立宪精神发达最早者，此即其一也。今朝廷既以立宪号于天下，虽前此本无此制，犹当急颁之，而况于列圣相传之家法乎？今曰“不准再行渎请”，不知国会以外之事件，自今以往，我国民尚得呈请愿书于都察院，而都察院尚有必为代奏之义务否耶？如曰不得也，则是三百年来，列圣之所以贶我民者，今一旦委诸草莽也。如曰得也，则事之关于一局部之利害者犹许请愿，而关于全国之利害者独不许请愿，出于一人之私见者犹得请愿，出于全国人多数之公见者独不许请愿，此何说也？吾国民固有懔遵谕旨之义务，同时更有懔遵圣训之义务。若遇谕旨与圣训矛盾，则吾民当遵谕旨耶？当遵圣训耶？愿署名之军机大臣一明示之也！如曰不当遵圣训也，则其人乃圣清之乱臣贼子也。如曰当遵圣训也，则吾民之第三次请愿，乃体我皇上继志述事之仁，非违诏也。呜呼！我国民其思之矣！

八、结论

要而论之，我德宗景皇帝下九年开国会之诏，全由当时时势与今不同。各省代表所上书，谓先帝犹是尧步舜趋之时，我皇上已处禹驰汤骤之世，诚哉然也！然使德宗皇帝非遽弃臣民，则依最初之计画，着着实行筹备，群僚慑于威灵，罔敢松懈，则中国之危，或不至如今日之甚。而行此数年开明专制，其造福或且益多。昊天不吊，龙髯难挽。我皇上当典学之年，总己以听政府，而不料政府之所谓筹备者，乃无一事不出于欺罔。我国民惟以哀慕先帝、爱戴皇上之故，乃乞早开国会以纾宵旰之劳苦，而防威福之下移。忠爱之诚，已为皇上所深悉。而政府徒以不便己之故，设种种诐辞以行沮挠，且不自任责，而托诏旨为护符。盖我皇上为彼受过，方且语人曰：非吾侪不欲速开国会，其奈圣意不可回也！呜呼！皇上之委政于公等，天下孰不闻？公等虽欲人民府怨于皇上，人民安肯受欺？李固与胡广、赵戒书云：后之良史，岂有所私？吾愿为公等诵之。

《国风报》，第一年第十七期，宣统二年六月二十一日（1910年7月27日）

慨筹还国债之结果

自客岁之冬以迄今春，吾国民愿牺牲个人之权利，以尽国民之义务，轰轰烈烈，震耀于大地之上者，非筹还国债一事乎？当其始也，直隶商会首先发起，各省推波助澜，上起陪都，下逮长江、黄河两大流域之间，相与开会集款，极觉民之能事，矢爱国之热诚。风起潮涌，不崇朝而遍海内，义声所格，豚鱼亦孚。于是绅商士夫撙节日用以筹还国债，耕夫织妇盈余布粟以筹还国债，佣工婢仆齿积薪劳以筹还国债，儿童孺子减缩饼饵以筹还国债，即下而至于娼优走卒，贫而至于乞丐舆夫，凶而至于书吏丁役，亦莫不出其血汗所得，争相解囊，以筹还国债。一时民情之踊跃，民气之发舒，实为从古所未有。吁，何其盛也！乃曾几何时，而所筹之款有若干，已还之债有若干，既杳然如大海沉石，即此筹还、筹还之声，亦顿然阒绝于耳鼓。近闻奉天国债会已经停办，所收款项议定交华安人寿保险公司代理发还，令人领取。自余各省，虽寂寂无所表着，然一省如是，他省难免不闻风解体，度其结果，亦未必能大异于是。然则半年来轰轰烈烈之筹还国债会，亦将与前年之国民捐同出一辙矣。

窃尝思之，斯民也，三代之所直道而行也。半年前曷为而若是之勃兴耶？半年后，曷为而若是之茶败耶？其兴也，殆有为而兴；其败也，殆亦有为而败耶？夫人之于世，莫不有无上之希望心，希望之所在，虽赴汤而不虑其焚，蹈火而不虞其爇；希望一绝，则百事皆辍。国民之踊跃输将以筹还国债者，岂不以吾辈既为国家担此义务，国家必予我以相当之权利，使吾辈所尽之义务，不至掷黄金于虚牝，于国事方为有济。及拒驳国会之诏书一下，则国民之希望顿绝，举垂首丧气，自悔其认捐之孟浪，而荼火之热心，有不如梦幻泡影、石火电光之消灭于无何有之乡者，盖几希矣。故当造端之始，深识之士未尝不以兹事体大，隐虑其结果之未必能良，或至蹈国民捐之覆辙。然一观于国民之万口雷动，众心云合，或者朝廷幡然改图，知国民之有造于国，官吏之大误苍生，毅然下令，予吾民以监督财政之权利，则筹还虽曰非易，而势成骑虎，吾民亦不得不勉为其难矣。

洎乎三次请愿无效，识者早不敢以此奢望于吾民。何也？国会不开，则财政不能监督；财政不能监督，则吾民朝以还，政府夕以借；吾民一面还，政府一面借，又谁得而知之？谁得而阻之？徒然使吾民于租税捐派之外，多一代官还债之义务。吾民虽愚，又谁愿以有限之脂膏，填无底之债窟乎？与其僵毙于将来，何如苟延于旦夕！念及此，而一复其吾侪小民安知国事之素，而理乱置诸不问矣。呜呼！民气至难得而至可宝贵者也，有可用之民气而朝廷不善用之，反沮丧之，使之烟消火灭，君子不能不深为朝廷惜也！比者又闻，华侨所认之海军捐，亦有取消之说，若然，则政府所视为献宝之波斯者，将自绝其进献之路，此其影响于国家经济，岂浅鲜哉！彼阻挠国会者，盍醒乎来！

《大公报》，宣统二年六月廿一日（1910年7月27日）

为国会期限问题敬告国人

（参观第十七号时评论政府沮挠国会事）

沧　江

自第二次请愿国会既被沮挠，本报曾着一论，极陈政府处置之失当，非有意袒国民以掊政府也，凡以急国家之难而已。今更据前论所树义，按诸各方面人人之利害关系，敬述所怀，以效忠告焉。

第一，敬告监国摄政王。

吾常谓我国民所以汲汲请速开国会者，非骛此名以为高也，恐过此以往，吾国将永无开会之时也。质而言之，则循现今之政治组织而不变，恐不待九年筹备之告终，而国已亡矣。此非吾一人之私言也，最近滇督李君、粤督袁君、吉抚陈君、鄂藩王君之封奏，其对于现政府之涂饰敷衍、瞀乱横恣、丛怨酿乱之实状，皆已痛切敷陈，不遗余力。李君折中，且有势必终归于无形之溃裂，九年以后情状可知等语，盖厝火积薪之象，久为天下所共见。范蔚宗所谓自中智以下，靡不审其崩离者，今日当之矣。即彼内外臣工之循例报告，粉饰太平者，亦何尝不知现在时局，傀焉不可以终日，故敢于以此欺皇上，欺我王者，宁亡国灭种，而必不肯舍一己一时之富贵利禄已耳。夫彼辈本以官职为传舍，以国家为利孔，精华已竭，褰裳去之。国亡之后，挟腰橐以走租界，或作赘子妾妇于外国，犹不失为富家翁，为计亦良得。若我监国摄政王，则安能比之？中国存则我王安富尊荣，中国亡则我王虽欲为长安一布衣，岂可复得？汉臣刘向有言：陛下为人子孙，守持宗庙，而今国祚永移，降为皂隶，纵不爱身，奈宗庙何？我王即不自为计，宁能不为皇上计？不为列祖列宗在天之灵计也？夫谓有国会而必可以救亡，虽草莽臣亦岂敢遽作此武断。虽然，无国会而一听现政府之实行恣虐不负责，则有死无生，其势已洞若观火。即使开国会而无救于亡，则亦等亡耳，而况乎有国会犹或可以图存于万一也。夫国会既开之后，则政府不得不对于国会而负责任，滥竽与舞文，皆不如今日之易易。故向政府请愿国会，诚无异与狐谋其皮。若我监国摄政王则何有焉？徒以无国会之故，代彼等负任蒙劳，凡百偾张，凡百丛脞，悉以诿卸于王之一身。彼等自处于至安，而贻王以至危，王果何爱于彼等，而袒护之恐不力也。夫以彼等之禄位与国家之景命较，则国家重乎，彼等重乎？以彼等之容悦与先帝之付托较，则先帝重乎，彼等重乎？夫以国事专托诸彼辈之手，其成效若何？亦既可睹矣。然则我王将躬亲庶政而不以托诸彼辈耶？王即大贤，而精力固有所限，岂能政无大小而悉亲之？故王之所得为者，不过对于彼辈而为最高之监督已耳。夫以王一人自为监督，其事劳而势必不克周，则何如以耳目分托诸国会，而王乃不致自疲于察察也。呜呼，是在王之择善而能断也已矣。

第二，敬告政府诸公。

政府诸公所以沮挠国会者，凡以国会不便于己而已。夫国会之与政府，如姑之于妇。居政府者恒以有国会为不便，非独吾国惟然也，即东西诸国亦有然。政府之嫌忌国会而不欲其速开，亦无足怪。虽然，他国政府虽或嫌恶国会，而其所以对待之者，则有道矣。昔日本当明治十一、二年以后，人民之要求国会者风起水涌，其政府顽然不为动。就外观论之，若与吾政府酷相类，而不知彼政府于此十年中，事事急起直追，人民方趋，而政府已驰；人民之进以尺，政府之进以丈。盖当时日本政党遍国中，各揭橥政纲相号召，而政党每主张一政策，政府必立即窃取而实行之，以夺其翘异之标帜；政党每指摘一弊端，政府必立即反省而尽改之，以绝其攻击之口实。彼其政府固日日思胜伏民党也，然其所以胜伏之者，非恃势迫，非恃利诱，与之争政策之建设而务胜之，与之争人才之延揽而务胜之，使全国人觉前途无穷之希望，皆缘政府而得达。故其恃政府之心，过于恃民党，而民党遂不得不屈于政府。彼日本直至今日而议院政治犹未成立者，皆以此也（德之比斯麦亦用此政策）。吾以为政府诸公诚嫌恶国会而欲缓其成也，则惟有精白乃心以尽瘁于国家，使人民咸颙颙焉生出恃政府、希望政府之心，则其渴欲急得国会之心，自相消而日减杀。不见乎数年前革命说遍天下，自预备立宪之诏既颁，乃如汤沃雪乎！夫一诏则安能有此奇效？希望心有所寄，则民气不期靖而自靖也。及乎以诸公当预备立宪之冲，而前此一线之希望，复永断绝于诸公之手。故夫前此约以九年开国会而民安之，今兹约以九年开国会而民哗之者，非民之靖于昔而嚣于今也，希望既绝于彼，乃不得不转而向于此也。政府诸公乎，诸公而果能自信有道焉以系续人民之希望，而保我国家毋至沦胥于公等之手者，则国会之开，微论迟至宣统八年也，即更阅十八年，二十八年，吾民无怼焉。而不然者，则毋宁速开国会，以责任公诸国民，而无取独专其罪。今两无一遂，进退失据，徒以一身为怨毒所归。国家一日不讳，则三冢磔蚩尤，千刀剸王莽，公等受祸之烈，必有过于寻常人万万者，公等其亦一念之否耶？夫公等所以靳国会期限于此数年间者，不过曰数年以后，吾将一瞑不复顾，即不尔，亦将营菟裘以终老，其时虽有艰巨，已非吾事，吾且利用此国会未开之数年间，侈然自恣，厚封殖而长子孙云耳。夫使时势而果能如公等所期，则为计亦良得，而无如祸害之相煎逼于内外者，万不许尔尔。以公等之才，居公等这位，而复怀抱公等之心理，则不及五稔，而中国必为公等所断送，万无可逃避。夫公等断送中国，中国诚厄矣。而公等所谓自丰殖以长子孙者，于彼时则亦何有焉？语曰：左手据天下之图，右手揕其胸，愚者不为。公等之智，胡乃见不及此？

第三，敬告各督抚。

近数十年来，督抚之系民望也，恒过于军机大臣及各部长官，非必督抚之才皆优越于彼辈也，其责任较专，其展布较易也。故中央虽万几丛脞，而有一二贤督抚，则一方之民，犹食其赐。自一二年来，假筹备宪政之名，行似是而非之集权政策，而督抚始不可为矣。督抚失职不平，渐奋起而与中央争，争之不能胜也，乃反其本，于是责任内阁之重要，渐为督抚中之贤者所同认。夫责任内阁，为今日救中国之不二法门，固已，然亦思责任内阁之名，果何所丽而立乎？夫使对于君主而负责任者，即称之曰责任内阁也，则我国之有责任内阁已数千年，岂复劳诸公之陈请？责任内阁云者，必有纠问责任之机关与之对待，然后能存立者也。而以君主当此机关，则其最不适者也。以君主而纠问大臣责任，其所得结果，惟有二途，一曰仍躬亲庶政，而代大臣负责任；二曰委耳目于中涓新进，以掣大臣之肘。二术殊趋，而内阁责任之不能成立则一也。是故有国会则有责任内阁，无国会则无责任内阁。今语人以责任内阁之当速立，人多信之，语人以国会之当速开，人多疑之，此犹谓惟食可以救饥，而又云可以无炊也。夫今者请设责任内阁之诸督抚，皆督抚中之贤而忠者也。其于责任内阁与国会相依为命之理，岂犹有所未莹，而独举彼而遗此者，殆不欲太触政府之忌，而期其易行耳。不知天下事未有本不立而末能存者，今惟日言责任内阁，而于纠问责任之机关，不置一辞，吾恐政府不久必将举现在之军机处、各部易其名号，以徇于众曰：此责任内阁也。至彼时而责任内阁四字，将成为藏垢纳污之一名词，而今之渴望责任内阁者，且将以责任内阁为诟病矣。夫无责任内阁，则今后之督抚，将一事不能办，此事势之既显著者也。而无国会则责任内阁无从成立，又学理之不可易者也。故督抚无论为国家全局起见，为本官职掌起见，皆当竭全力以速国会之成。悠悠万事，惟此为大，舍此不务，虽日夕劬精于职守，亦具臣已耳。

（附言）政府之所以敢于稽延国会期限者，以请愿国会之辈人微言轻耳。诚得数省督抚联合上奏，以为国民请愿之后援，则政府固不得不慑。各督抚而信现在政府诸公可以托国也，则吾复何言；而不然者，则督抚诸公，为国大臣，其与国休戚之谊，宜视齐民为更重。试问舍速开国会外，更有何术使政府稍负责任、政策稍得统一，而拯国家于至危之渊者？吾愿贤督抚一熟审之，吾尤愿在督抚幕府之诸彦，更取此中消息一参之。

第四，敬告国中有闻誉之诸君子。

两次请愿之见拒，其原因虽多端，而请愿代表之人微言轻，其实一也。夫所谓微也，轻也，就社会上之客观的地位言之也。社会地位，原非能限人，然虽有豪杰之士，欲得社会之尊敬，固非一朝一夕所可几及。况在今日之中国，凡百德慧术智，皆不循自由竞争之原则，士之自拔于流俗，益以不易乎？今代表数十人中，吾所曾晤识者虽未及什一，特其器识之必有以异于常人，此则天下所共信矣。而政府当道则易而侮之，谓是乃少年新进，所代表者未必为真正之民意也。代表虽复怀异才、抱血诚，独于其年之少，其进之新，则无术以自解。然国民固非不欲举耆宿硕望以为代表也，诸代表非不欲广引耆宿硕望以同事也，而无奈所谓耆宿硕望者，或冥然不识此事关系之重大，或虽识之而持重观望，不肯以身为天下先。于是乎少年新进，乃不得不以绵力独任其难。夫难则何足恤，而事乃坐此不获济矣。昔日本之请愿国会也，领衔者为副岛种臣、板垣退助，皆中兴元勋，身为大臣，翩然挂冠，以为民倡者也。俄国之请愿国会也，领衔者为特尔璧哥意、Wuebctskoi，以侯爵而为大学教授者也。此为俄国第四次请愿国会之领衔者，即千九百〇五年（光绪三十一年）六月二十日所上书也，其年八月十九日俄皇遂颁召集国会之诏。而其它署名之人，连袂捧呈者，盖国中知名士咸集焉。是以彼两国政府，不得不重视之，而请愿因以有效。今我国所谓耆宿硕望者，其顽旧之辈不足责，亦有明知此举为救时良药，顾不肯以名为天下倡，或仅虚列一名，而不肯以身当实行之冲，徒以大任责诸后起之秀，致其事不见重于世。揆以春秋责备贤者之义，则事之不就，诸君子不得不分其咎也。今国事且益急矣，亡征且益着矣，从万死中以求一生，仍舍速开国会外无他术。第三、第四次之请愿，我国民应非所敢避，顾吾所祷祀以求者，则国中有闻誉之诸君子，咸奋然投袂而起，以为民倡率而已。夫有闻誉于国中者，其与国家休戚之关系加密，则其忧国也宜加勤；其受社会之恩也加深，则其报社会也宜加厚。若谓舍速开国会之外而别有救中国之术也，吾愿诸君子更有以语我来，如其无之也，则诸君子不此之任而更谁任也！

第五，敬告一般国民。

凡人各有其性之所近，各有其业之所宜，欲使全国人民而悉为政治上之运动，非惟事所不能，抑亦理所不可。虽然，今日中国之请愿国会，则与寻常之政治运动有异。其在现今已立宪之国，各政党之政见虽有异同，要之皆以国利民福为前提，任行其一，于国皆有裨。故政党以外之人民，袖手以观其成败，固无伤也。即当日、俄等国要求国会之时，其政府虽偏于专制，然其政府诸人，固犹有忠于职务之心，而才识尤足以济之，不过施政非本于民意，与近世政治原则稍相龃龉已耳，未尝缘此而厝国家于危险之渊也。故国民虽不过问之，犹可以无大咎。若吾国今日之形势，则全与彼异，譬之犹以破舟航巨浸中，外遇飓风，下丛礁石，而船主及船中一切执事者，既不知驾驶为何术，加以日饮亡何而不事事，而吾侪乃不幸而适以此时乘此船，眼看其覆沉即在旦夕，覆沉之后，则同葬鱼腹，而无术以自免。于斯时也，胥谋开一会议以讲保全此船之策，吾侪虽非人人尽谙驾驶，然一舟之大，安保无一二人稍谙之者，足以匡船主之不逮。藉曰竟无其人，而会船主有所惮慑，稍止酒以自念其职，则犹或可以图存于万一。今之请愿国会，亦若是已耳。苟在船之人，而犹有不表同情，不相臂助者，则必其全无人心者也。夫我国民之漠视国事，数千年于兹矣！恶根性种之已深，诚非顷刻所能遽易。虽然，吾民亦未知其现时所处之地位为何如耳，即或薄有所知，亦不审谁为为之，孰令致之耳。呜呼！我民其听之，夫孰使我百业俱失，无所得衣食者？政府也。夫孰使百物腾踊，致我终岁勤动而不得养其父母者？政府也。夫孰使我一粟一缕之蓄积，皆供吏胥之婪索者，政府也。夫孰使盗贼充斥，致我晷刻不能即安者？政府也。夫孰使我祖宗丘墓之墟为他国宰割分崩者？政府也。政府日紾吾臂而夺吾食，日要于路而劫吾货，吾呼号颠沛而政府不我救，吾宛转就死而政府不我怜。吾以吾生命财产乃至吾子孙托之于现政府也，既非一日，而今且瞬息与之同尽。天地父母生我，我不能坐以待死，我素习圣贤之教，亦决不肯犯上作乱以自取戾。故吾惟愿得一国会，使我举其所亲信之人，代我一察政府果尚能托命与否，而吾思所以自救之术，亦得因其人以自达。质而言之，则吾国今日之请愿国会，匪敢云进国家于富强也，冀国家万一不亡而已；匪敢云增吾侪人民之幸福也，冀取千百之饿殍，救活其一二而已。呜呼！我国民即不爱国，宁不爱吾身！即不爱吾身，宁不爱吾父母及吾子孙！呜呼！吾国民其念之！苟无国会以监督此政府，则不及五年，我国四万万人之生命，必有三分之二断送于其手，吾身及吾父母子孙，其安能幸免也？言念及此，则今日人生第一大事，舍请愿国会岂有他哉！愿我民思所以自处也。

第六，敬告农民。

立宪政治者，国民政治也。欲宪政之成立，必须令国民中坚之一阶级，知政府之利害切己而思参预之，然后其精神有以维持于不敝。彼欧美诸国，多以工商为国民中坚者也，而我国则以农为国民中坚者也。故开发农民之政治思想，实今日中国第一急务也。抑中国农民之必当要求国会，则尤有说。国会之滥觞，本以代议士为租税义务之代价，而中国现行租税，则其什之九皆农民所负担也。各国租税，立有系统，按诸财政原则，务求公平，我国则漫不之省，而惟偏于一方。故往往素封之家，一纳一铢正供，而终岁勤勤之小农，则诛求到骨。今国家岁入，仅当岁出之半，百政待举，司农仰屋，所以弥其缺者，仍不得不罗掘于民。则惟有将旧税设法增加税率，重规迭矩，或多立名目，更设新税，而要之其负担必归于农民则一也。畴昔农民之苦，已不可支，比年以来，百物腾踊，益复憔悴无人理，盖以获不偿劳之故，废田不耕者，既所在皆是矣。若更重以朘削，则农民除转死沟壑外，更无他途，此实至浅之事势，稍一思而可得之者也。若有国会，则于政府财政计划，必当严为监督，租税系统不容不斟酌至善，万不许如今日之毫无纲纪，偏枯一至此极。如是则国之石民，庶可稍苏，而元气或可维持于万一。失今不为，更阅数年，则老弱转沟壑，壮者散四方，凋瘵而不可复，虽有善者，无能为矣。故国中无论何种人民，其祸福皆视国会之有无，而关系最切者尤莫如农。盖有国会则生，无国会则死也。夫以今日农民，已极困顿，救死且恐不赡，而欲其有余裕之心力，以涉想于政治问题，诚属至难之事。虽然，有物于此，得之则生，不得则死，则无论若何劳苦倦极，皆不能不蹶起以求，人之情也。故农民特未知无国会之害一至此极耳，苟其知之，吾故信其未有不呼天吁地以期其成者。而大陈此义以唤醒农民，则士君子之责也。吾愿各省之请愿同志会亟致力于此也。

第七，敬告国中有资力之人。

今世界为资本竞争时代，国中有资力之人，国之宝也。虽然，处今之世，欲求资本之安全发达，不可不以国家为后盾。而政治腐败，则有国家等于无国家者也。吾国人于政治与生计之关系，见之不莹，执素封之人，语之以政治上之活动，未有不掩耳却走。虽然，试思今日盗贼载涂，庋百金于箧，而夜卧遂不能帖席者，谁实使之乎？试思今日各市镇倒产纷纷，人人皆有朝猗顿而暮黔娄之惧者，谁实使之乎？苟稍一深思，当能知凡百忧患，皆由政府失政，是以及此。况乎以今日之现象，明末饥民流寇之祸，数年之内万不能免。一届彼时，玉石同烬，而受祸最烈者，为席丰之家，此历史上之明效矣。藉曰幸免此难，然犹当知欧美诸国挟其产业革命之力以横压我国，其锋之锐莫可当。以大资本临小资本，遇之者必成齑粉。彼欧美近二三十年来，中产之一阶级，久无术以自存，悉降为劳佣矣。今此横流既氾滥我国中，受者其安有幸？故今日中国之有资力者，真所谓危若朝露也。于万死中求一生，惟希望有善良之政府，实行保护产业之政策，庶几有所怙恃而获即安。而非有国会，则善良政府断无出现之期，又事势之共见者也。故有资力之人，渴望国会，固宜更甚于齐民也。夫今日少数志士，日日奔走骇汗，号呼于国中，以冀国人之一寤，其间来往讲演之川费，印刷物之出版费，非稍宽余，则难以普及，此事理之可揣而知者。而有资力之人，以为事不关己，莫肯声援，此岂惟放弃国民义务，抑亦拙于自谋也已矣。

第八，敬告留学生。

日本所以能立宪者，其主动力谁乎？学生也。俄罗斯所以能立宪者，其主动力谁乎？学生也。土耳其所以能立宪者，其主动力谁乎？学生也。无论何国，过渡时代，未有不以学生为其枢者也。数年以前，我国学生，虽复甚嚣尘上，而捧一腔热诚为政治上之活动者，尚大有人，风尚所蒸，举国犹含朝气。今则何其惫也！岂政府涂饰敷衍之政策，曾不足以欺绝无知识之乡愚者，而多数学生乃为所欺乎？抑政府以彼区区至污浊之官职、至微薄之薪水，以驯伏学生者，而学生之大部分，遂乃入其彀中，百炼钢化为绕指柔乎？不然，则今日之事，宁有急于速开国会者，而学生之声援此运动者，何无闻也？夫对外问题，学生攘臂以争者，往往而有，吾岂敢谓对外权力可以漠视，曾亦思以现在无责任、无意识之政府，其对外政策，安从确立？对外政策皆不立，日日断送权力，层出不穷，乃于事后而谋补救，所能补救者几何？此所谓不揣其本，而齐其末也。呜呼！使国中多数人能移其对外之精神以对内，则国中政治现象，其腐败或不至如今日之甚也。

第九，敬告资政院议员。

以吾党所观察，则谓资政院绝不含有国会之性质者也。而政府所主张，则谓资政院能养议员之精神，为国会之基础者也。二说是非，姑勿深论，洵如政府之说，则资政院议员对于国会问题，有其特别责任，抑章章矣。吾以为资政院议员对于此事之责任，盖有二端，一曰直接之责任，二曰间接之责任。直接之责任者何？政府之对于资政院，其本意不过以为装饰品而已。虽然，亦既设之，则固不能视同无物，其章程所列权限，虽复卤莽灭裂，不成片断，然既已见界者，其势固不易反汗。苟议员能将章程内之职权，坚抱之而莫此放弃，则其效力比诸御史之封奏、报馆之论文固自稍优，政府亦不能不稍有所慑，而秕政或可减杀于万一。况乎政治上势力之消长，原非法律条文所得而限。各国宪政发达之结果，能使裁抑民权之法规成为僵石者，比比然也。资政院议员若能抱定谕旨中“国会基础”一语，以为宗旨，在在以国会之精神行之，则此虽鸡肋，固未易轻弃也（资政院议员之责任，吾别为文论之）。间接之责任者，则院章中本有受理人民请愿之一条，今第二次请愿既经拒绝，将来都察院复肯代奏与否，诚未可知，则第三次请愿之上达天听，资政院实责无旁贷。苟并此不务，则资政院真成赘疣，而议员非独隳国民之信用，且负君上之委任矣。愿议员早图之。

《国风报》第一年第十八号，宣统二年七月初一日（1910年8月5日）

各省国会代表将三上请愿书之希望

自五月二十一日奉上谕，有“据都察院代奏直省各代表等呈请速开国会一折，仍俟九年筹备完全，再行降旨，定期召集议院，毋得再行渎请”等语后，一时薄海爱国志士，莫不奔走骇汗，垂涕而告于常所往来之门，曰：请愿速开国会已绝望，已绝望。国会绝望即责任内阁绝望，亦即目前所云上下议院、调查户口、清理财政，以及厘订官制等种种〈各〉名目，为立宪政体所当次第举行者，又莫不因之绝望。何也？以国会为各新政基础，基础不立，譬诸筑室，岂复能建万间广厦，百尺高台，与伦敦、巴黎、华盛顿、柏林、东京、森彼得堡等诸大邦之杰阁层楼争雄此庄严色相乎？鄙人闻此信，亦未尝不慨系之。

查（弟）〔第〕二次国会请愿书之呈都察院也，在初十日，其代奏也在十五日，屈指至颁发谕旨，其间相隔不过一旬，而所闻异辞，所传闻又异辞。十三日，闻各代表先分谒枢垣，预防障碍。姚文枬、沈懋昭、杭祖良谒庆亲王，贺培桐、余德元谒世中堂，黎宗岳、李长生谒那中堂，李素、刘玉堂谒鹿中堂，孙洪伊、刘克刚谒吴军机。除世中堂外，均不接待。翌日，杭祖良等又谒那中堂，当蒙接见，听其口吻，似极愿赞成。各代表将以为可达目的矣，讵又连接玉珂消息，枢廷诸老有主赞成者，有主反对者，有主中立者，并有力主以严旨震吓，俾免哓哓不休者。（恶）〔噩〕耗流传，惶急万状，盖不待纶音宣示，已决其效果难收。而果焉满腔热血，空洒帝阍，众口哓音，难邀天听。各代表至此，其情苦，其技恐亦因此穷已。

孰意丹可磨而不可夺其色，兰可燔而不可灭其香，玉可碎而不可改其白，金可销而不可易其刚，各代表团结精神竟有如匈加利之自治师，美利坚之独立战，虽火山崩于左，冰山裂于右，心不悸亦神不摇，于二十三日各代表续议办法。领袖孙洪伊倡议此事有进无退，无庸讨论，续谋第三次请愿，并电促代表团再派硕望，秋初到京，于资政院开院前，先上书监国，剖陈利害，俟有允意，再呈递请旨。其忠忱毅魄，矢愿三次若再不允，虽历四次、五次，极至十数次、数十次，务必允而后已。即有亲贵某密派警官警兵百余人于湖广会馆，监视各代表会议，怒目相向，若欲干涉情形，而亦绝不畏缩〈告〉。于是知各代表凝结之气，直如兵法之所谓事莫大于必克，而无所用其迟疑者。

尝闻子舆孟氏有言：志，气之帅也。夫气盛，则志必坚。各代表诚本此成城之志以请愿，有志者事竟成，安见英吉利之亚弗勒，意大利之佛郎士斯，日耳曼之荫候显理等，各以有志而树伟绩者，各代表不能与之并驾齐驱乎？虽北方日报载国会维持会传单，有揭破请愿代表隐事，刘殿撰托某公转达政府，称直隶请愿书被人捏列签名；胡侍御奏立宪事与中国不合，若开国会必致大乱等云，似于请愿诸君均添阻力。然窃闻监国之意，本在不违成命，不拂民情，酌中办理。吾料经三上其书，至诚则金石亦开，况洞达时事如监国贤王，有不赞其事而速开国会者乎？国会开，则非特责任内阁立，即宪法中之各新政，亦皆因之而完全成立，遂一跃而为地球上头等雄国。鄙人之所云希望者此也，请拭目俟之。

《厦门日报》，宣统二年七月初七日（1910年8月11日）

五月二十一日上谕恭注

诤　民

闻之君子居邦，不非大夫，下流讪上，见恶大雅，所以示敬也。况以赫赫王言，昭如纶綍，凡在臣民，钦遵而已，夫何待于草茅微贱，笺疏注释，而自类于狂瞽背谬之为，以冒取讪戾。戊申以来，国是大定之诏下，筹备日切，关于宪政谕旨，日给不遑，而海内各报，恭注上谕，或志疑者，乃时有所闻见。不佞之心，窃尝非之，以为是责难之义，明良、喜起之世间一遇之，而非草莽臣之所宜，毋亦任主笔者，匮于资料，而故为是放言高论，以自取名高，而不为朝廷计，其名则促宪政之遂行，其实恐为宪政之障碍，莠言乱政，是亦不可已乎。然自去岁九月，各省谘议局一律成立，凡条文出入之质疑，权限广狭之异解，中外官民函电纷纷相辨难，官释私释，莫衷一是。此亦易专制以立宪，进习惯而成文，所必历之阶级，无可逃者，要求无悖于朝廷宪政大纲与各国立宪成法而已。而直隶议员孙洪伊等，独以非速开国会不足救急，先后伏阙上书，为人民代表，呈请入奏。朝廷皆婉谕缓办，未得俞允。至本年五月二十一日，又据洪伊等呈请，严拒不准，颁谕天下，通行遵照，毋得再行渎请，一若苟有后言必遭严谴。不佞读之，则若有不胜深忧大惧者。圣清立宪，发自朝廷，创于先皇，成于今上，此古今中外不朽之盛业也。筹备之诏未颁，或有通行法令，不尽适于法理，犹得曰立宪大典也，朝廷之旨意未决，不能不慎重将事，以维新而复古，寓专制于开明，记所谓谨申其法而修明之之意也。若于宪政进行之中，而或有与前日颁布大纲少有出入，其何以坚人民之信，塞中外之望。臣至愚悖，罔知治体，循此以往，窃恐一般官吏以为庶政艰阻，圣明已深谅之，立宪二字，朝廷若犹有悔心者。九年以内，凡有行政机关，必无议院以干其后，即按筹备清单切实举行，亦不过改易形式，塞责人言，而内容自若也。一般人民，以为宪政弊害，朝廷若已深知，只碍于外界之激迫，党人之潜伺，不能收回成命，九年之限必有展缓之一日，吾侪小人，毋汲汲趋新以取有识诮也。呜呼！此惟祝不佞听言之不明，推理之不当，不至有此现象。如其然也，而一般利用破坏主义，以冀宪政之推倒者，则必振振有词，以为筹备立宪时代，而犹有此诰令，将来编纂之法典，立宪之成绩已大可知，将不免以其炸弹之手段，而为流簧之鼓吹。上午长江之变，革党供词明明有曰：立宪是万万做不到的，革命是人人做得到的。此等乱言，至极狂悖，而亦至易耸听。即在请愿国会者，谁敢谓国会一开，若辈即皆消灭。若犹稍予以隙，乱党不足畏，邪说四起，阻我宪政进行，则大可惧。此不佞之所以深忧大戚，不能已于言也。非敢为请愿国会之律士，窃愿为立宪国家之诤民。谨将本日上谕，寻绎而不解，或私有疑虑者，恭注如左。

宪政早一日成立，即早纾一日忧劳，亦何所靳于议院耶！

大哉王言！我皇上望治之心，与我贤王求治之切，昭然若揭，天下人民，罔不感激涕零。虽然，立宪者，我国根本之图，而宪法即国家之根本法也。谨案立宪以来，关于宪政谕旨，与宪政编查馆奏拟宪法大纲，并逐年应行筹备事件折单，在朝诸臣，非不知之。然以根本大法，而不从根本上解决，枝枝节节而为之，尺尺寸寸而计之，机关不完，主义不决，大信不昭，责任不备，惟是循从前补苴之习，瞭山眊睫，断港续流，我国宪法未知何日成立，朝廷忧劳未知何日纾也。何以言之？如筑室然，横范大备，木石大张，非不锐于进取也，而机括不灵，工举而匠蹶矣。如驾舟然，帆缆备具，樯橹备修，非不沛然进行也，而方针不定，帆东而橹西矣。国会者，宪法之所从出，所谓根本之根本。凡为立宪国民，当无不喻斯旨。即按诸各国宪法，无论为民主立宪、君主立宪，所差者不过钦言民定，而所谓宪法者，必经国会之协赞，君主有统揽治权之责，而要无命令法典之理。谨案编查馆会奏折内，大凡立宪自上之国，统治根本，在于朝廷，宜使议院由宪法而生，不宜使宪法由议院而出。蒙所疑者，亦非宪政之成立必先由议院之议决，使朝廷于议院列于平等地位，而故与大纲悖也。惟凡成立一法，必先有一立法之地与立法之人。故筹备案内，各种法规，皆先假以厘定之期。煌煌宪法，岂得无主要机关，而听其自由编纂，遂可冀成立耶？谓成立机关，统在朝廷耶，我国宪法用钦定主义宜也。然所谓统治者，亦惟据已定之法律，交由议院协赞，奏经钦定颁行，非可渎朝廷于审核编辑也。谓成立机关，在宪政编查馆耶，君主立宪皆有责任内阁宜也。然查筹备案内，无责任内阁成立年限，亦无宪政编查馆。即假定责任内阁明文，只第九年宣布宪政文下，有宪政编查馆办云云。编查诸公皆公忠体国，又有济济法学专家罗列其中，其必能胜任愉快，而何敢故为苛细之论。乃查各直省按照年限举办之事，非敷衍，即中阻矣；况筹备案内，而尚有轻重之失次者。与其至宪法待成之时，而始悟罅漏之丛生，漫为涂饰，何如就预备期间，而握其要领，及早预备。九年至易，大本宜端，若至事机皇迫，阻力横生，上无为朝廷分过之人，下无为宪法主任之部，臣愚不敏，窃恐朝廷之忧劳更日甚一日也。立宪之必有议院，亦如车轨舟楫之不可离异，轨滞病车，楫折病舟，前说既已明之，而欲使各部之机关以次成立，使圣上宵旰早日安慰，则非速开国会不可。天下人民，不敢疑朝廷之靳于议院；天下人民，惟有吁朝廷之早成宪法也。臣敢一言以决之曰：国会一日不立，宪法一日不成；宪法一日不成，则圣上忧劳一日不纾。

国家至重，宪政至繁，缓急先后之间，为治乱安危所系，壮往则有悔，虑深则获全。

夫治国之道，不治则乱，不安则危。常人孺子，置一物也，犹必俟其安而后已，况以国家之重，而谓可以言论意气害耶！此仰见圣明慎重国家、慎重宪法之至意，非如条文法理之可别为创解。惟缓急先后之序，诚有不能不再加审慎者。凡处一物，必须就始念着力；凡治一事，必先从根本下手，此至易明者。国之筹立宪也，为其立法机关之不完备也，行政机关之无主任也，则企图立法机关之完备，非先开放完备之立法机关不可；欲图行政机关之主任，非先建设主任之行政机关不可。国会者，非立法机关之第一宜急宜先，而不可缓不可后者耶？内阁者，非行政机关之第一宜急宜先，而不可缓不可后者耶？乃国会请愿书既屡上而屡拒，责任内阁究竟如何建设，何年成立，又无明文规定。详绎筹备清单与其折奏，则惟斤斤于上下君民之界，一若为重大国际交涉，而惟恐稍一放手，即归失败者，抑何其虑之太深也！其所谓综其大纲，预备自上者，则以清财政、编查户籍为最要，而融化满汉畛域、厘定官制、编纂法典、筹设各级审判厅次之；预备自下者，则以普及教育、增进智能为最要，而练习自治事宜次之。臣不敏，不敢谓其非是。窃改革行政机关，自当先改革行政官制，乃厘订与实行既各分一时间，京师与外省又各分一时间，而企其实行，则实在筹备告成之日。此数年中，不知用何机关，以促法令之推行、社会之改进。窃恐窳败者自窳败，筹备者自筹备，不痒不痛，不新不旧，如蜀道之凿途者，邪许之声，日不绝于路，百数年过此，犹未进尺寸，壮有悔，需亦有悔也。悔之早悟者，犹可及时改图；悔之莫及者，尝至一蹶莫振。微论九年期过，人民责望圆满，苟不适合，固难收拾，即此时而人心相谅，急起直追，亦已晚矣。故此时而先其所急，诚莫如一面开放帝国大会，一面建设责任政府，上下一心，机关敏捷。如此则法典之编纂不患无统系，宪政之筹备不患不实行，治安之道莫大于此。缓急先后之情形，窃愿我立宪国家之熟审之也。

论议院之地位，在宪法中只为参预立法之一机关耳，其与议院相辅相成之事，何一不关重要，非尽议院所能参预。而谓议院一开，即足致全功而臻郅治，古今中外亦无是理。

关于世界，号称立宪，斯有议院。无论宪法是否由议院而发生，所有议院实必为宪法之要件。换言之，有议院，乃有立宪国也，此亦世界所公认者。论议院之地位，固诚为立法而设，而核其权义，则未闻立法以外非议院所能参预。设如执行政令，而与法律有冲突或违反之时，而谓立法机关亦无能参预于其后，则所立者一法，所行者一法。如此议院，诚不足致全功而臻郅治，然此岂国家立宪之本旨、人民望治之始愿耶？论国体之区别，不外君主民主；论政体之区别，不外专制、立宪。立宪政体虽又有若干之区别，然必有立法、行政、司法三者独立之机关，而其宪法乃能成立。国会不开，内阁未立，新刑律不能实行，裁判所不能成立，三者机关既不完全，而又不惜缩小三权之范围，增加统治之责任，以概归之国家统治权下，以云国体，固巩固矣；九年之内，筹备苟有不备，天下人民皆有立于监督地位而以朝廷为矢的，欲尊朝廷，恐害朝廷矣。详考各国宪法，凡立宪君权国，政策之趋势容有不同，而立法机关要皆不可侵犯，则无或异。且议会有监督行政及监督财政之权，各国宪法皆明明规定。即我宪法大纲，议院法要领，亦曰国家之岁出岁入，每年预算，应由议院之协赞；行政大臣，如有违法情事，议院可指实弹劾。诏墨未干，而乃曰：议院只为立法之一机关，其与相辅相成者，非其所能参预。虽朝廷按期责效，未尝稍涉松懈，窃恐薄海臣民难尽谅矣。臣愚之意，惟与议院相辅相成之事至繁且重，而国会不能不早开放，权限不能不早申明。若为参预立法而设议院，则所谓议院者，只备君主之顾问。无限君权国容有此宪法，非所望于立宪君主国也。相辅相成，不外筹备单内所举列之事。苟无议院以为监督，则无论法令之适合与否，而一经奏定，将如印刷文字之不可变易；无论筹备之实行与否，而一过年限，即如毕业凭照之可必得。虽日派大员考核于外，日召诸臣谘询于上，将皆曰筹备一切尚未完全，人民程度又未画一而已。成立之效尚期诸九年以外，腐败之气已中于九年之中。议院权义不实行，恐积十数年之宵旰勤劳，而仍只做得因循敷衍数字，如汲井然，污泥未尽，而新泉又混合矣。天下人民方日冀议院之速成立，倘闻议院之地位固只如是，朝廷虽日悬刀锯鼎镬于其后，窃恐请愿国会之书将再三渎也。

况以我国幅员之广，近今财政之艰，屡值地方偏灾，兼虞匪徒滋事，皆于宪政前途，不无妨碍。

以上四者，实有相因而至之理。盗贼出于灾荒，民穷所以国困，固也。而其障碍原因，实由版图辽廓，区画无方，大而难理，乱而不治之故。故以四者为宪政前途之障碍，确乎其不可易之论也。然正惟此四者足为宪政之妨碍，而宪法乃不可不速立。欲宪政之成立，而国会乃不可不速开。曷言乎其然也？我国幅员之广，既为前古所无，故官制之密，亦较前古为备，而犹以地广为碍者，何也？谓官不足以副国用耶，而宦海每叹人浮；谓地不足以尽官治耶，而禹甸时忧瓯脱。无亦法制之组织未善，行政之机关不灵耶！当其开拓之初，以华夷为天然界限，以征服为唯一宗旨，而美于占领，澹于生产，且犹不惜岁竭自身之膏血，以供外部之营养，而厚其脂肪，速其痿废。此犹殖民之疏略，失败在于外界，与内政无关，且非更仆所能了澈者，不多具述。即各行省论之，每月政令，非不通饬遵行也，而省有大小丰瘠之别，官有贤否优劣之分。故同一新政也，往往甲省早报成立，而乙省甫议调查；或一奏案也，明明甲省可以主办，而乙省不能援引，以致巧者动诩优先，拙者自安劣败。官吏之眼光，唯在考成；人民之旨趣，安知大体。卒之所谓开通最早之省分，其流弊亦最为烈；所谓风气不开之省分，其故智将终不化。国家政令既已难于通行，人民程度安望其能齐一？以云妨碍，诚妨碍矣，矫之者乃有执中以驭外之说。而主体不备，机体未见其活泼也。惟国会早日成立，各省政治团体乃有所统系，全体行政方法乃有所监督，而其考核进行，可行则行、可止则止之责任，乃有机关为之取决，为之担负。以此新民，庶乎有济；以此责效，庶乎可观。譬之运动之场，场所不虑其广也，只求步法操典晓然于学者之心，而号一出，立正则立正，开步则开步，立定则立定矣。学者之程度非必皆优，教者之声音非必加大，而其规则有定，专责有人，故虽总总林林，不虞其乱。所谓有治法乃有治人也。臣窃念我国幅员之广，欲去其妨碍，不能不早日实行国会制度，建设责任政府也。

我国财政之艰达于极点，此近今朝野上下所公认者。然试问财政何以艰？由民困也。民何以困？由政稗也。国税、地方税，既向无所区别；预决、决算，亦不识为何事。民之纳税也，以出钱为了事，而并不究用财之途；上之取财也，以得财为究竟，而并不穷理财之道。上下相蒙，以卒归于中饱。内部财政，棼乱既已如斯，而阳有赔款之输出，阴有商业之漏卮，外政之失亦达极点。辗转亏折，又无一不加诸吾民之身。朝廷知其然也，故户部易名度支，财政派官监理，日以报部，外销和盘托出，召天下官吏，激发天良。即九年筹备案内，对于财政一方面，亦未尝不加意整理，克期责成。然则财政之艰，正所以激进宪政之速行；非财政之艰，反足为宪政之妨碍。倘恐宪政早成，财政愈困，是直认宪政为绝对无益之蠹政也，何不明诏天下，立予停止，而故为是委蛇，以乱天下心志。臣敢窃随诸请愿者进一解曰：国会者，即国家监理财政之总监理也。财政之艰与否，与立宪问题本无直接关系；国会之成与否，于财政前途则有绝大影响。请愿者不尝曰：欲亟纾内外之交困，必先求上下之大通。国会，人民与闻政治之所，必人民得有公举代表与闻政治之权，国家乃能加以增重负担，以纾国家之难。华侨上书者亦曰；我国无国会以握立法之权，既无民法，又无商法，人民生命财产易生危险。又无国会以为人民请愿诉愿之地，则民情不能上达，例如税目繁苛，关卡留难，官吏剥削，无所控告。此外则交通不便，运输艰难；币制不定，金融窒碍；银行信用不厚，储蓄易受损害；物价不平，市面惶恐；全国实业无统计，经商者无所适从；水火刀兵随时可虑。国家不负保护与赔偿之责，事事皆足以寒商民之心。此虽一部分之言，然无国会以为财政疏瀹，其义一也。臣民纳税之权义，不先解决，而民困终不得苏；民之终困，财之永艰也。而国税、地方税之划分，究以何者为标准，此尤现今最难释然之一问题。此义不决，而财政又终不得苏；财之终艰，民之终困也。民之愿有国会，即实愿有以解决此数问题，而财政能裕，筹备可言，以促宪政之进行也。不然，抱定量入为出一语以为财政大枢，谓遂于宪政前途了无妨碍，臣窃恐国会不开，我国财政之艰将愈不可整理，而上以取盈责诸民，民以轻减望诸国，国与民将归于穷毙而已矣。

地方遍灾，上犹屡有所闻，国之福也，民之幸也。而国家之发帑振济，一闻遍灾，即严饬疆吏，毋令一夫失所。国家之于民，亦可谓尽心焉耳已矣。《传》所谓天灾流行，何国蔑有，帝如放勋，犹有九年之水；王如成汤，难免七年之旱，又何虞于宪政妨碍？朝廷之意，或亦知灾之一字，为国家大祥，而为官吏之大幸福耶？吾见诸州县，有以灾为例者，又有以灾为讳者。吾见诸绅士，有以灾收名者，且有以灾获利者。纳粟为郎，毁家（杼）〔纾〕难，古人有已行之证，朝廷多不次之恩，犹可说也。而试问十数年来，数十百千之蓝翎花翎，红顶白顶，何一非自赈捐局而来？上之收入有几，下之实惠难知，而一般承办赈灾之人，或坐收其益，惯习相沿，几无足异。谓地方遍灾即为缓开国会之一原因，无乃虑有国会，一有遍灾，即有大不利于官吏耶！臣有以知朝意之大不然也，其亦恐民穷盗生，与上为梗。然则其所以解决此问题，已如上所述，可不烦言而解。臣亦非谓地方遍灾，不立宪之国始有之，有国会之国则绝无也。窃见文明诸国，其慈善事业，社团法人，尤较吾国为多，盖其所谓慈善经费，实已加入预算案中。而为保持公共之安全，有紧急需用时，又为财政上必要之处分，于次会期提出帝国议会而求其承诺，与吾国之例灾赈灾绝对不同。臣窃见国会早开，遇有遍灾，朝廷可不闻呼号之声，人民可多得赈助之实，近年海内文明赈捐，是其明效大验。况遍灾之与立宪，实无何等之关系也！

匪徒之滋事，必有其发生之原因。上无道揆，下无法守，贼民兴，丧无日矣，古人明明诏我矣。此问题也，不问匪徒之能治与否，当问宪政之当立与否。宪政当立，则不必因匪徒之滋事而缓行，且当因匪徒之滋事而急成。古今荩臣硕辅，所以陈说于君上者，大抵皆以盗氛出于饥馑，民乱由于官邪，为立言根据。而其归墟主义，则罔不曰：外侮内讧，曾不足为国患，惟内政不修，国是不定，朝野上下，皆存一猜疑震惑之心，窃窃焉如防盗贼，斯适足以召国之变乱，而速其败亡。况近今各省陆军，渐次设备，土匪家贼，何足为梗？所可虑者，匪之巨者耳！革命死党不尝曰以破坏立宪为最要主义，而谓清国之民不应立宪，有请愿国会者且常思狙击之矣。谓匪徒妨碍宪政，是诚有之；若因匪徒妨碍而遽缓立宪，适匪徒所窃笑。鉴之者或谓宪政成立，革党自然消灭。臣则曰：国会早开，匪徒自不滋事。何以言之？民之气患不舒耳，不舒则疾病愁苦，纡郁萦结，无自得伸，而酿为厉气，上则为水旱灾祲，下则为便辟怪戾，而纯非政刑所能征服。国会为一国民气所萃，即所以宣达此民气，利用此民气，而使不为厉者也。况宪政成立，则教育可期普及也，教养不患无方也，保安正俗之内务行政尤可望其克期实行，而驯致夜不闭户、道不拾遗之景象，安有匪徒足为宪政患？然此皆国会成立后事也，如以为未知之数，则筹备单内，皆不可知矣。

本日复面询各衙门行政大臣，亦皆奏称按期筹备，一切尚未完全等语。朝廷按期责效，并未尝稍任松懈，宵旰急切图治之心，当为薄海臣民所共谅。

由此观之，咎不在朝廷，而在有行政之责之王大臣也。预备立宪之诏，颁行已数载矣。筹备单内，何一不关重要？何一不与宪政前途有存亡消长之密切关系？按期责效，在朝廷且未尝稍涉松懈；而按期筹备，各大臣竟自认尚未完全。其不完全之故，是孰使之然耶？设九年筹备期满，朝廷责效程功，而诸大臣依然以是为对，各行政衙门依然如是现象，其贻害朝廷、贻误国家，罪何可逭！即加诸大臣以何等之罪，而国事恐已不可问，国乱恐愈不可治。朝廷之心，虽可共谅；诸臣之肉，将不足食矣。兴言及此，能不惧哉！人臣之与国也，忠诚而已矣，伏读先皇迩年诏旨，何尝不日以此意谆谆为天下告。劝忠一端，屡见条诰，且直悬为国民教育之标准。关于宪政，诸大臣如认为不可行也，何不披犯逆鳞，为朝廷苦口陈之，死力争之？即不得成反汗之功，而或使悟履霜之戒，何必动以程度不及，诿诸人民，又以筹备未全，贻误钦限？知而不言，是谓欺君，欺君则不忠；知而不行，是谓误国，误国斯不诚。群不忠不诚之臣于一廷，而犹日以忠诚望天下，筹备完全，未知在何年月。所谓君主有责任，政府无责任，其现象也如此，朝廷之势岂不大可危耶！如见立宪二字，为世界趋势所必不能违反之端，为国家大局所必不能渐缓之举，而筹备单内，或犹有缓急轻重先后次第不尽适于我国人民习惯、国家情势之处，亦可剀切直言，敷陈得失。如某大臣之考察宪政，而即不惜冒天下之大不韪，以为宪政反对，故缩小议会权限，以巩固朝廷权利。其言虽不经，其心大可谅。若对于国家大政，既无可否，且有责任，是不第为默认已也，而犹惟是阳奉阴违，因循敷衍。夸大者或且以应尽之责为进取之阶，故有号称有数疆臣，尚且以筹办谘议，循据故事，专折请奖矣。试读京外衙门奏报筹备宪政按年成绩，谁非铺张扬厉，实力奉行，何一经面询，而奏称复如是也？虽然，其所面称者，又非尽不忠不诚也。此三年中，各省谘议局幸经一律成立，而官绅程度之问题，上下权限之争执，与夫定章细则之出入冲突，茫茫前路，未知收效如何。至最要者，地方自治之续办，地方税章程之厘订，不知何所依据，而可副续办之实、厘订之义。岂以如是研究，遂谓地方自治有人办理耶？岂以如此分派，遂谓地方税可以确定耶？至人户总数之以团保底册为蓝本，清理财政之以吏胥档卷为确据，司法独立之难也，内外官制之滞也，厅州县之巡警或办或不办、或办如不办也，按其实际，何一不局面大张，把握毫无。以云完全，诚乎未之能信！此非故为周内之论，以詈尽我国人。区区忠诚，亦见内外处势之亟，国民有责，不敢习为虚谀，以害我国家也。由斯以谈，其将何道之从？是又未可概责诸大臣也。其殆权责不专，主任不明，亟当速设责任政府，上所虑者，庶乎有豸。然试问现今时势，能负责任政府之责，不至以中央集权之说，益实行其开明专制之政体者，能有几何？名世不出，大夫犹吾，恐愈乱也，不如其已。然则宪政之预备，是终无从筹办？宪政之成立，是终无所希望乎？是又不然。是在宪政机关早为完备，而庶政自纲举目张，一日千里也。宪政机关，以何为最？则臣不敏，亦惟知有国会而已。天下人民，方据以为请开国会之理由；而在廷诸臣，偏举以为缓开国会之证佐。天下之是非，未有大有悖戾如此者。此臣之所以汲汲不能已于言也。非敢为国会请愿之后盾，实愿为立宪国家之诤民。疵谬之讥，知所不免，爱国君子，纠而正之，幸甚幸甚。谨注。

《蜀报》第二、三期，宣统二年八月朔日、望日（1910年9月4日、18日）

蜀人对于国会请愿之冷落

国会请愿之志士奔走呼号，至于断指流血以求一当者，皆海内之豪杰也，而蜀无人焉，吾为吾蜀耻。

各省谘议局、教育、商、农、工会各团体，鉴于代表团之力弱，纷纷立同志会以应之，僻远如贵州，且遣会员二人入都为代表，而吾蜀阒无闻焉，吾为吾蜀忧。

前熊范舆请开国会时，蜀教育会已奋然动矣，乃戛然中止，至今尚为口实。此次同志会，闻谘议局与教育会于春夏间已自任发起之责，何今犹寂寂耶？得无蜀训为独，固不能群耶，抑蜀中人士其程度固后于他省耶？

吾愿为蜀人者起而雪此耻，吾愿蜀之谘议局、教育、商、农、工会各团体，有提倡之力者，起而释此忧。

《蜀报》第三期，宣统二年八月望日（1910年9月18日）

对于谘议局联合会之希望

选

谘议局联合会已闭会矣。会期不过二十日，所议决重大之议案已有数十起，记者于此不能不服诸君之心精力果。虽然，今日时局迫矣，政府无可属望，所望者唯民党之活动耳，而诸君者又铸造民党之模型也。故无论今日之资政院、谘议局，及将来之国会，皆将于诸君是赖。诸君而果自懔其责任之重，纵横扫荡，以开民党活动之先声与？抑自甘于沈寂暗淡，仅一会议毕，乃责与其亡。其亡系于苞桑，今日中国之存亡，系于诸君矣。用敢述其所希望于诸君者，以为诸君告。

资政院者，以互选议员为中坚者也；而互选议员，又皆各省谘议局所选出。然则即谓为诸君所举出之代表，亦无不可。今资政院行将开院，所谓王公世爵及纳税多额议员，人既稀少，议论必无力；其足与互选议员立于反对之壁垒者，唯部院司员及硕学通儒两项议员。彼其人者，初非国民之代表，而政府之代表也，故其议论必偏于政府。而代表民意以与政党坚持者，仅此互选议员而已。互选议员而胜，则资政院不至尽失议院之面目，即民党之气得以少伸。虽然，为互选议员之后援者，非他人，即今日联合会诸君也。考联合会之内容，对于互选议员，似取拘束主义（如国会不开，不得承认新加租税之类），而其拘束力之强弱与否，视其后援力之强弱与否以为衡。如今年不提出预算，政府不早开国会，互选议员所以应付之者如何？谘议局所以策其后援，以应付互选议员者如何？凡此皆宜筹一专一之办法，俾互选议员与联合会息息相通。此其希望于联合会者一。

政党者，议院之先河也。今吾中国议院之形式毕具，而无政党以训练之。聚群盲于一室，鲜有不偾事者。矧地方党派太多，则国家涉于纷裂。今日吾人方就一省之事而研究讨论之，恐渐成异日之地方党派，适以破坏国家之统一。故地方党派者，偏于一省之利害问题，而国家党派者，注重全国之共通问题，二者之性质之既不同，而其作用亦异也。今之联合会者，则颇具国家党派之雏形，而脱离地方党派之习惯者也。吾国人士向以交通隔绝之故，其眼光所注仅及于一省而止，一省以外非所计及也。故将来开设国会之时，必有以一省之小问题而纷呶不休者。以二十二行省之大，使仅注重于一省，而置全国之利害于不顾，则合之适以离之矣。故吾人之所主张于国会未开之先，必有一类似政党者，以铸之型而作之，则俾其沈浸钻研于其中者既久，则将来国会一开，旗帜鲜明，庶不蹈小党林立之嫌，而启国家分裂之渐。若今日之联合会，则适合于此种政党之作用，推而广之，引而伸之，俾翘然有以自异于众，为一有主义、有纲领之政团，吾可断其全国之党派，皆将屈伏于其下矣。此希望于联合会者二。

呜呼！吾之希望于联合会者不止此，而其大要则毋过是。比年以来，吾国生气垂尽矣。国愈危，势愈急，而士夫之沈溺酣迷者愈甚。其一二天良未泯，不忍扬波掇醨者，则相与感时抚事，仰天呜呜，以寄其胸中抑郁不平之气，以为吾侪生不逢辰，宁速死耳，安能俛首低眉于斯世，求所建白。于是，朝野上下无一稍有组织之团体，无一稍有力量之言论，国是纷呶，莫知所届，曾无一人焉为之匡正者。呜呼！循是不变，岂特政府亡我，外人亡我，即我国民亦有自亡之道矣。乃于国脉垂斩，人心垂死之际，忽有谘议局联合会之发生，萃二十一行省人之聪明材力，以研究国家对内对外之政策，俾政府有严师，资政院有畏友。虽初次结合，容有未尽满足者，而七日于菟，气已食牛，经此次之锻炼淬（厉）〔砺〕，吾知后日基础之巩固，声光之发越，举于此会基之。勉矣，诸君！余之希望，宁有涯乎！

《申报》，宣统二年八月十八日（1910年9月21日）

第二次忠告国会代表

省庐 来稿

呜呼！今日之中国，一将亡之中国也；今日之时势，一垂危之时势也。人非病狂，孰好此危言刻论，以耸动天下之人哉！盖前途茫茫，后顾岌岌，危机惨状，大有不可终日之势。时愈去而愈远，势愈下而愈卑，若不早图，噬脐何及？人皆知波兰、印度为世界之亡国，而不知亡国之惨剧已在目前，而及于吾身无限之危险。于是发现，此所以国会代表不得不为卷土重来，再接再厉之举，而杞忧之士亦不得不再援泰山土壤、江河细流之例，刺刺不休也。

今之时势，国会开则存，国会不开则危。试为代表诸君详述之。韩国始为我国之藩属，继受日本之保护，今竟隶日本之版图，奄奄就死，永无转圜之日矣。最可慨者，惟神明帝胄、地大物博之中国耳。譬之临刑之人，固深觉其苦楚，而待刑之人对此景况，益觉有无限之悲，感凄凉萧条终身之可惨可痛者，孰有甚于此者乎？韩国之亡，实为殷鉴。风潮狂播，我当其冲，不知我国民之感情为何如也。墨子云：君子不镜于水而镜于人。镜于水，见面之容；镜于人，则知吉与凶。吉耶，凶耶，代表诸君其知之耶？不然何延宕至今，因循若是也？昔各国以保商为急务，深恐兵连祸结，有碍商务之发达。吾国民方冀此苟延残喘，藉以少安焉，而无知之徒又以列强共争一地必启争端，故迟回审慎，不敢轻发之说，用证瓜分中国之谬误。呜呼，何其愚欤！旷观世界，纵目东西，彼则协商，此则协约，于雍容礼让之中而定豆剖瓜分之策；不发一兵，不费一矢，而陈平分肉之计已商権于杯酒樽俎之间矣。今则日俄协约成而蒙古、东三省之势危。蒙古、东三省不足惜，所可惜者，瓜分蒙古、东三省之计，即瓜分中国之前提也。一旦实行，虽欲偏安一隅，退守十八行省之土地，岂可得乎？吾恐英之旗将高悬于长江流域矣，法之旗将飘扬于黔、滇诸省矣，德据于鲁，日盘于闽，俄周旋于燕赵之间矣。当是时也，尚欲要求国会，请定宪法，亦将如波兰之于俄，印度之于英矣。吾不知代表诸君将为现在中国之国会代表乎，抑为将来中国之国会代表乎？诸君当知所从矣。言念及此，不寒而栗。此第三次之请愿所以不容已也，国会之开幕所以不容缓也。

今者各省绅商各界致电于京师代表团者络绎不绝，愿代表勿出京，继续第三次国会请愿。噫，情恳意切，期于必成，国民之希望于诸君者，抑何厚欤！且前次请愿之无效，由于枢臣之力阻，其中之极力反对者，世中堂也；草诏而拒绝国会者，吴军机也。今则皆退出于军机处矣。吾以是知第三次之请愿无横生之阻力，有成立之希望，天假良机，此其时矣。况继世、吴之后者，一为主持国会之朗贝勒，一为赞成国会之徐中堂乎。去其阻力，是天予进行之路；增其助力，是天开立宪之机。若不速集同志要求国会，非特有负于国民，亦将抱愧于天矣。顺天者昌，逆天者亡，愿为代表诸君诵之。昔张伯烈之为鄂路代表也，激昂慷慨，奋不欲生，终日盘桓于邮传部、徐相府之间，卒邀鄂路商办不借外债之效果，赍归乡里。前事不忘，后事之师，代表诸君视为模范可也，即视为国会代表之前驱也，亦无不可。时乎？势乎？诸君其念之乎！

嗟嗟！南洋侨民驱入荷籍，势甚凶暴；檀香山、南北美苛例未除，且更增新例，以扰害生活。万里投荒，含垢忍辱，未尝不时时企望祖国早开国会，或可脱羁縻于万一。其设立之自强会，数年前已陆续成立，其爱国之诚，望治之殷，更有切于内地之居民者。代表诸君不欲再请开国会则已，苟终始弗懈，继续请愿，惟有联络各地志士以为众擎易举之计，趁时势以请求国会，集血诚而感动天听。国会之开，可跂足而待，黄龙痛饮，当与诸君共约耳。

《大公报》，宣统二年七月廿九日（1910年9月22日）

评赵牛两君之血书

吾国危急至此，凡稍有血气者，类能知之。特志虑之纯，魄力之伟，肝胆之侠，不及赵、牛两君。故因循苟惰，喘嘘叹息，徒叹国事之无可为，而不能激昂奋发，以图一逞耳。今两君而能忍痛扶创，振臂一呼，则全国必将闻风兴起。记者目击两君操刀自割之时，五中股栗，魄为之落，饮泣良久。极目天地，皆增悲象，其敬爱两君之心，可不言而喻矣。但有拙见，不能不为两君及多数志士告者。盖今日吾国人，无论朝野上下，知非开国会不能救亡者极多，故即开国会一事，今日确将实行。吾侪今后所应研究之事极多，非有卓见远识不能解决，至如国会一层，不过其发端耳。国中各志士，正宜振刷精神，以图后效，不宜妄自戕生，使国家元气逐渐凋丧也。夫谓必流血乃能立宪者，此十七、十八世纪之言，在十九世纪以后，则世人皆知国会之利益，君主、贵族、官僚反对此事并不甚力，故人民亦不必大倡流血。若夫吾国近情则更不同，事事皆可亡国，即事事可以劫制政府，使之从速颁布宪政。愿国中志士，深自爱重，不可过趋于悲观也。

《国民公报》，宣统二年九月初六日（1910 年 10 月 8 日）

再评要求国会之血书

记者昨日曾有评语，不欲国中志士自戕其生，过于悲观，谁知今又有血书两通颁来耶！在各志士之意，以为非流血不能立宪，此种言论果尽适于今世纪之情形否，记者昨日亦曾论及之，今不必复辩。然各国人民因要求立宪而流血者，皆系与政府横战，至万不得已之时，或竟甘心杀身为他种爆发之举，或不幸为政府所捕戮伏诛，皆系直接的，积极的。今吾国志士自动的割臂、割股、断指，且系对于代表上书而有此举，此所谓消极的，间接的。此与各国人民流血之异同也。鄙意以为，吾国政府并非如各国之横暴，且今日资政院已具国会之雏形，国会亦大有动机，诸君何必胶滞陈迹，斤斤流血耶？如诸君以为国会非即日速开不可，则径自联合各地方人民，向资政院与政务处或都察院上书可也。如各机关不收受请愿书，或收书之后而不奏陈，或奏陈无效，诸君再作计较可也。诸君其细思之。记者敬重诸君心挚，故爱惜诸君之泪血亦如珍宝，苦告诸人，毋轻自杀。

《国民公报》，宣统二年九月初六日（1910年10月8日）

诘问庆王

王为军机领袖，当今日责任内阁未成立之时，以王之地位言，今日负政治上之责任者王也。昔日之军机犹可曰不负责任也，今则明明采副署制度矣。所谓副署者，非仅署名于敕尾，即可诿曰无事，盖实表明责任所在也。今国会问题实全国政治上唯一之问题，且即为促内阁成立唯一之问题，则国民之欲陈诉于王者，亦固其所。乃前二次之请愿，王固延见之，且极表明赞成之意，及诏旨明发，乃大不然。天下固有以知王之无意国会，以其阳与而阴夺者欺天下人也。虽然，王一日为军机领袖，国民对于王希望之热心，一日未死。意王于密勿论思之际，或有足以启沃吾监国之圣心，而决然与民更始者。故第三次请愿，乃欲见王，一吐其款款之愚。不意王拒而不纳，求一望见阳示赞成之颜色而不可得。虽然，天下唯患伪立宪耳，若真专制，则固吾人所欢迎者。何则？其激之者愈甚，斯其应之者愈力。比年以来，吾国唯困于此种无刺无非、不痛不痒之伪立宪，廉耻坠地，生计日蹙，愈迁延而愈无可恢复。今王果反对国会者，不妨表明意旨之所在，将各代表逐之，辱之，诛之，僇之，则吾国民受王之赐者，实远过于今日无刺无非、不痛不痒之政体也。若犹是虚与委蛇，既非赞成，又非反对，似迎而实(距)〔拒〕，似即而实离，玩弄吾国民于股掌之上，区区代表数人，诚不足当王之一碎；但恐中国之大，人民之多，王能一一玩弄之乎？王能一一取而碎之乎？

且今距二次请愿才数月耳，事变之亟，迥非数月前所能逆料，则数月后事变之亟，又岂今日所能逆料。必待九年，吾不知是何心肝。人情莫不乐生而恶死，彼断指割臂者流，岂诚无所痛苦，亦以心痛者之有甚于身痛耳。今日唯国会问题(县)〔悬〕而未决，故不惜自戕其身以待成立，异日国会竟成绝望，吾恐怨毒之所泄，不于其己而于人。故今天下万事皆绝望，枵然待毙，其有一二人心未尽死者，恃国会问题耳。一旦并此而死之，则王虽欲安立于庙堂之上，岂可得乎？今日代表诸人，所以出万死不顾一生之计，以与王争持者，岂有所私利存于期间哉，毋亦以国亡而政府不得独保，救国即所以救政府。今王必曰国会者所以利民，而非利于政府，则王亦思政府所与立国者谁乎？藉曰仅利民不利政府，犹将忍痛谋之，今乃民与政府交利而不之为，抑亦勿思之甚矣。

故国会者，利于皇室，利于政府，而兼利民者也。有国会则犹可收拾未尽死之人心，奋臂以图一战。若吝而不与，则祸变之亟，非所忍言。今日开国会，利害暂勿论，即此收拾人心一端言之，已足抵万害而有余矣。吾日夜望王之幡然改计，而共图国会也。

《国民公报》，宣统二年九月十二日（1910 年 10 月 14 日）

请愿国会最近之意见

诤 民

自预备立先之诏下，而吾国人民少有法学常识者，憬然于宪法一端，为国家之根本。自预备立宪之事艰，而吾国人民具有爱国热忱者，益恍然于国会一事，为立宪国家根本之根本。迩岁以来，请愿国会之举，乃大发现于我国。其所为陈书立说，奔走集合，相约结为政党，务蕲其说之早效，人无文野通塞，皆若视为现今必要之大政，而不可须臾缓者，人之毁誉，事之利害，皆所不计。事虽未成，未始非吾国人世界智识、国家观念锐进之热度。盖进步非一蹴可跻，事实以鼓吹而成，事体之愈重大者，其见诸贯行愈多艰阻，有断然者。不能以未邀俞允，即指为不适于国家之举动，而益当激励血忱，以竟其有关于宪政之急图。英之议院政治，亘数百余年而乃成。法之立宪政体，经三次革命而始定。日本宣布略早，成立稍易，故其体例亦较严密。梅谦博士曰：世界各国宪法，有由流血得者，有不由流血得者，概括言之，皆可谓自流血换来也。梅氏之言，不必教人以流血铸国会，而宪政演进之历史大都如是，无可逃也。然则国会之旨，既已莹若晶球；请愿之书，又皆快如并剪。朝野上下想共见之，尚何有未尽之意见，足以动人闻听。虽然方舟激湍，动辄危机，苟方针不定，则潮汐万变，随时随地皆有一不可度测之现象，以环逼吾前。若谓此现象已早在料者计算之中，无竢呼号，扰人心志，则是忍其亡，速其险也。

请愿国会书第一次、第二次不尝曰：关于外交，不可不速开国会。当是时也，吾国一般外交家习于秘密、退让两义之中，或犹以为激进者流，故为危言以悚上听。即在吾辈一般普通观念，亦以为外交之棘，未必若是其亟；国会之义，未必若是其广。持论虽正高，推验恐不确也。不意数月以来，乃有日俄协约之发现，吾政府惟是循例承诺而已。迹其协约之发起，固已非始自今日，察其表见之条文，亦未见若何失败。然吾辈以极秘密之睦谊，缔结此极和平之条约，其目的各有所专注，其手段愈觉其难知。而日、韩、俄、蒙早为其条约之实质，无可讳言。且此约一成，名为保持远东之感情，实必惹起欧西之视线。默观大势，无待蓍龟，中外报纸已纷纷有英法协约发见之拟议者，外交前途亦大可知。然使国会召集在此条约发见之先，非谓中国有国会，即可使外国无协约，且非必能以吾国之国会，解散他国之协约，而使之俯首听命，闻名丧胆也。不过欲慎重国际交涉，保持国家权利，必有完全国会以为责任政府之后援，此世界所公认之理论，各国有已行之事实。请愿之言，既已不幸而中，再上之书，愈当本此立言，不必为前言之证掠，而实为新生之问题。所谓鉴于日俄协约之发表，国会更不可不速开也。何以言之？外交者，立国之本也，前事不忘，后事之师也。吾国自鸦片觉起，远揖哲人；马关盟寒，近贡同种，外交上之种种失败，固已指不胜屈。其弊固原于不明国际法，其源实由于不立国内法。日人野村浩一曰：各国皆尽力经营，欲得其利权，殆有不可遏抑之气概。回顾清国现象，无改革之勇气，乏雪耻之锐心，妄自尊大，鼾然酣眠。文臣爱钱，武臣惜命，颓风所煽，举国靡然。吾人预想清之前途，茫茫税驾何所，不禁俯仰天地，长太息而不忍竟言。外人之眼光犹若是其专注，试一读最近东亚外交史，而不胜其反顾流涕矣。语曰：奉法者强则国强。非以能修明内政，即为完善外交耶。而法政之最要义，孰有如国会问题矣。盖外交虽属内政之一部，而非枢纽机关，实全隶于中央，而中央政府按诸法理，又无一不取决于同意。国家者，集三要素而成，此主义也，人尽知之。然则有国家，斯有主权。国家主权，君主与人民均不得而私也。国会虽不能行使，国会之权义显为外交之主体，而国会自当利用政治团体之资格，隐为外交之后盾。此等主义，迹或邻于夸言，时亦广收实效。近年外交史上，唯铜官山一事，差强人意耳。且有一国会而外交偶有失败，人民亦可相谅，政府之责任自明，朝廷之疑谤亦少。由此以言，鉴于日俄协约，不可不速开国会，非现今最近请愿之的论耶。且不佞之意，非谓国会一开，协约即止，前说既已明之。实见于日俄协约成立，吾国内政所亟当成立者，又皆赖国会以为促进。而立法机关，立国根本，尤不可不早明定。所谓权限之说明，军备之设置，亦请愿者所当注意者也。国之所立，唯法与力耳，入其国而无一有根据之法典，可依赖之军队，其国将不国，而何论宪法成立之迟早，国际交涉之困难。即尽数年之时光，竭万姓之脂膏，恐亦不免聚铁九州岛，铸成大错，而反叹立宪二字可以亡人国家。是不可不察也。

宪法由议院而出，议院由宪法而生，此属于国体问题，不必具论。而君主宣布法令，必经议院协赞，议院编（篡）〔纂〕法典，必呈君主裁可，此立宪国之通例也。吾国法典不知尚须经何阶级，用何手续，始克成立。查本年二月，宪政编查馆奏行政事务宜明令权限，酌拟办法，折内深虑行政机关为立法所操纵，一若立法之基既具，行政之权立败，优劣相形，势必以议院操纵政府，而君主立宪即破坏而不可收拾者，此与五月二十二日谕旨同一主义。呜呼！是何其虑之密也。第恐诸臣之用意愈深，朝廷立宪之旨意愈晦，国会如不早成，国是且将不定，将益无以示天下以大信也。宪法者，由人类共同生活保持秩序之意思所发动，而于国家统治权范围内所定之一种根本规律，简言之，即政府与人民之约束也。故无有无责任政府，而宪法可以实行，即无有无立法机关，而责任政府可以成立。凡立宪国，无论采用何等政体，习用何等宪法，人民对于国家总须发表意见，政府对于人民总须负担责任，而上下君民之间，实必赖有一机关为之枢转，而所谓政府与人民相缔结之宪法，乃有效方。国会者，即一面对于政府使负责任，一面对于人民而为代表，实为催促宪法成立，催促宪法进行之主要机关，立宪国家根本之根本也。一言以括之，无国会，立法权限终不分明，行政事务终难确定。即使三权可分，大权统治，而所为政体恐终不脱夫专制。民谨案：拟进宪法大纲筹备事宜折内，必以议院协赞立法以保障臣民权利义务之义，愿请愿者持此以进，恳国会早日召集，国家立法之权乃有把握，天下人民之心乃有适从，而立宪制度乃得完全，筹备事宜乃非虚语。三权之界限既明，九年之事业自举。不求今之请愿国会书之速效，唯乞昔之宣布立宪诏之实行而已。

伏读宪法大纲，君上统率陆海军及编定军制之附注，君上调遣全国军队，制常备兵额，得以全权执行。凡一切军事，皆非议院所得干预。此尽采取列邦宪法，而取效德意志帝国。立法之意，为多兵以权谋为上，不能尽召国人而谋之，固也。然所谓军事者，战时之机变，若夫训练之得失，费之盈绌，此人民利害与共，休戚与同，最密最切之关系，岂亦永远不得干预耶？我国陆军规制，宣统四年当成三十六镇，而现在成立仅得半数，预计经费尚差七千万以上。一切秋操、考阅诸意外费，尚不止此。若果日起有功，再接再（励）〔厉〕，亦未始非经武图强之至计。然吾窥见夫今之新军矣，大河以北以兵立国，其人民素号激昂，故其形式大备，而精神亦渐有可观。南省民素孱弱，征募之初，文弱少年心醉军国民资格，而复迷信出身之说，争愿投身军界以图展布，然力既不胜，性复无定，而自由平等诸说则最易输入。故革命之军，酝酿于宁、苏，发动于皖，再起于粤。军界变乱，半出东南。上年长江之变，幸未燎原，不然萃南北之精勇于一隅，太湖牵动，江皖坐败，不得以寻常盗弄潢池者概之也。由是敌防新军，如防盗贼以外，边瘠各省，愈广其束缚主义，以为压制之具。而古人兵农合一，外人兵民合一之意，又复寖失。人以兵防敌者，我反以兵防兵，而且甚于防敌，是非国家之福也。毋亦国民之教育尚未普及，征兵之制度尚须研究，与其名征实募，使民不愿兵，如何先教后战，使兵皆为民。而练兵之道，练将为上，尤古今中外颠扑不破之道。今之新军之名誉，则今之轻薄少年、不学无术之将领误之也。此由陆军一部分，军制一端，且须别为论说，始能详尽。至于逐年递进陆海军经费之担负，则无不直接间接以加诸吾民之身。执纳税当兵之义务，以绳吾民，民复何言。然民之愿有兵也，以兵之有利于国，而非意兵之有害于我。即国之练此兵也，亦以兵之有益于民，而非意兵之有损于国。如一家然，所恃以捍卫门户者，而已为堂室之患，犹复限制子弟之入告，亦甚非计。且战事终了，条约发生，关于国内政治则有法律性质，关于国民经济则有利害关系，军制之成败犹第二问题，军饷之负担则最近要义。倘非早日召集国会，早日通过孱弱之余，谁能堪此大役也。虽海陆军大臣之所规划者，不能以国会而中辍；财政处诸臣之所派定者，不必以国会而减少，而兵所以卫民，民所以养兵，国计民生，均需熟悉民。愿请愿者持此以进，庶现在之军队，或得根本之图，未来之海军，或无覆辙之患，皆将于国会系之。人民当兵纳税之权义大明，而所以保障权义者，自无障碍，数十条文，乃有实行之效；九年筹备，乃无反抗之虞。急切之忧，似未可以阔而息也。

《蜀报》第五期，宣统二年九月望日（1910年10月17日）

论资政院与速开国会之关系

国会之开，为世界立宪国之所同，而不可或缺者也。若资政院者，则中国于筹备立宪时之所创设，以为独有者也。故中国志士，心乎实行立宪，非认真筹备不可。对于资政院，则以为无关国会事，仍相与组织代表团，固以速开国会请愿上书，至再至三而不惮烦。审是资政院与国会，其性质各别，其组织也不一，论其权限，亦大有所不同。虽曰资政院之设，所以立上下两议院之基础也，然而资政院开幕之日，原未经宪法之宣布。若反之国会，则须俟宪法宣布，而后始行开幕典礼也。且其基础之坚固与否，资政院与国会二者，尤不可执同一之论以相绳。呜呼！此请愿速开国会者之所以固请而不惮烦也。

〈曰〉虽然，资政院之开幕，非亦先召集议员乎？任重资政院议员者，果真有势力，果真具热诚，同其趣步，一其进止，经验虽未甚富，而精神则振；学识虽未免或绌，而意气则联合于无间。以此使政府诸当道敬重其议事之进行，所有议决之要案，则必不敢背违之，又不敢破弃之。若是就事实上观，资政院与国会亦等也。即以资政院谓一种国会，亦无不可也。资政院议员之所期望、所自任者，须在此要点。

然使由政府一方面观之，不谬于成见，不囿于故习，果真知时事之艰，力任其难；果真知尊重宪政精神在实行，不在虚文之拘，则虽宪法未定而犹之一定也，资政院虽视国会不同而犹之同也。能敬听资政院议员之言，能遵从资政院议决之法律，由是行政部与立法部，互相和衷，互相协力，互相推诚，共以国务之进行，引为切己之责。如此于事实上，谓政府特行一种之立宪政治，实效果能收，固亦无不可也。政府大员之所期待、所注重者，又应念在兹。

试举二者思之，资政院之实力，当如何扩充乎？政府之对待资政院，当如何敬慎乎？国会之速开也固所愿，拟之不速开国会也，亦不过形式上之差别耳，于事实上，则无甚差别也。其谁曰非与？若不从事实上言，即开国会，视资政院，究有何益？

或曰：如子之说，国会速开，固不得谓不可；即不速开，亦似无不可者也。答曰：然。国会不速开，自无不可，以政府与资政院两相协和也。然今者希望速开国会之声，夫既已充塞于海内，舆情公议，已早决定。资政院议员对兹，既愿其速开，而拟为之决定，则政府之中，又胡为乎不遵舆情公议，即请旨于朝廷，谕令速开国会哉？夫政府之中，若已深知注重宪政之精神为主要，视资政院犹之视国会，然则国会速开一日，即所以一日尊重宪政之精神也。国会请愿代表之所切盼者在此，国家之所赖于实行宪政亦在此。吾故曰：政府必应速开国会也，而又何疑乎！资政院议员，想皆各持其主见而不挠。

《顺天时报》，宣统二年九月十六日（1910年10月18日）

三次国会请愿之感言

无　妄

神州岌岌哉，时局荒荒哉，迩月以来，日日震颤于我耳鼓者何乎？曰：国会！国会！日日闪烁于我眼帘者何乎？曰：国会！国会！日日涌现于我脑海者何乎？曰：国会！国会！内而亲贵以及识时之大臣，拟联合研究，力图献替者何事乎？曰：请愿国会！请愿国会！外而各省督抚方函电纷驰，联衔吁奏者何事乎？曰：请愿国会！请愿国会！近而直省人士大张旗帜，环谒长官者何事乎？曰：请愿国会！请愿国会！远者海外华侨各举其秀，纷纷内渡者何事乎？曰：请愿国会！请愿国会！诚毅如代表奔走号泣，请谒于大老之门者何事乎？曰：请愿国会！请愿国会！激烈如学生割肉剁指，喋血于京华之馆者何事乎？曰：请愿国会！请愿国会！猗欤休哉！第一次、第二次之请愿未有若斯之盛也。

夫前次请愿之屡遭拒驳者，虽由于顽固政府之阻挠，然其所以蒙蔽朝廷，借慎重以文其倾危者，犹得曰将以次第筹办也，今则世变日亟，有不容我雅步矩趋之势矣；犹得曰国民之智识不齐也，今则云合影从，几几乎全国一致矣；犹得曰国会或仅利于民，而未必利于官也，今则内外有识之大臣联袂而为国民之后援矣；犹得曰国会或仅利于一般之官民，而未必利于皇室也，今则天潢贵胄登高而为国民之表率矣，群疑尽释，阴霾难翳。以我圣上之亶聪，监国之明决，吾知此次请愿书上，必能使宫府之地怡然涣然，知国会之有造于邦家，至今日而万不容以再缓，爰体先朝庶政公诸舆论之旨，涣汗大颁，使吾民早见天日，而深宫宵旰亦得以稍驰其忧勤，断不致靳此数年之期限，坚持到底，以一人之意见拂四百兆之人心，而遗弃我民如草芥矣！

虽然，朝廷之未尝反对国会，固早为薄海所共谅。近来外交之益形危迫，内政之愈见腐败，早在圣明洞鉴之中，此次请愿各书又皆剀切敷陈，洪纤毕具，其足以回天听而邀俞允，诚意中事。所可虑者，彼佥壬之徒，知国会早开将无所施其炀灶之手段，而专制政府之淫威不容于再逞，于是起而尼之，借口于先朝成宪之难更，以耸动监国。浸假而一纸诏书，婉词劝解，俾吾以全国人民之血忱，换政府数行之文字，是则吾民所欲哭无泪而深冀幸言而不中者耳。夫此次之请愿，不啻全国人民之请愿也，若仍不得达其目的，则咸晓然于立宪之虚伪，国会未必有开设之一日，势将人人丧气，人人灰心。民疑其上，一变其沸热之真诚，而为冷淡之态度。革命党且得利用其时机，相为鼓煽，则各省不逞之徒因是蠢动，而大局立见其危。迨至乱象已成，始幡然萌悔祸之心，则天下之所失者已多，而元气愈蒙其斲削，何如于未乱之先，亟为收拾人心之计之为得乎？《书》有之曰：民心无常。又曰：民罔常怀，谁秉国成。其念之哉！

《大公报》，宣统二年九月十七日（1910 年 10 月 19 日）

评奉省人民之国会热

呜呼，奉省人民受外患之激刺最烈，而其忧亡之心之中于人人之脑者亦最强，故一闻请督宪代奏速开国会，表同情者已达万人以上。呜呼，真不愧国民哉！中国有如是之国民，又岂畏不能救亡哉！今各代表三次请愿书已上矣，政府岂尚效第一二次之却下乎？（亦）〔抑〕姑予缩短二三年之期限，苟且延宕乎？然闻代表团近日之决议，谓如此次不允所请，则必就死于政府之前，掷数十头颅，以购此救亡图存之惟一良政治。若果然，则无论政府若何冥顽，万不能不允所请。倘或不允，吾知中国二十行省人民，必有数十万人群赴阙下，以死请者。至时，政府又将如何？

《国民公报》，宣统二年九月十九日（1910 年 10 月 21 日）

驳江督反对国会与责任内阁之电文

无　妄

自升允以阻挠宪政罢职，封疆大吏不敢以似是而非之〈非〉立宪论淆惑朝野之听闻者，已一岁有余。其贤者方且踔厉发扬，力图进行之策；其次则按部就班，为印板之预备；又次则心存观望，敷衍搪塞，以饰筹办之面目；其尤不肖者，则亦只诽于腹，逆于心，或窃窃訾议于私室，一面托词推宕，以求免大廷之斥责，终无一人焉，大言炎炎，为极端之反对者。诚以先朝贻谋之至善，监国奉行之弗讳，赫然一怒，大憝斯去，故能举天下顽钝腐旧之辈，莫不褫其魄而关其口也。张人骏何人？独敢昌言无忌，冒天下之大不韪，干朝廷之严谴，而奋其顽固之头脑，俨然祧升允而为继起之师，如通电各省督抚反对国会与责任内阁一事，殊可怪焉！

吾既异其人，怪其事，继思张夙以腐朽闻，其反对也亦未足为大怪。但彼必有万不得已之苦衷，据其无理之理，足以耸动人之观听者，始掀然而起此大波。及一观其通告之电文，而乃哑然笑张之知识，固犹远出升允下万万也。其言之支离灭裂，固不足当识者之一哂，而亦无吾人研究之价值。特今之贤大吏，对此二事方极力提倡，函电纷驰，相与集思广益，谋合群之奏请，赞成者已居泰半。顾其中有定识、有定力、能真知国会与责任内阁之足以救亡而急不可缓者，实不过三数人，外此皆因风杨柳、随东随西者耳。此电一出，在三数明决之大吏自不至被其簧鼓，而多数碌碌因人之辈，保无有瞻顾彷徨，且或窃许其实获我心，因而退缩不前者。则一群之势力既减，而三数贤者愤瓦釜之雷鸣，恐黄钟之毁弃，因是以短气灰心，是则大可惧矣。用取其言之尤谬妄者，驳而正之，则亦吾人息邪说、放淫辞之天职焉耳。

按原电约分四层意思，第一言国会之弊，第二言责任内阁之弊，第三言东西立宪国仍无异专制政体，第四言彼自有救国之策。总之，则谓立宪政体万不宜于中国而已。请分段而评论之。

先言国会。国会之设，为上下交通，共肩国是之机关，而非为国民专与政府为难之机关，乃曰“中国向以静谧为治，轻征薄敛，与环球各国不同，本朝仁政至为不扰”。夫以国会为扰民之举，其说已极离奇，而“静谧”二字尤中国病根所在，驯至今日，索索无生气者，胥是之故。顾反津津道之，以为治道之盛，殆犹虑黔首之不愚，将使之复其榛狉而后快乎？至以“轻征薄敛”四字无端嵌入，尤为不伦。以今日之敲骨吸髓，而尚云轻征薄敛，其将谁欺？既有国会，何虑无政党之可言？既有宪法，何为鲜公理之可据？既为顺则之良民，何致于嚣张鼓煽？乃轻轻用一“聚”字，用一“使”字，隐然以酿乱之罪加之奏请诸公之身。异日国会果开，不幸而小有冲突，彼且袖手而笑曰：“吾固早知其不利于国也”，更振振有词矣。且也人民之有要求，以有担负也，苟无担负，奚事要求？脱诚有要求而无担负，政府应之、拒之，无乎不可，曷为而应之不能，拒之不可乎？且所谓尔时政府果为何等政府乎？度彼意中，俨然以万年不坏之老政府自待也。若“上下争，民心去”等语，声口虽甚危耸，然世界只有开国会以结民心之理，断无开国会而民心益去之理，遁辞知其所穷，斯尤不待驳而群知其舛谬者矣。

次言责任内阁。内阁为执行政令之机关，非为对付国民、挟制君主之机关。且内阁虽与国会为对待之物，而组织内阁与人民程度之齐不齐、选举法之备不备，又有何涉？且齐不齐、备不备之界说，又以若何之分寸为标准乎？剽窃时说，羼杂错乱，与醉汉梦呓何异。至“骤开国会，政党从违，道谋取舍，既鲜的评”云云，上文方说无政党之可言，此处之政党究何自而来？区区数百字中，而前后矛盾已数之不尽，其妄可恶，其愚亦殊可怜。又谓“善者措理无从，不善者出其权位资财，勾结党援，势倾人主，萧墙之祸，何以御之？”彼直以为，内阁总理可玩弄君若民于股掌之上，而大臣之任其职者，必将为操、莽之所为。是内阁总理之地位奚若，职务奚若，权限奚若，丝毫未经梦见，而顾谬焉以专制朝之权奸拟之，谬孰甚焉！某报载，该督对苏抚云：“吾始终不知国会与责任内阁为何物。”由是观之，诚哉，其不知为何物也。

第三段之语意最为无聊，而矛盾亦最甚。如云“查东西各国如英、德、日本立宪政体，兵权、外交，国之大事，悉操于君主，是主脑仍属一人”。夫兵权、外交操于君主，岂独英、德、日本为然，世界立宪国殆无不然。无端加入“国之大事”一语，又硬栽一个“悉”字，则范围之广漠，漫无界限之可寻。一若立宪国之君主，事事躬亲，而独断独行之权，且更甚于专制时代也者。故云“以中国今时情势，谓一有内阁，朝廷遂可无为而治，不负责任，窃未敢以为定论也”。吾姑不责其说之不经，试如其意以诘之：内阁设立之后，责任既仍在朝廷而不在内阁，则尔时之内阁仍不过如今之军机及大学士，专司传旨票拟而已，又安能勾结党援，势倾人主也哉？

更进而叩其鄙意之所在，则“地大物博”等语已极浮泛无当，其云“为今之计，应就宪政预备事项，删其所缓，致力所急”，则似驳筹办清单之失宜，而又不敢明言。夫清单之乱杂无章，固早为识者所指摘，特其中缓急倒置者，所在而有，若其缓而可删者，则果何所指耶？及观其不外饬吏治、兴实业之语，乃知凡清单所列，无不在缓而可删之例矣。是“斟酌缓急”特其饰说，而推翻宪政乃其真相也。且吏治何尝不当饬？实业何尝不当兴？今试问江南之吏治果饬也？否耶！江南之实业果兴也？否耶！吏治之黑暗腐败几甲全国，而实业之旷废依然，曷为坐而言者，不起而行耶？其亦知吏治之饬、实业之兴，固非先有国会与责任内阁，必无成效之可言耶？

总之，张督虽有升允之思想，苦无升允之智识，升允所反对者为中国所办之宪政，张督所反对者并及于世界之宪政。于世界之情形既未明了，即于本国之事势亦甚模糊，故虽极力腾辩而言之终不能成理，是犹瞽者而欲评人之妍媸，聋者而欲正音之高下，亦多见其不知量矣！抑吾更有疑者，张督平日耽心黄老，从未尝矫同立异，稍露其圭角。今当众督抚合力进行之际，独自显然发难，倾一瓢之冷水，思以沃炽炭之洪炉，非惟力之所不敢当，亦心之所不愿，然则此一电也，果何为而发欤？或曰：实政府中一、二顽固大老主使之，将借以解散急进派之势力，而张督特被动者耳。其然乎？其不然乎？

《大公报》，宣统二年九月廿一日至廿二日（1910年10月23日至24日）

为国会事忠劝泽公

即开国会一事，为吾国今日一存亡大题，其理由今无用赘述。惟今日全国民心悉倾注于此一途，如火如荼之势不可向迩，赴都请愿者络绎于途，各省人民吁求督抚者辄至数千人，且各督抚亦皆纷纷函电磋议，联衔奏请此事。此则近两月中之激举，为国人始意所不及测者。枢府诸公当此国家危而将安，人心死而将活之时，不可不一澄思焉。近来外间喧传，谓即开国会一事，枢府贵胄中，其主张者十之五六；其心中反对，口中敷衍人民，于事实上不赞助，亦不破坏，出以消极态度者十之二三；而惟泽公，则坚定不挠，反对此事。记者始闻此言而不尽信，讫未腾之笔舌。乃近来则传闻益震，口实益真，并谓某某数人自昨日资政院通过国会议案之后，仓皇扰攘，星夜营谋，群谓此事惟有仰望泽公以消弭之，于是奔赴于泽公之门，以筹挽救矣。记者因此上对泽公而有刍荛之言焉。

夫泽公之本心果始终必反对此事与否，抑或采纳群小之谰言与否，记者不得逆料。惟就泽公平日忠贞体国之天性，与泽公现在所处之地位与其职掌言之，则万万不可阻梗此事也。试论之于后。

泽公自赴欧美考察政治归国之时，具改革政治之伟抱，海内即震动其名。自筦度支部后，尤能淬奋精神，剔湔积弊，创行清理财政，拔擢贤能，分省任事，与数千年之积习宣战，与京内外大僚宣战。枢府牵掣而不顾，内外大僚弹劾毁诟而不辞，一意孤行，甘冒一时之不韪。甫及年余，而清理财政一事，竟能轩露成绩，使国中财政困窘实情大白于天下，导各种政治改革之先河，故今日始有各省财政表册之可（褒）〔裒〕集，始有全国豫算案之可提出。且赶办豫算一事，尤忠贞坚卓，督励僚属，力任其艰，以底于成。此洵不能不钦服泽公规模之远，志虑之纯也。

虽然，国家改革有其本源，若舍本求末，弃源吸流，纷纷扰扰，只自缚耳。夫国家改革之本源何在？曰在有宪政。宪政之精神何在？曰在有国会。国会之利益何在？曰自开源言之，能直接增益国家各种之收入，能间接培护人民之税源，使财政逐年收入常能剂支出之平。自节流言之，能直接使全国应兴应革之政费，既斟酌盈虚于豫算中，复审察浮冒侵融于决算中；能间接使全国财政事务皆能整理，财政人员皆能尽职。故国会一开之后，则度支长官一身所负之重困，皆卸其仔肩于全国人民之代表。以全国人共谋财政，未有不整理者，各国事实皆章章可考。今吾国财【政】可谓困窘已极、骇人听闻者，泽公既能力求清理于前，而不力促国会之速开，为财政上根本之改革，窃所不取也。譬（加）〔如〕农夫力田，无非祝望有秋，若已收获之后，仍不贮之仓囷，任其粟红粒朽，岂非全功尽弃乎？故吾国筦度支者，如有一国会在其胸中，则前日之勤劳为有远见，否则虽如何鞠躬尽瘁，亦不过自附于古纯臣蹇蹇之怀，于世界现势杳无所窥也。

且今日尤有数言为泽公痛陈者。现在民心怨毒日深，几视官府如寇敌，言之切齿裂眦。偶一触发恶感，即有肉薄生得，跃跃欲试之概。呜呼，上下之怨愤如此其深，国势将傀焉不可终日，后来惨痛恐非今日所能逆睹者，可为寒心。

泽公者，现为舆情所爱戴者也。今当全国鼎沸之秋，正应辅赞君上，以收拾民心，挽救弥天之过失。欲收拾民心，则莫如即开国会，因全国人所死争者即此一物，所谓得之则生，不得则死也。为泽公者，又何忍拂民之性，必欲迫人民于死地耶？呜呼，千钧一发，时不我留，国之存亡，今系于公等寸衷之一转移耳。不知泽公亦有所动心否？

《国民公报》，宣统二年九月二十二日（1910年10月24日）

论泽公与汪荣宝对于国会之关系

近来外间喧传，此次国会请愿大有动机。全国士绅痛心疾首，拼生命于此一掷，不达到即开国会之目的不止者固无论矣，即日前内外大僚之不甚赞成国会者，近怵于外患之披猖，舆情之震悚，亦翻然变其前态，主持即开国会之说。或谓政府中惟泽公坚愎自是，欲奋其亲贵权要之威力，以扼杀全国人之生命，于是自附于官僚党之汪荣宝等，乘机而煽动之，群与民党为敌。此近来外间喧传之概要也。

虽然，此外尚有一部分人之传闻，谓泽公并无必阻国会之事实，而惟有年限不可过速之主张。至若汪荣宝，则尤怂恿国会之速开，尝陈述于枢府之前，故前日资政院提议国会时，汪之赞成此事最力。此后说与前说之相异者也。

记者对于前后两说不敢为绝对之判断，故本报念二日之要闻栏中加有按语，谓汪之是否反对，尚须仔细访查之，因所闻、所见、所传闻互有异词故耳。但泽公前日之反对国会，此国人所共悉者。当前年颁布九年预备立宪之谕旨时，泽公独持异说，曾遭张文襄之诘驳。泽公愤恚，尚为他种之运动。此泽公反对国会之说为有证据。若今日而果赞成国会耶，尚无证据之可指，故今日舆论集矢于泽公。若汪荣宝者，固素持九年立宪不可缩短之说者也。今果能赞成即开国会耶，亦无证据之可指，故舆论亦加以抨击。记者以为，此事之虚实、是非，可无须吹求追论，而惟以此次上谕颁布后，国会是否可以速开断之。

夫今日内外大僚，其反对此事者固极少数，即有意反对，而其地位与其资望，亦不足以震动朝局。惟泽公之性情、魄力、地位、资望，则迥非常人可比。一言兴邦，一言丧邦，惟泽公能尸之。倘泽公而能力持即开国会之说耶，则监国得所倚重，群僚决无敢阻挠者。盖泽公即以财政困窘情形催促国会，即足以箝制盈廷之口而有余，而况其性情、魄力、地位、资望，又迥非常人之可比乎？故此次果能即开国会与否，即泽公赞成国会与反对国会之表征。夫泽公为欲表明心迹，示以大公，不妨即日专折具奏，要求此事，以释群疑。在人民好恶无常，一转瞬间即颂朝廷之仁泽，与泽公燮理之伟业也。

若汪荣宝者，夙有学识才能，又加以数年筹备宪政之经验，固为人民之所共爱。今果持即开国会之说，如若朝廷不认人民之要求，则揆之各国政治家之通义，当下野运动，以期贯澈其所主张；否则提议于资政院，重行具奏要求，以连合全院议员力争为后劲，则汪之心迹亦可以表着于海内矣。况此言固汪君近日所已宣告大众者，则尤贵有毅力以持其始终也。故人民不敢谓泽、汪为确实反对此事，而惟以此次谕旨颁布后决其是非，对于今日之赞成与反对者，固毫无成心也。愿当道有以处之。

《国民公报》，宣统二年九月二十四日（1910 年 10 月 26 日）

告代表团

秋　桐

代表团所交谘议局联合会议案，含有二项：一限制民选资政院议员，此次资政院开院后，对于政府所提出增加租税之案，使不得议决；一各省谘议局议员同时辞职。二者如得实行，可增民气百倍。甚盛！甚盛！虽然，此中有可商之点，如不以记者为不肖，请得为指陈之。

凡提出一议案，其中所含条件无论多至若干，谅皆望其实行者也。则第一事宜注意者，乃条件不当，使之互相矛盾，以致行其一，不能行其二；若行其二，则于理不复可通，而全议案为无意识是也。今代表团告谘议局联合会曰："以上二项，对于政府一方面，为略清义务之界线；对于人民一方面，为争回权利之动机。若经贵会可决施行，吾人要求国会之举，必有一番活动。"则明明以两项同时要求联合会可决施行。然使之于二者选决其一，则所谓第一宜注意者，未可忽也。然略按之，此案之矛盾，乃浮于表面。使记者为联合会，欲尽如代表团之意而可决之，乃不可能。何也？第一项曰民选议员（即民选资政院议员之略，后仿此）不得如此如此，是不能不假定民选议员之存在。民选议员，各谘议局所选出者也，则不能不假定谘议局之存在。而第二项曰各省谘议局议员同时辞职，是乃第二项与第一项相消也。夫不能不假定谘议局之存在者，乃谓谘议局者，非民选议员之遗蜕，而本营也。民选议员之出于谘议局，非如复选之出于初选，而如政党议员之出于政党，或特别委员之出于政党议员也。必如是，然后代表团所谓"民选议员为贵会所选出，即不啻为贵会所组织"，其语为有根。今党员初被选为议员，而即议撤消其本党；特别委员始经上道，而即议解散其同僚，理不可通。党员既星散矣，又从而责本党中一特别机关（即谘议局联合会），监督得选之党员，则此机关似不赖基础，凌空以施其作用，理不可通。而不止此也。否决政府之租税案，此议员积极之行动也，而议员辞职，则纯乎消极僻驰之性，同时并具，理不可通。行政官之笼络议员，督抚可施之于谘议局者，政府亦可施之于资政院。今谘议局无法避其笼络而辞职，独责民选议员冲锋而进，理不可通。政府之假立宪，无往而非假也。今明其为假，谘议局议员相率辞职；同时又不明其为假，民选议员奋争宪法之上权利，理不可通。兹二项者，富于矛盾之性如此，欲实行之，病未能也。

抑记者之如此词费，非欲为代表团揭示形式上之谬误也，乃欲盛言第二项之万不可尚也。虽然，记者请就两项次第分论之。

第一项曰："吾人若循文明国之先例，国会不开，即停纳一切租税，亦属正当办法。今虽不忍遽为已甚，而国民既未有监督财政之权利，自应不任增重负担之义务。"此即千二百十五年英国《大宪章》（*Magra Charta*）之精神也。吾人若能得此，已达民权之第一级，甚盛，甚盛。然该宪章曰"Noextraordinary Soutageoraid should be imposed by the King without the consent of the National council"，意谓非得国民议会之同意，英王不得征收额外之税也。今吾则曰，非得民选议员之同意，政府不得征收额外之税。则第一当问，吾之民选议员之范围，与彼之国民议会是否同其广狭也，此稍具常识者能立辨其为不然。盖国民议会乃一扩充名词，而今之民选议员则一偏及名词也。纵吾之成功与英民无异，而吾所得终无一物。是何也？民选议员不过占资政院之一部分，而此部分又为少数，则此部分所不画诺之案，其得以全院之多数通过自若也，是之谓偏及也。然则代表团第一项之目的（即不任增重负担之义务之目的），仅实行第一项之条件，乃不得达。果欲达者，非更进一步，万万不可。

所谓进一步者，即本纳税之原则要求，凡由民选议员所否决之租税案，即经全院议院多数赞成，不得通过也。易而言之，则凡非民选议员，不得有议决租税案之权也，是乃英国议院之精神。吾人非有此精神，今即自甘让步，只求政府之不浮征，吾民亦无所施其计也。夫纳税原则者何？不出代议士，不纳租税之谓也。不出代议士，不纳租税者何？租税者，实吾人之"自由赠送物"（语本英人），非经己手或代表者之手不轻易与人也。"吾有钱吾自用之，此天赋自由之权”（语本英人），无论何种强横残暴之政府，不可夺之者也。此根本之义也，遵斯义也，势必至推翻现今一切租税制度，然后可奚止浮征者。虽然，代表团有言不忍遽为已甚，则记者亦将不劝人遽为已甚。特记者之所欲警告代表团者，乃不以纳税原则为导师，即此不为已甚者，亦不可得一语耳。故第一项者，非不正确之病，乃手续不全之病也。

第二项曰：“各省谘议局议员同时辞职。”是乃争权之谬着，万万不可者也。谘议局者，在各国宪法上虽无适当之比例，然固不可谓谘议局议员非吾之代表。既为代表矣，则“议员”二字所含之通义，谘议局议员当亦有之。则议员者，非由他人招请或委任者也，乃自往居之者也。吾为议员，非他人以不干己之事，就吾商榷，礼吾为仲裁，乃吾人有事，吾自董理之，或他人有所取求于吾，而吾当立应以然否也。于是而可辞职，是何异自毁其家！是何异自献其皮！各国议会史，至少亦数尺矣，政府解散议会者不绝于书，议员以与政府宣战之难，全体辞职，大而一国，小而地方，谫陋所及，尚未之前闻也。夫吾民之主权，被盗于政府既数千年，其积重难返，又何待问，今奈何初遇顿挫，既哗溃乎？果哗溃者，此种顽劣之政，果何所惧、何所愧，而不继续其盗权乎？譬如，为台九级，初升一阶，前进不已，极终可造。今奈何一级未终，遽而倒退乎？退而不进，则永不达。退而复进，计程十阶，由前说则懦，由后说则不智。懦而不智，不足与言立宪也。吾人奈何躬蹈之乎？以立宪祖国如英，其宪政初未尝一蹴即几于完全代议政体，亦经久始得巩固。吾人独奈何效小丈夫之悻悻乎？故第二项者，乃根本之误，无可拥护也。

英人赞罗斯福实践之性曰：落麸（整面包之谓）难得，缕片亦佳。斯言固不可据为科律，然足以示吾人曰：谘议局议员全体辞职之事，罗斯福必不怂恿之也。愿代表熟审之。

《帝国日报》，宣统二年九月廿五日至廿六日（1910年10月27日至28日）

九月二十日资政院会议解决速开国会之乐观

国会者，中国救亡图存之不死药也。比年以来，国民请愿，如饥渴之待饮食，疾痛之呼父母，弥留垂绝之哭骨肉，含憾茹苦，事极可悲。而政府对之，则又如持饮食者之故吝为，与路人之视呻吟，秦越仇雠之，坐视吾民之殭毙而莫之顾惜，狼戾阴滑，情尤可恶。

幸也，天假之缘，当第三次请愿之际，适值资政院开院之期，合满、汉、蒙三族聪明才智、热心救国之王公民庶，谟议讨论于一堂，据坚壁之营垒，作舌战之雄风，与恶劣腐败、支离顽钝之政府，对敌交绥，力争上流。开议一次，民党之胜利必增一次，观者遂皆致易视听，而知资政院开院之结果，不当全视为悲观的，将为一线光明之引导矣。其时，各省驻京代表团，及京外各界责望代表团之进行，函电飞驰，急剧运动，皆如张弓之待发。各省谘议局之呈请资政院要求议决速开国会，各督抚之连衔入奏请朝廷断定速开国会，亦如疾风骤雨之交乘。盖此一月之内，全国社会心理，萃于速开国会之一团，将数千年历史养成之一（般）〔盘〕散沙之人心，一气感孚，结合不解，未有如此半月最好之景象者也。

而二十日资政院会议如荼如火，光华灿烂，波诡云（翥）〔谲〕之活象，欢呼产出，其非无源之水，无本之木，如前此都察院代奏、亲贵权门谒见之昙花水泡，更可知矣。然则吾国民对于资政院此日一致之表决，已如饥渴之得食饮，疾痛之得父母，弥留垂绝之见骨肉，苦极甘来，苟赋人理、具人心者，当莫不然也。观乎全院之喝彩狂呼，旁听者之忘却规则，拍掌叫绝，外人尚且脱帽起敬，当局者之引为乐观，又何可言喻耶！虽然，乐则乐矣，记者又不能无杞人之忧焉，则议长具奏后之结果若何是也。

据吾国民请愿之目的而言，固欲使政府拟开资政院七次者缩为一次，豫备九年者缩为三年，犹以为延宕不亟，以速促政治之改良，以救危亡也。据政府之素从反对国会成见者而言，安知不百方运动，上惑天听，不予吾民以痛快满意之欲望耶？然则所饥涸而得食饮，尚难下咽耳；疾痛弥留垂绝之得见父母，骨肉得见而未亲炙握手也。资政院诸公，代表诸公，吾国民上下父老兄弟，苟不幸而得此结果，能不伤心欲绝耶！其将以消极之冷心坐视政府之玩弄耶，抑将以积极之奋进不达目的不止耶？然吾以二十日开会之精神，及半月来全国之对于国会要求速开之心理团聚决之，知其必不为消极的甘受政府之玩弄也，即记者对此仍为乐观的也。

至政府诸公，亦应察知二十日资政院情形之激昂，非复前此之可以任意蹂躏吾民，或者下从民意，上辅圣聪，举国会机关一旦确立，则世界各国国会之必待流血革命而取得者，吾国独能和平稳健而取得之，斯亦不世之光荣，足以夸耀于地球之上者也。若当二十世纪立宪强盛之邦林立东西洋，二十二行省、外藩各部代表请求速开国会热潮怒发，事势极迫，时机极热，而必故为尝试阻遏生机，激动吾民铤而走险，至酿绝大变故，则诚国家之不幸，而政府诸公误国之罪乃不胜诛矣。想政府诸公虽至愚极昧，亦不敢出此。而吾民之饥渴、疾痛、弥留垂绝之所求，终有如愿相偿之乐。东亚积衰之病夫，或者得此国会之不死药，而获再生之庆焉。记者能不顶礼以祝之哉！

《晋阳公报》，宣统二年九月二十六日（1910 年 10 月 28 日）

论国会缩短三年之不可

闻枢府迫于督抚之请愿，人民之请愿，将以宣统三年设立责任内阁，宣统五年设立国会。昨日谕旨所谓将折电交政务处王大臣阅看，豫备召见者，不过一门面语，其实枢府早已胸有成竹，谋定后动。呜呼，使此说而果确也，吾可断定，失全国之人心而不复可救药者，皆此举为之也。

夫人民所以再三请愿，各省督抚所以涕泣陈辞，期于速开国会者，何哉？毋亦以人心者立国之本源，今日朝廷之一举一动，无一不足失人心。苟犹徘徊却顾，不肯遽予，吾恐异日虽召集国会，而人心已去，将无有应之者矣。故以今日之危险万状论之，即开设国会，犹恐其不足以救国，独奈何充耳如不闻，以姑且尝试之计，掩饰天下人之耳目哉！若以九年筹备为未完全而不开国会邪，则筹备清单之不可恃，人人知之。他姑勿论，即以财政一端论之，已不足了筹备之债，此证之各疆臣之所言，历历不爽者也。如以开国会前尚有种种之豫备邪，则其要者为选举法、议院法，数月可以毕事，不费重要之研究。若人民程度说，则自资政院成立以来，已期期以为不然，更不攻自破也。若必俟资政院开设三年之后，始行召集国会邪，则今日资政院之人望国会如望岁，朝廷不必以是牢笼之。且资政院之成效既已昭昭可睹，国会成立以后，其成效必驾资政院而上之也。从种种方面论之，于宣统三年召集国会，万无不能成立之理由，抑何必俟至三年以后，宁使人心已去，国势已熸，而始作亡羊补牢之计乎？

今日速开国会之责任，政务会议处王大臣实负之。何则？前日谕旨固明明交王大臣阅看后再行预备召见，是此次速开问题，我皇上、我监国摄政王不担其责任，担其责任者王大臣也。王大臣果极力主持速开，我皇上、我监国摄政王固无不允之理。王大臣果甘冒天下之大不韪，不主速开，我皇上、我监国摄政王亦不担其责任。前两次之副署犹得曰非外国完全副署制度，今我皇上、我监国摄政王固明明以完全责任付与诸王大臣，诸王大臣不负责任，出则以敷衍对待吾人民，入则以莠言蒙蔽我圣聪，则亡中国者，非我皇上、我监国摄政王，而诸王大臣也。诸王大臣虽忍心以负国，我人民其又安能忍心以负之。

《国民公报》，宣统二年九月二十八日（1910 年 10 月 30 日）

论内阁、国会一不可缺

建设责任内阁，召集议员开国会，立宪之政治，二者不容缺其一。然当创始也，尤必须同时并举，而不得曰孰宜先办，孰宜后办，强分其次。若以国会为偏重而轻责任内阁，非所语于立宪事；若以责任内阁为偏重而轻国会，亦非所语于立宪事。

现在中国实行筹备立宪，明诏屡颁，臣民皆与有责焉，是盖无间于上下矣。具爱国之热诚者，下而在野，则以速开国会请愿于朝，至再三上书，而其志不忒，甚且有断指刺腕，披沥心中热血以示众，冀目的之早达，用感激同志于不移者，其主张已前定；上而在官，具爱国热诚者亦有之，对于国会请愿事，主张速开之为最要，与代表同其志者多矣，特无如其权势有属不属耳。内之部院王大臣不必论，外而各省督抚，任重疆寄，关怀国是之大，直抒其忠悃，奏陈交电，夫固不一而足也。惟滇督通盘筹画之，不谬于成见，不随声附和，谓如借款筑路之大计划，似非疆臣电函集议而成者也。必先政本更新，始有主持机关；财政整理，始免债主干涉；朝野合谋监察，始能于借时免舆论反对，用时免当事虚糜。欲实此三主义，非设内阁、开国会不可。呜呼，是真探源立本之论也。夫借款筑路，诚为救亡要策，然行之于未有内阁、国会以前，转虑足以速祸，非确有所见者，不足语于斯。故虽不敢谓内阁、国会一成，必臻郅治，而敢谓内阁、国会相维，犹之定医乃可议方，对镜方能辨影也。以斯思责任内阁者，职司在官，而开国会者，乃召集议员于在野，譬之车轮，一不可缺，信矣。

夫舆论之趋向于今可见，彼速开国会请愿者上摄政王书，谓愿上下交通机关之设首在国会。国会者，所以通上下之情，为宪法上立法最高之机关也。并责望于摄政王当几立断，上以副先朝付托之重，下以慰亿兆人民望治之心。所言痛切忱挚，无一为私事计者。又且请谒于当道庆亲王，使力为主持。又陈请于资政院议决使代奏。其热心毅力，果谁能间之？

呜呼，请愿速开国会者既如此其殷勤，议设责任内阁者更如彼其切直，资政院议员其必得多数赞同速开国会之议、责任内阁之论者，盖不容疑也。且夫资政院于此，既可以议决速开国会与责任内阁之建立，则政府对兹，虽不欲建责任内阁，不欲国会之速开，匆可得乎？而况政府中，亦非无人焉。吾以为，其必认可，务期于符公论而重舆情，自不容或疑。

识者曰，热心于速开国会、责任内阁之辈，其建议已持正而不挠，而在今日所有在野、在官之官绅志士，凡具爱国热心者，正宜注重此。资政院非虚设，群向该院运动之，时哉不可失也。盖资政院之议员等，出身虽不同，既同为议员，贵贱无由分，则其表同志者，不问而可知其占多数。进而思之，原无须俟外间之陈请，自能提议可决，用以定天下政界之归向。否则，放弃其责任，致外间之人来相诘，将何说之词？吾故曰，内阁、国会，二者不可缺其一，以此二大问题附之资政院议决，其在资政院中究属分内事也，为资政院议员者，立能解决此二大问题，则今年资政院虽创办，而大责务为已尽，敢窃豫祝之矣。国会请愿者幸甚，建议责任内阁者幸甚，实则全国臣民等为国家幸甚。

《厦门日报》，宣统二年九月三十日（1910年11月1日）

国会期迫敬勖国民

白　坚

国内外志士，群其力，敝其舌，秃其笔，枯其泪，洒其血，以请求速开国会，诚之所至，天听回焉。恭奉十月初三日明诏，以宣统五年开国会，将以宣统四年召集。此诚上顺天心，下洽舆情之纶音也。当未见许时，奔走号呼，声动朝野，血泪作书，天地为哀，以求通志而不得，何其苦也；今兹既许，举欣欣然，有乐生心，屈指计日，交相慰语，一若于九死中得一生之望，遂相庆告以为乐者。虽然，忧苦者成之征，而欢乐每为败之券。况夫开会之期，转瞬即至，外人方鼓其日辟百里之雄心，而我犹未绸缪于将雨。用是不敢自谢不敏，谨陈固陋数端，以勖我将举立宪政治之国民。

一、敬勖政治家。立宪政治，国民政治也。向使由我国今日之政治，足以理今日之国家，则安用立宪，使国民与国政为？所以使国民与国政者，为夫被选举之国民，非若当政诸公暗于时势者然也；为夫国民能洞察世界大势，能适应今之世变，消极的排除国家一切祸患，积极的助长国家一切福利，一正一切不适之行政，以理国家耳。而如是之才者，求之政府，良不易得，求之草野，又未见其多。于是徒能爱国忧国以兴亡为己责焉者，即为不易得之才。虽然，立宪国家所须于国民，非徒贵有爱国之心，忧国之泪，与夫徒知以国家存亡为己责焉者也。必也，大之操国家之柄，能任重致远，临利害，遇事变，神不摇，气不夺，行不迷，卒致国家于盘石之安。详之为一事，必举一事之功；修法律，法律因而修明；为农为工为商，农工商因而利溥；理礼乐刑政，礼乐刑政因而各得其所。于是各就所专务而为言也，言之有故，可见之行；或立身于行政也，就所专务者以行之，克绩于成。若此者，立宪国家所恃以举政也。不然，徒以忧国爱国而行不逮已也，则箕子之裔，三韩之民，忧国爱国最烈，死于倭人者前仆后继，左死右随，何补于韩亡哉！十年前菲律宾之民，其徇国而死于美者，亦前仆后继，左死右随，又何补于亡哉！是知时者一去而不可再，而适应世变，乃生存之先务也。一失时，虽有智慧，无所或施；不能适应世变，虽殚精竭力，无所于裨。时乎时乎，我同胞不可不惜，以求生存。而将最先入国会或组织内阁之政治家，于此一二年中，尤不可不惜之，以洞观世界之大势，以求适应世变改良政治之具。不然，旅进旅退，备员窃禄，何以异今世肉食诸公也哉！

二、敬勖有选举权者。立宪政治而参与政权者，非独被选举者已也。凡有选举权者，而行选举权时，即其参与政权焉。将欲观立宪政治之成效，当先观被选举者之智愚贤不肖；将欲得贤且智之被选举者，当求之公明之选举者焉。以我国今日穷于人材之时，藉使被选举者皆一时之望，犹虞其不给，况夫选举者，或滥用其权，而所举非人乎？所举非人，则害于国家，安有涯量！是故能救国之危亡在国会，而能使贤智者入国会，不使不贤智者入国会，其权一操于有选举权之国民。故有选举权者，我四万万同胞所托足之中国之安危存亡，由其一举而分焉，不可不慎也。慨自我国人汩于虚荣，沈于势利，不求其实，唯冀其名。自守道以下之官，可以金钱买，垂诸典章，已无足怪。于是凡其财力可以买官阶头衔者，鲜不买之以自耀于乡党闾里交游间。今日者卖官鬻爵之令废，而选举代议士之法兴。吾见夫向之投金钱以买官者，由今将随时势一变而买选举矣。虽曰选举有法，规定严密，不知法者死物也，一存乎用之之人，况夫选举法未必尽适，而有选举权者又易以利动，监督之又未必力者乎？无已，唯有涕泣以告诸有选举权者之前，当选举时，一举手间，即我中国之安危存亡所由判，我四万万同胞所由托命，慎毋为威慑，毋为利诱。苟其贤，虽仇必举；其不贤，虽亲必弃。如此，庶澄清天下之才出草野，而嘉谟嘉猷陈诸庙堂之上矣。夫盲者不能视，而聚群盲仍不能视也；聋者不能听，而聚群聋仍不能听也。使聚群愚不肖者于国会，则国会者众愚不肖之所聚耳，安有长策以理国家之乱哉！吾愿有选举权者，用为兢兢也。

三、敬勖膺军政者。今日世界各列强，非徒完其立法机关，而遂神其用也；与立法机关并重者非一，而要莫重于军政焉。德意志之霸于欧也，举国皆兵；英吉利之执世界牛耳也，其海军雄冠列邦；日本之勃兴也，由其有再战再捷之海陆军；美之雄据美洲也，由其八年血战之余风遗烈犹存。是不独完善其立法机关，亦皆专务修明其军政焉。故今世界立宪国皆尚平和者，特武装平和而已。武装平和者，列强间不文之金科玉律而共守者也。我国今日海无一可战之军舰，陆无一可战之师团，沿海沿江久无防守，外人军舰任意游弋，屯泊上下，年来启辱纳侮，丧地失权，无不由此。藉使宣统五年以后，立法机关完备，所建议者又皆善美，我中国国民遂踌躇满志，足举立宪政治之实乎？盖有以知其必不能也。何也？座上空谈，不能当联合之军；口头公理，不能制侵略之策。此不待智者而后知也。是以苟无精强之海陆军以备非常，则国会而欲于武装平和世界中，主张公理以自卫，灭恨御侮以自尊，实虚愿也。是故今日救我国切要之计，开国会与修军政并重，无可轩轾后先焉。将修军政，舍举国人皆有勇知方、举国男子皆有服兵之义务不为功。而佣兵制度，恐断不足以修明军政而备非常也。虽然，器械不利，不可言战；卒不可用，不可言战；将不知兵，不可言战。兴言及此，尤为前途危。于此，膺军政之责者，不可不从根本上施改革也。尤愿今日请开国会之国民，继起为改革军政之国民。若然，则国会即开，庶几得不屈不挠于武装平和之世界。

四、敬勖教育家。国会者，民智、民德、民力之缩影也。今日列邦人辄讥我国人曰失教，我国人有识者亦曰国人失教。夷考我国覆败陈迹，欲不谓由国民失教而致，夫亦有所不可得。若是乎失教者，诚我国人将死之疾，无庸讳而又不可讳者也。虽然，夫岂真无教哉！有教矣，而所教者，非欲人适应今之世变，而欲人适应古昔千年或数千年前之世变也。夫古之国非今之国，古之时非今之时，古之国外四周之国非今之国外四周之国也。乃谓以适应古之世变者，适应今之世变而无不足，此非愚则诬，实祸我国至于今日者也。我国今日膺教育之任，而其精神所趋不若是者，宁有几人乎？无怪今人受教愈深，则于世事愈疏，而愈不足以适应世变，而来失教之讥。然则将入国会者，非尝受此不适应今日世变之教育者乎？于此而谓国会一开，遂能举莫大之效者，匪夷所思也。窃维为目前计，国会诚不可不早开而为国会数年后及将来收良效计，则唯有责之膺教育任者。美大统领罗斯福有言：教育虽或不能造国家，而无教育或无良教育之国家，终不免灭亡。夫所谓良者，为夫能适应世变以生存、以发展者也。教育何以良？必也取长于古，取长于今，取长于东，取长于西。适应我四万万同胞今后之生存发展，则取之无遗；不适，则弃之无惜。如此，则庶几良乎！我国今言教育者，形式上多不能不取法乎外矣，而精神上则唯有崇古、复古之趋向焉。此虽以甲午、庚子及年来一切覆败，犹未易使之豁然醒、奋然兴也。况夫国人之适于专制时代者，不必适于立宪时代，今欲使专制时代之国人而适于立宪也，则尤赖教育。教育者，若不从根本上有所易，吾不知国会所缩之影维何，恐东施窃拟西施也。

五、敬勖当纳租税者。英谚有之曰：不出代议士，不纳租税。此国民要求参政权之至埋也。我政府今既明定期限，令我国民参与政权矣，然则国民对国家之担负，将由此而加重，而国家要求于国民者，亦自不得轻。日本政府今年岁入五亿三千余万圆，而我政府今年岁入曾不及其半。以日本土地之广，不及全川，其人民亦仅五千余万，然而担负若此而不以为多者，由其为立宪政治故也。其在欧美立宪国，国民担负尤重。若是乎我国人而欲立宪效其用也，则数年后之担负，不可不倍蓰于今日。然以今日国民之经济力，负担国家今日之岁入，犹将不堪，继此有加，则不卖妻鬻子者几何，不尽为流民、为饿莩者几何。是以当国者筹国民生计，行保护工商政策，改良币制诸端，不可一日缓。而国民亦当自为计，不使国中有限金钱为漏卮，以填外人无厌之欲壑，尤不可一日缓也。我国今日门户洞辟，自由贸易场遍国中，凡财力所集注之区，皆列邦以商血战之场。所痛者，国民多以己身为列邦商战之俘虏，而不自惜、不自知，或知而不变计也。今即以日本论，自胜俄后，朝野上下几竭全力于工商政策，以我国为其工商竞逐场。诚以工商政策墟人国，较海陆军杀人盈野、割据土地为优。痛哉，国人不悟也！为今后国民负担国费计，为国民以衣以食长养子孙计，唯有朝野注力于工商及改良统一货币为尤急。自今后凡中国人，皆当直接、间接发达自国工商业，非必不得已，不使金钱为漏卮，庶几国民经济，生者日滋，流者有制，虽重负担庸何伤。不然，政府唯知取于民，国民唯知号穷，而靳于输将，以阻梗行政者，皆非有远识而竭忠诚于立宪政治者也。

《蜀报》第六期，宣统二年十月朔日（1910年11月2日）

对于第三次请愿结果之预言

星

近日举国人士汲汲焉，皇皇焉，万众一心，万人一口，如胶之入水，如金之在镕，恍成一联合固结而不可解之势，一若同此心理即同此希望，誓不达其目的而不肯止者，非第三次之国会请愿乎？内而亲贵，外而督抚，上而政界，下而齐氓，目有视，视国会；耳有听，听国会；口有道，道国会。凡稍有知识，稍有血气者，无不以国会准否成立之消息，卜吾国存亡生死之机关。盖不啻于东西各国流血革命之惨剧出现以还，别创一文明变法、和平立宪之纪元时代矣。顷因资政院吁请于先，各疆吏奏陈于后，势力膨涨，时机成熟，论者逆料日内将有谕旨发落。嗣闻监国于昨日特召王大臣会议，而日前朗军机在资政院宣言，亦谓朝廷甚为赞成，特先事未敢预泄。于是一般之关怀时事者，如饥思食，如渴思饮，如病人得药，如贫儿得金，只此一二日间，各人之心中、目中孰不若有一新世界、新国家，熙熙然涌现于眼帘，而不可磨灭。道家谓：七级浮屠，只缺一顶。佛氏谓：放下屠刀，立地成佛。而吾儒所谓：一间未达。此情此景，殆为近之。顾记者于此，更有种种之疑问在。

夫以此次海内人民之请愿，朝野同声，官民一体，较之第一次、第二次之少数人上书者，其权力、其范围，诚有天壤之别，即政府对于国人之意见，亦断不敢坚持初意，剿袭旧文如第一次、第二次之藉端挡塞。设仍坚执不允，则此后人民之恶感必将激而愈甚，或竟一发而不可收拾。与其贻悔于事后，无宁善处于几先。此中曲折情形，不特在政府之意计中，抑亦请愿诸君之所敢预料者也。虽然，使请愿而果有效也，是又当分别此事之成，在政府与人民孰立于主动力、被动力之地位。设主动力而在政府，吾无间焉耳。设以人民为主动，则是上与下之相应者，乃仍迫于势，而非感于情。天下事苟有一毫疑虑猜忌之心，即幸而事成，其结果未有能尽如人意者，矧国家变法之关系重大者乎。此次国民之坚忍卓绝，其情固可嘉，非甚冥顽，殆无不怦然动念。然试问，枢府重臣果能人人涣然冰释否？封疆大吏果能人人齐声一致否？两者皆足为请愿前途之障碍，重以议员之中尚有人焉鼠首两端，巧言令色，刻刻以隳国体、长民气之说相蛊惑。斯即明决如监国，能保其心之洞烛利害，化除畛域，披肝沥胆，以应吾民之求也？殆恐未必然矣。夫记者非敢故以深刻之论绳人，但念此事将来不患请愿之不行，特患请愿虽行，在政府仍不免出于延宕敷衍之一途，以懈吾民之心，而塞吾民之口。何者？第三次请愿不得，则可以有四次、五次，推而至于六七八次，务期得请而后已，如是尚有卷土重来之望。万一遽允其请，而究其所谓缩短期限者，乃仅一年而已，或则二年而已，在政府断未必于一两年中肯行召集国会之事，则以此四五年之忧患交迫者，我国民仍处于进退两难之势。欲静以俟之，既恐时不我待；欲再请，又恐触政府之怒，而有类于无厌之求。此虽过虑之谈，吾谓我国民要未可侈然自足也。呜呼！使所请幸而或有良好之结果也，固记者之所甚望，虽受妄言之咎而不敢辞，所虑者不幸而言中耳。

抑记者于此更有欲为国人勉者。今日之事，有成无败，有进无退。果其败也，退也，则此后将必持之以毅力，若何接续，若何孟晋，皆诸君意想之所已及，无俟记者之费言。乃若其幸而成也，幸而进也，或竟如记者之所预料，仅缩短期限一二年，而界于不成不败、不进不退之间也，则诸君其遂可以是毕乃事乎？必将察以远识，充以实力，举三权鼎立之制，支配妥当，有条不紊，其最要者，则当思内阁当选何人使之能负责任，当用何法使之能受监督。倘未开国会，先设内阁，则我国民又当如何应付，如何措置。他若结合团体以化除上下议员之界限，组织政党以督促进行宪政之机关，此皆国会成立时所有事者。须知国会为救亡张本，非开国会即足以救亡。我国民气虽盛而近于浮，力虽锐而伤于薄，凡事求之未得，则鼓一时之气力以求之，及其既得，又视为无关轻重焉，是诚不可不虑也。某议员之言曰：不必问开国会后之有效无效，但当问国会应速开与不应速开（粤省谘议局提议国会请愿议案语）。记者谨为一转语以正告之曰：既当问国会之应速开与不应速开，即当计及开国会后之有效无效。凡我国民，合亟起而图之。

《中外日报》，宣统二年十月初三日（1910年11月4日）

论宣统五年召集国会问题

嘉 言

今请愿国会已第三次矣，薄海人民日夕引领企踵以盼纶音之早降，如大旱之望云霓，有得之则生，弗得则死之概，亦可见吾人民情之迫切矣。乃朝议纷如，对于此问题终不见有何等之对待。道路传闻有谓民气嚣张过甚，主张严词拒绝者；有谓被反对者暗中阻挠，以致迟迟不决者。传闻异辞，皆不足深信。昨报载，于日前开御前会议，即行明降谕旨，准宣统三年组织责任内阁，五年召集国会。此说殆较确，唯国会必须迟至宣统五年而始开设，恐仍不能满吾民之愿望也。夫外度列强之趋势，内审国政之废坠，事机危迫，瞬息万变，今既知国会为救亡唯一之必要，则安可错过此时不再来之岁月，而任吾从容以坐误耶？非谓朝廷缩短至宣统五年，而吾民犹以为未足，而要求之无厌也；谓夫自预备立宪以来，忽忽已将三载，其间一切愚逞盲进之设施，为问果足以达前途之目的否乎？屈指至今，不知费弃大好之光阴几何矣，而谓可因循以再误时机也哉！且前此二三年，敌国外患所谓协以谋我者，犹未至存亡在旦夕，今自日俄协约而东亚之风云日紧，自日韩合并而吾国之危机日岌。则此后虽一年半载之时间，彼外人其能袖手待我迴翔以经过欤？抑不能相待，磨刀霍霍，群思投隙以攫取也？此今日不可不先决之一前提也。不特此也，且使前此二三年，能挈宪政之纲要，先后缓亟不至凌（腊）〔躐〕错乱，得以循轨进行，未始非慎重将事之意。乃虽悬一成不易之规模，而相率延缓履行之期限，则此后虽筹备复筹备，而吾人民其能再忍须臾以堪此朘削欤？抑穷无复之，不得不悍然以图一逞也？此又今日不可不先决之一前提也。故准是以解决此问题，纵至宣统五年，不过等于一转瞬、一刹那，犹云亟不及待也，而矧仅悬诸想象间乎？

如曰开设国会，夫岂易言。成立之主义，组织之方法，与夫选举之手续，今日一切皆未备。事体重大，又安可以短促之时日，朝廷遽尔诏示天下。此言似矣，然不知不必虑也。今吾国之立宪为世界各国最后之立宪，故得以则效而资借镜者，莫不有先进国之前例在，况各省代表之愿书，内外官吏之奏议，外国公使之赞辞，中西报章之弹论，早已言之详尽而靡遗。苟得采及而见诸施行，亦岂有难行者哉！亦岂有难行者哉！尤不解者，责任内阁即拟于明年组织矣，而不同时开设国会以与之对峙，则将来之阁臣，昔犹不能恣意妄为于上者，今真乃得以实行其威福。而魁柄下移，斯元首为其傀儡，而无有立乎其上以纠责者矣。极其所至，势必惹起民党之反动，而倒内阁。斯时纵有衔哀吁戚之忱，皆将变而为怨怼君父之心，则上与下之间，试问犹有幸也乎？

窃谓此年限问题宜立时解决，以慰吾人民喁喁望治之心，而万不可再出其敷衍延宕之手段，以为得计也。或谓监国之意，待至明年召集，而元旦降谕。嗣经某邸电促畿辅某督，授意奏请先设立责任内阁，以梗国会之成立，监国为所动，于是故须至宣统五年始召集。意者某邸得毋希冀内阁总理大臣之职，又惧国会议员之多言，故于责任内阁姑引而近之，而于国会则推而远之，以避抨击，而固柄政欤？记者未之敢信，敬伫以待之明诏。

《申报》，宣统二年十月初四日（1910 年 11 月 5 日）

读宣统五年开设国会上谕恭注

醒

宣统五年开设国会已奉明诏宣示，积以去冬今夏人民两次之请愿，加以此次人民第三次之请愿，各省谘议局联合之请愿，各省督抚之奏请，资政院之奏请，仅缩短三年，虽未能满足一般渴望国会者之希望，然更先朝之成规，顺薄海之舆情，亦不可谓非朝廷同民好恶之举也。我人民回溯前两次请愿之未邀允准，而姑抑其即开国会之奢望，则对此缩短三年之国会，亦可视为慰情胜无者矣。谕旨中既云"此次改定期限，万不能再议更张"，在我人民亦不必再起得陇望蜀之念。国会开设之期去今不过二年，若能于此二年中筹备关于开设国会一切事宜，届期明颁大诏，召集国会，举行我国四千年来第一次创开国会之大典，无阙略，亦无凌乱，一举而组织完全之国会，巍然崛起于东亚，以与隔海三岛相对峙，诚世界国会史上之新资料，而我国立国以来首逢之大纪念日也。我人民试神游于宣统五年国会开会之第一日，宁特手足舞蹈而已耶！

开设国会既改于宣统五年实行矣，以我人民渴望国会速开之念推之，殊觉遥遥岁月，去今尚有二载，不无泱泱不乐之感。第一经平心静思，又觉此二年中所应筹备之事宜，头绪纷繁，殊非急切所可告成者。苟欲审慎从事，不容稍有苟且，诚宜立时举办，计日程功，方不致误国会大计。其应筹备者为何？即谕旨中所举厘订官制、组织内阁、编订宪法及议院法、议员选举法，荦荦诸大端而已。谨就此数项而概论之，以备当局者之借鉴焉。

官制之良否，有关行政之得失，在筹备宪政，固应视为切要之图者，是以丙午之秋下诏预备立宪，即从改订官制入手。当时群情欢跃，旁考东西各立宪国成规，议订官制大纲，亦尚楚楚可观。惜为反对者所阻，致仅将中央官制稍稍变更，盖不过裁并一二，增设一二，余将户部改名度部，刑部改名法部而已。识者早诋朝廷无实行宪政之心。嗣搁置不议者累年，及九年筹备之说起，亦将改订官制列为一项，然至今尚无眉目。礼、吏两部依然不裁，行政纲目不载内阁制度；至外省官制，不过增设交涉使数缺，改按察使为提法使而已。如此支节之谋，试问国家政事果能起色乎？今去开设国会已不远矣，若欲行政之稍改旧观，期于国会未开之前有所筹备，诚宜将内外官制一律重订，同时实行，除旧布新，出以果断，不容再涉游移。此应急急筹备者一也。

内阁与国会本为上下对待之机关，有内阁不可无国会，即有国会不可无内阁，诚宜同时组织，不应有先后之分者。盖先有内阁，则内阁对何者而负责任；先有国会，则国会又责何者而负责任。观此可悟内阁、国会之宜同时组织矣。第国会既定宣统五年开设，以今日大势论，组织内阁断不宜俟诸宣统五年者。谕旨中仅云“预即组织内阁”，并未明示期限，窃谓殊非所宜。今欲求中央各部、外省各督抚之施行政事有统一之趋向，以期治理之日有起色，非即组织内阁不为功。否则各自为谋，纷乱错杂，国事日趋败坏，一至开设国会之后，上下必有剧烈之争执。倘能先期组织内阁，预将关于筹备宪政重要事项，责成内外臣工循序举办，期于有条不紊，则开设国会后，不必多议变革事宜，但能上下一德，各将使国家致于郅治之根本大计，悉心审议可耳。此应急急筹备者又一也。

宪法既曰钦定，应由朝廷订布，必非臣下所能过问，故于开设国会之前，应即颁布宪法，以示准绳。第宪法为众法之母，自天子以至庶人均应恪守，且一经订定即为万世不刊之典，苟非有大不便，断不宜轻议变更者。其关系之重大，殊非他项法律可比。我国《宪法大纲》早经先帝颁示，煌煌大典，已具雏形。今既拟于开设国会之前宣布天下，诚宜简派大臣详慎参酌，编订条款，期于至当，免致临时迫促，有虞阙略。他若议院法、议员选举法等，为组织议院主要之法典，国会之完全与否惟此是视，亦宜宽以时日，详慎参订，务以确合立宪之旨，期收国会之效为归。此应急急筹备者又一也。

关于开设国会所应筹备者，谨本纶音，略述如右。有其责者，极宜郑重出之。近年来，内政纷乱，外患滋逼，已有岌岌不可终日之势。言挽救者，虽不一其道，然探源立论，自必以开设国会为握要之图。然亦非谓国会一开，而万事即可不治而自治也。不过藉国会之开，振刷全国上下之精神，各明责任，各担义务，各以实心办实事，一扫往日因循敷衍，苟且偷安之习，徐图国事之渐见起色而已。非然者，虽开国会，亦何补于危局乎？吾愿全国官绅商学各界，自今日起，各注意于洗心革面，以勉造立宪国民之资格也可。慎勿谓一开国会，即可藉“国会”二字以修内政而御外侮也，仍惟视运用国会者之热心毅力之如何耳。言尽于此，愿共勉之。

《申报》，宣统二年十月初五日（1910年11月6日）

论开国会之必无纷扰

选

资政院开院已十八日矣，由辩论生激怒，由激怒涉纷扰，近数日间，会场秩序遂稍稍紊乱。人曰：院如是，国会之开，尚非其时。予虑其说之荧惑人也，乃为之论。

各国议院多取两院制，诚以贵族之于人民，必不能混合。今资政院混合为一，于是钦选、民选之冲突遂时时激起。若开国会取两院制，断无此弊。

各国议院之议长，皆从议员中选出，由君主敕任之，是议长之与议员本属沆瀣一气，开会以前势必有种种接洽、种种讨论以为之豫备；即开会以后，亦必议员之于议长朝夕往来，研究开会时如何方针，情意相属，故会场上得议长之命令，皆视为神圣不可侵犯，无敢扰乱。今资政院议长乃系钦派位望最高之人，是钦选议员官于京朝者，可以朝夕私谒，而民选议员则视为帝天，无从与之商榷。于是民选议员处一地位，议长与钦选议员又处一地位，两两有对待之势，而恶感生矣，会场命令亦遂效力薄弱。若开国会则议长本为普通议员，亦必无此弊。

各国议院之议员皆从政党发生，故有统一之政见。吾国虽无政党，而取资于谘议局，亦尚不失为政治之团体。然各省谘议局声势既涣，势不能为政党之基础。故自去年开局以来，对于一局部之问题，未尝无解决；对于一国之大问题，则从未解决。此无政党、缺联络之故也。若开国会，则人才集于一隅，政见联为一致，何有于纷扰？

各国议员皆由人民直接之选举，且其区域必为至广，故举国人才富于政治学识、确有经验者，无不为被选举人。今资政院之民选议员乃由谘议局互选，是谘议局以外之人才，遗漏孔多，诚为缺憾。若开国会，则所选之人才愈富，会议一堂，亦必无纷扰。

且吾所谓无纷扰者，亦尚有大原因在。人民希望资政院，万不如希望国会。

国会一开，则数年希望之诚一朝得达，其必尊重宝贵十倍于今日，谨守秩序、并力前进犹虑不逮，尚何纷扰为也？资政院之纷扰，固原因种种，未可以概国会。矧吾国民气至安顺矣，即资政院论，口舌争辩，光明磊落，固属议员职务。谓予不信，试一读各国之议会记。

《厦门日报》，宣统二年十月初六日（1910年11月7日）

本月初三日缩短国会期限上谕谨注

星

合举国中之亲贵重臣、督抚大吏，暨士绅商学农工各界之志愿、之心力、之脑筋，血泪奔走三、四年，呼号数十次，声嘶气绝，形销骨毁，卒乃博此缩短三年国会期限之上谕，以达其似遂未遂、似幸非幸之请愿目的。在代表，此举固庶几不放弃责任；即朝廷，此举亦不可谓非服从舆论者矣。今而后，我政府、我国民对于应行筹备各端，不知宜若何淬（厉）〔砺〕，若何奋兴，珍重此可宝可贵之光阴，毋能转瞬五年，倏成为石火电光之幻景也。

世界各国之要求国会也，大半出于流血革命之惨剧，而后千辛万苦以得之。其乱事之冲激愈甚者，其人民之程度必愈高；其政体之更张愈多者，其议院之声价亦愈重。独我国于兹时局，迫于内忧外患之故，不得已力求变政，以为抵御之策，于是上下一心，君民同体，和平立宪之希望乃遂，辟古今中外未有之奇。要可毅然决然，不惜革专制而速开国会者，则大率国民之主动力者居多，此则事实上之无庸讳饰者也。人非事势出于万不获已，孰肯轻舍其专有之权利，公诸人使同享哉？此次请愿之准否，在朝廷本无成心，而一般老耄纵恣之枢臣，则不免为前途之阻力。幸而民气之盛，无可压抑，加以日俄协约成后，危机交逼，虽局中亦不能自讳。又得二三洞外情、识大势之开通贵胄，函电交驰，朝夕启沃，故缩短期限之说，遂不啻如崖转石，如箭离弦，一发而不可复止。

论者谓，不于明岁举行盛典，必辗转待宣统五年之后，实无解于急脉缓受之讥，已不满国民之欲望矣。恭读谕旨有云：“缓之固无可缓，急亦无可再急。”又谓“一经宣布，万不能再议更张”。一若吾民之求请速开者，皆未窥筹备宪政之情形，非苟且以图功，即操持之过蹙。然试平心而论，此区区三年者，在势亦未为过缓，在情或尚有可原，但使各挟一时不我待之见，以并日而图功，则虽前路茫茫，终有彼岸诞登之候。且据目前应办各事，若议院法，若上下议院议员选举法，及种种关于宪政范围以内者，究其实尚未有丝毫之预备。然则谕旨所云“事体重要，头绪纷繁”者，固是确情。记者固不敢谓即开国会之非大快人心，要亦不敢信即开国会之必遂收实效。

风闻此次枢臣对于国会碍难速开之意，约有四因：（一）为责任内阁尚未组织；（二）为选举调查尚无头绪；（三）为皇室制度尚未厘订；（四）为变通旗制尚无端倪。前两项与国会有直接之关系，而谕旨之所已言者也。后两项与国会有间接之关系，谕旨虽未明言，而其意之所踌躇顾虑者，抑未始非此事之阻力也。我国民诚于各方面而参观而互勘之，则国会之靳此三年者，夫亦可释然于心。而此后之孟晋迨群，所为策励四百余兆之精神，以预备宣统五年之盛举者，当更有以自处耳。顾记者于此窃有疑者，则以国会、内阁之制实在三权鼎峙之中，固不能谓内阁重而国会轻，亦不得谓国会急而内阁缓。乃读此次上谕，国会既准五年成立，独于内阁一事并不明示限期，第云“预即组织”。据外间传说，则谓枢府多数政见，皆拟内阁先国会而设。此种主义在当局容或言之成理，然而项庄舞剑，志别有在，保持权利之私见，即可于言外得之。吾姑不论内阁先设之弊，必至于无人真负责任，亦无人实行监督，但观其立法之本意，已先不从大局上着想，则即使他年国会成立，而政府专制之劣根性仍未尽去，恐至时而政府之与国民相见者，非敷衍即冲突而已。庸有幸乎！庸有济乎！抑记者更有不可解者，细绎此次上谕，其对于国民也，一则曰“应担之义务”，再则曰“应循之秩序”，肫肫恳恳，若惟恐国民之放任者。然此犹得曰立宪国君民互相策励之意宜尔也。独于论及国会之开，则谓“不待臣庶请求，亦已计及于此”。继又谓“采取各督抚奏章，与王大臣谋议”。恍示人以此次速开国会，实出于朝廷本意，非关国民一面之要求。外此之得参末议者，亦不过内外官吏之表表者而已，无预民事也。呜呼！试问我人民无第三次之请求，朝廷其肯缩减三年之期限耶？以庶政公诸舆论之朝，而此荦荦大端，尚虑国人藉请愿以居功，以为是即足长民权而隳国体，然则政府之疑忌我人民也可知。观“扰害治安，按律惩办”之言，不禁为代表兴鸟尽弓藏之感矣！惟是凡人欲为一事，幸而目的既达，则是责已尽而心亦安。至彼之以为吾力与以为非吾力，正不必辨，且律以善则归君之义，则即谓国会之缩短期限在朝廷早有此心，不过代表窥其意而迎合之，亦无不可。

总之，我国民处此，所兢兢注意者，当思此事绞若干脑汁，费若干精神，其请而得之也既难，则所以善其后者亦正不易，慎勿以三年为太远而轻心掉之焉。不然，计自九年立宪之谕旨颁布以来，瞬息已过三年矣，试问此三年中，除一二敷衍门面外，其确切筹办者何事？倘此后未来之三年，仍无异前此已过之三年，窃恐一事无成，而国会之开已届矣。努力各自保，所愿政府与国民起而共勉之！

《中外日报》，宣统二年十月初六日（1910年11月7日）

论各省督抚第二次电请速开国会

自国会期限缩短三年明发谕旨后，在民党一方面，有欢忭者，有反对者，意见致为不一。而在谕旨未发表时，各督抚之赞成国会者，闻缩短三年之说，则皆持急进主义而电请速开，其意见转无不合。夫国会请愿发起于民党，国会既开，则民权伸张而官权日缩，则坚持急进主义以反对缩短三年之旨者，宜在民党，而不在手握大权之官吏。今则民党中人感激欢贺之情，叹息失望之状，分歧而错出，而封疆大吏转联衔电告，断断以仅缩三年为不可，而无有异见。此何其理势之相反，而官权之甘于损缩乎？夫亦可见时势所迫，事事棘手，官有惧心，而思藉民气以辅助之，其情形为大可痛矣。试一观各督抚电请速开国会之原文，可见吾国之危殆，不第在外患之频仍，即在内政，亦已处于岌岌可危之势。所恃以为挽救之策，而有一线之希望者，惟有速开国会之一途耳。

原电云："若又迟以三年，则三年之内，风潮万状，佥壬之人，皆欲趁此三年，夤缘投结，以据要津；贪利之人，亦皆乘此三年，黩货营私，以肥囊橐。"斯言也，盖深见夫朝局之纷乱，佥壬之人之接踵而至，而不可不亟为之防也。自近数年来，运动之风，日甚一日，暮夜苞苴，以求要差，献媚逢迎，以期超擢者，不绝于权要之门。其始也，不惜重资，竭尽心力，以求达其升官得差之目的；迨其目的既达，则贪黩无艺，植党营私，而其祸乃蔓延而不可止。彼其人皆虑国会之速开，人民监督之即至，而无以施其自便私图之计。今距国会召集时，其间尚有三年之延缓，则佥有时哉，弗可失之，见趁此期间以大施其运动，此其情状之百出，贪墨之益甚，亦意中事。各督抚之奋然为此说，殆亦激极而一鸣乎！

原电又云："此次阻开国会者，或有新进之辈，欲遏其后起，而自居其功，故饰为进行有序之说，以惑上听。"斯言也，又确见夫新进者之怀私忌嫉，有意沮尼，而不顾大局也。自朝廷奖进新学以来，其乘时出洋，回国较早者，率得重用。草野之士，闻风兴起，出洋学习者，乃岁岁而有。故学成回国，以待擢用者，遂日以加多。而其录用在前，已据要津者，或且持物罕见珍之见，虑同类之升庸，故其人不特依附权门，日承奉王公大人之意气，抑且嫉视近年留学回国之人，以为疏陋而不足录。国会早开一日，一般研究法学，通达政务之人，必早至一日。新进者多，则有后来居上之虞；人才既众，则有难于争胜之势。而国会既开以后，人士麕集，民气奋扬，一有疏漏，则诘责立至，故利其迟而不利其速，设为不可早开之说，以惑当路之听。闻当路者固亦甘受其惑，而不之察也。疆臣之说，岂无所见而云然哉！

总之，财政奇绌，中央集权，各省督抚既日有左右为难之势，而自锡督、瑞督相继入都后，见夫都中风气日以败坏，愤中朝之紊乱，忧时势之日非，而举行新政，必且增民之负担，不开国会，则民不承认，而新政难行。故极力主张急进主义，而不欲国会之稍有迟延。此其意旨，讵得谓为依附民党，而非出于不得已乎？今资政院民选议员方甚不满意，欲要求再缩，而外省督抚已早电达枢府，力请速开。则本各督抚之意，以继续请愿，又岂得为过举哉？彼奉诏欢欣、竭意感谢之谘议局，果何为者？而某邸之阅电大怒，至斥为违旨沽名，抑亦不谅之甚也。

《申报》，宣统二年十月初十日（1910年11月11日）

初三日上谕之表微

宣统五年设立议院之旨已于初三日颁下。兹闻政府初二日已刻觐见德公使后，即开御前会议，王大臣等主张速开者居多数，而某邸及宪政馆各员颇持缩短即速开之议。盖借口于九年筹备清单系先朝钦定，不能取消，只宜赶紧将单内要件提前筹备，至速必须二年始能竣事云云。某邸持之尤力，故有昨日之谕旨。

另一访函云，初二日召见会议政务处王大臣约有三刻钟之久，对于速开国会一事皆主宣统五年之说，当时有一二人发表反对之意，摄政王置之不答。是日为德国提督觐见之期，时适会议政务处王大臣召对，故先由外务部堂官陪至上书房暂待，议毕始行进见。闻各部尚书说帖无一不主宣统五年开国会之说，间有一二主张三年及四年者，然皆参以活笔，不敢昌言也。并闻泽公之说帖，主张即开，并无年限。有人谓唐少川尚书独反对速开国会，为诸说帖之特色，确否亦未可必。

又一访函云，此次速开国会问题，会议政务处王大臣所具说帖，大半皆以直督之电奏为蓝本。初二日召见时，摄政王将各人说帖逐一细阅，并逐一垂询，卒以无人独出主张，遂定为宣统五年。并闻呈递说帖之中，反对速开者以理藩部尚书寿耆者为最力，内有“如果朝廷遽从人民之请，即开国会，愿即挂冠回旗，不复与闻时事”云云。有人谓，当光绪三十四年颁布誊黄清单时，反对最力者，此公亦居其一。乃初三日谕旨，该尚书又随同副署，诚不可解。

初三日，四品京堂杨度尚递封折一件，大旨谓非速开国会不足以救国势之危，今资政院初开，即以速开国会为请，民心所欲已可概知，若朝廷不允所请，则草泽横议必十倍于今时，设有事变相乘，或致资政院并不能开，岂得为国家之福。又云，谕（者）〔旨〕以宪法、内阁皆应预备在先，故国会不能过速。然内阁随时可以成立，丝毫不须预备，即宪法亦有各国宪法可以师资，且有《钦定宪法大纲》明示范围，亦非难于拟订，不必以宪法之难编，而将国会置缓。请设编订宪法馆于宫中，特选亲信重臣明达宪政者数人，妥慎起草，并设弼德院以为审查宪法之机关，如日本之枢密院云云。此君而发此言，奇矣。

日前文斌亦递封奏一件，闻其内容略谓时局阽危，人心可恃，请旨裁决速开国会。其中将顽固迂谬各论一一为之驳释，谓主张宣统五年召集者为阻挠，惧负责任，而主缓开者为偏诈。并谓两院制之国会，较资政院为有责任无流弊，即请宸衷独断，立时召集国会，以顺舆情而维国本等语。闻已与黄侍御瑞麒所奏一并交政务处王大臣阅看。

又闻胡思敬亦曾上一封折，内有“宪政万不可立，国会万不可开，推原事变，罪魁祸首实为杨度”等语。此公心理，诚令人不可推测矣。

闻各省同志会及各团体，自闻宣统五年开设国会之信，均异常愤激，多以函电诘责代表，谓国势如此危急，缓至宣统五年始开国会，朝廷果据何理由，代表果作何对付，誓死不承认，如经发布，只好再取激烈之手段以对待之，不忍见亡国之惨云云。代表等接信之后，深恐酿出他种暴乱，大有忧色，现定初四日开会再定办法。

北京报界公会昨接内城总厅来函：国会缩短，已见明谕，理宜同伸庆祝，请转传各报馆，初四日起印刷红色报章三天。然在京报馆以资政院及各团体尚在力争速开，故此事尚未敢奉行。

《申报》，宣统二年十月初十日（1910 年 11 月 11 日）

读十月初三日上谕感言

沧　江

时局危急，极于今日。举国稍有识、稍有血气之士，佥谓舍国会与责任内阁无以救亡，尔乃奔走呼号，哀哀请愿，至于再，至于三。于是资政院全体应援之，而有九月念六日之决议上奏；各省督抚过半数应援之，而有九月念三日之电奏。旬日以来，举国士辍诵，农释耜，工商走于市，妇孺语于闾，咸喁喁焉翘领企踵，庶几一朝涣汗大号，活邦国于九死，乃不期而仅得奉十月三日之诏。彼署名诏末之王大臣，使其能察民意之所归，舍己以从，则天下固诵其忠；而不然者，孤行己意，坚定不摇，甚则取异己者而放逐之、戮辱之，则天下亦将服其勇。而乃依违模棱，以作调人，如买菜之论价，不愿两者并许，又不敢两者并拒，则舍国会而先取内阁；国会既不愿即开，又不敢太缓开，则调停于明年与九年之间，而取五年。诚不知宣统五年可以召集国会者，宣统三年不能召集之故果安在？诚不知国会未开以前，所谓责任内阁者，果何所附丽？且督抚电奏，人民请愿，皆言责任内阁，而上谕中特删去"责任"二字，诚不知无责任之内阁，则与前明以来以迄今日之内阁何以异？与军机大臣何以异？与现在分立之各部院何以异？与会议政务处何以异？若是则吾国之有之也既已久矣，何俟宣统三年而始成立？何俟再以诏书为之规定？于是而当道一二大老之心迹，昭昭然揭于天下矣。其或者熟计吾身已不久人世，至宣统五年，我则已一瞑不复视，则国中蜩唐沸羹之象，无论极于何等，而皆于吾无与也。其或者持筹握算，略揣尽此三年中所黩之货，差足为长子孙之计，至是乃急流勇退也。呜呼！以全国人万斛之血泪，可以动天地、泣鬼神，而不能使绝无心肝之人稍有动于其中。我国民之血其虚洒，我国民之泪其虚掷矣乎！虽然，我国民其毋中馁也，其毋徒恸也，今后我国民所当黾勉以从、蹈厉以进者，正大有在耳。

西方学者有恒言："法律现象与政治现象不可混为一谈也。"夫在西方诸法治国，其法律之效力至强且固者，犹且有然，何况于今日之中国耶？我国上谕及其他奏定之文牍，就理论上言之，诚与今世各国所谓法律者有同一之效力。虽然，以政府大臣而视圣训及上谕为弁髦者，其事日有所见。以上谕比诸外国君主裁可之法律，为事本已不伦。夫以外国之法律犹不能束缚政治现象，而况仅于一种之文告，其平昔所发生之效力，远不逮法律者耶？谓以此而可以定一国政治之命运，其亦误解政治之性质也已矣。盖法律文告者，结晶体之物也；而政治者，活物也。故法律文告之现象，譬之则犹器械，在人所制造、所变置、所利用，不能以自伸缩；政治现象，譬之则犹人之知觉运动，常能制造、变置、利用彼器械，而流动不可方物。是故国民而不娴于政治者，虽有至善良完备之法律文告，亦等于废纸；国民而娴于政治者，虽法律文告至恶极劣，曾不足以为其前途之障也。此不必远征他国，即以我国数年来之事实论之。前此之法律文告，本无所谓立宪政体也，何以今忽有焉？本无所谓资政院、谘议局也，何以今忽有焉？本无所谓国会、责任内阁也，何以今忽有焉？乃至国会及责任内阁，据法律文告所指，则当期成于六七年以后也，何以今忽先焉？昔无而今忽有，有其不得不有者存也；昔后而今忽先，有其不得不先者存也。所谓不得不有，不得不先者，谁实为之？则政治现象是已。是知前此之法律文告，决不能束缚现在之政治现象；而现在之政治现象，实能改废前此之法律文告，且能孕育将来之法律文告。明于此义，则吾国民今后所当有事者，从可知耳。

自今以往，吾民所宜自觉者，有一事焉，则舆论之势力是已。凡政治必借舆论之拥护而始能存立。岂惟立宪政体，即专制政体亦有然。所异者，则专制政体之舆论，为消极的服从；立宪政体之舆论，为积极的发动而已。盖自古未有舆论不为积极的发动，而能进其国于立宪者；而虽有淫威无等之专制政府，苟欲撄积极的舆论之锋，未或不败绩失据。舆论者，天地间最大之势力，未有能御者也。夫天下苟非正当之事理而适合于时势者，必不能为舆论之所归，虽弄诡辩以鼓吹之，一时风起水涌，不旋踵且将熄灭。若其既为至当之事理而适合于时势者，则虽以少数人倡之，其始也闻者或皆掩耳而走，及积以时日，则能使成为天经地义而莫之敢犯。故舆论之为物，起乎至微，而终乎不可御者也。即如我国，所谓维新变法论，所谓立宪论，所谓国会论、责任内阁论，自始曷尝不为举国所诟病、所目笑？而当道席势怙权之人，曷尝不以为大弗便于己，而尽其力之所能及以明拒而阴挠之者？然其拒之挠之之术，惟得行之于未成为舆论之时耳，舆论一成，则虽有雷霆万钧之威，亦敛莫敢发。不见乎自辛丑、壬寅以后，无一人敢自命守旧乎？不见乎最近二三年，无一官吏不言筹备宪政乎？不见乎此次资政院提出请愿国会案，无一人敢反对，督抚公电无一省持异议，而代表团历访枢府当道莫不温言唯唯乎？且如资政院当决议上奏时，有大声疾呼、促反对党之演说者，彼时此二百议员中，谁敢保其无一二人不慊于国会论？虽然，当此之时，虽悬高爵重禄以诱于前，设大戮严刑以驱于后，吾知其欲求一反对之演说而不可得也。而要路之人之唯唯于其间者，亦若是则已耳。夫岂无以伪相应者？然社会制裁之力，能使人不敢于为真小人，而自托于伪君子，则其功用已不可谓不伟；况乎舆论之监察诚有进步，更不容彼辈之以伪自遁耶？

由前之说，凡能成为舆论者，必其论之衷于正理，而适于时势者也。顾此虽有能成为舆论之资格，然所以成之者，恒存乎其人。夫舆论者何？多数人意见之公表于外者也。是故少数人所表意见，不成为舆论；虽多数人怀抱此意见而不公表之，仍不成为舆论。是故当舆论之未起也，毋曰吾一人之意见未必足以动天下，姑默尔而息也。举国中人人如此，则舆论永无能起之时矣。当舆论之渐昌也，毋曰和之者已不乏人，不必以吾一人为轻重，姑坐观成败也。举国中人人如此，则舆论永无能成之时矣。故近世立宪国所谓政治教育者，常务尊重人人独立之意见，而导之使堂堂正正以公表于外。苟非尔者，则国中虽有消极的舆情，而终无积极的舆论。有消极的舆情而无积极的舆论，此专制国之所贵，而立宪国之所大患也。且如此次速开国会、建设责任内阁之国是，其主持者由我仁圣皇帝，固也，而翊赞之者谁耶？谓代表团耶，仅代表团则安能致是？谓资政院耶，仅资政院则安能致是？谓督抚耶，仅督抚亦安能致是？盖实有一种无形之势力主持乎其间，而假途于代表团、资政院、督抚以表示之。而此无形之势力，则存于国中无量数不知名之人之身中者也。苟此无量数不知名之人，人人以为吾之一身无足以轻重于国家之大计，则此势力遂永不能发生矣。夫国中此种势力，其宜发生之日久矣，而前此迟迟不发生者，岂非以国中人人皆自以为不足轻重耶？今虽发生矣，然其微抑已甚也。我国民若能人人鉴于此次之效，而知势力本存于我身，则后此所以进取者必有道矣。

比年以来，一种悲观论弥漫于国中，其稍有知觉之士，日惟相对欷歔，谓国必亡、国必亡。夫以现在当道之人物，处现在时局之危机，其安得不令人意丧气尽？虽然，既已托生为此国之人，于其国之将亡也，宁得仅以之供凭吊感叹之资料，如词章家之歌咏前代古迹，如历史家之叙述他国陈迹乎？稍有血气，其必不忍不谋所以拯之也，明矣。而彼以亡国论为口头禅之辈，必曰：吾岂不愿谋所以拯之，顾吾确已见乎中国今日之亡，非人力所得而拯也。噫！甚矣其慎也！凡自然界之现象，其存在也纯恃他力，故其成毁非其本身所能自主也。社会界之现象，其存在也全恃自力，故其成毁实其本身所能自主也。自然界之物质，其分子皆以无意识之阿屯结合而成。阿屯为物理学上必然之法则所支配，丝毫不能自由。社会界之团体，其分子实为有意识之人类。人类意志自由发动，不可方物，非必然之法则所能严限也。国家者，社会界现象之一也。故国家之亡，苟非其“组成国家之分子”（即国民）自乐取亡，则他人决无能亡之者。吾辈以为吾国今日所处至极艰险，而岂知各国情事虽异，要之莫不各有其艰险者存。我之视彼，犹彼之视我。吾尝以今日中国事势，与美国独立前后相较，与法国大革命前后相较，与德国、意国统一前后相较，与日本维新前后相较，惟见彼之险艰，倍蓰于我而已。夫法国当革命前后，财政紊乱之极，而继以屠戮恐怖，举邻强国咸起与为难，此等现象，我无有也。美国本为人藩属，奋微力以抗上国，既脱羁勒，而联邦各自为计，中央政府不名一钱，此等现象，我无有也。德与意本以无数孱国，介于列强之间，冒大险，经数战，始能自建树，而德则外之畏敌国之报复，意则内之受教会之劫制，此等现象，我无有也。日本承数百年幕府专制之威，竭全力仅能胜之，而藩国犹存，王室守府，此等现象，我无有也。夫以我国以历史凭借之深厚，国中秩序之安顺，政令施行之便易，而犹不能以自振，而日日忧亡。使吾辈处他国之所遭，又将若何？今吾国凡百不足病，所病者在政府不得其人耳。而政府者，固非能有深根固蒂以自植者也，又非能强有力而敢于明目张胆以与举国之舆情为难者也，然则其能为国家进步之障者几何？大抵国家之大患，莫患乎国中有一特别之阶级，与多数人之利害不相容，而此阶级者，智力较优秀而结合至巩固，人民有所论列，彼则相结而挫之，则多数舆论之政治决难遽行，而国运之进，常为所窒。我国无此种特别阶级，此即我国民政治运动最易成功之一大原因也。我国君主国体之精神，自始本与欧洲中世以降之君主国大有所异。在彼则以国家为君主之私产，在我则以君主为国家之公人。故曰“所欲与聚，所恶勿施”，“天视民视，天听民听”。经训中类此者不可枚举。此等大义数千年深入人心，虽有至悍之夫，只敢阴蔑而不敢明犯。盖立宪主义发达之早，未有若吾中国者也。故舆论所在，君主在理在势，皆曲从之。此中国相传之天经地义，历久而弥光晶者也。而翳乎其间者，不过此以职务为传舍之官吏。官吏非人民以外之一团体也，其未进也不过一平民，其既退也亦不过一平民。故其目前之利害，虽或与一般人民小矛盾；而永久之利害，终必与一般人民相一致。夫举国人民利害略相一致，此实吾国固有之特质，而在数十年前，东西诸国无一能几者也。其小利害有不相一致者，此则又今世诸国所皆莫能免也。是故以官吏而出死力以妨害人民之政治运动者，为我国事理上所不能有，即有之而亦脆薄已甚，其势万难以继续。试观比年以来，人民所树之义，但使壁垒稍坚，几见官吏不同化之而附和之者耶？是不得曰彼以其为官吏之资格而纳降于人民也，彼不过以其为人民一分子之资格而加入于人民运动之队而已。夫君主决不肯为人民之敌也既若彼，官吏决不能为人民之敌也又若此，然则，但使有正当之舆论能发生于多数人民之间，则何求而不得，何欲而不成？而彼不负责任、不适时势、不达治体、不顾国益之人，岂能一日尸政府之位？凡彼辈所以得尸其位者，皆由消极的舆论默许之而已。今如曰我国于政府腐败之外，别有亡国之原因也，则救亡之道，容或难焉；若原因止于此也，则吾以为救之之易，莫过此也。何也？天下事惟求诸在外者为至难，孟子所谓“求之有道，得之有命”，求无益于得者也。若求诸在我者则至易，孟子所谓“求则得之，舍则失之”，求有益于得者也。夫欲使政府毋腐败，欲使国毋亡，岂有他哉？亦吾民各各求诸在我而已矣。

今中国凡百皆不足深患，而惟人心风俗之病征为足患。人心风俗其他之病征尚不足深患，而惟此坐以待亡之心理为最足患。人人皆曰国必亡、国必亡，则莫复肯为百年十年之计，而惟苟且偷生于一日。既已苟且偷生于一日，则纵肉体之欲惟恐不及，此奢汰贪黩之风所由起也；以名誉为更不足顾惜，此寡廉鲜耻之行所由多也；以学问为无所用之，此学绝道丧之象所由见也。夫人之生，生于希望而已，希望一绝，则更何可为者，又更何事不可为者。夫人虽堕眢井，虽陷虎穴，但使须臾毋死，犹未尝不思所以自拔，盖于无希望之中而犹怀希望，人之情也。独乃于吾侪所托命之国家，全世界人所共认为前途希望汪洋靡涘者，我民乃以其偶处逆境之故，而嗒然自绝其希望，天下不祥之事，莫过是也。譬有人于此，或试验落第，或懋迁失利，而遽发愤自戕，此天下之不祥人也。今之持亡国论者，盖有类于是矣。是故我国之亡不亡，匪由天也，匪由人也，而实在我辈四万万众之心。四万万众皆曰听其亡，斯竟亡耳；四万万众皆曰不许其亡，斯不亡耳。

而论者或曰：今四万万众之听其亡者，既什而八九矣，我一人独何能为？应之曰：不然。我而在四万万众之外也，则诚无如何。此如欧美、日本人，虽有爱于中国，而欲其不亡，无能为力。顾我非四万万人中之一人也耶？四万万人皆各自我其我，故不必问他人之欲亡此国与否，惟问我欲亡此国与否而已。夫群众心理之感召，良莫能测其朕。一人欠伸，举坐随焉。涉乐方笑，言悲已叹。此不必有大豪杰然后能负之以趋也，其互相吸引，互相倚重，各不自知其然而然。而其传播之迅速，气魄之雄厚，乃极之至于不可思议。勿征诸远，即以此次之国会论、责任内阁论言之。自其始萌芽以迄今日为时几何，其有人焉单提直指以鼓吹之者为时更几何，而其风被之远、响应之捷，则竟若是矣。使自始而人人皆曰倡之者不必自我也，则其结果当何如？使继此而人人皆曰应之者殆无待我也，则其结果又将何如？是故吾辈但患我之不如人耳，毋患人之不如我。我虽至幺么，而四万万人之我则至伟硕；我虽至脆薄，而四万万人之我则至雄强。我而不信我之伟硕、雄强，则是非侮我也，而侮四万万人也。我国之所以殆，坐是而已。夫此四万万人之我，本具有伟硕、雄强之力而不自知，今读十月三日之大诏，不已明示之以征证耶？呜呼，可以兴矣！

由此言之，吾国前途之最大希望，实惟舆论势力，而可持之以为中国不亡之券，亦既明甚。而此后所以运用此势力者如何，则我国民所最当留意也。昔政府动持人民程度不足之说，以沮挠国会，吾侪既力辟其谬矣。虽然，此不过谓现政府之程度，比于一般人民尤为劣下，以现在人民之智识，优足以监督之而有余，故与现政府相对，而得言人民程度已足云尔。实则吾人民而诚欲沐浴宪政之膏泽，则今后所以吸收政治上之智识、磨练政治上之能力者，今方当大有事，而现在之程度，其欿然不足者不知凡几，是又吾国民所不可不自省也。夫舆论势力之表示于外而最强有力者，莫如国会。国会所行职权，若议决法律，若协赞预算、审查决算，若事后承诺，若质问政府、弹劾政府，若信任投票，虽采种种形式以显其势力之作用，一言以蔽之，则政策之讨论辩争而已。其种种形式，则无非借之以为建设一政策或反对一政策之手段也。夫必先有政策，然后能有讨论辩争之鹄；而政策也者，非政治智识圆满之人不能建树，非政治智识粗具之人不能批评者也。今我国人于政策二字，习为常语，小有建白，动辄以冒政策之名，而不知学术上之用语，万不能如此其蒙混也。凡国家任欲举一政事，无不与他项政事相联属，其他项政事又更与他项政事相联属，如是相引，若循环无端，不可殚穷。苟欲举一项而遗他项，则并此一项亦不能举而已。是故必有组织者，乃得称为政策。复次，凡政治固莫不以国利民福为鹄，而国利民福决非一端，而时且或相矛盾。建树政策者，或向甲端，或向乙端，惟其所择，而决不取两不相容之策以糅为一团，果尔则其利必以相消而尽耳。是故必有一贯之系统者，乃得称为政策。复次，凡一政策之实行，则其直接间接影响于一国社会现象者不可纪极，人民所蒙乐利固多，而苦痛亦在所不免。欲评政策之价值，惟以乐利能余于苦痛与否以为衡。而苦乐之效，往往发见于甚迟，其间接所波动，抑非粗心浅识之人所易见及。是故建树一政策固甚难，即批评一政策抑亦非易。而国会所以能于政治上有大作用者，则在其能建树政策、批评政策而已。苟国会议员不知政策为何物，其所讨论不悬一政策以为鹄，而徒东涂西抹，杂提出许多无组织、无系统之法案，而扰扰焉赞成之、反对之，或枝枝节节以行其质问、弹劾之权，不探根本而摘枝叶，则虽有国会而其补于政治现象之进化者，抑至微末耳。由此言之，则国会既开之后，吾国民所需政治上之智识，其程度当若何，若今日其能以自足耶？

且吾更欲有言者，吾近年以来，默察时势，窃以天若相中国，使得举立宪之实者，则将来政权所趋，其必成为英国式之政党政治，而非复德国、日本式之官僚政治焉矣。夫政党政治、官僚政治各有短长，吾固未尝漫为轩轾。且官僚政治整齐严肃之效，与今日之时势极相应；而按诸我国历史，官僚政治之根柢极深，因而利用之，其于施治当较易。故吾自昔固深望我国之政治现象能如德国、日本，而非欲其强效英国者也。虽然，以比年来事势察之，深恐官僚政治有绝对的不能维持之势。何也？当一国改革政体伊始，苟其官僚于政治上之道德智识能力独为优秀者，则将来政权恒在官僚；而不然者，则必移于政党。此征诸各国已事而可见者也。今我国官僚，强半阍于世界大势，无丝毫政治上之常识，其智识较诸民党之俊秀者，实下数等。若新进少年初得一官者，其中固不乏英才，然未可具指为官僚党也。其职务上之经验，虽视民党为多，然不过簿书期会之事，非复适于新政体之用，则其能力固未见有所特长也。又彼辈虽自为风气，俨然若成一所谓官僚社会者以自别于齐民，实则不过无机的集合，偶然的凑泊，绝非有一共同之目的以相团结。此我国官吏社会与欧洲各国之贵族社会、日本之藩阀社会最相异之点也。趋利则相轧，过患则相陷，绝无足以称为党派者存。论者或加之以吏党之名，其宠异彼辈，抑太逾分矣。夫中国现在之官僚，既已若彼，自今以往，彼等固不敢作永远蟠踞政权之妄想，即时势亦岂容彼辈之长尔尔耶？今责任内阁克期建设矣，国会次第召集矣，自始组织此责任内阁者，必为现居要津之人，此自然之数也。而试问其能提出一有组织、有系统之政纲，以与天下人共见否耶？即提出矣，而试问其能一一按照之以见诸实行否耶？五尺之童，有以知其必不能矣。既已不能，则现在之资政院及将来之国会，苟空无人焉，斯亦已耳；若犹有人者，则此卤莽灭裂、涂饰敷衍之内阁，安能一日存立？善夫！各督抚联衔电奏之言也，曰："既有国会监察，权限明则责成专，虽欲诿卸而不能；才力薄则应付穷，虽欲把持而不得。数经更易以后，求才者知非破格不为功，饱尝忧患之余，任重者亦必审量而后进。"盖责任内阁既建、国会既开以后，无主义、无统一之内阁万不能存立，此既为自然之效、必至之符；而群现在之官僚社会，其必不能成一有主义、有统一之内阁，抑章章矣。于此时也，若国会议员亦等是无主义、无统一也，则将国会与责任内阁两者，皆成为无用之装饰品，政治现象混杂至不可名状，腐败且日益甚，而国遂以亡。使于其时而国中有堂堂正正之政党出焉，揭健全之政纲以号召天下，而整齐步伐以从事运动，则国会势力必为所占。以之与无主义、无统一之官僚内阁相遇，其犹以千钧之砮溃痈也，进焉则取而代之，退焉则使官僚内阁唯唯服从也必矣。吾故曰：吾国将来之政治现象，必变为英国式之政党政治，势则然也。

夫然，而我国民之责任抑更重，而所以完此责任者抑更难矣。凡天下事，批评易而筹划难，筹划易而实行难，此事理之至易睹者也。是故批评一政策，则但有政治上普通之常识，可以无大过矣；筹划一政策，则非有圆满之学识，所不能也。筹划一政策，则但有学识，亦庶几矣；综揽此政策而实行之，非有相当之器量才技，所不能也。如彼德国、日本者，其官僚社会中人，皆一国之秀，又阅历极深，于政务无所不娴，故其所筹划之政策，率皆能与最大之国利民福相应，而无甚可议，而行之又无所阂滞。国会之政党，则不过拾遗补阙，匡其不及以泄其过已耳，故为道较易也。我国不幸而官僚社会太紊乱无纪，脆薄无力，欲其负荷此艰巨，而餍天下之人心，殆成绝望。于是将来我国国会之政党，不惟负批评政策之责任也，且不能辞筹划政策之责任，甚且不能辞实行政策之责任。欲云完之，岂其易耶？呜呼！我国民其念之：此责任之压于公等之双肩，盖不远矣！公等虽欲避之，而固有所不得避，而将来公等之能负荷此责任与否，即国家存亡所攸判也。由此言之，则自今以往，我国民所以自鞭策者当何如，而此二三年之光阴，其可以一寸一分掷诸虚牝也耶？呜呼！我国民其念之哉！

吾诵明诏，既感我皇上之仁圣，感舆论势力之伟大，复感吾国民将来责任之艰巨，辄杂述其所感如右。

《国风报》第一年第二十八期，宣统二年十月十一日（1910年11月12日）

即开国会意见书

喻长霖

立宪之国，无不有国会，尽人知之。中国方图立宪，国会早开一日，有早一日之益，亦尽人知之。且国会一开，国民有负担之重，政府无专制之谤，尤为朝廷所欢迎。故处今日而犹言反对国会者，此必无之事也；处今日而犹疑人有反对国会者，亦过虑之甚也。本月初三日，谕旨缩改宣统五年开设议院，而诸公热心有加无已，更欲改速开国会之请，为即开国会。夫国会果可即开，此普天率土所深愿，吾辈尤表同情。惟揆诸今日形势，尚有宜慎重研究者数端。

伏读初三日上谕云："决疑定计，惟断乃成。此次缩定期限，折衷至当，无可再急，即应作为确定年限，一经宣布，万不能再议更张。"圣谕森严，已在无可挽回之势。若再辩论不休，徒增烦渎，恐终无济。此所宜慎重者一也。

宪政大纲，行政、立法、司法三权并立，明定责成，不可偏废。今即内阁刻期组织，而新官制颁布各省，一切除旧布新，谅非数月所能就绪。今即新律刻期施行，而司法人才方在造就，尤非旦暮可成功。如此，则虽国会立时召集，而行政、司法尚未完全，国会仍无所对待。就令立法完备，取其一而舍其二，畸重畸轻，似无此立宪之政体。此所宜慎重者二也。

初三明诏，薄海胪欢。京师臣民，尤形踊跃。各校生徒，呼嵩颂祷。龙旗灯会，遍户盈街。观此多数之欢迎，已足见民情之大顺。凡我议员，似宜曲体舆情，权从众志。此所宜慎重者三也。

今日时势，新旧交讧，内外交迫，国步艰难，实近古以来所未有。宪政速成，国会速开，拯溺救焚，急于星火。监国贤明，岂真念不到此？惟筹备各大端，头绪纷繁，诚如圣谕所言，非一二年所能蒇事。我辈知国会之宜速开，不知有与国会相连并举者，牵一发而全身俱动，万绪千端，不得不统筹其全局故也。吾辈似宜仰体朝廷之苦衷，不必过事吹求。且凡事操之太蹙，其知者以为血诚之忿激，不知者以为气焰之嚣张，此风一播，三人市虎，意外波澜，或致转生阻力。此所宜慎重者四也。

今日海内反对学堂，反对调查户口之事，时有所闻。民智否塞，财政困难，动多棘手。他日国会既开，势必加重负担，议员承诺租税之苦衷，万一不见谅于社会，不惟海内失望，且恐贻诮外人。我辈正宜趁此数年，同心竭力，启发民智，以为国会议员之后援。此所宜慎重者五也。

且仆尤有鳃鳃过虑者，今之议者谓非开国会不足以强国，非开国会不足以救亡，海内之人闻之熟矣。果如斯言，则国会未开，其责固在政府，国会既开，其责将在吾徒。而三年之期，转瞬即至，一切设施，固在他日，一切预备，咸在目前。事变万端，光阴逼迫，旋干转坤，万钧负荷。仆每念此，惭惶悚迫，惟恐践言之难，每至中夜不寐，汗流浃背而不能自止也。仆一介书生，毫无学问，惟见斯事非常重大，作事谋始，不可不精详，不可不审慎。且最难定者是非。本朝纪、阮两文达，世推博极群书，然纪不信五大洲之说，阮不信地动之说。近世左文襄初闻电信、电话之说而嗤之，而且西儒多禄初疑天为层层硬壳，法王拿坡仑初不信轮舟之利，彼皆盖世之才，犹不免谬见，况仆驽下，更何敢以暖暖妹妹之识论断是非？惟忝列议员，苟粗有一知半解，不得不竭其管蠡之见，献曝忱于社会。曩日演说，未毕其词，拙于口说，以笔代舌，一孔之谈，滋自惭汗。凡百君子，伏惟钧教。

《顺天时报》，宣统二年十月十四日（1910 年 11 月 15 日）

论国会问题之一喜一惧

自初三日之明诏一下，举吾国民四万万一致之心理，忽析而为两歧。何也？当此诏未下时，全国人民皆万众一心，聚精会神于请愿之事，此其心理固一致也。及至缩改宣统五年实行开设国会之诏下，于是甲派之人则鼓舞欢忻，以为目的既达，请愿有效，且开会以祝贺之矣。而乙派之人则以时局阽危，千钧一发，再延三年，不知国势成何现象，尚何有于国会。矧观此次枢臣所拟诏旨，其不满于人民实甚，一则曰不待臣庶请求，亦以计及于此；再则曰此次系采取各省督抚之奏章，及王大臣之谋议。是一般枢臣明明有摧抑民权、轻蔑舆论之意。以如是之政府，即改军机为内阁，何补于治平。而宪法、议院法、选举法之内容，益可想见矣。此甲、乙两派之见解也。

就甲派之见解观之，则自奉谕以后，凡各府县在省之请愿代表，当听督抚之劝谕，即日散归，各安职业。而各省驻京各代表，亦当听民政部之劝谕，即日散归，各安职业。费时两年，上书三次，得此结果，不可谓无功，代表诸君亦可自慰，他日国史亦有光辉。此最粗之一层也。若再精而进之，则自今日以至国会开设之期，有三年之长岁月，可以容我人民布置，未始非幸。布置之法，约分二种：一则组织绝大之政党，其党员皆须极富政治之智识，且须于现社会具有巨大之势力，负巨大之声望，以备国会开时，为冲锋陷阵之健儿；一则建设机关，为资政院之后援。盖世界宪政史，多由其国民流多数之血所购成，而吾国宪政，则由少数之代表，拜跪哭泣，所丐乞而得。其代价既各不同，则将来宪法上之制限，议院法、选举法之制限，名曰国会，实并古之乡校而不如，此可断言也。然则其宪法非经资政院之协定，而议院、选举诸法非经资政院之协赞，吾民必不能承认之。以今资政院之性质，混合钦选、民选议员于一堂，本不足为吾民所信任，即使民选议员中，并无反复之人、圆滑之辈，然以彼之少数焉，有大力为吾民争如许之权利乎？故必别设机关以为之后援，且从而监督之。倘有不忠于民之议员，则此机关可以设法对付之，于是而三年以后，吾民始有权利之可言也。

就乙派之见解观之，则自奉谕以后，晓然于政府之执拗，诸臣之昏聩，时势至此，犹欲肆其凶顽之焰，威吓之谋，愈以信此辈所组织之内阁，为不足信任。千钧一发之局，万非此聩聩者所能支撑，于是全国一致，而图为再接再厉之举。今各省之各府县人民代表，均在省城，如江西则聚至万余人，福建则聚至八千人，其余各省之数，虽未详，然偶一号召，不难麕集。此等之人，日集于总督巡抚衙门，堂堂皇皇，为第四次速开国会之陈请，即使不必如福建人之恭顺，环跪涕泣于松寿之前，吾料彼督抚亦必不敢视为叛逆，开枪轰击，如孙宝琦之对付莱阳人民也。此最粗之一层也。若再精而进之，则各省谘议局联合决议，要求降谕，定明年即开国会。倘不得请，则全国二十一行省，同时停议，务必得请而后已。照此办法，亦至平和，而平和之中,含有巨大之激烈,既不生内乱,又不召外侮,即此以验顽钝政府之能力,窃料其未必果有何等妙策,可以对付吾民也。虽然,此等举动,终属可危,行之一不得当,或竟至于溃决,亦未可知,此可惧者也。

一喜则如彼,一惧则如此。今日吾国民中之甲派者,必须循一定之轨道而进行,乙派者则不可知。记者将于此验吾国民之实力。

《申报》,宣统二年十月十九日(1910年11月20日)

读同志会之通告书

今中国政治之必须改革,朝野人士皆知之。但上焉者,以改革政治,为迟疑难决之问题,而不敢直行其是。然时势日迫,政治之改革,又不能以稍缓,致激动国民热心,公举代表上书政府,请愿速开国会,以救危急。至上书再三,始诏令缩改期限,定以宣统五年开国会,即日谕各省代表,使散归各安职业,而代表团之热心犹未已也。惟是请愿国会代表,更组织同志会,以改革政治为目的,顷已作书通告于各省同志,谓今而后,无论国家时局千难万阻,义当植立不挠,尽斯民之天职,上以敦督政府实行宪政,下以启牖人民【促】进文化。观此于政见之热心,亦良可赞叹。

谨阅其通告书,先以督促政府速立新内阁为至要。盖曰军机总揽政权而不负责任,国家前途,何等危险?其建议诚是也。夫前此军机大臣答复资政院之质问,并不辨明负责任否。若果因循以为常,国会之开不能在明年,而新内阁又不能速立,则国家政治责任,舍皇上一人之外,无有代负之者。岂可乎?资政院议决弹劾军机不负责任,并请速立内阁,复有各省同志会以为后援,庶几要求之目的得达矣。记者窃不禁预为之祝。

其次曰宜要求参与宪法也。所持论者,亦非不至当,并谓此系国家之存亡、人民之生死问题,应由各省同志会径达资政院,请其具奏。然政府固已宣布钦定宪法之旨矣，将以如何手段参与之乎？若如所言交资政院议决，则是宪法之制定，与他法律之制定无异，而钦定之名何在？记者关于此问题，俟改篇详论之，以明析其义。

若夫党禁之请释，又所宜急也。其言立宪国家，纯然以政党为组织之要素，信矣。夫戊戌党禁之冤狱，久为人世所灼知，即在政府者，现亦未始不知之也。乃明知之，而不释其禁，于组织政党之前途，自多所阻碍。得同志会上书资政院陈请，提作议案，披情上奏，先皇帝德宗有灵，当亦默启政府之衷，昭雪冤狱，助立宪政党之进行也。海内同志，想共望之。

抑国民宪政之知识之宜灌输，尤不可置为后图也。通告书中证引日本维新，固由西乡、板垣、伊藤、隈伯诸贤，为政治上之活动，亦由福泽谕吉辈四处讲演，为教育上之昌明，此言信不我欺。现中国志士，宪政之知识，诚日见其开明，而全国民犹未也。非得多数同志结会，热心于宣讲，以灌输之不可。夫促政府之进行于上，导民智之开通于下。记者平日关于此事，已尝言之。凡以企志士爱国者，直抒其热诚，得多数人协力并进，斯政治之改革，无所虞阻也。

今国会代表之组织同志会，其政见与鄙意之持论大致相符，是则私衷所尤兴感者。若既皆热心于改革政治，能使朝野之阻力全消，则国家俱受其幸福，各省同志诸君其勉之。政党之成，固指日而可期也，否则政治之改革，将何以待？

《顺天时报》，宣统二年十一月一日（1910年12月2日）

第四次国会请愿感言

近日各省人民赓续请愿之帜又张，而以奉天代表为中坚。锡督号称强毅，然接见该省代表，前倨后恭，面允代奏，而人民始退。倘决志坚拒，则图穷匕见，人民无生还之理。天津人民感奋，亦强陈督代奏，卒之两督皆如人民之请求，以哀迫恳切之词上陈天听。若稍迟时日，则各省之援应者必波起水涌，后事不可设想矣。记者细察此次请愿之潜势，远出于前次之右，因前次之主动系各省少数之代表，此次则出于多数人民之主动。夫政治上之剧变，至出于多数之人民，则其锋莫当，此法兰西恐惶时代之所以起。虽君主贵族迩时纡尊降贵，与人民交绥，已晚也。政府其思之。

《国民公报》，宣统二年十一月（1910 年 12 月）

呜呼！一丘之貉

今日国会问题既已解决，欢欣鼓舞，不乏其人。而当日请愿将许时种种怪状，可怜可叹。庆邸气苦，埋怨各省督抚之多事，民选议员之妄言。〈由〉泽公身任度支，深虑国家破产不久即现，因主张缩短国会，其意亦不必出于大公。至自命民党者，笔舌议论，气象狰狞可畏。而至于近日，则此种种风潮略平，国会代表气竭于再三，虽请命本省谘议局，而私自遁归者，已不乏人。而资政院中民选议员，对副议长沈家本一味反对，而于正议长伦贝子至，则相与敷衍了事。伦口舌圆转，善于两面讨好，近日颇有虚声，其于事之真相，不大了了。自谓民党者，意欲利用之，而不期为人所利用也。至庆邸、那相，终不肯至议会，尝掀髯笑曰：鬼怪辈扰事，天下事岂不在我云。

《光华日报》，宣统二年十一月十一日（1910 年 12 月 12 日）

论督臣热心国会之可钦

目击当今之世，时事日艰，计以速开国会为救亡之策者，凡中国有心人士，固莫不殷殷焉，奔走恐后，希即上达天听，致挽回国运，携全国民之活动力，作中兴之势，以次竞强，而无或辙蹈覆亡。甚矣夫，中国民之热心有加也。故自去年以来，请愿速开国会，既树之风声，上书政府，至于再，至于三。观民气之勃兴，势已至不可遏，而朝廷上始允缩短先朝所定九年开国会之期限，改于宣统五年举行。在请愿代表团视之，目的似未能甚达，然亦有按切国会事宜，于宣统五年开设，谓非失当者。政见自在各持，惟官府之中，未能远谋者居多，安于肉食者皆是也。对于请愿速开国会之举，虽不敢明斥之，而究之阳为赞成，以邀名誉，阴为反对，以图压抑众志，使不得热诚直抒。其性情之与人殊，凡以上下之隔阂，弊至不可胜言。夫谁得而强制使统一，尽割除其阻碍之力乎？虽然，中国之官吏，亦不能概论。内而政府，暂不必置议。外而封疆大吏，若督若抚，其具忠爱之忱，热心开国会事宜，以救国家之危亡于晚近者，盖亦自有其人在也。东督锡帅、滇督李帅，其于国会速开之热心有加，盖不数觏。

试念夫国会代表团，当三次之上书请愿也，众志固见其成城，而所赖为之后援者，则群以为各督抚之联衔奏请设内阁、开国会折，实与有力。然该折之入奏，领衔者锡督，而其初首倡此议，与各督抚电商往复，不敢有所惮烦者，则滇督李帅也。且李公于奏请阁会事，始终主持之尤最力。惟明诏既经颁发，国会之期限已缩短，势难再三渎请矣。乃至不得已，历举个中情事，以函告各出使大臣等，而曰“伏思我公，周知四国，言重九鼎，倘蒙大疏敷陈，将列国之所以兴，中国之所以敝，剀切言之，较羲等补牍，功效尤多”。是则滇督之于国会，其热心良可钦也。想各出使大臣对兹，自不能无所动于衷，而置若罔闻。若东督锡帅，关于速开国会事，与李公极表同情矣，故领衔入奏，而绝无谦让不遑之意。奈现在奉省之民，见时势之危急日迫一日，谓非即开国会不能以救亡，恐宣统五年时有所不及待。于是合奉天八团体四十六州县人民公举代表，捧请愿即开国会书，诣总督公署，跪谒锡帅，哀恳其代奏不忍去。人众至万余，号呼之声，毕露其热诚之勃发。当时锡督帅，闻已允代奏矣。夫以此观奉天之民气，诚可谓活动于无已，然亦幸赖有热心之锡帅督兹土，而民情之如何，始得奏达天听也。呜呼，孰谓中国官吏，果皆仇视夫民，不愿速开国会者乎！

据大势而言，中国现在，民智之渐开信然，可为前途庆；而官府之委靡依然，则又可为国家忧。但官府中，热心亦有其人，于民气则鼓舞之，于民隐则上达之，忠爱之悃忱，自不能为肉食者所掩蔽。故当是时也，全国之民智渐开，始悟救亡之策，非速开国会不可。而其对于疆臣，若滇督，若东督，则皆心焉向往，愿借其鼎力之援，使国会即开以为幸。抑思国会固不可不速开，而预备开国会事，在朝在野，亦均与有责焉。尚冀热心国会之官与民，相与实力从事预备，勿贻误时机之为要。

《顺天时报》，宣统二年十一月十三日（1910年12月14日）

论缩短国会期限事

师　亮

请愿国会已第三次矣。第一、第二次毫无微效，此次请愿适届资政院开院时期，经全体议员之援助，十七省疆吏之陈奏，京内各御史及亲贵王大臣之赞成，举国一致，而有此缩短三年之效果，不可谓非朝廷之俯顺舆情也。乃自缩短期限诏下后，或则欢欣舞忭，喜不自胜；或则抑郁愤慨，意未能满。而初六日资政院会议，各议员仍以激烈之言论，为继续之请求，全国嚣嚣，意见不一。吾以为，喜者固无可喜，愤者亦不必愤，激烈者又无所用其激烈。试取上谕而反复研究之，当爽然于政府对待吾民之意矣。

夫人民之请开国会，岂不以内政日纷，外患日迫，民生之困苦颠连日甚一日，国势岌岌，将有不可终日之虑，故不惜流涕徒跣，呼号于父母之前。虽即开国会未必果能救亡，而不开国会则非特不能救亡，抑且有必亡之理。犹久病之人，百邪杂入，元气大亏，服药虽未必不死，而不服药则鲜有不日即危殆者也。乃人民之所请求者，以国会为救国之良剂，而政府所注意者，则以国会为加征之张本。观谕旨所云“自必于人民应担之义务，确有把握”（闻此二句系某尚书临时请添，为原稿所无），则知政府心理并不以救亡图存为念，亦不以民生之舒蹙休戚为心，而惟以财政之竭蹶，不足供其展布为忧。是故各督抚之电奏亦曰：“凡各国通行之租赋，中朝未有之税章，均可审势因时，徐图兴举。”又引日本岁入六万万元以证之，盖亦洞见其症结。以如是之政府，而欲冀国会一开，民生即有来苏之望，又何可得也？然则断断于期限之长短何为耶？

吾今有一言敬告请愿者，曰：诸君之留滞京师一年有余，为国会之故而足胝手胼，唇焦舌敝，亦既备尝辛苦。今得此缩短效果，已非易易，诸君今日不必再为无厌之要求，当用其精神才力别谋所以进行方法。或谓诸君将组织政党以谋政治运动，吾以为尚非其时。盖政府既责以担任义务，又申之曰“必确有把握”，则当息心静气，闭目遐思：浸假国会既开，如何而使人民未享权利，先尽义务？如何而使无权利之义务，人民乐于承认而绝不反对？浸假反对，以诸君之权力，能否一呼百诺，俾人民咸出其血汗所得事父母、养妻子之资，以供政府之取求。此等问题皆应预为研究，非记者鳃鳃过虑也。日月如飞丸，转瞬即届，及今不图，三年以后，凡国家行政之费用，海陆军备之扩张，均有日重一日之势，既出代议士，不能不纳租税，政府之责吾民也，名正言顺，诸君将何以应付乎？故曰：喜者无可喜，愤者不必愤，激烈者亦无所用其激烈也。虽然，是岂我皇上、我监国之意乎？盖有促之者也。

《大公报》，宣统二年十一月十三日（1910年12月14日）

缩短国会期之感言

杜　鹃

自缩短国会期限宣布以来，朝野上下莫不以手加额曰：从此去国会之期不远，吾侪小民，皆得享参与国政之权利。于是欢呼顶祝，泥首宫门，红色之灯，辉煌彻夜，飞龙之帜，招展通衢。以为天王明圣，俯顺舆情，国会一开，则吾民之疾苦由此舒，内治之纷乱由此整，国权之损失由此复。悲夫！不问其事之真伪，不察其理之是非，上以此欺民，民亦以此自欺，上下相蒙，诚未有如今日之甚者矣。

夫处今日中国之危局，所当视为切要之图者，不在虚名，而在实际；不在形式，而在精神。今我国之所谓国会，果务虚名乎，抑图实际乎？将形式之徒具乎，抑精神之是尚乎？此我国民亟宜研究此问题者矣。吾且举国会无效之理由，与诸君试述之。

一曰强政府以所难，则国会之设必具文也。清廷自入关以来，以少数民族俨然立于征服者之地位，其日虞我国民之反抗也，固亦意计中事。迩年来怵于民气嚣张之故，不得不急起而收拾人心，故一方面则托词立宪，一方面则又集权中央。近如京师握要之地，满员充斥，军机处，则奕劻也、毓朗也；陆军部，则荫昌也；海军处，则载洵也；军谘处，则载涛也；民政部，则肃王也；度支部；则载泽也。举一国政权、军权，悉举而操诸亲贵之手，俯视汉员，则寥寥若晨星，希罕如麟角。袁世凯以见忌而开缺矣，江春霖以弹劾亲贵而罢斥矣，吴郁生以汉员而出军机矣。彼非不欲与我国民共治也，虞反噬也；非不欲授我国民以特权也，势不可也。转瞬六年，既届国会之期，则政府之大权既固，因而取不东不西之宪法，依样葫芦。国会之形式徒存，吾民之担荷愈重。斯时我国民，将起与政府为难乎，抑忍气吞声乎？如忍气吞声也，则吾民之义务无穷期；如起与政府为难也，则暴动之势未成，征调之兵既至。载涛率陆军扼其前，载洵率海军犄其后，吾民有何能力？吾恐不崇朝而各省议员之首，既高悬都门矣。吾尝谓，我国民之求国会也，强政府以挟山超海之能也；政府以国会饵吾民也，祖狙公朝三暮四之故智也。昧者不察，不图根本之解决，而惟枝叶之是求，有适增吾民无限之苦恼而已矣。

一曰非国民之公意，而国会之开徒纷扰也。自科举停罢以来，热衷利禄之士，既绝少干进之阶，若辈心口相语，以为吾侪立于平民同等地位，去做官之程路，尚远哉遥遥，苟不花样翻新，奚以领袖乎平民而得邀恩宠？故今日国会，明日国会，似不如是，则不足以尽代表之责任也者。由是朝上书于某某王公之门，夕伺候于某某亲贵之宅，奔走骇汗，相属于道，究其居心，果为吾民请命乎，抑为一己之功名而来乎？明眼人无难一望而知其底蕴矣。惟其为一己功名而来也，故置吾民幸福而不问，只以迎合政府之意旨为要图，其哀怜无状之怪语，竟敢公然出之于口，而笑骂由人。一则曰，国会开则财用足；再则曰，如开国会，则南洋华侨愿报效海军捐数百万金。嗟乎！以金钱购国会，五洲万国无此异闻，我国请愿诸公可谓妙想天开矣。大抵此曹立心巧诈，逆知政府当此罗掘具穷之际，苟投以所好，政府既可增莫大之利益，己身亦博得政客之头衔，出则可以趋谒王侯，处亦可以横行乡里。代表之奢愿既偿，从此政府与国会互相为用，默喻无言。政府责取诸国会，国会责取于平民。昔政府之直接苛剥吾民也，吾民或敢怨怒之；今国会之间接苛剥吾民也，吾民不得不容忍之。政府、国会协以欺民，是则国会者，吾无以名之，名之曰剥民之场、聚敛之薮已耳。牺牲吾民多数之血汗，以供少数代表之讴歌，吾侪小民，诚无贵此国会矣。旷观欧美各国文明之国会，皆以平民为动机，而后国会为有效，诚以民权能孕育国会，国会断不能产出民权也。如法兰西之三次流血，而始享真正之平权；美利坚之血战八年，而始食自由之效果；普鲁士经几许之革命，而后有宪法之定规。我国代表，除乞怜以外无他能，舍跪求之外无长技，作伪心劳日拙，无惑乎其有此怪现状也。吾谓我国开此金钱之国会，国会早开一日，则政客早邀一日之恩荣；国会缩短一时，则吾民即早受一时之搔扰。请愿诸公有切肤之利益，无怪其兴高采烈也。何预吾民事，而必为之随声附和哉？哀哀吾民，将索尔于枯鱼之肆矣！

由上所述，则强政府以所难，国会之徒具文也若此；非出吾民之公意，国会之徒纷扰也又若彼。我国士夫终日叫嚣，只慕欧美之文明，不顾事势之扞格，是犹见卵而求时夜，见弹而求鸮炙，此必不可得之数矣。

或谓中国处此贫弱之际，非国会则不足以救国。呜呼！何来此昧于事理之言哉？夫外国之国会所以致富，我国之国会所以速贫；外国之国会所以图强，我国之国会所以求弱。何也？则以根本问题尚未解决也。根本之问题未解决，而责今日政府以富强，是无异责跛者以善走，责瞽者之善视也，适足以偾事而已。

我中国所谓预备立宪，数年于兹矣，朝野上下，歌舞恬嬉。兴学也，则徒饰虚文；练兵也，则只筹对内；筑路也，则希借外款；人协约而谋我也，则梦然若不闻；人言监督我财政也，则又冥然若罔觉。只见宫廷之上，土木繁兴，亲贵少年，任意挥霍。所谓元老大臣，则又尸居余气，一息奄奄，大有得过且过之态度。痛哉！当此中国危急存亡，间不容发之秋，励精图治犹恐不及，而乃事事因循，事事敷衍。蚩蚩吾民，方将以生命财产托诸最柔脆、最无赖之政府，我国一亡再亡之祸，从此兆矣。窃尝譬之，今日中国之时局，如人病势垂绝之时也，医而和、缓，犹恐无济，今竟延医不谨，以至危急之病，托诸虎狼之医，有立见其毙已耳。

吾敢一言以武断之曰：中国之国会，虚名之国会，非实际之国会也；形式之国会，非精神之国会也。虚名之国会，不足以强国，适足以病国；形式之国会，不足救亡，反足以速亡。故今日吾民所当视为切要之图者，不在国会期之迟速，而在政府之良窳；不在枝叶之推求，而在根本之解决。诚以今日之政府，为我中国进化前途之一绝大障碍物，固中外人士所公认也。障碍之物不去，则中国之进化无坦途。故政府偷安一日，则中国有危亡之一日；政府偷安一时，则民无安宁之一时。恶木必无良果，浊源必无清流。贾谊云：琴瑟不调，甚者必改弦而更张之，乃可鼓也。今日之政府亦若是而已矣。世有疑吾言者乎？则国会之期不远，热心国会诸公无难一尝其滋味也。但恐灭亡之祸迫于眉睫，未届国会之期，而瓜分之局既成矣。奈何？

《光华日报》，宣统二年十一月十四日、十八日（1910年12月15日、19日）

论东三省人士热心国会之原因

孤　愤

今东三省人士，又发起第四次请愿国会矣。据各报所载，月之初五日，有奉天士民三千余人，赴督署恳请代奏，改于明年即开国会。锡督初本未允，恐渎圣听，继而与代表辩论良久，卒为热诚所激刺，允为代奏，闻该折稿已于前数日拜发矣。夫此次各省之请愿国会者亦伙矣，然最激烈者莫如东三省；此次各督抚之奏请速开国会者亦多矣，然领衔者非东三省之锡督而莫属。岂各省人士之热诚不如东三省，各省督抚之勋望不如锡督耶？毋亦为时势、地位所迫，有不得不然者以驱之，使出于如是也？东三省之地位、之时势，与各行省异，使各行省之人士、之督抚，易地处此，则其爱国之热，当不让于东三省。只以各行省未亲睹东三省煎迫之情形，故热度为稍减矣。记者连日翻阅日本各报，觉日人对于今日东三省之言论，久已视为第二之朝鲜，因采集彼中各政治家与各学堂之议论，以着彼邦侵掠之野心焉。

今日日本喧传于朝野间者，非北进、南进论乎？所谓北进、南进者，在彼言之，则为发展其国力于外；在我言之，则为将择肥而噬焉。主张南进者，则为犬养毅氏。彼其所持论谓，如经营大陆，不能不向贝加尔湖一方面而经略之，既经略贝加尔湖一方面，是何异分割蒙古？似此不惟军费过巨，无力担任，且恐危及清国，或启瓜分之祸，不如着手于南洋群岛一方面，费少而较易成功。此犬养毅之说也。而反其说者则为林董氏与户水宽人氏等，谓南方无殖民之途，无撮土无主者。又《外交时报》所载某日本人之言，谓南方炎热，不适于日本人之生存。若采用投资政策，以驱役土人，则财力不继，不如注力于满洲。惟户水宽人氏则谓，日本民族原含有蒙古种及马来由人种之二派，可以耐热，亦可以耐寒，南北均甚适宜，但南进则启列强窥视，不如北进之为愈，宜全集势力于满洲。更有一奇论，则为竹越氏。竹越者，本主张南进者也，其言吉林即当日之鸡林，引吾国

《满洲源流考》为证，谓当日高丽之祖先既淹有满洲吉林即朝鲜半岛，今日统治朝鲜半岛之日本，其势力宜及于满洲。其意不过欲鞭辟国民，不宜以现在之地位为满足，当更图南进而已，非放弃满洲也。

统以上数说而观，姑无论为北守、为北进，皆与我东三省有密切之关系。其北进乎，固将由满洲而再窥伺蒙古；其北守乎，亦将巩固其势力于满洲。此实日本今日一般之舆论也。

然此特理论而已，至其事实，则据南满铁路会社所报告，其成绩实有令人可惊者。夫满铁会社非专营铁路也，凡一切矿业、航业，与夫湾港事业，皆包罗其中，不啻如从前英人之印度公司。及今不图，近则步朝鲜之后尘，远则蹈印度之覆辙，此实无可逃之巨劫也。东三省人士怵于此危象，故不惜拚身命争开国会，以为救危亡之惟一政策。吾各省人士，亦当乘时力争，以为东三省之后盾。语曰：唇亡齿寒。东三省一动摇，则均势之局破，而大祸将至矣。抑记者又尝闻人云，近日锡督之所以提倡移民者，原冀他日吾民之对于东三省，尚得保留真土地所有权，至于统治权，则在不可知之数矣。呜呼！东三省何不幸，竟成为无名割让之土地耶！

《时报》，宣统二年十一月十五日（1910年12月16日）

论东三省人民请愿国会之激烈

天下有大厦将倾而不自知其险，巨舟将覆而不自知其危者，必非人情。今东三省之现势，正如将倾之厦，将覆之舟，其危险可谓甚矣！俄人占据于西北，日人雄视于东南，其视耽耽而欲逐逐者，久已视为砧上肉，釜中鱼矣。然当时主权虽失，尚得曰：东三省之土地，依然我国版图也；东三省之人民，依然我国黎庶也。乃自日俄协约宣布，其吞并东三省之谋昭然显露，齐方筑薛，楚已县陈，若不早图，将为三韩之续矣。覆巢之下，焉有完卵，此该省人民所以泣血椎心，吁天请命，而日盼国会之速开也。

当国会代表团之再三请愿也，朝廷俯鉴其忱，为之缩短三年，似亦可稍慰人民之望矣。然以全国民情而论，三年之期犹以为缓；以东三省现势而论，虽一年犹恐无及，遑论三年。吾非谓国会一开，即可戢日俄之雄心，而措东三省于盘石之安也。然际此事机日迫，朝不保暮之时，与其束手待亡，举三省人民之性命身家以膏日俄之吻，莫如速开国会，合全国人民之心思材力，以筹抵制之方，或尚有几希之生望乎！乃上书不许，代奏不许，祸已等于燃眉，情几同于无告，则该省之公举代表，为此第四次之请愿，殆亦万不得已之苦心所迫而出此者也。

闻该省代表诸君此次启行之日，不期而集者数万人，有攘臂大呼者，有失声痛哭者，甚有截指割股以为送行之纪念物者。代表诸君感此景象，慷慨登程，大有不得所请誓不再返江东之意。虽荆卿易水之行，祖逖渡江之誓，未有若此之激烈也。当日前该代表抵津时，所持血书，满纸淋漓，惨不忍睹。本省谘议局诸君迫于义愤，立即公举代表数人与之联合。吾知他省人民必有闻风继起，号召同胞，以为东三省人民之后助者。登高一呼，群山响应，中国民气之坚至于如此，朝廷正可乘此时机，速开国会，内可为收拾民心之计，外可杜强邻狡逞之谋。盖以今日东三省之危急，固非朝廷一方面之力所能挽救也，审矣。

夫东三省为我朝龙兴之地，祖宗之陵寝在焉。朝廷即不为土地计，独不为人民计乎？即不为人民计，独不为陵寝计乎？夫该省人民所以汲汲皇皇，席不暇暖，牺牲血肉，戕贼身躯，以求国会之速开者，岂有他望哉，无非欲保其田园，安其坟墓，以为长养子孙之计，以免为人奴隶之羞。岂朝廷于陵寝重地，反可漠然置之，听其沦亡而不顾乎？况东三省一隅之地，不但为国家命脉所关，并为全国安危所系，一旦日俄得志，非特蒙旗震动，彼英、德、法、美诸国，安知不相继思逞于沿边沿海数省，以冀分我一脔者？则此次该省人民之请愿，虽曰自为计，直不啻为全国之人民计矣。朝廷而不欲开国会则已，朝廷而果欲开国会，亦何惜此三年宝贵之光阴，靳而不予哉！

《大公报》，宣统二年十一月十八日（1910年12月19日）

论东省人民再请开国会之迫切

霖

开设国会缩短三年，早奉明诏宣示，凡属臣民，均已欢欣鼓舞，急急于筹备未开国会以前之事项，静俟三年后之实行开设矣。乃东省人民独迫不及待，犹以缩短三年为未足。此次不约而集数千人，同诣督辕，恳请据情代奏，甚至断指割股者，弥望皆是，冀以至诚，感动天听。何东省人民万众一心，始终坚持，至于如此其极也！返观内地各省，如湘、鄂、晋、豫之人民，虽亦有主张再请速开国会者，然其情势之迫切，固无有逾于东省者。而东督锡制军亦毫不阻止，当即俯允所请，代为奏恳，且其辞意之迫切，竟与人民同出一辙，甚至有"东省大局，日见危迫，俟诸宣统五年开设国会，窃恐东省已非我有，将为朝鲜之续"等语。监国览奏后，大为感动，有再缩一年之说。呜呼！锡督之敢言不讳，在当代大臣中诚不可多得者矣。有此臣，有此民，国家不知善用之，岂不可惜！然在各枢臣以及反对国会之各部臣、各疆臣观之，必以为胡闹；而在各省人民之以缩短三年为满足者，亦必以东省人民为多事矣。

虽然，同是国家人民、朝廷大臣，何以东省总督及人民对于国会之感情如此其深厚密切，一若不得而不休者，其故亦可深长思矣。盖日俄之在满洲，各挟其狼吞虎咽之志，而行得寸进尺之计，危亡之祸，朝不保夕，身处其境者耳闻目见，所受之刺戟独深，故其呼号亦独切也。譬诸家室将遭灾患，为子弟者固无有不大声疾呼，望其父兄与子弟同心合力，以谋抵御之策者也。而为父兄者，方将嘉许其子弟之以家室为重，必与之相维相系，以救急济危为事也，此固人情之常，无足怪者。是则此次东省人民之再请速开国会，亦何异于是！不知枢府诸公对之又将如何？若置之不顾，任其哀号，或以为无理取闹，加以斥责，则何以异于父兄熟睹家室之遭灾难，不惟不之救，且斥子弟之言救为多事也。事之狂悖无理，未有逾于此者，而枢臣竟蹈此而不辞。呜呼！诚可谓麻木不仁者矣。

且东省非其它各省可比，为我朝发祥之地，祖宗陵寝所在，其必加意保守，毋使他族实逼处此，自较他省为尤切要。乃各枢臣熟视无睹，置若罔闻，宁惜此三年之时间，不思与人民共谋保全之策，甘弃万里河山如敝履，亦可谓忍心之人矣。其将以东省人民所陈之危迫情状为捕风捉影之谈，不足深信乎？抑大难当前，独有胜算，不必与人民共肩支持危局之责乎？是诚不可解矣。须知我国今日之宜速开国会，非人民与政府各分权限，而为各保利益计也。诚见夫内政之纷乱，外患之侵迫，日甚一日，治丝益棼，非在位者之数人所可拨乱而反之正，故将藉开设国会之借助民力，以为上下一体，共谋挽回之举耳。乃各枢臣私心自用，多方阻难，但为一己私利计，不为国家大局计，其误国之罪，诚罄竹难书矣。且我国当此危局，谋国诸臣苟有补救之方，足使人民深信而不疑，则我人民何必要求速开国会，且亦何必争此区区数年之期限。试问当局者有此能力乎？我人民之一再请愿，实非故与枢府为难，盖有不容已者在也，何枢臣之不谅舆情一至于此。

枢臣不顾国家大局之安危，但为保持一己之权利计，其始终坚拒人民之请愿，固无足怪者。至各省督抚，亲临吾民，熟悉甘苦，且时惕于外患之凭陵，苟有忠于谋国之心，亦当据实直陈，指摘枢臣匡翼之无状，力恳宸衷独断，以与天下人民相更始。乃前次联衔奏请速开国会之时，除十六省督抚外，余则有不置可否者，亦有阴施阻挠之计者，甚至以南、北洋之有领袖各督抚之资格者，一则全示反对之意，一则抱折衷两可之志。以此不能合一之故，朝廷遂斟酌于可否之间，定为缩短三年。使当时各省督抚联名奏恳，无或一遗，则枢臣虽强悍，亦必不敢以数人之私意，而犯天下之不韪者。人谋不臧，造此恶果，其咎果将谁属哉？往事已矣，追悔何及。今我国时局日非一日，各省督抚何莫非与国同休戚之大臣，则对此国家存亡所系之举，乌可听东督之鼓掌独鸣，而不与之助力哉？当仁不让，是固有望于继起者矣。且望我各省人民不以缩短三年为满足，急起直追，更为请愿速开之举，冀与东省人民合力以赴之。危机日迫，稍纵即已无救，我人民其忍之乎？此次东省人民请愿书中有“宣统五年开设国会，恐东省人民已独居化外，不能同享其福”之语，凄凉悲惨，不忍卒读。唇亡齿寒，同病堪怜。窃愿我各省人民一诵斯言，急起以图之。

《申报》，宣统二年十一月廿一日（1910 年 12 月 22 日）

论速开国会事

国也者，由个人所积而成，故凡一国之人民，皆有保护国家之责，而国会之开，所由郑重视之也。立宪各邦，悉不外此。今中国时势孔急，有心人皆见及之，自明诏筹备立宪以来，亦群知救亡之策，无过此者。然定期九年开国会，其间筹备各事宜，必须逐渐推行，无稍贻误而后可。乃现在各省志士，热心立宪者，因今年谘议局之开办，更欲联合同志，上书政府，要求速开国会。一唱百和之下，议论沸腾，其势几不可遏。此无他，各省志士，目击时事日非，国势月危，或者国会速开，以振兴民气，将弊政一切痛改，其庶几乎。

若辈意想，殊为可谅。但进思开国会事，限期既定，虽欲速办，亦必须预备数年，方可以成立也。就现时言之，将拟定八年后所开之国会，即改议速开，亦须在三五年之后。夫使不计及办实事如何，而徒争三五年之缓急，未必其画策之善也。说者曰：各省志士等既倡速开国会之议，若一旦令其噤口，坐待八年之后始行开办，其可乎？曰：何为其然也？既时至今日，资政院之开办在迩，于此事认真筹画，万不容以苟且塞责，涂饰人之耳目，即能自必于收成效。盖开办资政院，亦属预备开国会之要务也，且上下两议院之基础，皆肇于资政院，是其议员定额，半由王公世爵、大员、硕学通儒、富豪选任，半由各省谘议局议员互选，明年开办有期，固尽人而知之。国民之热心速开国会者，一转其眼光，一变其运动政策，先联合各省互选资政院议员，从实地上研究，勿侈空谈阔论，勿自矜才使气，勿激起大波澜，以冲动世局之旋转，养成宪政上之智识，滋培立法上之才干。夫而后届期莅止，蟠据资政院之公堂，讨论天下国家之利害所关，评议内治外交之得失所在。如此锐意进取，所定筹备事宜，不使稍留缺陷，国会虽不改拟速开，而其效用之实力，则固与开国会之所差无几也。况乎速开国会之议，亦须由资政院发议，能详审事实如何，然后实力奉行，自有端绪，而谁则阻诸？苟不计及此，而徒曰国会速开也，且曰早开国会一年，即足以救亡，其信乎，否乎？

夫国会之开，诚为要务，必有真能任事者与其间，方足以胜任而愉快也。如现在各省志士，知世局之日亟已甚，惟是提倡政论，运动政界，计及防内乱、御外侮，其思想固非为私谋也，其利益于国家宗社，亦大非浅鲜者也，故二十二行省人民，一闻此伸民权之说，无不响应者。虽然，政论之题目，必要切实时事，始能收成效于将来；运动之标准，必确定其目的方向，始不至误于游移，致流弊之层出。吾想爱国诸人，能自有为于天下国家，其学识智略之大，当不仅囿于形迹疑似间，而罔知所缓急也。以斯观之，速开国会之运动，不如将资政院开办事代为运用，亦可使政界中人，识热心爱国之势力，最能以大有所为今之世，是则计之得也。国会之速开与否，要惟征诸实之为宜。

《顺天时报》，宣统元年十一月十二日（1910 年 12 月 24 日）

读二十三日上谕恭注

嘉　言

今者请愿国会又见拒矣，吾不知朝廷之弃吾民焉，何竟悍然不顾如是也。一二忠君忧国之贤大吏，与夫亟于自救之代议士，不忍宗周之灵，而为促开国会之举，欲藉以拨乱扶危。区区之愚忱，其自为谋也欤哉？实为朝廷谋也。乃不谅其苦衷，一再挫折摧残而不之惜，视爱国之心为仇国之举，此岂可以诏示天下者耶？夫自去岁第一次请愿国会以来，吾民则一请再请，而朝廷则一拒再拒。吾民但有衔哀吁戚之忱，而绝无怨怼君父之意，朝廷不顺其机以迎之，而反欲遏其机以激之，此其意旨之所属，真草野愚民窃窃不解者矣。值此新主当阳，贤王负扆，而谓不缵承先朝之遗谟，团结已散之人心，吾知圣主明王当不若此。意者得毋辅弼大臣自便私图，日进谗言，以致上蔽圣聪，而下违民意耶？不然，何诏书竟一则曰“不应再奏”，再则曰“严拿查办”，不识何负于朝廷，而朝廷竟忍而出此？

不观夫谕旨中据锡良代奏奉天绅民呈请，及陈夔龙电奏顺直谘议局议长等外，又据军机大臣据情面奏乎？夫请愿国会之声，上而疆吏，下而人民，几不绝于耳。枢府中阳为予而阴为靳，亦既无可掩饰矣。曾谓今日亦发于天良，而不得不茹吐其辞，以牖启吾圣明耶。虽然，谕旨如“不经军机大臣署名，则虽有亦属不合”，及“万不能再议更张”等语，犹得诿为出自圣裁，军机大臣固不负责任也。何也？军机大臣亦立于请愿一方面，是对于诏书同受严旨申斥者也，乃谕旨既经军机大臣署名，吾不知所谓“据情面奏”者，果赞成请愿国会为奏乎？抑反对请愿国会为奏乎？殊令人百思而不得其故矣。如以请愿国会为是也，则既面奏之于前，即皇上及监国有严惩请愿之谕旨，亦何不可拒绝副署，以明不负责任，或者且可立回圣听，未可知也。如以请愿国会为非也，则亦何必面奏而故为此不衷之言，以上欺君父，下惑人民之举为？对于上言之则不忠，对于下言之则不信，前后矛盾，夫岂身为大臣，而可为两截之人也哉？今观谕旨，军机大臣署名，除奕劻假外，毓朗、那桐、徐世昌均在列，吾不知前后之何相戾如是也。岂始则假此一奏，以涂饰天下之耳目，而继则仍藉谕旨，以压抑吾人民欤？呜呼！吾真不知之矣。

尤不解者，谕旨所云曰“扰害”，曰“鼓动”，曰“煽惑”，曰“酿乱”，一若对于请愿国会者曾不少假，而必为此戕贼人心之策，以陷吾民于绝地而后快也。二十世纪之邦国，人人挟一弱肉强食之心，以雄飞于大陆，不筹东略，即拟西侵。今也大势东渐，而亚东之天地，且为之变色矣。殆哉岌岌，吾国之风云，正难逆料。记者默观世变，即因穷果，其前途之现象，诚有不忍为言者矣。然而就事论事，吾人民固可挟一片之丹忱，以见列祖列宗于九（京）〔泉〕而自白，彼误国之罪，尸其责者，实惟衮衮诸公。呜呼！今日毋谓请愿者之多事也，恐它日虽欲求一请愿之人而亦不可得矣。朝鲜之吞并，波兰之瓜分，其始也，何尝无热心爱国，以起将亡之人心，而欲挽狂澜于既倒者？卒之主听不聪，忠诚莫格，而民心一去，万事瓦裂，身罹其祸者，固不独蓬户之小民也。噫嘻，时事至此，吾何忍言哉！虽然，吾何忍不言哉！

《申报》，宣统二年十一月廿五日（1910年12月26日）

国会代表团之怪状毕露矣

杜　鹃

国民看者　妖党看者　国会热诸公看者

国会代表之居心，记者既屡揭其真相，诚以此等势利之徒，只知为一己图功名，断不能为吾民谋幸福也。故始也，借国会为敛钱之术；继也，借国会为钓名之具；其终也，借国会为干进之阶，聚乞丐流氓于一室，其研究者皆不出长跪乞怜、甘言媚语之范围，可断言也。

今者缩短国会期之清谕既下，代表诸公可以已矣。乃观其近日蝇营狗苟之举动，国会之热未消，做官之热又发。于是请调军谘处者有之，请调海军处者有之，请调盐政处者有之，请调宪政编查馆者又有之。奔走权贵，如蚁附膻，致令王公门庭之回事处，所收红条积压成寸。此种卑鄙龌龊之举动，虽下流无赖所不屑为者，而一群代表固优为之。我国有此贱格之代表，辱没世界矣。

且考其最近之行为，尤以寻花问柳为唯一乐趣。京师八大胡同之妓女，自有各省代表，生意热闹非常。花界之特色，如金秀卿、小二宝、花翠玉、谢卿卿、花云仙等处，无日不有各代表之车辙马迹焉。浅斟低酌，怜我怜卿，催款电文，星驰火急。呜呼！此项淫乐之费，果各代表之固有物乎，抑皆吾民之脂膏乎？请愿诸公，稍有动机，便荡检踰闲如此；苟彼狗党得志，干青云而直上，其流毒于吾民者，岂有涯哉？

至其最无聊、最可怜之极思，尤以上书亲贵，移书各省，以运动起复康、梁为目的。夫康、梁何物也？对于国家，则为外族之马牛；对于国民，则为卖国之汉奸；对于华侨，则为著名之马骗。凶行秽德，更仆难终，斯固神人所共愤，天地之所不容者也。孙洪伊等亦一头两足，忝列人类，宜如何深恶痛绝，以共息保皇妖毒于天下，而乃丧心病狂，甘为康、梁鹰犬。吾诚不料皇皇政客代表，一变而为叩头虫，再变而为猎艳蜂，三变而中保皇蛊。其殆天祸中国，特产此牛鬼蛇神之代表，以断送我中国人民土地耶！

嗟乎！代表诸公，发国会热，隐其私名竞利之心以欺世。朝上一书曰为民请命，夕上一书曰为国图存，奔走呼号，淋漓尽致。曾几何时，一副假面具，撕揭无遗。吾常状我国国会代表丑相，其昏暮乞怜也，似寒丐；其花天酒地也，似荡子；其呼朋引类也，又似流氓，奇形怪状层出不穷，吴道子之地狱图无此变相矣。

痛哉！痛哉！政府借立宪以愚民，吾民方日增其苦恼；代表又借国会以欺民，吾民更日益其困穷。政府之愚民也，情尚可原；代表协政府以欺民也，罪无可逭。代表诸公，尔之肉其足食乎？

吾不禁大声疾呼，以告我国民曰：代表之卑污苟且，借国会以图功名也；代表之援引妖党，欲树援以殃吾民也。此种禽兽政客，只须扑，不须救，声罪致讨，鸣鼓而攻。庶彼魑魅魍魉之形，不能出现于世界，则中国前途尚有冀也。非然者，优容包涵，任彼作孽，则此狗彘不食之代表，行将为虎作伥，率政府以噬我国民矣，其奈之何哉？

《光华日报》，宣统二年十一月廿六日（1910年12月27日）

读本月二十三日上谕恭注

梦　幻

伏读本月二十三日上谕云："前据锡良代奏奉天绅民呈请明年即开国会，当经批示，缩改开设议院年限，前经廷议详酌，已降旨明白宣示，不应再奏。"

谨按：东西各国立宪之始，必经几次大风潮，始由专制而改为立宪。我国近数年间，内忧外患相逼而来，先朝知国势艰危，非立宪不足以挽救，故不待人民强迫，即颁示预备立宪之诏，宣布九年国会之期。此次因各省代表团之请愿，又为缩短三年。在朝廷固已仰承先志，俯顺民情，其决行立宪之心可以共白于天下，凡我人民宜如何感激涕零，勤求自治，以勉为立宪国完全之国民。曰三年之期，翘足可待，岂容再三呈请，违朝廷之成命，强督抚以所难？惟东三省危迫情形日甚一日，喧宾夺主，人民之身受其侮者，莫不疾首痛心。与其为他日之顺民，不如为今日之烈士，以答我朝数百年豢养之恩，此该省绅民所以迫而为此也。况我国积弱相沿，大都在下情不能上达，若不为之代奏，是仍踵从前隔阂之弊矣。故准与不准，为朝廷自有之权；奏与不奏，亦督抚应尽之职。今谓其"不应再奏"，恐非朝廷勤求民隐之本意也。

"嗣据陈夔龙电奏，顺直谘议局议长等又以速开国会为请，复电饬剀切宣示，不准再行联名要求渎奏，并严饬开导弹压。如不服劝谕，纠众违抗，即行查拿严办。"

谨案：此次天津绅界、学界要求国会之举，皆由发于爱国之热诚，尚无不规则之行为，与顽民聚众抗官之事判若天渊。故当其至督院陈请也，大众肃立门外，仅由代表数人奉谕入内，迨直督允为代奏，即欢欣鼓舞，大呼万岁而散。推直督之意，以当时如不应允，恐致暴动，不知此项绅士、学生各有身家，深知法律，即不得请，极而言之，不过号哭要求而已，不过戕身乞请而已，其必无辱官毁署之举，可断言也。惟学生相约停课，集众至数千人，不得谓非要挟，然立宪各国亦常有之，官吏只可设法解散，如欲一一拿办，恐办之不胜办也。况当其提议之初，业已公举代表，如该管官员果能婉言开导，不以威力相加，未尝不可中止。观于直督奉谕开导，立即上课，曷尝稍有违抗乎？朝廷此谕或因直督电奏中叙有截指割臂等事，故疑其有暴动情形，亦未可知。不然，何以如此之严厉也。

"兹又据军机大臣据情而奏，亦属不合。开设议院，缩改于宣统五年，乃系廷臣协议，请旨定夺，并申明一经宣示，万不能再议更张。诚以事繁期迫，一切均需提前筹备，已不免种种为难，各省督抚陈奏亦多见及于此。乃无识之徒不察此意，仍肆要求，往往聚集多人，挟制官长"。

谨按：九年筹备清单，京外各衙门均因经济艰难，未能克期举办。今又缩短三年，在朝廷俯顺人民之请，实属万不得已之苦心，惟既缩改年期，则一切筹备事宜，自不能不提前赶办。盖国会之开，必有种种机关以为之设备，空言则易，实行则难，此固事理之当然也。然在请愿者之意，则亦自有说，以为未开国会，则仅恃朝廷一方面之筹备，虽九年犹恐为难；既开国会，则可合全国上下，共同筹备，较易为力。热忱所迫，此再四请愿之举所由来也。若果毫无知识之人，既无政治之观念，又无团结之精神，方且自保不遑，置国家安危于不顾，虽可为专制时代之良民，而不可为立宪时代之公民。故吾谓国会年限，今日缩改，明日缩改，在朝廷固无此政体，而人民则不可无此要求，亦各行其是而已矣。若谓要求为挟制官长，或即指天津、奉天两事而言，然亦言者之过也，上文已详言之，兹不复赘。

"今又以东三省名词来京递呈，一再渎扰，实属不成事体。着民政部、步军统领衙门立即派员，将此项人等迅速送回原籍，各安生业，不准在京逗留"。

谨按：东三省代表此次晋京，实因该省绅民全体公举，濒行之日，不期而送者何止数千人。公义所迫，故甘冒不测之威，晋京请愿，亦出于万不得已耳。即其递呈也，亦不过陈东三省之危急，乞政府之鉴怜，谓之渎扰则可，若疑其别有他志，则吾敢信其必无也。今着民政部、步军统领派员立即送回原籍，则与押解何异？曰"不准在京逗留"，则与驱逐何异？非所以安东三省人民忠爱之心也。在政府之意，岂不以此项代表若以善言开导，必不肯俯首听命，奔走渎扰，更何已时？且日久在京，难保不因而生事，此亦理之所或有，未可厚非。然不妨先以利害喻之，喻之不听，可勒令自行回籍。如果有生事情形，然后派员押解，则较为得体矣。

"朝廷于无知愚民因迫于时限，妄行陈说，已屡从宽宥，然岂有国民而不循理法者，深恐奸人暗中鼓动，藉词煽惑，希图扰害治安。若不及早防维，认真弹压惩办，久必至于生乱。"

谨按：近日革命党及沿江沿海各处匪党，每思乘机窃发，以肆奸谋。政府因代表来京，虑其从中鼓煽，此固防患未然之意，不得谓之过虑也。且人民于缩改国会年限，奉谕宣示之后，仍复不遵朝旨，为种种无厌之求，若在专制时代，虽律以违旨抗上之罪，诚不为过。今俯念其为时艰所迫，屡从宽宥，凡在人民，方恃朝廷宽大之恩，故不惮再三渎请。若因欲保全治安或至扰害治安，必非其心之所愿，岂有不循法理而与奸人勾结者乎？观【历】次代表团之请求，人数较多，未尝因此煽动，况区区数人，岂能为厉之阶哉！殆亦误听谣啄之言，而生此疑虑也。

"此后倘有续行来京藉端滋扰者，定惟民政部、步军统领衙门是问。各省如再有聚众滋闹情事，即非安分良民，该督抚等均有地方之责，着即懔遵十月初三日谕旨，查拿严办，毋稍纵容，以安民生而防隐患。钦此。”

谨按：各省代表晋京请愿，至此已为第四次矣。如果有藉端滋扰及在外聚众滋闹情事，则虽绳以峻法，慑以严刑，其所自取，谁敢议朝廷之过者。乃各代表在京之日不可谓不久，问有一件事干犯法律者乎？即各省开会演说，言词激烈，容或有之，问有一事踰越范围者乎？今既防其续行来京，又虑其在外滋闹，是直以热心爱国之绅民，与革党、会匪齐观而等视矣！损害国民之人格者事犹小，设或因有此谕挟仇诬告，开将来罗织之风，其贻患宁有极乎？或者朝廷之意，以目下筹备国会事宜，尚恐惟日不给，若任令再三渎扰，其妨害宪政必多，故不得不下此严谕，以绝群议，而息浮言，于无可如何之中，为此不得已之办法。此则朝廷自有深意，非人民所敢妄测也。

《大公报》，宣统二年十一月廿七日至廿八日（1910 年 12 月 28 日至 29 日）

论政府对于人民之现象

梦　幻

论者每谓中国今日之大势，不患不能自强，而患不能立宪。然吾谓中国之患，不在不能立宪，患在狃专制之习惯，而徒慕立宪之虚名；尤患在借立宪之虚名，而实行专制之政策。盖我国贫弱之原，固由专制，若外立宪而内专制，口立宪而心专制，非但不足以救贫弱，并足以速危亡。夫天下岂有上下之谊不孚，朝野之情相隔，而可与言立宪者！此其理政府岂不知之，特以积习相沿，牢不可破，深恐实行立宪，则人民之权力必由此而伸，政府之权力必由此而缩，故既不敢推翻宪政，冒反对之恶名，尤不愿速开国会，受人民之监督。观其近日对于人民种种之现象，而谓立宪为政府本意也，谁其信之！

自奉诏预备以来，在人民方且鼓舞欢欣，翘首跂踵以望宪政之成，乃政府优游于上，官吏因循于下，玩时愒日，而所谓筹备者，无一成绩之可言，此政府以敷衍主义对待我人民也。自各省谘议局开会，与督抚常相冲突；资政院开会，与政府时有违言；各省代表复以速开国会为言，再三请愿。政府自知孤立，不欲结怨于人民，于是改变方针，以售其诿过朝廷之计，此政府更以推诿主义对待我人民也。迨资政院弹劾案发现，东三省代表继续晋京，直隶学界又有要求电奏之举，于是老羞成怒，积怒成仇，以为非用严厉手段，不足以挫舆论而靖群言，盖至此而纯用专制主义对待我人民矣。政府之对于人民如此，其自为计则得矣，独不为大局之安危计乎？

幸而资政院议员见几而作，不俟终日，知势力不足与政府抗，遂借口于改订阁制，一谕即将第二次弹劾案取消。否则弹章一上，如再无效力，其必全体解散无疑。资政院一散，各省谘议局随之，群情扰乱，必起全国剧烈之竞争，其可危者一也。又幸而东三省代表俯首帖耳，唯命是听，故民政部、步军统领衙门得以安然解送回籍。若使坚持初志，无颜再返江东，或挺身而就缚，或自戕以明心，则东三省人民势必激动公愤，起而与政府为难。官吏必从而捕治之，外人复出而干涉之，东三省扰乱情形可以立见，其可危者二也。且幸而天津学界遵谕解散，万一不肯上课，仍肆要求，大宪必遵照上谕，从严拿办。吾知各省学界闻之，必将哗然，群抱不平，起而为之后助，则全国将无宁静之时，其可危者三也。而政府乃悍然行之，不稍顾虑，岂逆料中国人民不如此不足以慑服耶？

吾知嗣今以往，政府见人民之易与也，必将利用其专制之手段，以束缚而箝制之。则所谓纂拟宪法者，不过保存政府之权利而已；所谓组织内阁者，不过改换军机之名称而已；即所谓筹设国会者，亦不过如资政院之结果而已。人民不能言，督抚不敢言，资政院虽言而一如不言，亦谁敢再与政府抗哉！则虽日言立宪，亦适成为专制之立宪已耳，然则中国立宪之前途，尚安望哉！吾故曰：立宪非政府本意也。

《大公报》，宣统二年十二月初一日（1911 年 1 月 1 日）

各省督抚多因国会乞休之感言

呜呼！吾甚不解吾国官吏之对于国会，其感情何若是之恶也。吾国所谓资政院者，不过一国会之雏形，而前月各军机大臣已有因资政院之弹劾，同时奏请开缺一事。至近日又因各省绅民纷纷请开国会，各督抚之电奏乞休者接踵而起，虽经我监国贤王温言谕止，加意挽留，然群情疑阻，已显有捏杌不能相安之势。是岂吾国官吏，果狃于二千年之专制政体，而不欲国会之出现耶？不然，何先期引退者之皆不约而同也。

谓国会固不适合于吾国欤，则国会请愿一事，虽由于各省人民之发起，然非得各督抚之合词奏请，则亦未易得朝廷之缩短年限者也。各督抚既皆赞成于请愿之时，而复引避于缩短年限之后，此其前后意见之判若两歧，即在各督抚亦何以自解。盖各督抚所以请开国会之初意，只以朝廷第计中央之集权，而不谋行政之统一，以致一国三公，十羊九牧，为督抚者有在在掣肘之苦，是非在上设有责任内阁不可。而欲有责任内阁，又非有国会以监督之不可，此其辗转相迫而为此者，在当局实有万不得已之苦衷，而不谓人民之一方面，竟因此而益增其请愿之热度也。试思自今岁资政院开幕以来，其因谘议局之纠举，而奏参各督抚之侵权违法者，亦已层见迭出，幸朝廷能竭力调停，而不加以惩罢耳，否则各督抚之尚能坦然安于其位者几何？以如是组织未能完备之资政院，已足以牵掣各督抚，而夺其行政之自由，浸假国会果一日成立，其权力且将十倍于资政院，各督抚又何以堪？此则与其解职于国会成立之时，毋宁告退于国会未开之日，其所以电请乞休之各省一致者，殆以是欤？

虽然，以局外之管见而论，其原因所在，尤以财政困难为大多数，而不仅关系于国会者耳。曩者各省度支纵极支绌，然腾挪拨借，尚易为敷衍一时之计。自度支部有核减行政经费之通电，其窘迫已莫可言喻。加以有谘议局以为之监督，举凡开办公债、贷入洋债等事，动辄为议员所反对，以致垂成忽败者十有八九。

夫以宪政筹备之如此其急，固不能无米而为炊，而以局外对抗之如此其多，亦岂能因噎而废食？而为督抚者，乃皆同处于莫退莫遂之地位，其不欲怀禄贪势以自贻恋栈之诮者，亦属势有必至。而如曰国会足以防碍行政自由也，则既有国会，即有责任内阁，届时全国财政既有国民之负担，而中央行政又有确定之方针，各督抚尽可从容布置，而不必有意外之虑。惟值此内阁未设，国会未开之际，督抚之左右为难，诚有非乞休更无善策者。

呜呼！国会安危存亡之所系，固夫人而知之矣，而乃迁延复迁延，筹备复筹备，至今日竟酿成上下乖离之现象，且不知此后尚有若何之危险焉，不禁念及吾国之前途而杞忧莫释也。

《中外日报》，宣统二年十二月十四日（1911年1月14日）

敬告国会热诸公

亚　伯

内患迭起，外侮频仍，失地丧师，国权坠落，天祸耶，人祸耶？归咎于天，而天不任咎也，然则谁为为之，而致此今日之惨象耶？呜呼！吾民巢覆之下无完卵矣，尚得尺寸干净土，为吾人延息地乎？甲午一役，赔款二百兆；庚子一役，赔款四百兆。此二百兆、四百兆，天予之乎，人予之乎？天固不能雨政府以巨金，势必取自吾民，而吾民岂真有数十重皮肉，一任其剥之削之，而莫之痛？此正吾民呼号绝路，豪杰崛起之时期也，政府乃祖狙公赋芧之政策，以苟安人心。于是乎，有预备立宪之伪谕，我国民扰扰纷纷，如醉如梦。所谓无耻代表，不忖其言之能实践与否，竟泥首宫门，重呼累吁，一若舍国会请愿外，不能尽代表之责任；舍国会速开外，不能救中国之危亡也者。

噫！诸公热则热矣，其如事势之扞格何？夫清政府之能以少数人而压服多数者，大权独握故耳。况其种族观念，常怀汉人肥、满人瘦之恶感，思有以箝制之、束缚之而后快。今日者欧风鼓荡，民权葱郁，澎涨而不可遏，不得不借立宪之美名词，为消弭民气之资料。此就事理上之必然，而无丝毫虚谬者也。乃诸公竟出乎情理外，而再四要求，南辕北辙，而求抵目的所达之地，此必不得之事矣。诸公试作一反比例观，设如我国民处于清廷之地位，骑虎难下，其所以施诸被征服者，亦必如清廷之今日也。诸公幸毋谓吾言为偏，以为淆乱观听也。其有疑吾言乎？请观本报昨所登之电文，当亦翻然悟矣。其电云："清谕饬民政部驱逐请愿代表回籍。续有来京滋事，责成民政部；各省有聚众滋事，则责备督抚。直省学界全体公愤集议，陈夔龙派警兵迫令解散，并围学堂。"诸公其谛听，毋又良心自昧，而谓政府深爱吾民，恐吾民程度未及格，以故迟延之一语，而妄生希望也。今日不及格，明日不及格，而必待其帝位巩固时，然后及格乎？吾恐其帝位巩固，则预备立宪之一语，已随太平洋海流以去矣。诸公于此时方群起反抗，出其热血爱国之心与之力争，在诸公以为义士、为爱国，在彼则以为乱民、为暴徒，为当杀而不可赦。诸公乃悔前此之晦盲闭塞，哭地呼天，已无能为役矣。然诸公希望之心，盖瞒昧其天良，非其真性也。人之心理，既趋重于富贵利达之一途，则吾惟知达吾之目的，只就于一方面之理想，以评其利害得失而已。我虽以上种种之言，究难动诸公之清听，而易诸公之方针也。无已，即就问题而作答案，以剖辩于诸公前。我中国处于今日，其危机已岌岌不可终日矣。瓜分之祸，迫于眉睫，改弦更张，事乃有济；有破坏，有建设，而后中国有望也。苟依旧弥缝，吾敢武断之曰：中国不立宪固亡，即伪立宪亦亡；不开国会固亡，即开此伪国会亦亡。等亡耳，诸公尚不早自为计乎？

时至今日，政府愚弄我国民之伪面具，既撕揭无遗，诸公明察秋毫，谅既洞若观火矣。夫立宪之说，以诸公之希望，只冀政府之能实践其言。岂知所谓立宪，即专制政体之改头换面也。故凡议案提出，全以君主之命令行之，其宪法有谓：大臣不以资政院所议之事为然，则分别具奏，恭候圣裁，是其政权已统归于君主无疑矣。政权既统归君主，直曰专制政体可矣，何必特开生面，强而名之曰立宪，以纷扰吾民耶？如此宪法不行则已，如其行之，则必国用日益繁，赋税日益重，而吾民之担荷日益多，其不至饥民遍地而不止。外人见我国之不振，而扰其经济上之安宁，势必伸权力于吾国矣。欲不再亡，其可得乎？故吾曰：中国不立宪固亡，即行此伪立宪亦亡。夫固彰明较着矣。

诸公之死心，犹未已也，以为立宪之不得其真相，良由不开国会。国会不开，无以监督政府，无以代表舆情。于是国会请愿之声，渎人清听，热症大发，泣血誓书者有之，割股断指者有之。诸公之对于清廷，不可谓不苦心矣。清廷应默鉴诸公之苦衷，纵不见听，亦当见怜。何竟以野蛮手腕，施诸请愿诸公，一则曰驱逐出京，再则严防滋事，是胡为者？诸公于兴高采烈时，忽得此冷水浇背，方欲簪缨贵胄之门廷，忽而狼狈出京，诸公其可以为情耶？夫立宪既不得其真相，而诸公屡请速开国会，就令清廷俯如所请，则国会亦决不能得其真相，可断言也。情理所在，一研究之，得失显然矣。盖国会而必待政府允行，其国会之情形，已可概见。诸公之所注重者国会，而政府所注重者君权，政府不信任臣民，臣民必丛怨政府。怨毒之积于人心者日益深，上下揆离，国本动摇矣。而外人乘虚而入，政府则实行宁赠友邦，勿与家奴之政策，中国不至四分五裂不止也。欲不再亡，其可得乎？故吾曰：中国不开国会固亡，即开此伪国会亦亡。夫了如指掌矣。

今吾有一言，以质我诸公曰：吾中国处此存亡危急之时期，国会既无效矣，而瓜分之祸，即在目前，虽欲爱国，无所用其爱矣。公等将奈何？慎毋再发速开国会可以弭乱之呓语，以惹人笑也。太阿倒持，(受)〔授〕人以柄，愚者不为，而谓智者为之乎？以中国之大好江山，取与任人，何如复我主权之为愈也。诸公乎，其有鉴吾言而兴起乎？时哉不可失，愿诸公其早图之！

《光华日报》，宣统三年正月九日、十四日（1911年2月7日、12日）

论发遣温世霖事

去年十二月初八日上谕，有天津国会请愿代表温世霖发往新疆交地方官严加约束一事，视前此之著民政部步军统领衙门送回奉天代表益又加严，盖送回者尚未敢加以罪名，至此次发遣则与徒流无异，且未有年限，又与无期徒刑之重罪犯无异。吾不知拟旨诸大臣何以忍心至此，无怪乎一般舆论谓政府此举为揭出假立宪面具之一铁证也。不然，际预备立宪之【时】，何以政府作为竟与立宪原理相背驰若此，岂非一面以立宪饴国民，一面又以专制压抑国民乎。记者读初八日上谕，有无限激刺，如鲠在喉，不吐不已，谨辨之如下。

一、原奏云，谓温世霖出身微贱，曾为长随，隐然示身份限制之意。按阶级之制，各国莫严于【中】世纪时代。自放奴之制行，实行平等主义，久已无阶级之可言，故各国民法所规定，凡男子经已成年，而未犯刑事者，即概与以公权，所以尊重人道也。吾国买奴之禁前已颁行，本可将身份限制一条尽行豁免，惟查谘议局章程，仍有优倡隶卒不得有选举权与被选举权。当日起草诸员不察世界之潮流，妄行搀入此语，已背立宪之原理，然仍曰优倡隶卒，吾国令甲，从未得与试事，犹可依据暂行之习惯法以为言。若温世霖之所谓长随，是又出于优倡隶卒之外者，以此而定公权之限制，不亦为世所诟病乎？斯所未喻者一也。

一、原奏云，温世霖假请愿国会为名，结众敛钱。夫结众者，集会事也。按集会律云，凡政治集会不得过二百人，而未尝有敛钱之规定。陈督如奉行法律，当于未集会时依律取缔，不当于既集会后妄加以敛钱之罪名。夫国家既许人民以集会，则集会自有入会费，不能妄指之为敛钱也。如谓敛钱可以成罪名，则当日颁布集会结社律时何不加入此条，何以于事件发生后擅由行政官出入于其间，是非又以命令变更法律之一铁证乎？斯所未喻者二也。

一、原奏云，温世霖遍电各省学堂，广肆要结，同时罢课。以此为温世霖犯罪成立之条件，似不能为温世霖讳。虽然，今日为预备立宪时代，司法独立，久已奉有明文，如温世霖果有煽惑之罪，宜由检察厅长提起公诉。夫检察长者，代表国家者也，凡民事有原告与被告之两方面，刑事则只有被告，原告即为代表国家之检察厅。若温世霖有犯刑事上行为，检察长宜搜出证据，以诉之于审判厅，待审判厅审定罪名，然后加以刑罚，至其刑罚之轻重，则以所犯罪之大小及已遂未遂以为差。此巩固司法独立之微意，亦即立宪之真精神也。今直督不顾司法之别设有机关，妄行奏请惩治，已侵司法之权限，而拟旨诸公，又不问其事之有无确据，不论其罪之大小轻重，而径处之以无期徒刑，若不知朝廷之新订刑律与设立审判厅、检察厅为何事也，是又不负责任，显然归过于朝廷之一铁证也。是所未喻者三也。

要之，今日政府所作为，无一不与宪政相背驰，近观其严厉之手段，将有出于梅特涅之上者，第无梅特涅之才以济之而已。夫以梅特涅之才尚不能容于世，语曰“民不畏死，奈何以死吓之”，愿政府诸公毋以此面具吓人也。

《南洋总汇新报》（1911 年 2 月 14 日），录自章开沅等主编《辛亥革命史资料新编》，湖北人民出版社 2006 年版，第 200—201 页。

恭读连日上谕感言

梦　幻

国家之安危，以人心为标准；人心之向背，以政治为权舆。我国数十年来，内政日非，外交日亟，先朝知专制政体万不足以图存，慨然下预备立宪之诏。一时海内人民，喁喁望治，方冀拨云雾而睹青天。我皇上登极以来，仰承先志，俯顺民情，迭经诏谕内外臣工实行筹备。不意权臣柄政，宵小盈廷，上则蒙（敝）〔蔽〕宸聪，下则欺凌百姓，以舆论为不足惜，以清议为不足畏，假托立宪之名，厉行专制。各省官吏望风承旨，敷衍新政，朘削民生。识者早知其必乱，而政府诸公方且仇视报馆，箝制议员，以遂其自私自利之计。自请愿国会被拒，而人心一失；自皇族内阁发现，而人心再失；自收回铁路、擅借外债之事实行，而人心遂不可收拾矣。此虽朝廷之用人失当，而内外诸臣之罪，尚可逭乎？

恭读本月初九、十一两日上谕，如协赞宪法也，下诏罪己也，开除党禁也，改易内阁也，黜退皇族也，皆实行立宪之真据，全国人民平日所馨香祷祝而希望不及者也。朝廷自知之明，改过之速，亦可求谅于天下矣。倘能及早实行，何至酿成今日之变，致令生灵涂炭，宗社震惊，几有殆哉岌岌之势。然参观各国历史，往往经数十年之血战，掷千百万之头颅，以为购买立宪之代价。盖未有不经风潮，而能推翻专制政府者。今我国革命风潮虽甚激烈，而发端不及一月，朝廷即能悔悟前非，引咎自责，慨然以公天下之心，与民更始。盖寥寥数大端，基础已定，观听一新，则召集国会之期当在俄顷，岂非国家存亡之一大转机乎？特不知现时误国诸臣，其亦读之而颜汗否？

或谓当此人心离叛，大局糜烂之余，而欲以几纸诏书收已去之人心，挽将危之大局，其势恐有所不及，为时亦觉其太迟。况鄂、湘诸省之变，无论种族革命、政治革命，而业已占领地域，抗拒官军，实有骑虎难下之势。倘再蔓延他省，虽以袁总理之资望才具，恐一木亦苦难支。然经此一番大改革，既可杜革命党之口实，而人民亦憬然于朝廷实行宪政，不终为群小所蒙，希望之心为之复活，人心一转，则乱事虽亟，尚不至有东响西应之虞。转危为安，转祸为福之机，在此一线。呜呼！人心失之甚易，收之甚难，窃愿朝廷努力为之，勿因祸机稍息而涉游移，勿因乱事可平而生歆幸，非但社稷之福，抑亦中国前途之福也。

《大公报》，宣统三年九月十四日（1911年11月4日）

图书在版编目（CIP）数据

国会请愿运动 / 尚小明编. — 太原：山西人民出版社，2020.6
（清末立宪运动史料丛刊 / 胡绳武主编）
ISBN 978-7-203-10393-6

Ⅰ. ①国… Ⅱ. ①尚… Ⅲ. ①议会制 - 史料 - 中国 - 清后期 Ⅳ. ①D691.2

中国版本图书馆 CIP 数据核字（2018）第 093753 号

清末立宪运动史料丛刊 · 国会请愿运动（上、下卷）

主　　编：胡绳武
副 主 编：牛贯杰　戴鞍钢
编　　者：尚小明
责任编辑：魏美荣　张小芳
复　　审：秦继华
终　　审：蒙莉莉
装帧设计：谢　成

出 版 者：山西出版传媒集团 · 山西人民出版社
地　　址：太原市建设南路 21 号
发行营销：0351-4922220　4955996　4956039　4922127（传真）
天猫官网：https：//sxrmcbs.tmall.com　电话：0351-4922159
E - mail：sxskcb@163.com　发行部
　　　　　sxskcb@126.com　总编室
网　　址：www.sxskcb.com

经 销 者：山西出版传媒集团 · 山西人民出版社
承 印 厂：山西出版传媒集团 · 山西人民印刷有限责任公司

开　　本：787mm×1092mm　1/16
印　　张：95
字　　数：1550 千字
版　　次：2020 年 6 月　第 1 版
印　　次：2020 年 6 月　第 1 次印刷
书　　号：ISBN 978-7-203-10393-6
定　　价：592.00 元（上、下卷）